A desordem mundial

Outras obras do autor

A expansão do Brasil e a formação dos Estados na Bacia do Prata — Argentina, Uruguai e Paraguai (Da colonização à Guerra da Tríplice Aliança) (Editora Civilização Brasileira)

A reunificação da Alemanha (Editora Unesp)

A Segunda Guerra Fria: Geopolítica e dimensão estratégica dos Estados Unidos — Das rebeliões na Eurásia à África do Norte e ao Oriente Médio (Editora Civilização Brasileira)

As relações perigosas: Brasil-Estados Unidos (de Collor a Lula, 1990–2004) (Editora Civilização Brasileira)

Brasil, Argentina e Estados Unidos — Conflito e integração na América do Sul (Da Tríplice Aliança ao Mercosul) (Editora Civilização Brasileira)

Brasil-Estados Unidos: A rivalidade emergente (1950–1988) (Editora Civilização Brasileira)

De Martí a Fidel: A Revolução Cubana e a América Latina (Editora Civilização Brasileira)

Formação do império americano — Da guerra contra a Espanha à guerra no Iraque (Editora Civilização Brasileira)

Fórmula para o caos — A derrubada de Salvador Allende (1970–1973) (Editora Civilização Brasileira)

O "Milagre Alemão" e o desenvolvimento do Brasil, 1949–2011 (Editora Unesp)

O feudo — A casa da Torre de Garcia D'Ávila: Da conquista dos sertões à independência do Brasil (Editora Civilização Brasileira)

O governo João Goulart — As lutas sociais no Brasil, 1961–1964 (Editora Unesp)

Presença dos Estados Unidos no Brasil (Editora Civilização Brasileira)

Luiz Alberto Moniz Bandeira

A desordem mundial

O espectro da total dominação
Guerras por procuração, terror, caos e catástrofes humanitárias

6ª edição

Rio de Janeiro
2021

Copyright © Luiz Alberto Moniz Bandeira, 2016

DIAGRAMAÇÃO DE MIOLO
Kátia Regina Silva | Babilonia Cultura Editorial

CIP-BRASIL. CATALOGAÇÃO NA FONTE
SINDICATO NACIONAL DOS EDITORES DE LIVROS, RJ

B166d
6ª ed.

Moniz Bandeira, Luiz Alberto
A desordem mundial: O espectro da total dominação: Guerras por procuração, terror, caos e catástrofes humanitárias/ Luiz Alberto Moniz Bandeira. — 6ª ed. — Rio de Janeiro: Civilização Brasileira, 2021.

644p.; il.

ISBN 978-85-200-1299-4

1. Estados Unidos — Relações exteriores. 2. Terrorismo. 3. Guerra contra o terrorismo. 4. Estados Unidos — Condições sociais. 5. Estados Unidos — política e governo. I. Título.

16-30448

CDD: 327.117
CDU: 323.28

Todos os direitos reservados. Proibida a reprodução, armazenamento ou transmissão de partes deste livro, através de quaisquer meios, sem prévia autorização por escrito.

Texto revisado segundo o novo Acordo Ortográfico da Língua Portuguesa.

Direitos desta edição adquiridos pela
EDITORA CIVILIZAÇÃO BRASILEIRA
Um selo da
EDITORA JOSÉ OLYMPIO LTDA.
Rua Argentina, 171 — Rio de Janeiro, RJ — 20921-380 — Tel.: (21) 2585-2000

Seja um leitor preferencial Record.
Cadastre-se e receba informações sobre nossos lançamentos e nossas promoções.

Atendimento e venda direta ao leitor:
sac@record.com.br

Impresso no Brasil
2021

Para Sua Alteza,
Dom Duarte, Duque de Bragança,
Chefe da Real Casa Portuguesa,
meu amigo.

E, como sempre, para Margot, minha adorada esposa,
cujos cuidados me mantêm ainda sobre a terra, e Egas,
nosso filho, nosso orgulho.

*In war, too, the discretionary power of the Executive is extended; its influence in dealing out offices, honors, and emoluments is multiplied; and all the means of seducing the minds, are added to those of subduing the force, of the people. The same malignant aspect in republicanism may be traced in the inequality of fortunes, and the opportunities of fraud, growing out of a state of war, and in the degeneracy of manners and of morals engendered by both. No nation could preserve its freedom in the midst of continual warfare.**

James Madison — 4° presidente dos Estados Unidos
(1809–1817)

Militarism, a common feature of breakdown and disintegration, is frequently effective in increasing a society's command both over other the living societies and over the inanimate forces of nature.

Arnold J. Toynbee**

War is a racket. It always has been. It is possibly the oldest, easily most profitable, surely the most vicious. It is the only one international in scope. It is the only one in which the profits are reckoned in dollars and the losses in lives.

General Smedley Darlington Butler***

---

* MADISON, James. "Political Observations", 20 de abril de 1795. *In*: _____. *Letters and Other Writings of James Madison*. vol. 4. Filadélfia: J. B. Lippincott & Co., 1865, p. 491.
** TOYNBEE, Arnold J. *A Study of History*. Abridgement of vols. I-VI. Londres/Nova York/Toronto: Geoffrey Cumberlege/Oxford University Press, 1951, p. 364.
*** BUTLER, General Smedley Darlington. *War Is as Racket*. Dragon Nikolic (Editor), 2012, p. 1.

Sumário

APRESENTAÇÃO
Luiz Carlos Bresser-Pereira   17

PREFÁCIO
António C. A. de Sousa Lara   19

INTRODUÇÃO   23

CAPÍTULO 1
Nazifascismo • O fenômeno da *mutazione dello stato* • *Wall Street Plot* contra o governo de Franklin D. Roosevelt em 1933 • Os *big businessmen* americanos, a família de Prescott Bush e a remessa de recursos para Hitler • A denúncia do general Smedley D. Butler • O complô fascista abortado • Os documentos do McCormack-Dickstein Committee   37

CAPÍTULO 2
As esferas de influências pós-Segunda Guerra Mundial • *Free World/Free Market versus Curtain Iron* • A OTAN *"to keep the Americans in, the Russians out and the Germans down"* • O macarthismo • A denúncia do complexo industrial-militar pelo presidente Eisenhower • A *military democracy* e o crescimento da desigualdade social nos Estados Unidos   51

CAPÍTULO 3
Os atentados do 11 de Setembro e *la mutazione dello stato* nos Estados Unidos • A decadência da democracia • A *war on terror*, o Patriot Act e o Military Commission Act • A implantação do "fascismo branco", sem camisas pretas ou

pardas • O engodo para invadir o Iraque comparado ao de Hitler para atacar a Polônia em 1939 • Torturas e campo de concentração em Guantánamo • As prisões secretas da CIA (*black sites*) na Europa Oriental *71*

CAPÍTULO 4
Apoio às organizações católicas e evangélicas da direita • Racismo e repressão policial nos Estados Unidos • Desgaste do governo de George W. Bush • Os bancos eleitores dos presidentes nos Estados Unidos • A eleição de Barack Obama • A *war on terror* como *Overseas Contingency Operations* • O *perpetual wartime footing* do Prêmio Nobel da Paz • O assassinato seletivo por meio de drones *87*

CAPÍTULO 5
Rússia, Irã, Coreia do Norte e China como principais ameaças aos Estados Unidos • As catastróficas consequências de um conflito nuclear • O poderio nuclear da Rússia • A expansão da OTAN até as fronteiras da Rússia • A advertência do embaixador George F. Kennan e outros contra a iniciativa de Bill Clinton • Quebra do compromisso do presidente George H. W. Bush com o presidente Mikhail S. Gorbachiov, quando da reunificação da Alemanha *103*

CAPÍTULO 6
O múltiplo propósito da criação da OTAN • O desmoronamento da União Soviética e os Estados Unidos como *global cop* • A Rússia de Boris Yeltsin • Privatização e corrupção • O *international buccaneer capitalism* • Confirmação do vaticínio de Trotsky • A emergência dos oligarcas como nova burguesia • O advento de Vladimir Putin e a recuperação da Rússia *125*

CAPÍTULO 7
A debacle da União Soviética, a "maior catástrofe geopolítica do século XX" • O predomínio dos Estados Unidos por meio da OTAN • O privilégio da produção de dólar como *fiat currency* • Advertência do ministro Sergei Lavrov sobre a Ucrânia • Questão da Geórgia e intervenção da Rússia em defesa da Ossétia do Sul • Matanças, caos e catástrofes humanitárias persistiam no Afeganistão, no Oriente Médio e na África *139*

CAPÍTULO 8

A ignorância em Washington da situação dos países que pretendia atacar • A desintegração do Estado na Líbia • O espraiamento do terrorismo com as armas distribuídas pela OTAN • Os lucros dos bancos com os fundos confiscados de Gaddafi • Morte do embaixador J. Christopher Stevens em Benghazi • Apoio do Pentágono aos jihadistas (terroristas) na Síria • Tragédia humanitária dos refugiados   *151*

CAPÍTULO 9

O plano de intervenção na Síria • Jihadistas estrangeiros na guerra contra o regime de Bashar al-Assad • Denúncia de Joe Biden — Turquia e países do Golfo como suportes do Estado Islâmico • Missão do príncipe Bandar al Sultan em Moscou • O não do presidente Vladimir Putin • Ataque de gás em Ghouta como pretexto para a intervenção na Síria   *171*

CAPÍTULO 10

A farsa das armas químicas em Ghouta • A mídia corporativa e as notícias fabricadas por ONGs • A *"red line"* do presidente Obama e a *"rat line"* para introduzir na Síria armamentos e munições oriundos da Líbia • Treinamento de jihadistas pela Blackwater, agentes da CIA e da Navy Seal • Depoimento da madre Agnès-Mariam de la Croix • Vitórias diplomáticas do presidente Putin na Síria e na Ucrânia   *189*

CAPÍTULO 11

Conquista e domínio dos varegues (vikings) ao longo do rio Dnieper • Mescla com os eslavos orientais • A Kievan Rus' • Decomposição em principados • Ivan IV, o Terrível, e a fundação do Rossiyskaya Imperiya • Mikhail F. Romanov como czar de Toda a Rússia • Criação da Frota Imperial do Mar Negro pelo czar Pedro, o Grande • A estória de Ivan Mazeppa • Catarina, a Grande e a conquista de Donbass (Novorossiya) • A invenção da Ucrânia   *203*

CAPÍTULO 12

Crítica de Rosa Luxemburg à política das nacionalidades de Lenin • Ucrânia independente como invenção do *"hobby* de Lenin" • As sublevações camponesas • A vitória do Exército Vermelho • A deskulakização e a crise de fome de

1931–1932 • Invasão da União Soviética pelas forças da Wehrmarcht • Stepan Bandera e a Quinta-Coluna nazista na Ucrânia • O *Shoah* na Ucrânia *221*

CAPÍTULO 13

A relevância econômica e geopolítica de Donbass • Minas de carvão e ferro existentes na região de Novorossiisk • A derrota da Wehrmacht em Stalingrado • A cessão da Crimeia à Ucrânia por Khruschiov • A desintegração da União Soviética e o declínio econômico da Ucrânia • Apropriação dos bens públicos pelos oligarcas • A emergência de Yulia Tymoshenko com lavagem de dinheiro e evasão de impostos *237*

CAPÍTULO 14

Deterioração econômica da Ucrânia • A crise de 2008 e a ameaça de colapso da Ucrânia • Assistência do FMI • Controle da riqueza pelos oligarcas • A teoria de Zbigniew Brzezinski • Ucrânia como *pivot country* geopolítico • A dependência do gás da Rússia • A Crimeia e a base naval de Sevastopol • Anulada a cessão da Crimeia em 1992 • Interdependência estratégica entre Ucrânia e Rússia *253*

CAPÍTULO 15

Política de Washington de expansão na Eurásia • Tentativa de impedir a reemergência da Rússia • A Comunidade Econômica Eurasiática • Advertência de Kissinger de que para a Rússia a Ucrânia jamais seria *"A foreign country"* • O tratado de Kharkov sobre gás e *leasing* de Sevastopol • Washington investiu US$ 5 bilhões para mudar o regime na Ucrânia • George Soros e as ONGs subversivas *265*

CAPÍTULO 16

Interesses geoestratégicos dos Estados Unidos na Ucrânia • Reservas e dutos de gás e óleo • Adesão à União Europeia e alargamento da OTAN • Ucrânia e Síria, chaves da Rússia no Mediterrâneo • Senadores John McCain e Christopher Murphy, agitadores em Kiev • A queda do presidente Yanukovych • A ascensão de Arseniy Yatsenyuk e do Setor de Direita • O poder de Viktoria Nuland: *"Fuck the E.U."* *287*

CAPÍTULO 17

O contragolpe do presidente Putin • A reintegração da Crimeia à Rússia • O apoio popular • Provocações dos comandantes da OTAN • Aguçamento da segunda Guerra Fria • Dimensão geopolítica do Mar Negro e do Mar de Azov • A instabilidade na Ucrânia • A preeminência dos neonazistas em Kiev • Sanções contra a Rússia — desvalorização do rublo e queda do preço do óleo *305*

CAPÍTULO 18

Advertências dos líderes alemães sobre as sanções contra a Rússia e a escalação dos conflitos na Ucrânia • O fiasco da política de *regime change* • O levante das populações do centro industrial, sul, sudeste e leste da Ucrânia — As repúblicas populares da Novorossiya • Demanda de autonomia e federalização da Ucrânia — Início da guerra civil e a assistência da Rússia aos rebeldes • Mobilização da OTAN e mercenários das empresas militares americanas nas tropas de Kiev • Empréstimo do FMI • Petro Poroshenko eleito presidente da Ucrânia *321*

CAPÍTULO 19

O governo de Petro Poroshenko • Guarda Nacional da Ucrânia dominada pelos neonazistas • Proclamação das repúblicas populares de Donetsk e Luhansk • Posição moderada de Putin • Massacre de Odessa • Devastação de Luhansk e Donbass • Massa de refugiados da Ucrânia para a Rússia • Bloqueio das cidades de Donbass • Catástrofe humanitária • Tragédia do Boeing 777 (MH17) • Mais sanções contra a Rússia • Conclusão da União dos Engenheiros Russos • Ajuda humanitária da Rússia *337*

CAPÍTULO 20

Plano para o processo de paz na Ucrânia • Acordo de Minsk II • Violações do cessar-fogo • Batalhões de neonazistas na guerra em Donbass • Ajuda militar da OTAN a Kiev • A batalha em Debaltseve • Influência dos Estados Unidos na recuperação do neonazismo • Reabilitação de Stepan Bandera e dos colaboradores do nazismo na Segunda Guerra Mundial • Envio para a Ucrânia de armas letais e instrutores americanos • Oposição à concessão de autonomia a Donetsk e Luhansk • Conflitos em Kiev e manobras da OTAN no Mar Negro *355*

CAPÍTULO 21

Acirramento das contradições internacionais — Derrocar presidente Bashar al-Assad como objetivo central de Washington desde 2006 • Expansão de franquias de al-Qa'ida • As advertências de Henry Kissinger e do senador Rand Paul • As aspirações do presidente Erdoğan • O *putsch* do general al--Sissi no Egito • O esmagamento em massa da Irmandade Muçulmana • Os terroristas no Sinai • A Primavera Árabe, o caos e o terror no Iêmen • A insurgência dos Houthis e a guerra com al-Qa'ida • Bombardeios indiscriminados da Arábia Saudita e o respaldo de Washington   *373*

CAPÍTULO 22

Reservas de gás na Faixa de Gaza estimadas em 1,4 trilhão de metros cúbicos • A vitória do Ḥamās nas eleições • Operation Cast Lead • Massacre de palestinos e destruição na Faixa de Gaza pelas IDF • Prejuízos de US$ 2 bilhões • Operation Pilar of Cloud • Arrasamento da infraestrutura de Gaza • Contínua expansão do assentamento e a construção do Grande Israel — Eretz Israel • O assassinato de Yitzhak Rabin • Eliminação de Yassir Arafat excogitada por Ariel Sharon e George W. Bush • Assassinato de Arafat com polonium-210 • O impulso dos assentamentos sob o governo de Binyamin Netanyahu   *397*

CAPÍTULO 23

Ariel Sharon e Maḥmūd 'Abbās • O fim de Sharon • Ascensão do Ḥamās em Gaza • Netanyahu e a expansão dos assentamentos judaicos • Inviabilização do Estado palestino • Fracasso do processo de paz • Vitória do Ḥamās e operações contra Gaza • Operation Protective Edge • Arrasamento de Gaza • Jimmy Carter contra Netanyahu • Conflitos na Mesquita de al-Aqsa • desacordos Obama-Netanyahu • Assistência militar do Pentágono a Israel para 2016   *415*

CAPÍTULO 24

A advertência de John Q. Adams • Guerra psicológica e guerra econômica contra a Rússia • Demonização do presidente Putin • Ressurreição do nazismo na Ucrânia • O óleo do Mar Cáspio • Modernização do arsenal nuclear da Rússia • Criação da União Econômica Eurasiana • Acordo entre Rússia e

China • Prejuízos da União Europeia com as sanções contra a Rússia • O gasoduto Nord-Stream • China e Rússia e a criação de nova estrutura internacional de pagamentos • O Petro-Dollar Standard e a hegemonia dos Estados Unidos • Enfrentamento com a China • Substituição do dólar como *currency* dominante no comércio mundial   *443*

EPÍLOGO   *469*

REFERÊNCIAS   *531*

ÍNDICE REMISSIVO   *625*

Apresentação

Luiz Carlos Bresser-Pereira *

A grande desordem de que nos fala Luiz Alberto Moniz Bandeira neste livro é a desordem das relações internacionais e a confusão interna em que estão imersos os Estados Unidos. É a desordem principalmente no leste da Europa, e em particular na Ucrânia, e no Oriente Médio, cuja principal causa são os Estados Unidos, e a decadência da democracia nesse país. Não obstante, essa superpotência exporta democracia para o resto do mundo, mesmo que isto tenha que ser feito através da guerra, ao mesmo tempo que, internamente, sua democracia, que após a Segunda Guerra Mundial era a mais avançada do mundo, declina.

Nesse país, nos diz o notável historiador da modernidade, a democracia entrou em decadência ao deixar de garantir os direitos fundamentais das pessoas, ao prendê-las arbitrariamente e torturá-las, ou então ao, simplesmente, as assassinar se forem consideradas terroristas ou inimigas. A justificativa para isto é a "guerra ao terrorismo"; as verdadeiras razões são a determinação de ocupar o mercado interno dos demais países com seus financiamentos e investimentos diretos, e a inconformidade da grande potência com a emergência de outras potências que não estão sob sua esfera de influência.

Mas Moniz Bandeira não fica no plano teórico. Pelo contrário, ele mergulha na prática ao citar documentos e mais documentos, e entrevistas e mais entrevistas que levantou para escrever *A desordem mundial*. Para ele, o que ocorreu nos Estados Unidos foi um "processo de *mutazione dello stato*, de democracia para oligarquia", e de ditadura do capital

---

* Professor emérito da Fundação Getulio Vargas.

financeiro. Que está associado ao aumento das desigualdades internamente, desde os anos 1980, e ao aumento da competição representada pelos países em desenvolvimento ao se tornarem exportadores de bens manufaturados e serviços, em particular a China e a Índia. Em vez de aceitarem um mundo multipolar, no qual os Estados Unidos serão por muito tempo o ator principal, eles adotam políticas que tornam o mundo mais inseguro e desordenado.

Março de 2016.

Prefácio

*António C. A. de Sousa Lara**

O Professor Doutor Luiz Alberto Moniz Bandeira criou mais uma grande obra. Na sua humildade acadêmica, pede-me que a prefacie, o que compreendo. Eu faço parte da sua corrente de pensamento e metodologia.

A questão central está no método, que compreende necessariamente, a meu ver:

1. Conhecer a História pertinente em profundidade;
2. Retirar dela as lições de vocação estruturante e permanente;
3. Procurar a raiz econômica de todas as causas;
4. Desenvolver a teoria do imperialismo, da dependência e da guerra;
5. Conhecer a Geopolítica Pura e a "Geopolítica dos interesses";
6. Praticar a análise do contraditório.

E sobretudo

7. Ser livre, pensar livremente, custe o que custar, querer ir mais além.

Esta obra vai à procura das raízes da desordem mundial contemporânea. Em certa medida, constitui uma pesquisa genealógica, uma vez que a descoberta das causas do desconcerto obedece a um processo equivalente ao da descodificação genética. As características não se perdem na causalidade; permanecem no DNA dos efeitos. A ideia brilhante e atrevida de desenterrar o "fascismo" norte-americano, com este método, produz efeitos impensáveis. Não há e nunca houve interesses neutros. E os inte-

---

* Professor Catedrático do Instituto Superior de Ciências Sociais e Políticas (ISCSP), senador e presidente do Conselho Científico da Universidade de Lisboa.

resses que movem bilhões de dólares nunca o foram, por maioria de razão. A dialética capitalista transnacional criou, depois, não só a OTAN como a Guerra Fria. Para quê? Está explicado, nesta obra admirável. Que repercussões tiveram estes macroprocessos nas pessoas singulares e nas classes sociais. Está igualmente explicado. Como se estruturou, a partir daqui, a plutocracia, internamente falando, mas sobretudo em âmbito internacional? Há que ler o que fica escrito. Este sistema é um sistema de causalidade circular, autossustentado, contínuo, avassalador. Conduz à crise de 2007/2008, que estava prevista por muitos. E como sobreviveu o DNA do "fascismo" norte-americano referenciado depois do 11 de Setembro? O que sucedeu com a invasão do Iraque? E em Guantánamo? Como é que os fatos fascitizantes derrotaram os ideais garantísticos e liberais dos "pais fundadores"?

Na lógica dialética, é preciso perceber o contraditório, ou seja, as antíteses, ou seja, ainda, as ameaças a este sistema. Daí a inevitabilidade da referência concertada a Rússia, Irã, Coreia do Norte e China, perante a expansão da OTAN e o novo formato do imperialismo ocidental. Daí que as questões conexas sobre a debacle da URSS, sobre a Ucrânia, a Geórgia, o Afeganistão, o Médio Oriente e África.

Um dos pontos que mais ressalto resulta da análise sobre a ignorância norte-americana dos seus adversários. Esta incapacidade histórica, reiterada, de perceber antropológica e sociologicamente os outros (amigos e inimigos) constituiu e constitui um dos principais calcanhares de aquiles do Ocidente em geral e dos Estados Unidos em particular. Esta incapacidade leva a cometer erros sucessivos de que, como solução, resulta deitar dinheiro (inútil) sobre os problemas que criaram. Agora se chamaram os privados para pagar a guerra fora das estatísticas e do controle parlamentar. Os diplomatas são os políticos assessorados que subscrevem acordos que mal se cumprem.

O regresso à História, nas partes finais do livro, faz, neste método, todo o sentido. O método propõe o eterno regresso à História crítica, à Geopolítica e à Teoria Política. A dificuldade está em fazer isto mesmo. Como o faz com mestria ímpar o Professor Moniz Bandeira.

Este livro constitui mais um marco na explicação do mal que nos vem acontecendo. E cria raízes para perceber o que nos espera.

Ao caríssimo Luiz Alberto Moniz Bandeira, quero agradecer mais esta lição sublime. E a lição de resistência, de liberdade, de força, de combate, de galhardia, de nobreza de espírito, de resistência contra tudo e contra todos, *"çà irá"*.

Ao Brasil, quero felicitar pela obra deste imortal acadêmico. Ditosa Pátria que tal filho tem.

Introdução

> *E de lá vêm mulheres de vasto saber,*
> *três vindas do lago, sob a fronde de uma árvore.*
> *Uma chama-se Urdh,*
> *a outra Verdhandi:*
> *Da árvore talhavam varetas; a terceira chamava-se Skuld.*
> *Lançavam a sorte, determinavam a vida*
> *e auspiciavam o destino das gerações humanas.*
>
> "*Völuspá* (Predição da Vidente)"*

A desordem mundial constituiu um desdobramento de *A segunda Guerra Fria* e de *Formação do império americano*, outras obras de minha autoria. Todas conformam um *corpus*. Sempre entendi que a ciência política, a economia e a história se interpenetram, uma depende da outra e, reciprocamente, se ajudam e se fecundam, a fim de produzir conhecimentos possíveis de

---

* "*Davon kommen Frauen, vielwissende,/ Drei aus dem See dort unterm Wipfel./ Urdh heißt die eine, die andre Verdhandi:/ Sie schnitten Stäbe; Skuld hieß die dritte./ Sie legten Lose, das Leben bestimmten sie/ Den Geschlechtern der Menschen, das Schicksal verkündend*".
"*Völuspá* (Predição da Vidente)" é parte da *Edda Mayor*, que reúne os poemas escandinavos escritos por volta dos séculos X e XI. "*Der Seherin Gesicht*". *Die Edda — Götterdichtung Spruchweisheit Heldensängen der Germanen*. Munique: Dietrich Gelbe Reihe, 2004, p. 35. "*Valans Spådom*". *Eddan — De Nordiska Guda — Och Hjältesångerna*. Estocolmo: Norstedrs Förlag, 1998, p. 8. As mulheres são *Die Nornen*, as deusas do destino (*die Schicksalgottheiten*), apresentam-se, na mitologia germânica (*West- und Nordgermanisch*), em três personificações. Urður ou Udhr ou Wyrd é a *Norn* do que foi, de tudo o que passou e está a passar, e modela o que está para devir, o destino. Verðandi ou Verdhandi, tornando-se, é a *Norn* do que é, que representa o presente momento de mudança; e Skuld (Should) é a *Norn* do que deverá ser, o devir, a necessidade. Essas três *Nornen* não representam, esquematicamente, o passado, o presente e o futuro, como às vezes são interpretadas. Atuam como unidade.

contribuir para a compreensão mais profunda do processo histórico e tornarem, concretamente, os povos conscientes de si mesmos.

Um antepassado meu, o filósofo Antônio Ferrão Moniz de Aragão (1813–1887), que foi discípulo de Auguste Comte (1798–1857) e um dos introdutores do positivismo no Brasil, escreveu que "para conhecermos a fundo a história, não devemos nos contentar com a classificação cronológica dos fatos", mas "comparar o encadeamento dos acontecimentos em diversas nações e o progresso da civilização em cada época".[1] Conforme ensinou, "os fatos históricos, assim analisados e bem conhecidos, podem ser coordenados em um vasto sistema em que se acham todos ligados uns aos outros por todas as relações possíveis, o que nos permite elevar-nos a um estudo ainda mais importante, que é o da explicação desses fatos pela investigação de suas causas..."[2]

O capitalismo espraiou, no processo de acumulação e expansão mundial, uma teia que emaranhou, econômica e politicamente, todas as regiões industrializadas, agrícolas, pré-capitalistas e não capitalistas, em um todo global, um sistema de vasos comunicantes, e tornou as sociedades interdependentes, apesar e/ou em consequência da diversidade de seus graus de progresso e civilização. A economia mundial constitui, portanto, uma realidade superior, não um conjunto, uma soma, uma teia de economias nacionais. E a Ciência Política necessita estudar a ontogênese do Estado, no processo da opressiva acumulação do poder capitalista, que não apenas se nega, nas mutações quantitativas e qualitativas, mas igualmente anula a negação, ao longo da história e da evolução da economia mundial. Somente assim se pode alcançar e compreender a natureza íntima de um fenômeno (*Phänomen*) social e político, sua determinação essencial e estrutural, e não apenas a acidentalidade, os epifenômenos de conjuntura (*Begleiterscheinungen*).

Casualidade não existe, porém, causalidade. Os fatos acontecem por alguma causa que muitas vezes se desconhece. Encadeiam-se, na sua evolução, e alguns elos, como na natureza, entrelaçam-se e não geram outro movimento que corte os nexos de necessidade e impeça a determinação da cadeia infinita da história. Essa lição provém de Titus Lucretius Carus (*ca.* 99 a.C. – *ca.* 55 a.C.), em sua obra *De Rerum Natura*.[3] Como bem formulou Hegel, a compreensão dos acontecimentos, que fluem, e do seu desdobramento, no futuro, requer, portanto, o conhecimento do passado, como substância real do presente, em que possibilidades e contingências se esboçam, a suprimir (*aufheben*) e a conservar (*aufheben/aufbewahren*) as contradições intrínsecas do *processus* histórico.[4] O tempo, na mitologia germânico-nórdica, é indivisível. O passado mantém-se vivo e desdobra--se no presente, que flui continuamente, como poderosa realidade. Fernand Braudel muito bem ponderou que *"l'histoire est une dialectique de la durée; par elle, grâce à elle, elle est étude du social, et donc de passé, et donc aussi du présent, l'un et l'autre inséparable".*[5]

Os fenômenos econômicos, sociais e políticos, mesmo quando espontâneos, afiguram, resultam de mutações quantitativas e qualitativas, de múltiplas, complexas e infinitas causas que se entretecem e se encadeiam. Há uma relação recíproca, de ação e reação, entre os acontecimentos, daí que temos de estudá-los em todas as suas dimensões ontológicas, sob novos e diversos ângulos, dado que a história evolui *ad infinitum*, não de forma retilínea, mas em espiral e, às vezes, em curvas, dobras e linhas alternadas. À medida que a economia capitalista mais e mais se globalizou, a entrelaçar e agrupar todas as regiões e países, enredando-os em todo, conquanto em níveis assimétricos, irregulares e complexos, contudo interdependentes, os acontecimentos sociais e políticos quase sempre estiveram, direta ou indiretamente, interconectados. E a osmose ainda mais se acentuou na política internacional, conforme as condições domésticas e diferentes estruturas de instituições e do Estado, que se modificaram com a evolução das forças produtivas.

O *putsch* que derrubou o presidente Viktor Yanukovych, em Kiev, em 22 de fevereiro de 2014, com o suporte ostensivo do Departamento de Estado dos Estados Unidos, ocorreu enquanto a conflagração na Síria se alastrava, após o presidente Barack Obama assumir a condição de ditador universal e ordenar que o presidente Bashar al-Assad *"must step out"*, *"must go out"*, como dissera ao presidente Muammar Gaddafi, antes de bombardear e destruir a Líbia, em 2011. O respaldo de Washington ao golpe de Estado na Ucrânia e à oposição na luta armada contra o regime de Bashar al-Assad não visavam ao estabelecimento de nenhuma democracia em qualquer dos dois países. O presidente Viktor

Yanukovych fora legal e legitimamente eleito e seu governo não configurava qualquer ditadura. O regime do presidente Bashar al-Assad, ainda que ditatorial, era laico, havia liberdade religiosa e as mulheres constitucionalmente gozavam de todas as franquias. No entanto, ainda que distintos e distantes, esses dois acontecimentos se conjugaram. O trasfondo era o mesmo.

Os Estados Unidos, após a debacle da União Soviética, arrolaram-se como único centro do poder mundial, com a ufania do triunfalismo, da divina excepcionalidade, e não trataram a *"Russia seriously as a great power"*, conforme o professor Henry Kissinger comentou,[6] em entrevista ao magazine *The National Interest*, a salientar que havia emergido, no Partido Republicano, a *"new foreign-policy view was more missionary; it emphasized that America had a mission to bring about democracy — if necessary, by the use of force"*, com uma espécie de *"intolerance toward opposition"*. [7] Essa tendência caracterizou tanto a extrema direita quanto a extrema esquerda, *"and they changed sides occasionally"* — ele acrescentou.

Democracia imposta pela força nunca seria democracia, decerto, mas uma *fake democracy*, para o domínio do capital financeiro e das grandes corporações industriais. Os ingredientes do totalitarismo, cujas fontes de geração quase sempre se concentraram em Wall Street, assemelham-se assim aos que nutriram o *Nationalsozialismus* (nazismo) e a tentativa de expansão da Alemanha, sob Adolf Hitler, nos anos 1930. E, como Kissinger ressaltou, os Estados Unidos, desde a derrota da Alemanha e do Japão, em 1945, combateram em cinco guerras, *"started with great enthusiasm"*, mas os "falcões" *"did not prevail at the end"*.[8] Perderam todas as cinco. O problema — Kissinger apontou — consiste no fato de que os Estados Unidos se recusam a aprender com a experiência, a política é conduzida, essencialmente, *"by an ahistorical people"*, dado que nas escolas não mais se ensina história como sequência de acontecimentos, mas em termos de *"themes without context"* postos em um *"entirely new context"*.[9]

Após comentar que, quando agora se lia que batalhões muçulmanos estavam a lutar pela Ucrânia, "todo o senso de proporção fora perdido", o professor Henry Kissinger, diante da observação do jornalista Jacob

Heilbrunn de que *"that's a disaster, obviously"*, declarou: *"To me, yes. It means that breaking Russia has become an objective."*[10] Sim, o propósito dos neoconservadores e "falcões" do Partido Democrata, como o presidente Obama, eleito travestido com peninhas de "pomba", era realmente fragmentar a Rússia, a partir da periferia islâmica. Tratava-se da antiga estratégia do geopolítico Zbigniew Brzezinski, ex-assessor do presidente Jimmy Carter, que julgava que o fundamentalismo islâmico constituía importante arma ideológica não somente para impedir que a influência comunista se expandisse nas regiões do Oriente Médio, África e Oceano Índico, como também para incitar nas repúblicas asiáticas da União Soviética a revolta contra o governo de Moscou.[11] Mas o presidente Obama não conseguiu sequer isolar a Rússia, um país com enorme dimensão geográfica, enorme riqueza natural, sobretudo energia, um *"pivot country"*, na Eurásia.

O jornalista Jacob Heilbrunn comentou então sobre "o retorno, pelo menos em Washington, D.C., de neoconservadores e 'falcões' liberais decididos a quebrar a espinha dorsal do governo russo", e Henry Kissinger, a quem ele entrevistou em julho de 2015, arrematou: *"Until they face the consequences"*.[12] Conforme argumentou, o problema com as guerras em que a América se envolvera desde 1945 tem sido a incapacidade de relacionar a estratégia com aquilo que é possível na área interna. *"The hawks did not prevail at the end"* — ponderou Kissinger. E daí os fiascos.

O presidente Putin, em 2014, sabia perfeitamente da participação de unidades islâmicas na Ucrânia e que as forças especiais dos Estados Unidos e outros países, nos campos da Tunísia e Turquia, estavam a treinar 400 a 1.000 tchetchenos, chefiados pelos terroristas Omar al-Shishani, Saifullah al-Shishani e Amir Muslim, uzbeques e outros jihadistas do norte do Cáucaso,[13] decidiu, como declarou, combater os terroristas na Síria, antes que, depois, eles regressassem, e a Rússia tivesse de combatê-los dentro do seu próprio território. E a guerra na Síria, desde o início, sempre fora uma guerra por procuração (*proxy war*), híbrida, na qual se confrontavam, de um lado, Síria, Rússia e — com coturnos no solo — o Irã, e, do outro, Qatar, Arábia Saudita e Turquia, que financiavam e armavam os terroristas dos mais diversos grupos sunitas e nacionalidades — Da'ish (acrônimo de al-Dawla al-

Islamiya fil Iraq wa al-Sham) ou ISIS/ISIL (acrônimo em inglês de Islamic State in Iraq and al-Sham (Levante/Grande Síria),[14] dissidência de al-Qa'ida — com todo o respaldo, inclusive logístico e de inteligência, dos Estados Unidos e vassalos da OTAN. Tudo indicava que a pretensão dos "falcões" neoconservadores e democratas, *lobbies* da indústria bélica, como o senador John McCain e do capital financeiro, aninhados em Washington, era estender a guerra transnacional à periferia islâmica da Rússia.

Moscou havia tempo percebera a ameaça. Na recepção aos novos embaixadores, em 26 de novembro de 2015, o presidente Putin ressaltou que mais de 100 mil atos de terror foram cometidos em todo o mundo, ao longo da década de 2000 e suas vítimas foram pessoas de várias nacionalidades e religiões, e mais de 32.000 de 67 países, somente em 2014.[15] Em seguida, ele se referiu à *"passive position"* de um número de governos e muitas vezes em conluio direto com os terroristas, o que contribuiu realmente para o advento desse *"terrible phenomenon"*, conhecido como Estado Islâmico. E acrescentou que tais governos "não somente encobriram os terroristas, o tráfico ilícito de petróleo, pessoas, drogas, obras de arte e armas, como também se beneficiaram desse comércio, acervando centenas de milhões, mesmo bilhões de dólares".[16] Repetiu aí a denúncia que fizera na 70ª sessão da Assembleia Geral das Nações Unidas, ao advertir que era "igualmente irresponsável manipular grupos extremistas para alcançar seus objetivos políticos, esperando mais tarde livrar-se deles ou eliminá-los".[17]

Entretanto, os neoconservadores e "falcões" liberais, que estavam determinados, em Washington, *"to break the back of the Russian government"* e aos quais o jornalista Jacob Heilbrunn se referiu, poucos meses depois, tiveram de *"to face the consequences"*, como o professor Kissinger pressagiou.[18] A intervenção militar da Rússia na Síria pervenceu o jogo oblíquo do sempre dissimulado presidente Obama. Mudou o equilíbrio de poder dentro da Síria, bem como em todo o Oriente Médio, ao reemergir como superpotência no cenário internacional *vis-à-vis* dos Estados Unidos e da União Europeia, e em estreita aliança econômica e política com a China. Um relatório do Office of Naval Intelligence (ONI), publicado pelo U.S. Naval Institute, refletiu o estarrecimento e alarme dos cír-

A DESORDEM MUNDIAL

culos militares dos Estados Unidos, diante do avançado e mais moderno poderio militar naval e aéreo da Rússia, demonstrado com os mísseis cruzeiros supersônicos 3M-14T Kalibr NK (Klub-N) VLS, disparados a partir de corvetas e destróieres, no Mar Cáspio, e de submarinos, no Mediterrâneo, contra alvos na Síria, sobrevoando mais de 900 milhas (1.900 km), bem como com os devastadores ataques aéreos empreendidos pelos jatos Sukhoi Su-34s e outros.[19] De acordo com alguns analistas, os mísseis 3M-14T Kalibr NK ultrapassavam em capacidade tecnológica os equivalentes dos Estados Unidos.[20] E Gustav Gressel, do European Council on Foreign Relations, observou que o presidente Putin, tanto com a reintegração da Crimeia quanto com a intervenção na Síria, demonstrou a rápida transformação promovida nas Forças Armadas da Rússia, que se tornaram mais profissionais, prontas para combater, reagir, atacar e de ágil mobilização no exterior.[21]

Os ataques efetuados pela aviação de combate e pelas unidades navais da Rússia contra as fortificações e instalações do Da'ish ou Estado Islâmico permitiram que as tropas do Exército Árabe-Sírio, juntamente com as forças do Irã, intensificassem vitoriosamente a ofensiva por terra e reconquistassem grande parte do território do país. De 25 a 29 de dezembro de 2015, em apenas quatro dias, a aviação da Rússia, em 164 sortidas, destroçou cerca de 556 fortificações dos terroristas, localizadas nas províncias de Aleppo, Idlib, Latakia, Hama, Homs, Damasco, Deir ez-Zor e Raqqa.[22] Três importantes planaltos em Kabbani e Sirmaniyah também caíram sob o controle das forças de Assad.[23] E a Rússia fez avançar o mais poderoso sistema de defesa antiaérea/antimísseis S-400s, instalado em Khmeimim, cada vez mais para a fronteira da Síria com a Turquia, a fim de prevenir qualquer outra emboscada por parte de Ankara.

Estou a escrever esta introdução, em meio a acontecimentos políticos que se transmudam, transfiguram-se como as nuvens no céu *et futurum verum obscurum*. A decapitação do clérigo xiita, Sheik Nimr al-Nimr, entre 47 acusados de terrorismo, em 2 de janeiro de 2016, pela tirania wahhabista de Riyadh, visou, provavelmente, a escalar as tensões no Oriente Médio, principalmente com o Irã, a dimensões imprevisíveis, no momento em que o Da'ish perdia e recuava, na Síria e no Iraque, e não conseguia esmagar o houthis (seita xiita), ainda a ocupar Sana'a, a capital, e o Oeste do Iêmen. O Alto-Comissário das Nações Unidas para os Direitos Humanos, Zeid Ra'ad Al Hussein, declarou que a execução em um só dia, 2 de janeiro de 2016, de 47 prisioneiros, quase um terço do total dos executados (157) no ano de 2015, na Arábia Saudita, e sobretudo de Sheikh Nimr Al-Nimr ou qualquer outro indivíduo, que não havia cometido qualquer crime, era vista "*as most serious*" sob a lei internacional de direitos humanos.[24]

É esse país, a Arábia Saudita, o mais corrupto e despótico do Oriente Médio, que coarctou drasticamente as liberdades de expressão, reunião e associação, além de reprimir quaisquer opiniões contrárias ao regime wahhabista, encarcerar e executar seus críticos e dissidentes pacíficos,[25] o aliado dos Estados Unidos e suporte há mais de quatro décadas de sua política perniciosa e destrutiva dos regimes laicos, ainda que ditatoriais, na região existentes. Entre outubro de 2010 e outubro de 2014, Washington firmou com a tirania de Riyadh contratos no valor de mais de US$ 90 bilhões para o fornecimento de aviões e os mais variados armamentos, de acordo com o Congressional Research Service.[26] Porém, como escreveu William Shakespeare, em *Timon of Athens*: "*Gold? yellow, glittering, precious gold? [...] Thus much of this will make black white, foul fair, wrong right, base noble, old young, coward valiant*".[27] O ouro negro — petróleo por armamentos — convertia para Washington o mais despótico regime da Arábia Saudita na mais justa e exuberante democracia do Oriente Médio, onde os direitos humanos eram rigorosamente respeitados. E o presidente Obama jamais diria que o rei "*must step out*", "*must go*", como fizera com o coronel Gaddafi e Bashar al-Assad. Pelo contrário, armava-o com o mais moderno material bélico produzido pela indústria dos Estados Unidos. E o mesmo faziam a Grã-Bretanha, França e Alemanha. Contudo, conforme a avaliação do Bundesnachrichtendienst (BND), o serviço de inteligência da Alemanha, a Arábia Saudita representava um risco de tornar-se a maior influência desestabilizadora no Oriente Médio.

A decapitação do Sheikh Nimr Al-Nimr ocorreu no momento em que o Irã se integrava no mercado de combustíveis, com o levantamento das sanções pelos Estados Unidos, e a Arábia Saudita, cujo orçamento dependia de 75% da receita de petróleo, chafurdava-se em severa crise econômica e financeira, com um alarmante déficit de 14,5% do PIB, estimativa para 2016, devido à vertiginosa queda do preço do petróleo, razão pela qual o rei Salmān ibn 'Abd al-'Azīz Āl Sa'ūd começou a cortar todos os subsídios de eletricidade, água, projetos de construção de estradas, edifícios e outras obras de infraestrutura.

Consequências haveria, sobretudo depois que multidões enfurecidas incendiaram, no Irã, a embaixada da Arábia Saudita, provavelmente sem que o governo tentasse reprimir, o que serviu como justificativa para que a tirania wahhabista de Riyadh rompesse relações com o governo islâmico-xiita de Teerã e alinhasse com ela outros países sunitas. Assim, a execução do Sheikh Nimr Al-Nimr também teve, possivelmente, o propósito de modificar o confronto econômico e geopolítico, ao acentuar internacionalmente o secular caráter sectário — sunitas *versus* xiitas — de modo a isolar o Irã entre os países islâmicos e dificultar sua participação nas conversações de paz sobre a Síria e o Iêmen. A provocação da monarquia saudita começara quando seus caças bombardeavam a população civil do Iêmen e atingiram a embaixada de Teerã em Sana'a.[28]

Mas os acontecimentos ainda estão em curso e as fontes são a imprensa escrita e falada, a mídia corporativa nem sempre confiável, dado servir o mais das vezes como complemento das guerras modernas, na ofensiva de comunicações estratégicas, veículo de *psy-ops* (*psychological operations*), desinformação e contrainformação, por meio de mentiras inconscientes ou disfarces semiconscientes e/ou conscientes, nascentes de serviços de inteligência ou de outros órgãos dos governos, origens obscuras e duvidosas (ativistas, ONGs). A distorção, fabricação e falsificação de fatos, a corromper palavras como democracia etc., e a omissão de notícias são sua virtual essência, visando a manipular a opinião pública e produzir efeitos estratégicos.[29] Assim, as agências de notícias, atualmente, operam e refletem, quase sempre, a psicologia de interesses corporativos, econômicos e políticos de anunciantes e governos, a posição dominante das grandes potências industriais, a influir sobre os órgãos de imprensa dos demais países que compram seus serviços.

O próprio arcebispo grego-melquita de Aleppo, Dom Jean-Clément Jeanbart, durante a Noite dos Testemunhos, organizada anualmente pela Ajuda à Igreja que Sofre, denunciou que "os meios de comunicação europeus continuam a distorcer o cotidiano dos que sofriam na Síria e também estavam usando isso para justificar o que está acontecendo em nosso país sem jamais checar essas informações". Outrossim, disse aos jornalistas, que, no entanto, o Ocidente continuou a se calar sobre as atrocidades cometidas pela oposição armada, enquanto denigrem o governo sírio e seu presidente. E acrescentou: "Bashar Assad tem muitas falhas, mas saibam que tem também qualidades", explicou ele, "as escolas eram gratuitas, os hospitais, mesquitas e igrejas não pagavam nenhum imposto, mas que outros governos na região fazem essas coisas? Sejam honestos! Lembrem-se também que, se nós preferimos apoiar o governo hoje, é porque nós tememos o estabelecimento de uma teocracia sunita que nos privaria do direito de viver em nossa terra."[30] Também, segundo o arcebispo, vigário católico romano de Aleppo, o franciscano Fra Georges Abou Khazen, nomeado pelo papa Francisco, o povo da cidade via a operação militar da Rússia como sua salvação, "o real esforço de lutar contra o terrorismo e promover a paz".[31]

Uma vez que trabalhei na imprensa, quando jovem, e lecionei comunicação política, como cientista político, na Universidade Católica do Rio de Janeiro, tratei de confrontar e cruzar, cuidadosamente, as mais diversas informações e apurar a plausibilidade das ocorrências, limpar o verniz ideológico, de que muitas vezes as notícias se revestem, com o objetivo de manejar e manipular a percepção popular. Daí que, para escrever esta obra, como outras, empreendi a pesquisa com o maior rigor, verificando todos os detalhes dos acontecimentos, na imprensa dos mais diversos países, declarações, discursos dos homens de Estado e documentos oficiais dos distintos órgãos de governo e/ou internacionais, areando o aparelhamento ideológico, a consciência falsa (*falsches Bewusstsein*),[32] e tomei, como ensinou Tucídides (Atenas, 460 a.C. — Trácia, 398 a.C.?), o que me pareceu mais claro, real e veraz, desnudado de colorido mítico.[33]

Na elaboração desta obra contei, evidentemente, com a colaboração de muitas pessoas, algumas das quais me pediram para não mencionar seus nomes, por motivos de segurança. Entretanto, não posso deixar de agrade-

A DESORDEM MUNDIAL

cer aos meus amigos, Sua Alteza Real Dom Duarte, Duque de Bragança, os embaixadores Samuel Pinheiro Guimarães, Frederico Meyer e Cesário Melantonio, os professores António de Sousa Lara, catedrático do Instituto Superior de Ciências Sociais e Políticas (ISCSP) da Universidade de Lisboa; Paulo Fernando de Moraes Farias, do Department of African Studies and Anthropology, da Universidade de Birmingham; Michael Löwy, do Centre National de Recherches Scientifiques (CNRS), de Paris; Tullo Vigevani, titular emérito de Ciência Política da Universidade Estadual Paulista; Alberto Justo Sosa, fundador e membro da Comisión Directiva de AMER-SUR ONG, de Buenos Aires; Theotônio dos Santos, Coordenador da Cátedra e Rede da Unesco — Universidad de las Naciones Unidas — sobre economia global, Rio de Janeiro; Gilberto Calcagnotto, sociólogo, ex-pesquisador do GIGA — Institut für Lateinamerika-Studien, de Hamburgo, meu braço direito na Alemanha.

A colaboração que generosamente me deram — informações, sugestões, revisão de textos etc. — não significou absolutamente concordância e aceitação de meus comentários e conclusões. São de minha inteira responsabilidade.

Luiz Alberto Moniz Bandeira
St. Leon (Baden-Wurttemberg), fevereiro de 2016.

NOTAS

1. Antônio Ferrão Moniz de Aragão, 1871, p. 378 *passim*.
2. *Ibidem*, p. 378.
3. *"Denique si semper motu conectitur omnis/ et vetere exoritur <motus> novus ordine certo/ nec declinando faciunt primordia motus/ principium quoddam, quod fati foedera rumpat,/ ex infinito ne causam causa sequatur [...]."* Vrs — 251–255, *in*: Don Fowler, 2002, p. 10.
4. George Wilhelm Friedrich Hegel, 1990, pp. 198–203, 241–244.
5. Fernand Braudel, 1969, pp. 104–105.
6. Jacob Heilbrunn, "The Interview: Henry Kissinger". *The National Interest*, setembro/outubro de 2015. Disponível em <http://nationalinterest.org/print/feature/the--interview-henry-kissinger-13615>.
7. *Ibidem*.
8. *Ibidem*.

9. *Ibidem.*
10. *Ibidem.*
11. Zbigniew Brzezinski, 1986, p. 226; Luiz Alberto Moniz Bandeira, 2014, pp. 396–402.
12. Jacob Heilbrunn, "The Interview: Henry Kissinger". *The National Interest*, setembro/outubro de 2015. Disponível em <http://nationalinterest.org/print/feature/the--interview-henry-kissinger-13615>.
13. Murad Batal al-Shishani, "Islamist North Caucasus Rebels Training a New Generation of Fighters in Syria". *Terrorism Monitor,* v. 12, 3 de fevereiro de 2014. Disponível em: <http://www.jamestown.org/programs/tm/single/?cHash=ae2a2cd5f15746b0534 e5bb000c9ceff&tx_ttnews[tt_news]=41927#.VolBKVJ0f_A- Guido Steinberg>; Guido Steinberg, "A Chechen al-Qaeda? Caucasian Groups Further Internationalise the Syrian Struggle". *Stiftung Wissenschaft und Politik: German Institute for International and Security Affairs (SWP). SWP Comments*, 31 de junho de 2014, pp.1–7. Disponível em: <https://www.swp-berlin.org/fileadmin/contents/products/comments/2014C31_sbg.pdf>.
14. Al-Sham, em árabe, significa o Levante/Grande Síria e foi usado durante o Grande Califado, no século VII, para definir toda a região entre o Mediterrâneo, o Eufrates e a Ásia Menor, abrangendo o Mar Egeu, o Mar Negro e o Egito.
15. "Presentation of foreign ambassador's letters of credence: Vladimir Putin received letters of credence from 15 foreign ambassadors. By tradition, the ceremony marking the official start of the ambassador's mission in the Russian Federation, took place in the Grand Kremlin Palace's Alexander Hall". *President of Russia. The Kremlin, Moscow.* 26 de novembro de 2015. Disponível em <http://en.kremlin.ru/events/president/news/50786>.
16. *Ibidem.*
17. "Vladimir Putin in the plenary meeting of the 70th session of the UN General Assembly in New York". *New York, Presidential Executive Office 2015.* Disponível em: <http://en.kremlin.ru/events/president/news/50385>.
18. *Ibidem.*
19. "Document Office of Naval Intelligence Report on Russian Navy: The following is the Office of Naval Intelligence (ONI) report, The Russian Navy: A Historic Transition. U.S. Naval Institute". *USNI News.htm*, 18 de dezembro de 2015. Disponível em <http://news.usni.org/2015/12/18/document-office-of-naval-intelligence-report-on-russian-navy>.
20. Steven Lee Myers & Eric Schmitt, "Russian Military Uses Syria as Proving Ground, and West Takes Notice". *The New York Times*, 14 de outubro de 2015. Disponível em <http://www.nytimes.com/2015/10/15/world/middleeast/russian-military-uses-syria-as--proving-ground-and-west-takes-notice.html?_r=0>; Catrin Einhorn & Hannah Fairfield & Tim Wallace, "Russia Rearms for a New Era". *The New York Times*, 24 de dezembro de 2015. Disponível em: <http://www.nytimes.com/interactive/2015/12/24/world/asia/russiaarming.html?hp&action=click&pgtype=Homepage&clickSource=st ory-heading&module=photo-spot-region&region=top-news&WT.nav=top-news>.
21. Gustav Gressel, "Russia's post-Cold War borders. Russia's Quiet Military Revolution, and What It Means For Europe". *European Council on Foreign Relations*

(ECFR), 143, pp. 1–17. Disponível em: <http://www.ecfr.eu/page/-/Russias_Quiet_Military_Revolution.pdf>; Catrin Einhorn &, Hannah Fairfield & Tim Wallace, "Russia Rearms for a New Era". *The New York Times*, 24 de dezembro de 2015. Disponível em: <http://www.nytimes.com/interactive/2015/12/24/world/asia/russiaarming.html?hp&action=click&pgtype=Homepage&clickSource=story-heading&module=photo-spot-region&region=top-news&WT.nav=top-news>.

22. "International Military Review — Syria-Iraq battlespace, Dec. 29, 2015". *International Military Review*, 29 de dezembro de 2015. Disponível em: <http://southfront.org/international-military-review-syria-iraq-battlespace-dec-29-2015/>.

23. *Ibidem.*

24. "Zeid deplores mass execution of 47 people in Saudi Arabia". *United Nations of the Human Rights- Office of the High Commissioner for Human Rights.* Genebra, 3 de janeiro de 2016. Disponível em: <http://www.ohchr.org/EN/NewsEvents/Pages/Media.aspx?IsMediaPage=true&LangID=E>.

25. "Arábia Saudita — Reino da Arábia Saudita — Chefe de Estado e de governo: Rei Abdullah bin Abdul Aziz Al Saud. 62". *O Estado dos Direitos Humanos no Mundo*: *Anistia Internacional.* Informe 2014/15, pp. 63–64. Disponível em: <https://anistia.org.br/wp-content/uploads/2015/02/Informe-2014-2015-O-Estado-dos-Direitos-Humanos-no-Mundo.pdf>.

26. Christopher M. Blanchard (Specialist in Middle Eastern Affairs), "Saudi Arabia: Background and U.S. Relations". *Congressional Research Service — Informing legislative debate since 2014. September 8, 2015. 7- 5700 www.crs.gov -RL33533.* Disponível em: <http://fas.org/sgp/crs/mideast/RL33533.pdf>. Acessado em 8 de janeiro de 2014; Dan Lamothe, "How U.S. weapons will play a huge role in Saudi Arabia's war in Yemen". *The Washington Post*, 26 de março de 2015. Disponível em: <https://www.washingtonpost.com/news/checkpoint/wp/2015/03/26/how-u--s-weapons-will-play-a-large-role-in-saudi-arabias-war-in-yemen/>; Natasha Mozgovaya, "U.S. Finalizes $30 Billion Weapons Deal With Saudi Arabia: White House says agreement — under which 84 F-15 fighter jets will be sold to the kingdon, will help U.S. economy and strengthen regional security". *Há'aretz*, 29 de dezembro de 2011. Disponível em: <http://www.haaretz.com/middle-east-news/u--s-finalizes-30-billion-weapons-deal-with-saudi-arabia-1.404461>.

27. William Shakespeare, 1975, p. 761.

28. "Iran accuses Saudis of hitting Yemen embassy". *BBC: Middle East*, 7 de janeiro de 2016. Disponível em: <http://www.bbc.com/news/world-middle-east-35251917>.

29. Nick Davies, 2008, pp. 214, 230–231, 241–243; Udo Ulfkotte, 2014, pp. 43–46, 146–146.

30. Charlotte D'ornellas (Journaliste indépendante), "La sainte colère de l'archevêque d'Aleppo. Les médias européens n'ont cessé d'étouffer le quotidien de ceux qui souffrent en Syrie". *Boulevard Voltaire*, Disponível em: <http://www.bvoltaire.fr/charlottedornellas/sainte-colere-de-larcheveque-dalep,235328>; *Idem.* "Aleppo, la collera del vescovo" *La Stampa*, 3 de fevereiro de 2016. Disponível em: <http://www.lastampa.it/2016/02/03/blogs/san-pietro-e-dintorni/aleppo-la-collera-del-vescovo-kXa49OUOjrxEj6lr2CjsUI/pagina.html?zanpid=2132932023625905153 />; *Idem.* "Aleppo, na ira de um Bispo". Fratres in Unum.Com — Ecce quak bonum et

quam incundum habitares fratres in unum. 11 de fevereiro de 2016. Por Marco Tosatti — *La Stampa* | Tradução: Gercione Lima. Disponível em: <http://fratresinunum.com/>.

31. Ruth Gledhill, "Russian action in Syria offers hope, claims Catholic bishop". *Christian Today*, 19 de fevereiro de 2016. Disponível em: <http://www.christiantoday.com/article/russian.action.in.syria.offers.hope.claims.catholic.bishop/80213.htm>; "'Russian operation in Syria is our salvation' — top Syrian Catholic bishop to RT". *RT*, 18 de fevereiro de 2016. Disponível em: <https://www.rt.com/news/332922-aleppo-bishop-russia-support/>.

32. Karl Marx, & Friedrich Engels, 1981, pp. 26–27 e 40.

33. Tucídides, 1952, pp. 104–195.

Capítulo 1

NAZIFASCISMO • O FENÔMENO DA *MUTAZIONE DELLO STATO* • *WALL STREET PLOT* CONTRA O GOVERNO DE FRANKLIN D. ROOSEVELT EM 1933 • OS *BIG BUSINESSMEN* AMERICANOS, A FAMÍLIA DE PRESCOTT BUSH E A REMESSA DE RECURSOS PARA HITLER • A DENÚNCIA DO GENERAL SMEDLEY D. BUTLER • O COMPLÔ FASCISTA ABORTADO • OS DOCUMENTOS DO McCORMACK-DICKSTEIN COMMITTEE

O nazifascismo não constituiu um fenômeno particular da Itália e da Alemanha, quando ameaçou e se estendeu, sob diferentes modalidades, a outros países da Europa, como Portugal e Espanha, entre os anos 1920 e a deflagração da Segunda Guerra Mundial (1939–1945).[1] O que ocorreu nesses países foi uma espécie do que Niccolò Machiavelli (1469–1527) referiu como *mutazione dello stato* (*mutatio rerum, commutatio rei publicae*), quando a *res publica*, um Estado, sob o nome da liberdade, transmuda-se em Estado tirânico, com violência ou não.[2] O fenômeno político denominado nazifascismo no século XX podia e pode ocorrer, nos Estados modernos, onde e quando a oligarquia e o capital financeiro não mais conseguem manter o equilíbrio da sociedade pelos meios normais de repressão, revestidos das formas clássicas da legalidade democrática, e assumir características e cores diferentes, conforme as condições específicas de tempo e de lugar. Porém sua essência permanece como um tipo peculiar de regime, que se ergue por cima da sociedade, alicerçado em sistema de atos de força, com a atrofia das liberdades civis e a institucionalização da contrarrevolução, tanto no plano doméstico quanto no plano internacional, mediante perpétua guerra, visando a implantar e/ou a manter uma ordem mundial subordinada aos seus princípios e interesses nacionais e favorável à sua segurança assim como à prosperidade nacional.

Durante a Grande Depressão, que se seguiu ao colapso da bolsa de Wall Street, em outubro de 1929, a Black Friday, alguns grupos financeiros e industriais — cerca de 24 das mais ricas e poderosas famílias dos Estados Unidos, entre as quais Morgan, Robert Sterling Clark, DuPont, Rockefeller, Mellon, J. Howard Pew e Joseph Newton Pew, da companhia Sun Oil, Remington, Anaconda, Bethlehem, Goodyear, Bird's Eye, Maxwell House, Heinz Schol e Prescott Bush — conspiraram. Planejaram financiar e armar veteranos do Exército, sob o manto da American Legion, com a missão de marcharem sobre a Casa Branca, prender o presidente Franklin D. Roosevelt (1933–1945) e acabar com as políticas do New Deal.[3] O objetivo consistia na implantação de uma ditadura fascista, inspirada no modelo da Itália e no que Hitler começava a construir na Alemanha.[4]

O Wall Street Plot, porém, abortou. O major-general (r) Smedley Darlington Butler (1881–1940), que os *big businessmen* tentaram cooptar, denunciou a conspiração, ao repórter Paul French, do *Philadelphia Record* e do *New York Evening Post*. E, em 20 de março de 1934, a House of Representatives adotou a Resolution 198, 73d Cong., proposta pelos deputados do Partido Democrata, John W. McCormack (Massachusetts) e Samuel Dickstein (Nova York), criando o Special Committee on Un-American Activities, Investigation of Nazi Propaganda Activities and Investigation of Certain Other Propaganda Activities United States Congress (HUAC).

Ao testemunhar perante o McCormack-Dickstein Committee, o major-general Smedley D. Butler, duas vezes condecorado com *Medals of Honor* por distintos atos de excepcional heroísmo, contou que o golpe fascista teria o suporte de um exército privado de 500 mil ex-soldados e outras pessoas, e fora delineado pelos empresários Gerard C. MacGuire (1897–1935), advogado da companhia de corretagem Grayson M-P. Murphy & Co., e William Doyle, antigo comandante da American Legion, uma das mais poderosas organizações fascistas dos Estados Unidos.[5] Ofereceram-lhe, de início, US$ 100.000 para comandar o levante contra o presidente Roosevelt.[6] Ele recusou. O tenente-coronel James E. Van Zandt, comandante da organização assistencial Veteran of Foreign Wars (VFW), confirmou que se recusou a participar do complô, assim como o capitão Samuel Glazier, do CCC Camp em Elkridge, Maryland. Este último contou ao McCormack-Dickstein Committee, sob juramento, que Jackson Martindell, conselheiro financeiro de Wall Street e ligado aos bancos de investimentos, convidou-o para treinar 500.000 soldados civis.[7]

Os documentos do inquérito realizado pelo McCormack-Dickstein Committee foram desclassificados,[8] mas com vários trechos extensivamente apagados e o testemunho do general (r) Smedley D. Butler, em virtude de implicar no complô vários diretores de corporações financeiras e executivos de importantes grupos industriais, tais como, *inter alia*, Guaranty Trust, Grayson Murphy, JPMorgan, Irénée du Pont, da DuPont Company, e Lammot du Pont, proprietário da Remington Arms Co., fabricante de armamentos, que estava a investir pesadamente na Itália fascista e havia criado a Black Legion, espécie de Klux Klux Klan, e a American Liberty League, organizada em 1934, em oposição ao governo do presidente Franklin D. Roosevelt (1933–1945) e à política do New Deal.[9]

Houve um *cover up* a fim de resguardar a imagem dos Estados Unidos como democracia, o mito da "excepcionalidade", o país onde nunca houve golpe de Estado.[10] Ninguém foi processado. O McCormack-Dickstein Committee excluiu do relatório muitos dos nomes mais embaraçosos, apontados por Gerald MacGuire e confirmados pelo general Smedley D. Butler, entre os quais, posteriormente revelados, Alfred E. Smith (1873–1944), candidato do Partido Democrata à Presidência dos Estados Unidos em 1928; o general Hugh S. Johnson (1882–1942), chefe do National Recovery Administration; e o general Douglas MacArthur (1880–1964), chefe do Estado-Maior do Exército e provável comandante do assalto à Casa Branca,[11] bem como vários outros militares, que estavam inteirados do complô.[12] O presidente Roosevelt também não ordenou a prisão de nenhum *businessman*, como os citados Irénée du Pont, Lammot du Pont II, ou William Knudsen, presidente da General Motors, com receio de provocar novo *crash* em Wall Street e o engravecimento da depressão em que os Estados Unidos se atascavam desde 1929.[13]

A imprensa corporativa dos Estados Unidos igualmente não deu maior importância ao episódio. O jornalista George Seldes assinalou que, *"of all the hypocrisies of American journalism the greatest is the claim of a free press*".[14] Era um sistema de faturar lucros, que atacava os trabalhadores em nome da Free Enterprise. O historiador americano Henry B. Adams já havia observado, em meio à depressão causada pelo *crash* financeiro de 1893, nos Estados Unidos, que

> *The press is the hired agent of a monied system, and set up for no other purpose than to tell lies where its interests are involved. One can trust nobody and nothing. As far as my observation goes, society is today more rotten than at any time within my personal knowledge. The whole thing is one vast structure of debt and fraud.*[15]

Os documentos do McCormack-Dickstein Committee, depositados no National Archive dos Estados Unidos, permaneceram secretos e somente foram totalmente desclassificados em 2001, quando dois velhos judeus-alemães, Kurt Julius Goldstein (1914–2007), então com 87 anos, e Peter Gingold (1916–2006), sobreviventes do Holocausto, iniciaram, nos Estados Unidos, um processo contra a família Bush, demandando US$ 40 bilhões pelo trabalho escravo que tiveram de realizar para as empresas do grupo Thyssen no campo de concentração de Auschwitz.[16] A juíza Rosemary Mayers Collyer rejeitou o processo, com a especiosa alegação de que não podia dar-lhe continuidade, sob o princípio da *"state sovereignty"*, *i.e.*, porque George W. Bush, neto de Prescott Bush, o sócio de Fritz Thyssen, era presidente dos Estados Unidos e, como tal, tinha imunidade. Depois, ela ganhou seu prêmio. O presidente George W. Bush nomeou-a juíza da Corte do Distrito de Columbia e da United States Foreign Intelligence Surveillance Court.

Não constituía novidade que a família Bush estivera envolvida com a lavagem e a remessa de dinheiro para os nazistas na Alemanha. Em 31 de julho de 1941, o *New York Herald-Tribune*[17] havia noticiado que a Union Banking Corporation (UBC), da qual Prescott Bush era diretor, nos Estados Unidos, enviara, em 1933, US$ 3 milhões para o Nationalsozialistische Deutsche Arbeiterpartei (NSDAP), chefiado por Adolf Hitler.[18] Sidney Warburg, em *Hitler's Secret Backers*, e Antony C. Sutton, em *Wall Street and the Rise of Hitler*, calcularam que a UBC, até 1933, remeteu para "*nazi bigwigs*", na Alemanha, o total de US$ 32.000.000.[19] E o diário britânico *The Guardian*, com a desclassificação dos documentos pelo National Archive, confirmou o envolvimento financeiro de Prescott Bush com os arquitetos do nazismo, na condição de diretor e acionista da UBC, que vinha a ser representante dos interesses de Fritz Thyssen em Nova York.[20]

De fato, Prescott Bush (1895–1972), pai do presidente Herbert Walker Bush (1989–1993) e avô do presidente George W. Bush, fora diretor da Union Banking Corp. (UBC), filial do Bank voor Handel en Scheepvaardt N.V., vinculada ao conglomerado United Steel Works (Vereinigte Stahlwerke [United Steel Works Corporation ou German Steel Trust]), e tanto o banco quanto a indústria de aço integravam o conglomerado de Fritz Thyssen (1873–1951) e de seu irmão, Heinrich Thyssen-Bornemisza (1875–1947), de acordo com o informe do Office of Alien Property Custodian, datado de 5 de outubro de 1942.[21] Ademais, Prescott Bush participava da Consolidated Silesian Steel Company (CSSC), que explorava as reservas minerais da Silésia, na fronteira da Alemanha com a Polônia, e se valeu do trabalho escravo, em campos de concentração, inclusive Auschwitz. Entretanto, os documentos abertos ao público não deixam claro se Prescott Bush e a UBC ainda estavam ligados à CSSC em 1942, quando os acervos de Thyssen, nos Estados Unidos, foram capturados, após a declaração de guerra entre os dois países, em 11 de dezembro de 1941.[22]

Segundo Webster Griffin Tarpley e Anton Chaitkin, autores da biografia do ex-presidente George H. W. Bush, seu pai, Prescott Bush, como diretor das empresas da família, desempenhou papel central no financiamento e armamento de Hitler.[23] Ele recebeu US$ 1,5 milhão por sua participação na UBC.[24] Esse capital permitiu que seu filho, George H. W. Bush, montasse as firmas Bush-Overbey Oil Development Co. e a Zapata Petroleum, depois denominada Harbinger Group Inc., congregando várias companhias para exploração de petróleo no Golfo do México e *offshore* na ilha de Cuba. De acordo com um *memorandum* interno da CIA, datado de 29 de novembro de 1975, George H. W. Bush fundou a Zapata Petroleum com a colaboração de Thomas J. Devine, que abandonou seu cargo na alta direção da CIA para dedicar-se aos negócios privados, pois como *oil wild-catting* possuía vasto conhecimento da localização das grandes reservas de petróleo, em várias regiões.[25]

A simpatia pelo nazifascismo não esmoreceu, após o fracasso do complô contra a administração do presidente Franklin D. Roosevelt. Em Wall Street, sobretudo desde o início da década de 1930, o comunismo era temido, mas o fascismo, admirado como *avant-garde*.[26] Por longo tempo, diversos banqueiros, tanto católicos como evangélicos, e até mesmo judeus, negociaram com o regime nazista e lhe concederam financiamento de cerca de US$ 7 bilhões, naquela década.[27] Os banqueiros judeus justificaram, dizendo que o antissemitismo lhes parecia certo, sob o regime nazista, porque era contra os pobres, refugiados e trabalhadores.[28] E, em 1936, dos 919 membros da diretoria do Stock Exchange 148 eram judeus (de acordo com o inventário de 1936 publicado pela revista *Fortune*).[29] Com razão, o professor Gaetano Salvermini (1873–1957), da Universidade de Harvard, declarou ao repórter Joseph Philip crer que "quase 100% do *American Big Business*" simpatizavam com a filosofia por trás do totalitarismo de Hitler e Mussolini por seus métodos de coerção do trabalho.[30]

Os banqueiros Winthrop Aldrich, presidente do Chase National Bank, Nova York, e Henry Mann, do National City Bank, estiveram na Alemanha, onde se entrevistaram com Hitler, em agosto e setembro de 1933, e manifestaram ao embaixador dos Estados Unidos em Berlim (1933–1938), William E. Dodd (1869–1940), disposição de *"work with him"*,[31] a despeito de suas ideias e seu antissemitismo. Segundo o historiador Arthur M. Schlesinger Jr., ex-assessor do presidente John F. Kennedy (1961–1963), o fascismo nos Estados Unidos não foi meramente uma enfermidade da classe média baixa.[32] Ainda permaneceu enevoado e confuso, o sonho acalentado pelos *big businessmen* de Wall Street.[33] Em 1934, William Randolph Hearst (1863–1951),[34] um *tycon* da mídia, proprietário do *San Francisco Examiner, The New York Journal* e muitos outros diários (cerca de 28), revistas e cadeia de rádios, visitou Berlim, entrevistou-se com Hitler e, ao voltar aos Estados Unidos, escreveu que ele, o Führer, era *"certainly an extraordinary man"* e empenhou-se em fazer propaganda do regime nazista, como *"great policy, the great achievement"*, por haver salvado a Alemanha do comunismo.[35]

O embaixador dos Estados Unidos em Berlim, William E. Dodd, escreveu em seu diário, com data de 28 de novembro de 1935, que o empresário Thomas J. Watson (1874–1956), presidente e CEO da International Business Machines (IBM), cujo salário era de US$ 1.000 por dia, visitou-o e disse-lhe que *"if the big business insists on defeating the democracy in the United States there will be a revolution which may lose business men all they have"*.[36] Entretanto, também a IBM, conhecida na Alemanha como Deutsche Hollerith Maschinen Gesellschaft, ou Dehomag, cooperava com o regime de Hitler. Ademais de outros equipamentos, forneceu-lhe, através de suas subsidiárias, máquinas que possibilitaram a matança de milhões de judeus, em Treblinka e em vários outros campos de concentração.[37] Thomas J. Watson, o empresário que visitara o embaixador William E. Dodd, recebeu a Großkreuz des Deutschen Adlerordens [Grande Cruz da Ordem da Águia Alemã], porém a devolveu em 1940.[38]

Em 30 de dezembro de 1935, o major Truman Smith (1913–2007), *attaché* militar dos Estados Unidos em Berlim (1935–1939), informou ao embaixador William E. Dodd que a Alemanha era *"one military camp"*.[39] Em fins de 1937, a Luftwaffe, a força aérea, possuía de 175 a 225 esquadrões de aparelhos de guerra, e Hitler, além de manter simultaneamente imenso exército, construía enorme frota de submarinos, prosseguia com o programa de desenvolvimento de foguetes e instalava numerosas indústrias têxteis e de gasolina sintética, de modo a lançar toda a sorte de projéteis.[40] Em 1935, Douglas Miller, *attaché commercial* em exercício, previra também que *"in two years Germany will be manufacturing oil and gas enough out of soft coal for a long war, the Standard Oil Company of New York furnishing millions of dollars to help"*.[41] Com efeito, desde 1933, a Standard Oil, da família Rockefeller, em colaboração com a I. G. Farben, esteve a gerar petróleo e produzir gasolina e borracha sintética para a Alemanha nazista, a partir de carvão betuminoso, hulha, mediante o processo de hidrogenação, o que possibilitou a Adolf Hitler deflagrar a Segunda Guerra Mundial, com a invasão da Polônia, em 1939.[42] O quartel-geral da Standard Oil, na Suíça, funcionava independentemente por se tratar de um país neutro, e em 1942 a empresa pediu autorização para continuar a vender petróleo à Alemanha, desta vez, aquele que produzia nos campos que explorava na Romênia.[43] E, no mesmo ano, sua subsidiária, a West India

Oil Company, formada para refinar petróleo em Cuba e no Caribe, embarcou óleo para a Alemanha através da Cia. Argentina Comercial de Pesquería, de Buenos Aires.

Em 29 de agosto de 1936, o embaixador William E. Dodd, ao comentar que Hitler era *"absolute master"* de 60 milhões de pessoas na Alemanha e Benito Mussolini, *"master"* de 42 milhões na Itália, a levarem outros países no caminho da ditadura, anotou que nos Estados Unidos os *"capitalists are pressing in the same Fascist direction, supported by capitalists in England"*.[44]

Em carta ao presidente Roosevelt, o embaixador Dodd relatou:

> *At the present moment more than a hundred American corporations have subsidiaries here or cooperative understandings. The DuPonts have three allies in Germany that are aiding in the armament business. Their chief ally is the I. G. Farben Company, a part of the Government which gives 200,000 marks a year to one propaganda organization operating on American opinion. Standard Oil Company (New Jersey sub-company) sent US$ 2,000,000 here in December 1933 and has made US$ 500,000 a year helping Germans make Ersatz gas for war purposes; but Standard Oil cannot take any of its earnings out of the country except in goods. They do little of this, report their earnings at home, but do not explain the facts. The International Harvester Company president told me their business here, in Germany, rose 33% a year (arms manufacture, I believe), but they could take nothing out. Even our airplanes people have secret arrangement with Krupps. General Motor Company and Ford do enormous businesses [sic] here through their subsidiaries and take no profits out. I mention these facts because they complicate things and add to war dangers.*[45]

Posteriormente, declarou à imprensa:

> *A clique of U.S. industrialists is hell-bent to bring a fascist state to supplant our democratic government and is working closely with the fascist regime in Germany and Italy. I have had plenty of opportunity in my post in Berlin to witness how close some of our American ruling families are to the Nazi regime. Certain American industrialists had a great deal to do with*

bringing fascist regimes into being in both Germany and Italy. They exten-
ded aid to help Fascism occupy the seat of power, and they are helping to
keep it there.[46]

Grandes corporações dos Estados Unidos não somente se opuseram ao governo do presidente Roosevelt como ainda colaboraram, decisivamente, para a ascensão e consolidação da tirania de Adolf Hitler, da mesma forma que para o advento da tirania de Benito Mussolini. Diversas casas bancárias de Wall Street, entre as quais o Bank of America (Forbes), Dillon, Read & Co. Harris Bank, Morgan Bank, Guaranty Trust, e Chase Manhattan Bank, investiram na Alemanha e lucraram com o regime nazista, assim como as corporações Standard Oil (New Jersey), Du Pont, Dow Chemical, General Motors (GM), General Electric (A.E.G.), Vacuum Oil Company e Ford Motors Company. Henry Ford (1863–1947), autor do livro *The International Jew: The World's Problem* (1920), começara, desde os anos 1920, a financiar o partido nazista, o NSDAP (National-Sozialist Deutschland Arbeit Partei), bem como enviar dinheiro pessoal — cerca de 10.000 ou 20.000 marcos (*Reichmarks*) — para Adolf Hitler, e o fez como presente de aniversário, todos os anos, no dia 20 de abril, até 1944, através de bancos da Suíça ou da Suécia.[47] Os dois identificavam-se no ódio aos judeus. E, ao completar 75 anos, em 30 de julho de 1938, Henry Ford foi condecorado, em Cleveland, com a Großkreuz des Deutschen Adlerordens pelo embaixador da Alemanha nos Estados Unidos, Karl Kapp, assim como o haviam sido Benito Mussolini e Francisco Franco, ditador da Espanha.

Os investimentos das corporações dos Estados Unidos na Alemanha, durante o regime nazista, avultavam cerca de US$ 475 milhões, por ocasião do bombardeio de Pearl Harbor, em 7 de dezembro de 1941.[48] O presidente Roosevelt, seis dias depois, reativou o Trading With the Enemies Act (TWEA), de 6 de outubro de 1917, e Washington, em 1942, determinou o fechamento e a captura dos acervos do Union Banking Corp., filial do Bank voor Handel en Scheepvaardt N.V., vinculada ao conglomerado United Steel Works (Vereinigte Stahlwerke [United Steel Works Corporation]). Porém, mesmo durante a Segunda Guerra Mundial (1939–1945), muitas corporações dos Estados Unidos, entre as quais a

Mack Truck, Phillips Petroleum, Standard Oil of California e Firestone Tires, prosseguiram clandestinamente os negócios com o regime nazista, através de subsidiárias na Suíça e na Suécia. Outras, ainda, tais como a Ford, com 52% das ações da Ford-Werke, em Colônia, e a General Motors, proprietária da Adam Opel A.G, fabricante de caminhões, minas terrestres, detonadores de torpedos e foguetes balísticos, mantiveram suas filiais com instalações em Rüsselsheim (Hesse) e Brandenburg.[49] Em 1944, a General Motors, na Suécia, ainda importava produtos da Alemanha.[50] Hitler não havia confiscado nenhuma das subsidiárias das corporações americanas — Ford e GM — porém colocou, sistematicamente, todas sob a jurisdição do Reich, custodiadas como propriedades do inimigo.

Entrementes, o National City Bank e o Chase National Bank continuaram a manter conexões com o Bank für Internationalen Zahlungsausgleich (BIZ) ou Banco de Pagamentos Internacionais, que prosseguiu com suas operações em Basel, sob a lei de neutralidade, da Suíça, e intermediou negócios com os países do Eixo. Esse banco, presidido, entre 1940 e 1946, por Thomas H. McKittrick (1889–1970), cidadão americano, era, porém, controlado por próceres do regime nazista, entre os quais Walter Funk, ministro da Economia (1938–1945) e Emil Johann Rudolf Puhl, diretor e vice-presidente do Reichsbank da Alemanha. O BIZ aceitou, em 1944, a transferência do ouro que os nazistas saquearam dos judeus, de diversos países, exterminados nas câmaras de gás de Auschwitz, Majdanek, Treblinka, Belzec, Chelmno e Sobibor, por meio do tóxico Zyklon B, composto de ácido cianídrico, cloro e nitrogênio, fornecido pelo poderoso conglomerado da indústria química I. G. Farben.[51] O ouro era fundido e marcado com data anterior à Segunda Guerra Mundial, a fim de disfarçar sua origem e ser usado pelos chefes nazistas, ante a perspectiva de derrota na guerra.

NOTAS

1. Luiz Alberto Moniz Bandeira, 1969, p. 7.
2. "[...] *Mutazione che si fanno dalla vita libera a lla tirannica, e per contrario, alguna se ne faccia com sangue, alguna sanza* [...]." Niccoló Machiavelli, 2013, pp. 491–492; Hannah Arendt, 1965, pp. 35–36.

A DESORDEM MUNDIAL

3. O *New Deal*, que o presidente Roosevelt promoveu a fim de recuperar os Estados Unidos da Grande Depressão, causada pelo *crash* de 1929, foi consubstanciado por uma política de reformas econômicas e sociais, com o fito de diminuir o desemprego e a pobreza e acabar com eles. Algumas de suas principais medidas foram o Social Security Act, o U.S. Housing Authority, o Farm Security Administration e o Fair Labor Standards Act, que fixou o máximo de horas de trabalho e o salário mínimo para a maior parte das categorias dos trabalhadores.

4. "McCormack-Dickstein Committee". U.S. House of Representatives, Special Committee on Un-American Activities, Investigation of Nazi Propaganda Activities and Investigation of Certain Other Propaganda Activities United States Congress. Disponível em: <http://www.archives.gov/legislative/guide/house/chapter-22-select--propaganda.html>; Barbara Lamonica, "The Attempted Coup against FDR". *PROBE*, março/abril de 1999 issue (vol. 6, n° 3). Disponível em: <http://www.ctka.net/pr399-fdr.html>; Arthur M. Schlesinger Jr., 2003, pp. 83–86.

5. George Seldes, *Facts and Fascism*. Nova York: In Fact Inc., 5th Edition, 1943, pp. 105–114; Denton, Sally. *The Plots against the President — FDR, a Nation in Crisis, and the Rise of the American Right*. Nova York: Bloomsbury Press, 2012, pp. 192–197.

6. Barbara Lamonica, "The Attempted Coup against FDR". *Probe*, março-abril de 1999 issue (vol. 6, no. 3). Disponível em: <http://www.ctka.net/pr399-fdr.html>; Sally Denton, 2012, p. 54.

7. Katie L. Delacenserie, & (professor) James W. Oberly, & Eau Claire Wisconsin, "Wall Street's Search for a Man on a White Horse: The Plot to Overthrow Franklin Delano Roosevelt". For Presentation to History 489. University of Wisconsin- Eau Claire. Spring 2008, p. 29; "The Business Plot (Takeover of the White House) 1933". 10 de janeiro de 2009. Disponível em: <http://www.abovetopsecret.com/forum/thread426623/pg1>.

8. "Investigation of un-American propaganda activities in the United States. Hearings before a Special Committee on Un-American Activities, House of Representatives, Seventy-fifth Congress, third session-Seventy-eighth Congress, second session, on H. Res. 282, to investigate (l) the extent, character, and objects of un-American propaganda activities in the United States; (2) the diffusion within the United States of subversive and un-American propaganda that is instigated from foreign countries or of a domestic origin and attacks the principle of the form of government as guaranteed by our Constitution; and (3) all other questions in relation thereto that would aid Congress in any necessary remedial legislation". *United States Congress House. Special Committee on Un-American Activities (1938–1944)*. Volume: Appendix pt.7. Washington, U.S. Govt. Printing Office. National Archive. Disponível em: <https://archive.org/stream/investigationofu07unit/investigationofu07unit_djvu.txt>.

9. Jules Archer, 2007, pp. 20–34.

10. Se nos Estados Unidos não ocorreram propriamente golpes militares, em virtude de suas tradições culturais e políticas, bem como do alto desenvolvimento do capitalismo, quatro presidentes foram assassinados, em consequência de conspirações para mudança de governo: Abraham Lincoln (1865), James Garfield (1881), William McKinley (1901) e John F. Kennedy (1963). Outros cinco sofreram atentados, mas escaparam com vida. Andrew Jackson (1835), Franklin D. Roosevelt,

como presidente eleito (1933), Harry S. Truman (1950), Gerald Ford (1975) e Ronald Reagan (1981).

11. Sally Denton, 2012, pp. 1, 31–32, 191.

12. Clayton Cramer, "An American Coup d'État?" *History Today*, vol. 45, issue: 11, 1995. Disponível em: <http://www.historytoday.com/clayton-cramer/american--coup-detat>; "An attempted American coup d'État: 1934". *What Really Happened — The History the Government hopes you don't learn*. Disponível em: <http://whatreallyhappened.com/WRHARTICLES/coup.htmlDouglasa>.

13. Charles Higham, 1983, pp. 162–165.

14. George Seldes, 1943, pp. 244–245.

15. *Letters of Henry Adams (1892–1918)* — Edited by Worthington Chauncey Ford — Boston/Nova York: Houghton Mifflin Company, 1938, vol. II, p. 99. Disponível em: <http://archive.org/stream/lettersofhenryad008807mbp/lettersofhenryad008807mbp_djvu.txt>.

16. Ben Aris (Berli) & Duncan Campbell, (Washington), "How Bush's grandfather helped Hitler's rise to power". *The Guardian*, Saturday, 25 de setembro de 2004.

17. Fac-símile disponível em: <http://www.fleshingoutskullandbones.com/P.Bush--Union_Banking/NYTH.html#>.

18. Michael Kranish, "Prescott Bush & Nazis", *Boston Globe*, 4 de julho de 2001. The Mail Archive, Disponível em: <https://www.mail-archive.com/ctrl%40listserv.aol.com/msg71122.htm>; *Idem*. "Powerful alliance aids 'Bushes' rise". (Part One), *Boston Globe*, 22 de abril de 2001; *Idem*. "Triumph, troubles shape generations". (Part Two), *Boston Globe*, 23 de abril de 2001; *Bushology Interactive*: 2000–2004 — *The Bush dynasty*. Disponível em: <http://www.moldea.com/bushology3.html>.

19. Sidney Warburg, 1995, pp. 14–16 e 44–47; Antony C. Sutton, 2011, pp. 25–30, 132.

20. Ben Aris, (Berlim) & Duncan Campbell (Washington), "How Bush's grandfather helped Hitler's rise to power". *The Guardian*, 25 de setembro de 2004; "Documents: Bush's Grandfather Directed Bank Tied to Man Who Funded Hitler", 17 de outubro de 2003. Associated Press. Disponível em: <http://www.foxnews.com/story/2003/10/17/documents-bush-grandfather-directed-bank-tied-to-man-who--funded-hitler/>.

21. "Documents: Bush's Grandfather Directed Bank Tied to Man Who Funded Hitler". 17 de outubro de 2003. Citado.

22. Disponível em: <http://www.theguardian.com/world/2004/sep/25/usa.secondworldwar/print>.

23. Webster Griffin Tarpley & Anton Chaitkin, 1982, pp. 28–34; Ben Aris, (Berlim) & Duncan Campbell (Washington), "How Bush's grandfather helped Hitler's rise to power". *The Guardian*, 25 de setembro de 2004.

24. "Looking behind the Bushes — Great moments in a great American family". *The Progressive Review. An Online Journal of Alternative News & Information*. Disponível em: <http://prorev.com/bush2.htm>.

25. Russ Baker & Jonathan Z. Larsen, "CIA Helped Bush Senior in Oil Venture". *Real News Project*, 8 de janeiro de 2007. Disponível em: <http://www.ctka.net/zapata.html>.

A DESORDEM MUNDIAL

26. Sally Denton, 2012, p. 54.
27. George Seldes, 1943, pp. 154–155.
28. *Ibidem*, p. 154.
29. *Ibidem*, p. 155.
30. *Ibidem*, p. 46.
31. William E Dodd Jr. & Martha Dodd (Editores), 1943, pp. 35 e 45.
32. Arthur M. Schlesinger Jr., 1960, p. 82.
33. Antony C. Sutton, 2002, pp. 167–172.
34. William Randolph Hearst foi interpretado por Orson Welles no filme *Citizen Kane*, produzido em 1941. Essa película, dirigida pelo próprio Welles, é considerada uma das obras-primas do cinema.
35. *Ibidem*, pp. 84–86.
36. William E. Dodd, Jr. & Martha Dodd (Editores), 1943, p. 288.
37. Edwin Black, "How IBM Helped Automate the Nazi Death Machine in Poland" Week of March 27-April 2, 2002 [Postado em 26 de março de 2002]. Disponível em: <http://emperors-clothes.com/analysis/ibm.htm>; Edwin Black é autor do livro *IBM and the Holocaust: The Strategic Alliance between Nazi Germany and America's Most Powerful Corporation*.
38. Gesche Sager, "Henry Ford und die Nazis — Der Diktator von Detroit". *Spiegel Online*, 29 de julho de 2008. Disponível em: <http://www.spiegel.de/einestages/henry-ford-und-die-nazis-a-947358.html>.
39. William E. Dodd Jr. & Martha Dodd (Editores), 1943, pp. 299–300.
40. Truman Smith, 1984, pp. 117, 143.
41. William E. Dodd Jr. & Martha Dodd (Editores), pp. 299–300.
42. Antony C. Sutton, 2002, pp. 67–76; Joseph Borkin, 1978, pp.76–94.
43. Charles Higham, 1983, pp. 54–55; George Seldes, 1943, pp. 252–253.
44. William E. Dodd Jr. & Martha Dodd (Editores), 1943, pp. 352–353.
45. "William E. Dodd to Franklin D. Roosevelt". Franklin D. Roosevelt Presidential Library and Museum — Great Britain/German Diplomatic Files — Box 32 — Folder Titles List Dodd–>FDR 10/19/36. Germany: William E. Dodd: 1936–38 (i300) Index. Disponível em: <http://docs.fdrlibrary.marist.edu/psf/box32/a300l02.html>.
46. Dodd interview: Federated Press, January 7, 1938. *Apud* George Seldes, 1943, pp. 122–123; Sheldon Drobny, "Bob Novak Thinks Prescott Bush Was A Liberal". *Huffington Post*, 27 de julho de 2007. Disponível em: <http://www.huffingtonpost.com/sheldon-drobny/bob-novak-thinks-prescott_b_58119.html>.
47. George Seldes, 1943, pp. 135–138; Gesche Sager, "Henry Ford und die Nazis — Der Diktator von Detroit". *Spiegel Online*, 29 de julho de 2008. Disponível em: <http://www.spiegel.de/einestages/henry-ford-und-die-nazis-a-947358.html>.
48. Jacques R. Pauwels, "Profits über Alles! American Corporations and Hitler". *Global Research*, 15 de maio de 2014 — *Global Research*, 8 de junho de 2004. *Centre for Research on Globalization*. Disponível em: <http://www.globalresearch.ca/profits-ber-alles-american-corporations-and-hitler/4607>.
49. Edwin Black, "The Nazi Party: General Motors & the Third Reich". Jewish Virtual Library. American-Israeli Cooperative Enterprise. Disponível em: <http://www.jewishvirtuallibrary.org/jsource/Holocaust/gm.html>; Jacques R. Pauwels, "Profits

über Alles! American Corporations and Hitler". *Global Research*, 15 de maio de 2014; *Global Research*, 8 de junho de 2004. Centre for Research on Globalization. Disponível em: <http://www.globalresearch.ca/profits-ber-alles-american-corporations-and-hitler/4607>.
50. Charles Higham, 1983, p. 176.
51. Joseph Borkin, 1978, pp. 121–123 e 205; Paul Joseph Watson, "Former Nazi Bank to Rule the Global Economy". *Prison Planet.com*, 30 de abril de 2010/In Featured Stories, Old Infowars Posts Style. Disponível em: <http://www.infowars.com/former-nazi-bank-to-rule-the-global-economy/>.

Capítulo 2

AS ESFERAS DE INFLUÊNCIAS PÓS-SEGUNDA GUERRA MUNDIAL • *FREE WORLD/ FREE MARKET VERSUS CURTAIN IRON* • A OTAN *"TO KEEP THE AMERICANS IN, THE RUSSIANS OUT AND THE GERMANS DOWN"* • O MACARTHISMO • A DENÚNCIA DO COMPLEXO INDUSTRIAL-MILITAR PELO PRESIDENTE EISENHOWER • A *MILITARY DEMOCRACY* E O CRESCIMENTO DA DESIGUALDADE SOCIAL NOS ESTADOS UNIDOS

A Alemanha e a Itália foram derrotadas nos campos de batalha da Europa, durante a Segunda Grande Guerra, na qual morreram 420 mil soldados dos Estados Unidos, enquanto a União Soviética perdeu entre 18 milhões e 24 milhões de pessoas (civis e militares), o equivalente a 13,6% – 14,2%, de sua população, calculada em cerca de 168,5 milhões, àquela época, primeira metade dos anos 1940. No entanto, as democracias ocidentais incorporaram ao seu arsenal ideológico muitos elementos do nazifascismo, *i.e.*, do Estado totalitário, sobretudo no contexto da Guerra Fria, deflagrada com o advento da União Soviética, como potência mundial. E ditaduras de estilo fascista, ainda que com caracteres peculiares, permaneceram intocáveis, em Portugal e Espanha, e passaram a receber o suporte dos Estados Unidos, França e Grã-Bretanha, como parte do chamado *Free World*, contraposto à *Iron Curtain*, que a União Soviética havia estendido de Stettin, no Báltico, a Trieste, no Adriático, atravessando o continente e atrás da qual estavam os velhos Estados da Europa Central e Oriental, conforme Winston Churchill, primeiro-ministro da Grã-Bretanha, apontou, ao deflagrar a Guerra Fria.[1]

Os Estados Unidos até então haviam rejeitado, formalmente, os conceitos de esferas de influências e balanço de poderes, para defenderem uma era de paz, baseada na segurança coletiva da ONU, aberta às nações democráticas.[2] Porém, em 1947, induziram os países da América Latina a assinar o Tratado Interamericano de Assistência Recíproca (Tratado do Rio de Janeiro) e, em 1948, criaram a Organização dos Estados Americanos, que remontava à extinta União Internacional das Repúblicas Americanas, de 1889-1890. Destarte, da mesma forma que a União Soviética não admitia a eleição de um governo anticomunista nas "democracias populares" da Europa Oriental, sob seu domínio, os Estados Unidos passaram a estimular golpes militares na América Latina e a reconhecer e cultivar "relações amistosas com as piores ditaduras de direita", segundo a análise da embaixada do Brasil, chefiada pelo embaixador Roberto Campos.[3] "Do ponto de vista dos setores militares de Washington", salientou a análise, "tais governos são muito mais úteis aos interesses da segurança continental do que os regimes constitucionais."[4] Nelson Rockefeller também os considerava *a major force for constructive social change in the American Republic*". Essas ditaduras militares, inspiradas na Doutrina de Segurança Nacional, assemelhavam-se ao tipo especial de regime em permanente contrarrevolução, assentado no princípio de absoluto poder do Estado, sobreposto ao indivíduo e em contínua guerra contra o inimigo interno, a subversão comunista, representada pelos sindicatos, greves etc., que ameaçavam a segurança do *Free World*.[5] E a segurança do *Free World* consistia na segurança dos interesses do *Free Market*, do *business* e dos bancos americanos, contra qualquer ameaça nacionalista, identificada com o comunismo, e configurava o fundamento das políticas de qualquer governo dos Estados Unidos — fosse do Partido Republicano ou Democrata — *vis-à-vis* da América Latina.[6]

Os Estados Unidos, outrossim, circunscreveram os países da Europa Ocidental como sua área de influência, mediante a criação da Organização do Tratado do Atlântico Norte (OTAN/NATO), em 4 de abril de 1949, como um sistema de defesa coletiva, *"a necessary mechanism"*, segundo o general Dwight Eisenhower, enquanto somente em 4 de maio de 1955, seis anos depois, a União Soviética envolveu, militarmente, os países da Europa Central e Oriental, sob seu domínio, com a celebração do Tratado de Varsóvia (Tratado de Amizade, Cooperação e Assistência

A DESORDEM MUNDIAL

Mútua).[7] A OTAN, porém, encapava o múltiplo propósito de *"to keep the Americans in, the Russians out and the Germans down"*,[8] *i.e.*, conservar a supremacia dos Estados Unidos, conter a União Soviética e submeter a Alemanha — conforme explicitamente declarou o general Hastings Lionel Ismay, 1° Lord Ismay (1887–1965), então secretário-geral da Aliança (1952–1957).

A adesão à OTAN, uma organização militar, ainda que aparentemente defensiva, implicava necessariamente certa perda de soberania dos países da Europa Ocidental, então a formar a Comunidade Econômica Europeia (CEE). E assim os Estados Unidos, ao subordiná-los militarmente, dividiram o mundo em campos opostos — "mundo livre" *versus* "comunismo totalitário" — e promoveram a expansão do capital financeiro — o *boom* dos bancos americanos, como o National City Bank *e outros* — e equacionaram as contradições internacionais com a União Soviética, identificando o ideal de liberdade, a democracia, com a livre empresa, livre câmbio e multilaterização do comércio, possibilitando a preeminência internacional do dólar. A deflagração da Guerra Fria, *et vero*, decorreu, sobretudo, de necessidades econômicas e políticas dos Estados Unidos, das necessidades de dilatar a sociedade de consumo, *substractum* do sistema capitalista e do seu *"way of life"*, bem como nutrir a indústria bélica e o complexo de segurança, que se tornaram fundamentais para sua prosperidade e domínio. E o conflito com a União Soviética foi então travado, mediante a competição armamentista, intervenções e golpes militares, guerras civis e/ou por procuração (*proxy wars*) entre terceiros países, guerra comercial, bem como através de operações encobertas e atos de terror e assassinatos, a cargo da *Gladio* e de uma rede de organizações paramilitares clandestinas — uma Stay-Behind-Strukturen, formada, na Europa Ocidental (1951), pela OTAN, CIA e pelos serviços de inteligência da Itália e de outros países, com fascistas, oficiais nazistas e agentes da Gestapo, a pretexto de resistir a uma eventual invasão da União Soviética, e com o comando central no Pentágono.[9] Daí que, quando o Partido Republicano, em 1952, elegeu o general Dwight Eisenhower presidente dos Estados Unidos, Oswaldo Aranha (1894–1960), então embaixador do Brasil em Washington, advertiu em carta ao presidente Getúlio Vargas (1894–1960) que

Este será um governo republicano e militar. Entre *les deux mon coeur balance* sem saber qual o pior. A Wall Street será o Estado-Maior. A reação virá para o mundo destas duas forças conjugadas no maior poderio já alcançado por um povo e na hora mais incerta e insegura para a vida de todos os povos. O capitalismo no poder não conhece limitações, sobremodo as de ordem internacional. O esforço para voltar à ordem mundial é o espetáculo a que iremos assistir. A nova ordem, que se iniciava pela libertação dos povos do regime colonial, vai sofrer novos embates. Mas acabará por vencer, mesmo porque este povo, ao que me parece, não está unido no sentido de apoiar esta volta violenta a um passado internacional, que levará inevitavelmente o país à guerra com quase todos os demais povos.[10]

Àquela época, os Estados Unidos beiraram as raias do totalitarismo protofascista, sob o manto do anticomunismo, com a violenta campanha de repressão doméstica, desencadeada pelo senador Joseph "Joe" McCarthy (1908–1957), do Partido Republicano, mediante acusações de subversão, deslealdade e traição, sem provas, e inquéritos, contra diversas personalidades, inclusive artistas e escritores, a inibir e restringir os direitos de crítica e dissensão. E, desde 1953, os Estados Unidos incrementaram a política de *regime change*, com a CIA a promover operações encobertas e encorajar, direta ou indiretamente, golpes de Estado, tal como aconteceu no Irã (Operation Ajax — 1953);[11] Guatemala (Operation PBSUCCESS — 1954); Paraguai (1954); Tailândia (1957); Laos (1958–60); Congo (1960); Turquia (1960) e ordenou os preparativos para a invasão de Cuba (1959–1960). Contudo, ao passar o governo ao presidente John F. Kennedy (1961–1963), do Partido Democrata, o próprio presidente Eisenhower advertiu que, em face do enorme estabelecimento militar e da grande indústria de armamentos, que os Estados Unidos, com notável revolução tecnológica, haviam construído, seus sucessores deviam acautelar-se *"against the acquisition of unwarranted influence, whether sought or unsought, by the military-industrial complex. The potential for the disastrous rise of misplaced power exists and will persist."*[12]

O presidente Eisenhower ainda acentuou que *"we must never let the weight of this combination endanger our liberties or democratic process*", e apontou o perigo de que a política pública se tornasse cativa de uma *"scientific technological elite"*.[13] *"We want democracy to survive for all generations to come, not to become the insolvent phantom of tomorrow."*[14] A advertência foi tardia. A democracia, nos Estados Unidos, começara a tornar-se o *"insolvent phantom of tomorrow"*. Estava virtualmente a degenerar no que Edmund Burke (1729–1797) pressagiou, *i.e.*, em uma *"military democracy"*, em que os revolucionários americanos proclamavam o direito dos homens, mas, quando os negros (escravos) se levantavam contra eles, empregavam *"troops again — massacre, torture, hanging"*.[15] E, Alexis Tocqueville (1805–1859), na primeira metade do século XIX, percebeu, por sua vez, que o governo da república, nos Estados Unidos, lhe parecia *"aussi centralisé et plus énergique que celui des monarchies absolues de l'Europe"*.[16] E, de fato, os presidentes dos Estados Unidos, em 213 anos de guerra, desde a sua independência até as intervenções no Iraque e Líbia, somente cinco vezes requereram a autorização do Congresso, conforme determinava a Constituição.[17] Quase sempre ignoraram o Congresso e a opinião pública.

A característica da *"military democracy"*, sob a regência de um presidente da república com mais poderes que um monarca absolutista, acentuou-se cada vez mais ao longo do tempo, com a mutação estrutural do capitalismo, aumentando a desigualdade na apropriação da renda nacional e alcançando níveis sem precedentes, entre os anos 1970 e 1980.[18] A partir de 1982, a desigualdade ainda mais se ampliou. As famílias mais ricas, 1% da população, que em 1982 recebiam 10,8% de todos os rendimentos antes da incidência de impostos (*pretax*), e 90%, com 64,7%, passaram a receber 22,5%, em 2012, enquanto a participação das demais caiu de 90% para 49%.[19] De acordo com o levantamento da Organization for Economic Cooperation and Development (OECD), entre os 31 países, que pertencem a essa organização, os Estados Unidos estão no 10º lugar na escala de desigualdade de renda pretax, com base em *"market incomes"*, e no 2º, abaixo do Chile, após a incidência de impostos etc.[20] A desigualdade de renda atingiu, em 2013, o nível mais elevado desde 1928: 1.645 homens e mulheres controlavam maciça parte do acervo financeiro global, um montante de US$ 6,5

LUIZ ALBERTO MONIZ BANDEIRA

trilhões.[21] Desses 1.645 bilionários, 492 viviam nos Estados Unidos, cujo PIB era da ordem de US$ 16,72 trilhões (2013 est.),[22] e controlavam mais de US$ 2 trilhões.[23] A *free enterprise* santificada engendrou, inevitavelmente, a acumulação de riqueza e a desigualdade estrutural de poder, assim como o *free market*, que os presidentes dos Estados Unidos tanto se empenharam em impor a outros países, mormente àqueles com níveis salariais mais baixos e ricos em matérias-primas. Esses acordos e tratados sempre interessaram às grandes corporações dos Estados Unidos, que instalaram plantas industriais em outros países, em busca de fatores mais baratos de produção, entre os quais a força de trabalho, porquanto podiam exportar para o próprio mercado americano a produção *offshore* e desse modo aumentar os lucros corporativos, o ganho dos acionistas e os bônus de multimilhões de dólares que os executivos recebiam como renda extra.[24] O capital obtinha enorme recompensa, mas o custo dessa recompensa recaía sobre os trabalhadores americanos e as taxas recolhidas pelas cidades e estados — observou o economista Paul Craig Roberts.[25]

A entidade internacional de pesquisa sobre a fome, Oxfam International, sediada na Grã-Bretanha, revelou, em 19 de janeiro de 2015, que a riqueza de 1% dos mais ricos no mundo recresceu de 44%, em 2009, para 48%, em 2014, e apenas 80 bilionários detinham então mais recursos do que dispunham 50% (3,5 bilhões) da população mundial. A tendência era no sentido de que apenas 1% dos mais ricos dominariam mais de 50% em 2016.[26] A riqueza desses 80 bilionários mais ricos dobrou, em termos de liquidez, entre 2009 e 2014, e podia ser usada como *lobby* em favor de seus interesses. Winnie Byanyima, diretora da Oxfam International e uma das seis coordenadoras do World Economic Forum (WEF), advertiu que o incremento da concentração de riqueza, desde a profunda recessão de 2008–2009, era perigoso para o desenvolvimento e para a governança, uma vez que estava a deixar os mais pobres sem voz.[27] Tais bilionários, com investimentos nos mais diversos setores, incluindo finanças, farmacêuticos/saúde, gastavam milhões de dólares todos os anos em *lobbying* para criar ambiente que protegesse o incremento de suas riquezas e futuros interesses. As mais prolíficas atividades nos Estados Unidos eram nas questões do orçamento e dos impostos.[28]

Outrossim, o professor Nouriel Roubini, da Stern School of Business da New York University, durante o encontro de Davos (Suíça), em janeiro de 2015, comentou, em entrevista ao jornalista Tom Leene, da rede *Bloomberg News*, que muito dificilmente os Estados Unidos poderiam superar a enorme desigualdade social porque seu sistema político foi baseado na *"legalized corruption"*, o que significa que os ricos, bilionários, com maiores recursos, podiam subornar os políticos, e era o que geralmente faziam.[29] Segundo indicou, as firmas de *lobbying*, que se concentram na K Street, em Nova York, sempre puderam afetar a legislação com dinheiro dado aos políticos e por isso os que possuem recursos financeiros têm maior impacto no sistema político do que aqueles que não possuem. *"So it's not a true democracy, it's a plutocracy"*, concluiu o professor Nouriel Roubini.[30]

O economista Thomas Piketty, autor da obra *Le Capital aux XXIe*, ressaltou que "a igualdade proclamada dos direitos do cidadão contrasta singularmente com a desigualdade real das condições de vida [...]".[31] O que vive de renda, de lucros do capital, é *"ennemi de la démocratie"*, escreveu.[32] Essa desigualdade de renda recomeçou a aumentar a partir dos anos 1980 e, nos Estados Unidos, tornou-se maior do que em todos os países do Ocidente.[33] De acordo com os dados divulgados pela Federação Americana do Trabalho e Congresso de Organizações Industriais (AFL-CIO), os CEO (Chiefs Executives Officers) de 350 corporações ganharam em média US$ 11,7 milhões em 2013, enquanto a renda anual de um trabalhador médio foi de apenas US$ 35.293.[34] A renda média de um dirigente de corporação foi 774 vezes maior do que a dos trabalhadores, que ganharam apenas por hora o salário mínimo de US$ 7,25, *i.e.*, um total de US$ 15.000, no ano.[35] E o fato foi que, a partir da década de 1980, a desigualdade dos salários, bem como dos patrimônios, recomeçou a aumentar nos países do Ocidente,[36] como consequência da política neoconservadora do presidente Ronald Reagan (Reaganomics), que liquidou a classe média nos Estados Unidos,[37] e de Margaret Thatcher, cujo mais importante legado do longo tempo à frente do governo da Grã-Bretanha (1979–1990), segundo *The Guardian*, foi o imenso crescimento da desigualdade econômica e social, por ela causado, alargando as diferenças de rendimentos entre ricos e pobres, durante os anos 1980, sobretudo a partir de 1985, quando rapidamente atingiu nível recorde.[38]

Esse fenômeno ocorreu não somente nos Estados Unidos e na Grã-Bretanha. Ocorreu, em todos os países, a refletir a exploração da classe operária, por meios diretos e indiretos, impostos, terceirização (*outsourcing*) etc. O desenvolvimento científico e tecnológico, dos meios de comunicação e das ferramentas eletrônicas, ao aumentar a produtividade do trabalho e impulsionar ainda mais a internacionalização/globalização da economia, determinou profunda mutação no sistema capitalista mundial, na estrutura social das potências industriais e no caráter da própria classe operária, o qual não mais correspondia à existente no século XIX e mesmo nas primeiras décadas do século XX.

Após a Segunda Guerra Mundial (1939–1945), capitais dos Estados Unidos e das potências industriais da Europa, em busca de fatores de produção mais baratos, como força de trabalho e matérias-primas, emigraram, massivamente, para os países da Ásia e da América Latina, bem como para os do Leste Europeu, depois do colapso da União Soviética e do Bloco Socialista, que aderiram à economia de mercado, assim como para a China e Índia, onde encontraram condições de investimentos mais seguras, estáveis e lucrativas. Lá, as grandes corporações instalaram suas plantas industriais e passaram a exportar a produção para os mercados das próprias potências econômicas das quais haviam emigrado. Em quase todos os países desenvolvidos, o declínio da participação da indústria na geração de empregos acelerou-se com o processo de terceirização (*outsourcing*) e deslocamento da produção de manufaturas para os países da periferia do sistema (*offshoring*), com níveis salariais mais baixos e diferentes condições sociais e políticas, a gerar graves consequências no mercado de trabalho e contribuir significativamente para o aumento da desigualdade. Tais processos concorreram, assim, para esvaecer a força da classe operária e, em consequência, o poder de pressão e negociação dos sindicatos e partidos políticos — socialistas, social-democratas, trabalhistas, comunistas etc. — que de um modo ou de outro defendiam seus interesses, ao tempo em que o processo global de produção capitalista acumulava e concentrava o capital, em escala internacional, e a desigualdade se expandia.

Com efeito, houve, nas potências industriais do Ocidente, como Alemanha, França e Grã-Bretanha, virtual desvanecimento das contradições políticas e ideológicas entre os partidos políticos, cujas iniciativas, no governo, não muito mais dissentiram. Teve razão o grande historiador Eric Hobsbawm ao asseverar, em entrevista à agência de notícias Télam, da Argentina, que "já não existe esquerda tal como era", seja social-democrata ou comunista. Ou estava fragmentada ou desaparecera.[39] Não havia contraste, oposição virtualmente não havia. A dissemelhança restou somente no matiz dos partidos. Daí que o regime democrático não avançou. Pelo contrário, atrofiou-se e passou a convergir, nos mais diversos países, com os regimes totalitários, na medida em que o Estado de exceção tornou-se a exceção do Estado, cada vez mais terceirizado, entregando suas funções, inclusive policiais e militares, a grandes corporações, que somente visavam ao lucro e à ganância, em meio à crescente desigualdade econômica e social.

Sob o título *Croissance et inégalités*, de 2008, a OECD (Organization for Economic Co-Operation and Development) havia mostrado que a distância entre os ricos e pobres recrescera, na maioria dos países. Três anos mais tarde, em 2011, a OECD revelou em outro estudo — *Toujours plus d'inégalité: Pourquoi les écarts de revenus se creusent* — que o fosso econômico e social ainda mais se havia dilatado na maior parte dos países. O coeficiente de Gini passara de 0,29 para 0,32, entre meados dos anos 1980 e o fim do ano 2000, ao mesmo tempo que o *chômage*, agravado pela automação da indústria com a crescente utilização de microchips (robôs industriais), atingia, em todo o mundo, o montante de 200 milhões de trabalhadores,[40] a formar poderoso exército industrial de reserva, o que também contribuiu para esvaziar o poder de negociação dos sindicatos, cuja articulação política, restrita aos marcos dos respectivos Estados nacionais, não acompanhou o desenvolvimento da organização transnacional do sistema capitalista. Mesmo em países, como Alemanha, Suécia e Dinamarca, que tradicionalmente apresentavam condições econômicas e sociais mais igualitárias, a disparidade entre pobres e ricos — na faixa de 5 a 1 — recresceu, a partir dos anos 1980, para 6 a 1.[41]

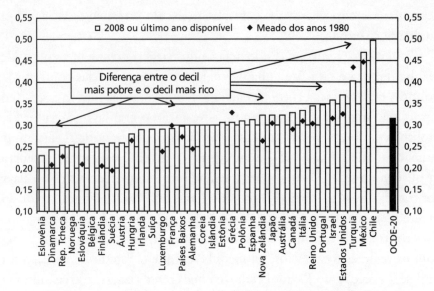

Figura 2.1 — Diferenças entre ricos e pobres nos países da OECD
Fonte: OECD. Disponível em: <http://www.oecd.org/fr/els/soc/49205213.pdf

Uma pesquisa publicada por *The New York Times* revelou que, nos Estados Unidos, o rendimento médio dos executivos das 100 principais corporações do país, em 2013, foi superior a US$ 13 milhões.[42] E os executivos de Wall Street eram ainda altamente remunerados, embora os das empresas financeiras nem sempre figurassem entre os mais altos escalões daqueles que recebiam altos salários. Durante a crise financeira de 2008, o presidente do New Yorker Investment Bank Goldman Sachs, Lloyd Blankfein, ganhou bônus da ordem de US$ 20 milhões e, em 2007, um total de US$ 68 milhões, ademais de possuir um acervo de US$ 500 milhões em ações.[43] Ele representava simples fração de alguns de seus pares, o chamado *"shadow-banking sector"*. São os *"corporate Caesars"*, como o professor e jornalista americano Henry Demarest Lloyd, no fim do XIX, denominou os *"industrial Caesars"* e *"commercial Caesars"*, que se fizeram ricos mediante a rapina, apropriando-se de outras indústrias, em meio à quebra dos bancos e o pânico financeiro provocado pela especulação com a construção de ferrovias nos Estados Unidos.[44] "*Liberty produces wealth, and wealth destroy liberty*", Henry D. Lloyd escreveu, ao assinalar que a livre competição haveria de gerar o monopólio, com a apropriação por uns da propriedade de outros e a expropriação da classe média.[45] Ao fim da depressão, 1897, foi que os grandes capitalistas, JPMorgan, John D. Rockefeller, e Andrew Carnegie se aproveitaram para adquirir as empresas mais combalidas e quebradas de forma a consolidar e concentrar o controle sobre o setor bancário e os setores de óleos e aço. A especulação financeira, através dos mais variados instrumentos, constituiu outro meio pelo qual os bancos amontoaram mais e mais riquezas. O mercado financeiro e a economia tornaram-se a maior ameaça aos Estados Unidos e o presidente Obama necessitava envolvê-los diretamente em uma guerra a fim de evitar a recessão, ainda mais do que nas guerras assimétricas, que promoviam por meio de procuração, suprindo com recursos financeiros e armamentos grupos e terceiros países para que defendessem seus interesses econômicos e/ou geopolíticos.

A especulação financeira, na segunda metade do século XX, voltara a expandir-se, mais e mais, desde os anos 1990, com a autorização de Alan Greenspan, presidente do Federal Reserve Bank (1987–2006), para que os bancos comerciais emitissem notas financeiras, e recresceu, a partir de 1996, com a permissão dada às subsidiárias dos bancos comerciais de participar de bancos de investimento, até o limite de 25% do seu capital. Tais medidas visaram a atender aos interesses das companhias Travelers Group e Citicorp, que pretendiam remover quaisquer barreiras regulatórias à sua fusão e criação do gigantesco sistema de serviços bancários e financeiros do Citigroup. E, em 12 de novembro de 1999, o presidente Bill Clinton sancionou o Financial Services Modernization Act, conhecido como Gramm-Leach-Bliley Act, revogando o Glass-Steagall Act (The Banking Act), aprovado pelo Congresso, em 1933, durante a Grande Depressão, a fim de impedir abusos e fraudes dos bancos semelhantes às que inflaram a bolha e produziram o *crash* de 1929. Essa lei, o Glass-Steagall Act, considerada por Alan Greenspan *"obsolete and outdated"*, havia separado por sete a fusão de bancos comerciais e bancos de investimentos.

O Gramm-Leach-Bliley Act teve como objetivo reduzir ou eliminar o poder do governo sobre as indústrias e os bancos, mediante a desregulamentação, e incrementar, em consequência, a competição das empresas privadas no mercado. Essa lei estabeleceu nova classificação das corporações financeiras, como *holdings*, com poder de subscrever e vender seguros e obrigações (*securities*) e participar simultaneamente de bancos comerciais e de investimentos.

Após o escândalo causado pela bancarrota da Enron, a gigantesca *trading* de energia do Texas, em dezembro de 2001, o presidente George W. Bush sancionou uma lei regulatória, Sarbanes-Oxley Act ou Corporate and Auditing Accountability, que elevou e instituiu novos padrões de responsabilidade pública para as diretorias, conselhos e gerência das empresas, visando a proteger os investidores. Essa *trading* de energia foi um dos principais suportes financeiros de sua campanha à Presidência e sempre esteve envolvida nas campanhas eleitorais, com enorme influência sobre a Casa Branca e o Congresso.

Desde pelo menos 1989, a Enron passara a exercer extraordinária influência política em Washington, ao envolver deputados e senadores, e o próprio presidente dos Estados Unidos, com volumosa doação de milhares de dólares — cerca de US$ 5,9 milhões entre 1990 e 2002 —, destinando 73% ao Partido Republicano e 27% ao Partido Democrata, segundo o Centre for Responsive Politics.[46] Mais de 250 membros do Congresso estavam entre os que receberam contribuições da Enron, corporação da qual o presidente George W. Bush fora o maior beneficiário, a começar de sua campanha para governador do Texas, em 1993, até 2000, quando se candidatou à Presidência dos Estados Unidos.[47] Era amigo íntimo de Kenneth L. Lay, presidente da *trading*.[48] E entre os acionistas da Enron estavam Donald Rumsfeld, secretário de Defesa; Karl Rove, assessor sênior do presidente George W. Bush; Peter Fisher, secretário-adjunto do Tesouro; Robert Zoellick, secretário para o comércio (U.S. Trade Representative); e várias outras personalidades da Casa Branca.[49]

Não obstante o escândalo da Enron e a vigência do Sarbanes-Oxley Act, o presidente George W. Bush, cuja administração se pautou pelos interesses das grandes corporações financeiras, entrançadas com os interesses das companhias petrolíferas, deu continuidade à iniciativa do presidente Bill Clinton e estendeu a desregulamentação a demais setores da economia, extinguindo sua fiscalização pelas agências do governo federal. E as atividades especulativas dos corretores de hipotecas, facilitadas pela desregulamentação, recresceram entre 2002 e 2007. As hipotecas, baseadas em empréstimos *subprime,* seguros derivativos, especulações com papéis podres, como ABS (Asset Backed Security), MBS (Mortgage Back Security), CDO (Collateralized Debt Obligation), SIV (Structured Investment Vehicle), CDS (Credit Default Swap), atingiram um valor total de cerca de 80% do PIB, da ordem de US$ 14,58 trilhões, no quarto trimestre de 2008.[50]

As comportas para um fluxo frenético de dinheiro, no *free market*, haviam sido sobremodo escancaradas que possibilitaram a formação de superbancos, as *financial holdings companies* e a financeirização de toda a economia dos Estados Unidos, com a criação das mais diversas e novas formas de financiamento, na linha de futuros, opções, *swaps* e derivativos. Essas instituições diariamente tomaram empréstimos de trilhões de dólares, uma das outras e dos bancos centrais, recompravam créditos, obrigações colaterais de hipotecas, papéis podres, e repassaram parte do que internamente consideravam *junk*, a fim de que outro securitizasse a operação, *i.e.*, fornecesse certas garantias em caso de total inadimplência.

A explosão da bolha financeira estava prevista havia muito tempo. A alta do preço do petróleo bem como a valorização do euro evidenciavam a profunda crise que solapava a economia dos Estados Unidos. E, de fato, explodiu, quando, no 1º semestre de 2007, grandes corretoras, como a Merrill Lynch e Lehman Brothers, suspenderam a venda de colaterais, e, em julho do mesmo ano, bancos europeus registraram prejuízos com contratos baseados em hipotecas *subprime*. A inadimplência de devedores hipotecários detonou a debacle financeira, atingindo empréstimos de empresas, cartões de crédito etc. E, a partir de outubro, parte substancial dos recursos levados para os Estados Unidos proveio do socorro por fundos soberanos da Ásia e do Oriente Médio, que adquiriram títulos conversíveis em ações de bancos americanos, como o Citigroup, cujas ações ordinárias foram compradas pelo fundo soberano de Abu Dhabi por US$ 7,5 bilhões. Também foram incrementadas as operações de resgate por parte dos bancos centrais para evitar que os bancos pusessem à venda ativos podres, o que precipitaria a debacle.

Com a bancarrota do Lehman Brothers e do Bear Stearns, dois dos maiores bancos de investimentos, e de outros, tais como o Merrill Lynch e AIG Financial Products, entre 2007 e 2008, ameaçando também o Goldman Sachs, Citigroup e Wachovia,[51] a intervenção do Estado na economia tornou-se inevitável, apesar da repugnância liberal existente nos Estados Unidos. No entanto, em 2008, as dificuldades dos bancos de Wall Street, as *financial holdings companies*, eram tão grandes que o governo do presidente George W. Bush precisou recorrer ao dinheiro público, dos contribuintes americanos, para resgatá-los e evitar que o país se precipitasse em profunda recessão. Usou bilhões de dólares, inclusive, em certos casos, sem informar ao Congresso. Alguns bancos requereram, em um só dia, 5 de dezembro de 2008, um *bailout* combinado de US$ 1,2 trilhão, mas o FED, o Reserve Bank dos Estados Unidos, não informou quais os beneficiados.[52] Os banqueiros também se esquivaram de revelar o montante que receberam. Somente se soube que o Departamento do Tesouro concedeu *bailouts* no valor de US$ 700 bilhões, dentro do Troubled Asset Relief Program (TARP), o fundo de emergência, conforme confirmou o secretário do Tesouro, Henry Paulson, ex-CEO da Goldman Sachs.[53] Em setembro de 2008, ele, Henry Paulson, julgava que necessitaria de cerca de US$ 1 trilhão para estabilizar o mercado financeiro.

Entretanto, a CreditSights, empresa de pesquisa, em Nova York e Londres, informou que o governo dos Estados Unidos empregou muito mais recursos, cerca de US$ 5 trilhões, para evitar o colapso do sistema financeiro.[54] Porém esse valor foi ultrapassado. O Federal Reserve Bank (FED) dos Estados Unidos injetou no sistema bancário americano cerca de US$ 236 bilhões (então £ 117 bilhões; depois, £ 152 bilhões, em seguida ao colapso da libra), a fim de resgatar diversos bancos,[55] bem como aumentou as garantias e os limites de empréstimos, comprometendo, em março de 2009, US$ 7,7 trilhões, mais do que a metade do PIB dos Estados Unidos, naquele ano.[56]

Durante a crise, dezenas de bancos nos Estados Unidos e em outros países desapareceram, absorvidos pelos mais poderosos. O JPMorgan Chase adquiriu o Bear Stearns, negócio intermediado pela administração de George W. Bush, enquanto o Bank of America concordou em comprar o Merrill Lynch por US$ 50 bilhões. Como ocorreu desde o século XIX — 1837, 1857, 1873, 1893, 1907 e 1933 —, a concentração do capital recresceu com o *crash* de 2007–2008. Em 2009, *financial holdings companies*, como o JP Morgan Chase, Bank of America, Citigroup e Wells Fargo, já se haviam tornado ainda maiores e mais possantes. Possuíam perto de 46% dos acervos e 42% dos depósitos, ademais de US$ 194 trilhões de apostas em derivativos.[57] O Goldman Sachs e Morgan Stanley, que se converteram em *financial holdings companies* durante a crise, a fim de receber resgate do FED, possuíam um total de US$ 88 trilhões, em derivativos.[58] Esses dois bancos de investimentos — Goldman Sachs e Morgan Stanley — haviam sempre dominado os mais lucrativos negócios industriais, assessoria sobre fusão de empresas para governos e corporações etc.[59] Esses seis maiores bancos — JPMorgan Chase, Bank of America, Citigroup, Wells Fargo, Goldman Sachs e Morgan Stanley controlavam quase metade da economia dos Estados Unidos, a funcionar como vasto cassino, com sede em Wall Street. Mas, segundo o FMI, os Estados Unidos eram e são o único país onde os acervos do *shadow banking* (bancos que funcionam fora de qualquer regulamentação) superam os dos bancos convencionais.[60] E, virtualmente, foram o epicentro do abalo sistêmico de 2007–2008.

A concentração do capital, com a crescente fusão de bancos e indústrias, teria de resultar, consequentemente, na concentração do poder político das corporações, *i.e.*, de Wall Street, que sempre colaborou para modelar a política internacional dos Estados Unidos e impulsar sua expansão econômica e militar, desde a Black Friday, o *crash* de 1929. E a debacle da União Soviética e de todo o Bloco Socialista, entre 1989 e 1991, aguçou, fortemente, a ideologia do *"American exceptionalism"*, *"necessary nation"*, *"anchor of global security"*, como *lonely power*, a reafirmar o *"American exceptionalism"*, o mito de que sempre desempenhou um papel em favor da humanidade, cuja política externa é *"what makes America different"*, mantra de que se valeram muitos dos seus líderes, entre eles o presidente Barack Obama, como proclamou quando pretendeu invadir a Síria em 2013.[61]

NOTAS

1. "Winston Churchill's *Iron Curtain Speech* — Winston Churchill presented his *Sinews of Peace*, (the *Iron Curtain Speech*), at Westminster College in Fulton, Missouri on March 5, 1946". *History Guide*. Disponível em: <http://www.historyguide.org/europe/churchill.html>.
2. Stephen E. Ambrose, 1985, pp. 63–64.
3. Noam Chomsky & Edward S. Herman, 1979, pp. 252–253.

4. "Política Externa Norte-americana — Análise de Alguns Aspectos", Anexo 1 e único ao Ofício n° 516/900.1 (22), secreto, embaixada em Washington ao Ministério das Relações Exteriores, Washington, 13.06.1963, Arquivo do Ministério das Relações Exteriores-Brasília, 900.1 (00), Política Internacional, de (10) a (98), 1951/66.
5. *Ibidem*, pp. 252–253.
6. Jan K. Black, 1986, pp. 13–14.
7. República Democrática Alemã (Alemanha Oriental), Bulgária, Hungria, Polônia, Tchecoslováquia, Romênia e Albânia foram os países que integraram o Pacto de Varsóvia.
8. Michael Lind, *The American Way of Strategy — U.S. Foreign Policy and the American Way of Life.*
9. Daniele Ganser, 2014, pp. 42–55, 96–97, 102–110; Gunther Latsch, "Die dunkle Seite des Westens". *Der Spiegel*, 11 de abril de 2005.
10. "Carta de Osvaldo Aranha, embaixador dos Estados Unidos em Washington, ao presidente Getúlio Vargas", Wash., 2, 12, 1952, pasta de 1952 — Arquivo de Getúlio Vargas. Esse códice é do tempo em que o AGV estava sob a guarda de sua filha, Alzira Vargas do Amaral Peixoto.
11. Saeed Kamali Dehghan & Richard Norton-Taylor, "CIA admits role in 1953 Iranian coup — Declassified documents describe in detail how US — with British help — engineered coup against Mohammad Mosaddeq". *The Guardian*, 19 de agosto de 2013.
12. *"Now this conjunction of an immense military establishment and a large arms industry is new in the American experience. The total influence — economic, political, even spiritual — is felt in every city, every Statehouse, every office of the Federal government. We recognize the imperative need for this development. Yet, we must not fail to comprehend its grave implications. Our toil, resources, and livelihood are all involved. So is the very structure of our society. In the councils of government, we must guard against the acquisition of unwarranted influence, whether sought or unsought, by the military-industrial complex. The potential for the disastrous rise of misplaced power exists and will persist. We must never let the weight of this combination endanger our liberties or democratic processes.";* "Military-Industrial Complex Speech", Dwight D. Eisenhower, 1961. *Public Papers of the Presidents, Dwight D. Eisenhower, 1960*, pp. 1035–1040.
13. *Ibidem.*
14. *Ibidem.*
15. Edmund Burke, 1986, pp. 332–333 e 345.
16. Alexis Tocqueville, 1968.
17. Tyler Surdem, "American — 'War, Or Peace?'" Disponível em: <http://www.zerohedge.com/news/2013-03-15/which-more-american-war-or-peace>.
18. Thomas Piketty, 2013, pp. 463–465.
19. Drew Desilver, "5 facts about economic inequality". *Fact Tank — Pew Research Center,* 7 de janeiro de 2014. Disponível em: <http://www.pewresearch.org/fact--tank/2014/01/07/5-facts-about-economic-inequality/>.
20. *Ibidem.* "OECD Income Distribution Database: Gini, poverty, income, Methods and Concepts. Social policies and data". Disponível em: <http://www.oecd.org/els/soc/income-distribution-database.htm>.

A DESORDEM MUNDIAL

21. Kerry A. Dolan & Luisa Kroll, "Inside the 2014 Forbes Billionaires List: Facts And Figures". *Forbes*, 3 de março de 2014. Disponível em: <http://www.forbes.com/sites/luisakroll/2014/03/03/inside-the-2014-forbes-billionaires-list-facts-and-figures/>.

22. *CIA Fact Books*. Disponível em: <https://www.cia.gov/library/publications/the-world-factbook/geos/us.html>.

23. Darrel M. West, 2014, p. 4.

24. Paul Craig Roberts, "The Next Presidential Election Will Move the World Closer to War", 16 de novembro de 2014. *Institute for Political Economy*. Disponível em: <http://www.paulcraigroberts.org/2014/11/16/next-presidential-election-will-move-world-closer-war-paul-craig-roberts/>.

25. *Ibidem*.

26. "Wealth: Having it all and wanting more". *Oxfam Issue Briefing January 2015* — WWW.Oxfam.Org. Disponível em: <http://policy-practice.oxfam.org.uk/publications/wealth-having-it-all-and-wanting-more-338125>; Larry Elliott (economics editor) & Pilkington (editor). "New Oxfam report says half of global wealth held by the 1%". *The Guardian*, 19 de janeiro de 2015.

27. *Ibidem*.

28. *Ibidem*.

29. "Davos 2015: Nouriel Roubini says Income Inequality Creates U.S. Plutocracy". *Bloomberg Business*. Disponível em: <https://www.youtube.com/watch?v=t1Vv13XZ5Us>; "Obama Pledges to Push Trans-Pacific Partnership In State Of The Union The Roundup for January 21st, 2015", "Taken For Granted At Davos That US Government Run On 'Legalized Corruption'". *DSWright*, 21 de janeiro de 2015. Disponível em: <http://news.firedoglake.com/2015/01/21/taken-for-granted-at-davos-that-us-government-run-on-legalized-corruption/>.

30. *Ibidem*.

31. Thomas Piketty, 2013, p. 672.

32. *Ibidem*, p. 671.

33. Thomas Piketty, 2015, pp. 20–21.

34. Jim Lobe, "CEOs at Big U.S. Companies Paid 331 Times Average Worker". *Inter Press Service (IPS)*, *16 de abril de* 2014. Disponível em: <http://www.ipsnews.net/2014/04/ceos-big-u-s-companies-paid-331-times-average-worker/>.

35. *Ibidem*.

36. Thomas Piketty, 2015, pp. 20–21.

37. Thom Hartmann, "Reaganomics killed America's middle class. This country's fate was sealed when our government slashed taxes on the rich back in 1980". *Salon*, 19 de abril de 2014. Disponível em: <http://www.salon.com/2014/04/19/reaganomics_killed_americas_middle_class_partner/>.

38. Richard Wilkinson & Kate Pickett, "Margaret Thatcher made Britain a less, not more, desirable place to do business". *The Guardian*, 10 de abril de 2013. Disponível em: <http://www.theguardian.com/commentisfree/2013/apr/10/inequality-margaret-thatcher-britain-desirable-business>; Thomas Piketty, 2015, pp. 20–21.

39. "Entrevista de Eric Hobsbawm a Martin Granovsky", presidente da agência de notícias Télam, publicada no jornal *Página 12*, Buenos Aires, 29 de março de 2009.

40. "L'Évolution des inégalités de revenus dans les pays riches". *Inequality Watch*, 6 de fevereiro de 2012. Disponível em: <http://inequalitywatch.eu/spip.php?article58&lang=fr>; *An Overview of Growing Income Inequalities in OECD Countries: Main Findings — Divided We Stand — Why Inequality Keeps Rising* © *OECD 2011*. Disponível em: <http://www.oecd.org/els/soc/49499779.pdf>.

41. *Toujours plus d'inégalité: pourquoi les écarts de revenus se creusent*. OECD. Disponível em: <http://www.oecd.org/fr/els/soc/49205213.pdf>. Acesso em 24 de maio de 2015.

42. Peter Eavis, "Executive Pay: Invasion of the supersalaries". *The New York Times*, 12 de abril de 2014.

43. Norbert Kuls & Carsten Knop, "Goldman-Sachs-Chef Blankfein: Ich bin ein Banker, der Gottes Werk verrichtet". *Frankfurter Allgemeine Zeitung*, 9 de novembro de 2009.

44. Henry Demarest Lloyd, 1965, pp. 5, 10 e 163.

45. *Ibidem*, p. 9–11.

46. "The politics of Enron. Four committees in search of a scandal. As Congress cranks into action, there's not much sign of the dirt from Enron reaching the president". *The Economist*, 17 de janeiro de 2002. Disponível em: <http://www.economist.com/node/940913>; CBSNews.com staff CBSNews.com staff. "Follow The Enron Money". *CBS*, 12 de janeiro de 2002. Disponível em: <http://www.cbsnews.com/news/follow-the-enron-money/>.

47. *Ibidem*.

48. Richard A. Oppel Jr. & Don Van Natta Jr. "Enron's Collapse: The Relationship; Bush and Democrats Disputing Ties to Enron". *The New York Times*, 12 de janeiro de 2002.

49. "The politics of Enron. Four committees in search of a scandal. As Congress cranks into action, there's not much sign of the dirt from Enron reaching the president". *The Economist*, 17 de janeiro de 2002. Disponível em: <http://www.economist.com/node/940913. CBSNews.com staff>; "Follow the Enron Money". *CBS*, 12 de janeiro de 2002. Disponível em: <http://www.cbsnews.com/news/follow-the-enron-money/>.

50. "Gross Domestic Product: Fourth Quarter 2008 (Final) Corporate Profits: Fourth Quarter 2008 (Final)". *US Bureau of Economic Analysis*. Disponível em: <http://www.bea.gov/newsreleases/national/gdp/2009/pdf/gdp408f.pdf>; "Gross Domestic Product & Corporate Profits: Second Quarter 2008 (Preliminary)". *US Bureau of Economic Analysis*. Disponível em: <http://bea.gov/newsreleases/national/gdp/2008/gdp208p.htm>.

51. *Ibidem*, p. xvi.

52. Bob Ivry & Bradley Keoun & Phil Kuntz, "Secret Fed Loans Gave Banks $13 Billion Undisclosed to Congress". *Bloomberg*, 28 de novembro de 2011. Disponível em: <http://www.bloomberg.com/news/2011-11-28/secret-fed-loans-undisclosed-to--congress-gave-banks-13-billion-in-income.html>.

53. Elizabeth Moyer, "Washington's $5 Trillion Tab". *Forbes,* 12 de novembro de 2008. Disponível em: <http://www.forbes.com/2008/11/12/paulson-bernanke-fed-biz--wall-cx_lm_1112bailout.html>.

54. Steve Watson, "Total Bailout Cost Heads Towards $5 TRILLION.Numbers becoming meaningless as Paulson defends government intervention" *Infowars.net,* 15 de outubro de 2008. Disponível em: <http://infowars.net/articles/october2008/151008 Bailout_figures.htm>.

55. Nick Mathiason & Heather Stewart, "Three weeks that changed the world. It started in a mood of eerie calm, but then 2008 exploded into a global financial earthquake". *The Guardian — The Observer,* 28 de dezembro de 2008. Disponível em: <http://www.theguardian.com/business/2008/dec/28/markets-credit-crunch--banking-2008>.

56. Nomi Prins, 2014, p. xvi.

57. John Hoefle, "LaRouche: Return to FDR's Glass-Steagall Standard Now!" *Executive Intelligence Review,* 16 de outubro de 2009. Disponível em: <http://www.larouchepub.com/other/2009/3640return_glass-steagall.html>.

58. *Ibidem*; John Melloy, (Investing Editor of *CNBC*.com). "Goldman, Morgan Stanley May Shed 'Bank' Status: Analyst". *CNBC,* 12 de outubro de 2011. Disponível em: <http://www.cnbc.com/id/44875711>.

59. Andrew Ross Sorkin & Vikas Bajaj, "Shift for Goldman and Morgan Marks the End of an Era". *The New York Times,* 21 de setembro de 2008. Disponível em: <http://www.nytimes.com/2008/09/22/business/22bank.html?_r=0>.

60. "Shadow banking system a growing risk to financial stability — IMF Fund report says tightening of bank regulations may be driving shift to lending by hedge funds and private equity". *The Guardian,* 1º de outubro de 2014.

61. "Remarks by the President in Address to the Nation on Syria East Room". *The White House Office of the Press Secretary For Immediate Release,* 10 de setembro de 2013. Disponível em: <http://www.whitehouse.gov/the-press-office/2013/09/10/remarks-president-address-nation-syria>.

Capítulo 3

OS ATENTADOS DO 11 DE SETEMBRO E *LA MUTAZIONE DELLO STATO* NOS ESTADOS UNIDOS • A DECADÊNCIA DA DEMOCRACIA • A *WAR ON TERROR*, O PATRIOT ACT E O MILITARY COMMISSION ACT • A IMPLANTAÇÃO DO "FASCISMO BRANCO", SEM CAMISAS PRETAS OU PARDAS • O ENGODO PARA INVADIR O IRAQUE COMPARADO AO DE HITLER PARA ATACAR A POLÔNIA EM 1939 • TORTURAS E CAMPO DE CONCENTRAÇÃO EM GUANTÁNAMO • AS PRISÕES SECRETAS DA CIA (*BLACK SITES*) NA EUROPA ORIENTAL

O colapso financeiro de 2007–2008 desestabilizou toda a ordem capitalista internacional, ao atingir os débitos soberanos de países da União Europeia, e concorreu para abalar ainda mais a confiança nos Estados Unidos, cuja influência, como único polo de poder mundial, estava a declinar, desde a guerra contra o Iraque, devido à violação do direito internacional, às mentiras sobre a existência de armas de destruição em massa, para justificar a intervenção armada contra o regime de Saddam Hussein, e aos abusos e violações dos direitos humanos, lá praticados, pelos soldados americanos.[1]

A partir dos atentados terroristas contra as torres gêmeas WTC, em 11 de setembro de 2001, a democracia, nos Estados Unidos, cada vez mais definhou. O próprio politólogo americano Francis Fukuyama, que havia proclamado *"the end of History"*,[2] quando a União Soviética se desintegrou, reconheceu em sua obra *Political Order and Political Decay* que a decadência da democracia nos Estados Unidos estava mais avançada que em outros prósperos países do Ocidente, dada sua incapacidade de adaptar-se ao câmbio das circunstâncias, e que as tradições democráticas de governança estavam *"gradually being replaced with feudal fiefdom ruling methods"*. Segundo Fukuyama, o debilitamento, a ineficiência e a corrupção cada vez mais corroeram o Estado americano e uma das causas consistiu na crescente desigualdade e concentração da riqueza, ao permitir às elites comprar imenso poder político e manipular o sistema de conformidade com seus próprios interesses. Também advertiu para o fato de que um sistema, que outrora foi uma rica e estável democracia liberal, não significava que assim, perpetuamente, permanecesse.[3] *"Indeed, democracy itself can be the source of decay"*, escreveu Fukuyama e, mais adiante, diagnosticou que os Estados Unidos, onde se instituiu a primeira e mais avançada democracia liberal, estavam a sofrer *"the problem of political decay in a more acute form than other democratic political system"*.[4]

O Estado americano fora *"repatriomanilized"* na segunda metade do século XX e os grupos de interesses, os *lobbies*, tiveram maior sucesso em corromper os governos. O número de *lobbies* registrados em Washington, em 1971, recresceu para 2.500, dez anos depois, e para mais de 12.000, em 2013, quando gastaram recursos em torno de US$ 3,2 milhões com o objetivo de influenciar autoridades e congressistas, *i.e.*, corrompê-los, em favor de seus interesses.[5] Nunca absolutamente houve transparência na atuação da *lobbying industry*, sobre o nome de seus clientes, sobre em que e para que empregou os recursos de milhões de dólares. E outra forma com que o clientelismo e a corrupção se encapotaram, em Washington, sempre foi, principalmente nas últimas décadas, a *"revolving door"*, a porta giratória, uma forma de corrupção institucional, através de contínua troca de papéis entre executivos de grandes corporações, que passavam a ocupar altos cargos na administração, e autoridades que se tornavam executivos de grandes corporações, quando deixavam as posições no governo, com influência e informações estratégicas, *e. g.*, Dick Cheney (CEO da empreiteira Halliburton, cliente do Pentágono), o vice-presidente de George W. Bush. Assim se construiu o consórcio Pentágono-indústria bélica, com o emprego de especialistas em relações públicas e propaganda, para convencer a opinião pública de que os Estados Unidos necessitavam mais e mais de armas para enfrentar a União Soviética e o comunismo.[6]

La mutazione dello stato processava-se nos Estados Unidos, como Francis Fukuyama admitiu, embora de modo diferente ao ocorrido na

Alemanha, quando Hitler obteve o *Ermächtigungsgesetz*,[7] após o incêndio do Reichstag, em 27 de fevereiro de 1933, uma provocação que Marinus van der Lubbe, holandês supostamente comunista, executou, instrumentalizado por Heinrich Himmler, Reinhard Heydrich e outros dirigentes nazistas. Os Estados Unidos, conforme observou a escritora americana Naomi Wolf, certamente não eram e não são vulneráveis a um violento e *"total closing-down of the system"*, tal qual aconteceu na Itália, após a marcha de Benito Mussolini sobre Roma, ou na Alemanha, onde Adolf Hitler logo ordenou o aprisionamento de todos os adversários, com base no *Ermächtigungsgesetz*. Os valores democráticos, nos Estados Unidos, eram resilientes e a cultura da liberdade, contraposta ao regime totalitário vigente na União Soviética, servia como *ratio summa* para a condenação política e moral do comunismo e, consequentemente, de um regime abertamente totalitário. Contudo, Naomi Wolf acrescentou, *"our experiment in democracy could be closed down by a process of erosion"*.[8]

Com o fechamento de fábricas e a exportação de empregos, a força dos sindicatos dos trabalhadores e da classe média virtualmente se desvaneceu nas efetivas relações reais de poder (*realen tatsächlichen Machtverhältnisse*),[9] que sustentavam a democracia nos Estados Unidos. Os recursos do Partido Democrata, para as campanhas eleitorais, minguaram e apenas lhe restaram as mesmas fontes de financiamento do Partido Republicano. E o regime democrático, destarte, tornou-se, virtualmente, unipartidário, dado que os dois partidos passaram a representar quase tão somente os mesmos interesses, os interesses das mais poderosas forças econômicas e políticas do país: o setor financeiro, *i.e.*, Wall Street, o complexo industrial-militar-segurança, o *lobby* de Israel, as corporações petroleiras e outras extrativas, e o *agrobusiness*.[10] Jean-Jacques Rousseau (1712–1778), em sua clássica obra *Du Contrat Social ou Principes du Droit Politique,* publicada em 1762, já havia advertido que *"l'influence des intérêts privés dans les affaires publiques, et l'abus des lois par le gouvernement est un mal moindre que la corruption du législateur, suite infaillible des vues particulières"*. E acrescentou que *"alors l'État étan altéré dans sa substance, toute réforme devient impossible"* e, em tais circunstâncias, *"il n'a jamais existe de véritable démocratie"*.[11]

Esse fenômeno mudou a substância do Estado americano. O sistema de financiamento das campanhas eleitorais nos Estados Unidos inevitavelmente submeteu e submete os políticos a obrigações com o *big business*, as corporações financeiras e industriais, que lhes doam as maiores quantidades de recursos. E a erosão da democracia, latente na república presidencialista, acompanhou o processo de concentração do capital e acentuou-se ainda mais a partir da desintegração do Bloco Socialista e o desmembramento da União Soviética, em 1991. O significado de liberdade identificou-se mais e mais com a ideologia do livre mercado e de empresa privada, a distanciar-se, amplamente, do conceito de liberdades públicas e direitos civis.[12] E os atentados de 11 de setembro de 2001 aguçaram e aceleraram, nos Estados Unidos, o fenômeno que Cícero chamou de *commutatio rei publicae* (*De re publica*, 2–63).[13] Sete dias depois, em 18 de setembro, o presidente George W. Bush efetivou, como lei, a Authorization for Use of Military Force, aprovada rapidamente pelo Congresso. *"We're at war"*, proclamou. E aduziu que *"we will not only deal with those who dare attack America, we will deal with those who harbor them and feed them and house them."*[14] Seria uma *"permanent war"*.[15] Porém, conforme advertiu James Madison, o 4º presidente dos Estados Unidos, *"no nation could preserve its freedom in the midst of continual warfare"*.[16]

Com efeito, em 7 de outubro de 2001, os Estados Unidos, coadunados com a Grã-Bretanha, começaram a bombardear o Afeganistão, a deflagrar uma guerra já decidida muito tempo antes dos ataques de 11 de setembro contra as torres gêmeas do WTC e o Pentágono. E, em 25 de outubro de 2001, o Congresso, por vasta maioria, aprovou quase intacto[17] e o presidente George W. Bush sancionou o USA Patriot Act, com o que desfechou um golpe na estrutura jurídica doméstica, a transgredir frontalmente a Constituição dos Estados Unidos. O USA Patriot Act não apenas dilatava a aplicação do poder federal no monitoramento eletrônico dos cidadãos, a cargo da National Security Agence (NSA), como definia o novo crime de *"domestic terrorism"* de modo tão amplo que permitia o uso contra qualquer ato de desobediência civil, qualquer que fosse a tendência política. Dessa forma, com a restrição de direitos civis, de garantias individuais, coarctação de liberdades públicas e violação de direitos humanos, o USA

Patriot Act impulsou as condições para *la mutazione dello stato*, a configuração de um regime policial, com traços *ad instar* aos da Itália fascista e da Alemanha nazista, adensado pela crença na "excepcionalidade"[18] dos Estados Unidos e na invencibilidade de suas armas. E o Pentágono voltou-se para as atividades políticas internas, denominadas *"civilian disorder condition"* (CIDICON), desrespeitando o Posse Comitatus Act de 1878, que proibia as Forças Armadas de engajar-se em atividades políticas internas, sem autorização do Congresso.

Cerca de um ano depois, 17 de setembro de 2002, o presidente George W. Bush anunciou The National Security Strategy of the United States of America,[19] declarando que a batalha contra o terrorismo não seria vencida na defensiva e os Estados Unidos se reservavam o direito de fazer guerras preventivas (*preemptive military strikes*), unilateralmente, inclusive usar armas nucleares contra países não nucleares. Sua intenção, disse, era *"fighting terrorists and tyrants"* e estender *"the peace by encouraging free and open societies on every continent"*, o que significava instituir *"freedom, democracy, and free enterprise"*,[20] da África à América Latina e ao mundo islâmico inteiro, o que evidentemente só seria possível por meio de guerras. E ao implementar, unilateralmente, a nova estratégia, os Estados Unidos outra vez começaram, apenas com o apoio da Grã-Bretanha, a bombardear Bagdad, em 19 de março de 2003, após demandar que Saddam Hussein e seus filhos Uday e Qusay se rendessem e abandonassem o Iraque em 48 horas. Fê-lo sem a aprovação do Conselho de Segurança da ONU e o respaldo de muitos países, inclusive Alemanha e França, membros da OTAN.

Com toda a razão a ministra da Justiça do governo alemão, Herta Dauber-Gmelin, do Partido Social-Democrata (SPD), comparou a estratégia do presidente George W. Bush para invadir o Iraque com os métodos de Hitler, antes de começar a Segunda Guerra Mundial.[21] Nos Estados Unidos, a montagem do tipo especial de regime, com estilo *simili uti* ao fascismo, processou-se, sob a justificativa dos atentados de 11 de setembro de 2001, ao longo da primeira década do século XXI, rumo ao *"New American Century"*, a *full-spectrum dominance, i.e.*, uma ditadura global representativa das grandes corporações de Wall Street. Com tal perspectiva, o presidente George W. Bush, em 17 de outubro de 2006, assinou três leis que instantaneamente transformaram a república em um paraestado policial, *simili modo* ao que o jurista Alberto da Rocha Barros denominou de "fascismo branco no poder, revestindo formas aparentemente democráticas, mas armado de leis de segurança e polícias especiais".[22]

Em 29 de setembro de 2006, após a aprovação da House of Representatives, o Senado ratificou, como parte da *war on terror*, o Military Commissions Act (MCA), por 65 votos (12 do Partido Democrata) contra 35, investindo o presidente George W. Bush de poderes excepcionais, sem precedentes na história dos Estados Unidos:

1. Ab-rogou o direito ao *habeas corpus* de qualquer cidadão americano detido como *"unlawful enemy combatant"* (qualificação inexistente em qualquer legislação), não apenas os que combateram, mas também os que *"purposefully and materially supported hostilities against the United States"*;
2. Os acusados de *"unlawful enemy combatant"*, aprisionados no Afeganistão e levados para campo de concentração em Guantánamo (Cuba), estavam impedidos de recorrer, com base nas Convenções de Genebra, às cortes de justiça nos Estados Unidos;
3. Outorgou ao presidente o poder de deter *indefinitely* qualquer cidadão — americano ou estrangeiro — dos Estados Unidos e do exterior — provido de material de apoio a hostilidades antiamericanas, e mesmo autorizar o uso da tortura em prisões secretas militares;
4. Bloqueou qualquer ação legal que algum preso como *enemy combatant* empreendesse, em virtude de danos e abusos sofridos durante a detenção;
5. Permitiu aos militares americanos e agentes da CIA o engajamento em práticas de torturas, e autorizou o uso de depoimentos obtidos através de coerção nos processos realizados pelas Comissões Militares;
6. Concedeu aos militares americanos e agentes da CIA imunidade contra processos por torturarem detidos que foram capturados antes do fim de 2005.

O presidente George W. Bush, em 17 de outubro de 2006, assinou o Military Commissions Act, que o Center for Constitutional Rights considerou *"a massive legislative assault on fundamental rights, including the right to habeas corpus, — the right to challenge one's detention in a court of law"*.[23] E a implantação da *specie in examine*, o "fascismo branco, do branco da hipocrisia e da covardia",[24] sem camisas coloridas, pretas ou pardas, prosseguiu, sob a insígnia das Stars and Stripes, com a aprovação pelo Congresso, em 30 de setembro de 2006, do National Defense Authorization Act (NDAA), de autoria do senador John Warner (Partido Republicano — Virgínia).[25] Essa lei, sancionada pelo presidente George W. Bush, em 17 de outubro de 2006, no mesmo dia em que entrou em vigência o Military Commissions Act, derrogou efetivamente o Posse Comitatus Act de 1878, que proibia operações militares dirigidas contra o povo americano,[26] ao permitir que o presidente pudesse empregar as Forças Armadas para restaurar a ordem pública e impor o cumprimento das leis dos Estados Unidos, em circunstâncias em que a violência doméstica pudesse atingir tal extensão que as autoridades do governo fossem incapazes, ou se recusassem ou falhassem em manter a ordem pública e reprimir qualquer insurreição ou conspiração.[27]

Outrossim, o NDAA autorizou o presidente George W. Bush a impor a lei marcial, despachar unidades da Guarda Nacional para qualquer lugar do país e empregar contra a população civil a SWAT (Special Weapons And Tactics), criada na Filadélfia (1964), dando início, nos Estados Unidos, ao processo de militarização da polícia, que Daryl Francis Gates (1926–2010), chefe do Los Angeles Police Department (1978–1992) havia iniciado, ao tempo do presidente Ronald Reagan (1981–1989), que a ampliou e intensificou, a pretexto da *war on drugs*.

A finalidade do Military Commissions Act e do Act Military Commissions Act, aprovados e sancionados em 2006, consistiu em legalizar os crimes de guerra e as violações de direitos humanos, que as Forças Armadas, a CIA e outros órgãos de repressão e inteligência estavam a praticar com a autorização explícita da administração do presidente George W. Bush, desde a Operation Enduring Freedom, contra o Afeganistão, em 7 de outubro de 2001.

Uma vez que a legislação não permitia manter nos Estados Unidos prisioneiros totalmente isolados em cárceres secretos, mais de 100 suspeitos de terrorismo, capturados após a invasão, foram levados pela CIA para a base aérea de Bagram, conquistada, no Afeganistão, pelas forças britânicas.[28] Somente em 11 de janeiro de 2002, os primeiros 20 *unlawful combatants* chegaram ao campo de concentração na base naval de Guantánamo (G-Bay ou GTMO), construída especialmente para aprisionar, indefinidamente, os Talibãs e suspeitos de terrorismo, capturados no Afeganistão.[29] Viajaram sedados, encapuçados e algemados.[30] *"Unlawful combatants do not have any rights under the Geneva Convention"*, logo declarou o secretário de Defesa, Donald Rumsfeld.[31]

Os prisioneiros de nada haviam sido formalmente acusados e direito nenhum tinham. A alegação da Casa Branca consistia no fato de que Guantánamo não era território sob a soberania dos Estados Unidos e, portanto, não estava submetido à jurisdição de suas cortes de justiça nem às leis internacionais. E o número de cativos, de cerca de 40 nacionalidades, recresceu para 779, durante o ano de 2002, e entre eles havia crianças de 12/13 e 14/15 anos.[32] A American Civil Liberties Union (ACLU) informou que o campo de concentração de Guantánamo havia recebido, entre 2002 e 2004, dezenas de prisioneiros, com menos de 18 anos; e, em 2008, 21 ainda lá permaneciam confinados.[33] O paquistanês Mohammed Jawad, preso em 2002, com 12 anos de idade, somente foi libertado em meados de 2009, mediante *habeas corpus* concedido pela juíza federal Ellen S. Huvelle, que anulou suas confissões, obtidas por meio de tortura e ameaça de morte.[34] *"Still I had wonder about the wisdom of keeping kids so Young in a place like Gitmo"*, escreveu o sargento Erik R. Saar, que serviu em Guantánamo.[35]

Ademais do campo de concentração de Guantánamo, a CIA instalou uma rede de prisões secretas, *detention black sites*, na Polônia, Romênia, Lituânia e outros países da Europa Oriental, bem como do Oriente Médio e Ásia,[36] onde seus agentes, do FBI e de outras agências, podiam interrogar os prisioneiros, submetendo-os a todos os abusos físicos, sem constrangimentos legais. Também, através do *rendition programme*, a CIA entregava islamitas capturados, como supostos terroristas, a países, entre os quais Tailândia, Paquistão, Marrocos e vários outros, para que os serviços locais de segurança os pudessem interrogar, submetendo-os a torturas (*proxy torture*). O estabelecimento *offshore* do campo de concentração,

A DESORDEM MUNDIAL

na Base Naval de Guantánamo (Cuba), e a criação da figura de *"unlawful enemy combatant"* visaram, exatamente, a desrespeitar as leis dos Estados Unidos e as leis internacionais, as Convenções de Genebra e a United Nations U.N. Convention against Torture and Other Cruel, Inhuman or Degrading Treatment or Punishment, deixando os cativos, qualificados hipocritamente de *"detainees"*, à mercê dos militares e dos inquisidores da CIA e serviços de segurança e inteligência. A eles era permitido cometer arbitrariedades e abusos, toda espécie de tortura, listadas no Enhanced Interrogation Techniques (EIT), aprovadas pelo presidente George W. Bush e sua administração. Algumas delas consistiam em: 1. Assalto sexual/humilhação; 2. Privação de sono durante vários dias; 3. Privação sensorial; 4. Confinamento em solitárias/isolamento; 5. Ameaça de iminente execução/simulação de fuzilamento;[37] 6. Medicação forçada; 7. Uso de cães para amedrontar o prisioneiro; 8. Deixar o prisioneiro algemado nu, a sofrer continuamente mudanças extremas de temperatura, de 59 a 80 graus Fahrenheit (10 a 26 graus Celsius); 9. Bombardeio sensorial (ruídos); 10. Presenciar outros sendo torturados; 11. Submersão do prisioneiro em uma tina com gelo; 12. Técnicas psicológicas.[38]

"They have interrogated, tormented, and tortured me nearly every day for five years, but they never learned how to spell my name", assim Murat Kurnaz resumiu para a família o que sofreu no campo de concentração de Guantánamo (Gitmo), durante os cinco anos que lá passou encarcerado.[39] Era de família turca, mas nascera e fora criado na Alemanha (Bremen). E, em depoimento prestado perante o Congresso dos Estados Unidos, ele detalhou algumas das torturas que sofrera, *inter alia*, choques elétricos, simulação de afogamento (*waterboarding*) e confinamento, além de passar dias pendurado pelos braços no teto de um hangar.[40] Muitos dos prisioneiros submetidos à privação sensorial (*white noise*), a ouvir repetidamente a mesma música, acima de 110 decibéis por mais de oito horas, e também com privação de sono, sob constante luz acesa, terminavam com alucinações e sem saber sua identidade.[41]

Autópsias e relatórios de 44 prisioneiros mortos em Guantánamo e no Iraque, desclassificados com base no Freedom of Information Act (FOIA) por solicitação da American Civil Liberties Union (ACLU), revelaram que pelo menos 44 dos prisioneiros morreram durante os brutais interrogatórios realizados pela CIA, FBI, Seals Navy, Military Agencies e outras agências dos Estados Unidos. Determinou-se que 21 foram intencionalmente assassinados. E todos os 44 que sucumbiram durante as torturas estavam encapuzados, amordaçados, e foram estrangulados, asfixiados, espancados com instrumentos não cortantes, submetidos à privação de sono e a condições ambientais de extremo frio e calor. Mais de 100 prisioneiros, até outubro de 2005, pereceram em Guantánamo e no Iraque. E a maioria das chamadas *"natural deaths"* foram atribuídas a *"Arteriosclerotic Cardiovascular Disease"*, possivelmente infartos decorrentes das torturas.[42]

Em 9 de dezembro de 2014, o Senate Intelligence Committee, sob a presidência da senadora Dianne Feinstein (Partido Democrata — Califórnia), revelou o relatório, com o resultado do inquérito sobre os métodos usados pelos agentes da CIA para interrogar os prisioneiros, mantidos em diversas prisões denominadas Detention Site Cobalt, Detention Site Blue, Detention Site Green e Detention Site Black — também a Dark Prison referida como Salt Pit — onde seus agentes, auxiliados por mercenários (*contractors*), executavam o Detention and Interrogation Program, submetendo os prisioneiros a interrogatórios, sob brutais torturas, no campo de concentração de Guantánamo e alhures, mostrando que foram torturas muito mais brutais — como *"rectal feeding"* ou *"rectal hydration"* etc.[43] — e muito menos efetivas do que as até divulgadas, pois não interromperam nenhum complô terrorista nem mesmo conduziram à captura de Usamah bin Ladin.[44]

A senadora Dianne Feinstein declarou que o *"program of indefinite secret detention and the use of brutal interrogation thecniques"* da CIA constituía *"a stain on our values and our history"* e que a *"history will judge us by our commitment to a just society governed by law and the willingness to face an ugly truth and say 'never again'"*.[45]

Essa mancha existia há muito tempo sobre a história dos Estados Unidos. As técnicas de tortura aplicadas aos prisioneiros em Guantánamo e Abu Ghraib (Iraque)[46] — *"an ugly truth"* — não eram novas. Eram similares às indicadas no *KUBARK — Counterintelligence Interrogation — July 1963*, manual de interrogatório elaborado pela CIA para o Vietnã, e às existentes no *Human Resource Exploitation Training Manual — 1983*,

A DESORDEM MUNDIAL

que se destinara a ensinar as técnicas aos serviços de segurança da América Central — Honduras, Nicarágua, El Salvador — a fim de extrair informações dos chamados subversivos.[47] Esses manuais foram usados pela CIA para treinamento e instrução de militares e policiais durante as ditaduras latino-americanas entre 1963 e 1987.

NOTAS

1. Luiz Carlos Bresser-Pereira, "A crise financeira de 2008". *Revista de Economia Política*, vol. 29 nº 1. São Paulo, janeiro/março de 2009. ISSN 0101-3157. Disponível em: <http://www.scielo.br/scielo.php?pid=S0101-31572009000100008&script=sci_arttext>.
2. Francis Fukuyama, 1992, pp. 463-464.
3. *Ibidem*, pp. 463–467, 524.
4. Francis Fukuyama, 2014, pp. 461–462, 487.
5. *Ibidem*, pp. 464–465, 478–481.
6. Fred J. Cook, 1964, pp. 84–85, 88–89.
7. O *Ermächtigungsgesetz* foi aprovado pelo Reichstag em 23 de março de 1933.
8. Naomi Wolf, "Fascist America, in 10 easy steps". *The Guardian*, 24 de abril de 2007.
9. Ferdinand Lassalle, 1991, pp. 94–97.
10. Paul Craig Roberts, "The Next Presidential Election Will Move The World Closer To War". *Institute for Political Economy.* 16 de novembro de 2014. Disponível em: <http://www.paulcraigroberts.org/2014/11/16/next-presidential-election-will-move-world-closer-war-paul-craig-roberts/>.
11. Jean-Jacques Rousseau, 1992, p. 95.
12. Eric Foner, 1998, pp. 327–332.
13. Marcus Tullius Cicero, 1979, p. 230.
14. Mark Hosenball, "Bush: 'We're At War'. *Newsweek*, 24 de setembro de 2001.
15. "President Signs Authorization for Use of Military Force bill. Resolution 23, Statement by the President. 'Today I am signing Senate Joint the "Authorization for Use of Military Force."' *George W. Bush — The White House*, 18 de setembro de 2001. Disponível em: <http://georgewbush-whitehouse.archives.gov/news/releases/2001/09/20010918-10.html>.
16. James Madison, 1865, p. 491.
17. O Patriot Act foi aprovado por 98 votos contra 1, no Senado, e por 357 contra 66 na House of Representatives.
18. "Existe um mito fundamental para a autoestima dos norte-americanos: Sua crença na 'excepcionalidade' dos 102 puritanos que saíram da Inglaterra, no início do Século XVII, atravessaram o Atlântico no navio *Mayflower*, e desembarcaram em Massachusetts, no dia 21 de dezembro de 1620, com a decisão de criar uma nova sociedade no continente americano. Do ponto de vista dos mortais, eles eram ape-

nas um grupo de ingleses pobres e puritanos que começaram a cultivar as terras da Nova Inglaterra, depois de fundar a cidade de Plymouth. Do ponto de vista da mitologia norte-americana, entretanto, estes senhores atravessaram o Atlântico para plantar a semente moral e ética de um povo escolhido para redimir os pecados da Europa"; Jose Luís Fiori, "A lenda dos peregrinos". *Valor Econômico*, São Paulo, 13 de setembro de 2006,

19. *The National Security Strategy*. White House, setembro de 2002. Disponível em: <http://www.state.gov/documents/organization/63562.pdf>.

20. George W. Bush. *The National Security Strategy of the United States of* America — White House, Washington, 17 de setembro de 2002. Disponível em: <http://www.informationclearinghouse.info/article2320.htm>; "President Bush Addresses the Nation: Following is the full text of President Bush's address to a joint session of Congress and the nation", 20 de setembro de 2001. *eMediaMillWorks — The Washington Post*. Disponível em: <http://www.washingtonpost.com/wp-srv/nation/specials/attacked/transcripts/bushaddress_092001.html>.

21. "Angeblicher Bush-Hitler-Vergleich". *Der Spiegel*, 20 de setembro de 2002. Disponível em: <http://www.spiegel.de/politik/deutschland/angeblicher-bush-hitler-vergleich-daeubler-gmelin-fuehlt-sich-voellig-falsch-verstanden-a-215061-druck.html>; "Nach dem Bush-Hitler-Vergleich — Ministerin Däubler-Gmelin tritt ab". *Der Spiegel*, 23 de setembro de 2002. Disponível em: <http://www.spiegel.de/politik/deutschland/nach-dem-bush-hitler-vergleich-ministerin-daeubler-gmelin-tritt-ab-a-215291-druck.htm>. "Angeblicher Hitler-Vergleich Schröder schreibt an Bush/Ministerin spricht von Verleumdung" — *Frankfurter Allgemeine Zeitung*, 20 de setembro de 2002.

22. Alberto da Rocha Barros, 1969, p. 12.

23. Anup Shah, "US Military Commissions Act 2006 — Unchecked Powers?". *Global Issues*, 30 de setembro de 2006. Disponível em: <http://www.globalissues.org/article/684/us-military-commissions-act-2006-unchecked-powers>; "FAQs: The Military Commissions Act". *Center for Constitutional Rights*. Disponível em: <http://ccrjustice.org/learn-more/faqs/faqs%3A-military-commisions-act>.

24. Alberto da Rocha Barros, 1969, p. 12.

25. "Text of the John Warner National Defense Authorization Act for Fiscal Year 2007. The John Warner National Defense Authorization Act for Fiscal Year 2007. This bill was enacted after being signed by the President on October 17, 2006. The text of the bill below is as of *Sep 30, 2006* (Passed Congress/Enrolled Bill). H.R. 5122 (enr) — An Act To authorize appropriations for fiscal year 2007 for military activities of the Department of Defense, for military construction, and for defense activities of the Department of Energy, to prescribe military personnel strengths for such fiscal year, and for other purposes". *U.S. Government Printing Office (GPO)*. Disponível em: <http://www.gpo.gov/fdsys/search/pagedetails.action?packageId=BILLS-109hr5122enr>; "One Hundred Ninth Congress of the United States of America at the Second Session Begun and held at the City of Washington on Tuesday, the third day of January, two thousand and six H. R. 5122". Disponível em:

<https://www.govtrack.us/congress/bills/109/hr5122/text>; Scott Shane & Adam Liptak, "Detainee Bill Shifts Power to President". *The New York Times*, 30 de setembro de 2006.

26. "Domestic Operational Law: The Posse Comitatus Act and Homeland Security. COL (Ret) John R. Brinkerhoff. Reprinted with permission from the *Journal of Homeland Security*. Newsletter 10–16 — December 2009. *Center for Army Lessons Learned*. Disponível em: <http://usacac.army.mil/cac2/call/docs/10-16/ch_12. asp>.

27. *10 U.S.C. United States Code*, 2006 Edition — Title 10 — ARMED FORCES Subtitle A — General Military Law — PART I — Organization and General Military Powers Chapter 15 — Enforcement of the Laws to Restore Public Order from the U.S. Government Printing Office. Disponível em: <http://www.gpo.gov/fdsys/ pkg/USCODE-2006-title10/html/USCODE-2006-title10-subtitleA-partI-chap15. htm>.

28. Dana Priest, (*Washington Post* Staff Writer). "CIA Holds Terror Suspects in Secret Prisons — Debate Is Growing Within Agency about Legality and Morality of Overseas System Set Up After 9/11". *The Washington Post*, 2 de novembro de 2005.

29. Katharine Q. Seelye, "A Nation Challenged: The Prisoners; First 'Unlawful Combatants' Seized In Afghanistan Arrive At U.S. Base In Cuba. *The New York Times*, 12 de janeiro de 2002. Disponível em: <http://www.nytimes.com/2002/01/12/world/ nation-challenged-prisoners-first-unlawful-combatants-seized-afghanistan-arrive. html?pagewanted=print>.

30. Monica Whitlock, (BBC correspondent in Kabul). "Legal limbo of Guantanamo's prisoners". *BBC News*, 16 de maio de 2003. Disponível em: <http://news.bbc.co. uk/2/hi/americas/3034697.stm>.

31. Katharine Q. Seelye, "A Nation Challenged: The Prisoners; First 'Unlawful Combatants' Seized In Afghanistan Arrive At U.S. Base In Cuba. *The New York Times*, 12 de janeiro de 2002. Disponível em: <http://www.nytimes.com/2002/01/12/world/ nation-challenged-prisoners-first-unlawful-combatants-seized-afghanistan-arrive. html?pagewanted=print>.

32. Monica Whitlock, "Legal limbo of Guantanamo's prisoners". *BBC News*, 16 de maio de 2003. Disponível em: <http://news.bbc.co.uk/2/hi/americas/3034697. stm>; Erik Saar & Viveca Novak, 2005, p. 114.

33. Suzanne Ito, "Despite U.N. Objections, U.S. Continues to Detain Children at Guantánamo". *American Civil Liberties (ACLU)*, 22 de julho de 2008. Disponível em: <https://www.aclu.org/print/blog/human-rights-national-security/despite-un-objec- tions-us-continues-detain-children-guantanamo>; Cori Crider, "Guantánamo children". *The Guardian*, 19 de julho de 2008. Disponível em: <http://www.theguardian. com/world/2008/jul/19/humanrights.usa>.

34. Jeremy Page, (Kabul), "Mohammed Jawad: 'I was 12 when I was arrested and sent to Guantanamo'". *The Times*, 27 de agosto de 2009. Disponível em: <http://www. thetimes.co.uk/tto/news/world/asia/afghanistan/article1843471.ece>; The Associated Press. "Guantánamo Detainee Released". *The New York Times*, 24 de agosto de 2009. Disponível em: <http://www.nytimes.com/2009/08/25/world/asia/25gitmo. html>; William Glaberson, "Obama Faces Court Test over Detainee". *The New*

York Times, 28 de julho de 2009; "Mohammed Jawad –Habeas Corpus". *American Civil Liberties (ACLU)*, 24 de agosto de 2009. Disponível em: <https://www.aclu.org/national-security/mohammed-jawad-habeas-corpus>.

35. *Ibidem.*

36. Dana Priest (*Washington Post* Staff Writer). "CIA Holds Terror Suspects in Secret Prisons Debate Is Growing Within Agency about Legality and Morality of Overseas System Set Up After 9/11". *The Washington Post*, 2 de novembro de 2005.

37. Julian Borger, (Diplomatic editor). "CIA mock executions alleged in secret report". *The Guardian*, 23 de Agosto de 2009.

38. *Report of the Senate Select Committee on Intelligence — Committee Study of the Central Intelligence Agency's Detention and Interrogation Program together with Foreword by Chairman Feinstein and Additional and Minority Views*. December 9, 2014 — Ordered do be printed. Approved December 13, 2012 — Updated for Release April 3, 2014, Desclassification Revisions December 3, 2014. United States Senate, 113th 2nd Session, S. Report 113–288, pp. 96, 105–107, 429 *passim*. *Justice Campaign*. Disponível em: <http://thejusticecampaign.org/?page_id=273>. Acesso em 17 de novembro de 2014; Além das técnicas apontadas, os inquisidores também aplicavam: "*1. The Attention Grab: The interrogator forcefully grabs the shirt front of the prisoner and shakes him. 2. Attention Slap: An open-handed slap aimed at causing pain and triggering fear. 3. The Belly Slap: A hard open-handed slap to the stomach. The aim is to cause pain, but not internal injury. Doctors consulted advised against using a punch, which could cause lasting internal damage. 4. Long Time Standing: This technique is described as among the most effective. Prisoners are forced to stand, handcuffed and with their feet shackled to an eye bolt in the floor for more than 40 hours. Exhaustion and sleep deprivation are effective in yielding confessions. 5. The Cold Cell: The prisoner is left to stand naked in a cell kept near 50 degrees. Throughout the time in the cell the prisoner is doused with cold water. 6. Water Boarding: The prisoner is bound to an inclined board, feet raised and head slightly below the feet. Cellophane is wrapped over the prisoner's face and water is poured over him. Unavoidably, the gag reflex kicks in and a terrifying fear of drowning leads to almost instant pleas to bring the treatment to a halt*". ROSS, Brian (*ABC News* Chief Investigative Correspondent); Richard Esposito, "CIA's Harsh Interrogation Techniques Described". *ABC News*. 18 de novembro de 2005. Disponível em: <http://abcnews.go.com/Blotter/Investigation/story?id=1322866>.

39. Murat Kurnaz, 2009, p. 224.

40. Mariah Blake, (Correspondent of *The Christian Science Monitor*). "*Guantánamo ex-detainee tells Congress of abuse — Murat Kurnaz, who testified in a landmark hearing Tuesday, says he spent days chained to the ceiling of an airplane hangar. He was determined innocent in 2002, but held until 2006.*"; The Christian Science Monitor. 22 de maio de 2008. Disponível em: <http://www.csmonitor.com/World/Europe/2008/0522/p01s06-woeu.html>.

41. *Report of the Senate Select Committee on Intelligence — Committee Study of the Central Intelligence Agency's Detention and Interrogation Program together with Foreword by Chairman Feinstein and Additional and Minority Views*. December 9, 2014 — Ordered to be printed. Approved December 13, 2012 — Updated for Re-

lease April 3, 2014, Declassification Revisions. 3 de dezembro de 2014. United States Senate, 113th 2nd Session, S. Report 113–288, pp. 429.

42. "U.S. Operatives Killed Detainees during Interrogations in Afghanistan and Iraq". *American Civil Liberties Union*, 24 de outubro de 2005. Disponível em: <https://www.aclu.org/news/us-operatives-killed-detainees-during-interrogations-afghanistan-and-iraq>. Os documentos estão disponíveis em: <http://action.aclu.org/torturefoia/released/102405/3164.pdf>; Lolita C. Baldor, (Associated Press). "ACLU reports 21 homicides in U.S. custody". Uruku.net. Last update 21/11/2014. Disponível em: <http://www.uruknet.info/?p=17119>.

43. *Report of the Senate Select Committee on Intelligence — Committee Study of the Central Intelligence Agency's Detention and Interrogation Program together with Foreword by Chairman Feinstein and Additional and Minority Views.* December 9, 2014 — Ordered do be printed. Approved December 13, 2012 — Updated for Release April 3, 2014, Declassification Revisions December 3, 2014. United States Senate, 113th 2nd Session, S. Report 113–288, pp. xxii (13–19), 96, 104–105, 396–397, 464, 496–497.

44. Mark Mazzetti, "Panel Faults C.I.A. Over Brutality and Deceit in Interrogations". *The New York Times*, 10 de dezembro de 2014.

45. *Report of the Senate Select Committee on Intelligence — Committee Study of the Central Intelligence Agency's Detention and Interrogation Program together with Foreword by Chairman Feinstein and Additional and Minority Views.* December 9, 2014 — Ordered do be printed. Approved December 13, 2012 — Updated for Release April 3, 2014, Declassification Revisions December 3, 2014. United States Senate, 113th 2nd Session, S. Report 113–288, pp. iv (Pages 2 of 6).

46. Detalhes vide Luiz Alberto Moniz Bandeira, 2014, pp. 703–710.

47. Gary Cohn & Ginger Thompson & Mark Matthews, "Torture was taught by CIA; Declassified manual details the methods used in Honduras; Agency denials refuted". *The Baltimore Sun*, 27 de janeiro de 1997, edição final. Disponível em: <http://articles.baltimoresun.com/1997-01-27/news/1997027049_1_training-manual-torture-methods-counterintelligence-interrogation. Cf. também em: <http://www.hartford-hwp.com/archives/40/055.html>.

Capítulo 4

APOIO ÀS ORGANIZAÇÕES CATÓLICAS E EVANGÉLICAS DA DIREITA • RACISMO E REPRESSÃO POLICIAL NOS ESTADOS UNIDOS • DESGASTE DO GOVERNO DE GEORGE W. BUSH • OS BANCOS ELEITORES DOS PRESIDENTES NOS ESTADOS UNIDOS • A ELEIÇÃO DE BARACK OBAMA • A *WAR ON TERROR* COMO *OVERSEAS CONTINGENCY OPERATIONS* • O *"PERPETUAL WARTIME FOOTING"* DO PRÊMIO NOBEL DA PAZ • O ASSASSINATO SELETIVO POR MEIO DE DRONES

Ademais de autorizar as torturas realizadas pela CIA, que desempenhou, em outras circunstâncias históricas, papel similar ao da Geheime Staatspolizei (Gestapo), e outros serviços de inteligência, a administração do presidente George W. Bush igualmente desviou bilhões de dólares dos contribuintes americanos para o financiamento dos serviços sociais das *faith-based organizations* — católicas e protestantes evangélicos — de caráter extremamente conservador, cujo objetivo político consistia em *"dismantle American democracy and create a theocratic state"*.[1] Bonnie Weinstein, casada com Mickey Weinstein, fundador da Military Religious Freedom Foundation (MRFF), publicou, em 2014, o livro *To the Far Right Christian Hater...You Can Be a Good Speller or a Hater, But You Can't Be Both: Official Hate Mail, Threats, and Criticism from the Archives of the Military Religious Freedom Foundation*, no qual examina o *"American fundamentalism"* criado por um segmento da sociedade, que é branco, mais conservador e mais raivoso que o resto da América. *"For some people the future of their faith and of the nation are in danger, threatened by secular forces controlled by Satan himself."*[2] Além dos cristãos dominionistas e reconstrucionistas, que defendem um ensino baseado na Bíblia, como os fundamentalistas tomam o Corão como fundamento, os evangélicos tradicionais, com uma postura intolerante, antidemocrática, pretendem instituir uma teocracia e a reforma da Constituição, com a afirmação de que os Estados Unidos são uma *Christian nation*.[3] Eles representavam, na primeira década do século XXI, cerca de 12% da população e existiam mais de 60 *faith-based organizations,* na realidade, *right wing organizations*, as quais receberam da administração de George W. Bush, em apenas um ano (2004), doação de US$ 2 bilhões, o equivalente a 10,3% do orçamento do governo federal.

Os evangélicos conservadores, desde a década de 1960, começaram a aumentar sua influência, sobretudo dentro do Partido Republicano, com a participação nas questões sociais, como discriminação das escolas religiosas, direito do aborto, papel do homem e da mulher na sociedade, homossexualismo, casamento e divórcio.[4] Tal era o perfil ideológico da extrema direita evangélica, que Patrick J. Buchanan, ao defender a candidatura de George H. W. Bush (sênior), expressou, muito nitidamente, ao declarar na convenção do Partido Republicano, em Houston, que uma *"cultural war"* podia ser tão crítica como a própria Guerra Fria, *"for this war is for the soul of America"*.[5] Essa foi a tendência que passou a predominar no Partido Republicano, sobretudo nos estados do Sul, onde mais cresceu, em detrimento do Partido Democrata, a partir dos anos 1960, devido à lei do presidente Lyndon Johnson (1963–1965), determinando o fim da segregação racial.

O racismo nunca desapareceu em vasto segmento demográfico dos Estados Unidos. Investigação realizada em 2011 pela Associated Press, com pesquisadores da Stanford University, University of Michigan e NORC at the University of Chicago, demonstrou que 51% dos americanos expressavam explicitamente sentimento contra os negros, mais do que em 2008, quando Barack Obama se elegeu presidente dos Estados Unidos.[6] Segundo relatório sobre o respeito aos direitos humanos, nos Estados Unidos, publicado pelo governo da China, como resposta ao informe do Departamento de Estado, *"racial discrimination has been a chronic problem in the U.S. human rights record"*, e as minorias étnicas, que constituíam as camadas mais pobres de sua população, sofriam discriminação nos empregos, salários etc.[7] Em 2014, múltiplos casos de as-

A DESORDEM MUNDIAL

sassinatos arbitrários de afro-americanos pela polícia desencadearam imensas ondas de protestos em diversas cidades do país, entre as quais em Ferguson (Missouri), Phoenix (Arizona), Detroit (Chicago) e outras regiões, a lançar dúvidas sobre a igualdade nos Estados Unidos e a acender o ódio racial.[8]

Forte discriminação havia não apenas contra os afrodescendentes, que representavam 13% da população, 14% dos usuários mensais de drogas, e 27,2% dos que viviam abaixo da linha de pobreza, em 2012, mais do que o dobro da taxa entre os brancos (12,7%).[9] A discriminação tingia igualmente os hispânicos, dos quais 25,6% viviam igualmente abaixo da linha de pobreza.[10] A América profunda sempre alimentou *"profound hatred of the weak and the poor"*, conforme Matt Taibbi, um dos antigos membros do grupo Rolling Stone, observou.[11] E essa mentalidade, conjugada com o racismo, permeava as pequenas cidades e comunidades dos estados do Sun Belt — do Texas, Arizona e Novo México até a Califórnia — cuja população aumentou em mais de 15 milhões — duas vezes mais do que no Nordeste e no Centro-Oeste —, em 2000 já eram habitados por mais de 60% da população americana, dado que as melhores condições climáticas e impostos mais baixos estavam a atrair as pessoas.[12] E daí veio o maior suporte à candidatura de George W. Bush, na campanha para presidente. Na eleição de 2000, ele recebeu 68% dos 23% dos votos dos evangélicos brancos, percentual que, em 2004, subiu para 78%. Karl Rove, o arquiteto do *marketing* para a reeleição de George W. Bush, em 2004, considerava que os votos evangélicos eram cruciais para o seu sucesso, que formavam poderoso bloco com os cristãos sionistas. E a direita religiosa, evangélica, via Bush como um dos seus membros.[13]

O presidente George W. Bush, na realidade, nada sabia, ignorava todos os países, confundia a Suíça com a Suécia, e, durante as reuniões na Casa Branca, parecia *"a blind man in a room full of deaf people"*, segundo seu ex-secretário do Tesouro, Paul O'Neill.[14] Ademais, seu sentimento messiânico beirava as raias da insanidade tanto que ele realmente se julgava um emissário de Deus. Nabil Ali Muhammad (Abu Rashid) Shaath, ex-ministro dos Assuntos Estrangeiros da Autoridade Palestina (2003–2005), revelou em entrevista à BBC que, quando esteve na cimeira Israel-Palestina, em Sharm el-Sheikh (2003), quatro meses após a invasão do Iraque pelos Estados Unidos, o presidente George W. Bush disse a toda a delegação que "*I am driven with a mission from God*". Deus ter-lhe-ia dito: "*George go and fight these terrorists in Afghanistan.*" E ainda mais: "*George, go and end the tyranny in Iraq.*" E acrescentou — "*I did*" — e declarou que estava a ouvir as palavras de Deus: "*Go get the Palestinians their state and get the Israelis their security, and get peace in the Middle East.*" E ele prometeu: "*I'm gonna do it.*"[15]

Nada do que disse haver feito para atender às ordens de Deus resultou em sucesso: o terrorismo continuou, com a guerra no Afeganistão, e alhures; a derrubada de Saddam Hussein produziu o caos e um desastre humanitário piores do que a tirania; e a sangueira prosseguiu na Palestina, onde nem os árabes conseguiram formar seu Estado nem Israel manter sua segurança. E, em maio de 2008, uma pesquisa de opinião da CNN/Opinion Research Corp. revelou que 71% da população americana desaprovavam a forma como George W. Bush estava a governar o país e que era o mais "*unpopular president in modern American history*". "Nenhum presidente tivera mais alto grau de desaprovação em qualquer pesquisa da CNN ou da Gallup Poll", comentou Keating Holland, diretor de pesquisa da CNN.[16] A popularidade do presidente George W. Bush, que atingira o ápice de 86–90% com os atentados terroristas de 11 de setembro de 2001, havia despencado para 25%, entre 31 de outubro e 2 de novembro de 2008.[17] Maior percentual da população americana já dizia que a melhor maneira de reduzir a ameaça do terrorismo era reduzir a presença dos Estados Unidos no exterior e não incrementá-la. Havia cansaço com as guerras e 49%, contra 43%, julgavam errada a decisão de invadir o Iraque.[18] Outra pesquisa, esta realizada em 2008 pelo Project Pew Global Attitudes, mostrou que a maioria da população de 19 países, entre 24 entrevistados, inclusive fortes aliados dos Estados Unidos, pouca confiança tinha no presidente George W. Bush, enquanto, em levantamento de 2007, já evidenciara que o sentimento antiamericano, em 45 nações, recrescera e se expandira, tanto quanto a desaprovação de elementos centrais da política exterior dos Estados Unidos.[19]

Em tais circunstâncias, o desgaste da administração de George W. Bush, ainda mais aguçado por uma crise econômica e financeira igual ou pior que a de 1929, induziu as corporações de Wall Street, particularmente a mais poderosa, Goldman Sachs, a julgarem que melhor seria jogar as cartas na candidatura do Partido Democrata, o senador Barack Obama, um afro-americano, do que na candidatura do Partido Republicano, o ultraconservador John McCain. E Barack Obama, a cultivar a imagem do candidato que iria mudar o país, conseguiu tremendo sucesso ao arrecadar vultosos recursos, desde que começou sua campanha em 2007. Ademais da Universidade da Califórnia, que lhe forneceu US\$ 1.799.460, Barack Obama recebeu US\$ 1.034.615 da Goldman Sachs; US\$ 900.909 da Universidade Harvard; US\$ 854.717 da Microsoft Co.; US\$ 847.895 da JPMorgan Chase & Co.; US\$ 755.057 do Citigroup Inc.; US\$ 817.855, da Google Inc.; US\$ 755.057 do Citigroup Inc. e muitas outras doações de várias entidades e corporações, no total de US\$ 745 milhões, dos quais gastou US\$ 730 milhões.[20]

Por outro lado, a Goldman Sachs contribuiu para a candidatura de John McCain, o inveterado *warmonger*, apenas com US\$ 234.595, valor muito inferior ao montante de US\$ 1.034.615, que doou à candidatura de Barack Obama. Os demais bancos não lhe forneceram quantias maiores: Merrill Lynch doou US\$ 354.570; JPMorgan Chase & Co., US\$ 336.605; Citigroup Inc., US\$ 330,502; Morgan Stanley, US\$ 264.501; Credit Suisse Group, US\$ 184.603; Bank of America, US\$ 163.726; Lehman Brothers, US\$ 121.932; Bank of New York Mellon, US\$ 121.701; assim como outras entidades e corporações, que somaram tão somente US\$ 368 milhões, dos quais ele gastou US\$ 333 milhões.[21] Barack Obama levantou mais do que o triplo de dinheiro dos banqueiros e corporações financeiras do que John McCain conseguiu.[22]

A vitória do senador Barack Obama, em 2008, não se deveu tanto às promessas feitas durante a campanha quanto ao volume de recursos que obteve, como ocorre, em geral, nas eleições dos Estados Unidos. Ele cumpriu muito poucas promessas. E o fato foi que, não obstante haver sido sofregamente galardoado, em 2009, com o Prêmio Nobel da Paz pela Noruega, o presidente Obama, com a colaboração da secretária de Estado, Hillary Clinton, prosseguiu, vacilando às vezes, com a desastrosa obra de converter os Estados Unidos em *"rogue superpower"*. Engravesceu ainda mais as crises e múltiplas guerras, que atassalhavam as diversas regiões do mundo, desde, sobretudo, a administração do presidente Bill Clinton.[23] Os Estados Unidos continuaram como a *"necessary and indispensable nation"* tão somente para desencadear um processo de golpes militares, matanças, devastação, ruínas, êxodo, caos e catástrofes humanitárias, onde quer que empreenderam a política de *regime change* e *building nation.*

Com toda a razão, na conferência dos ministros da defesa do Sul e Sudeste da Ásia (South and Southeast Asian Nations [SASEAN] Defense Chiefs' Dialogue — 2014), realizada em Colombo (Sri Lanka), entre 27 e 29 de novembro de 2014, o ministro-adjunto da Defesa da Rússia, Anatoly Antonov, acusou os Estados Unidos de serem responsáveis por dois terços dos conflitos militares iniciados nas últimas décadas, como na Iugoslávia, Iraque, Afeganistão e Síria, ao aproveitarem-se das dificuldades econômicas e sociais, assim como de vários conflitos étnicos e religiosos, para intervir sob o pretexto de expandir a democracia.[24] A ingerência do presidente Barack Obama, assim como a de seus antecessores, nos assuntos internos dos países, em torno do mundo, não lhes levou a paz nem a democracia — acrescentou Anatoly Antonov, apontando que o resultado sempre foi que, com a derrubada de governos legais, estabeleceu-se o caos, matanças ocorreram, a ilegalidade difundiu-se e, em muitos casos, instituiu-se um regime favorável ao Ocidente e, certamente, os terroristas se sentiram confortáveis em tais circunstâncias.

Ao discursar para os cadetes da Academia Militar de West Point, em 28 de maio de 2014, o presidente Barack Obama declarou que quem sugeria estar a América em declínio e via sua liderança global esmaecer interpretava mal a história ou se havia engajado em política partidária. E acrescentou: *"Our military has no peer."*[25] Acrescentou, com *hubris* e arrogância, que *"so the United States is and remains the one indispensable nation"*, o que *"has been true for the century passed and it will be true for the century to come".*[26] E destarte reafirmou a sensação de onipotência, a alimentar, nos cadetes de West Point, o fervor do excepcionalismo, *"myth and rationale"*, e manter o país permanentemente *at war* ou *at proxy wars*, cujo trasfondo era nova Guerra Fria contra a Rússia e, também, contra a China. Como George Friedman observou, *"the United States has spent the past century* [século XX] *pursuing a single objective: avoiding the rise of any single hegemon that might be able to exploit Western European technology and capital and Russian resources and manpower".*[27] O presidente Barack Obama perseguiu o mesmo objetivo e endossou implicitamente o Project for the New American Century, que o presidente George W. Bush (2001–2009) pretendera implementar. O fito consistia em estabelecer *a full spectrum dominance* dos Estados Unidos, *i.e.*, uma ditadura global, com a consolidação e ampliação de sua hegemonia sobre o planeta, como a única potência verdadeiramente soberana. E, conquanto algumas vezes hesitasse, o presidente Obama conservou os Estados Unidos em um *perpetual wartime footing*, a *forever war*, *war on terror*, formalizada em 2001, com autorização do Congresso, para combater um inimigo invisível, não identificado, sem nome e sem parâmetros, dando-lhe continuidade e escalando, inconstitucionalmente, os ataques e assassinatos extrajudiciais de terroristas ou supostos terroristas, mediante a tática de *targeted killing*. Ele próprio, Barack Obama, assumiu a direção do processo de nominar os alvos[28], *i.e.*, dentro de uma *top secret "kill list"*, elaborada pelos serviços de inteligência (NSA, CIA etc.), com os nomes de terroristas ou supostos terroristas a serem eliminados ou capturados (captura era apenas teórica), com o emprego de Unmaned Aerial Vehicles (UAVs), drones, ou de Navy SEALs Team 6 (ST6).[29]

A *War on Terror* somente mudou de nome. Passou a chamar-se *Overseas Contingency Operations* (OCO), para as quais o presidente Obama requereu ao Congresso, na proposta de orçamento do ano fiscal (FY) 2015, apresentada em junho de 2014, o valor de US$ 65,8 bilhões, destinados ao Departamento de Defesa (DOD), ao Departamento de Estado e a Other International Programs (State/OIP).[30] Também requereu US$ 4 bilhões para o Departamento de Defesa e US$ 1 bilhão para o Departamento de Estado, com três finalidades:

> 1. *To support counterterrorism capacity-building efforts for partner nations; 2. To provide support to the moderate Syrian opposition and Syria's neighbors through a Regional Stabilization Initiative; 3. To help the Department of Defense respond to unexpected crises.*

O orçamento dos Estados Unidos, apresentado ao Congresso pelo Prêmio Nobel da Paz de 2009, previa, outrossim:

> 1. *Expand military presence in Europe, especially in Central and Eastern Europe; 2. Increase bilateral and multilateral exercises and training with allies*

and partners; 3. Improve infrastructure to allow for greater responsiveness; 4. Enhance prepositioning of U.S. equipment in Europe; 5. Intensify efforts to build partner capacity for newer NATO members and other partners.[31]

As *Overseas Contingency Operations* recresceram, desde que o presidente Barack Obama inaugurou sua administração. Em 2009, ano em que recebeu o Prêmio Nobel da Paz, o Pentágono e a CIA lançaram 291 ataques com drones e eliminaram, até janeiro de 2013, entre 1.299 e 2.264 militantes ou supostos militantes terroristas, enquanto comandos do Navy SEALs Team 6 executaram 675, em 2009; e 2.200, em 2011.[32] Segundo o Bureau of Investigative Journalism, do total de 413 ataques com drones realizados, pela CIA, contra Talibãs e membros ou suspeitos de pertencerem à al-Qa'ida, desde 2004, até 31 de janeiro de 2015, 362 ocorreram durante a administração do presidente Obama iniciada em 20 de janeiro de 2009, e mataram entre 2.342 e 3.789 pessoas, das quais entre 416 e 957 eram civis.[33] Essa guerra não declarada estendeu-se do Afeganistão e Paquistão ao Iêmen e Somália.

De acordo com a New America Foundation, enquanto o presidente George W. Bush, durante sua administração, ordenou entre 45 e 50 ataques com drones, matando 477 pessoas, Barack Obama determinou 316 ataques com drones que eliminaram 2.363.[34] Esses números do total de mortos estão, provavelmente, abaixo da realidade e a própria New America Foundation admite que estejam subestimados e a quantidade pode ser superior a 3.404, incluindo 307 civis — homens, mulheres e crianças no Paquistão, Iêmen, Somália e outros países.[35] Por sua vez, o senador do Partido Republicano, Lindsey Graham, favorável aos ataques com drones, declarou que o total de mortos podia chegar a 4.700.[36] Porém o presidente Barack Obama tornou os assassinatos com drones a peça central da estratégia contra o terrorismo.[37] Tais *serial crimes* levaram o general Brent Scowcroft, ex-chefe do Foreign Intelligence Advisory Board, a comentar que *"there is something very troubling about how we have become policeman, judge, jury, and executioner, all rolled up together"*.

Ao longo de seu primeiro mandato (2009–2012), o Prêmio Nobel da Paz implementou e fomentou as guerras civis e convencionais, começando por enviar mais 30.000 soldados para o Afeganistão, porém nenhuma das intervenções militares e *all-out shadow war*, realizadas pelos Estados Unidos, visaram a defender realmente sua população de reais ameaças externas. A força militar dos Estados Unidos podia não ter paralelo (*peer*), como o presidente Obama proclamou para os cadetes de West Point, a fim de reafirmar o *"American exceptionalism"*, o mito de que sempre desempenhou um papel em favor da humanidade, cuja política externa é *"what makes America different"*, mantra de que ele se valeu quando pretendeu invadir a Síria em 2013.[38] Mas não venceu nenhuma guerra desde a derrota do Japão em 1945.

Como escreveu Leonam Guimarães, especialista em questões nucleares, "nenhum Estado pode ter exata certeza sobre as capacidades de seus concorrentes e, portanto, devem se preparar para os piores cenários e "pensar o impensável", conceito este de desconfiança que Sun Tzu assim resumiu: "você pode imaginar o que eu faria se eu pudesse fazer tudo o que posso?"[39] O presidente Barack Obama, ao vangloriar-se de que a força militar dos Estados Unidos não tinha *"peer"*, pareceu ignorar que seu potencial atômico se equiparava ao da Rússia, herdeira de todo o poderio nuclear da União Soviética, e que a paridade estratégica entre as duas potências não desaparecera. Desconhecia o adversário, ao contrário do que ensinara Sun Tzu em *A arte da guerra*.[40] Porém, já nos anos 1980 o Pentágono sabia que a União Soviética construíra poderoso arsenal nuclear a estabelecer com os Estados Unidos um equilíbrio equivalente à situação de MAD (Mutual Assured Destruction).[41]

A Rússia continuava a ser uma superpotência nuclear e, em 2013, possuía entre 1.512 e 1.600 mísseis estratégicos com ogivas nucleares. Tanto o presidente Vladimir Putin quanto o presidente Obama sempre foram acompanhados por oficiais militares portando *"nuclear briefcase"*, os quais podem transmitir ordens para lançá-los, em questão de segundos.[42] Os Estados Unidos, em armamentos atômicos, não tinham vantagem sobre a Rússia. O engenheiro e cientista nuclear Siegfried S. Hecker, professor da Stanford University (Estados Unidos), confirmou, em artigo no *New York Times*, que Moscou havia assegurado a recuperação de todo o acervo nuclear, anteriormente instalado na Ucrânia, Bielorrússia e Cazaquistão, e que, nas 49 viagens que fez à Rússia, desde 1992, ele pôde testemunhar que sua administração estava também muito melhor do que 30 anos antes.[43] Citou que o presidente Putin havia declarado que o sistema de Defesa da Rússia *"has risen from the ashes like the proverbial Phoenix"*. E advertiu que o isolamento da Rússia *"can lead to catastrofes"*.[44]

De acordo com o New START (Strategic Arms Reduction Treaty), os Estados Unidos possuíam 1.585 ogivas nucleares estratégicas empregadas em 778 ICBMs, SLBMs, e bombardeiros estratégicos, enquanto a Rússia dispunha de aproximadamente 1.512 ogivas nucleares em 498 ICBMs, SLBMs e bombardeiros estratégicos. Os números da Federation of American Scientists são mais elevados.[45]

Tabela 1 — *Status* das Forças Nucleares Mundiais — 2014[46]

País	Estratégico operacional	Não estratégico operacional	Reserva/ Não usado	Reserva Militar	Estoque total
Rússia	1.800	0	2.500c	4.300	8.000
Estados Unidos	1.920	184	2.661	4.765	7.315

O presidente Barack Obama assinou com Dmitri A. Medvedev, então presidente da Rússia (2008–2012), o New START (Strategic Arms Reduction Treaty), em 8 de abril de 2010, e assumiu a responsabilidade moral de *"to achieving a nuclear-Free World"*, de buscar a *"security of a world without nuclear weapons"*, conforme declarou em Praga sob os aplausos da multidão.[47] Durante a campanha eleitoral, ele havia repetido que desejava fazer *"a nuclear-Free World"* e o desarmamento seria o objetivo da política de defesa dos Estados Unidos. Nada cumpriu. E, a pretexto da crise na Ucrânia e das tensões com a Rússia, provocadas pela sua própria administração, o presidente Obama, Prêmio Nobel da Paz (2009), autorizou a National Nuclear Security Administration (NNSA) a expandir a planta de produção de armamentos nucleares, ao sul do Kansas, em uma extensão de 140.000 m² maior do que o Pentágono, a ser construída pela Centerpoint Zimmer (CPZ), a um custo de US$ 673 milhões, sobre um vasto campo de soja.[48] O objetivo é revitalizar e modernizar os armamentos atômicos — mísseis balísticos, bombardeiros e submarinos. Esse projeto, elaborado, ao que tudo indica, desde ou antes de 2011,[49] custaria, nas próximas três décadas, mais de US$ 3 trilhões.[50]

Como Henry Kissinger observou, com os bombardeios de Nagasaki e Hiroshima, em 1945, o monopólio de armas atômicas alimentou em muitos americanos a percepção de onipotência dos Estados Unidos, mas ao fim da década de 1950 tornou-se óbvio que cada superpotência nuclear teria capacidade de se infligir, mutuamente, um nível de devastação, que nenhuma sociedade antes imaginara, ameaçando a própria civilização.[51]

"With the end of the Cold War, the threat of nuclear war between the existing nuclear superpower has essentially disappeared", escreveu Kissinger em outra de suas obras — *World Order* —, publicada em 2014.[52] Outrossim, Zbigniew Brzezinski ponderou que as armas nucleares reduziram dramaticamente sua utilidade como instrumentos de política ou mesmo de ameaças.[53] Uma guerra nuclear entre as duas potências — Estados Unidos/ Rússia — não seria um jogo de soma zero. Não haveria vencedor. Se os Estados Unidos desfechassem o primeiro ataque (*preemptive*), com um míssil estratégico, não haveria garantia de que pudesse destruir todo o sistema de defesa da Rússia e devastá-la, sem que ela imediatamente retaliasse. Submarinos russos, com armas nucleares, estariam possivelmente próximos das águas territoriais dos Estados Unidos.

O próprio presidente Ronald Reagan (1981–1989), que projetara, durante sua administração, construir o sistema Strategy Defense Initiative (SDI), notabilizado como *"Star Wars"*, reconheceu, em suas memórias, que *"no one could 'win' nuclear war"* e, mesmo que não produzisse a extinção da humanidade, significaria certamente o fim da civilização; lançado o primeiro ataque nuclear, quem saberia onde isso iria terminar?[54] O Pentágono havia-lhe mostrado — e ele se estarreceu — que no mínimo 150 milhões de americanos (mais da metade da população, da ordem de 229,47 milhões de habitantes) morreriam, em caso de uma guerra nuclear, mesmo que os Estados Unidos a houvessem *"won"*, ademais de envenenar a atmosfera, ao espalhar-se a radioatividade.[55]

O presidente Barack Obama nada apreendeu. Reciclou o Project for the New American Century (PNAC), dos *neocons*, cujo *blueprint* fora elaborado, em 1992, sob a supervisão de Paul D. Wolfowitz, subsecretário de Dick Cheney, então secretário de Defesa do presidente George H. W. Bush (1989–1993), asseverando que a missão política e militar dos Estados Unidos, pós-Guerra Fria, era assegurar que nenhuma superpotência emergisse na Europa Ocidental, Ásia ou territórios da extinta União Soviética,[56] bem como "preservar e estender uma ordem internacional amigável (*friendly*) à nossa segurança, nossa prosperidade e nossos princípios".[57] Essa doutrina foi a que o general Colin Powell, chefe do Estado-Maior Conjunto das Forças Armadas, consubstanciou na estratégia militar para manter a hegemonia dos Estados Unidos.[58]

NOTAS

1. Chris Hedges, 2006, pp. 22–25.
2. Edwin Lyngar, "Christian right's rage problem: How white fundamentalists are roiling America. Far-right Christians like Todd Starnes think their nation's in danger. You won't believe what they want to do next". *Salon*, 1º de dezembro de 2014. Disponível em: <http://www.salon.com/2014/12/01/far_right_christian_haters_rage_and_cruelty_from_white_fundamentalist_america/?source=newsletter>.
3. Chris Hedges, 2006, pp. 18–19.
4. Jean Hardisty & Chip Berlet, Exporting Right-Wing Christianity. *Jean Hardisty*. Disponível em: <http://www.jeanhardisty.com/writing/articles-chapters-and-reports/exporting-right-wing-christianity/>.
5. Patrick J. Buchanan, "Address to the Republican National Convention". Houston, Texas: delivered 17 August 1992. *American Rhetoric. Online Speech Bank*. Disponível em: <http://www.americanrhetoric.com/speeches/patrickbuchanan1992rnc.htm>; Adam Nagourney, "'Cultural War' of 1992 Moves In From the Fringe". *The New York Times*, 29 de agosto de 2012.
6. Sonya Ross & Jennifer Agiesta, "AP poll: Majority harbor prejudice against blacks". *AP Big Story*, 27 de outubro de 2012. Disponível em: <http://bigstory.ap.org/article/ap-poll-majority-harbor-prejudice-against-blacks>.
7. "Full Text of Human Rights Record of the United States in 2014". Web Editor: Yangyang *Xinhua*, 26 de junho de 2015. Disponível em: <China.org.cn. http://www.china.org.cn/china/Off_the_Wire/2015-06/26/content_35915205.htm>; *CRIEnglish News*, 26 de junho de 2015. Disponível em: <http://english.cri.cn/12394/2015/06/26/2982s884702_5.htm>.
8. *Ibidem*.
9. Drew Desilver, "Who's poor in America? 50 years into the 'War on Poverty,' a data portrait". *PewResearch Center*, 13 de janeiro de 2014. Disponível em: <http://www.pewresearch.org/fact-tank/2014/01/13/whos-poor-in-america-50-years-into-the-war-on-poverty-a-data-portrait/>.

10. Sonya Ross & Jennifer Agiesta, "AP poll: Majority harbor prejudice against blacks". *AP Big Story*, 27 de outubro de 2012. Disponível em: <http://bigstory.ap.org/article/ap-poll-majority-harbor-prejudice-against-blacks>.

11. Emily Tess katz, "Matt Taibbi: America Has A 'Profound Hatred Of The Weak And The Poor'". *HuffPost Live, HuffPost Businnes*, 1º de dezembro de 2014. Disponível em: <http://www.huffingtonpost.com/2014/04/16/matt-taibbi-the-divide_n_5159626.html>.

12. "The Rise of the Sun Belt (p. 197)". *Access to Social Studies*. Disponível em: <http://access-socialstudies.cappelendamm.no/c316289/artikkel/vis.html?tid=357420>.

13. Geoffrey C. Layman & Laura S. Hussey, "George W. Bush and the Evangelicals: Religious Commitment and Partisan Change among Evangelical Protestants, 1960–2004". *University of Maryland*. This paper originally was prepared for presentation at the University of Notre Dame conference on "A Matter of Faith? Religion in the 2004 Election," Notre Dame, In, December 2–3, 2005. — Department of Government and Politics, 3140 Tydings Hall, College Park, MD 20742. Ron Faith Suskind, "Certainty and the Presidency of George W. Bush". *The New York Times — Magazine*, 17 de outubro de 2004. Disponível em: <http://www.nytimes.com/2004/10/17/magazine/17BUSH.html?_r=0>.

14. Ron Suskind, "Faith, Certainty and the Presidency of George W. Bush". *The New York Times — Magazine*, 17 de outubro de 2004. Disponível em: <http://www.nytimes.com/2004/10/17/magazine/17BUSH.html?_r=0>.

15. Ewen Macaskill, "Bush: 'God told me to end the tyranny in Iraq' — President told Palestinians God also talked to him about Middle East peace". *The Guardian*, 7 de outubro de 2005. Disponível em: <http://www.theguardian.com/world/2005/oct/07/iraq.usa>.

16. Paul Steinhauser, (CNN Deputy Political Director). "Poll: More disapprove of Bush than any other president". *CNN Politics.com*, 1º de maio de 2008. Disponível em: <http://edition.cnn.com/2008/POLITICS/05/01/bush.poll/Updated 0117 GMT (0917 HKT)>.

17. Governance — Presidential Approval Ratings — George W. Bush. *Gallup Poll*. Disponível em: <http://www.gallup.com/poll/116500/presidential-approval-ratings-george-bush.aspx>; "Overview: Bush and Public Opinion. Reviewing the Bush Years and the Public's Final Verdict". *Pew Research Center*, 18 de dezembro de 2008. Disponível em: <http://www.people-press.org/2008/12/18/bush-and-public-opinion/#.

18. "Public Attitudes toward the War in Iraq: 2003–2008". *Pew Research Center*, 19 de março de 2008. Disponível em: <http://www.pewresearch.org/2008/03/19/public--attitudes-toward-the-war-in-iraq-20032008/>.

19. *Ibidem*.

20. *2008 Presidential Election. Center por Responsive Politics — OpenSecrets.org*. Disponível em: <https://www.opensecrets.org/pres08/>.

21. *Ibidem*.

22. Nomi Prins, 2014, pp. 411–413.

23. Rodrigue Tremblay, "Bill Clinton's 'Neocon-inspired Decisions' Triggered Three Major Crises in our Times". *Global Research*, 13 de agosto de 2014. Disponível

em: <http://www.globalresearch.ca/bill-clintons-neocon-inspired-decisions-trigge-red-three-major-crises-in-our-times/5395715?print=1>.

24. "US responsible for two-thirds of all military conflicts — Russia's top brass". *RT*, 28 de novembro de 2014. Disponível em: <http://rt.com/news/209379-us-military--conflicts-antonov/>; Esther Tanquintic-Misa, "2/3 of Global Military Conflicts Instigated By U.S. — Russian Minister; Willing To Share with Asian Countries Army Modernization Experience." *International Business Times*, 28 de novembro de 2014. Disponível em: <http://au.ibtimes.com/articles/574282/20141128/mili-tary-conflicts-u-s-russia-asia-army.htm#.VHiV8LR3ucw>.

25. "Remarks by the President at the United States Military Academy Commencement Ceremony". U.S. Military Academy-West Point, Nova York. *The White House — Office of the Press Secretary*, 28 de maio de 2014. Disponível em: <http://www.whitehouse. gov/the-press-office/2014/05/28/remarks-president-west-point-academy-commence-ment-ceremony>.

26. *Ibidem*.

27. "George Friedman Viewing Russia from the Inside Stratfor — Global Intelligence". *Geopolitical Weekly*, 16 de dezembro de 2014. Disponível em: <https://www.stra-tfor.com/weekly/viewing-russia-inside#>.

28. Jo Becker & Scott Shane, "Secret 'Kill List' Proves a Test of Obama's Principles and Will". *The New York Times*, 29 de maio de 2012.

29. Comandos militares secretos.

30. "The Administration's Fiscal Year 2015 Overseas Contingency Operations (OCO) Re-quest. The White House — President Barack Obama". *Office of the Press Secretary*, 26 de junho de 2014. Disponível em: <http://www.whitehouse.gov/the-press-offi-ce/2014/06/26/fact-sheet-administration-s-fiscal-year-2015-overseas-contingency--operat>.

31. *Ibidem*.

32. Jonathan Masters, (Deputy Editor). "Targeted Killings". *Council of Foreign Rela-tions*, 23 de maio de 2013. Disponível em: <http://www.cfr.org/counterterrorism/targeted-killings/p9627>.

33. Jack Serle & Alice K. Ross, "Monthly Updates on the Covert War — July 2014 Upda-te: US covert actions in Pakistan, Yemen and Somalia". All Stories, Covert Drone War, Monthly Updates on the Covert War. *The Bureau of Investigative Journalism*, 1° de agosto de 2014. Disponível em: <http://www.thebureauinvestigates.com/2014/08/01/july-2014-update-us-covert-actions-in-pakistan-yemen-and-somalia/>.

34. Michael Hirsh & James Oliphant, "Obama Will Never End the War on Terror — The president stands to leave an open-ended conflict to his successor". *National Journal*, 27 de fevereiro de 2014. Disponível em: <http://www.nationaljournal.com/magazi-ne/obama-will-never-end-the-war-on-terror-20140227>.

35. Peter Bergen, "Drone Wars — The Constitutional and Counterterrorism Implications of Targeted Killing" — Testimony presented before the U.S. Senate Committee on the Judiciary Subcommittee on the Constitution, Civil Rights and Human Rights. *New America Foundation*, 24 de abril de 2013. Disponível em: <http://www.newamerica. net/publications/resources/2013/drone_wars>; Daniel L. Byman, "Why Drones Work: The Case for Washington's Weapon of Choice". *Brookings*, julho/agosto de

2013. Disponível em: <http://www.brookings.edu/research/articles/2013/06/17-drones-obama-weapon-choice-us-counterterrorism-byman>.

36. Tim Stanley, "Obama has killed thousands with drones, so can the Nobel committee have their Peace Prize back?" *The Telegraph,* 10 de outubro de 2013.

37. Daniel L. Byman, "Why Drones Work: The Case for Washington's Weapon of Choice". *Brookings*, Julho/Agosto de 2013. Disponível em: <http://www.brookings.edu/research/articles/2013/06/17-drones-obama-weapon-choice-us-counterterrorism-byman>.

38. "Remarks by the President in Address to the Nation on Syria East Room". *The White House Office of the Press Secretary for Immediate Release*, 10 de setembro de 2013. Disponível em: <http://www.whitehouse.gov/the-press-office/2013/09/10/remarks-president-address-nation-syria>.

39. Leonam dos Santos Guimarães, (Diretor de Planejamento, Gestão e Meio Ambiente — Eletrobrás Termonuclear SA — Eletronuclear). "O Retorno de Giges à Caverna Nuclear". *DefesaNet*, 10 de julho de 2015. Disponível em: <http://www.defesanet.com.br/nuclear/noticia/19703/O-Retorno-de-Giges-a-Caverna-Nuclear/>.

40. Sun Tzu & Sun Pin, 1996, p. 39 e 70.

41. *Ibidem.*

42. Steven Starr, "The Lethality of Nuclear Weapons: Nuclear War has No Winner". *Global Research — Centre for Research on Globalization*, 5 de junho de 2014. Disponível em: <http://www.globalresearch.ca/the-lethality-of-nuclear-weapons-nuclear-war-has-no-winner/5385611>. Cf. também: <http://www.paulcraigroberts.org/2014/05/30/lethality-nuclear-weapons/>. paulcraigroberts.org>. Acesso em 30 maio de 2014.

43. Siegfried S. Hecker, "For U.S. and Russia, Isolation Can Lead to Nuclear Catastrophe". *The New York Times*, 18 de novembro de 2014.

44. *Ibidem.*

45. *Status of World Nuclear Forces 2014* — Federation of American Scientists. Disponível em: <http://fas.org/issues/nuclear-weapons/status-world-nuclear-forces/>; Todos os números são estimativas, atualizadas em 30 de abril de 2014 e publicadas no *Bulletin of the Atomic Scientists*, and the nuclear appendix in the SIPRI Yearbook. Os números são mais altos do que os agregados sob o New START Treaty, firmado pela Rússia e os Estados Unidos, em abril de 2010, porque incluem ogivas em bombardeiros.

46. *Status of World Nuclear Forces 2014* — Federation of American Scientists. Disponível em: <http://fas.org/issues/nuclear-weapons/status-world-nuclear-forces/>.

47. William J. Broad & David E. Sanger, "U.S. Ramping Up Major Renewal in Nuclear Arms". *The New York Times*, 21 de setembro de 2014.

48. Lise Reuter, (Staff Writer). "NNSA completes move to new $687M manufacturing plant". *Kansas City Business Journal*, 8 de julho de 2014. Disponível em: <http://www.bizjournals.com/kansascity/news/2014/07/08/national-nuclear-security-administration.html?page=all>; Lawrence S. Wittner, "Despite protests Kansas City gets a new nuclear power plant". *LA Progressive — Alex Jones' Infowars,* 6 de setembro de 2011. Disponível em: <http://www.infowars.com/despite-protests-kansas-city-gets-a-new-nuclear-power-plant/>.

49. Adam Weinstein, "A Privately Owned Nuclear Weapons Plant in... Kansas City? In a last-ditch court hearing, activists seek to block a new Honeywell project", *Mother Jones,* 29 de agosto de 2011. Disponível em: <http://www.motherjones.com/politics/2011/08/nuclear-weapons-plant-kansas-city>.

50. William J. Broad & David E. Sanger, "U.S. Ramping Up Major Renewal in Nuclear Arms". *The New York Times,* 21 de setembro de 2014.

51. Henry Kissinger, 1995, p. 607.

52. Henry Kissinger, 2014, p. 336.

53. Zbigniew Brzezinski, 1997, p. 97.

54. Ronald Reagan, 1991, p. 550.

55. *Ibidem,* p. 550.

56. Patrick E. Tyler, (Special to *The New York Times*). "U.S. Strategy Plan Calls for Insuring No Rivals Develop A One-Superpower World — Pentagon's Document Outlines Ways to Thwart Challenges to Primacy of America", *The New York Times*, 8 de março de 1992. Disponível em: <http://work.colum.edu/~amiller/wolfowitz1992.htm>.

57. O projeto original, com o título — *Rebuilding America's Defenses Strategy, Forces and Resources For a New Century — A Report of The Project for the New American Century* (PNAC), September 2000, baseava-se nos seguintes princípios: "1 — *We need to increase defense spending significantly if we are to carry out our global responsibilities today and modernize our armed forces for the future; 2 — we need to strengthen our ties to democratic allies and to challenge regimes hostile to our interests and values; 3 — we need to promote the cause of political and economic freedom abroad; 4 — we need to accept responsibility for America's unique role in preserving and extending an international order friendly to our security, our prosperity, and our principles".*

58. Colin L. Powell, *The Military Strategy of the United States — 1991–1992.* Washington: US Government, Printing Office, ISBN 0-16-036125-7, 1992, p. 7. Draft Resolution — 12 Cooperation for Security in the Hemisphere, Regional Contribution to Global Security — The General Assembly, recalling: Resolutions AG/RES. 1121 (XXX-091 and AG/RES. 1123 (XXI-091) for strengthening of peace and security in the hemisphere, and AG/RES. 1062 (XX090) against clandestine arms traffic.

Capítulo 5

RÚSSIA, IRÃ, COREIA DO NORTE E CHINA COMO PRINCIPAIS AMEAÇAS AOS ESTADOS UNIDOS • AS CATASTRÓFICAS CONSEQUÊNCIAS DE UM CONFLITO NUCLEAR • O PODERIO NUCLEAR DA RÚSSIA • A EXPANSÃO DA OTAN ATÉ AS FRONTEIRAS DA RÚSSIA • A ADVERTÊNCIA DO EMBAIXADOR GEORGE F. KENNAN E OUTROS CONTRA A INICIATIVA DE BILL CLINTON • QUEBRA DO COMPROMISSO DO PRESIDENTE GEORGE H. W. BUSH COM O PRESIDENTE MIKHAIL S. GORBACHIOV, QUANDO DA REUNIFICAÇÃO DA ALEMANHA

The National Military Strategy (2015 NMS) dos Estados Unidos, aprovada em junho de 2015 pelo presidente Barack Obama, apontou Rússia, Coreia do Norte, Irã e China como os quatro países que estrategicamente desafiavam e ameaçavam desestabilizar os interesses de segurança nacional do país, em diversas regiões, conquanto nenhum buscasse — ressaltou — *"none of these nations are believed to be seeking direct military conflict with the United States or our allies"*.[1] O presidente Barack Obama, entretanto, havia anunciado, em 17 de dezembro de 2014, a normalização das relações diplomáticas com Cuba, após 54 anos de ruptura[2] e conflitos, e alcançou um acordo com o Irã sobre a questão nuclear, em julho de 2015, um mês depois da edição da 2015 NMS, superando as mais graves controvérsias, iniciadas havia 35 anos (1979) e permeadas por sanções econômicas, assassinatos de cientistas atômicos iranianos, ciberataques e ameaças de conflagração de mais uma guerra de consequências imprevisíveis no Oriente Médio.

Não obstante tais feitos, historicamente relevantes, a política externa dos Estados Unidos continuou a pautar-se, com algumas variáveis, sobre as linhas gerais da mesma doutrina dos *neocons*. O presidente Obama não apenas tentou impedir o soerguimento da Rússia, mas também confrontou a China, que passou a constituir potencial adversário dos Estados Unidos, desde a elaboração do plano estratégico de janeiro de 2012, e tratou de cercá-la com uma cadeia de bases aéreas e navais, ademais portos, no Pacífico Sul. O Pentágono destinou entre US$ 13 milhões e US$ 19 milhões a cerca de seis firmas, contratando *think tanks*, consultores de defesa e acadêmicos, com o encargo de elaborar planos de contingência para eventual Air-Sea Battle, com a China, de modo a destruir seu sofisticado sistema de radar e mísseis e culminar com amplo assalto do Marine Corps ao seu território, de modo a manter o domínio aéreo e marítimo e preservar sua hegemonia, como *lonely power*. Porém muitos analistas avaliaram que a *"blinding campaign"*, com armas convencionais, não seria efetiva dada a densa capacidade de defesa da China, como à vasta extensão do seu território, e poderia incender a guerra atômica, um *"nuclear armageddon"*[3]. Ademais, em 2014, a China possuía cerca de 1,4 bilhão de habitantes, o equivalente a mais de 19,3% da população mundial, enquanto os Estados Unidos tinham um número de habitantes quase cinco vezes menor, estimado em 319 milhões de habitantes (4,43% da população mundial).

A diferença demográfica constituía, decerto, um fator provavelmente decisivo em favor da China, em qualquer guerra, sobretudo em uma Air-Sea Battle. E não se podia diagnosticar a autorização para o fazimento de planos de contingência, visando a atacar a China, conforme se noticiou, senão como grave sintoma de aguda paranoia, pois nenhum presidente dos Estados Unidos, ao que se sabe, tomou semelhante iniciativa. Inclusive, em 1951, o presidente Harry Truman chegou a demitir o general Douglas MacArthur, herói da Segunda Guerra Mundial, do comando das forças da ONU, na guerra da Coreia (1950–1953), porque insistiu em estender o conflito e atacar a China. MacArthur havia até mesmo proposto o lançamento de bomba atômica, arma que a China nem sequer possuía. Tudo isso, apesar de saber que ela estava militarmente enfraquecida, dada a recente vitória da revolução, ainda a consolidar-se.[4]

A China não somente reorganizou como também modernizou seu arsenal nuclear. O Exército Popular de Libertação, em 2013, dispunha de mísseis intercontinentais (ICBMs) Dongfeng-41 (DF-41), com capacidade de alcançar 12.000 km (7.500 milhas),[5] assim como testava o Dong Feng 31A (DF-31A/CSS-10) e Dong Feng 5A (DF-5A/CSS-4), com capacidade de atingir os Estados Unidos, ademais de construir submarinos, capacitados para disparar mísseis com múltiplos e independentes alvos (MIRVs).[6]

De acordo com o *Annual Report to Congress on the Military and Security Developments of the People's Republic of China* (2013), enviado ao Congresso pelo Departamento de Defesa dos Estados Unidos, o arsenal da China consiste em um total de 50–75 mísseis intercontinentais (ICBMs), incluindo os mísseis DF-5 (CSS-4) ICBMs; DF-31 (CSS 10 Mod-1) e DF-31A (CSS-10 Mod 2) ICBMs; ademais dos DF-4 (CSS-3) ICBMs, de alcance limitado; DF-3 (CSS-2), mísseis balísticos de alcance médio DF- 21 (CSS-5) e MRBM (*solid-fueled road-mobile*).[7] Segundo o major-general Yang Huan, ex-comandante-adjunto do Segundo Corpo de Artilharia — Forças de Mísseis Estratégicos, a China havia desenvolvido armas nucleares estratégicas devido à "crença de que o poder hegemônico" (Estados Unidos) "continuaria a usar ameaças e chantagem nuclear", pois a República Popular da China, desde o dia do estabelecimento, enfrentava bloqueios econômicos e tecnológicos e as ameaças de política hegemônica.[8]

Em começo de 2006, diversos dos mais importantes climatologistas, da Rutgers University, University of New Jersey, University of California (UCLA), John Hopkins University e University of Colorado-Boulder, publicaram estudos sobre as consequências de uma guerra nuclear, inclusive cenários em que apenas 1% do poder explosivo existente e pronto para disparo nos arsenais dos Estados Unidos e da Rússia fosse usado.[9] E uma das conclusões apresentadas na sessão técnica do encontro anual da American Geophysical Union, em San Francisco, Califórnia, foi a de que mesmo uma guerra nuclear regional, em pequena escala, produziria tanta mortandade quanto todas as batalhas da Segunda Guerra Mundial e destruiria o clima global por uma década ou mais, com efeitos ambientais que poderiam devastar tudo sobre a face da Terra. Uma única ogiva termonuclear poderia causar severa radiação que danificaria centenas de milhas além da área da detonação; e tais armas, empregadas em uma *all-out war*, assolariam toda a Terra ou grande parte dela, tornando-a inabitável.[10]

Destarte, ainda que os Estados Unidos conseguissem, com um *preemptive attack*, devastar toda a Rússia ou a China, as consequências, conforme os cientistas agouraram, seriam catastróficas para o meio ambiente e toda a humanidade, ao modificar profundamente o clima global. Um intenso frio poderia eliminar completamente as estações do ano e todas as colheitas e matar de fome os seres humanos e os animais, espalhando a radioatividade ao derreter também os reatores nucleares. Grande parte dos Estados Unidos e da Europa tornar-se-ia inabitável e aqueles que tivessem sobrevivido, sem ter o que comer, também acabariam morrendo.[11]

Com toda a razão, em 1949, indagado por Alfred Werner, do *Liberal Judaism*, Albert Einstein (1879–1955) respondeu: "*I do not know how the Third World War will be fought, but I can tell you what they will use in the Fourth — rocks!*"[12] Einstein tinha razão. Ele provavelmente sabia que a União Soviética, desde 1942, estava a desenvolver o programa nuclear, sob a direção do físico russo Igor V. Kurchatov (1903–1960), e que Joseph Stalin mandou acelerar depois que os Estados Unidos bombardearam Hiroshima e Nagasaki, no Japão, em agosto de 1945. Com efeito, em 29 de agosto de 1949, a União Soviética detonou sua primeira bomba atômica. E, em meados de 2014, havia aproximadamente 17.300 ogivas nucleares, entre as quais 4.300 mobilizadas, da Rússia e dos Estados Unidos, com possibilidade de atingir seus alvos em 45 minutos, o que produziria o maior desastre para a humanidade.[13] E o próprio ex-presidente Ronald Reagan, embora veterano "*cold warrior*", reconheceu que a manutenção de armas nucleares era "*totally irrational, totally inhumane, good for nothing but killing, possibly destructive of life on earth and civilization*".[14]

A doutrina militar da Rússia previa que qualquer uso de armas nucleares — *tactical* (TNW) e *battlefield* — pelo inimigo teria imediata e igual resposta. E em uma guerra convencional contra a Rússia seria muito difícil que os Estados Unidos também tivessem condições de travar e vencer, mesmo que contassem com aliados da União Europeia. O presidente Vladimir Putin, desde que assumiu o poder, no ano 2000, começou a reestruturar as Forças Armadas e continuou a engrandecer o potencial nuclear da Rússia e a indústria de armamentos da Rússia gradualmente reemergiu das ruínas em que o brisante programa neoliberal do presidente Yeltsin a deixara. Era necessário, para garantir-lhe a segurança, e revigorar as Forças Armadas, torná-las mais compactas e eficientes, mais modernas e supridas com armamentos de última geração.[15] No início de 2013, a Rússia já havia modernizado grande parte do seu arsenal e dispunha de aproximadamente 4.500 ogivas nucleares, das quais cerca de 1.800 eram estratégicas, a serem disparadas em mísseis ou por bombardeiros. Em 2015, segundo o Instituto Internacional de Pesquisa para a Paz de Estocolmo, a Rússia já dispunha de aproximadamente 7.500 ogivas nucleares, das quais 1.780 estavam instaladas em mísseis, enquanto os Estados Unidos possuíam 7.300 ogivas, das quais 2.080 permaneciam ativas.[16]

O presidente Putin, desde que assumiu o governo — e o presidente George W. Bush denunciou unilateralmente o Tratado de Mísseis Antibalísticos (ABM), por considerá-lo relíquia do passado —, empreendeu o soerguimento da força estratégica da Rússia, com a construção de mísseis intercontinentais MIRV (*multiple independently targetable reentry vehicle*) R-36, R-36M e os SS-18 (denominados Satan pela OTAN), capazes de transportar múltiplas ogivas independentes, 10 ou 15, e atingir, os mais diversos alvos, 6.200 milhas distantes. Dispunha dos mísseis supersônicos contra navios, conhecidos como P-800 Oniks (П-800 Оникс) ou Yakhont (Яхонт) e ainda desenvolvia os mísseis balísticos Topol-M, RS-24 Yars, e RS-26 Rubezh.[17] E ante o intento dos Estados Unidos de expandirem a estrutura militar da OTAN até as fronteiras da Rússia, enviando equipamentos pesados para a Polônia e os países do Báltico, o presidente Putin anunciou que suas Forças Armadas, em 2015, ainda receberiam mais de 40 mísseis (ICBMs) capazes de penetrar em todos, mesmo nos mais avançados, sistemas de defesa.[18]

Outrossim, a Rússia dispunha de bombardeiros estratégicos Tu-95MC Bear, com capacidade de conduzir e disparar seis mísseis cruzeiros contra alvos na terra; e o avião de combate Sukhoi PAK-FA, conhecido como T-50, de quinta geração, um robô aéreo, capaz de desempenhar múltiplas funções. Ademais, seu arsenal bélico contava com o *super-panzer* Armata T-14, considerado o tanque mais poderoso do mundo, devido à sua blindagem, sistema de navegação por satélite e canhão automático; canhões Koalitsia-CB, de nova geração, autopropulsados, com capacidade de atingir alvos a 70 km de distância e contavam com um de sistema de navegação por satélite.

O arsenal nuclear da Rússia nada ficava a dever ao da OTAN. E, ao longo do seu território, estavam instalados os mais eficientes sistemas de defesa, entre os quais o S-300PMU, a partir do qual a corporação estatal Almaz-Antey desenvolveu dois modelos de sistema antimísseis terra-ar mais sofisticados, o S-400, contra mísseis de curto e médio alcance, e o S-500 Prometheus, com os radares 7N6-N e 77N6-N1 e alcance de 500 a 600 km, destinado a interceptar mísseis balísticos intercontinentais (ICBM), destruir aviões supersônicos, satélites em baixa altitude e mísseis cruzeiros. O Buk-M2E, eficaz sistema de defesa antiaérea de médio alcance, podia derrubar aviões táticos e estratégicos, helicópteros, mísseis cruzeiros, mísseis balísticos táticos etc. Seu sistema de defesa ainda incluía uma estação de radar capaz de detectar além do horizonte o alvo aéreo muito antes de que atingisse a Rússia.[19] E ainda estava a implantar mísseis de defesa terra-ar S-500 Prometheus, com capacidade de voar 15.400 milhas e deter qualquer ataque aéreo sobre todo o território do país, o centro, Moscou e adjacências.

O presidente Putin, ao mesmo tempo que modernizava o acervo de mísseis balísticos intercontinentais e outros, determinou a reconstrução de bases estratégicas, entre as quais a da ilha Wrangel, em Chukchi, mar no Oceano Ártico, perto do Alaska, e em Mys Shmidta (Cape Schmidt, assim denominado por James Cook, que o descobriu em 1778), na vila de Ryrkaypiy.[20] Aí deveriam aportar navios da Esquadra do Norte, quase todos com arsenal antiaéreo, prontos para uso, com torres de mísseis e canhões no convés.[21] A Esquadra do Norte está baseada em Murmansk, ocidente da Rússia, e o círculo Ártico sempre foi de extrema importância estratégica, não somente por questão de segurança, mas porque ali jaziam vastas e inexploradas reservas de recursos naturais, entre os quais gás, petróleo e metais raros.

A decisão de Moscou de militarizar o círculo Ártico e protegê-lo com um sistema de radar decorreu das ameaças de Washington, latentes na insistência de expandir a OTAN até as pequenas repúblicas do Báltico (Estônia, Lituânia e Letônia). O próprio presidente Vladimir Putin, entrevistado pelo jornalista Hubert Seipel, do canal de TV ARD, da Alemanha, em 17 de novembro de 2014, acusou a OTAN de já haver realizado desde 2001 duas ondas de expansão, no Leste Europeu, a cooptar sete países, tais como Eslovenia, Eslováquia, Bulgária, Romênia e três países do Báltico — Estônia, Lituânia e Letônia, admitidas, em 2004, o que representava significantes mudanças no jogo geopolítico.[22] Ademais, aduziu o presidente Putin, o número de bases militares dos Estados Unidos cada vez mais aumentava. "Tem a Rússia bases militares em torno do mundo?", perguntou, salientando que, no entanto, a OTAN e os Estados Unidos as tinham espalhadas por todo o globo, inclusive sobre áreas próximas às fronteiras da Rússia, e o número era crescente.[23] A Rússia, em tais circunstâncias, decidiu instalar, em 2016, uma base aérea para os Sukhoi Su-27 e mísseis na província de Babruysk, leste da Bielorrússia, perto da cidade de Lida e da fronteira[24] com a Polônia e a Lituânia, no Ocidente da Europa.[25] A Bielorrússia, cujo presidente Alexander Lukashenko também percebia a ameaça no avanço da OTAN, ainda receberia helicópteros Mi-8/Mi-17 e Mil Mi-8 (Ми-8МТВ-5; Hip) e estava a negociar com a Rússia a compra do mais avançado sistema de defesa aérea, o S-400, capaz de destruir alvos a 400 km de distância com mais de 72 mísseis de uma só vez.[26]

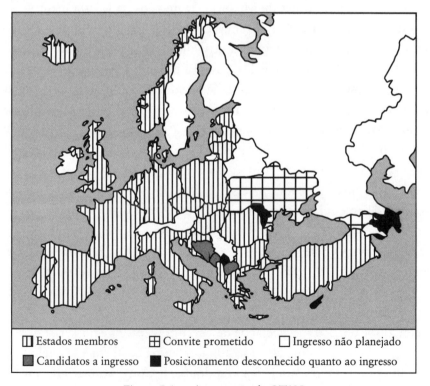

Figura 5.1 — A expansão da OTAN

A Rússia, cujas instalações militares no exterior se localizavam somente na Armênia, Tajiquistão e Quirguistão, países vizinhos, tratou de ampliar a base naval de Novorossiysk, na Crimeia, a fim de estacionar oito submarinos nucleares *K-535 Yuriy Dolgorukiy — Borei-class*, com capacidade de levar a bordo 12 mísseis de cruzeiro, que atingem alvos a mais de 1.500 km, e tal decisão foi tomada, devido à frequente entrada no Mar Negro de navios da OTAN e por ser o ponto crucial para o carregamento de armas com destino à Síria. A Rússia também possuía sete submarinos nucleares (projeto 667BRDM Dolphin Delta-4), os quais o *Tula, Novomoskovsk* e o *SSBN Yekaterinburg* eram propulsados com combustível balístico líquido e equipados com mísseis intercontinentais RSM-54 Sineva. Moscou não pretendia abandonar o Intermediate-Range Nuclear Forces (INF) Treaty, a menos que tivesse de enfrentar "sérias ameaças", à segurança do país, conforme atestou Sergey Ivanov, chefe do gabinete do presidente Vladimir Putin.[27] Em janeiro de 2014, porém, estimava-se que as Forças de Mísseis Estratégicos da Rússia mantivessem em estado operacional 311 sistemas de mísseis de cinco diferentes tipos, inclusive mísseis balísticos intercontinentais, com capacidade de conduzir 1.078 ogivas nucleares.[28] E ela então possuía mísseis cruzeiros X-55 de longo alcance, capazes de levar uma ogiva nuclear de 200 quilos ou convencional a um alvo localizado a uma distância de 3.000 km, bem como mísseis estratégicos, que podiam atacar a uma distância de 5.000 km (3.100 milhas), lançados a partir de submarinos ou de bombardeiros Tupolev Tu-95, Tupolev Tu-160 e do bombardeiro estratégico Tupolev-95MS. São mísseis de alta precisão balística, com capacidade de atingir, com rápida velocidade subsônica, alvos terrestres.

As Forças de Foguetes da Rússia (Raketnyye Voyska Strategicheskogo Naznacheniya — RVSN) estavam a testar, havia já alguns anos, diversos tipos de mísseis, tais como R-36M, em Baikonur Cosmodrome, base de lançamentos espaciais da Rússia, nas estepes desérticas do Cazaquistão, e o submarino nuclear.[29] E a Rússia, outrossim, acelerou a construção de adequado sistema aeroespacial de defesa, interceptor de mísseis, tais como S-500, no espaço, a uma altitude 200 km acima da Terra e em velocidade de 8 km por segundo, similar ao da doutrina Conventional Prompt Global Strike (CPGS), dos Estados Unidos, com capacidade de atacar com

A DESORDEM MUNDIAL

armas convencionais qualquer lugar do mundo, dentro de uma hora, da mesma forma que os mísseis nucleares ICBM. A instalação de MK 41 Vertical Missile Launch Systems (VLS), na Romênia e na Polônia, constituía uma violação do tratado sobre Intermediate Range Nuclear Forces (INF) pelos Estados Unidos. E logo após a Verkhovna Rada (Parlamento), em Kiev, aprovar a abolição do *status* de neutralidade política e militar da Ucrânia, de país não alinhado,[30] o presidente Putin sancionou nova doutrina militar da Rússia, passando a considerar o espraiamento da OTAN a maior ameaça à sua segurança e, conquanto ratificasse o caráter dissuasório do seu poderio nuclear, *i.e.*, de deter potencial inimigo, admitiu usá-lo em caso de qualquer ataque ao seu território, ainda que realizado com forças convencionais que realmente lhe ameaçassem a existência.[31] Tratava-se de dura advertência aos Estados Unidos e ao governo de Kiev.

A Rússia, outrossim, havia desenvolvido um sistema de guerra eletrônica. E, em 12 de abril de 2014, demonstrou-o, dois dias após o destroier *USS Donald Cook* entrar no Mar Negro, em águas internacionais, mas perto de sua fronteira, equipado com mísseis de cruzeiro Tomahawk, com alcance de 2.500 km e, *inter alia*, o Aegis Combat System, um sistema de armamento naval integrado, com tecnologia de computador e radar, que marca a trajetória e guia os mísseis contra os alvos inimigos. Estava acompanhado por outro destroier, o *USS Arleigh Burke* (DDG-51). O objetivo dos Estados Unidos/OTAN foi fazer demonstração de força. Porém um caça-bombardeiro Sukhoï-24 (Su-24), da Força Aérea da Rússia, sem quaisquer armamentos, mísseis ou bombas, simulou um ataque, ao chegar às proximidades do *USS Donald Cook*, e ativou o sistema eletrônico Jibiny (L-265),[32] que portava, e estacou todos os seus radares, aparelhos de controle e transmissão de informações, e todo o sistema de defesa antiaérea, o Aegis Combat System. Nada mais funcionou no poderoso *USS Donald Cook*.[33] Os marinheiros — consta — ficaram atônitos e se sentiram desmoralizados. O Su-24 sobrevoou o destroier doze vezes, *"numerous close-range low-altitude passes"*, 500 pés (150 m) acima do nível do mar, segundo o coronel do Exército Steve Warren, porta-voz do Pentágono, que emitiu uma nota de protesto.[34] *"This provocative and unprofessional Russian action is inconsistent with international protocols and previous agreements on the professional interaction between our militaries"*, disse o coronel Steve Warren.[35] E o fato foi que o *USS Donald Cook* saiu prontamente do Mar Negro, na direção de Constanta, na Romênia, onde aportou e foi visitado pelo presidente Traian Basescu.[36]

Em 1947, ao começo da guerra fria, quando pressionado, em Washington, para promover o *roll-back*, *i.e.*, empurrar para dentro das fronteiras da União Soviética as forças do Exército Vermelho, que ocupavam países da Europa Oriental, o presidente Harry Truman (1945–1953) ponderou que a paz não seria alcançada com a deflagração de novas guerras e que havia duas imensas massas terrestres que nenhum exército moderno do Ocidente jamais teve capacidade de conquistar: Rússia e China.[37] *"It would have been folly, and would been folly today, to attempt impose our way of life on these huge areas by force."*[38] A Rússia, cujo território compreendia todo o norte da Eurásia, *i.e.*, 1/6 do planeta, já o havia demonstrado duas vezes: em 1812, durante o reinado do czar Alexander I (1777–1825), quando o marechal Mikhail Kutuzov (1745–1813) destroçou a Grande Armée do imperador Napoleão Bonaparte, composta por cerca de 564.000 soldados;[39] e, no século XX, as tropas nazistas do III Reich, com soldados alemães, italianos, romenos, croatas e outros — mais de 1,5 milhão de efetivos —, foram esmagadas pelo Exército Vermelho, em Stalingrado, a mais sangrenta batalha da Segunda Guerra Mundial, travada entre 23 de agosto de 1942 e 2 de fevereiro de 1943. Foi o *turning point* da Segunda Guerra Mundial. Aí começou a derrota da Alemanha nazista, mais de um ano antes da invasão da Normandia pelos Estados Unidos, Grã-Bretanha e França, realizada em 6 de junho de 1944. E o Exército Vermelho, ao destroçar a Wehrmacht, avançou até Berlim e revelou-se a mais poderosa máquina de guerra da Europa.

De acordo com o *Military Balance 2014*, do International Institute for Strategic Studies da Suécia, a Rússia, em 2013, dispunha de poderoso exército e de um estoque dos mais adiantados armamentos, com enorme poder de fogo, capaz de causar significantes baixas nas forças dos Estados Unidos, bem como de 171 navios de guerra, dos quais 25 no Mar Negro, no litoral da Ucrânia.[40] A tentativa de revitalizar a OTAN/ NATO Response Force (NRF), com exercícios de *high-visibility* como parte da implementação da Connected Forces Initiative Task Force (CFI TF), promovida pelo Supreme Allied Commander Transformation (SACT), jamais intimidou Moscou. Contudo, desde a guerra da Coreia (1953–1954), Washington — como Henry Kissinger comentou — expandiu cada vez mais os gastos de defesa e transformou a Aliança Atlântica, estabelecida como coalizão política, em uma integrada organização militar, sob as ordens do Supremo Comando do Pentágono.[41] Sua expansão, para o Leste, projetada detalhadamente (*top-down*) pela administração do presidente Bill Clinton, com forte apoio do seu assessor de Segurança Nacional, Anthony Lake, e do secretário de Estado, Warren Christopher, visou a ocupar o *vacuum*, deixado pelo desaparecimento da União Soviética, e aprofundar a hegemonia dos Estados Unidos na Europa, como acentuou o historiador Perry Anderson.[42]

No entanto, em 1995, quando a Casa Branca pressionou o Congresso para acelerar o projeto de expansão da OTAN aos países da Europa Central e Oriental, *i.e.*, às fronteiras da Rússia, Theodore C. Sorensen, ex--assessor e amigo do presidente John F. Kennedy (1961–1963), publicou em *The Washington Post* assertivo artigo contra a política exterior do presidente Bill Clinton, assinalando que era *"hard to imagine a more provocative decision taken with less consultation and consideration for the consequences"*.[43] Essa iniciativa, no sentido de incorporar à OTAN os países do Leste Europeu, violava os compromissos assumidos pelo presidente George H. W. Bush com o presidente Mikhail S. Gorbachiov, quando da reunificação da Alemanha. Daí que, em 2 de fevereiro de 1997, o embaixador George F. Kennan, arquiteto da estratégia de *containment* da União Soviética, advertiu, sabiamente, que *"expanding NATO would be the most fateful error of American policy in the entire post-cold-war era"*.[44] Poder--se-ia esperar que tal decisão — acrescentou — inflamasse as tendências nacionalistas, antiocidentais e militaristas na opinião do povo russo e que tivesse um efeito adverso ao desenvolvimento da democracia na Rússia, bem como arriscasse restaurar a atmosfera da Guerra Fria, nas relações Leste-Oeste, e impelir decisivamente sua política exterior na direção contrária à do que os Estados Unidos gostariam.[45]

Àquele tempo, mais de 40 grandes personalidades dos Estados Unidos, tanto do Partido Democrata quanto do Partido Republicano, senadores, embaixadores, professores, militares e outros, inclusive Robert McNamara, ex-secretário de Defesa nas administrações dos presidentes

John F. Kennedy e Lyndon B. Johnson, divulgaram carta aberta ao presidente Bill Clinton, em 26 de junho de 1996, advertindo-o, na mesma linha do embaixador George F. Kennan, de que o esforço para expandir a OTAN, considerado nas cúpulas de Helsinki e Paris, *"is a policy error of historic proportions"*.[46] Os signatários da carta predisseram que a expansão da OTAN reduziria a segurança dos Aliados e perturbaria a estabilidade da Europa, por diversas razões, *inter alia*, ao desenhar *"new line of division between the 'ins' and the 'outs'"*,[47] e concluíram, afirmando:

> *Russia does not now pose a threat to its western neighbors and the nations of Central and Eastern Europe are not in danger. For this reason, and the others cited above, we believe that NATO expansion is neither necessary nor desirable and that this ill-conceived policy can and should be put on hold.*[48]

Entre os signatários estavam os senadores Sam Nunn, Gary Hart, Bennett Johnston, Mark Hatfield e Gordon Humphrey, três ex-embaixadores dos Estados Unidos em Moscou, Jack F. Matlock, Jr., Arthur Hart e Arthur Hartman, os embaixadores George Bunn, Paul Nitze, Raymond Garthoff, David Fischer, Jonathan Dean, Herbert S. Okun, Susan Eisenhower, presidente do Center for Political and Strategic Studies, e outros. Porém, poucos dias depois, em julho de 1997, os líderes da OTAN, na cúpula de Madri, estenderam formalmente à Polônia, Hungria e à República Tcheca o convite para que se tornassem membros da OTAN. Como o próprio presidente Clinton dissera, em Detroit, ele chegou ao governo "[...] *convinced that NATO can do for Europe's East what it did for Europe's West: prevent a return to local rivalries, strengthen democracy against future threats, and create the conditions for prosperity to flourish"*.[49]

Sempre houve muitos homens lúcidos nos Estados Unidos, quaisquer que fossem as atitudes e posições políticas que eventualmente tomaram ou tomassem, e muitos advertiram o presidente Bill Clinton sobre as consequências que a expansão da OTAN mais cedo ou mais tarde produziria. De qualquer modo, não obstante a *clairvoyant* do embaixador George Kennan e de tantos outros da elite política e diplomática dos Estados Unidos, o presidente Clinton, irresponsável e aventureiramente, continuou a empur-

A DESORDEM MUNDIAL

rar o processo de expansão da OTAN; e o Senado, em 1998, ratificou-o por 80 contra 19 votos. O embaixador George F. Kennan, com 94 anos e a voz frágil,[50] então declarou ao colunista do *New York Times*, Thomas L. Friedman, que o entrevistou por telefone:

> *I think it is the beginning of a new cold war. I think the Russians will gradually react quite adversely and it will affect their policies. I think it is a tragic mistake. There was no reason for this whatsoever. No one was threatening anybody else. This expansion would make the Founding Fathers of this country turn over in their grave.*

Várias outras importantes personalidades haviam igualmente advertido que a expansão da OTAN, projetada pela administração de Bill Clinton e ratificada pelo Senado, significaria *"perpetuating the cold war"*, era imprudente e que *"the best hope for long-term peace and stability in Europe requires including Russia politically, economically and militarily within the European community"*.[51] Porém os interesses do complexo industrial-militar e da cadeia de corrupção (lucros e comissões) que sempre o lastreou e lastreia, bem como do sistema financeiro, terminaram por prevalecer no Capitol Hill e na Casa Branca. A OTAN, na realidade, estava a converter-se em um instrumento econômico e político, com o fito de alinhar e subordinar os países da Europa aos interesses de Washington e de seus maiores bancos (Chase Manhattan Bank, JPMorgan, Morgan Stanley, National City Bank of New York, Bank of America, Wells Fargo). Era uma forma de alargar o mercado para a indústria bélica, aumentar o financiamento dos bancos, com a venda de armamentos aos novos membros da Aliança Atlântica, assim como de assegurar os interesses econômicos e geopolíticos dos Estados Unidos, fora do âmbito original do tratado de 1949. A estratégia do complexo industrial-militar, desde os primórdios, consistiu em capitalizar ou mesmo provocar conflitos de modo a tornar a OTAN aparentemente indispensável e justificar o inchado orçamento militar dos Estados Unidos e de seus vassalos. Daí que o presidente Bill Clinton decidiu, unilateralmente e sem explícito mandato do Conselho de Segurança da ONU, levar a OTAN a intervir na guerra do Kosovo (28/02/1998 – 11/06/1999), em favor do chamado Exército de Libertação do Kosovo (islâmico), *bombardear* a República da Iugoslávia (Montenegro e Sérvia), presidida por Slobodan Milošević (1986–1990), e criar o precedente da declaração de guerras, a pretexto de razões humanitárias.

Mas a hipocrisia — escreveu Hannah Arendt — é o vício através do qual a corrupção se manifesta.[52] O que havia por trás da decisão de defender os direitos humanos dos albaneses islâmicos contra a Sérvia eram, *inter alia*, os interesses econômicos do bilionário George Soros, Eliot Engel, Frank Wisner, bem como do americano-albanês Sahit Muja, proprietário da Bytyci Company e seu sócio em tráfico de armas e lavagem de dinheiro, em negócios da ordem de US$ 1 trilhão. Queriam a separação do Kosovo e, eventualmente, a ocupação de toda a Iugoslávia, de modo que pudessem se apossar de suas imensas riquezas naturais.[53] Somente Kosovo possuía as mais abundantes e mais ricas fontes de recursos naturais.

O complexo de Trepča Mines, ao norte da cidade de Mitrovice, no Kosovo, tinha reservas da ordem de 425.000 toneladas de chumbo, 415.000 toneladas de zinco, 800 toneladas de prata, 185.000, de níquel, 6.500, de cobalto, ademais de enormes reservas de ouro, cádmio e outros minerais. A mina Grebnik, ao sul de Galina, tinha reservas comprovadas de 1,7 milhão de toneladas de bauxita, enquanto as reservas de ferro-níquel em Metohija eram estimadas em 15 milhões de toneladas, mas podiam ser ainda maiores. E as reservas de lignite, carvão com alto teor de carbono, na região de Kosovo e Metohija eram avaliadas em mais de US$ 300 bilhões, além das reservas de ferro, zinco, cobre, prata, bauxita, magnésio etc. que logo foram controladas, juntamente com a mina de Trepča, pelas tropas da OTAN. Todas essas reservas representavam mais de US$ 1 trilhão e foram privatizadas.

Os Estados Unidos e seus sócios da União Europeia buscaram apossuir-se das riquezas existentes em 15% do território da Sérvia.[54] E os bombardeios dos Estados Unidos-OTAN mataram mais de 6.000 pessoas, contra apenas 2.000, durante a guerra civil, um ano antes da humanitária intervenção estrangeira.[55] A Operation Allied Force, empreendida pela OTAN contra a Sérvia, durou 78 dias, de 24 de março até 10 de junho de 1999, e os aviões dos Estados Unidos e outros sócios da OTAN despejaram 2.300 mísseis contra 990 alvos e 14.000 bombas, inclusive de *depleted uranium* (urânio empobrecido) e *cluster munitions* (explosivos que lançados sobre o solo ejetam *bomblets*, submunições destinadas a matar pessoas e destruir veículos), aniquilando mais de 2.000 civis, inclusive 88 crianças, e ferindo milhares de outros. A guerra dispersou mais de 200.000 sérvios étnicos, que tiveram de abandonar seus lares no Kosovo, e destruiu 300 prédios destinados a prestar serviços à comunidade, incluindo escolas, bibliotecas, hospitais e 90 monumentos de arquitetura histórica.

Figura 5.2 — Kosovo
Fonte: Wikimedia Common[56]

Posteriormente, ao término da guerra, em 2008, o Kosovo, separado da Sérvia, ocupado pelas tropas da Kosovo Force (KFOR) e sob a gestão da United Nations Interim Administration Mission in Kosovo (UNMIK), teve seu território, com 10.908 km² e cerca de 2,2 milhões de habitantes, repartido em setores sob o controle das potências da OTAN; e a Trepča, na jurisdição da França, foi privatizada. O Kosovo, como um protetorado da OTAN, proclamou então sua independência, em 17 de fevereiro de 2008. Logo os Estados Unidos, Alemanha, França e outros europeus reconheceram a nova república, porém a Rússia, que veementemente objetara tal iniciativa, não o fez, assim como a China, Brasil, Espanha etc. O conglomerado ultraimperialista (Estados Unidos e outros sócios da OTAN) iniciara o projeto de redesenhar, na Europa e ao redor do mundo, as fronteiras estabelecidas pós-Segunda Guerra Mundial. A Iugoslávia foi esquartejada. E, com a independência do Kosovo — comentou o geopolítico húngaro-americano George Friedman —, os Estados Unidos, a Grã-Bretanha, França e Alemanha cruzaram o rio e colocaram-se em posição de desafiar o que a Rússia definira como espaço fundamental de seus interesses nacionais.[57]

A Rússia tinha antigos laços com a Sérvia. Entretanto, em 1998, governada pelo presidente Boris Yeltsin, ainda estava fraca e degradada, e os Estados Unidos — como reconheceu o ex-secretário de Defesa e diretor da CIA, Robert Gates — muito subestimaram a magnitude da humilhação, que ela sofrera com a debacle do regime soviético e a dissolução do Bloco Socialista.[58] A arrogância e a *hubris* das autoridades americanas, acadêmicos, homens de negócios e políticos, a dizerem aos russos como deviam conduzir seus assuntos domésticos e internacionais — comentou Robert Gates — provocaram profundos e amargos ressentimentos contra os Estados Unidos. Mas Washington continuou a acossar a Rússia, traindo o compromisso de que a OTAN não se expandiria até suas fronteiras, condição fundamental para que Moscou concordasse com a reunificação da Alemanha e sua permanência dentro da Aliança Atlântica. Esse compromisso foi assumido, formalmente, pelo secretário de Estado do governo de George H. W. Bush, James A. Baker, em encontro reservado com Mikhail S. Gorbachiov, secretário-geral do Partido Comunista e chefe do governo da União Soviética, em 8 de fevereiro de 1990.[59] *"There would be no extension of NATO's current jurisdiction eastward"*, assegurou, com precisão, o secretário de Estado. E Mikhail S. Gorbachiov assertivamente frisou: "Qualquer extensão da zona da OTAN é inaceitável." James A. Baker então reafirmou: *"I agree."*[60]

Dois dias depois, em 10 de fevereiro, o ministro de Assuntos Estrangeiros da Alemanha Ocidental, Hans-Dietrich Genscher, garantiu explicitamente ao seu colega Eduard Shevardnadze, da União Soviética: *"NATO will not expand to the east."*[61] Esse compromisso foi confirmado por documentos desclassificados e publicados pela revista *Spiegel*, em 2010, como também pelo próprio Hans-Dietrich Genscher e pelo então embaixador dos Estados Unidos em Moscou, Jack Matlock, asseverando que houve *"clear commitment"* com Moscou de que a OTAN não alargaria sua jurisdição às fronteiras da Rússia, se a Alemanha continuasse membro da Aliança, após a reunificação.[62] Porém, ao fim de oito anos, em março de 1999, a OTAN incorporou mais três países do extinto Bloco Socialista — Polônia, Hungria e República Tcheca — a violar expressamente os compromissos assumidos pelos governos dos Estados Unidos e da Alemanha.[63] E Mikhail S. Gorbachiov, que foi extremamente ingênuo e enganado, comentou, posteriormente, que "ninguém podia confiar nos políticos americanos".[64]

NOTAS

1. *The National Military Strategy of the United States of America 2015* (2015 NMS). Disponível em: <http://www.jcs.mil/Portals/36/Documents/Publications/National_Military_Strategy_2015.pdf>.
2. O presidente Dwight Eisenhower rompeu as relações dos Estados Unidos com Cuba, sob o governo revolucionário de Fidel Castro, em janeiro de 1960, pouco antes de passar a presidência do país a John F. Kennedy.
3. Greg Jaffe. "U.S. model for a future war fans tensions with China and inside Pentagon". *The Washington Post*, 1º de agosto de 2012. Disponível em: <http://www.washingtonpost.com/world/national-security/us-model-for-a-future-war-fans-tensions-with-china-and-inside-pentagon/2012/08/01/gJQAC6F8PX_story.html>.
4. Henry Kissinger, 1995, pp. 484–485; Harry Truman, 1956, pp. 436–450.
5. "China confirms new generation long range missiles. China's ownership of a new intercontinental ballistic missile said to be capable of carrying multiple nuclear warheads as far as the United States is confirmed by state-run media". *AFP — The Telegraph*, 1º de agosto de 2014.
6. Zachary Keck, "Is China Preparing MIRVed Ballistic Missiles?" *The Diplomat*, 8 de agosto de 2014. Disponível em: <http://thediplomat.com/2014/08/is-china-preparing-mirved-ballistic-missiles>.
7. "China" — *Nuclear Threat Initiative* (NTI). Disponível em: <http://www.nti.org/country-profiles/china/nuclear/>.
8. Major General Yang Huan, (ex-comandante-adjunto do Segundo Corpo de Artilharia — Forças de Mísseis Estratégicos). "China's Strategic Nuclear Weapons". *Insti-*

tute for National Strategic Studies. Disponível em: <http://fas.org/nuke/guide/china/doctrine/huan.htm.China>; Ver também: <http://www.nti.org/country-profiles/china/nuclear/>.

9. Steven Starr, "The Lethality of Nuclear Weapons: Nuclear War has No Winner". *Global Research — Centre for Research on Globalization*, 5 de junho de 2014. Disponível em: <http://www.globalresearch.ca/the-lethality-of-nuclear-weapons-nuclear-war-has-no-winner/5385611>.

10. "Regional Nuclear War Could Devastate Global Climate". Rutgers, the State University of New Jersey. *ScienceDaily*, 11 de dezembro de 2006. Disponível em: <http://www.sciencedaily.com/releases/2006/12/061211090729.htm>; Ver também: <http://news.rutgers.edu/news-releases/2006/12/regional-nuclear-war-20061210#.VAx8D-BaQSM8>; "Nuclear War's Impact on Global Climate". Disponível em: <http://www.aasc.ucla.edu/cab/200706140013.html>; "Nuclear War". Disponível em: <http://www.aasc.ucla.edu/cab/200706140015.html>.

11. Steven Starr, "Senator Corker's Path to Nuclear War", 23 de agosto de 2014. Disponível em: <http://www.paulcraigroberts.org/2014/08/23/guest-article-steven--starr-senator-corkers-path-nuclear-war/print/>; STARR, Steven. "The Lethality of Nuclear Weapons", 30 de maio de 2014. Disponível em: <http://www.paulcraigroberts.org/2014/05/30/lethality-nuclear-weapons/>.

12. "Albert Einstein — Interview with Alfred Werner", *Liberal Judaism* (abril/maio 1949). Disponível em: <http://wist.info/einstein-albert/25402/>; Alfred Werner, (1911–1979), *Albert Einstein Archives* 30–1104. The Hebrew University of Jerusalem, Israel. Disponível em: <http://alberteinstein.info/vufind1/Search/Results?lookfor=%22Albert+Einstein+Archives%2C+The+Hebrew+University+of+Jerusalem%2C+Israel%22&type=Series&filter[]=enddate%3A%221949-03-31%22&sort=enddate+asc>.

13. Jack Serle & Alice K. Ross, "Monthly Updates on the Covert War — July 2014 Update: US covert actions in Pakistan, Yemen and Somalia". All Stories, Covert Drone War, Monthly Updates on the Covert War. *The Bureau of Investigative Journalism*, 1º de agosto de 2014. Disponível em: <http://www.thebureauinvestigates.com/2014/08/01/july-2014-update-us-covert-actions-in-pakistan-yemen-and-somalia/>. "Academics and scientists on preventing war", 15 de maio de 2014. *Scientists as Citizens*. Disponível em: <http://scientistsascitizens.org/tag/public-health/#sthash.urQJHF51.KP101NB6.dpuf>.

14. Michael Shermer, "Does deterrence prohibit the total abolishment of nuclear weapons?" *Scientific American*, Volume 310, Issue 6. 1º de junho de 2014. Disponível em: <http://www.scientificamerican.com/article/will-mutual-assured-destruction-continue-to-deter-nuclear-war/?print=true>.

15. *Ibidem*.

16. "15 June 2016: Nuclear force reductions and modernizations continue; peace operations increase". *New Stockholm International Peace Research Institute 2015 (SPRI)*. Yearbook out now. Disponível em: <http://www.sipri.org/media/pressreleases/2015/yb-june-2015>; *SIPRI Yearbook 2015* (Oxford: Oxford University Press, 2015). Disponível em: <http://www.sipri.org/research/armaments/nuclear-forces>.

17. Military-Today — *R-36 (SS-18 Satan)* — Intercontinental ballistic missile. Disponível em: <http://www.military-today.com/missiles/ss18_satan.htm>; Dennis Lynch, "Russian Next-Gen 100-Ton Nuclear Missile Could Be Test-Fired By 2017, Says Russian News Wire." *International Business Times*, 29 de janeiro de 2015. Disponível em: <http://www.ibtimes.com/russian-next-gen-100-ton-nuclear-missile-could--be-test-fired-2017-says-russian-news-1799970>.

18. "Putin: 40+ ICBMs targeted for 2015 nuclear force boost". *RT*, 16 de junho de 2015. Disponível em: <http://rt.com/news/267514-putin-ballistic-missiles-army/>; "Moscow will respond to NATO approaching Russian borders 'accordingly' — Putin". *RT*, 16 de junho de 2015. Disponível em: <http://rt.com/news/267661-russia--nato-border-weapons/>; "Military cooperation with Russia important for Belarusian security — defense minister". *TASS*, 17 de junho de 2015. Disponível em: <http://tass.ru/en/world/801299>.

19. "Moscow will respond to NATO approaching Russian borders 'accordingly' — Putin". *RT*, 16 de junho de 2015. Disponível em: <http://rt.com/news/267661-russia--nato-border-weapons/>.

20. Matthew Bodner & Alexey Eremenko, "Russia Starts Building Military Bases in the Arctic". *The Moscow Times*, 8 de setembro de 2014. Disponível em: <http://www.themoscowtimes.com/business/article/russia-starts-building-military-bases-in-the--arctic/506650.html>.

21. "Frigid fighting: Russian Arctic war games top off new base voyage". *RT*, 29 de setembro de 2014. Disponível em: <http://rt.com/news/191536-arctic-mission--drills-missile/>.

22. "Interview to German TV channel ARD". Vladivostok, 17 de novembro de 2014. *President of Russia*. Disponível em: <http://eng.kremlin.ru/news/23253>.

23. *Ibidem*.

24. "Russian Su-27 Airbase to Be Set Up in Belarus in 2016: Air Force Chief". *Sputnik*, 15 de outubro de 2014 Disponível em: <http://sputniknews.com/military/20141015/194098896.html>.

25. "Russia to Open Military Base in Belarus". *The Moscow Times*, 26 de junho de 2013. Disponível em: <http://www.themoscowtimes.com/news/article/russia-to--open-military-base-in-belarus/482355.html>.

26. "Factbox: Russia's S-400 Air-Defense Missile System". *The Moscow Times*, 26 de novembro de 2014. Disponível em: <http://www.themoscowtimes.com/business/article/factbox-russia-s-s-400-air-defense-missile-system/511884.html>; KECK, Zachary. "The Buzz — Russia's Massive Military Buildup Abroad: Should NATO Worry?" *The National Interest*, 17 de junho de 2015. Disponível em: <http://www.nationalinterest.org/blog/the-buzz/russias-massive-military-buildup-abroad-should--nato-worry-13132>.

27. "Russia won't quit nuclear forces treaty unless it faces 'serious threat' — Kremlin". *RT*, 23 de setembro de 2014. Disponível em: <http://rt.com/politics/189904-russia-inf-treaty-ivanov/>.

28. "Strategic Missile Forces" — *Ministry of Defence of the Russian Federation — Strategic Missile Forces*. Disponível em: <http://eng.mil.ru/en/structure/forces/strategic_rocket.htm>.

29. *Ibidem*.

30. "No. 1014–3 — On Amendments to Certain Laws of Ukraine Concerning Ukraine's Abolishment of the Policy of Neutrality. Verkhovna Rada abolished Ukraine's neutral status Denys Kolesnyk". *Info-News,* 23 de dezembro de 2014. Disponível em: <http://info-news.eu/verkhovna-rada-abolished-ukraines-neutral-status/#sthash. O9KFKoxv.i4tIzVYC.dpuf>.

31. "Russia's new military doctrine lists NATO, US as major foreign threats". *RT*, 26 de dezembro de 2014. Disponível em: <http://rt.com/news/217823-putin-russian-military-doctrine/>.

32. A Rússia possui caças T-50, de quinta geração, equipada com a mais avançada estação de guerra eletrônica, Himalayas. Russian Military Forum — Russian Armed Forces--Russian Air Force. Disponível em: <http://www.russiadefence.net/t2803p615-pak-fa-t-50-news>; "El PAK-FA tendrá un sistema que dejará indefenso cualquier objetivo". *RT* — 25 de abril de 2014. Disponível em: <http://actualidad.rt.com/actualidad/view/126348-pak-fa-sistema-guerra-radioelectronica-guimalai?print=1>.

33. "The PAK-FA will have a system that will leave any target helpless. Why so much importance is given to this event?" *Royal Moroccan Armed Forces*: *Armement et matériel militaire,* 14 de março de 2014. Disponível em: <http://far-maroc.forumpro.fr/t1685p345-pak-fa>; "El PAK-FA tendrá un sistema que dejará indefenso cualquier objetivo". *RT* — 25 de abril de 2014. Disponível em: <http://actualidad.rt.com/actualidad/view/126348-pak-fa-sistema-guerra-radioelectronica-guimalai?print=1>.

34. Maggie Ybarra, "Russian fighter jet buzzes U.S. Navy destroyer in Black Sea amid Ukraine crisis". *The Washington Times*, 14 de abril de 2014. Disponível em: <http://www.washingtontimes.com/news/2014/apr/14/russian-fighter-jet-buzzes-us-navy--destroyer-black/>.

35. Jim Garamone, "Russian Aircraft Flies Near U.S. Navy Ship in Black Sea". *American Forces Press Service — US Department of Defense,* Washington, 14 de abril de 2014. Disponível em: <http://www.defense.gov/news/newsarticle.aspx?id=122052>; Lolita C. Baldor, (Associated Press). "Russian jet passes near US warship". *Boston Globe*, 14 de abril de 2014. Disponível em: <http://www.bostonglobe.com/news/world/2014/04/14/russian-jet-passes-near-warship/FK75kdLyhVJfOpC5eWdFRL/story.html>; "Russian fighter jet ignored warnings and 'provocatively' passed U.S. Navy destroyer in Black Sea for 90 minutes, getting as close as 1,000 yards". *Daily Mail Online*, 15 de abril de 2014. Disponível em: <http://www.dailymail.co.uk/news/article-2604590/Russian-fighter-jet-ignored-warnings-provocatively-passed--U-S-Navy-destroyer-Black-Sea-90-minutes-getting-close-1-000-yards.html>.

36. "USS Donald Cook Leaves Black Sea". *Naval Today*, 25 de abril de 2014. Disponível em: <http://navaltoday.com/2014/04/25/uss-donald-cook-leaves-black-sea/>; "Romanian President Traian Basescu (R) speaks with Cmdr. Scott Jones (L) and Cmdr. Charles Hampton during his visit to the ship on April 14 in Constanta, Romania. Stratfor", *Global Intelligence*, 8 de maio de 2014. Disponível em: <http://www.stratfor.com/image/romanian-president-traian-basescu-r-speaks-cmdr-scott--jones-l-and-cmdr-charles-hampton-during>.

37. Harry Truman, 1956, p. 91.

38. *Ibidem*.

39. Werner Scheck, 1980, p. lag, 2. Auflage, p. 287.
40. Military Balance 2014 — *The International Institute for Strategic Studies (IISS)*. Disponível em: <https://www.iiss.org/en/publications/military%20balance/issues/the-military-balance-2014-7e2c>.
41. Henry Kissinger, 1995, p. 491.
42. Perry Anderson, "American Foreign Policy and its Thinkers". Londres: *New Left Review*, 83 setembro/outubro 2013, p. 152.
43. Theodore C. Sorensen, "The star spangled shrug". *The Washington Post,* 2 de julho de 1995.
44. George F. Kennan, "'A Fateful Error.' *The New York Times,* February 5 1997" *in: Wargaming italia.* Disponível em: <http://www.netwargamingitalia.net/forum/resources/george-f-kennan-a-fateful-error.35/>; Thomas L. Friedman "Foreign Affairs: Now a Word From X". *The New York Times*, 2 de maio de 1998. Disponível em: <http://www.nytimes.com/1998/05/02/opinion/foreign-affairs-now-a-word-from-x.html>; Carl Conetta, "America's New Deal With Europe: NATO Primacy and Double Expansion, Project on Defense Alternatives Commentary". *Cambridge, MA: Commonwealth Institute*, Outubro de 1997. Disponível em: <http://www.comw.org/pda/eurcom.htm>.
45. George F. Kennan, "A Fateful Error". *The New York Times,* 5 de fevereiro de 1997. *Wargaming italia.* Disponível em: <http://www.netwargamingitalia.net/forum/resources/george-f-kennan-a-fateful-error.35/>.
46. "Former Policy-Makers Voice Concern over NATO Expansion". *Open Letter to President Clinton*, 26 de junho de 1997. Disponível em: <http://www.bu.edu/globalbeat/nato/postpone062697>.
47. *Ibidem.*
48. *Ibidem.*
49. "In His Own" — Bill Clinton — Speaking yesterday in Detroit. *The New York Times*, 23 de outubro de 1996. Disponível em: <http://www.nytimes.com/1996/10/23/us/in-his-own-words-939471.html>; "Top Ten Questions on NATO". *Sheet released by the NATO Enlargement Ratification Office — U.S. Department of State — Archive*, 19 de fevereiro de 1998. Disponível em: <http://1997-2001.state.gov/www/regions/eur/fs_980219_natoqanda.html>.
50. Thomas L. Friedman, "Foreign Affairs; Now a Word from X". *The New York Times,* 2 de maio de 1998. Disponível em: <http://www.nytimes.com/1998/05/02/opinion/foreign-affairs-now-a-word-from-x.html?pagewanted=print>.
51. Eugene J. Carroll Jr., *Deputy Director Center for Defense Information.* Washington, 1º de maio de 1998, To the Editor; "On NATO, How Will Russia React? Kennan's Warning". *The New York Times*, 4 de maio de 1998.
52. Hannah Arendt, 1993, p. 104.
53. Milla Johanevich, "Serbia: Clinton, billionaire Muja and Soros to get $1 trillion dollars deal in Kosovo". *Digital Journal,* 5 de dezembro de 2011. Disponível em: <http://digitaljournal.com/blog/14219>.
54. "NATO countries are trying to take away 15% of the Serbian territory. Why?!". *Live Leak.* Disponível em: <http://www.liveleak.com/view?i=861_1365352907>.

55. Cliff Kincaid, "Clinton's Kosovo Whopper". *Free Republic*, 28 de setembro de 2006. Disponível em: <http://www.freerepublic.com/focus/f-news/1709979/posts>.

56. Disponível em: <http://commons.wikimedia.org/wiki/Image:Kosovo-CIA_WFB_Map.png>.

57. George Friedman, "Kosovar Independence and the Russian Reaction". *Stratfor — Geopolitical Weekly,* 20 de fevereiro de 2008. Disponível em: <http://www.stratfor.com/weekly/kosovar_independence_and_russian_reaction#axzz3DOb-NowiM>.

58. Robert Gates, 2014, pp. 156–157.

59. Michael R. Gordon, "Anatomy of a Misunderstanding". *The New York*, 25 de maio de 1997.

60. *Ibidem.*

61. Klaus Wiegrefe, "Germany's Unlikely Diplomatic Triumph an Inside Look at the Reunification Negotiations". *Spiegel Online*, 29 de setembro de 2010. Disponível em: <http://ml.spiegel.de/article.do?id=719848&p=6>; Uwe Klußmann & Matthias Schepp Schepp & Klaus Wiegrefe, "NATO's Eastward Expansion — Did the West Break Its Promise to Moscow?" *Spiegel Online*, 26 de novembro de 2009. Disponível em: <http://www.spiegel.de/international/world/nato-s-eastward-expansion-did-the-west-break-its-promise-to-moscow-a-663315-2.html>.

62. *Ibidem.*

63. Jane Perlez, "Expanding Alliance: THE OVERVIEW; Poland, Hungary and the Czechs Join NATO". *The New York Times,* 13 de março de 1999.

64. Klaus Wiegrefe, "Germany's Unlikely Diplomatic Triumph An Inside Look at the Reunification Negotiations". *Spiegel Online,* 29 de setembro de 2010. Disponível em: <http://ml.spiegel.de/article.do?id=719848&p=6>; Uwe Klußmann & Matthias Schepp &, Klaus Wiegrefe "NATO's Eastward Expansion — Did the West Break Its Promise to Moscow?" *Spiegel Online,* 26 de novembro de 2009. Disponível em: <http://www.spiegel.de/iMargaretanternational/world/nato-s-eastward-expansion-did-the-west-break-its-promise-to-moscow-a-663315-2.html>.

Capítulo 6

O MÚLTIPLO PROPÓSITO DA CRIAÇÃO DA OTAN • O DESMORONAMENTO DA UNIÃO SOVIÉTICA E OS ESTADOS UNIDOS COMO *GLOBAL COP* • A RÚSSIA DE BORIS YELTSIN • PRIVATIZAÇÃO E CORRUPÇÃO • O INTERNATIONAL BUCCANEER CAPITALISM • CONFIRMAÇÃO DO VATICÍNIO DE TROTSKY • A EMERGÊNCIA DOS OLIGARCAS COMO NOVA BURGUESIA • O ADVENTO DE VLADIMIR PUTIN E A RECUPERAÇÃO DA RÚSSIA

O múltiplo propósito da OTAN de *"to keep the Americans in, the Russians out and the Germans down"*,[1] conforme definiu o general Hastings Lionel Ismay, 1º Lord Ismay (1887–1965), nunca se desvaneceu, não obstante a desintegração da União Soviética, em 1991. O presidente George H. W. Bush, logo após iniciar a Guerra do Golfo (2/8/1990–28/2/1991), em discurso perante a sessão conjunta do Congresso, em 11 de setembro de 1990, anunciou que *"a new world emerge [...] freer from the threat of terror, stronger in the pursuit of justice, and more secure in the quest for peace [...] in which the nations of the world, East and West, North and South, can prosper and live in harmony..."*[2] Esse *new world* abortou. O que emergiu foi de fato *"quite different from the one we've known"*, mas não o vaticinado pelo presidente George H. W. Bush. Foi pior, foi "lançado em um conflito assimétrico mundial, pulverizado numa constelação de conflitos", em que os drones e a guerra cibernética constituíam novas armas, mas igualmente "novas formas de terrorismo de Estado", conforme bem assinalou o cientista político português António de Sousa Lara.[3]

Os Estados Unidos arrogaram-se a função de *global cop* e o presidente Bill Clinton orientou sua política internacional, de um modo ou de outro, pela doutrina dos *neocons* Paul D. Wolfowitz e Dick Cheney. Subestimou os interesses políticos e de segurança da Rússia, e não apenas tratou de sitiá-la, sorrateiramente, cooptando para a OTAN os antigos Estados do Bloco Soviético, como também ao coarctar seu soerguimento como superpotência, com seus próprios interesses geopolíticos e de segurança. Essa, a razão pela qual, intencionalmente e/ou não, as relações dos Estados Unidos com a Rússia, conforme admitiu Robert Gates, foram muito mal administradas, após 1993, quando George H. W. Bush, o velho, deixou a Presidência. Enquanto o presidente Bill Clinton tratava de estender a jurisdição da OTAN a todo o seu entorno, a Rússia, sob o governo do presidente Boris Yeltsin (1991–1999), passou a chafurdar-se em grave crise, em meio à desordem econômica e política, resultante das políticas neoliberais, ditadas por Washington, e da descentralização do poder, cujo monopólio o Partido Comunista exercera, desde a fundação da União Soviética, em 1922.

Boris Yeltsin, secretário-geral do Partido Comunista, havia visitado os Estados Unidos, em 1989, e deslumbrara-se com a abundância e variedade de produtos existentes nos supermercados de Houston. Lilia Shevtsova, da Carnegie Endowment for International Peace, comentou que assim *"he became a reformer"*[4] e foi cooptado por Washington. Daí que, após conquistar o poder, inebriado com o uísque da marca americana Jack Daniel's, que fartamente bebera nos Estados Unidos, resolveu empreender na Rússia as reformas políticas e econômicas de caráter neoliberal, na direção do capitalismo, enquanto Mikhail S. Gorbachiov, que politicamente o detestava, como adversário e como indivíduo, tencionava empreender uma renovação em termos socialistas.[5] Porém Boris Yeltsin ajudou a quebrar o Partido Comunista, instituiu o *free market* e promoveu a rápida privatização da indústria, gerando uma espécie de *international buccaneer capitalism*, com os oligarcas, emergentes da burocracia do Estado soviético e do Partido Comunista, apossando-se das empresas estatais, vendidas em ritmo de *sell-off*, a preços de liquidação.[6] Mais ainda: despedaçou a União Soviética, que possuía uma extensão de 22,4 milhões de km^2, do rio Dnieper, um dos maiores da Europa (2.145 km), e se estendia desde os montes Urais até o Pacífico, através da Ásia Central, levando a Rússia a perder 5 milhões de km^2.

O presidente Boris Yeltsin desempenhou papel instrumental no desmembramento da União Soviética, ao permitir as repúblicas que a integravam se tornarem Estados independentes.[7] E para sustentar seu débil governo os Estados Unidos, desde 1992, forneceram à Rússia mais de US$ 20 bilhões, diretamente ou através de instituições multilaterais, como o FMI e o Banco Mundial.[8] E um relatório da House of Representatives dos Estados Unidos, emitido em 2002 e intitulado "Russia's Road To Corruption — How the Clinton Administration Exported Government Instead of Free Enterprise and Failed the Russian People", ressaltou que desde 1993, ano em que Bill Clinton inaugurou sua administração, a política dos Estados Unidos-Rússia foi gerida pelo vice-presidente Al Gore, através de conversas telefônicas com o presidente Boris Yeltsin, cuja política errática e grotesca lhe desgastou rapidamente o governo, ao implementar os princípios neoliberais do Washington Consensus, que consistia na liberalização da economia, estabilização monetária e privatização das empresas estatais. Esse programa foi orientado pelos economistas americanos Jeffrey Sachs e Andrei Schleite, da Harvard University, bem como pelo jurista Jonathan Hay, que assessoravam o vice-primeiro-ministro e ministro das Finanças Anatoli Borissowitsch (Tschubais) e serviam secretamente à CIA, segundo o presidente Putin posteriormente denunciou em programa de TV. As medidas econômicas então adotadas fragilizaram ainda mais a Rússia, quase a convertê-la em país subdesenvolvido e periférico, como aconteceu com as demais repúblicas da extinta União Soviética, que passaram a integrar sua sucessora, a Comunidade dos Estados Independentes (CEI), e cujos capitais emigraram para a Europa Ocidental.

O presidente Yeltsin, em março de 1996, estava tão entibiado e impopular que o presidente Clinton teve de induzir o IMF a aprovar vultoso empréstimo à Rússia, no montante de US$ 10,2 bilhões, para demonstrar o apoio político do Ocidente à sua candidatura, em junho, contra Gennadii Zyuganov, candidato do Partido Comunista, e o ultranacionalista Vladimir Zhirinovsky, do Partido Liberal.[9] A campanha eleitoral de Boris Yeltsin, em 1996, foi financiada e organizada por Boris Berezovsky, Roman Abramovich, Anatoly Tschubais, Oleg Deripaska, Alexander Mamut, Anatoly Chubais, Yegor Gaidar etc., oligarcas umbilicalmente ligados ao Kremlin. Assim trataram de angariar fundos. A corrupção, a essa época, recresceu, com a acelerada privatização das empresas estatais, através do *loans-for-shares*, esquema em que alguns banqueiros concediam créditos ao governo e recebiam gratuitamente um livro de *vouchers*, com que podiam comprar ações de empresas estatais, a baixo preço, em leilões a serem realizados.

Vladimir Potanin, Boris Nemtsov, líder da União das Forças de Direita (Soyuz Pravykh Sil), Mikhail Khodorkovsky e Kakha Bendukidze, dono do grupo industrial Uralmash-Izhora, *inter alia*, foram alguns dos *buccaneer*, "*robber barons*", que usurparam o poder e saquearam as riquezas do país. Cerca de 90% dos empresários registraram-se *offshore*, assim como a frota de navios russos, e em torno de US$ 580 bilhões do setor privado emigraram para outros países.[10] E George Soros, o magnata e especulador financeiro, ao criticar, em 1998, o modo como as empresas estatais foram privatizadas pelo governo do presidente Yeltsin, comentou que se instituiu na Rússia um "*crony capitalism*", capitalismo de compadres, e as enormes fontes de riqueza do país foram redistribuídas, conforme o poder político correspondente, para a sorte de poucos.[11] "*The assets of the state were stolen, and then when the state itself became valuable as a source of legitimacy, it too was stolen*", George Soros acrescentou.[12]

Vladimir Potanin, em 1991, havia fundado a Interros Holding Company e adquiriu, durante a transição da Rússia para a economia de mercado, o controle de mais de 20 companhias estatais, inclusive a Norilsk Nickel, a maior produtora de níquel, platina e paládio. Em 2014, estimava-se que sua fortuna fosse da ordem de US$ 14,3 bilhões ou mais, fora da Rússia, oculta em outros países.[13] Foi Vladimir Potanin que inspirou o Kremlin a adotar, em 1995, o esquema *loans-for-shares*, que permitiu ao governo da Rússia vender aos oligarcas, em leilões (*mortgaging auctions*), as mais lucrativas companhias estatais, entre as quais a YUKOS, LUKoil, Sibneft, Surgutneftegas, Novolipetsk Steel, Mechel, Norilsk Nickel e outras, por pequena fração do seu real valor, em troca de empréstimos, tomados de bancos estrangeiros. Vladimir Potanin era então adjunto do primeiro-ministro Viktor S. Chernomyrdin e amigo do presidente Boris Yeltsin.

De igual modo, o Kremlin também alienou, em 1996, cerca de 50% de suas mais produtivas operações de petróleo, na Sibéria, empreendidas pela Sibneft (OAO Siberian Oil Company), comprada pela Finansovaya Neftyanaya Kompaniya (Finance Oil Corp), do oligarca Boris Berezovsky, por meros US$ 100,3 milhões, uma pequena fração do seu valor real, da ordem de US$ 2,7 bilhões, àquele tempo, e uma produção anual de petróleo em torno de US$ 3 bilhões. Ele depois passou o controle da companhia ao bilionário Roman Abramovich por US$ 1,3 bilhão. A Sibneft tornou-se ainda mais rica e, em 2003, seu lucro alcançou o montante de £ 770 milhões, um aumento de 190% sobre o ano anterior.[14] E, em 2014, o patrimônio de Roman Abramovich atingia a soma de US$ 10,2 bilhões (13° na lista da *Forbes*).[15]

Outro oligarca favorecido pelo esquema foi Mikhail Khodorkovsky, ex-dirigente da Liga da Juventude Comunista (Komsomol), em Moscou. Nos anos 1990, o banco Menatep, por ele criado, adquiriu a preço de liquidação — apenas US$ 350 milhões — enorme volume de ações de companhias, vendidas em leilão, no esquema de *loans-for-shares*, e assumiu, juntamente com seu sócio, Platon Lebedev, o controle da Apatit, empresa de fertilizantes, e da petroleira Yukos Oil Company, que na época podia valer até US$ 5 bilhões. Essa companhia — Yukos — se tornou a segunda maior petroleira da Rússia e Mikhail Khodorkovsky acumulou uma fortuna, calculada, em 2003, pela revista *Forbes*, em mais de US$ 15 bilhões (£ 9,1 bn), abaixo apenas da do mais rico oligarca, Alisher Usmanov, avaliada em US$ 17,6 bilhões.[16] Em 2005, Khodorkovsky foi preso,[17] sob a acusação de massiva evasão de impostos e fraude, e a Yukos, cujas ações pouco antes passou para o banqueiro Jacob Rothschild,[18] faliu um ano depois. Porém grande parte do seu acervo estava fora da Rússia, sob a proteção de fundações registradas nos Países Baixos.[19]

Tal situação fora prevista por Leon Trotsky, companheiro de Lenin e comandante do Exército Vermelho, que derrotou as forças contrarrevolucionárias na guerra civil, ocorrida na Rússia entre novembro de 1917 e outubro de 1922. Em 1935, ao analisar a degenerescência da revolução de 1917, sob o regime totalitário de Joseph Stalin, após acabar a Nova Política Econômica (Novaia Ekonomitcheskaia Politika — NEP), implantada por Lenin, a partir de 1922,[20] ele havia salientado que as crises que a economia da União Soviética então estava a sofrer representavam "alguma coisa de infinitamente mais grave que as moléstias infantis ou de crescimento": elas constituíam "severas advertências" do mercado internacional, ao qual a União Soviética estava umbilicalmente vinculada e do qual não podia separar-se, devido às suas necessidades comerciais — exportação/importação.[21] E agourou que, se uma revolução política não ocorresse na União Soviética e a democracia lá não fosse estabelecida, com plena liberdade dos sindicatos e dos partidos políticos, a restauração do capitalismo e da propriedade privada dos meios de produção tornar-se-ia inevitável e os burocratas, técnicos e dirigentes, em geral, do Partido Comunista formariam a nova classe possuidora, para as quais as condições estavam criadas.[22]

O modelo de socialismo autárquico, com a economia planificada sob um regime político monocrático, autoritário, estancou desde o início da década de 1970. Devido às suas limitações e relativo isolamento, dentro de um ambiente capitalista internacional, não teve meios e condições, internas e externas, de captar recursos financeiros, mediante créditos que lhe permitissem suportar a corrida armamentista e, ao mesmo tempo, atender às necessidades domésticas de bens de consumo. O impulso de desenvolvimento, que tivera nos anos 1960, com a incorporação ao seu espaço econômico de países da Europa Oriental e Central, inclusive parte da Alemanha, já se havia esgotado. E a União Soviética não pôde competir com o dinamismo econômico do Ocidente.[23]

Os sucessores de Leonid Brejnev (1964–1982), Yuri Andropov (1982–1984) e Konstantin Chernenko, como ex-dirigentes do KGB, estavam muito bem informados sobre a grave situação do país e conscientes da necessidade de profundas reformas no sistema econômico, carente de renovação tecnológica para o desenvolvimento da indústria de consumo e de recursos financeiros em virtude da elevação dos custos dos manufaturados e matérias-primas, importados do Ocidente.[24] Só não tiveram tempo de executá-las no seu curto tempo de governo. Logo faleceram. E Mikhail S. Gorbachiov, que os sucedeu, apoiado pelo KGB, empreendeu a *glasnost* (transparência), liberalizando politicamente o regime, e a *perestroika* (reestruturação), com a reabilitação da economia de mercado e a reforma monetária, com o fito de tornar o rublo moeda conversível, e o reconhecimento de várias formas de propriedade como fundamento da eficiência econômica. Assim tentou salvar a União Soviética.

Porém perdeu o controle político e o governo. Boris Yeltsin (1931–2007), secretário-geral do Partido Comunista de Moscou, que estava a conspirar com os governantes da Ucrânia e Bielorrússia e cujo projeto consistia em tornar a União Soviética mera *commonwealth*, desfechou o chamado golpe de agosto (Авгус́товский путч Avgustovsky Putch), contando inclusive com o suporte de comunistas contrários à *perestroika* e à *glasnost*.[25]

Sob o governo de Boris Yeltsin (1991–1999), cumpriu-se então o vaticínio de Trotsky. O próprio vice-presidente, Alexander Rutskoy, denunciou seu programa de reformas econômicas radicais como um *"economic genocide"*.[26] Contudo Boris Yeltsin o executou e os oligarcas — a nova classe possuidora — emergiram da decomposição da burocracia, em meio a um processo de acumulação primitiva capital, com a selvagem dissipação do patrimônio empresarial do Estado, sobretudo, entre 1995 e 1996, mediante leilões no formato de *loans-for-shares*. Assim os oligarcas — a nova classe dominante — tornaram-se fatores reais de poder econômico e político, o pilar de sustentação do governo russo.[27]

Com a privatização da economia, sob os parâmetros neoliberais, a situação da Rússia, cujo crescimento fora negativo desde 1991 e somente em 1997 começara a sair da recessão, tornou-se um descalabro, quando atingida, em 1998, pela severa crise financeira, que irrompera na Tailândia e se espraiara pela Indonésia, Coreia e outros países da Ásia. Com a taxa fixa de câmbio e frágil posição fiscal, aparentemente insustentável, a Rússia sofreu efeitos devastadores. A fuga de capitais afoitou-se e houve o *crash* da Bolsa, produzido pela vertiginosa queda das ações, que se depreciaram mais de 75% do seu valor de mercado desde o início do ano.[28] A perda atingiu o montante de cerca de US$ 14 bilhões. E o rublo, em três semanas, despencou, a perder dois terços do seu valor. Em meados de 1998, havia na Rússia mais de 1.500 bancos e a perspectiva era de que a maior parte entrasse em bancarrota. Cerca de 75% de suas obrigações eram de curto prazo, a vencer em menos de 90 dias. O público perdeu a confiança no sistema bancário e a corrida para retirar os depósitos recrudesceu. E mais e mais os investidores vendiam rublos para comprar dólares. Em agosto de 1998, o Banco Central da Rússia gastou bilhões de dólares para sustentar o rublo e suas reservas monetárias caíram de US$ 18 bilhões para US$ 17 bilhões, além de usar mais de US$ 4,8 bilhões em fundos fornecidos pelo FMI para segurar a moeda.[29] O Banco Mundial ainda lhe havia concedido US$ 3 bilhões, com a exigência de mais reformas econômicas, nos termos neoliberais do Washington Consensus.

Diante do pânico, o Banco Central da Rússia, a despender então grande parte das reservas monetárias, a fim de manter o vínculo com o dólar, decidiu remover as bandas da taxa de câmbio e deixar que o rublo livremente flutuasse e assim evitar que ainda mais seu valor se aviltasse. Contudo, a Rússia, enfim, não teve alternativa senão o *default* das dívidas doméstica e externa. E a desvalorização do rublo incrementou a inflação, que saltou de 27,6% em 1998 para 85,7% em 1999. O déficit orçamentário era de tal monta que os funcionários do Estado nem sequer estavam a receber salário. O número de pessoas vivendo abaixo da linha de pobreza chegou a alcançar quase 40% e até o fim de 1998 cerca de 13 milhões, *i.e.*, 7,7% do total da população do país, ficaram sem emprego.[30] A crise na Rússia foi pior do que a dos Estados Unidos, após a Black Friday, o *crash* de Wall Street, em 1929.

Em agosto de 1998, em face do aprofundamento da crise econômica e financeira e da perspectiva de falência dos bancos, a Duma, *i.e.*, a câmara baixa da Assembleia Federal da Rússia, acusou Yeltsin de não tomar as medidas necessárias para proteger os direitos constitucionais dos cidadãos, o que criava real ameaça à integridade territorial, independência e segurança do país. E aprovou uma resolução, por 245 votos contra 32, recomendando sua renúncia à Presidência da Rússia.[31] Boris Yeltsin não renunciou. Então, em maio de 1999, a Duma moveu contra ele um processo de *impeachment*, impulsionado pelos dirigentes comunistas, Aleksandr Volkov, presidente do Comitê de Segurança, e Viktor Ilyukhin. Essa tentativa de derrubá-lo falhou, por não alcançar o quórum. Somente 300 dos 442 membros ativos votaram, dado que, inexplicavelmente, 100 não compareceram à sessão. Em seguida, o presidente Yeltsin destituiu o primeiro-ministro Yevgeny Primakov e substituiu-o por Sergei Stepashin, que assumiu o cargo, no momento em que a OTAN estava a bombardear Belgrado, em favor dos separatistas do Kosovo. Ele, Yeltsin, havia então percebido e declarou que essa intervenção não representava apenas um golpe contra a Iugoslávia; era também contra a Rússia, e conclusões daí poderiam ser tiradas.[32] As tensões no relacionamento da Rússia, com os

A DESORDEM MUNDIAL

Estados Unidos então irromperam, por ser a Iugoslávia/Sérvia sua aliada e o ataque da OTAN fora unilateralmente decidido por Washington. O presidente Yeltsin, porém, não estava preparado para a confrontação, nem alternativa tinha, em virtude da grave situação econômica e política do país.

Sergei Stepashin não se manteve mais que três meses no posto. Na manhã de 9 de agosto, o presidente Yeltsin demitiu-o e nomeou seu adjunto, Vladimir Putin, coronel do antigo KGB, o serviço de inteligência da União Soviética, que se tornou o quarto primeiro-ministro, em 17 meses do seu segundo mandato. Ademais da crise econômica, a escalada da guerra na Tchetchênia e o avanço dos jihadistas no Daguestão, apoiados secretamente pelo serviço de inteligência da Arábia Saudita e pelo MI6, da Grã-Bretanha, foram, *inter alia*, alguns dos fatores que precipitaram a queda de Sergei Stepashin. O Daguestão, no Cáucaso, revestia-se de uma dimensão estratégica muito grande para a Rússia, porquanto através do seu território passavam os oleodutos de óleo e gás do Mar Cáspio e ela podia manter os vínculos com o Azerbaijão, que se tornara república independente, com a desintegração da União Soviética. Daí que, diante de tais contingências, somadas a problemas cardíacos, às dificuldades de uma economia estagnada, a hostilidade da Duma, sob o controle da oposição, e o insucesso militar na guerra contra os separatistas da Tchetchênia, Boris Yeltsin, na véspera do Ano-Novo, 31 de dezembro de 1999, renunciou e entregou o governo a Vladimir Putin, que o exerceu, interinamente, até ser eleito presidente, em 26 de março de 2000. Boris Yeltsin estava com 68 anos e devia terminar seu mandato em junho de 2000.

Vladimir Putin nasceu em Leningrado (St. Petersburg), a heroica cidade que resistiu ao cerco das tropas nazistas, em torno de 900 dias — 8 de setembro de 1941 até 27 de janeiro de 1944 —, e não se rendeu, não obstante a morte de 700.000 a 800.000 civis, inclusive 400.000 crianças. Com formação jurídica, graduado em Direito pela Universidade de Leningrado e vasta experiência adquirida durante sua carreira no KGB, do qual era coronel, e como diretor do FSB, o Serviço Federal de Segurança (Federal'naya sluzhba bezopasnosti Rossiyskoy Federatsii), o mais eficiente da Europa, Putin ascendeu ao poder com o apoio dos serviços de inteligência da antiga

União Soviética, estropiados pelas reformas da era de Boris Yeltsin. Porém, sob seu governo, as três grandes agências — SVR, para as operações no exterior; FSB, encarregada da segurança interna e contrainteligência; GRU, inteligência militar — logo recuperaram a capacidade de atuação. Durante a década de 2000, o presidente Vladimir Putin promoveu o reerguimento econômico da Rússia, a prosperidade e reduziu dos quase 40%, em 1998, para 11% (2013 est.) o número de pessoas que viviam abaixo do nível de pobreza,[33] percentual menor que nos Estados Unidos, onde a estimativa era de 15,1% (2010) da população.[34]

No período, a Rússia beneficiou-se dos altos preços do petróleo e do gás no mercado internacional. E seu desenvolvimento industrial foi da ordem de 75%, com ênfase nos setores de alta tecnologia — nuclear e de defesa, os investimentos nacionais e estrangeiros, sobretudo na indústria automobilística, aumentaram 125% e o PIB cresceu 70%, colocando a Rússia entre as dez maiores massas econômicas do mundo.[35] E, em 2013, embora sua dívida externa fosse da ordem de US$ 714,2 bilhões (2013 est.),[36] as reservas em moedas fortes e ouro, ocupando a quinta posição entre as maiores do mundo, situavam-se em torno de US$ 469 bilhões/ US$ 472 bilhões e a sua dívida pública em relação ao PIB era de apenas 12%, muito menor do que nos países da União Europeia.[37]

O presidente Vladimir Putin confirmou a posição da Rússia como superpotência energética graças à política de levar o Estado a assumir o controle de parte substancial da produção de gás e petróleo, com a aquisição de 75% da Sibneft, de propriedade do oligarca Roman Abramovich, pela Gazprom, que lhe pagou US$ 13 bilhões, bem como de outras fontes de minério, colocando as companhias de energia completamente abertas e transparentes para os investidores. Destarte, o presidente Putin realizou uma política de compromissos, mediante a intermediação do Estado, estabilizou a elite política e empreendeu a construção de um sistema econômico híbrido, em que o Estado passou a controlar quase 50% da economia, *i.e.*, os setores estratégicos — empresas de energia, telecomunicações, metalurgia, indústria bélica e nuclear — e deixou para a iniciativa privada a produção de bens de consumo e a agricultura. O Estado, em 2012, controlava ainda 49% do setor bancário e 73% do transporte.[38]

A Rússia fora abatida e humilhada, com o esbarrondamento da União Soviética e pela corrupta privatização dos bens do Estado, esbanjados durante a administração do presidente Yeltsin, em meio à devastadora crise financeira mundial que irrompera na segunda metade dos anos 1990.[39] E, como o próprio Gorbachiov declarou, referindo-se ao presidente Vladimir Putin, os cidadãos russos deviam lembrar que "ele [Putin] salvou a Rússia do colapso, da desintegração, quando, no começo, muitas regiões tendiam a não reconhecer a nova Constituição",[40] de 25 de dezembro de 1993, ratificando a dissolução da União Soviética, após o grave conflito institucional entre o presidente Yeltsin e a Duma e o Soviet Supremo. De fato, à semelhança de Pedro, o Grande (Pyotr Alexeyevich — 1672–1725), que reformou e modernizou o império, o presidente Putin encarnou a "alma russa" (Русская душа), como patriota, com forte personalidade, disposto à luta, e levantou o moral e o orgulho, assim como o espírito e o sentimento de grandeza do seu povo. E, de modo a consolidar o poder, empenhou-se em marginalizar os oligarcas, corretores de fundos da administração de Boris Yeltsin, que participaram e enriqueceram na orgia da privatização das empresas estatais, sobretudo, em leilões de *"loans-for--shares"*, efetuados em 1995–1996. Daí a campanha contra a petroleira Yukos, cujo CEO Mikhail Khodorkovsky foi preso acusado de evasão e lavagem de dinheiro e outras fraudes. O presidente Putin buscou então reverter os nefastos efeitos dos leilões de *loans-for-shares*. Afastou do governo os oligarcas colaços do ex-presidente Yeltsin, entre os quais Boris Berezovsky, Roman Abramovich e Vladimir Potanin, e formou sua equipe com seus antigos camaradas — *siloviki* — do KGB. Então, energicamente, empreendeu todo o esforço para soerguer a Rússia do atoleiro econômico, social, político e moral em que chafurdara.

NOTAS

1. Michael Lind, 2006, p. 134.
2. "George Bush, Address Before a Joint Session of Congress (September 11, 1990)". *Miller Center — University of Virginia*. Disponível em: <http://millercenter.org/president/bush/speeches/speech-3425>.
3. António Sousa Lara, 2014, pp. 18 e 25.

4. "Back in the USSR — How could the Kremlin keep them down, after they'd seen our farms?". *Boston College — Winter Magazine* 2004. Disponível em: <http://bcm.bc.edu/issues/winter_2004/ll_ussr.html>. Acesso em 21 de setembro de 2014.
5. Dmitri Volkogonov, 1999, p. 511.
6. Margareta Mommsen, 2003, pp. 56–57, 63–70 *passim*; Darrel M. West, 2014, p. 7, 103–104.
7. Marilyn Berger, "Boris N. Yeltsin, Reformer Who Broke Up the U.S.S.R., Dies at 76". *The New York Times*, 24 de abril de 2007.
8. "The Fundamental Flaws of the Clinton Administration's Russia Policy. Russia's Road to Corruption — How the Clinton Administration Exported Government Instead of Free Enterprise and Failed the Russian People — Chapter 4. Speaker's Advisory Group on Russia. United States House of Representatives 106th Congress. U.S. House of Representatives, Washington, D.C. Report Date: September 2000". Disponível em: <http://fas.org/news/russia/2000/russia/part04.htm>.
9. Michael Dobbs (*Washington Post*), "In Bid to Support Yeltsin, IMF Lends Russia $10.2 Billion". *The Seattle Times*, 27 de março de 1996. Disponível em: <http://community.seattletimes.nwsource.com/archive/?date=19960327&slug=2321108>.
10. Rusland Dzarasov, "Cómo Rusaia volvió al capitalism". *Nueva Sociedad*, 253, Buenos Aires: Friedrich Ebert Stiftung, Septiembre/Octubre 2014, pp. 120–135.
11. Yasmine Ryan, "Russia's oligarchs guard political might — Under Putin, a new middle class has emerged, but socio-economic changes haven't yet translated into political clout". *Al Jazeera*, 4 de março de 2012. Disponível em: <http://www.aljazeera.com/indepth/features/2012/02/2012225212624758833.html>.
12. *Ibidem;* Grigory Yavlinsky, "Russia's Phony Capitalism". *Foreign Affairs — Council of Foreign Relations*, Maio/Junho de 1998. Disponível em: <http://www.foreignaffairs.com/articles/54018/grigory-yavlinsky/russias-phony-capitalism>.
13. Darya Pushkova (RT correspondent), "Prominent Russians: Vladimir Potanin". *RT*, 1º de fevereiro de 2010. Disponível em: <http://russiapedia.rt.com/prominent--russians/business/vladimir-potanin/>; Anastasia Barchenko, "The price of divorce for Russian oligarchs". *Russia Beyond the Headlines*, 23 de março de 2014. Disponível em: <http://rbth.com/business/2014/03/23/the_price_of_divorce_for_russian_oligarchs_35297.html>.
14. Adrian Levy & Cathy Scott-Clark, "'He won, Russia lost' — Roman Abramovich, Britain's richest man, has lavished millions and millions upon Chelsea Football Club". *The Guardian,* 8 de maio de 2004.
15. Anastasia Barchenko, "The price of divorce for Russian oligarchs". *Russia Beyond the Headlines,* 23 de março de 2014. Disponível em: <http://rbth.com/business/2014/03/23/the_price_of_divorce_for_russian_oligarchs_35297.html>.
16. "Q&A: Mikhail Khodorkovsky and Russia". *BBC News — Europe*, 22 de dezembro de 2013. Disponível em: <http://www.bbc.com/news/world-europe-25467275>.
17. "Arrested Oil Tycoon Passed Shares to Banker Rothschild". *The Washington Times*, 2 de novembro de 2003.
18. Kathrin Hille (Moscow), "The pursuit of Yukos' wealth". *Financial Times*, 12 de janeiro de 2014. Disponível em: <http://www.ft.com/cms/s/0/d4658d96-7b7d-11e3--84af-00144feabdc0.html#axzz3EWrKjn6p>.

19. O que Lenin tentou foi desenvolver o capitalismo de Estado, não como a propriedade e a operação das empresas pelo Estado, como depois Stalin fez, porém como capitalismo privado, permitido e controlado pelo Estado, e buscou investimentos estrangeiros, mediante concessões às empresas da Alemanha, Estados Unidos etc., com bastante otimismo de que elas afluíssem para a Rússia Soviética. De acordo com os parâmetros tradicionais da teoria marxista, Lenin sustentou que o planejamento só teria eficácia com uma economia altamente desenvolvida e concentrada e não em um país com cerca de 20 milhões de pequenas fazendas dispersas, uma indústria desintegrada e formas primitivas e bárbaras de comércio. Stalin extinguiu a NEP, em 1927–1928, com o Plano Quinquenal, mediante a estatização da economia, tornando a União Soviética uma autarquia, sem considerar que ela estava inserida no mercado mundial capitalista e do qual não se podia isolar e escapar. Vide Luiz Alberto Moniz Bandeira, 2009, pp. 63–72 e 142–143.

20. Leon Trotsky, 1936. pp. 119, 283–287, 306, 324–325.

21. *Ibidem*, p. 12.

22. Silvio Pons, 2014, pp, 318–320.

23. Vide Luiz Alberto Moniz Bandeira, 2009, pp. 131–132.

24. Martin Armstrong, "The US did not cause the fall of the Soviet Union — that is a False Belief on Both Sides". *Armstrong Economics,* 18 de março de 2014. Disponível em: <http://armstrongeconomics.com/2014/03/18/the-us-did-not-cause-the-fall-of--the-soviet-union-that-is-a-false-belief-on-both-sides/>.

25. Ronald Hatchett, "Yeltsin: Fighting To Stay On Top". *JOC.com,* 18 de agosto de 1992. Disponível em: <http://www.joc.com/yeltsin-fighting-stay-top_19920818.html>.

26. Brian Whitmore, "Russia: The End of Loans-For-Shares — Nearly a decade ago in a move that reshaped Russia's political landscape, the ailing and embattled Kremlin leader Boris Yeltsin sold off the crown jewels of the country's economy to a select group of oligarchs. Russian President Vladimir Putin is now ready to buy them back". *Radio Free Europe/Radio Liberty,* 29 de setembro de 2005. Disponível em: <http://www.rferl.org/articleprintview/1061761.html>.

27. "The Russian Crisis 1998". *Economic Report — Rabobank — Economic Research Department.*

28. Disponível em: <https://economics.rabobank.com/publications/2013/september/the-russian-crisis-1998/>. Acesso em 21 de setembro de 2014.

29. "Russia — an economy on the brink". *BBC News,* 24 de agosto de 1998. Disponível em: <http://news.bbc.co.uk/2/hi/business/150383.stm>.

30. *Russia's Road to Corruption — How the Clinton Administration Exported Government Instead of Free Enterprise and Failed the Russian People.* "Chapter 8 — 1998: Years of Bad Advice Culminate in Russia's Total Economic Collapse". U.S. House of Representatives, Washington, D.C. Report Date: Setembro de 2000. Disponível em: <http://fas.org/news/russia/2000/russia/part08.htm>.

31. Alan Little, "Business; Economy — Parliament calls on Yeltsin to resign". *BBC News,* 21 de agosto de 1998. Disponível em: <http://news.bbc.co.uk/2/hi/business/155494.stm>.

32. Sharon Lafraniere, "Stepashin Confirmed as Russian Premier". *Washington Post — Foreign Service,* 20 de maio de 1999, p. A19. Disponível em: <http://www.washingtonpost.com/wp-srv/inatl/longterm/russiagov/stories/stepashin052099.html>.

33. *CIA Fact Book*. Disponível em: <https://www.cia.gov/library/publications/the--world-factbook/geos/rs.html>.

34. *Ibidem*.

35. "Russia's economy under Vladimir Putin: achievements and failures". Analysis & Opinion — *RIA Novosti*, 3 de janeiro de 2008. Disponível em: <http://en.ria.ru/analysis/20080301/100381963.html>.

36. *CIA Fact Book*. Disponível em: <https://www.cia.gov/library/publications/the-world--factbook/geos/rs.html>.

37. Chris Vellacott & Lidia Kelly (London/Moscow), "Russia can run on empty for a year if sanctions block new bonds". *Reuters*, 2 de setembro de 2014. Disponível em: <http://www.reuters.com/article/2014/09/02/ukraine-crisis-russia-bonds-idUS-LN0R330720140902>.

38. "Russian State takes bigger part in the economy, despite trumpeted privatization plans". *RT*, 6 de novembro de 2012. Disponível em: <http://rt.com/business/russia--state-economy-privatization-043/>.

39. Vivian Oswald, 2011, p. 75.

40. "Gorbachev: Putin saved Russia from disintegration". *RT*, 27 de dezembro de 2014. Disponível em: <http://rt.com/news/217931-gorbachev-putin-saved-russia/>; Ilya Pitalev, "Serious meetings needed to settle situation around Ukraine — Gorbachev". *Itar–Tass,* Moscou, 26 de dezembro de 2014. Disponível em: <http://itar--tass.com/en/russia/769544>.

Capítulo 7

A DEBACLE DA UNIÃO SOVIÉTICA, A "MAIOR CATÁSTROFE GEOPOLÍTICA DO SÉCULO XX" • O PREDOMÍNIO DOS ESTADOS UNIDOS POR MEIO DA OTAN • O PRIVILÉGIO DA PRODUÇÃO DE DÓLAR COMO *FIAT CURRENCY* • ADVERTÊNCIA DO MINISTRO SERGEI LAVROV SOBRE A UCRÂNIA • QUESTÃO DA GEÓRGIA E INTERVENÇÃO DA RÚSSIA EM DEFESA DA OSSÉTIA DO SUL • MATANÇAS, CAOS E CATÁSTROFES HUMANITÁRIAS PERSISTIAM NO AFEGANISTÃO, NO ORIENTE MÉDIO E NA ÁFRICA

Com toda a razão, ao falar, perante a Duma, sobre o estado da nação, em 2005, o presidente Vladimir Putin descreveu a debacle da União Soviética como a "maior catástrofe geopolítica do século XX".[1] De fato, a dissolução da União Soviética constituiu, como ele assinalou, "um drama real", que deixou centenas de milhões de russos fora da Federação, dispersados por doze repúblicas diferentes da Eurásia. Só na Ucrânia havia mais de 8 milhões de russos étnicos (17% da população do país), que lá permaneceram sem identidade e sem maiores direitos, ademais de grande parte da indústria bélica e nuclear, parte integrante da cadeia produtiva da Rússia. Porém o *desmerengamiento* da União Soviética, conforme expressão usada por Fidel Castro, produziu uma catástrofe ainda maior, ao desequilibrar a ordem internacional. A União Soviética, ainda que sob um regime totalitário, representava um polo de poder, um duro baluarte contra a ditadura global, igualmente totalitária, que os Estados Unidos, em nome da democracia, pretendiam implantar,[2] esteada, militar e financeiramente, sobre duas fundamentais pilastras: a OTAN, que integrava os países da Europa, subordinando-os às diretrizes de Washington; e o privilégio da produção de dólar, como *fiat currency*, única moeda mundial de reserva, que somente o Federal Reserve System (FED), o banco central dos Estados Unidos, podia e pode emitir, o quanto for necessário; e esse banco central, uma *joint-stock company*, criada pelo Federal Reserve Act (23 de dezembro de 1913), apresentava uma estrutura aparentemente estatal, porém com amplo componente privado, sob controle dos maiores bancos comerciais dos Estados Unidos, entre os quais, apenas seis — Merry Lynch, JP-Morgan Chase, Bank of America, Wells Fargo, Citigroup e Goldman Sachs — acervaram, em 2012, o montante de US$ 9,5 trilhões, equivalente a 65% do PIB do país, naquele ano.[3]

O congressista Charles A. Lindberg (1907–1917), do Partido Republicano (Minnesota), advertiu que o Federal Reserve Act, ao criar o Federal Reserve System (FED), *"establishes the most gigantic trust on earth"* e legalizava *"the invisible government of the Monetary Power"*.[4] Segundo o jornalista investigativo Dean Henderson, embora a maioria dos americanos pensasse que era uma instituição do governo, o FED constituía um cartel controlado pelo Bank of America, JPMorgan Chase, Citigroup e Wells Fargo, entrelaçados com as companhias de petróleo Exxon Mobil, Royal Dutch/Shell (da qual os dois maiores acionistas são a antiga rainha da Holanda, Beatrix, da Casa de Orange, e Lord Victor Rothschild), British Petroleum e Chevron Texaco, em conjunção com Deutsche Bank, BNP, Barclays e outros colossos financeiros da Europa.[5] E o mais poderoso ramo do FED, o New York Federal Reserve Bank, estava sob o comando de oito famílias, das quais apenas quatro residiam nos Estados Unidos: Goldman Sachs, Rockefeller, Lehman e Kuhn Loeb, de York; os Rothschild, de Paris e Londres; os Warburg, de Hamburg; os Lazard, de Paris; e Israel Moses Seif, de Roma.[6] Tais eram as famílias que ainda no século XXI dirigiam privadamente o Federal Reserve Bank, conformavam o sistema financeiro internacional e, mesmo após o fiasco financeiro de 2007–2008, continuaram a enriquecer e a desempenhar decisivo papel no mercado futuro de petróleo, diretamente ou através de subsidiárias, tanto no New York Mercantile Exchange quanto no London Petroleum Exchange.[7]

Segundo o senador Barry Goldwater (1909–1998), do Partido Republicano, o poderoso banqueiro europeu Anselm Rothschild (1773–1855) declarou certa vez: *"Give-me the power to issue the nation's Money, then*

I do not care who makes the laws".[8] Daí que os Estados Unidos não consideram e desrespeitam as leis internacionais. Têm o privilégio de fabricar dólares, quando e quantos necessitarem, sem lastro, e manipular seu valor por meio da taxa de descontos. Mas os bancos privados, que dominam o Federal Reserve System, necessitam do poder militar, das guerras, para manter a posição de permanentes credores do Estado, ao financiarem o contínuo rearmamento e a produção de material bélico, o que é mais lucrativo do que conceder créditos privados à agricultura e às indústrias de bens de consumo. Em 2011, os Estados Unidos, cujo PIB era então da ordem de US$ 14,9 trilhões, deviam aos bancos privados cerca de US$ 14 trilhões, dos quais US$ 4,4 trilhões o Departamento do Tesouro e o Federal Reserve Board estimavam estar com governos estrangeiros, que compravam obrigações do Tesouro como um investidor adquiria ações e passavam a ter um pedaço da propriedade da empresa.[9]

O senador Barry Goldwater observou, com toda a razão, que a maioria dos americanos não entendia as operações dos banqueiros internacionais, o modo enevoado como os Rothschild e os Warburg da Europa e as casas de JPMorgan, Kuhn, Loeb & Company, Schiff, Lehman e Rockefeller possuíam e controlavam vasta riqueza. *"How they acquire this vast financial power and employ it is a mystery to most of us"* — mas o fato é que os banqueiros internacionais — asseverou Barry Goldwater — faziam dinheiro, concedendo crédito aos governos e *"the greater the debt of the political state, the larger the interest returned to the lenders"*.[10] O banco nacional da Europa era possuído e controlado pelos interesses privados e o Federal Reserve System operava fora do controle do Congresso, sem que suas contas fossem auditadas, e, através do Board of Governors, manipulava o crédito dos Estados Unidos,[11] cuja dívida pública, desde a criação do FED, em 1913, saltou de US$ 1 bilhão para US$ 17,9 trilhões, em outubro de 2014, e estava a crescer em torno de US$ 2,43 bilhões *per day* desde 30 de setembro de 2012.[12]

O objetivo dos *illuminati*, desde que o geopolítico Zbigniew Brzezinski sugeriu a David Rockefeller a criação da Trilateral Commission, em 1973, foi sempre controlar e consolidar internacionalmente os interesses comerciais e financeiro-petrolíferos dos Estados Unidos, como um poder monetário, político, intelectual e eclesiástico superior, capaz de capturar, envolver e sobrepor-se aos governos dos Estados nacionais e permitir-lhes a governança global, a *full-spectrum dominance*, entregando à OTAN o monopólio da violência, como *global cop*. E assim a corrupção conforma a seiva que nutriu e nutre o crônico militarismo dos Estados Unidos, encoberta e facilitada largamente pelo ambíguo papel de homens públicos/homens de negócios, que saem das grandes corporações para o governo e vice-versa, através da porta giratória do complexo industrial-militar e financeiro, predominante em Washington.

Não por motivo de segurança, o presidente George W. Bush, ao suceder Bill Clinton, buscou dilatar ainda mais a jurisdição da OTAN, alargando o mercado para a indústria bélica, inclusive com a absorção da Ucrânia e da Geórgia, dois países de fundamental importância para a segurança da Rússia. A provocação prosseguiu, não obstante o embaixador dos Estados Unidos em Moscou, William J. Burns, houvesse remetido, com data de 1° de fevereiro de 2008, mensagem confidencial (código 08MOSCOW265) ao secretário de Estado, com cópia para o secretário de Defesa, os chefes do Estado Maior-Conjunto, Conselho de Segurança Nacional e outros órgãos, advertindo-os de que a Rússia repulsaria a tentativa de buscar a adesão da Ucrânia e da Geórgia (também Croácia e Albânia) à NATO Membership Action Plan (MAP), durante a 20th NATO Summit, a realizar-se em Bucareste (Romênia), entre os dias 2–4 de abril daquele ano.[13]

O ministro de Assuntos Estrangeiros da Rússia, Sergei Lavrov, e outras autoridades haviam reiterado que Moscou faria forte oposição à expansão da OTAN, no Leste Europeu, por percebê-la como potencial ameaça militar.[14] A Ucrânia, particularmente, permanecia como *"an emotional and neuralgic point"* — acentuou ainda o ministro Sergei Lavrov, acrescentando que também considerações estratégicas e políticas subjacentes reforçavam a oposição da Rússia à adesão, bem como da Geórgia à OTAN. Essa questão, sobremodo com respeito à Ucrânia, podia, potencialmente, fraturar o país em dois pedaços, desencadear a violência ou mesmo, como alguns clamavam, a guerra civil, o que induziria Moscou a ter de decidir se devia intervir ou não, ademais do maior impacto que produziria sobre sua indústria de defesa da Rússia, as conexões familiares russo-ucranianas e as relações bilaterais, enquanto, em relação à Geórgia, o Kremlin temia uma contínua instabilidade e "ações provocativas" das regiões separatistas.[15]

Na reunião de Bucareste, a tentativa do presidente George W. Bush, no sentido de envolver a Ucrânia e a Geórgia no MAP (Membership Action Plan), mediante o qual as nações se qualificavam a se associar à OTAN, não contou, porém, com o suporte dos governos da Alemanha e da França. Não queriam correr o risco de provocar a Rússia e argumentaram ainda que nenhum dos dois países era suficientemente estável e sua adesão ao MAP seria uma "ofensa desnecessária" à Rússia.[16] O presidente George W. Bush, apesar de *"lobbying hard"* a Alemanha e a França, não conseguiu obter um consenso entre os membros da OTAN e a decisão foi adiada para dezembro.[17]

Àquela época, meados de 2008, Daniel Russell, o *chargé* d'Affaires dos Estados Unidos em Moscou, informou Washington que o ministro das Relações Exteriores Sergei Lavrov havia declarado que o governo de Kiev estava a atuar contra a vontade da maioria do povo ucraniano, o que produziria "consequências destrutivas" e a Rússia tudo faria para impedir o acesso da Ucrânia à OTAN. Outras autoridades fizeram igual pronunciamento, e entre elas o presidente do Comitê dos Assuntos da Comunidade dos Estados Independentes (CEI), na Duma (Parlamento), Alexey Ostrovsky, que havia previsto, em abril, a possibilidade de que a Rússia reclamasse a Crimeia caso a Ucrânia fosse admitida na OTAN.[18]

Poucos meses após a reunião de Bucareste, em 8 de agosto de 2008, a Rússia interveio na Geórgia, por onde passava o maior oleoduto de Baku (Azerbaijão) até o porto de Cayhan (Turquia), a fim de defender as regiões secessionistas, os enclaves de russos étnicos — Ossétia do Sul e Abkhazia — bombardeados pela aviação do presidente Mikhail Saakashvili, que esperava decerto receber assistência militar dos Estados Unidos. Mas a guerra durou apenas cinco dias, a Geórgia foi derrotada.[19] O presidente George W. Bush e seus aliados da União Europeia, em reunião de emergência, tudo excogitaram, desde a suspensão de relações com a Rússia até boicotar as Olimpíadas de Inverno, programadas para 2014, em Sochi. Mas nada puderam fazer nem moral tinham para socorrer a Geórgia. Em 17 de fevereiro de 2008, os Estados Unidos, Alemanha e outros aliados da União Europeia haviam reconhecido a independência do Kosovo, antiga província da Sérvia, até então sob a responsabilidade da United Nations Interim Administration Mission (UNMIK). Tal precedente tornou ridícula a retórica de sanções a pretexto da inviolabilidade das fronteiras. Ademais, metade dos povos do Cáucaso, inclusive na Ucrânia, onde o presidente Viktor Yushchenko se mostrou a favor da Geórgia, viram como louvável, proporcional e humanitária a intervenção da Rússia, para defender a Ossétia do Sul e a Abkhazia.[20]

Desde então o relacionamento entre a Rússia e os Estados Unidos mais e mais difícil se tornou. O desígnio do presidente Putin era restabelecer a tradicional esfera de influência da Rússia, inclusive no Cáucaso. Porém, como o general Colin Powell, chefe do Estado-Maior Conjunto das Forças Armadas, recomendara ao presidente George H. W. Bush (1989–1993), com base na doutrina dos *neocons* — Paul Wolfowitz *et caterva* —, os Estados Unidos deviam preservar a *"credible capability to forestall any potential adversary from competing militarily"*,[21] impedir a União Europeia de tornar-se uma potência militar, fora da OTAN, a remilitarização do Japão e da Rússia, e desencorajar qualquer desafio à sua preponderância ou tentativa de reverter a ordem econômica e política internacionalmente estabelecida.[22]

O presidente Barack Obama não se afastou de tal diretriz, não modificou o objetivo estratégico dos *neocons*, *i.e.*, de consolidar a supremacia dos Estados Unidos como único polo de poder mundial. Porém herdou uma situação ainda mais difícil, uma situação de crise econômica e financeira, e conflitos militares assimétricos, inflamada pelo presidente George W. Bush, com a invasão do Afeganistão e, depois, do Iraque, onde, até outubro de 2013, aproximadamente meio milhão de soldados dos Estados Unidos lá intervieram para derrubar o regime de Saddam Hussein, acabar com armas de destruição em massa (que não existiam) e abrir as portas para as companhias petrolíferas ocidentais, a título de promover a democracia.[23] E, em fins de 2014, treze anos após a *war on terror*, os Estados Unidos ainda permaneciam atascados no Afeganistão, sem conseguirem estabelecer a paz e a democracia. Os danos que lá causaram foram imensuráveis e a economia da cocaína, no país, cresceu mais e mais, com a previsão de que a produção alcançasse o volume de 800 toneladas em 2014, devido à duplicação para 250.000 hectares da plantação de *opium poppy*, com as atividades das tropas da International Security Assistance Force (ISAF) — OTAN,[24] embora, depois da invasão, a CIA e a DIA sou-

A DESORDEM MUNDIAL

bessem da localização dos principais laboratórios e depósitos de cocaína, principalmente no sudeste do Afeganistão e nada fizeram para interromper as operações de negócio.[25] E, em 2014, segundo o High Commissioner for Refugees da ONU, havia ainda no Afeganistão 3.600.449 de pessoas em estado de necessidade e o número de pessoas desalojadas tendia a elevar-se a mais de 631.286.[26]

As matanças, o caos e as catástrofes humanitárias, que dilaceravam o Afeganistão, Iraque, Iêmen, Gaza e países da África, tornaram-se ainda piores durante a gestão do presidente Obama. Ele continuou a remeter armamentos para as facções rebeladas na Síria, via Arábia Saudita, Qatar e Turquia. E, instigado, especialmente, pela secretária de Estado Hillary Clinton, rodeada de *neocons*, Obama ordenou o bombardeio da Líbia pela OTAN, juntamente com o presidente François Sarkozy, da França, e o primeiro-ministro David Cameron, da Grã-Bretanha. Outrossim, buscou confronto com a China, ao determinar a instalação de mais bases militares em países da Ásia-Pacífico, região que o presidente Barack Obama considerava a *"key priority"* na estratégia de segurança dos Estados Unidos e onde Austrália, Japão e Coreia do Sul (ANZUS) constituíam os *hub-and-spokes* de sua conexão estrutural.[27]

A pretensão de Barack Obama consistiu, *ultima ratio*, na *petrifaction of world order*, como definiu o escritor Norman Pollack,[28] e implantar a dominação totalitária dos Estados Unidos, a *full-spectrum dominance*, almejada, ardentemente, desde a decomposição da União Soviética. Com efeito, quase todas as operações de *regime change*, efetuadas pelos Estados Unidos, visaram a ganhar posições estratégicas e condicionaram guerras ou em busca de mercado ou de acesso a recursos naturais.[29] E assim intentaram cercar a Rússia, bloquear-lhe o acesso ao Mar Negro e ao Mediterrâneo, bem como ao Mar do Norte, confiná-la ao isolamento, como vasta extensão de terra, sem saída para o mar e sem qualquer influência no Oriente Médio, África do Norte, Sudeste da Ásia e Atlântico Norte.[30]

Entretanto, em agosto de 2013, quando o presidente Barack Obama se preparava para ordenar a invasão da Síria, o próprio presidente Bashar al--Assad, entrevistado pelo jornal *Izvestia*, da Rússia, comentou que desde o fiasco do Vietnã, os Estados Unidos deflagraram muitas guerras, mas não foram capazes de alcançar seus objetivos.[31] Potências globais podem fazer guerras, mas podem vencê-las?, perguntou o presidente Assad, acrescentando que os Estados Unidos nada aprenderam nem foram capazes de alcançar seus objetivos políticos em nenhuma das guerras que promoveram. Somente destruíram países, como estavam a fazer no Oriente Médio. "Atualmente há muitos políticos no Ocidente, mas muito poucos estadistas", o presidente Bashar al-Assad comentou.[32]

Os Estados Unidos, desde a Segunda Guerra Mundial, não triunfaram, efetivamente, em nenhum outro país, exceto Granada, uma pequena ilha com 344 km^2 e pouco mais de 100.000 habitantes, na qual intervieram (Operation Urgent Fury), em 1983, e no Panamá, uma faixa de terra na América Central, com 75.517 km^2 e 2,2 milhões de habitantes, com a invasão (Operation Just Cause), em 2000, para depor e capturar o ditador Manuel Noriega, por tráfico de drogas. Na verdade, nem guerras foram, mas agressões militares contra países indefesos. E, no Afeganistão e no Iraque, os Estados Unidos alcançaram muito pouco ou quase nada, desde 2001 e 2003, quando o presidente George W. Bush deflagrou a *war on terror*, não obstante os Estados Unidos possuírem força militar sem paralelo. Com tropas terrestres, treinadas, intensa e continuamente, inclusive em desertos, equipadas com novos aparelhos de visão noturna, os mais modernos sistemas de comunicação e conjuntos radar de vigilância e aquisição de alvos (JSTARS), bem como de outros tecnologicamente sofisticados petrechos bélicos, não conseguiam vencer sequer guerras contra *non-State actors* (NSA), nem no Vietnã nem no Oriente Médio e na África. Apesar das atividades da OTAN, das Special Operations Forces/Navy Seal Team 6, da CIA e dos ataques de drones, as guerras assimétricas prosseguiam no Afeganistão, na Síria, na Líbia, no Iraque, na Somália e no Iêmen, e perspectiva de vitória não havia. Elas transcendiam os níveis das operações políticas, táticas e estratégicas. Strobe Talbott, presidente da Brookings Institution e ex-secretário de Estado Assistente na administração de Bill Clinton, reconheceu que o período atual era diferente devido à difusão do poder dos Estados entre forças não estatais, com a rápida expansão da tecnologia e o advento do extremismo islâmico.[33] E observou que a difusão do poder tornava muito mais duro o avanço da causa regional e a governança global.[34]

A governança global, *i.e., a full spectrum dominance*, que o presidente Obama pretendia estabelecer e consolidar, no século XXI, era o projeto The New American Century, elaborado pelos *neocons* do Partido Republicano desde os anos 1990, após a desintegração da União Soviética. Tratava-se do mesmo programa que o presidente George W. Bush intentou implementar após os atentados terroristas contra o WTC, em 11 de setembro de 2001, dos quais o governo teve prévio conhecimento e escondeu a informação em uma seção classificada do relatório da comissão de inquérito do Congresso, conforme o antigo senador Ron Paul (Partido Republicano) disse crer.[35] O diretor do Center on Congress at Indiana University, Lee H. Hamilton (Partido Democrata — Indiana), salientou, por sua vez, que o povo americano sempre mostrou forte tendência para pensar que qualquer iniciativa que os Estados Unidos tomassem em todo lugar era a mais importante, pois tinham tanto poder e tanta força que podiam controlar os acontecimentos em todas as partes.[36] Contudo, *"the presidents can influence but not dictate events"*, Lee H. Hamilton acentuou.[37] Segundo Jeremy Shapiro, da Brookings Institution, desde a Segunda Guerra Mundial, pelo menos, os presidentes dos Estados Unidos vacilaram em discutir as deficiências na sua capacidade, porque esperavam fazer todas as coisas. Gostavam desse sentido de onipotência, que foi tão longe e se tornou difícil reverter.[38]

NOTAS

1. "Russia's President Vladimir Putin has described the collapse of the Soviet Union as 'the greatest geopolitical catastrophe' of the 20th century". *BBC News*, 25 de abril de 2005.
2. Rodrigue Tremblay, "Bill Clinton's 'Neocon-inspired Decisions' Triggered Three Major Crises in our Times". *Global Research*, 13 de agosto de 2014. Disponível em: <http://www.globalresearch.ca/bill-clintons-neocon-inspired-decisions-triggered-three-major-crises-in-our-times/5395715?print=1>.
3. Nomi Prins, 2014, pp. 395 e 421.
4. Eustace Mullins, 2010, pp. 21–26.
5. Dean Henderson, 2010, pp. 28–30; "Thread: 'The Eight Families' — Why should everyone else except them be communists? The Federal Reserve Cartel: The Eight Families. So who then are the stockholders in these money center banks?" *Mail Online*, 6 de setembro de 2011. Disponível em: <http://boards.dailymail.co.uk/

news-board-moderated/10233373-eight-families-why-should-everyone-else-except-them-communists.html>.

6. *Ibidem.*
7. *Ibidem*, p. 31.
8. Barry M. Goldwater, 1979, p. 296.
9. Greg Bocquet, "Who Owns the U.S.?". *Yahoo Finance*, 28 de fevereiro de 2011. Disponível em: <http://finance.yahoo.com/news/pf_article_112189.html>.
10. Barry M. Goldwater, 1979, pp. 295–296.
11. *Ibidem*, pp. 294–195.
12. "The Outstanding Public Debt as of 28 Oct 2014 at 04:14:26 PM GMT". *In: U.S. National Debt Clock*. Disponível em: <http://www.brillig.com/debt_clock/>; "Timeline of U.S. Federal Debt since Independence Day 1776". *Debt.org*. Disponível em: <http://www.debt.org/blog/united-states-federal-debt-timeline/>; Disponível também em: <http://www.usgovernmentdebt.us/>; Dean Henderson, 2010, p. 32.
13. *Nyet Means Nyet: Russia's NATO Enlargement*. Cable 08MOSCOW265 Reference ID — 2008-02-01 — Confidential — Moscow 000265 — FM Amembassy Moscow — Ref: A. Moscow 147 B. Moscow 182 — Classified By: Ambassador William J. Burns. Reasons 1.4 (b) and (d). Disponível em: <http://wikileaks.org/cable/2008/02/08MOSCOW265.html>; Felicity Arbuthnot, "Ukraine: US Ambassador to Moscow's 2008 Cable — 'Nyet, Means Nyet: Russia's NATO Engagement's Red Line.' *Global Research*, 9 de maio de 2014. Disponível em: <http://www.globalresearch.ca/ukraine-us-ambassador-to-moscows-2008-cable-nyet-means-nyet--russias-nato-engagements-red-line/5381475>.
14. *Nyet Means Nyet: Russia's NATO Enlargement*. Cable 08MOSCOW265 Reference ID — 2008-02-01- Confidential — Moscow 000265 — FM Amembassy Moscow — Ref: A. Moscow 147 B. Moscow 182 — Classified By: Ambassador William J. Burns. Reasons 1.4 (b) and (d). Disponível em: <http://wikileaks.org/cable/2008/02/08MOSCOW265.html>. Acesso em 12 de maio de 2014.
15. *Ibidem.*
16. Steven Erlanger & Steven Lee Myers, "NATO Allies Oppose Bush on Georgia and Ukraine". *The New York Times*, 3 de abril de 2008.
17. *Ibidem.*
18. "'Black Sea Fleet Stirs Controversy Between Russia And Ukraine' From: Russia Moscow To: Central Intelligence Agency | Defense Intelligence Agency | National Security Council | Russia Moscow Political Collective | Secretary of Defense | Secretary of State Date: 2008 June 4, 03:47 (Wednesday) Canonical ID: 08MOSCOW1568_a Original Classification: Unclassified, for official use only". Disponível em: <https://wikileaks.org/plusd/cables/08MOSCOW1568_a.html>.
19. Vicken Cheterian, 2010, pp. 63–75; Paula Garb, 2010, pp. 140–149.
20. Charles King, "The Five-Day War — Managing Moscow after the Georgia Crisis". *Foreign Affairs*, Novembro/Dezembro de 2008 Issue. Disponível em: <http://www.foreignaffairs.com/articles/64602/charles-king/the-five-day-war>.
21. Colin L. Powell, 1992, p. 7. Draft Resolution — 12 Cooperation for Security in the Hemisphere, Regional Contribution to Global Security — The General Assembly, recalling: Resolutions AG/RES. 1121 (XXX- 091 and AG/RES. 1123 (XXI-091) for

A DESORDEM MUNDIAL

strengthening of peace and security in the hemisphere, and AG/RES. 1062 (XX090) against clandestine arms traffic.

22. *Ibidem*, p. 7.

23. Kerry Sheridan (*Agence France Press*), Iraq Death Toll Reaches 500,000 Since Start Of U.S. Led Invasion, New Study Says. *TheHuffingtonPost.com*, 15 de outubro de 2013. Disponível em: <http://www.huffingtonpost.com/2013/10/15/iraq-death--toll_n_4102855.html>.

24. "Afghan heroin major factor for destabilization in Russia — official". *ITAR-TASS*, 19 de agosto de 2014. Disponível em: <http://en.itar-tass.com/russia/745640>.

25. James Risen, 2006, pp. 157–159.

26. "2014 UNHCR country operations profile — Afghanistan". *United Nations High Commissioner for Refugees*. Disponível em <http://www.unhcr.org/pages/49e486eb6.html>.

27. Leon Panetta & Jim Newton, 2014, p. 396.

28. Norman Pollack, "Obama's Foreign Policy — Militarization of Globalism". *Counterpunch*, 18 de agosto de 2014. Disponível em <http://www.counterpunch.org/2014/08/18/militarization-of-globalism/print>.

29. Stephen Kinzer, 2006, p. 321.

30. James Petras, 2014, pp. 228–229.

31. "Full text of the interview of President Assad toIzvestia — President of the Syrian Arab Republic told about threat of US invasion, about his relationship with Putin and about common fate of Russian and Syrian people". All in exclusive interview in *Izvestia*, 26 de agosto de 2013. *The Saker's 2nd blog. Monthly Archives*: Agosto de 2013. Disponível em: <http://thesaker.wordpress.com/2013/08/page/2/>; Bashar Al-Assad, "All contracts signed with Russia are implemented". 26 августа 2013, |Политика|Izvestia|написать авторам — Читайте далее: Disponível em: <http://izvestia.ru/news/556048#ixzz3FBxhnBKi>.

32. *Ibidem*.

33. Thomas L. Friedman, "President Obama Talks to Thomas L. Friedman about Iraq, Putin and Israel". *The New York Times*, 8 de agosto de 2014; Peter Baker, "As World Boils, Fingers Point Obama's Way". *The New York Times*, 15 de agosto de 2014.

34. *Ibidem*.

35. "Ron Paul: Government Had Foreknowledge of 9/11 Terror Attacks. Paul argues U.S. gov't more destructive than Osama Bin Laden". *Washington Free Beacon*, 30 de agosto de 2014 — *ICH* — *Information Clearing House*. Disponível em: <http://www.informationclearinghouse.info/article39542.htm.docx>; "*Ron Paul CG #23 Opening the Secret 9/11 Records*". Interview — Money and Markets: Podca. Disponível em: <http://www.moneyandmarkets.com/podcasts/ron-paul-cg-23-opening-the-secret-911-records>; O antigo senador Robert Graham, ex-presidente do Intelligence Committee, revelou que as páginas classificadas como secretas foram um "*cover up Saudi activity in 9/11*". *Ibidem*.

36. Peter Baker, "As World Boils, Fingers Point Obama's Way". *The New York Times*, 15 de agosto de 2014.

37. *Ibidem*.

38. *Ibidem*.

Capítulo 8

A IGNORÂNCIA EM WASHINGTON DA SITUAÇÃO DOS PAÍSES QUE PRETENDIA ATACAR • A DESINTEGRAÇÃO DO ESTADO NA LÍBIA • O ESPRAIAMENTO DO TERRORISMO COM AS ARMAS DISTRIBUÍDAS PELA OTAN • OS LUCROS DOS BANCOS COM OS FUNDOS CONFISCADOS DE GADDAFI • MORTE DO EMBAIXADOR J. CHRISTOPHER STEVENS EM BENGHAZI • APOIO DO PENTÁGONO AOS JIHADISTAS (TERRORISTAS) NA SÍRIA • TRAGÉDIA HUMANITÁRIA DOS REFUGIADOS

Em suas memórias, Robert Gates, ex-secretário de Defesa dos presidentes George W. Bush e Barack Obama, bem como ex-diretor da CIA, contou que ninguém em Washington — nem ele — tinha a menor ideia da complexidade do Afeganistão — tribos, grupos étnicos, corretores do poder e rivalidades entre vilas e províncias — quando foi tomada a decisão de invadi-lo, em 2001, após os atentados terroristas contra o WTC, em Nova York.[1] Também com respeito ao Iraque. *"We begin military engagements — wars — profoundly ignorant about our adversaries and about the situation on the ground"*, confessou Robert Gates, aduzindo que o governo, em Washington, não tinha nenhuma ideia de quanto o Iraque estava quebrado, ao começar a guerra e assumir o controle do país, em 2003; não tinha conhecimento de como a economia, a sociedade e a infraestrutura do país estavam destroçadas após oito anos de duras sanções, aplicadas desde a Guerra do Golfo, com os Estados Unidos, entre 2 de agosto de 1990 e 28 de fevereiro de 1991.[2]

A mesma ignorância havia em Washington a respeito da Líbia, quando o presidente Barack Obama, como um ditador global, ordenou, em 3 de março de 2011, que Muammar Gaddafi *"must go"*, menos de um mês após o início das manifestações contra o regime.[3] Não se conhecia bem o país, a antiga Líbia Jamahiriya, habitada por diferentes grupos étnicos e tribais, berberes (Amazigh), e árabes, e existência de regiões virtualmente autônomas, como a Tripolitânia, Cirenaica, Zentania e outras, que somente foram fragilmente unificadas sob uma Constituição federal, promulgada em 1951.[4] Somente Gaddafi, após assumir o poder, em 1º de setembro de 1969, conseguira manter certa e débil estrutura nacional em um país com cerca de 140 tribos (qabila), das quais se estimava que somente de 30 a 40 tinham influência política, divididas em subtribos (buyut) e grupos de família (lahma), que se identificavam pela descendência comum, tradições, linguagem e cultura.[5]

Outrossim, quando os Estados Unidos e seus sócios propuseram ao Conselho de Segurança da ONU a implantação de uma *no-fly-zone*, não se apresentava a menor evidência de que Gaddafi estivesse a usar aviões contra os manifestantes. Nada havia que pudesse justificar tal medida. Os dados de inteligência, coletados pela CIA, indicavam que a oposição, insurrecta em Benghazi, não era tão forte que pudesse chegar a Trípoli e derrubar o regime.[6] Os rebeldes eram desorganizados, a despeito dos esforços das forças especiais dos Estados Unidos (e do Egito) para treiná-los, em acampamentos no leste da Líbia, e careciam de capacidade básica de comando e controle de manobras.[7] O presidente Obama estava em dúvida sobre se devia intrincar-se em uma guerra no Oriente Médio, quando tentava abandonar a responsabilidade pelo Iraque.[8] Entretanto, a ideia dominante em Washington era igual à da administração do presidente George W. Bush, *i.e.*, a de que somente por meio da extrema violência — a guerra — se poderia expelir os governos autoritários e dar um profundo golpe contra a al-Qa'ida. A secretária de Estado, Hillary Clinton, pressionou-o de toda forma para ordenar a intervenção na Líbia. E, após o Conselho de Segurança da ONU aprovar a criação de uma *no-fly-zone*, com base no capcioso princípio de "proteger civis", Barack Obama, por fim, determinou, violando a Resolução 1973 (2011), o bombardeio da Líbia, juntamente com a Grã-Bretanha e a França, sob o manto da OTAN. "[...] *A Libyan war was a Nato campaign e (almirante Jim) Stavridis (Supreme Allied Commander Europe — SACEUR) was responsible for it*", escreveu Leon Panetta, então secretário de Defesa (2011–2013) da administração de Barack Obama.[9]

A DESORDEM MUNDIAL

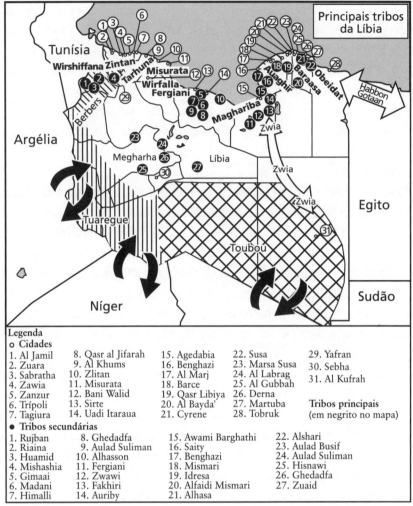

Figura 8.1 — A distribuição das tribos na Líbia por Giacomo Goldkorn, 18 de março de 2015, *Geopolitical Atlas Sources*: Libyan tribal system, Fergiani — 22 de setembro de 2011[10]

Com a destruição do regime de Muammar Gaddafi, a Líbia transformou-se em um país sem Estado. Virtualmente se desintegrou e, desde então, nenhum governo nem de fato nem de direito existiu e existe, de nenhum poder dispõe e nenhuma autoridade esteve ou está a salvo de atentados. O primeiro-ministro Ali Zeidan, em outubro de 2013, foi sequestrado por militantes do grupo Sala de Operações dos Revolucionários Líbios e depois libertado. Seu governo falhou e a situação de segurança continuou a deteriorar-se em Trípoli e em Benghazi, as duas maiores cidades do país. O representante especial do secretário-geral da ONU e chefe da UN Support Mission in Libya (UNSMIL), Tarek Mitri, do Líbano, em relatório ao Conselho de Segurança, em março de 2014, ressaltou que a situação de segurança se havia deteriorado a tal ponto que as milícias existentes *"challenge the state's monopoly on the legitimate use of force"*.[11] Sua situação configurava nitidamente a democracia exportada por meio de guerra civil, sob o comando de agentes estrangeiros e bombardeios da OTAN.

O poder estava a rolar pelas ruas de Benghazi, Sirtes, Derna, Misrata e outras cidades, nas quais as brigadas islâmicas e tribos, com as armas supridas pelo OTAN para combaterem o regime de Muammar Gaddafi, pelejavam umas contra as outras, escalando o caos e a sangueira, no *vacuum* político, criado com a queda de Gaddafi. Disputavam entre si, cada uma contra outra, para conquistar as ricas jazidas de petróleo, da ordem de 48 bilhões de barris (janeiro de 2014), de baixo custo de extração, situadas nas bacias de Sirte (cerca de 80%), Murzuk, Ghadames, Cirenaica, Kufra e *offshore*.[12]

A guerra civil, entre as diversas milícias islâmicas e tribos, passou a refletir as contradições regionais, entre os países do Golfo Pérsico, entre si e com outros, inclusive Egito, Israel e países ocidentais. Em 16 de maio de 2014, o general Khalifa Haftar, desencadeando a Operation Dignity, insurgiu-se contra o inerme governo do Congresso Geral Nacional, presidido por Nouri Abusahmain, com o propósito de dissolvê-lo a pretexto de vários motivos, *inter alia*, o de haver aprovado, em dezembro de 2013, a Shariah, a lei islâmica, que suprimia os direitos da mulher. O general Haftar investiu suas tropas contra as milícias fundamentalistas, Ansar al--Shariah e outras, predominantes em Benghazi, com a adesão de vários contingentes militares, inclusive da Força Aérea, baseada em Tobruk.[13] Ao que consta, Haftar, chamado de "renegado" pelos fundamentalistas islâmicos, fora partidário e também adversário de Gaddafi, ademais de supostamente servir à CIA, dado haver vivido, como exilado, em Virgínia (Estados Unidos), durante 21 anos, e receber respaldo do general Abdul Fattah al-Sisi, presidente do Egito, que tratava de esmagar a Irmandade Muçulmana, após haver deposto o presidente Muhamad Morsi, em julho

A DESORDEM MUNDIAL

de 2013, um ano depois de sua eleição.[14] A proclamada Primavera Árabe, para promover a democracia, resultou em uma ditadura militar, a fim de impedir que o Egito se abismasse no caos, como a Líbia.

Entrementes, na Líbia, em fim de julho, o Parlamento, sob a presidência de Abu Bakr Biira, refugiou-se em Tobruk (Operation Dawn),[15] respaldado por uma coalizão de forças, e solicitou a intervenção da ONU. Segundo fontes dos Estados Unidos, aviões dos Emirados Árabes Unidos (EAU), a partir de bases aéreas situadas no Egito, bombardearam, secretamente, as milícias islâmicas da Aurora Líbia, patrocinadas pelo emirado de Qatar.[16] Contudo, os bombardeios não as conseguiram deter e evitar seu sucesso. Poucos dias depois, as milícias da Aurora Líbia, aliadas às milícias de Misrata, conquistaram o aeroporto de Trípoli, sob o domínio das milícias de Zintan, e controlaram toda a capital, amplamente devastada, e lá instalaram outro governo.[17] Até meados de 2015, porém, nenhum governo — nem o de Tobruk nem o de Trípoli — havia afirmado nacionalmente sua autoridade na Líbia ou tampouco obtido reconhecimento e legitimidade internacional.

Desde 2011, os Emirados Árabes Unidos, onde Mahmoud Jibril, líder da Aliança das Forças Nacionais (respaldada pelo Ocidente) vivia exilado — e Qatar, de onde Ali Salabi, igualmente refugiado, orientava a Irmandade Muçulmana, desempenharam papéis centrais e opostos, na Líbia, e em oposição à influência da Arábia Saudita e do Irã.[18] Os ataques aéreos, entretanto, não impediram a conquista de Trípoli, embora os combates prosseguissem, nas cercanias, assim como em Benghazi, domínio de outra organização islâmica radical, Ansar al-Shariah, que surgira primeiro no Iêmen, como a al-Qa'ida na Península Árabe (AQAP), e se multiplicou em outros grupos — Movimento por Tahise Jihad na África Ocidental (MUJAO), El Moulethemine Battalion, Ansar al-Din, de origem tuaregue e maliana e quase todo refugiado no sul da Líbia; e Ansar al-Shariah, a avançar no Mali, na Tunísia, na Mauritânia e em outros países do Maghrib. O Boko Haram, movimento afiliado ao Estado Islâmico, nasceu no Nordeste da Nigéria (na cidade de Maiduguri), mas avançou e tornou-se capaz de organizar atentados no noroeste, nas cidades de Kano, Zária e Kaduna, no centro, na cidade de Jos, e até na capital, a cidade de Abuja. Ademais, os terroristas de Boko Haram infiltraram-se nos países vizinhos: o norte da República dos Camarões, na República do Níger e na República do Chade. Outros movimentos terroristas islâmicos floresceram na África: Al-Shabaab, na Somália, membro da al--Qa'ida; AQMI (al-Qa'ida no Maghrib Islâmico), originário da Argélia e vinculado à al-Qa'ida, com atividades na Líbia e no Mali, onde também nasceu al-Murabitun, produto da união de grupos originários do MUJAO (Movimento pela Unidade e Jihad na África do Oeste), mas não se aliou ao Estado Islâmico, que conquistou forte base em Sirte, cidade natal de Muammar Gaddafi, na costa sul do Golfo de Sidra, entre Trípoli e Benghazi.

A disputa das reservas de hidrocarbonetos, fontes do poder econômico e político, para usá-las como instrumento de barganha, alimentou na África os conflitos entre todas as facções religiosas e políticas. E, como nos demais países onde tais grupos intensificaram os atentados e os massacres, a situação econômica e política da Líbia igualmente se agravou. A Líbia, que possuía as maiores reservas de petróleo da África e produzia em média quase 1,6 milhão b/d, tornou-se o menor fornecedor, dentro da Organização dos Exportadores de Petróleo (OPEP), com os suprimentos de apenas 300.000 b/d, em junho de 2014.[19] Outrossim, seu fundo soberano, da ordem de US$ 65 bilhões — o segundo maior na África e o vigésimo do mundo —, foi explorado e largamente apropriado pelos bancos de Wall Street e da Europa, que lucraram com a guerra e a derrubada do governo de Muammar Gaddafi. O Goldman Sachs, que administrava um fundo soberano da Líbia, perdeu cerca de US$ 1 bilhão, com produtos derivativos, porém obteve um lucro de pelo menos US$ 350 milhões e nada revelou, até ser processado, em 2014, pela autoridade de investimentos da Líbia (Case n. 14–310), na High Court of Justice, Chancery Division, na Grã-Bretanha.[20] A Société Générale SA (GLE) da França estava igualmente sob processo para responder sobre US$ 1 bilhão do fundo soberano da Líbia, que ela administrava e também perdera. E assim os Estados Unidos, a comandar os demais sócios da OTAN, mostraram como podiam construir uma nação e implantar a democracia. Em meados de 2014, a Líbia virtualmente caíra sob o domínio das milícias islâmicas fundamentalistas, com a captura do aeroporto, antes ocupado pelas brigadas da Zentania.

A DESORDEM MUNDIAL

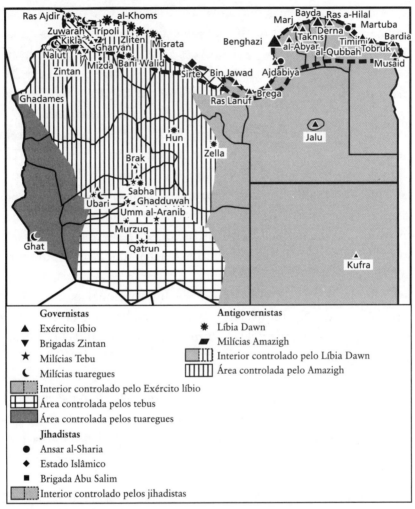

Figura 8.2 — Guerra civil na Líbia — situação em abril de 2015[21]

O cenário da Líbia era um caleidoscópio e por trás das facções em luta estavam a manejá-las vários atores internacionais, aos quais serviam por procuração.[22] O país fragmentou-se, tornou-se feudalizado e mais e mais babélico. Dividia-se ao longo das linhas geográficas e tribais, que controlavam grande parte do território. As estruturas do exército e da polícia virtualmente se extinguiram. E os mais diversos grupos jihadistas salafistas pelejavam entre si, com as armas fartamente distribuídas pelos Estados Unidos, França e Grã-Bretanha, para derrocar o regime de Gaddafi. A sangueira aumentou. O número de mortos, ao longo de 2014, recresceu todos os dias.[23] Em apenas seis semanas, de meados de outubro a 30 de novembro de 2014, cerca de 400 pessoas ainda pereceram nos choques armados entre milícias e forças do governo nas cercanias de Benghazi.[24]

O informe do Conselho de Direitos da ONU, apresentado em 23 de fevereiro de 2016, acentuou que *"the impact of the armed conflicts and internal instability in Libya in 2014 and 2015 has been devastating"*.[25] Em apenas cinco meses, entre abril e agosto de 2015, 1.539 pessoas sofreram mortes violentas. A hemorragia produzida pelos bombardeios da OTAN, cinco anos, não cessara. A violência atingira 2,5 milhões de pessoas e dispersara mais 430.000. Em 2015, mais de 2.880 afogaram-se ao tentar alcançar a Itália a partir da África do Norte. As cidades não se haviam reconstruído. O acesso aos hospitais, escolas e serviços essenciais, tais como força e energia, serviços sanitários e água, ainda restavam na mais precária situação.

Said Boumedouha, diretor da Anistia Internacional para o Oriente Médio e África do Norte, declarou que os membros da OTAN deviam assumir a responsabilidade pelos *"horrors that have unfolded in Libya"*,[26] e acrescentou que

> *Over the past five years Libya has descended deeper into the abyss of human rights chaos, amid lawlessness, rampant abuse and war crimes by rival armed groups and militias, and the rising threat posed by the armed group calling itself Islamic state.*

De fato, o Da'ish projetou sua influência desde a Síria e o Iraque até o Maghrib. O terrorismo assoberbou a Líbia. Autorizada pelo presidente Obama, Hillary Clinton, então secretária de Estado, havia concedido aos negociantes americanos número recorde de licenças para vender os mais sofisticados armamentos e tecnologia internacional militar, conforme constatou a Citizens Commission on Benghazi.[27] Esses armamentos, entregues aos terroristas da al-Qa'ida e outros na guerra contra Gaddafi, serviram para o assalto ao estabelecimento dos Estados Unidos em Benghazi, o qual resultou no assassinato do embaixador J. Christopher Stevens[28] e mais três cidadãos americanos — Sean Smith, o Navy Seals Ty Woods e Glen Doherty — em 11 de setembro de 2012.[29] Os quatro americanos — o embaixador Stevens e os três agentes (dois dos quais mercenários) — estavam a trabalhar, articulados diretamente com o terrorista salafista Abdel Hakim Belhadj, chefe do Libyan Islamic Fighting Group (LFIG),[30] com a missão de remover armamentos pesados para os jihadistas das mais diversas nacionalidades, que penetravam na Síria, vinculados à al-Qa'ida, Ansar al-Shariah e outros grupos terroristas, oriundos de países como Iêmen, Arábia, Kuwait, Iraque, Líbia, Jordânia, Bélgica, Paquistão, Bangladesh, Tchetchênia, França, Grã-Bretanha, Holanda e outros.[31] Os jihadistas (terroristas) eram considerados pelo Pentágono os que melhor lutavam contra o regime de Bashar al-Assad.[32]

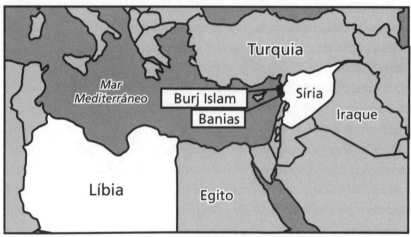

Figura 8.3 — Rotas de remoção de armamentos de Benghazi para a Síria
Fonte: Gateway Pundit[33]

Segundo um documento da DIA Memo (memorando da Defense Intelligence Agency), datado de 16 de setembro de 2012, copiado pelo National Security Council, a CIA e outras agências haviam concluído que o ataque terrorista às instalações dos Estados Unidos havia sido planejado pelo menos dez meses ou mais antes de sua efetivação. E nada fizeram. E a secretária de Estado, Hillary Clinton, e seus auxiliares diretos foram informados do que iria ocorrer menos de duas horas antes.[34] O embaixador J. Christopher Stevens estava, na realidade, a remeter os armamentos para os militantes da al'Qa'ida, Ansar al-Shariah e Jabhat al-Nusra e outros grupos vinculados à Irmandade Muçulmana, adversária do Partido Socialista Baath, dominante em Damasco.

Os jihadistas salafistas, na Síria, representavam mais da metade dos espalhados no mundo, segundo a RAND Corporation, executaram dois terços dos atentados orquestrados pela al-Qa'ida, em 2013, contra o regime de Bashar al-Assad.[35] Esses grupos — Ansar al-Shariah, Jabhat al-Nusra e outros — aliaram-se ao Ansar al-Islam, que constituiu o núcleo central do Da'ish (Estado Islâmico do Iraque e Síria/Levante), e expandiram-se até o Sinai. Entretanto, perderam espaço no Egito, onde poderia ocorrer uma situação igual ou próxima à existente na Líbia, se o marechal Abdel Fattah al-Sisi, à frente das Forças Armadas, não destituísse, em 3 de junho de 2013, o presidente Muhamad Morsi, eleito democraticamente pela Irmandade Muçulmana, e não esmagasse o movimento salafista, condenando à morte centenas de ativistas e impondo uma atmosfera de medo, com o fito de prevenir e evitar manifestações e o caos.

Com relação à Síria, o presidente Barack Obama cometeu desatino similar ao perpetrado na Líbia. Em agosto de 2011, ao submeter o regime de Bashar al-Assad a duras sanções, outra vez deu ordem, como ditador global: *"For the sake of the Syrian people, the time has come for President Assad to step aside."*[36] Uma ordem que o presidente Bashar al-Assad não obedeceu, da mesma forma que Muammar Gaddafi. Daí que, em outubro, a embaixadora dos Estados Unidos na ONU, Susan Rice, apresentou ao Conselho de Segurança uma resolução autorizando o estabelecimento de novas sanções e de uma *no-fly zone* na Síria. A Rússia e a China vetaram-na, respaldadas por Brasil, Índia e África do Sul, que votaram contra a aprovação, com o argumento de que, no caso da Líbia, a OTAN havia desmandado, abusado e usado a resolução, apresentada *ex mala fide* pelas potências do Ocidente, não para proteger civis, mas para justificar seis meses de ataques contra o regime de Muammar Gaddafi. De fato, com razão, Seumas Milne comentou em *The Guardian*, a OTAN não protegeu os civis na Líbia, antes multiplicou o número de mortos — incontáveis — sem perder sequer um soldado no solo.[37] Em seis meses de guerra civil, com o respaldo dos bombardeios da OTAN, pelo menos 30.000 pessoas foram dizimadas, 50.000 feridas, 4.000 desaparecidas, segundo o ministro da Saúde do governo provisório instalado na Líbia em setembro/outubro de 2011.[38] E assim, três anos após o presidente Obama decretar que Gaddafi perdera a legitimidade e *"must step down from power and leave"*,[39] a Primavera Árabe prosseguia sob a forma de guerras por procuração e atentados terroristas, em meio ao caos e à catástrofe humanitária.

Em agosto de 2014, a UNHCR (United Nations High Commissioner for Refugees) informou, em Genebra, que tinha registrado cerca de 37.000 refugiados de Trípoli e Benghazi, vivendo nas piores condições, sem qualquer segurança.[40] Ao mesmo tempo, milhares de pessoas — em torno de 88.000, dos quais 77.000 a partir da Líbia — estavam a ser ilegalmente contrabandeadas, em barcos, para a Europa. Na primeira metade de 2014 mais de 1.000 refugiados (*boat people*) morreram afogados no Mediterrâneo.[41] Em 22 de agosto de 2014, um barco, transportando no mínimo 270 pessoas, afundou e somente 19 se salvaram.[42] Segundo a UNHCR, em agosto de 2014, cerca de 300 refugiados morreram e o total dos que se afogaram no Mediterrâneo, desde o início do ano, já alcançava o número de 1.889, incluindo os 1.600 que pereceram desde junho, quando o influxo se elevou exponencialmente devido à crescente deterioração e instável situação da Líbia.

Até meados de 2014, aproximadamente 100.000 migrantes/refugiados haviam desembarcado na Itália, dos quais 42.000, em 2013.[43] Em maio de 2015, Bernardino León, chefe da United Nations Support Mission in Libya (UNSMIL) declarou que o país estava à beira do completo colapso econômico e político e que mais de 500.000 pessoas estavam à espera de asilo na Europa, através do Mediterrâneo.[44] Milhares não alcançaram a Europa, morreram afogados, com o naufrágio dos barcos. Na primeira metade de 2014, cerca de 42.000 pessoas tentaram cruzar o Mediterrâneo e alcançar a Itália. E somente entre janeiro e abril de 2015 cerca de 1.700 migrantes, o dobro de 2014, sucumbiram na travessia.[45] Os barcos naufragaram.

O número de refugiados e pessoas deslocadas, a buscar asilo em todos os países, compelidos pelas guerras e perseguições, recresceu a cada ano e, em 2014, bateu novo recorde, de acordo com o Global Trends Report da UNHCR (United Nations High Commissioner for Refugees).[46] Saltou de 37,5 milhões em 2005 para 51,2 milhões em 2013, e disparou para 59,5 milhões, em fins de 2014.[47]

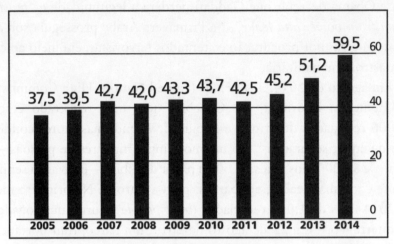

Figura 8.4 — Número de pessoas desabrigadas pela guerra (em milhões)
Fonte: UNHCR — Global Trends 2014

Segundo a International Organization for Migration (IOM), mais de 1 milhão de migrantes irregulares e refugiados entraram na Europa, em 2015, e cerca de 3.690 refugiados, 400 mais do que em 2014, pereceram afogados na travessia torturante do Mediterrâneo.[48] A avalanche continuou em 2016. E o volumoso número de refugiados, que conseguiu chegar à Itália, França e a outros países, tornou-se grave problema econômico, social e político para toda a Europa, a criar-lhe as maiores dificuldades para seu alojamento e integração.[49] A agência da ONU para refugiados — UNHCR — considerou a questão dos refugiados de guerra "*colossal humanitarian catastrophe*".[50]

E a quem coube a responsabilidade por tamanha catástrofe humanitária? A quem coube, de fato, a responsabilidade pela tragédia e problemas que a União Europeia passou a enfrentar com os sobreviventes das guerras, os refugiados e migrantes dos mais diversos países? A maior responsabilidade, *inter alia,* sempre tiveram os Estados Unidos e a própria União Europeia, com suas intervenções abertas e encobertas no Oriente Médio, bem como Qatar, Arábia Saudita e as tiranias sunitas do Golfo Pérsico. O bombardeio da Líbia, a destruir o regime de Gaddafi e, com ele o aparelho do Estado, descerrou o território para toda espécie de tráfico, através do Mediterrâneo, sobretudo de pessoas, a fugirem dos conflitos e da pobreza no Oriente Médio e na África, das áreas ocupadas pelo Da'ish e suas *franchises*, como Ansar Bayt al-Maqd, na província do Sinai, e outros, cujos militantes executavam publicamente as pessoas e deixavam os cadáveres expostos nas ruas e estradas para intimidação do povo.[51] Hillary Clinton, que como secretária de Estado tanto pressionara o presidente Obama para que ordenasse o ataque à Líbia, poderia repetir o que disse, rindo e zombando, ao repórter da TV, em Kabul, quando soube do linchamento de Muammar Gaddafi, selvagemente espancado e sodomizado com a baioneta: *"We came, we saw, he died."*[52]

Como ressaltaram os jornalistas Jo Becker e Scott Shane, em reportagem no *New York Times*, os líbios, ao contrário do que Hillary Clinton disse, viram a intervenção na OTAN não como um ato de nobreza, para salvar vidas, mas em termos sombrios, e oficiais da CIA mostraram-se preocupados com a perspectiva de que, sem Gaddafi, se perdesse o controle da situação da Líbia.[53] E foi o que efetivamente aconteceu. Cinco anos após o trucidamento de Gaddafi, o Da'ish penetrou na Líbia e passou a ocupar mais de 150 milhas ao redor de Sirtes, no litoral do Mediterrâneo, às portas da Europa. Assim, o fato foi que, além da ameaça do terror, todas as dificuldades que a Itália, Espanha, França, Grã-Bretanha, Alemanha e Espanha e demais países da União Europeia tiveram e têm de enfrentar, em consequência da migração de milhões de refugiados e pessoas deslocadas, devem-se principalmente às guerras que os Estados Unidos promoveram e a União Europeia, subordinada à OTAN, apoiou, instigou e/ou sustentou no Afeganistão, Iraque, na Síria, Líbia e em outros países da Ásia Central e Oriente Médio à África do Norte.

Não somente refugiados da Líbia e do Maghrib tentaram atravessar o Mediterrâneo, contrabandeados por traficantes. Havia, igualmente, refugiados da Síria, do Iraque e Iêmen, que também morreram afogados e, ou confinados em campos de concentração em Lampedusa (Itália), Marseille (França), na *"jungle"* de Calais (França), Hungria, Chipre e em outros países, onde cerca de 600.000 refugiados, na primeira metade de 2014, estavam privados de liberdade. Enquanto isso, negros da África subsaariana — Eritreia, Somália, Sudão, Mali — eram tomados como escravos pelas milícias islâmicas para o transporte de armamentos, munições e suprimentos até as linhas de combate na Líbia. Entrementes, os fundamentalistas islâmicos prosseguiam a luta para instituir o próprio califado, como na Síria e no Iraque. E, ademais de saquear os arsenais de Gaddafi, tantas armas os jihadistas, na Líbia, receberam dos Estados Unidos, França e Grã-Bretanha que as brigadas e grupos não estatais passaram a traficá--las, por via aérea, marítima e terrestre, através da Turquia, do Qatar e Líbano, para as organizações islâmicas na no Síria, Sinai, Nigéria, Tunísia, Argélia, no Mali, no Chade, na Somália, República Centro-Africana e Faixa de Gaza.[54]

NOTAS

1. Robert Gates, 2014, pp. 589–590.
2. *Ibidem*, p. 589.
3. Leon Panetta, 2014, pp. 380–382.
4. Mohammed Bescir Fergiani, 1983, pp. 46–70, 102–109.
5. *Ibidem*, pp. 111–112; Jon Mitchell, "Libya — War in Libya and Its Futures — Tribal Dynamics and Civil War (1)." *The Red (Team) Analysis Society*, 13 de abril de 2015. Disponível em: <http://www.google.de/imgres?imgurl=https%3A%2F%2Fwww.redanalysis.org%2Fwp-content%2Fuploads%2F2015%2F04%2FTribes--Map.jpg&imgrefurl=https%3A%2F%2Fwww.redanalysis.org%2F2015%2F04%2F13%2Fwar-libya-futures-tribal-dynamics-civil-war%2F&h=477&w=550&tbnid=LZASOPFCv39wlM%3A&zoom=1&docid=MzM39PpnHvjhWM&ei=xqyjVeKhFarNygOGhIXoCQ&tbm=isch&iact=rc&uact=3&dur=1719&page=1&start=0&ndsp=42&ved=0CDAQrQMwBQ>.
6. *Ibidem*, p. 381.
7. *Ibidem*, p. 380. "Libyan rebels 'receive foreign training'. Rebel source tells Al Jazeera about training offered by US and Egyptian special forces in eastern Libya". *Al Jazeera*, 3 de abril de 2011. Disponível em: <http://www.aljazeera.com/news/africa/2011/04/201142172443133798.html>.
8. Leon Panetta, 2014, p. 381.
9. *Ibidem*, p. 382.
10. Disponível em: <http://www.google.de/imgres?imgurl=https%3A%2F%2Fwww.redanalysis.org%2Fwp-content%2Fuploads%2F2015%2F04%2FTribes-Map.jpg&imgrefurl=https%3A%2F%2Fwww.redanalysis.org%2F2015%2F04%2F13%2Fwar-libya-futures-tribal-dynamics-civil-war%2F&h=477&w=550&tbnid=LZASOPFCv39wlM%3A&zoom=1&docid=MzM39PpnHvjhWM&ei=xqyjVeKhFarNygOGhIXoCQ&tbm=isch&iact=rc&uact=3&dur=1719&page=1&start=0&ndsp=42&ved=0CDAQrQMwBQ>.
11. *U.N. Security Council Report*. Monthly Forecast, março de 2014. Disponível em: <http://www.securitycouncilreport.org/monthly-forecast/2014-03/libya_8.php>.

12. "Libya — Overview — Libya is a member of the Organization of the Petroleum Exporting Countries, the holder of Africa's largest proved crude oil reserves, and an important contributor to the global supply of light, sweet crude oil". *Energy Information Administration (EIA)*, 25 de novembro de 2014. Disponível em: <http://www.eia.gov/countries/cab.cfm?fips=LY>.

13. Barak Barfi, "Khalifa Haftar: Rebuilding Libya from the Top Down". *The Washington Institute*, agosto de 2014. Disponível em: <http://www.washingtoninstitute. org/policy-analysis/view/khalifa-haftar-rebuilding-libya-from-the-top-down>.

14. *Ibidem*; Mohamed Madi, "Profile: Libyan ex-General Khalifa Haftar". *BBC News*, 16 de outubro de 2014. Disponível em: <http://www.bbc.com/news/world-africa-27492354>; "Libyan Army General Khalifa Haftar a CIA operative: Analyst". *Press TV*, 6 de setembro de 2014. Disponível em: <http://www.presstv.ir/detail/ 2014/06/09/366288/gen-khalifa-haftar-cia-man-in-libya/>; Michael Pizzi, "Libya's rogue general, an ex-CIA asset, vaunts his anti-extremism services. Khalifa Haftar wants to rid Libya of the Muslim Brotherhood — something many regional powers may rally behind". *Al Jazeera*, 24 de julho de 2014.

15. Amro Hassan (Cairo), "Libya's parliament ducks fighting to meet in eastern city of Tobruk". *Los Angeles Times*, 2 de agosto de 2014. Disponível em: <http://www. latimes.com/world/middleeast/la-fg-libya-parliament-tobruk-20140802-story. html>.

16. "UAE 'behind air strikes in Libya'. Two US officials say United Arab Emirates carried out air raids against militias using bases in Egypt". *Al Jazeera*, 26 de agosto de 2014. Disponível em: <http://www.aljazeera.com/news/middleeast/2014/08/uae- -behind-air-strikes-libya-201482523130569467.html>; Patrick Kingsley (Cairo) & Chris Stephen & Dan Roberts (Washington), "UAE and Egypt behind bombing raids against Libyan militias, say US officials – Strikes said to be from planes flying out of Egyptian airbases signal step towards direct action in conflict by other Arab states." *The Guardian*, 26 de agosto de 2014.

17. Steve Fox, "Libya burns as politicians and militia groups vie for control". *Middle East Eye*, 24 de agosto de 2014. Acesso em 2 de dezembro de 2014. Disponível em: <http://www.middleeasteye.net/news/politicians-and-militia-groups-vie-control- -battle-torn-libya-99372368>.

18. "UAE 'behind air strikes in Libya'. Two US officials say United Arab Emirates carried out air raids against militias using bases in Egypt". *Al Jazeera*, 26 de agosto de 2014. Disponível em: <http://www.aljazeera.com/news/middleeast/2014/08/uae- -behind-air-strikes-libya-201482523130569467.html>; Samira Shackle, "UAE- -Egypt attack on Libya aimed at Islamists". *Memo — Middle East Monitor,* 27 de agosto de 2014. Disponível em: <https://www.middleeastmonitor.com/blogs/ politics/13771-uae-egypt-attack-on-libya-aimed-at-islamists>; "UAE 'behind air strikes in Libya'. Two US officials say United Arab Emirates carried out air raids against militias using bases in Egypt". *Al Jazeera*, 26 de agosto de 2014. Disponível em: <http://www.aljazeera.com/news/middleeast/2014/08/uae-behind-air-strikes- -libya-201482523130569467.html>.

19. Tarek El-Tablawy, "Tripoli Clashes Toll Rises by 22 as Libya Crisis Deepens". *Bloomberg News,* 3 de agosto de 2014. Disponível em: <http://www.businessweek.

com/news/2014-08-03/tripoli-fighting-death-toll-rises-by-22-as-libya-crisis-de-epens>.

20. kit Chellel, "Libyan Investment Authority Sues Goldman Sachs in London". *Bloomberg News*, 22 de janeiro de 2014. Disponível em: <http://www.bloomberg.com/news/2014-01-22/libyan-investment-authority-sues-goldman-sachs-in-london--court.html>; "High court judge orders Goldman Sachs to disclose Libya profits — Libyan sovereign wealth fund, which is suing Goldman, estimates the US investment bank made $350m in upfront profit on nine derivatives products". *The Guardian*, 24 de novembro de 2014; Jenny Anderson, "Goldman to Disclose Profit It Made on Libyan Trades". *The New York Times,* 24 de novembro de 2014. Disponível em: <http://dealbook.nytimes.com/2014/11/24/goldman-to-disclose-profit--it-made-on-libyan-trades/?_r=0>.

21. *Blog at WordPress.com. The Quintus Theme.* Disponível em: <https://pietervanostaeyen.wordpress.com/2015/04/19/libya-situation-map-mid-april-2015>.

22. Chris Stephen, "War in Libya — the Guardian briefing — In the three years since Muammar Gaddafi was toppled by Libyan rebels and NATO airstrikes, fighting between militia has plunged the country into civil war and seen Tripoli fall to Islamists. The involvement of Qatar, Egypt and the UAE risks a wider regional war". *The Guardian,* 29 de agosto de 2014. Disponível em: <http://www.theguardian.com/world/2014/aug/29/-sp-briefing-war-in-libya>.

23. *AL Arabiya News.* "Libya death toll rises as clashes in Benghazi continue". *Al Arabya*, 2 de outubro de 2014. Disponível em: <http://english.alarabiya.net/en/News/africa/2014/10/02/Seven-Libyan-soldiers-killed-in-Benghazi-bombs-and-clashes-army-official-says.html2014>. Acesso em 3 de dezembro de 2014.

24. "Some 400 killed over last 6 weeks in Libya clashes". *Press TV Wednesday*, 3 de dezembro de 2014. Disponível em: <http://www.presstv.ir/detail/2014/11/30/388096/libyas-6-week-death-toll-reaches-400/>.

25. *A/HRC/31/CRP.3*. Human Rights Council — Thirty-first session, 23 de fevereiro de 2016. Agenda items 2 and 10 — *Annual report of the United Nations High Commissioner for Human Rights* and reports of the *Office of the High Commissioner and the Secretary-General Technical* assistance and capacity-building — Investigation by the Office of the United Nations High Commissioner for Human Rights on Libya: detailed findings. Disponível em: <http://www.ohchr.org/en/hrbodies/hrc/pages/hrcindex.aspx>.

26. "World must help pull Libya out of human rights chaos five years since uprising that ousted al-Gaddafi". *Amnesty International* — Libya Armed Conflict, 16 de fevereiro de 2016. Disponível em: <https://www.amnesty.org/en/latest/news/2016/02/world-must-help-pull-libya-out-of-human-rights-chaos-five-years-since-uprising-that-ousted-al-gaddafi/>; Magda Mughrabi, "Libya since the 'Arab Spring': 7 ways human rights are under attack". *Amnesty International* — LibyaArmed Conflict, London, 16 de fevereiro de 2016. Disponível em: <https://www.amnesty.org/en/latest/campaigns/2016/02/libya-arab-spring-7-ways-human-rights-are-under-attack/>.

27. Catherine Herridge & Pamela Browne (Fox Business), "Exclusive: The Arming of Benghazi — The United States supported the secret supply of weapons to Libyan

rebels while Hillary Clinton was Secretary of State according to federal court documents obtained by Fox News. In a sworn declaration". *Benghazi Accountability Coalition,* 29 de junho de 2015. Disponível em: <http://benghazicoalition.org/>.

28. O embaixador Christopher Stevens foi espancado, sodomizado, teve sua genitália cortada e, depois de morto, queimado. Seu assassinato assemelhou-se ao de Muammar Gaddafi.

29. Jerome R. Corsi, "Generals conclude Obama backed al-Qaida, Probe of military experts finds U.S. 'switched sides' in terror war". *WND,* 19 de janeiro de 2015. Disponível em: <http://www.wnd.com/files/2012/01/Jerome-R.-Corsi_avatar-96x 96.jpg>; Catherine Herridge & Pamela Browne (Fox Business), "Exclusive: The Arming of Benghazi — The United States supported the secret supply of weapons to Libyan rebels while Hillary Clinton was Secretary of State according to federal court documents obtained by Fox News. In a sworn declaration". *Benghazi Accountability Coalition,* 29 de junho de 2015. Disponível em: <http://benghazicoalition. org/>.

30. Sobre o terrorista Abdel Hakim Belhadj, vide Luiz Alberto Moniz Bandeira, 2014, pp. 319, 342, 351 e 404.

31. Michael B Kelley. "Al-Qaeda Jihadists Are The Best Fighters Among The Syria Rebels". *Businness Insider — Military & Defense,* 31 de julho de 2012. Disponível em: <http://www.businessinsider.com/al-qaeda-jihadists-are-among-the-best-fighters- -among-the-syria-rebels-2012-7?IR=T>.

32. *Ibidem;* Michael B. Kelley, "There's A Reason Why All of The Reports about Benghazi Are So Confusing". *Businness Insider — Military & Defense,* 3 de novembro de 2012. Disponível em: <http://www.businessinsider.com/benghazi-stevens-cia- attack-libya-2012-11?IR=T>.

33. Jim Hoft, "More Emails Prove Hillary Clinton & Obama KNEW Benghazi Terror Attack Was Planned by Al-Qaeda Group — *FOX News* confirmed Monday that the US ran guns from Benghazi to Syria before the attack on the US consulate on September 11, 2012". *Gateway Pundit,* 21 de maio de 2015. Disponível em: <http:// www.thegatewaypundit.com/2015/05/more-emails-prove-hillary-clinton-obama- -k n e w - b e n g h a z i - t e r r o r - a t t a c k - w a s - p l a n n e d - b y - a l - q a e d a - -group/#ixzz3fOnqw6Rm>.

34. Jeremy Diamond, "Rand Paul skips hearing on State funding, hits Clinton on Benghazi". *CNN,* 22 de abril de 2015. Disponível em: <http://www.nationalreview. com/corner/414500/hillary-clintons-top-aides-knew-first-minutes-benghazi-was- -terrorist-attack-e-mails>.

35. Seth G. Jones, "A Persistent Threat — The Evolution of al Qa'ida and Other Salafi Jihadists (Prepared for the Office of the Secretary of Defense)". *RAND National Research Institute. RAND Corporation,* 2014, p. x. ISBN: 978-0-8330-8572-6. Disponível em: <http://www.rand.org/content/dam/rand/pubs/research_reports/RR600/R R637/RAND_RR637.pdf>.

36. Scott Wilson & Joby Warrick, "Assad must go, Obama says". *The Washington Post,* 18 de agosto de 2011. Disponível em: <http://www.washingtonpost.com/politics/ assad-must-go-obama-says/2011/08/18/gIQAelheOJ_story.html>; Kilic Bugra kanat, 2015, pp. 11, 77 e 83–84.

37. Seumas Milne, "If the Libyan war was about saving lives, it was a catastrophic failure NATO claimed it would protect civilians in Libya, but delivered far more killing. It's a warning to the Arab world and Africa". *The Guardian*, 26 de outubro de 2011.

38. Karin Laub, "Libya: Estimated 30,000 Died in War; 4,000 Still Missing". *Huffpost World Post — The Huffington Post*, 8 de setembro de 2011. Disponível em: <http://www.huffingtonpost.com/2011/09/08/libya-war-died_n_953456.html>.

39. Aamer Madhani, "White House — Obama Says Libya's Qaddafi Must Go". *National Journal*, 3 de março de 2011. Disponível em: <http://www.nationaljournal.com/obama-says-libya-s-qaddafi-must-go-20110303>.

40. "Concern mounts for refugees and asylum-seekers in Libya". *UNHCR*, Briefing Notes, 5 de agosto de 2014. Disponível em: <http://www.unhcr.org/53e0c0a09.html>.

41. *Ibidem;* Nicholas Farrel, "Libya's boat people and Italy's tragic folly. The 'mare nostrum' policy has acted as a magnet for boat people; the crisis is only growing". *The Spectator*, 6 de setembro de 2014. Disponível em: <http://www.spectator.co.uk/features/9303722/italys-decriminalising-of-illegal-immigration-has-acted-as-a-green-light-to-boat-people/>.

42. Nicole Winfield (Associated Press), "Italy recovers more bodies of would-be refugees from Libya. Migrants fleeing in boats from unrest in Libya face deadliest few days, as more than 300 have drowned since Friday". *The star.com World*, 26 de agosto de 2014. Disponível em: <http://www.thestar.com/news/world/2014/08/26/italy_recovers_more_bodies_of_wouldbe_refugees_from_libya.html>.

43. *Ibidem.*

44. Sean Nevins, "2011 NATO Destruction of Libya Has Increased Terrorism Across Region". "From Libya to Mali, Nigeria and Somalia, NATO's 2011 intervention against Moammar Gadhafi has had an undeniable domino effect — but when do the dominoes stop falling?" *MintPress News*, 20 de maio de 2015. Disponível em: <http://www.mintpressnews.com/2011-nato-destruction-of-libya-has-increased-terrorism-across-region/205801/>.

45. Raziye Akkoc & Jessica Winch & Nick Squires, "Mediterranean migrant death toll '30 times higher than last year': as it happened. More than 1,750 migrants perished in the Mediterranean since the start of the year — more than 30 times higher than during the same period of 2014, says the International Organisation for Migration". *The Telegraph*, 21 de abril de 2015. Disponível em: <http://www.telegraph.co.uk/news/worldnews/europe/italy/11548995/Mediterranean-migrant-crisis-hits-Italy-as-EU-ministers-meet-live.html>.

46. "Worldwide displacement hits all-time high as war and persecution increase". UNHCR — Geneva. *Annual Global Trends Report*, 18 de junho de 2015. Disponível em: <http://www.unhcr.org/print/558193896.html>.

47. *Ibidem.*

48. "Irregular Migrant, Refugee Arrivals in Europe Top One Million in 2015: IOM". *International Organization for Migration*, 22 de dezembro de 2015. Disponível em: <https://www.iom.int/news/irregular-migrant-refugee-arrivals-europe-top-one-million-2015-iom>.

49. "Europe's boat people — The EU's policy on maritime refugees has gone disastrously wrong". *The Economist. Europe in Trouble*, 11, de abril de 2015. Disponível

em: <http://www.economist.com/news/leaders/21649465-eus-policy-maritime-refugees-has-gone-disastrously-wrong-europes-boat-people>.

50. Harriet Sherwood & Helena Smith (Athens) & Lizzy Davies (Rome) & Harriet Grant, "Europe faces 'colossal humanitarian catastrophe' of refugees dying at sea. UN considers Africa holding centres as 'boat season' is expected to bring sharp increase in migrants making treacherous crossing". *The Guardian*, 2 de junho de 2014.

51. Magda Mughrabi, "Five years ago, an initially peaceful uprising in Libya quickly developed into armed conflict involving Western military intervention and eventually ended when Colonel Mu'ammar al-Gaddafi was killed in October 2011. Successive governments then failed to prevent newly-formed militias of anti al-Gaddafi fighters from committing serious crimes for which they never faced justice. The country remains deeply divided and since May 2014 has been engulfed in renewed armed conflict". *Amnesty International*, London, 16 de fevereiro de 2016. Disponível em: <https://www.amnesty.org/en/latest/campaigns/2016/02/libya--arab-spring-7-ways-human-rights-are-under-attack/>.

52. Os jihadistas, apoiados pela OTAN, capturaram juntamente com Gadaffi, cerca de 150 pessoas, que foram transportadas para Misrata. Mais de 60 foram encontradas mortas, após sofrerem toda a sorte de violências, nas imediações do Mahari Hotel. Jo Becker & Scott Shane, "The Libya Gamble Part 2. A New Libya, With 'Very Little Time Left'". *International New York Times*, 27 de fevereiro de 2016. Disponível em: <http://www.nytimes.com/2016/02/28/us/politics/libya-isis-hillary-clinton.html?_r=1>.

53. Jo Becker & Scott Shane, "The Libya Gamble Part 1. Hillary Clinton, 'Smart Power' and a Dictator's Fall". *International New York Times*, 27 de fevereiro de 2016. Disponível em: <http://www.nytimes.com/2016/02/28/us/politics/hillary-clinton--libya.html?mabReward=A6&action=click&pgtype=Homepage&region=CColumn&module=Recommendation&src=rechp&WT.nav=RecEngine>.

54. Jo Becker & Scott Shane, "The Libya Gamble Part 1. Hillary Clinton, 'Smart Power' and a Dictator's Fall". *International New York Times*, 27 de fevereiro de 2016. Disponível em: <http://www.nytimes.com/2016/02/28/us/politics/hillary-clinton--libya.html?mabReward=A6&action=click&pgtype=Homepage&region=CColumn&module=Recommendation&src=rechp&WT.nav=RecEngine>.

Capítulo 9

O PLANO DE INTERVENÇÃO NA SÍRIA • JIHADISTAS ESTRANGEIROS NA GUERRA CONTRA O REGIME DE BASHAR AL-ASSAD • DENÚNCIA DE JOE BIDEN — TURQUIA E PAÍSES DO GOLFO COMO SUPORTES DO ESTADO ISLÂMICO • MISSÃO DO PRÍNCIPE BANDAR AL SULTAN EM MOSCOU • O NÃO DO PRESIDENTE VLADIMIR PUTIN • ATAQUE DE GÁS EM GHOUTA COMO PRETEXTO PARA A INTERVENÇÃO NA SÍRIA

Robert F. Kennedy Jr., sobrinho do presidente John F. Kennedy e cujo pai, Robert (1925–1968), fora assassinado pelo palestino-jordaniano Sirhan Sirhan, escreveu, com toda a coragem, que o povo americano devia focar a origem do Da'ish e buscar a fonte da selvageria, que tirou a vida de tantos inocentes, em Paris e San Bernardino[1] além das convenientes explicações de religião e ideologia e compreender a *"more complex rationales of history and oil, which mostly point the finger of blame for terrorism back at the champions of militarism, imperialism and petroleum here on our own shores"*.[2]

Com efeito, a CIA começou a intervir na Síria, em março de 1949, dois anos depois de sua fundação, conforme ressaltou Robert F. Kennedy Jr. Assessorado e, decerto, subornado por dois agentes da CIA, Miles Copeland e Stephan Meadde, o coronel Husni al-Za'im (1897–1949), chefe do Estado-Maior do Exército, derrubou o presidente Shukri-al-Quwatli, democraticamente eleito, por haver hesitado em aprovar a construção do Trans-Arabian Pipeline (Tapline), que os Estados Unidos pretendiam construir, através da Síria, conectando os campos de óleo da Arábia Saudita aos portos do Líbano.[3] O coronel Husni al-Za'im não durou, porém, no governo. Em agosto de 1949, foi executado e o coronel Adib Bin Hassan

Al-Shishakli *(1909–1964)* assumiu o poder com a assistência dos Estados Unidos, mas foi deposto em 1954.[4]

A Síria entrou desde então em um período de instabilidade e turbulência, até que, em 1955, outra vez Shukri-al-Quwatli (1891–1967), do Partido Nacional, elegeu-se presidente. Era, no entanto, neutralista. Esse fato não agradou à administração do presidente Dwight Eisenhower, em plena guerra fria contra a União Soviética. Àquele tempo, conforme Robert Kennedy Jr. recordou, Allen Dulles, diretor da CIA, e seu irmão, o secretário de Estado John Foster Dulles, montaram uma guerra clandestina com o nacionalismo árabe, que comparavam ao comunismo, particularmente quando ameaçavam as concessões de petróleo.[5] A estratégia delineada por Frank Wisner, diretor de Planejamento da CIA, consistiu, segundo disse, e o general Andrew J. Goodpaster em memo registrou, em: *"We should do everything possible to stress the 'holy war' aspect."*[6] Daí que, salientou Robert Kennedy Jr., os militares americanos trataram de inflar as *"conservative Jihadist ideologies that they regarded as a reliable antidote to Soviet Marxism [and those that possess a lot of oil]"*.

Robert Kennedy Jr., nos seus artigos, relembrou que, em setembro de 1957, cerca de 50 anos antes da invasão do Iraque, o presidente Dwight Eisenhower e Harold Macmillan, primeiro-ministro da Grã-Bretanha, aprovaram o plano de operação secreta, a cargo da CIA e do MI6, com o fito de promover *regime change* com a invasão da Síria e de outros países árabes, o assassinato de seus líderes, sob a falsa acusação de que estavam a promover o terror e a ameaçar os suprimentos de petróleo ao Ocidente.[7] Os documentos foram descobertos por Matthew Jones, leitor de história internacional na Royal Holloway, University of London.

A conspiração para o *regime change* na Síria começou a ser urdida, realmente, em 1955.[8] Allen Dulles, então diretor da CIA, considerou que a *"Syria is ripe for a coup"* e começou a articulação com o SIS (Secret Intelligence Service), da Grã-Bretanha, e o Millî İstihbarat Teşkilatı (MİT), da Turquia, em conluio com os conservadores do Partido Social-Nacionalista Sírio. Em setembro de 1956, o secretário de Estado, John Foster Dulles, enviou instruções ao embaixador dos Estados Unidos em Damasco, James S. Moos, no sentido de que, a pretexto de conter a ameaça comunista e a influência do Egito, continuasse *"to seek means of assisting*

Western firms which are bidding for the contract for construction of the Syrian national oil refinery in competition with bids from the Soviet bloc".[9] O que estava na agenda não era apenas a construção da refinaria, mas de um duto, o Trans-Arabian Pipeline (Tapline), que perpassasse o território da Síria e transportasse o óleo da ARAMCO, explorado em Qaisuimah, na Arábia Saudita, para o porto de Sidon, no Líbano.[10] E, em outubro, a Operation Straggle, para derrubar o governo do presidente Shukri-al--Quwatli, foi deflagrada com a eclosão de ações violentas nas fronteiras, instigadas por agentes dos serviços de inteligência da Turquia, Grã-Bretanha e Estados Unidos.[11] Porém o coronel Abd al Hamid al Sarraj (1925–2013), chefe do serviço de inteligência militar da Síria, descobriu o complô, prendeu os principais conspiradores sírios e os agentes da CIA, entre os quais, Walter Snowden, e o *attaché* militar, Robert W. Molloy, tiveram de evadir-se rapidamente do país.[12]

A Operation Straggle abortou, em 29 de outubro de 1956, coincidentemente com a crise do Canal de Suez, nacionalizado pelo presidente do Egito, Gamal Abdel Nasser (1918–1970) e a invasão do Egito, conduzida por Israel. E, em dezembro de 1956, após o fiasco da Operation Straggle, o embaixador David K. E. Bruce (1898–1977) e Robert Lovett (1895–1986), ex-secretário de Defesa (1951–1953), com a colaboração de Joseph P. Kennedy (1888–1969), elaboraram na condição de membros do Board of Consultants on Foreign Intelligence Activites, encaminharam ao presidente Eisenhower um relatório sobre as operações encobertas, que absorviam cerca de 80% do orçamento da CIA, criticando sua fascinação em *"kingmaking"* no Terceiro Mundo e que sua horda estava a montar campanhas de intrigas políticas, ao invés de coletar inteligência sobre a União Soviética. O relatório Bruce-Lovett[13] foi mantido secreto e, ao que tudo indica, encontrava-se entre os papéis de Robert F. Kennedy, depositados na John F. Kennedy Library. Até 2015, não havia sido desclassificado. Somente o professor e ex-assessor do ex-presidente John F. Kennedy, Arthur M. Schlesinger (1917–2007), aparentemente, teve acesso, ao escrever a biografia de Robert F. Kennedy[14].

Contudo, os Estados Unidos não desistiram de subverter e mudar o regime na Síria e a CIA, em 1957, enviou a Damasco dois especialistas em *covert actions*, Howard "Rocky" Stone (1925–2004) e Kermit "Kim"

Roosevelt (1916–2000),[15] os mesmos que articularam os golpes de Estado no Irã (Operation Ajax, 1953), contra o premier Mohammad Mosaddeq, e na Guatemala (Operation Success, 1954), contra o presidente Jacobo Arbenz.[16] Assim a Operation Straggle renasceu com o codinome de Operation Wappen,[17] buscando organizar a corrente de direita da oficialidade e os antigos políticos, refugiados em Beirute. Uma vez mais, porém, a conspiração malogrou. O coronel Abd al Hamid al Sarra, fervoroso anti-imperialista e pró-unidade árabe, havia posto sob constante vigilância a embaixada dos Estados Unidos e o Exército sob estrito controle, e, uma vez denunciado o complô por oficiais que não se deixaram subornar, o agente da CIA, Howard "Rocky" Stone, foi preso, confessou, e o embaixador James S. Moos foi expulso da Síria.[18] O presidente Dwight Eisenhower e Allen Dulles não tiveram altenativa senão aceitar o fiasco. A invasão da Síria poderia levar a União Soviética a intervir na Turquia. E, em 1958, a Síria uniu-se ao Egito, sob o governo do presidente Gamal A. Nasser, para fundar a República Árabe Unida (Al-Ŷunḥūriyya Al-'Arabiyya Al-Muttaḥida), que não durou, entretanto, mais de três anos. Em 28 de setembro de 1961 a unificação com o Egito foi desfeita pelo setor militar da Síria que se opunha à subordinação ao presidente Nasser.

Em 1970, o general da Força Aérea, Hafez al-Assad/Ḥāfiẓ al-'Asad (1930–2000), ligado ao Partido Socialista Árabe Ba'ath (Ḥizb Al-Ba'ath Al-'Arabī Al-Ishtirākī), assumiu o poder e, após a Guerra do Yom Kippur, em que Israel derrotou a Síria e o Egito, esmagou implacavelmente várias revoltas da Irmandade Muçulmana, sunitas-salafistas, entre as quais a de Hama (1982), possivelmente encorajadas pelos serviços de inteligência dos Estados Unidos e Turquia, e estabilizou o país. Mas os contínuos esforços dos Estados Unidos para derruir o regime na Síria haviam empurrado o presidente Hafez al-Assad, mais e mais para a aliança com a União Soviética.[19] Em outubro de 1980 os dois países formalizaram o Tratado de Amizade e Cooperação. Hafez al-Assad morreu, ao sofrer um ataque cardíaco no ano 2000, e seu filho Bashar al-Assad assumiu o governo.

Entretanto, desde o ano 2000, a intervenção na Síria voltou à agenda dos Estados Unidos e dos seus sócios no Oriente Médio. Telegramas diplomáticos secretos, publicados por *WikiLeaks*, revelaram que, desde, pelo menos, 2005, o Departamento de Estado destinou, no mínimo,

US$ 6 milhões aos grupos de oposição na Síria, para financiar as operações do canal de TV satélite Barada River, vinculada ao Movimento por Justiça e Desenvolvimento, uma rede dos exilados sírios baseada em Londres, bem como outras atividades subversivas, além de patrocinar cursos em Damasco.[20] A TVA Barada começou em abril de 2009 a instigar manifestações de protestos, com o fito de derrubar o regime de Bashar al-Assad. Entretanto, conforme outro telegrama da embaixada dos Estados Unidos em Damasco, o valor do financiamento à oposição na Síria, entre 2005 e 2010, atingiu um total muito maior — em torno de US$ 12 milhões ou mais.[21] E um dos motivos, *inter alia*, que tornavam fundamental a derrocada do regime de Bashar al-Assad era a construção do gasoduto South Pars/North Dome, através da Síria.

Qatar, que possuía com o Irã um os maiores campos de gás natural do mundo, depois da Rússia, pretendeu construir o South Pars/North Dome, um gasoduto, calculado em US$ 10 bilhões e uma extensão de 1.500 km, a passar pela Arábia Saudita, Jordânia, Síria e Turquia, que lucrariam com as taxas de pedágio, a fim de abastecer os mercados da União Europeia. Mas, em 2009, o presidente Bashar al-Assad recusou-se a assinar o acordo, obstaculizando a construção do gasoduto, no território da Síria, decerto, em função dos interesses da Rússia, da qual sempre fora aliado. Posteriormente, a contradição com as tiranias sunitas do Golfo Pérsico recrudesceu quando aceitou a construção de um "gasoduto islâmico", que sairia do Irã até o Líbano. Esse gasoduto islâmico faria do Irã xiita, não do Qatar sunita, o principal fornecedor de energia para o mercado europeu e aumentaria dramaticamente a influência de Teerã no Oriente Médio e Europa. O anúncio de sua negociação foi feito em 2011 e os documentos do acordo firmados em 2012, a prever o término da construção, que não se consumou devido à guerra e ao caos gerado na Síria.[22] Essa foi, *re vera*, a razão pela qual Qatar se empenhou em derrocar o regime de Bashar al--Assad e canalizou para os grupos rebeldes, entre 2011 e 2013, um montante estimado em, no mínimo, US$ 3 bilhões, além de oferecer US$ 50.000 como recompensa aos desertores das Forças Armadas, que passaram a ser treinados pela CIA, e hospedar suas famílias.[23] Assim se formou o Exército Sírio Livre.

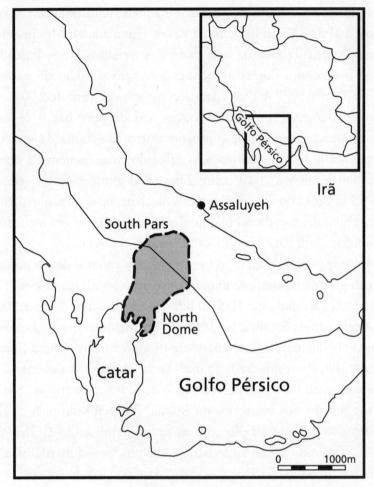

Figura 9.1 — Localização do gasoduto South Pars North Dome

Por outro lado, segundo Robert Gates, secretário de Defesa dos presidentes George W. Bush e Barack Obama, e diretor da CIA, a Síria nunca havia deixado de constituir um problema para os Estados Unidos, desde o fim da Guerra Fria e um *"high priority intelligence target"*, dada a possibilidade de que viesse a desenvolver armas de destruição em massa, principalmente mísseis nucleares, bem como por causa do apoio ao Ḥamās (acrônimo de Harakat al-Muqáwama al-Islamiya) e ao Hizballah, no conflito com Israel.[24] Em 2003, após a derrubada do regime de Saddam Hussein e a ocupação de Bagdad, o então secretário de Defesa dos Estados Unidos, Donald Rumsfeld, havia determinado a elaboração de planos de contingência para levar a guerra à Síria e configurar o ambiente estratégico, porém o presidente George W. Bush terminou por vetar tal iniciativa,[25] advertido de que deflagrar outra guerra causaria problemas para a coalizão com a Grã-Bretanha,[26] após Kofi Annan, secretário-geral da ONU, na época, também haver expressado o receio de que a intervenção militar na Síria desestabilizasse todo o Oriente Médio. Daí que o general Colin Powell, então secretário de Estado, declarou à imprensa que, embora preocupado com a Síria (por causa de Israel), os Estados Unidos não pretendiam *"right now"* atacar outro país.[27] Mas o plano, a ser executado em cinco anos, era, entretanto, mais amplo e previa a invasão de sete países. Além do Iraque e da Síria, os Estados Unidos iriam levar a guerra à Líbia, Irã, Iêmen, Somália e Sudão, conforme revelou o general (r) Wesley K. Clarck, que exercera o Supreme Allied Commander Europe (SACEUR) e ex-candidato à Presidência dos Estados Unidos, em 2004, pelo Partido Democrata.[28]

Em 2008, porém, a questão do ataque à Síria voltou à agenda, por causa de Israel, não só a pretexto de impedir o tráfico de armas para o Hizballah e o treinamento de militantes dentro do seu território, mas também devido à construção do reator nuclear al-Kibar, na região de Deir ez-Zor. O então secretário de Defesa, Robert Gates, ponderou, no entanto, que os Estados Unidos não deviam empreender tal iniciativa, por diversas razões, entre as quais a de que sua credibilidade estava abalada pela invasão do Iraque, onde não se encontrara nenhuma arma de destruição em massa como fora alegado, e de que um *preemptive attack* contra a Síria causaria uma tormenta no Oriente Médio, Europa e Estados Unidos, além de prejudicar os esforços de guerra no Afeganistão e Iraque.[29] O presidente George W. Bush desistiu da ideia, não obstante as pressões do vice-presidente Dick Cheney, o *warmonger* que outrossim havia manipulado a invasão do Iraque, a fim de propiciar lucros à Halliburton, corporação da qual fora diretor e à qual continuava intimamente vinculado, bem como a outros *military-industrial contractors* do Pentágono e às Big Oil Companies.[30] O bombardeio do reator da Síria ficou a cargo de Israel, que sigilosamente realizou, em 6 de setembro de 2007, a Operation Orchard, na qual usou 17 toneladas de explosivos, com um total de oito aviões F-15I Strike Eagle, F-16 Fighting Falcon e uma aeronave de inteligência.[31]

Em 4 de outubro de 2011, quando as manifestações contra o regime de Bashar al-Assad se intensificaram, os Estados Unidos, França e Grã--Bretanha, com o apoio da Alemanha e Portugal, tentaram repetir contra a Síria no Conselho de Segurança da ONU a mesma tramoia, que haviam armado contra o regime de Gaddafi. Apresentaram proposta de resolução com base no princípio da R2P (Responsability to Protect), na qual previam sanções contra o regime de Bashar al-Assad, sob o argumento de que a repressão dos protestos já havia causado 2.900 mortes e não podia continuar. O cenário montado na Síria era igual ao da Líbia. E daí que a Rússia e a China vetaram a resolução, com o suporte do Brasil, Índia e África do Sul.[32] O embaixador da Rússia no Conselho de Segurança, Vitaly Churkin, argumentou que não podia considerar a situação na Síria aparte da experiência na Líbia e que a comunidade estava alarmada com a forma com que a OTAN interpretou a resolução da ONU.[33] O pretexto de implementar a resolução Responsability to Protect, como foi usado para o bombardeio da Líbia, tornou-se o modelo para justificar as intervenções da OTAN, como o instrumento militar do cartel ultraimperialista liderado pelos Estados Unidos, Grã-Bretanha e França.

O presidente Barack Obama não agiu como o presidente George W. Bush, que invadiu o Iraque, em 2003, sem o beneplácito do Conselho de Segurança. Contudo, juntamente com os procônsules da França e da Grã-Bretanha, François Hollande e David Cameron, empenhou-se em fomentar, sorrateiramente, a guerra contra o regime de Bashar al-Assad, uma guerra que não era mais civil, em virtude da crescente participação de milhares de jihadistas estrangeiros, inclusive cerca de 1.239 presidiários de várias nacionalidades, condenados à morte por estupro e contrabando, que a Arábia Saudita mandara combater na Síria, em troca do perdão.[34] O presidente Obama e outras autoridades sabiam *"from classified assessments"*[35] que a maioria das armas, enviadas através da Arábia Saudita e de Qatar, ia para as mãos dos extremistas islâmicos, fundamentalistas, cujo fito consistia na restauração do Grande Califado, na Grande Síria — Bilad-al-Sham ou Levante — entre o rio Eufrates e o

Mar Mediterrâneo. Com a colaboração da CIA, os países do Golfo Pérsico e a Turquia incrementaram mais e mais a ajuda militar aos jihadistas, na Síria, remetendo-lhes armamentos por via aérea.[36] Em agosto de 2013, a DEBKAfile, agência de informação dirigida por dois jornalistas investigativos e dedicada à coleta de inteligência e segurança, informou que *"the U.S., Jordan and Israel are quietly backing the mixed bag of some 30 Syrian rebel factions"*, algumas das quais *"seized control of the Syrian side of the Quneitra crossing, the only transit point between Israeli and Syrian Golan"*.[37] Segundo a mesma fonte, a Turquia dava passagem a grupos jihadistas, inclusive Jabhat al-Nusra, e Ahrar al-Shams, afiliados à al-Qa'ida, para que atacassem o nordeste da Síria, na área costeira, em torno do porto de Latakia.[38]

Até setembro de 2013, ao que consta, as brigadas islâmicas haviam recebido, em dois anos, cerca de 400 toneladas de armamentos dos países do golfo, uma quantidade extraordinária, que consistia fundamentalmente em munições, metralhadoras, armas automáticas antiaéreas e outras, desembarcadas na Turquia, província de Hatay.[39] E agentes da DGSE (Direction Générale de la Sécurité Extérieure) e da DRM (Direction du Renseignement Militaire), os serviços de inteligência da França, bem como da CIA e do MI6, já estavam a operar dentro da Síria.

Em conferência pronunciada para os estudantes do Institute of Politics da Harvard University, em 2 de outubro de 2014, o vice-presidente Joe Biden apontou, publicamente, a Turquia, Arábia Saudita e Emirados Árabes Unidos como o *"biggest problem"* no Oriente Médio, ao acusá-los de apoiar, com dinheiro e armas, os sunitas salafistas e wahhabistas, que instituíram o Estado Islâmico.[40] Esses Estados do Golfo e a Turquia — comentou o vice-presidente Joe Biden — estavam tão determinados a derrocar o presidente Bashar al-Assad que iniciaram a *"proxy Sunni-Shia war"*, e lá derramaram centenas de milhões de dólares e dezenas de milhares de toneladas de armas.[41] Joe Biden, no entanto, procurou dissociar os Estados Unidos da responsabilidade de fomentar a guerra civil na Síria, inclusive treinando os jihadistas de al-Nusra Front (*franchise* de al-Qa'ida) e fornecendo os armamentos que a Arábia Saudita, Qatar e os Emirados Árabes Unidos lhes repassavam. Porém revelou que o presidente Recep Tayyip Erdoğan — *"he is an old friend"* — lhe havia confirmado que deixara muitos jihadistas penetrarem na Síria, através das fronteiras da Turquia, e acentuou que *"the outcome of such a policy now is more visible"*: os fundamentalistas radicais do Da'ish avançavam no norte da Síria e do Iraque.[42]

Dois dias depois, em 4 de outubro, o vice-presidente Joe Biden foi forçado a telefonar para o presidente Erdoğan, bem como para o rei da Arábia Saudita e os emires do Qatar e dos Emirados Árabes Unidos, a fim de pedir desculpas por havê-los implicado intencionalmente no suprimento de armas e financiamento do Da'ish, facilitando a implantação do Estado Islâmico — informou à imprensa seu porta-voz Kendra Barkoff.[43] A jornalista Carol Giacomo, em seguida, publicou no *New York Times* um artigo com o título "Joe Biden Apologizes for Telling the Truth".[44] Sim, Joe Biden pediu desculpas por dizer a verdade, mas não toda. Não disse da determinação do presidente Obama de demolir o regime do presidente Assad e empurrar o Oriente Médio para uma guerra regional, que poderia conduzir a uma confrontação entre a Rússia e os Estados Unidos.[45]

O presidente Assad, no entanto, sempre esteve muito bem informado sobre o relevante desempenho da Turquia, Arábia Saudita, Qatar e demais emirados, bem como dos Estados Unidos, no suprimento de armas e preparação dos jihaditas que se infiltraram na Síria e moviam a guerra contra seu governo. Em 26 de agosto de 2013, entrevistado pelo jornal *Izvestia*, de Moscou, ele já havia apontado Qatar e Turquia como os países que diretamente mobilizaram e incrementaram o terrorismo na Síria.[46] Conforme relatou, predominantemente, nos dois primeiros anos (2011 e 2012), o Qatar financiou os terroristas, enquanto a Turquia lhes proveu o suporte logístico e o treinamento, antes de penetrarem na Síria.[47] Depois — aduziu o presidente Assad —, a Arábia Saudita substituiu o Qatar como o principal financiador do Jihad; e a Turquia, um grande país, com uma posição estratégica e uma sociedade liberal, estava a ser, lamentavelmente, manipulada por escasso montante de dólares, fornecido pelas monarquias do Golfo, albergue da mais regressiva mentalidade; e o responsável por tal situação não era o povo, mas o então primeiro-ministro (depois presidente) Recep Tayyip Erdoğan.[48]

A Turquia desempenhou crucial papel na promoção da guerra contra o regime de Bashar al-Assad, quiçá mais do que Qatar e Arábia Saudita. Desde que percebeu a quase intransponível resistência da União Europeia à admissão da Turquia, o *desideratum* do presidente Erdoğan e do seu primeiro-ministro (seu ex-ministro de Assuntos Estrangeiros) Ahmet Davutoğlu sempre foi restaurar, ainda que de modo informal, o Império Otomano, e para realizá-lo necessidade havia de submeter a Síria. Porém o presidente Erdoğan não atuou sem o esteio do presidente Barack Obama. O rei da Arábia Saudita, Abdullah bin Abdul Aziz, empenhara-se também na operação contra o regime de Bashar al-Assad. Coordenado com os governos dos Estados Unidos, França e Grã-Bretanha, incumbira o príncipe Bandar bin Sultan bin Abdulaziz Al-Saud, secretário-geral do Conselho de Segurança e diretor do Diretório Geral de Inteligência (al-Muchābarāt al-ʿĀmma) e ex-embaixador em Washington, de ir a Moscou e negociar com o presidente Vladimir Putin a retirada do suporte que a Rússia dava ao regime de Bashar al-Assad, em troca da garantia de seus interesses na Síria.

O príncipe Bandar bin Sultan, que antes excogitara fazer a Síria voltar à *stone age*,[49] havia concluído que toda a região, desde o Magrhib até o Irã — todo o Oriente Médio e a Ásia Central —, estava sob a influência de uma confrontação entre os Estados Unidos e a Rússia, e poderia tornar-se dramática no Líbano. Seu primeiro encontro em Moscou, 2 de agosto de 2013, foi com o general Igor Sergon, diretor do Glawnoje Raswedywatelnoje Uprawlenije (GRU), o serviço de inteligência militar da Rússia. Em seguida, teve a audiência com o presidente Vladimir Putin, a quem ofereceu, *inter alia*, a compra de armamentos no valor de US$ 15 bilhões, um pacote de recursos econômicos e garantia de que seus interesses na Síria, inclusive o porto de Tartus, estariam garantidos, em troca de que ele abandonasse o respaldo ao regime de Bashar al-Assad e não bloqueasse a resolução, a ser apresentada no Conselho de Segurança da ONU, autorizando a intervenção no país.[50] "Nós entendemos o grande interesse no óleo e no gás do Mediterrâneo de Israel ao Chipre. E entendemos a importância do gasoduto da Rússia para a Europa e não estamos interessados em competir nessa área", declarou o príncipe Bandar bin Sultan.[51] O presidente Putin rechaçou a proposta e reiterou que continuaria a respaldar o regime de Assad, como o que mais convinha ao Oriente Médio, por ser laico.[52] A Arábia Saudita, que apoiava a oposição salafista, tentou suborná-lo, com a oferta de comprar grande volume de armamentos da Rússia e a promessa de favorecer sua influência entre os países árabes. O trasfondo de tal iniciativa era a preparação do ataque à Síria pelos Estados Unidos e seus aliados da OTAN.

Não houve entendimento. E, no dia 21 de agosto de 2013, um ataque com gás sarin foi realizado em Ghouta, perto de Damasco, matando centenas e centenas de civis,[53] fato que violava a *"red line"*,[54] estabelecida levianamente pelo presidente Barack Obama para justificar a intervenção na Síria. E os governos dos Estados Unidos, França e Grã-Bretanha, bem como a Liga Árabe, sem qualquer prova ou evidência, acusaram as forças do presidente Bashar al-Assad de usar armas químicas contra os jihadistas e matar centenas de civis, cerca de 1.300, e deixar milhares de feridos.[55] Era o pretexto para a intervenção armada dos Estados Unidos e da União Europeia. As fontes da notícia eram os próprios jihadistas e terroristas, ONGs não identificadas.[56] O ministro dos Assuntos Estrangeiros da Síria, Walid Muallem, rechaçou a acusação. O secretário de Estado John Kerry, sem qualquer escrúpulo, declarou que negava *"utterly and completely"* o desmentido e insistiu na trapaça, ao afirmar que *"there is no country in the world that uses a weapon of ultimate destruction against its own people"*.[57] O presidente Barack Obama igualmente declarou:

> *We know the Assad regime was responsible ... And that is why, after careful deliberation, I determined that it is in the national security interests of the United States to respond to the Assad regime's use of chemical weapons through a targeted military strike. [...] I believe we should act. That's what makes America different. That's what makes us exceptional. With humility, but with resolve, let us never lose sight of that essential truth.[58]*

NOTAS

1. Em 2 de dezembro de 2015, um casal de muçulmanos devotos, matou a tiros 14 pessoas na cidade de San Bernardino, Califórnia, após voltar do Oriente Médio. O

A DESORDEM MUNDIAL

homem e a mulher eram de origem paquistanesa, ambos nascidos nos Estados Unidos, e foram mortos pela polícia, que qualificou o atentado como terrorismo. Os ataques em Paris e Saint-Denis ocorreram na noite de 13 de novembro de 2015. Morreram 137 pessoas, inclusive 7 terroristas.

2. Robert F. Kennedy Jr., "Syria: Another Pipeline War". *EcoWatch*, 25 de fevereiro de 2016 http://ecowatch.com/2016/02/25/robert-kennedy-jr-syria-pipeline-war.

3. Robert B. Durham, 2014, p.392; Tim Weiner, 2007, pp. 138–14.

4. *Ibidem*, p. 138; Miles Copeland, 1989, pp. 92–194.

5. Robert Kennedy Jr., "Middle Eastern Wars Have ALWAYS Been About Oil". *WashingtonsBlog*, 26 de fevereiro de 2016. Disponível em: <http://www.washingtonsblog.com/2016/02/middle-eastern-wars-always-oil.html>.

6. Ian Johnson, 2000. p. 127.

7. Robert F. Kennedy Jr., "Syria: Another Pipeline War". *EcoWatch*, 25 de fevereiro de 2016. Disponível em: <http://ecowatch.com/2016/02/25/robert-kennedy-jr--syria-pipeline-war/>.

8. Arthur M. Schlesinger Jr., 1978.

9. "334. Instruction From the Department of State to the Embassy in Syria1". *Foreign Relations of the United States*, 1955–1957. Volume XIII, Near East: Jordan-Yemen, Document 334. Office of the Historian, Bureau of Public Affairs, United States Department of State. Disponível em: <https://history.state.gov/historicaldocuments/frus1955-57v13/d334>.

10. Daniel Yergin, 1990, pp. 335–337.

11. Arthur M. Schlesinger, 1978, pp. 455–458.

12. Bonnie F. Saunders, 1996, pp. 48–50, 62, 70; Salim Yaqub, 2004, pp. 48–52, 149.

13. "The Elusive 'Bruce-Lovett Report'". *Cryptome — Center for the Study of Intelligence Newsletter*. Spring 1995 Issue N. 3. 3 de agosto de 2009. Disponível em: <https://cryptome.org/0001/bruce-lovett.htm>.

14. Arthur M. Schlesinger Jr., 1978, pp. 455–458.

15. Robert Kennedy Jr., "Middle Eastern Wars Have ALWAYS Been About Oil". *WashingtonsBlog*, 26 de fevereiro de 2016. Disponível em: <http://www.washingtonsblog.com/2016/02/middle-eastern-wars-always-oil.html>.

16. Robert F. Kennedy Jr., "Syria: Another Pipeline War". *EcoWatch*, 25 de fevereiro de 2016. Disponível em: <http://ecowatch.com/2016/02/25/robert-kennedy-jr--syria-pipeline-war/>.

17. William Blum, 2000, pp. 84–89; John Prados, 2006, 163–164.

18. Caroline Attié, 2004. pp. 140–144.

19. Jörg Michael Dostal, (Associate Professor, Graduate School of Public Administration, Seoul National University). "Post-independence Syria and the Great Powers (1946–1958): How Western Power Politics Pushed the Country Toward the Soviet Union". Paper Prepared for the 2014 Annual Meeting of the Academic Council on the United Nations System, June 19–21, 2014, Kadir Has University, Istanbul, Panel 14: Understanding and Responding to Crisis, Resistance and Extremism. Disponível em: <http://acuns.org/wp-content/uploads/2013/01/Syria-Paper-1946-1958-for--ACUNS-Conference-Website-12-June-2014.pdf>.

20. Syria: Political Conditions and Relations with the United States After the Iraq War. Alfred B. Prados and Jeremy M. Sharp, Foreign Affairs, Defense, and Trade Division. Congressional Research Service Report RL32727 - February 28, 2005. *WikiLeaks Document Release*, 2 de fevereiro de 2009. Disponível em: <http://wikileaks.org/wiki/CRS-RL32727>; Craig Whitlock, "U.S. secretly backed Syrian opposition groups, cables released by WikiLeaks show". *The Washington Post*, 17 de abril de 2011. Disponível em: <https://www.washingtonpost.com/world/us-secretly-backed-syrian-opposition-groups-cables-released-by-wikileaks-show/2011/04/14/AF1p9hwD_story.html>.

21. Craig Whitlock, "U.S. secretly backed Syrian opposition groups, cables released by WikiLeaks show". *The Washington Post*, 18 de abril de 2011; "USA finanzieren offenbar syrische Opposition", *Focus Nachrichten*, 18 de abril de 2011; "U.S. secretly backed Syrian opposition groups, WikiLeaks reveals — $6 million for Syrian exiles to help". *Daily Mail*, 18 de abril de 2011. *The Wiki Leaks Files* — Ther World to Accordin U.U. Empire — With an Introduction by Julian Assange. Londres: Verso, 2015, pp. 314–315. Mais detalhes, vide Luiz Alberto Moniz Bandeira, 2014, pp. 371–390.

22. Mitchell A. Orenstein & Romer, "George Putin's Gas Attack — Is Russia Just in Syria for the Pipelines?". *Foreign Affairs*, 14 de outubro de 2015. Disponível em: <https://www.foreignaffairs.com/articles/syria/2015-10-14/putins-gas-attack>.

23. *Ibidem*.

24. Robert Gates, 2014, p. 171.

25. Julian Borger (Washington) & Michael White & Ewen Macaskill (Kuwait City) & Nicholas Watt, "Bush vetoes Syria war plan". *The Guardian*, 15 de abril de 2003.

26. Wesley K. Clarck, 2004, pp. 83–84.

27. "No war plans for Syria: U.S." *CNN*, 16 de abril de 2003. Disponível em: <http://edition.cnn.com/2003/WORLD/meast/04/15/sprj.irq.int.war.main/index.html>.

28. Wesley K. Clark, 2004, p. 167.

29. Robert Gates, 2014, pp. 169, 588.

30. David Corn, "WATCH: Rand Paul Says Dick Cheney Pushed for the Iraq War So Halliburton Would Profit. As the ex-veep blasts Paul for being an isolationist, old video shows the Kentucky senator charging that Cheney used 9/11 as an excuse to invade Iraq and benefit his former company". *Mother Jones/Foundation for National Progress*, 7 de abril de 2014. Disponível em: <http://www.motherjones.com/politics/2014/04/rand-paul-dick-cheney-exploited-911-iraq-halliburton>.

31. "Report: U.S. officials say Israel would need at least 100". *Ha'aretz*, Israel, 20 de fevereiro de 2012. Disponível em: <http://www.haaretz.com/news/diplomacy-defense/report-u-s-officials-say-israel-would-need-at-least-100-planes-to-strike-iran-1.413741>; Aaron Kalman, "Israel used 17 tons of explosives to destroy Syrian reactor in 2007, magazine says, Mossad agents stole key information on Assad's nuclear project from Vienna home of Syrian atomic agency head, New Yorker claims". *The Times of Israel*, 10 de setembro de 2012. Disponível em: <http://www.timesofisrael.com/israel-uses-17-tons-of-explosives-to-destroy-syrian-reactor/>.

32. "Russia and China veto UN resolution against Syrian regime". *Associated Press/The Guardian*, 5 de outubro de 2011.

33. Carla Stea, "Manipulation of the UN Security Council in support of the US-NATO Military Agenda — Coercion, Intimidation & Bribery used to Extort Approval from Reluctant Members." *Global Research — Global Research Center on Globalization*, 10 de janeiro de 2012. Disponível em: <http://www.globalresearch.ca/manipulation-of-the-un-security-council-in-support-of-the-us-nato-military-agenda/28586>. "Council Fails to Uphold its Responsibility to Protect in Syria". International Coalition for the Responsibility to Protect (ICRtoP) — *The Canadian Centre for the Responsibility to Protect*, 7 de outubro de 2011. Disponível em: <http://icrtopblog.org/2011/10/07/un-security-council-fails-to-uphold-its-responsibility-to-protect-in-syria/>.

34. "Saudi Arabia Sent Death Row Inmates to Fight in Syria in Lieu of Execution". *Assyrian International News Agency — AINA News*, 20 de janeiro de 2013. Disponível em: <http://www.aina.org/news/20130120160624.htm>; Michael Winter, "Report: Saudis sent death-row inmates to fight Syria. Secret memo says more than 1,200 prisoners fought Assad regime to avoid beheading". *USA TODAY*, 21 de janeiro de 2013. Disponível em: <http://www.usatoday.com/story/news/world/2013/01/21/saudi-inmates-fight-syria-commute-death-sentences/1852629/?siteID=je6NUbpObpQ-LvY5MH6LGuR644xcPiwBWQ>.

35. David E. Sanger, "Rebel Arms Flow Is Said to Benefit Jihadists in Syria". *The New York Times*, 14 de outubro de 2012.

36. C. J. Chivers & Eric Schmitt, "Arms Airlift to Syria Rebels Expands, With Aid From C.I.A." *The New York Times*, 24 de março de 2013.

37. Nafeez Ahmed, "How the West Created the Islamic State". Part 1 — Our Terrorists. *Counterpunch. Weekend Edition*, 12–14 de setembro de 2014. Disponível em: <http://www.counterpunch.org/2014/09/12/how-the-west-created-the-islamic-state/print>; "Erdogan usa a al-Qaeda para encobrir sua invasão à Síria". *Pravda*, 30 de maio de 2014. (Edição em português). Disponível em: <http://port.pravda.ru/busines/30-03-2014/36510-erdogan-0/>.

38. *Ibidem.*

39. "Intervention en Syrie: derniers développements". *Agora Dialogue*, 1º de setembro de 2013. Disponível em: <http://agora-dialogue.com/intervention-en-syrie-derniers-developpements/>.

40. "Biden blames US allies in Middle East for rise of ISIS". *RT*, 3 de outubro de 2014. Disponível em: <http://rt.com/news/192880-biden-isis-us-allies/>.

41. *Ibidem.*

42. *Ibidem.*

43. Sebnem Arsuoct, "Biden Apologizes to Turkish President". *The New York Times*, 4 de outubro de 2014.

44. Carol Giacomo, "Joe Biden Apologizes for Telling the Truth". *The New York Times — The Opinion Pages,* 6 de outubro de 2014.

45. Mike Whitney, "The University of Al-Qaeda? America's — 'Terrorist Academy' in Iraq Produced ISIS Leaders". *Counterpunch*, 6 de outubro de 2014. Disponível em <http://www.counterpunch.org/2014/10/06/americas-terrorist-academy-in-iraq-produced-isis-leaders/print>.

46. Bashar al-Assad: "All contracts signed with Russia are implemented". *Izvestia*, 26 августа 2013 (26 de agosto de 2013), | Политика | Izvestia | написать авторам — Читайте далее: <http://izvestia.ru/news/556048#ixzz3FBxhnBKi>.

47. *Ibidem*.

48. *Ibidem*.

49. "Schmutzige Deals: Worum es im Syrien-Krieg wirklich geht". *Deutsche Wirtschafts Nachrichten*, 31 de agosto de 2013. Disponível em: <http://deutsche-wirtschafts-nachrichten.de/2013/08/31/schmutzige-deals-worum-es-im-syrien-krieg-wirklich-geht/>; Ambrose Evans-Pritchard, "Saudis offer Russia secret oil deal if it drops Syria Saudi Arabia has secretly offered Russia a sweeping deal to control the global oil market and safeguard Russia's gas contracts, if the Kremlin backs away from the Assad regime in Syria. *The Telegraph*, 27 de agosto de 2013; F. Michael Mallof, "Saudis Pressure Russians to Drop Syria — Effort coordinated with U.S., Europe". *WND*, 26 de agosto de 2013. Disponível em: <http://www.wnd.com/2013/08/saudis-pressure-russians-to-drop-syria/>.

50. "Russia rebuffs Saudi offer to drop Syria support for arms deal: Report". *PressTV*, 8 de agosto de 2013. Disponível em: <http://www.presstv.ir/detail/2013/08/08/317827/russia-snubs-saudi-bid-for-shift-on-syria/>.

51. Ambrose Evans-Pritchard, "Saudis offer Russia secret oil deal if it drops Syria — Saudi Arabia has secretly offered Russia a sweeping deal to control the global oil market and safeguard Russia's gas contracts, if the Kremlin backs away from the Assad regime in Syria". *The Telegraph*, 27 de agosto de 2013; Aryn Baker, "The Failed Saudi-Russian Talks: Desperate Diplomacy as Syria Implodes, Saudi Arabia's intelligence chief reportedly offered Russian President Vladimir Putin a multibillion-dollar arms deal to curb Moscow's support for the Syrian regime". *Time,* 9 de agosto de 2013.

52. Rani Geha, "Russian President, Saudi Spy Chief Discussed Syria, Egypt". *Al-Monitor*, 22 de agosto de 2013. Disponível em: <http://www.al-monitor.com/pulse/politics/2013/08/saudi-russia-putin-bandar-meeting-syria-egypt.html#>; Patrick Henningsen, "Saudi Prince Bandar's second attempt at bribing Russia to drop support of Syria".*21stCenturyWire*,27 de agosto de 2013. Disponível em: <http://21stcenturywire.com/2013/08/27/saudi-prince-bandars-second-attempt-at-bribing-russia-to-drop-support-of-syria/>. *The real SyrianFreePress Network War Press Info,* 13 de agosto de 2013. Disponível em: <https://syrianfreepress.wordpress.com/2013/08/09/russia-rebuffs-saudi-offer-to-drop-syria-support-for-arms-deal-report/>.

53. "Moscow rejects Saudi offer to drop Assad for arms deal". *Agence France-Presse — Global Post* 8 de agosto de 2013. Disponível em: <http://www.globalpost.com/dispatch/news/afp/130808/moscow-rejects-saudi-offer-drop-assad-arms-deal; Ambrose "Saudis offer Russia secret oil deal if it drops Syria". *The Telegraph,* 27 2013. "Schmutzige Deals: Worum es im Syrien-Krieg wirklich geht." *Deutsche Wirtschafts Nachrichten* 31 de agosto de 2013. Disponível em: <http://deutsche-wirtschafts-nachrichten.de/2013/08/31/schmutzige-deals-worum-es-im-syrien-krieg-wirklich-geht/>; "Saudi Arabia tries to tempt Russia over Syria". *Al-Alam News Network*, 7 de agosto de 2013. Disponível em: <http://en.alalam.ir/print/1502972>.

54. "Remarks by the President to the White House Press Corps". The White House — Office of the Press Secretary, 20 de agosto de 2012; James S. Brady Press Briefing Room.

White House President Obama. Disponível em: <http://www.whitehouse.gov/the-
-press-office/2012/08/20/remarks-president-white-house-press-corps>.

55. "Moscow rejects Saudi offer to drop Assad for arms deal". *Agence France-Presse — Global Post*, 8 de agosto de 2013. Disponível em: <http://www.globalpost.
com/dispatch/news/afp/130808/moscow-rejects-saudi-offer-drop-assad-arms-de-
al>; Ambrose Evans-Pritchard, "Saudis offer Russia secret oil deal if it drops Syria".
The Telegraph, 27 de agosto de 2013. "Schmutzige Deals: Worum es im Syrien-
-Krieg wirklich geht". *Deutsche Wirtschafts Nachrichten* | Veröffentlicht: 31 de
agosto de 2013. Disponível em: <http://deutsche-wirtschafts-nachrichten.de/2013
/08/31/schmutzige-deals-worum-es-im-syrien-krieg-wirklich-geht/>.

56. "L'Armée syrienne accusée d'avoir utilisé du gaz toxique, l'ONU sommée de réagir". *Le Figaro*, 21 de agosto de 2013.

57. "Syria crisis: Foreign minister denies chemical attacks". *BBC News Middle East,* 27
de agosto de 2013. Disponível em: <http://www.bbc.com/news/world-middle-
-east-23850274>.

58. "Remarks by the President in Address to the Nation on Syria". *The White House — Office of the Press Secretary. White House President Obama*. Disponível em:
<http://www.whitehouse.gov/the-press-office/2013/09/10/remarks-president-
-address-nation-syria>.

Capítulo 10

A FARSA DAS ARMAS QUÍMICAS EM GHOUTA • A MÍDIA CORPORATIVA E AS NOTÍCIAS FABRICADAS POR ONGs • A *"RED LINE"* DO PRESIDENTE OBAMA E A *"RAT LINE"* PARA INTRODUZIR NA SÍRIA ARMAMENTOS E MUNIÇÕES ORIUNDOS DA LÍBIA • TREINAMENTO DE JIHADISTAS PELA BLACKWATER, AGENTES DA CIA E DA NAVY SEAL • DEPOIMENTO DA MADRE AGNÈS-MARIAM DE LA CROIX • VITÓRIAS DIPLOMÁTICAS DO PRESIDENTE PUTIN NA SÍRIA E NA UCRÂNIA

Ao contrário do que o presidente Obama disse, o que *"makes America different... exceptional"* não era a *"humility"* nem nunca perder a *"sight of that essential truth"*. O que fazia a *"America different... exceptional"* eram a hipocrisia, o cinismo e a capacidade de mentir que seus governantes tinham. E o fato foi que tanto o presidente Barack Obama quanto o secretário de Estado John Kerry estavam simplesmente a ludibriar a opinião pública, ao dizerem que tinham *"strongly with high confidence"* e que o relatório dos inspetores da ONU apresentava *"crucial details that confirm that the Assad regime is guilty of carrying out that attack"* em Ghouta.[1] O "Report on the Alleged Use of Chemical Weapons in the Ghouta Area of Damascus on 21 August 2013", divulgado em 15 de setembro de 2013, e o relatório final, publicado em 12 de dezembro, corroboraram o uso de armas químicas em Ghouta e em outros lugares da Síria. No entanto, os inspetores, que fizeram *in loco* as investigações, não chegaram a qualquer conclusão sobre os autores do ataque, não explicitaram a responsabilidade, muito menos puderam atribuí-la, inequivocamente, ao regime do presidente Bashar al-Assad, ao contrário do que declarou o presidente Barack Obama, a corromper a verdade.[2]

O presidente Obama e seu secretário de Estado, John Kerry, deviam estar cientes da provocação, articulada pelo príncipe Bandar bin Sultan, em virtude do suporte que a Arábia Saudita dava aos rebeldes na Síria. Não era segredo para ninguém. Mas prontamente acusaram o presidente Assad, atribuindo a informação aos serviços de inteligência dos Estados Unidos, tal como George W. Bush e Colin Powell fizeram, exibindo filmes na ONU, com pompa e circunstância, para justificar a invasão do Iraque, em 2003. E a mídia corporativa, de propriedade dos *big business*, os grandes consórcios americanos, com seus interesses comerciais e financeiros, conforme observou o general (r) Wesley Clark, constituiu, outra vez, parte integrante da campanha contra a Síria, como em outras guerras modernas.[3] Manipulou, no mais das vezes, as notícias, a divulgar, sobretudo e ampla e intensamente, as declarações dos representantes dos Estados Unidos, França e Grã-Bretanha e notícias fabricadas por ONGs, sem comprová-las, a desinformar e enganar a opinião pública.

O ex-ministro de Assuntos Estrangeiros da França, Roland Dumas (1984–1986), durante a gestão do primeiro-ministro Laurent Fabius, em entrevista a La-Chaine-Parlementaire-TV network (LCP), revelou que a Grã-Bretanha estava a planejar e a organizar a guerra contra a Síria desde dois anos antes do início das demonstrações contra o regime do presidente Assad, ocorridas no início de 2011. Ouviu a informação diretamente de oficiais britânicos, quando esteve em Londres, em 2009, e *"la raison invoquée pour cette guerre est la position anti-israélienne du gouvernement syrien qui a fait de la Syrie une cible pour un changement de régime soutenu par l'Occident"*.[4] Decerto, esse representou, *inter alia*, importante motivo, no entanto, como apontou Nafeez Ahmed, diretor executivo do Institute for Policy Research & Development, os interesses petrolíferos, entrelaçados com a competição geopolítica para o controle do Oriente Médio e das rotas de oleodutos, constituíram os reais fatores que impulsaram o plano de intervenção na Síria.[5]

O que ao certo se sabe sobre os ataques com armas químicas, na Síria, é que o presidente Barack Obama e o secretário de Estado John Kerry estavam simplesmente a ludibriar a opinião pública. Suprimiram dos informes de inteligência os trechos que sugeriam haver sido um grupo ligado à al-Qa'ida o responsável pelo ataque com gás sarin ocorrido em

A DESORDEM MUNDIAL

Ghouta, em 21 de agosto de 2013.[6] Com efeito, o notável jornalista Seymour Hersh revelou, na *London Review of Books*, que os serviços de inteligência dos Estados Unidos, um mês antes do ataque com gás sarin, ocorrido em Ghouta, já haviam produzido uma série de relatórios altamente secretos e confidenciais, que culminavam com uma formal Operations Order, documento precedente a uma grande invasão — apontando evidências de que o grupo jihadista al-Nusra Front, afiliado à al-Qa'ida, possuía equipamento capaz de produzir gás sarin, em larga quantidade. Quando o ataque ocorreu, a suspeita poderia haver recaído sobre esse grupo, mas, conforme o notável jornalista Seymour M. Hersh, *"Barack Obama did not tell the whole story this autumn when he tried to make the case that Bashar al-Assad was responsible for the chemical weapons attack near Damascus on 21 August"*.[7] Ele, Barack Obama, omitiu *"important intelligence"* — *"picked intelligence to justify a strike against Assad"* — e, em outras partes, apresentou presunções como fatos.[8]

Aos médicos que prestaram assistência às vítimas civis foi dito que as armas químicas usadas em Ghouta e em outros lugares haviam sido entregues aos jihadistas pela Arábia Saudita via o príncipe Bandar bin Sultan, responsável pelo transporte e negócio para a preparação do ataque.[9] Tratava-se de uma *false-flag operation*, executada por agentes de al-Muchābarāt al-ʿĀmma, o serviço de inteligência da Arábia Saudita.

Outrossim, há ainda outra versão que trata da questão do suposto ataque com sarin. Trata-se do testemunho da freira católica, madre Agnès-Mariam de la Croix, superiora do St. James Monastery, da Igreja Greco-Católica Melquita, em Qara, na Síria. Ela denunciou, perante o Alto-Comissariado para Refugiados da ONU, em uma audiência da qual participou o professor Paulo Sérgio Pinheiro, representante do Brasil, que o incidente perto de Damasco, do qual muitos vídeos apareceram a mostrar supostas vítimas de um ataque de armas químicas, em 21 de agosto, foi, na realidade, encenado e fabricado, de modo a servir como evidência para certos governos estrangeiros de que o governo sírio havia usado gás sarin contra seu próprio povo e assim cruzado a *"red line"* estabelecida pelo presidente Barack Obama.[10]

Na sua alocução perante o Alto-Comissariado para Refugiados da ONU, madre Agnès-Mariam de la Croix afirmou não ser verdade como eram descritas as guerras travadas no interior da Síria entre as forças do Estado e as forças da oposição. E acusou:

> *The war — which affects my country today — is a war between Syrian civil society on the one hand and Islamic terrorist groups on the other. These terrorists are supported by foreigners from various countries, and funded by various foreign countries, especially Saudi Arabia. Saudi Arabia has acknowledged that these groups belong to terrorist organizations; yet at the same time, Saudi Arabia is training the terrorists and funding them in order to destroy Syria.*[11]

Não era segredo para a Casa Branca nem para o Palais d' Élysée ou para 10 Downing Street que a Arábia Saudita estava a financiar e repassar armamentos e munições, oriundos da Líbia, onde a OTAN havia despejado enormes quantidades para os rebeldes islâmicos que lutavam contra o regime de Gaddafi. Funcionários da CIA, que colaboraram com o contrabando de material bélico, sabiam que a Arábia Saudita estava seriamente empenhada em demolir o regime do presidente Bashar al Assad a tal ponto que o rei Abdullah havia designado o príncipe Bandar, *"a veteran of the diplomatic intrigues of Washington"*, onde fora embaixador, e do mundo árabe, para coordenar as operações na Síria. Ele tinha condições de fazer o que a CIA não podia diretamente realizar, *i.e.*, entregar armas e dinheiro aos jihadistas, na Síria, bem como dar golpes por baixo da mesa (*wasta*, em árabe), conforme comentou um diplomata americano.[12]

O próprio presidente Obama, no início de 2012, ordenara a abertura do que a CIA chamou de *"rat line"*, um canal para introduzir na Síria, através da fronteira sul da Turquia, armamentos e munições, oriundos da Líbia, a fim de abastecer os *"moderate rebels"*, muitos dos quais, senão a maioria, eram jihadistas e até militantes da al-Qa'ida.[13] E, a partir de fevereiro de 2013, os Estados Unidos intensificaram a assistência a tais *"goods"* e *"moderate"* jihadistas — como se houvesse realmente entre os salafistas *goods* e *moderate* jihadistas — e a eles forneceram US$ 60 milhões, a pretexto de melhorar os serviços básicos — saúde e educação — da coalizão anti-Assad, enquanto a França advogava abertamente o envio de material bélico, a despeito do embargo decretado pela ONU etc.[14]

A DESORDEM MUNDIAL

Entrementes, o Departamento de Estado, com mercenários da Blackwater (Academi) e agentes da CIA, desenvolvia, desde 2012 ou mesmo antes, um programa de treinamento militar de jihadistas, a um custo de US$ 60 milhões, em campos da Jordânia. Grande parte, quiçá a maioria dos jihadistas do Da'ish, lá recebeu instruções de combate e de práticas de terrorismo.[15] A CNN revelou que a assistência dada pelos Estados Unidos foi muito mais ampla e também incluía uso de armamentos sofisticados — antitanques e antiaéreos — e treinamento militar organizado.[16] Em começo de março de 2013, cerca de 300 jihadistas já haviam completado o curso e atravessado a fronteira da Síria.[17] Os que recebiam treinamento, ministrado por mercenários (contractors) da Blackwater (Academi), oficiais da Navy Seal Team 6, SOF e agentes da força paramilitar da CIA, evidentemente, não eram "rebeldes sírios", "moderados", mas jihadistas sunitas e terroristas estrangeiros, oriundos de diversos países, inclusive da Europa.

Àquela época, junho de 2013, Abdullah Ensour, primeiro-ministro da Jordânia, revelou que cerca de 900 soldados dos Estados Unidos já estavam aquartelados no país, na fronteira da Síria, dos quais 200 eram para treinamento de pessoal em armas químicas, se fossem usadas, e 700 encarregados de manejar o sistema de mísseis de defesa Patriot e jatos de guerra F-16.[18] Em 17 de abril de 2013, Chuck Hagel, secretário de Defesa dos Estados Unidos, ao depor perante o Senate Armed Forces Committee, admitiu que *"the best outcome for Syria — and the region — [...] is a negotiated political transition"*, mas asseverou que a *"military intervention is always an option. It should be an option, but an option of last resort"*.[19] Adiantou o reconhecimento da Syrian Opposition Coalition (SOC), como legítima representante do povo sírio, e que o presidente Obama lhe prometeu prover com US$ 17 milhões de ajuda não letal e equipamentos médicos, bem como confirmou que o Departamento de Estado e a USAID também prestavam assistência à *"moderate opposition"*, assistência essa que envolvia o treinamento de 1.500 *"Syrian leaders and activists"*, de mais de 100 conselhos locais.[20] Caso, porém, os Estados Unidos optassem pela intervenção militar direta, empregariam, forçosamente, tropas das Special Forces e unidades regulares, a fim de preparar, dentro da Síria, *black operations* e *coverts actions*, bem como unidades de defesa antiaérea, a resguardar a Jordânia contra os ataques retaliatórios, pois lá já se encontravam 200 soldados da 1st Armored Division, que instalaram o quartel-general na fronteira com a Síria. O plano, ainda segundo Hagel, previa rápido incremento para 20.000 ou mais soldados, aguardando ordem da Casa Branca para efetuar a invasão.[21]

De fato, al-Muchābarāt al-Ammah da Arábia Saudita, e do Dairat al--Muchābarāt al-Ammah (General Intelligence Department — GID), o serviço secreto da Jordânia, juntamente com a CIA, selecionavam e treinavam jihadistas, na Jordânia, para que combatessem e cometessem atentados terroristas contra o regime de Bashar al-Assad e seus aliados do Hizballah,[22] enquanto Adel al-Jubeir, embaixador da Arábia Saudita em Washington, estava a fazer *lobby*, com a intenção de persuadir o Congresso e o presidente Obama a expandir a atuação dos Estados Unidos contra o regime de Bashar al-Assad. Entrementes, navios de guerra dos Estados Unidos, Grã-Bretanha e França já se encontravam no Mediterrâneo, preparados com mísseis Tomahawks, para atacar a Síria, respaldando os jihadistas.[23] Eram cinco Destróieres, um navio de assalto anfíbio — *USS San Antonio (LPD-17)* — com uma centena de *marines* a bordo e dotado de plataforma para helicópteros, ademais dos porta-aviões *USS Harry Truman* e *USS Nimitz*, na região do Golfo Pérsico.[24] O bombardeio visaria a atingir 50 alvos, inclusive bases aéreas, onde helicópteros, fabricados na Rússia, estacionavam, bem como locais de comando, arsenais e quartéis militares, porém excluía os depósitos de armas químicas devido aos riscos de causar desastre ambiental e humanitário e abrir as portas para *raids* dos militantes muçulmanos.[25]

A intervenção militar dos Estados Unidos, conforme anunciada pelo presidente François Hollande e seus aliados, devia começar em 4 de setembro,[26] dia em que o presidente Obama reafirmou, como um imperador global: *"I didn't set a red line. The world set a red line."*[27] Em um acesso de paranoia/esquizofrenia política, falou como se fosse o mundo que tivesse estabelecido uma *"red line"*. O presidente François Hollande também estava disposto a impulsar a intervenção militar na Síria, juntamente com os Estados Unidos. Porém mais de dois terços da população francesa (64%) opuseram-se a que a França fizesse coalizão com os Estados Unidos, para mais uma guerra no Oriente Médio, conforme

A DESORDEM MUNDIAL

sondagem da opinião pública realizada pelo Institut d'Études de Marché & d'Opinion BVA, juntamente com o canal de informação i-Télé--CQFD e publicada pelo jornal *Le Parisien*.[28] Outrossim, pesquisa realizada por *The Washington Post-ABC News* mostrou que nos Estados Unidos vasta maioria do povo — cerca de seis em dez americanos (60%), democratas e republicanos — era contra os ataques com mísseis e a intervenção na Síria, a pretexto do suposto uso de armas químicas em um subúrbio de Damasco.[29]

A despeito de Washington bater os tambores (*drumbeat*) de guerra, a pesquisa revelou que havia no povo *little appetite* para operações de guerra na Síria e a resultado semelhante chegou a pesquisa realizada pela *NBC News*.[30] Outra pesquisa, realizada pela CNN, dias depois, demonstrou que a oposição aos ataques crescera para 70% (sete em dez americanos).[31] Em tais condições, sem autorização da ONU, sem respaldo da opinião pública doméstica e internacionalmente, o Prêmio Nobel da Paz, Barack Obama, teve de recuar do seu propósito de "punir", como um Deus terrestre, o presidente Bashar al-Assad, por um crime do qual evidências nem provas havia de que ele cometera. Nem Obama nem François Hollande tiveram condições de realizar seus desígnios bélicos e assim servir aos interesses das companhias petrolíferas e de Israel.

Não contaram com aliados. Doze países da OTAN recusaram-se a participar da iniciativa militar contra a Síria sem autorização do Conselho de Segurança da ONU. O primeiro-ministro David Cameron, como fiel vassalo do presidente Obama, nem pôde levar a Grã-Bretanha a envolver-se na aventura. Consultado, o Parlamento britânico rejeitou por 285 votos contra 272 a proposta do governo para intervir na Síria.[32] O relatório do Joint Intelligence Committee nada afirmava, apenas admitia ser *highly likely* que o regime de Bashar al-Assad fosse responsável pelas armas químicas usadas no ataque de 21 de agosto.[33] Nenhuma prova existia. Mera suposição, hipótese, mas os membros do Labour Party exigiram provas suficientes e o primeiro-ministro David Cameron teve de reconhecer, perante o Parlamento, que não as possuía e, efetivamente, não havia 100% de certeza quanto à responsabilidade ou não do regime de Bashar al-Assad pelo uso de armas químicas em Ghouta, subúrbio de Damasco.[34] Por sua vez, o ministro dos Assuntos Estrangeiros da Alemanha, Guido

195

Westerwelle, manifestou-se contra a intervenção na Síria; e o presidente do Irã, Hassan Rohani, ameaçou intervir no conflito em favor de Assad.

O presidente Obama, advertido pelo secretário de Defesa, Leon Panetta, compreendeu que a Síria não era a Líbia e estava mais pesadamente armada, possuía vasto estoque de munição militar, inclusive armas químicas, moderno sistema de defesa aérea fornecido pela Rússia, e seu território era menos acessível a um assalto terrestre.[35] Seriam necessários de 75.000 a 90.000 soldados, tanto quanto ou mais os Estados Unidos tiveram no Afeganistão.[36] Os bombardeios podiam destruir, mas não modificar a situação estratégica, porquanto, sem coturnos no solo, condições não havia de ocupação efetiva e permanente do território.[37] E os rebeldes, na verdade jihadistas, afiguravam-se mais problemáticos que na Líbia. A conclusão, portanto, era de que a guerra custaria enorme perda de vida de soldados americanos.[38]

Diante de ponderações de Leon Panetta, com as quais os chefes militares concordavam, o presidente Obama, antes, como sempre hesitante, a vacilar sobre o que fazer, teve de esquecer a *rot line* que levianamente traçara para ordenar a intervenção na Síria. E o secretário de Estado, John Kerry, alternativa não teve senão alcançar, em 14 de setembro de 2013, um acordo com o ministro dos Assuntos Estrangeiros da Rússia, Sergei Lavrov, de modo que a Síria permitisse a inspeção, o controle e a eliminação de todas as armas químicas armazenadas no seu território. O presidente Assad logo se dispôs a indicar à Organization for the Prohibition of Chemical Weapons (OPCW) os locais onde se encontravam. O Conselho de Segurança da ONU aprovou o acordo, frustrando o plano para a invasão da Síria, e Barack Obama, o Kriegspräsident[39] (presidente da guerra), assim chamado na Alemanha e em outros países da Europa, não mais pôde arguir que sua intenção consistia meramente em "punir" o presidente Assad, sob o pretexto de que o exército da Síria usara gás sarin contra a oposição.[40]

O acordo, que evitou o bombardeio da Síria, constituiu grande vitória diplomática do presidente Vladimir Putin. Manteve a influência da Rússia e avançou seus interesses no Mediterrâneo. A SoyuzNefteGaz, três meses depois, negociou com a General Petroleum Corporation e firmou o contrato para explorar as reservas de gás e petróleo, ao longo do litoral da

Síria.[41] Entrementes, o presidente Putin induziu o presidente Viktor Yanukovych, da Ucrânia, a não assinar um acordo de associação com a União Europeia, não obstante as incessantes demonstrações de camada da população, que ONGs, financiadas pelos Estados Unidos, Alemanha e outros países do Ocidente, promoveram na Praça Maidan, em Kiev. Convidou-o, em dezembro, a ir a Moscou e ofereceu ao governo da Ucrânia um *bailout* de US$ 15 bilhões, dos quais, em janeiro, adiantou US$ 3 bilhões, com a compra de *eurobonds* (euro-obrigações), e comprometeu-se a reduzir em um terço o preço do gás, fornecido pela Gazprom, o qual cairia de cerca US$ 400,00 para US$ 268,50 por 1.000 m³. Esse substancial desconto permitiria à Ucrânia poupar US$ 7 bilhões em um ano.[42] O presidente Putin, além de dar asilo a Edward Snowden, o agente da National Security Agence (NSA) que revelou a vastidão da espionagem eletrônica efetuada pelos Estados Unidos, obteve outra vitória diplomática, ao frustrar o acordo de associação da Ucrânia com a União Europeia.

NOTAS

1. Jake Miller, "Kerry: 'Definitive' U.N. report confirms Assad behind chemical attack". *CBS News*, 19 de setembro de 2013. Disponível em: <http://www.cbsnews. com/news/kerry-definitive-un-report-confirms-assad-behind-chemical-attack/>.
2. "UN Report on Chemical Weapons Use in Syria". *Council on Foreign Relations*, 12 de dezembro de 2013. Disponível em: <http://www.cfr.org/syria/un-report-chemical-weapons-use-syria/p31404>; "Full text of "U.N. report on the alleged use of chemical weapons in Syria". United Nations Mission to Investigate Allegations of the Use of Chemical Weapons the Syrian Arab Republic Report on the Alleged Use of Chemical Weapons in the Ghouta Area of Damascus on 21 August 2013. *Internet Archive*. Disponível em: <https://archive.org/stream/787426-u-n-report-on-the-alleged-use-of-chemical/787426-u-n-report-on-the-alleged-use-of-chemical_djvu. txt>; "Syria profile". *BBC News — Middle East*, 19 de março de 2014. Disponível em: <http://www.bbc.com/news/world-middle-east-14703995>; "AI — HRW im Solde der Giftgas Terroristen: Barak Obama: UN Bericht, der Gift Gas Angriff in Syrien, durch die Terroristen". *Geopolitiker's Blog*, 26 de dezembro de 2013. Disponível em: <http://geopolitiker.wordpress.com/?s=chemical+attacks+syria>; Robert Parry, "UN Investigator Undercuts New York Times on Syria. Assad Government not Responsible for August 21 Chemical Attack". *Global Research*>; Guy Taylor, "Obama lied about Syrian chemical attack, 'cherry-picked' intelligence: report". *The Washington Times*, 9 de dezembro de 2013. Disponível em: <http://

www.washingtontimes.com/news/2013/dec/9/obama-lied-about-syrian-chemical-
-attack-cherry-pic/>.

3. Wesley K. Clark, 2004, pp. 64 e 187–188.

4. "UK planned war on Syria before unrest began: French ex-foreign minister". *Press TV*, 16 de junho de 2013. Disponível em: <http://www.presstv.ir/detail/2013/06/16/309276/uk-planned-war-on-syria-before-unrest/>; "Roland Dumas: deux ans avant le début de la guerre, l'Angleterre préparait l'invasion des rebelles en Syrie". *Wikileaks Actu Francophone*. Disponível em: <https://wikileaksactu.wordpress.com/category/syrie/>.

5. Nafeez Ahmed, "Syria intervention plan fueled by oil interests, not chemical weapon concern". *The Guardian*, 30 de agosto de 2013.

6. Guy Taylor, "Obama lied about Syrian chemical attack, 'cherry-picked' intelligence: report". *The Washington Times*, 9 de dezembro de 2013. Disponível em: <http://www.washingtontimes.com/news/2013/dec/9/obama-lied-about-syrian-chemical-
-attack-cherry-pic/>.

7. Seymour M. Hersh, "Whose sarin?". *London Review of Books*, 19 de dezembro de 2013, Vol. 35, No. 24, pp. 9–12.

8. *Ibidem.*

9. Dale Gavlak & Yahya Ababneh, "Exclusive: Syrians in Ghouta Claim Saudi-Supplied Rebels behind Chemical Attack. Rebels and local residents in Ghouta accuse Saudi Prince Bandar bin Sultan of providing chemical weapons to an al-Qaida linked rebel group". *MintPress News*, 29 de agosto de 2013. Disponível em: <http://www.mintpressnews.com/witnesses-of-gas-attack-say-saudis-supplied-rebels-with-chemical-weapons/168135/>.

10. M. Klostermayr, "Syria: Mother Agnes on the Chronology of Chemical Attack near Damascus — Mother Agnes speaks about the fabricated videos of the chemical attack near Syria's capital, Damascus". *SyriaNews*, 26 de setembro de 2013. Disponível em: <http://www.syrianews.cc/syria-mother-agnes-chemical-attack-damascus/>; "Mother Superior presents a 50 pages report to the Human Rights Commision regarding the gas attacks". Disponível em: <http://www.abovetopsecret.com/forum/thread972253/pg1>; "UN Commission of Inquiry on Syria 'is acting to incite further Massacres' — Hands Off Syria — Australia, Press Release". *Global Research News*, 15 de setembro de 2013. Disponível em: <http://www.globalresearch.ca/hands-off-syria-
-un-commission-of-inquiry-on-syria-is-acting-to-incite-further-massacres/5349937>.

11. "Syria: Destruction and Murder Funded by Foreign Forces: Mother Agnes Mariam Challenges the UNHRC — Address by Mother Agnes Mariam of the Mussalaha Initiative given at the UNHCR in Geneva by Mother Agnes Mariam". *Global Research*, 16 de março de 2014. Disponível em: <http://www.globalresearch.ca/syria-
-destruction-and-murder-funded-by-foreign-forces-mother-agnes-mariam
/5373684>; "Syrie: Destruction et assassinats financés par des puissances étrangères. Discours de Mère Agnès pour "l'Initiative Moussalaha" [Réconciliation] en réponse aux déclarations du Haut commissariat aux réfugiés [UNHCR]". *Mondialisation.ca, Centre de Recherche sür la Mondialisation*, 24 de março de 2014. Disponível em: <http://www.mondialisation.ca/syrie-destruction-et-assassinats-finances
-par-des-puissances-etrangeres/5375060>.

12. Adam Entous & Nour Malas & Margaret Coker, "A Veteran Saudi Power Player Works To Build Support to Topple Assad". *Wall Street Journal — Middle East News*, 25 de agosto de 2013. Disponível em: <http://online.wsj.com/news/articles/SB100 01424127887323423804579024452583045962>.

13. Seymour M. Hersh, "The Red Line and the Rat Line". *London Review of Books*, 6 de abril de 2014. Disponível em: <http://www.lrb.co.uk/2014/04/06/seymour-m--hersh/the-red-line-and-the-rat-line>.

14. Michael R. Gordon, "U.S. Steps Up Aid to Syrian Opposition, Pledging $60 Million". *The New York Times*, 28 de fevereiro de 2013.

15. *Ibidem.*

16. Nick Paton Walsh, "Opposition source: Syrian rebels get U.S.-organized training in Jordan". *CNN*, 15 de março de 2013. Disponível em: <http://edition.cnn.com/2013/03/15/world/meast/syria-civil-war/index.html?hpt=hp_bn2>.

17. *Ibidem.*

18. "Jordan hosts 900 U.S. troops to shield against Syria". *Daily Star* (Lebanon) — *Associated Press*, 22 de junho de 2013. Disponível em <http://www.dailystar.com.lb/News/Middle-East/2013/Jun-22/221243-us-military-presence-in-jordan-expands--to-1000-soldiers.ashx#axzz3CMsQVR3F>.

19. "Secretary of Defense Testimony — Statement on Syria before the Senate Armed Services Committee as Delivered by Secretary of Defense Chuck Hagel, Washington, D.C., 17 de abril de 2013". *U.S. Department of Defense.* Disponível em <http://www.defense.gov/Speeches/Speech.aspx?SpeechID=1771>.

20. *Ibidem.*

21. *Ibidem.*

22. Bob Dreyfuss, "The CIA Is Training Syria's Rebels: Uh-Oh, Says a Top Iraqi Leader". *The Nation.* 1º de março de 2013. Disponível em <http://www.thenation.com/blog/173149/cia-training-syrias-rebels-uh-oh-says-top-iraqi-leader#>.

23. Ambrose Evans-Pritchard, "Saudis offer Russia secret oil deal if it drops Syria Saudi Arabia has secretly offered Russia a sweeping deal to control the global oil market and safeguard Russia's gas contracts, if the Kremlin backs away from the Assad regime in Syria". *The Telegraph*, 27 de agosto de 2013.

24. "Un navire de débarquement de la marine américaine est arrivé en Méditerranée". *Le Voix de Russe.* Disponível em: <http://french.ruvr.ru/news/2013_08_31/Un--navire-de-debarquement-de-la-marine-americaine-est-arrive-en-Mediterra-nee-2627/>.

25. Thom Shanker & C. J. Chivers & Michael R. Gordon, "Obama Weighs 'Limited' Strikes against Syrian Forces". *The New York Times,* 27 de agosto de 2013; Shiv Malik & Tom Mccarthy, "Syria: US sees 'no avenue forward' to 'meaningful action' by UN — as it happened". *The Guardian*, 28 de agosto de 2013.

26. "Syrie: l'intervention militaire pourrait débuter le 4 septembre". *La Voix de la Russie*, 30 de outubro de 2013. Disponível em: <http://french.ruvr.ru/news/2013_08_30/Syrie-lintervention-militaire-pourrait-debuter-le-4-septembre-7767/>.

27. Peter Baker, "Obama Says 'World Set a Red Line' on Chemical Arms". *The New York Times,* 4 de setembro de 2013; *Glenn* Kessler, "President Obama and the 'red line' on Syria's chemical weapon". *The Washington Post*, 6 de setembro de 2013.

28. "Intervention en Syrie: Hollande sous la pression de l'opposition". *Le Parisien*, 31 de agosto de 2013; "Syrie: Obama veut un vote du Congrès, Hollande sous pression". *Le Parisien*, 1º de setembro de 2013. Disponível em: <http://www.leparisien.fr/recherche/recherche.php?q=sur+trois+%2864+%25%29+sont+oppos%C3%A9s+%C3%A0+une+intervention+militaire+en+Syrie+&ok=ok>.

29. Scott Clement, "Most in U.S. oppose Syria strike, Post-ABC poll finds". *The Washington Post*, 3 de setembro de 2013; Gary Langer, "Six in 10 Oppose U.S.-Only Strike on Syria; A Closer Division if Allies are Involved". *ABC News*, 3 de setembro de 2013. Disponível em <http://abcnews.go.com/blogs/politics/2013/09/six-in-10--oppose-u-s-only-strike-on-syria-a-closer-division-if-allies-are-involved/>.

30. *Ibidem.*

31. Paul Steinhauser & John Helton, "CNN poll: Public against Syria strike resolution". *CNN*, 9 de setembro de 2013. Updated 1649 GMT (0049 HKT). Disponível em <http://edition.cnn.com/2013/09/09/politics/syria-poll-main/>.

32. *Ibidem.*

33. "Syria: reported chemical weapons use — Joint Intelligence Committee letter. From: Cabinet Office — History: Published 29 August 2013. Part of: Working for peace and long-term stability in the Middle East and North Africa and Syria. Letter from Jon Day, the Chairman of the Joint Intelligence Committee (JIC), about reported chemical weapons use in Syria". *Gov. UK*. Disponível em <https://www.gov.uk/government/publications/syria-reported-chemical-weapons-use-joint-intelligence-committee-letter>.

34. "Syria crisis: David Cameron makes case for military action". *BBC News UK Politics*, 29 de agosto de 2013. Disponível em <http://www.bbc.com/news/uk-politics-23883427>; Andrew Sparrow, "MPs vote down military intervention in Syria: Politics live blog. Government intelligence on Syria. Government legal advice on attacking Syria. MPs vote down plan for military intervention in Syria. Government defeat — What it means". *The Guardian*, 30 de agosto de 2013; "Syrie: David Cameron contraint par l'opposition d'attendre le rapport des inspecteurs de l'ONU". *Slate Afrique*, 30 de agosto de 2013. Disponível em <http://www.slateafrique.com/367024/syrie-david-cameron-contraint-par-l%E2%80%99opposition--d%E2%80%99attendre-le-rapport-des-inspecteurs-de-l%E2%80%99onu>; Haroon Siddique & Tom Mccarthy, "Syria crisis: US isolated as British MPs vote against air strikes — as it happened. Trouble for White House after UK parliamentary revolt. Doubts circulate about case tying Assad to chemical weapons". *The Guardian*, 30 de agosto de 2013; "Syrie/attaque chimique: 'pas 100% de certitude' (Cameron) — Dossier: Situation politique en Syrie". *RIA Novosti*, 29 de agosto de 2015 Disponível em <http://fr.ria.ru/world/20130829/199146661.html>.

35. Leon Panetta, 2014, p. 448.

36. *Ibidem*, p. 448.

37. António Sousa Lara, 2011, p. 134.

38. Leon Panetta, 2014, p. 449–451.

39. Andreas Ross (Nova York), "Kampf gegen IS — Amerikas nächster Kriegspräsident". *Frankfurter Allgemeine Zeitung*, 24 de setembro de 2014; Beat schmid, "Obama, der Kriegspräsident". *Schweiz am Sonntag*, Samstag, 27 de setembro de

2014. Disponível em: <http://www.schweizamsonntag.ch/ressort/meinung/obama_der_kriegspraesident/>.

40. A remoção e destruição das armas químicas existentes na Síria foram completadas em junho de 2014.

41. Nicholas Blanford (Beirut), "The Next Big Lebanon-Israel Flare-Up: Gas". *Time*, 6 de abril de 2011. Disponível em <http://content.time.com/time/world/article/0,8599, 2061187,00.html>.

42. Andrew Mckillop, "Did Natural Gas Debt Trigger the Ukraine Crisis? The Market Oracle". Politics/Eastern Europe, 28 de fevereiro de 2014. Disponível em <http://www.marketoracle.co.uk/Article44628.html>; "Putin throws Ukraine $15 bn lifeline, slashes gas price — Russian President Vladimir Putin on Tuesday gave Ukraine precious backing by agreeing to buy $15 billion of its debt and slash its gas bill by a third as it battles mass protests over the rejection of a historic EU pact." Bangkok Post, 17 de dezembro de 2013. Disponível em <http://www.bangkokpost.com/lite/local/385256/pressure-mounts-on-ukraine-leader-ahead-of-russia-visit>.

Capítulo 11

CONQUISTA E DOMÍNIO DOS VAREGUES (VIKINGS) AO LONGO DO RIO DNIEPER • MESCLA COM OS ESLAVOS ORIENTAIS • A KIEVAN RUS' • DECOMPOSIÇÃO EM PRINCIPADOS • IVAN IV, O TERRÍVEL, E A FUNDAÇÃO DO ROSSIYSKAYA IMPERIYA • MIKHAIL F. ROMANOV COMO CZAR DE TODA A RÚSSIA • CRIAÇÃO DA FROTA IMPERIAL DO MAR NEGRO PELO CZAR PEDRO, O GRANDE • A ESTÓRIA DE IVAN MAZEPPA • CATARINA, A GRANDE E A CONQUISTA DE DONBASS (NOVOROSSIYA) • A INVENÇÃO DA UCRÂNIA

Kievan Rus', entre os séculos IX e XII, era uma confederação de tribos eslavas orientais, mescladas com os vikings (*rus'*),[1] que ocuparam as regiões dos rios Volga e Dnieper, desde pelo menos o ano 852. Era virtualmente a maior potência da Europa, que se estendia sobre a Bielorrússia e parte da Rússia, desde o Báltico até o Mar Negro. Quem iniciou a conquista da região foi o viking Rurik (862–879), varegue/varangiano (*sveas væringjar*), originário da Svealand (Egentliga Sverige — Suécia). Ocupou Ladoga, em 862. Seu sucessor, Oleg, conquistou Kiev,[2] em 880, e distendeu o domínio desde Novgorod, ao longo do rio Dnieper, para proteger a linha de comércio entre o norte da Europa e o sudoeste da Ásia[3] das tribos da Khazaria, khanato localizado ao sul da Rússia e de cujo povo, segundo vários autores, descendem os judeus ashkenazim.[4] A Kievan Rus' então prosperou, na medida em que controlava o comércio do Mar Báltico ao Mar Negro e Bizâncio, a exportar grandes quantidades de peles e cera de abelha.[5] Posteriormente, houve uma cisão na dinastia Rurik, o reino dividiu-se em dois principados. Mas, em 980, após recapturar Kiev, sob o domínio de Iaropolk (976), seu irmão, Valdamarr

(Vladimir I, o Grande), príncipe de Novgorod, restabeleceu o domínio sobre toda a Kievan Rus'. Completou então a unificação dos eslavos orientais, instituiu uma estrutura legal e administrativa e converteu-se ao cristianismo. Foi batizado como apóstolo na Igreja Ortodoxa e canonizado em meados do século XIII.[6]

Figura 11.1 — Mapa de Kievan Rus', 1025[7]

As hordas de escandinavos, que afluíram para Kievan Rus', mesclaram-se com os eslavos orientais e passaram a ser conhecidos como *"rus"*. Porém, a partir do século XI, a Kievan Rus' gradualmente começou a desintegrar-se em vários principados — Principado de Kiev, que ocupava as duas margens do rio Dnieper, Galicia-Volhynia ou Reinado da Ruthenia (Regnum Galiciæ et Lodomeriæ); Principado de Chernigov, à margem esquerda do Dnieper; o Principado de Pinsk Marshes, depois denominada Bielorrússia (Byelorussiya/Belarus' ou Rússia Branca); e, *inter alia*, o Principado de Moscou, governado, desde 1478, pelo grão--príncipe Ivan III (Ivan, o Grande), que reconquistou Novgorod e consolidou sua independência, ao derrotar as Hordas Douradas (mongóis), que haviam invadido a Kievan Rus' em 1240 e expandiram o seu khanato desde a Ucrânia, Romênia, parte europeia da Rússia, Bielorrússia, Cazaquistão, norte do Uzbequistão até a Sibéria Ocidental.

A DESORDEM MUNDIAL

Figura 11.2 — Kievan Rus' em principados (século XII)[8]

Essa região — a Kievan Rus' — continuou disputada em constantes guerras entre os tatars, poloneses, cossacos e lituanos e foi repartida, no século XVII. A Comunidade Polaco-Lituana anexou a margem direita do rio Dnieper, predominantemente rural; o Império Austro-Húngaro incorporou a Galícia (Halychyna); porém o Império Russo (Rossiyskaya Imperiya), cujos alicerces Ivan IV, o Terrível (1530–1584), havia assentado, absorveu todo o leste, ao norte do Mar Negro, onde existiam ricas jazidas de carvão e certo desenvolvimento manufatureiro.

Ivan IV Vasilyevich era filho do grão-príncipe Vasily III, da dinastia Ryurikovich, fundada pelo viking Rurik, e assumiu, aos três anos de idade, o Grande Principado de Moscou (1533–1547), sob a regência de sua mãe, Yelena Glinskaya. Em 1547, foi coroado Imperador de Toda a Rússia, com o título de czar (oriundo do latim *caesar*), reconhecido pela Igreja Ortodoxa Russa. Porém, apenas em 1552, Ivan IV começou efetivamente a reinar e, revigorando o exército, expandiu o território do Império, com a conquista do khanato de Cazã (1552), habitado pelos tatars, à margem do Volga, e do khanato Astracã, perto da embocadura do rio, no Mar Cáspio, o que facilitaria a penetração na Ásia Central e na Sibéria. E, ao espraiar-se na direção do oriente, a garantir a própria segurança com a expansão do seu território, o Império Russo, que assimilara as tradições bizantinas, tornou-se multiétnico, multicultural e multiconfessional. Constituíra-se, não como Estado nacional, porém como "Estado das nacionalidades", conforme Leon Trotsky definiu.[9]

Após um período de forte turbulência e caos, representantes de cidades e camponeses, em 21 de fevereiro de 1613, reuniram-se em uma assembleia nacional e elegeram, por unanimidade, Mikhail Fedorovich Romanov (1596–1645) czar de Toda a Rússia. Com ele, Mikhail I, instalou-se no trono a dinastia dos Romanov e seu terceiro neto, o czar Pyotr I (Pedro, o Grande), foi que efetivamente modernizou e dilatou ainda mais as raias do Império. Entre o fim do século XVII e início do XVIII, conquistou o Mar de Azov (Azovskoye) ao norte do Mar Negro nas campanhas contra a Turquia (1695–1696 — 1686–1700). Ordenou a criação da Frota Imperial do Mar Báltico, durante a grande guerra do Norte contra a Suécia (1700–1721). E tratou de criar a Frota Imperial do Mar Negro, após derrotar, à margem oriental do rio Dnieper, em Poltava (Poltavs'ka *Oblast*), na Ucrânia, as tropas do rei da Suécia, Carl XII/Charles II (1682–1718), que haviam invadido a Rússia, sob o comando do marechal de campo Carl Gustaf Rehnskiöld (1651–1722), com o apoio do Hetman[10] (atamán) da Ucrânia,[11] Ivan S. Mazeppa (1639–1709). Sobre esse personagem, a quem chamou de Cossack prince, Lord Byron escreveu entre 1817 e 1818 e publicou, em 1819, longo poema, no qual relatou que Mazeppa, quando jovem, pajem de Jan II Kazimierz Waza (1609–1672), rei da Polônia, teve um romance com a condessa Tereza, cujo marido, ao descobrir a prevaricação, mandou que seus homens o amarrassem nu ao dorso de um cavalo selvagem e o soltou a galopar pelas estepes ucranianas. Semimorto, faminto e cansado, haveria sido salvo pelos camponeses.[12]

A DESORDEM MUNDIAL

Ivan S. Mazeppa foi o atamán dos cossacos da margem esquerda da Ucrânia, *i.e.*, da margem do rio Dnieper, que se estendia pelas áreas centrais — Poltava e Cherkashchyna — e setentrionais — Chernihivshchyna e Sumshchyna, assim como do leste de Kiev. Seu ideal era unir esses territórios como Estado unitário, mantendo a ordem tradicional dos cossacos, e a princípio cria poder coexistir com a Rússia, mediante os termos do Tratado de Pereiaslav, acordado pelos conselhos cossacos de Zaporozhian e Vasiliy Buturlin com o representante do czar Alexander I, da Rússia, em 1654, durante a sublevação contra o domínio da Polônia, ocorrida entre 1648–1657, sob a liderança do atamán Bohdan Khmelnytsky (*c.* 1595–1657), atamán de Zaporozhian, aliado aos tatars da Crimeia. Daí que Ivan Mazeppa apoiou Pedro o Grande, com tropas, munições, dinheiro e outros, na primeira etapa da guerra contra a Suécia, até 1708. Não conseguiu unificar as regiões da Ucrânia — a margem direita (o ocidente) sob o controle da Polônia, e a margem esquerda, onde havia três atamanatos semi-independentes (Zaporozhian Sich, o mais poderoso) — sob a soberania formal da Rússia. E, quando Pedro o Grande, a fim de centralizar sua autoridade, tratou de abolir a relativa autonomia dos cossacos, enviando oficiais russos e alemães para comandá-los, Mazeppa revoltou-se e uniu-se ao rei da Suécia, Carl XII, que lhe prometeu a independência da Ucrânia, mas foram derrotados, na decisiva batalha de Poltava, entre 27/28 de junho e 8 de julho de 1709, pelas tropas de Pedro, o Grande, com o suporte de outra facção dos cossacos, sob o comando do atamán Ivan Skoropadsky (1646–1722). A Suécia perdeu 7.000 homens.[13] E Carl XII, com 15.000 veteranos, e Mazeppa atravessaram o rio Dnieper, auxiliados pelos cossacos de Zaporozhian Sich, e refugiaram-se na fortaleza de Bender/Bendery, então território da Turquia (Moldávia/Transnístria).[14] Mazeppa logo depois, em 21 de setembro (2 de outubro, no calendário gregoriano) do mesmo ano, faleceu.[15] Os cossacos e 2.500 soldados suecos, sobreviventes da batalha, foram aprisionados e executados por ordem de Pedro, o Grande, que, em seguida, extinguiu a semiautonomia do atamanato Zaporozhian Sich e continuou a expandir a Rússia na direção do ocidente do rio Dnieper até a costa do Mar Negro, então sob controle do Império Otomano.

Figura 11.3 — Mar de Azov
Fonte: *World Atlas*

Não apenas a Grande Guerra do Norte contra a Suécia, ocorrida entre 1700 e 1721, o combate aos tatars, turcos e nogais, cujas tribos, na Idade Média, habitavam a península da Crimeia e o entorno do Mar de Azov, mas outros conflitos com a Polônia e Lituânia foram os fatores, *inter alia*, que compeliram o Império Russo a robustecer o exército, sobretudo a partir do reinado de Pedro I, o Grande, de modo a prover os meios militares necessários à consolidação de sua existência permanente como Estado.[16] A czarina Catarina II, a Grande (Yekaterina II Vielikaya — 1729–1796) deu continuidade à sua obra. As vitórias, alcançadas pelos generais Alexander Suvorov e Mikhail Kamensky contra o Império Otomano, nas batalhas de Chesma e Kagul, em 1770, e de Kozludzha, em 1774, permitiram ao Império Russo, com o Tratado de Kuchuk-

-Kainardzha, completar a conquista do leste e sudeste da antiga Kyïvska Rus, o norte e o acesso ao Mar Negro, anexando a maior parte da região denominada Novorossiisk (Novorossiya), que abrangia Kharkov, Donetsk, Luhansk, Zaporizhia, Nikolayev, Kherson, Dnepropetrovsk, Mykolaiv, Yeakaterinoslav e Odessa, onde foram construídos um porto e a base naval.

Figura 11.4 — Novorossiisk (Novorossiya)

O khanato da Crimeia (1441–1783), povoado pelos tatars e nogais (tribos de origem turca)[17] e também pelos khazares, era até então vassalo do Império Otomano e sua conquista pela Rússia começou em 1771. Entretanto, só em 1782, o príncipe Grigory Aleksandrovich Potionkim (1739–1791), o maior amor da czarina Catarina II,[18] então reinante (1762–1796), anexou oficialmente a península ao Império Russo. Em 8 de abril de 1783, o Shaghin-Ghirei, último khan da Crimeia (1777–1783), abdicou da soberania sobre o khanato em favor de Catarina II, juntamente com todos os direitos e privilégios, inclusive a suserania sobre os nogais, e a incorporação ao território russo foi reconhecida pelo Império Otomano, em 20 de junho do mesmo ano.[19] O príncipe Grigory Aleksandrovich

Potionkim recebeu então a incumbência de construir moderna base naval na baía de Sevastopol, ao sudoeste da Crimeia, de onde a Frota do Mar Negro poderia controlar as comunicações de importantes zonas energéticas (gás e petróleo), através dos estreitos de Bósforo e Dardanelos, e projetar seu poder sobre o Mediterrâneo.

A base naval de Sevastopol foi bombardeada diversas vezes, entre 1853 e 1856, quando a Rússia, com uma população em torno de 67 milhões de habitantes, travou, na Crimeia, a guerra contra o Império Otomano e, igualmente, contra dois Estados europeus economicamente mais poderosos, Inglaterra e França (1854–1855), que a impediram de conquistar Constantinopla e controlasse os Bálcãs e os estreitos do Mar Negro. A guerra terminou com o Tratado de Paris, de 1856, com a vitória da Grã-Bretanha, França e Sardinia, aliadas ao Império Otomano, que estabeleceram a neutralidade do Mar Negro, mas devolveram à Rússia as cidades e portos, inclusive de Savastopol e Balaklava, até então ocupados. Ao Império Otomano coube os protetorados da Moldávia, Wallachia e Sérvia, enquanto o Império Austro-Húngaro manteve o domínio sobre a região dos antigos reinos de Galícia (Halychyna) e Lodomeria (Regnum Galiciæ et Lodomeriæ), conquistada com a partição da Polônia em 1772.

A Ucrânia sempre foi um território heterogêneo, penetrado, através dos séculos, por diversas culturas, religiões e tendências políticas.[20] Nunca teve unidade étnica, homogeneidade cultural nem fronteiras definidas, ao longo da história. Foi fragmentada muitas vezes e crucificada por quatro Estados, como disse Trotsky.[21] Diversas vezes suas fronteiras mudaram, bem como as etnias que ocupavam o território. E, durante a guerra civil (1917–1922), que se seguiu à Revolução Bolchevique (1917), Leon Trotsky, comandante do Exército Vermelho, reconheceu-a como país (1919) quando proclamou aos soldados, de acordo com o princípio da autodeterminação dos povos, defendido por Lenin: *"The Ukraine is the land of the Ukrainian workers and working peasants. They alone have the right to rule in the Ukraine, to govern it and to build a new life in it."*[22]

Figura 11.5 — Mudanças de fronteiras da Ucrânia[23]

Até a Primeira Guerra Mundial a Ucrânia ainda nem sequer, propriamente, configurava um país. Era chamada, desde a Idade Média e nos mapas antigos, sobretudo a margem esquerda do rio Dnieper, de Pequena Rússia (Малая Русь ou *Rus' Minor*), sob o domínio da Comunidade Polaco-Lituana, da qual se destacou com o Tratado de Pereyaslav (1654), mediante o qual o cossaco Bohdan Khmelnytsky (1595–1657), atamán de Zaporizhia Sich, reconheceu a soberania do czar e Duque de Muscovy, Aleksey I (1629–1676), sobre todo o território da Rus', em troca do apoio contra a Polônia. Porém, somente após a revolução na Rússia e a queda do czar Nicholas II, em fevereiro (março no calendário gregoriano) de 1917, a Ucrânia constituiu-se como República Nacional —

Ukrayins'ka Narodnia Respublika — UNR, com a aprovação do Ato Universal emitido pela Rada Central (Tsentralna Rada), em Kiev, e adotado em 11 de junho de 1917, antes da insurreição que levou os bolcheviques ao poder, pelo Congresso de Toda a Ucrânia. O Governo Provisório em Petrogrado, chefiado inicialmente pelo príncipe Georgy Y. Lvov (1861–1925) e, a partir de 21 de julho de 1917, pelo socialista--revolucionário (populista) Alexander F. Kerensky (1881–1970), rejeitou sua reivindicação de relativa autonomia, alegando que tal concessão levaria a Rússia ao caos e à anarquia.

A Rada Central, sob a chefia do historiador Mykhailo S. Hrushevsky (1866–1934) e de outros intelectuais, tais como Volodymyr Naumenko (pedagogo), Dmytro Doroshenko (publicista) e Dmytro Antonovy (historiador de arte e político), era um órgão formado pelos proprietários de terra, pequenos agricultores e comerciantes ucranianos, mas Lenin reconheceu legítima sua aspiração de autonomia, inclusive porque não pretendiam a secessão da Ucrânia. E Lenin ponderou, em nota publicada no *Pravda* n° 82, em 28 de junho de 1917, que

> Essas palavras estão perfeitamente claras. Eles declararam muito especificamente que o povo ucraniano não deseja separar-se da Rússia, no presente. Eles demandam autonomia sem negar a necessidade da suprema autoridade do Parlamento de Toda a Rússia. Nenhum democrata, sem mencionar um socialista, ousará negar a completa legitimidade das demandas da Ucrânia, nem mesmo negar à Ucrânia o *direito* de livremente desligar-se da Rússia. Somente o reconhecimento deste direito torna possível advogar a livre união dos ucranianos e grão-russos, uma *voluntária* associação de dois povos num só Estado.[24]

Em outro artigo, publicado no *Pravda* n° 84, em 30 de junho de 1917, voltou ao tema, afirmando:

> Não há absolutamente nada de terrível, de sombra de anarquia ou caos nem nas resoluções nem nas demandas da Ucrânia. Atender a suas mais legítimas demandas e autoridade será justo e efetivo na Ucrânia como em

qualquer outra parte da Rússia, onde os Sovietes (que *nenhuma* "garantia de regularidade" têm!!) são a *única* autoridade.[25]

Lenin, a ressaltar que as estimativas de 1897 indicavam a existência de 17% de ucranianos na Rússia, contra 43% de grão-russos, reconheceu assim a maior parte de Donbass, inclusive as cidades industriais e outros povoados russófonos como parte da Ucrânia.[26] Os bolcheviques, com forte apoio nessa região, Donbass, não aceitavam, entretanto, a ideia de uma Ucrânia separada.[27] E, em 29 de abril de 1918, em plena guerra civil, que se seguiu à tomada do poder pelos bolcheviques (outubro/novembro de 1917), o general Pavel Petrovyč Skoropads'kyi (1873–1945), aristocrata de origem cossaca, derrubou o Conselho Central da República Nacional, em Kiev, e a União de Todos os Proprietários de Terra da Ucrânia, proclamou-o Hetman (atamán, chefe do Conselho Executivo dos assuntos de Estado da Ucrânia, a Central Rada (Tsentralna Rada). Ele então instituiu um governo antissoviético, respaldado pelas tropas de ocupação alemãs e austro-húngaras, mas não se manteve no poder por muito tempo. Em novembro de 1918, com a derrota e capitulação das Potências Centrais — a aliança dos Impérios Alemão, Autro-húngaro e Otomano — na guerra mundial, o Hetman Pavel P. Skoropads'kyi, sem mais apoio, foi derrubado pelo político nacionalista Symon Petlyura (1879–1926), que fundou a República Popular da Ucrânia (Ukrayins'ka Narodnia Respublika). E a guerra de classes irrompeu em Donbass. Em dezembro de 1918, de acordo com a ordem do general Sviatoslav V. Denisov (1978–1957), comandante do Exército Cossaco do Don (contrarrevolucionário), um operário foi enforcado de cada dez capturados por suas forças em Iuzivka, a cidade industrial de Dontesk.[28]

Por sua vez, entre o baixo Donets (afluente do Don) e o Mar de Azov, os bolcheviques fundaram, em 12 de janeiro de 1918, a República Popular Soviética de Donetsk Krivoy-Rog, com capital em Kharkov e Luhansk. E, quase ao mesmo tempo, 17 de janeiro, Vladimir Yudovsky, a comandar a Organização Militar Bolchevique e os Guardas Vermelhos, proclamou Odessa cidade livre e lá estabeleceu um Conselho de Comissários do Povo, bolcheviques, anarquistas e representantes do Partido Socialista

Revolucionário (narodniki, populista), solidário com o governo soviético de Petrogrado.²⁹ Os marinheiros da esquadra russa, em Sevastopol, na Crimeia, já haviam aderido aos bolcheviques, em 19 de março de 1918, e expulsado da cidade os "tatars e burgueses nacionalistas", clérigos islâmicos e ricos proprietários de terra, e proclamaram a República Soviética Socialista de Taurida, restaurando o antigo nome da península — Tauris ou Tauric Chersonese — que Sêneca (6 a.C. - 4 d.C.) referiu, em *Phaedra*, como *inhospitalis Taurus*,³⁰ habitada por tribos nômades equestres — *Scythes/citas e Kimmerioi*/cimérios), de línguas indo-arianas, e onde os gregos haviam estabelecido colônias por volta do século V (a.C.).³¹ As tropas alemãs, com o suporte dos tatars, invadiram, porém, a Crimeia e liquidaram a república soviética.

Figura 11.6 — Repúblicas Soviéticas na Novorrosya
Fonte: Ther Hetmasnate.net³²

Entrementes, a partir de Huliaipole (Guliaipole ou Gulai-Pole), uma vila na *oblast* (província) de Zaporizhia, Nestor Makhno (1889–1935) chefiava uma sublevação camponesa, de caráter comunista-anarquista,

A DESORDEM MUNDIAL

conhecida como Makhnovshchina. Ele formou o Exército Revolucionário Insurrecional da Ucrânia (Revolyutsionnaya Povstancheskaya Armiya Ukrainy), o Exército Negro. Fyodor Shuss (1893–1921), outro
famoso anarquista, a ele se somou na batalha, na qual morreu, contra a
8ª Divisão dos Cossacos Vermelhos, comandado por Vitaly M. Primakov
(1897–1937).[33]

Os comunistas-anarquistas, liderados por Nestor Makhno, combateram tanto as tropas contrarrevolucionárias do Exército Branco, do general Anton I. Denikin (1872–1947), quanto as forças do Exército Vermelho.
Seu projeto consistia em deixar os sovietes livres e implantar comunidades libertárias, anárquicas, sem instituições e autoridades, *i.e.* sem governo, sem Estado. Esse movimento se estendeu às regiões de Alexandrovski,
Melitopal, Mariupol, Yekaterinoslav e Pavlogrado.[34] Mas, em fins de
1920, antes de ocupar o norte de Tauride e derrotar o exército contrarrevolucionário do general Pyotr N. Wrangel (1878–1928), o general Mikhail V. Frunze (1885–1925), a comandar o Exército Vermelho, não
apenas esmagou os contingentes nacionalistas, liderados por Symon Petlyura (1879–1926), mas também massacrou o movimento anarquista em
batalhas travadas na península de Chongar, na enseada de Syvash, à costa do Mar de Azov, e no istmo de Perekop, pequena faixa de terra entre
a Crimeia e a Ucrânia. Milhares de anarquistas morreram em combate e
os sobreviventes foram executados pelos bolcheviques. Nestor Makhno,
com pequeno grupo de companheiros, escapou para a Bessarábia, depois, Romênia e Polônia, até chegar a Paris, onde morreu de tuberculose
em 1934.[35]

Donbass (acrônimo de Donetskii Bassein, Bacia do Donets), ao sudeste e leste da Ucrânia, era um território escassamente povoado, entre os
planaltos dos Cárpatos e Volhynian-Podolian, que o Império Russo havia
conquistado da Turquia, na guerra de 1768–1774, e incorporado ao seu
domínio, após liquidar o atamanato cossaco[36] (kozaki, kazaki) — Zapori-
zhian Sich (1873–1875), uma comunidade marcial-camponesa, fortifica-
da e muito poderosa, no sul e sudeste da região.[37] Entretanto, chamada
desde então de Novorossiisk/Novorossiya, essa foi a zona do Império
Russo que mais rapidamente se desenvolveu.[38] E o fator fundamental para
o impulso da economia de Donbass, incrementando a produção das in-

dústrias de carvão e aço, foi a guerra da Crimeia (1853–1856), que o Império Russo perdeu para a Grã-Bretanha e França, mais bem armadas e aliadas ao Império Otomano.[39]

Em 1866, o governo do czar Alexander II (1818–1881) encomendou ao grupo empresarial Millwall Iron & Shipbuilding Company, da Inglaterra, a fabricação de plataformas de aço para o Forte Konstantin, próximo à base naval de Kronstad, construída no reinado do czar Pedro, o Grande, e inaugurada em 1704, na ilha de Kotlin, Mar Báltico, e deu-lhe a concessão para explorar as jazidas de carvão e ferro existentes nas estepes desoladas de Donbass. O engenheiro e empresário nascido no País de Gales (Inglaterra), John James Hughes (1814–1889), diretor do Millwall Iron & Shipbuilding Company, aceitou o desafio e comprou do príncipe Sergey Kochubey uma concessão, à margem do Mar de Azov, para explorar carvão e ferro, assim como fundar uma usina de aço e indústria de metalurgia em Donbass.[40]

O acordo formal foi assinado pelo czar Alexandre II em 1868 e John James Hughes registrou em Londres a empresa New Russia Company Ltd. (Novorossiskoe-Rog), com um capital de £ 300.000. O lugar escolhido para o empreendimento situava-se cerca de 75 km de Taganrog e das docas Mariupol, no Mar de Azov.[41] John James Hughes importou máquinas, fornos e outros equipamentos da Inglaterra, e depois começou a explorar as minas de Krivoy Rog, com centenas de especialistas em mineração de ferro e antracite (carvão betuminoso), que trouxe da Inglaterra, juntamente com 300.000 operários galeses.[42] Aí então fundou uma comunidade, denominada Iuzovka/Iuzovskii zavod, renomeada, em 1924, Staline (Сталіне) e, ulteriormente, Donetsk, onde os judeus passaram a ocupar as atividades administrativas, contabilidade e outras, ou eram mercadores e artesãos.[43] O número de judeus em Iuzovka saltou de 2.476, em 1969, para 9.469, em 1897.[44] E John James Hughes, a desdobrar seu empreendimento, assumiu a construção da ferrovia Kursk-Kharkov-Azov, para a qual subcontratou o empresário russo Samuel Polyakov. A indústria siderúrgica e metalúrgica então floresceu, com base no emprego intensivo de maior força de trabalho, relativamente barata, do que com investimento de mais capital, escasso e caro, na exploração de abundantes jazidas de minérios, carvão e ferro.[45]

A DESORDEM MUNDIAL

Donbass, a "estepe selvagem" (*dyke pole, dikoe pole*), era uma fronteira aberta, semipastoril, não tinha unidade administrativa integrada nem estrutura social, e para a região, historicamente situada entre áreas de cossacos, migraram milhares de camponeses russos e trabalhadores das mais diversas nacionalidades, refugiados de várias partes e outros países. Outrossim recebeu capitais franceses, belgas e alemães, atraídos pela riqueza de minérios, sobretudo carvão e ferro, e também manganês, na bacia de Nikopol, mais ao sul, em Dnipropetrowsk.[46] Várias línguas ali eram faladas, embora o russo predominasse nas cidades,[47] e a população de Donbass tornou-se majoritariamente operária e multiétnica, extremamente heterogênea, ao contrário dos camponeses do ocidente, zona mais agrícola, na órbita de Kiev, e com os quais nunca estiveram em bons termos de entendimento.[48] Os ucranianos étnicos de Iuzovka/Donetsk muito pouco contribuíram para seu crescente desenvolvimento industrial e de toda a área de Donbass, que abrangia Luhansk, Dnipropetrovsk, Zaporizhia, Mykolaiv, Yekaterinoslav, Kherson, Odessa, e em outras *oblasts* do Império Russo.[49] "*But Donbass was essentialy Russian*," assinalou o historiador Theodore H. Friedegut, a acentuar que "*Russian populated it and gave the region its working muscles*".[50]

NOTAS

1. Os varangianos eram chamados *rus'*, palavra provavelmente originária do nórdico *roðs* ou *roths*, referente aos suecos/escandinavos. Ela se encontra nos escritos dos francos do ano 839 — *Annales Bertiniani* — e certamente é a raiz da palavra russo. Nas línguas da Finlândia e da Estônia as palavras *Ruotsi* e *Rootsi* ainda permanecem para designar os suecos. Porém até fim do século XX havia sido resolvida a questão de sua origem. Bertil Albegrin (Uppsala University) *et al.*, 1975, pp. 132–133; Johannes Brøndsted, 1986, pp. 67–68.
2. Kiev esteve sob o domínio de dois príncipes vikings Askold e Dir, entre 860 e 862. Franklin D. Scott, 1983, p. 22.
3. *Ibidem*, pp. 20–25; Bertil Albegrin (Uppsala University) *et al.*, 1975, pp. 134–138.
4. Os judeus *ashkenazim*, conforme Arthur Koestler e vários *scholars* sustentam, não são etnicamente de origem hebraica semitas, mas descendentes dos khazares, povo da etnia turca, que adotou o judaísmo como religião oficial, ao que tudo indica, por volta de 740, no reinado de Bulč'an "Sabriel" al-Khazari. Arthur Koestler concluiu que esses judeus estão mais relacionados com as tribos húngaras, magiares e uigures

LUIZ ALBERTO MONIZ BANDEIRA

do que com as 12 tribos de Israel, com os descendentes de Abraão, Isak e Jacob. O khanato de Khazar situava-se entre o Mar Negro e o Mar Cáspio, e foi destruído com a invasão dos árabes e mongóis, entre os séculos XII e XIII. Seu povo assim se dispersou; enorme parte dos judeus de Khazaria emigrou para a Polônia, enquanto outra se deslocou para a região do Reno (Alemanha e França); Kevin Alan Brook, 2010; Arthur Koestler, 1976, pp. 13–19, 154–166. 223–226; Isaac Deutscher, 1970, p. 30.

5. Johannes Brøndsted, 1986, pp. 64–67.
6. Paulo R. Magocsi, 2010, pp. 64–67.
7. Fonte: *Daily Express*, 17 de maio de 2014. Disponível em <http://www.google.de/imgres?imgurl=http://cdn.images.express.co.uk/img/dynamic/78/590x/europe_borders_video-465382.jpg&imgrefurl=http://www.express.co.uk/news/world/465382/VIDEO-Crimea-is-just-the-latest-change-in-850-years-of-Europe-s--moving-borders&h=350&w=590&tbnid=k4H_LcV61d59CM:&zoom=1&tbnh=90&tbnw=152&usg=__5_ZK9_npi3f9WTHFuFWHqv0vkuo=&docid=KTgdKovFltMoBM>.
8. Fonte: Wikipedia pandora.cii.wwu.edu. Disponível em <http://www.google.de/imgres?imgurl=http://pandora.cii.wwu.edu/vajda/russ110/images/slides/V_007.jpg&imgrefurl=http://pandora.cii.wwu.edu/vajda/russ110/htm_images/slide_25.htm&h=400&w=417&tbnid=_TYQ9JTRuRjBCM:&zoom=1&tbnh=90&tbnw=94&usg=__Ooclt5GLbgZljx0iOG51MATTVDY=&docid=WPtNDdGXI0_mLM>.
9. Leon Trotsky, 1977, pp. 736–737.
10. Hetman (comandante, chefe militar cossaco) — palavra polonesa/ucraniana, originária do alemão Hauptmann. Em espanhol e galego, bem como em português é traduzido como atamán.
11. Werner Scheck, 1980, pp. 217–218; Leon Trotsky, 1975, p. 30.
12. George Gordon Byron (Lord), 1948, p. 397–457; Victor Hugo também escreveu um poema sobre o romance de Mazeppa, que serviu de tema para outros artistas, como Franz Liszt e Pyotr Piotr Ilitch Tchaïkovski.
13. Franklin D. Scott, 1983, pp. 233–235.
14. Atualmente Bender/Bendery, também conhecida copmo Tighina, é uma cidade na Moldávia.
15. Paul Kubicec, 2008, pp. 48–51.
16. *Ibidem*, p. 30.
17. Os tatars da Crimeia eram uma etnia aparentada com os turcos e sua língua era do mesmo ramo. Na Idade Média, quando tribos tatars (Törk-Tatarları), que habitavam a Rússia, foram subjugadas pelas "Hordas Douradas" (Zolotaya Orda), os mongóis, e integradas no seu império, os cristãos passaram a chamar tanto os tatars quanto os mongóis de "tartarus", expressão que na mitologia grega significava inferno, o submundo de onde os demônios provinham. Os demônios eram os mongóis montados a cavalo. Daí a confusão criada entre "tatar" e "tartarus"; Brian G. William, 2001, pp. 10–13; Greta Lynn Uehling, 2004, pp. 30–34.
18. Werner Scheck, 1980, p. 259.
19. *Ibidem*, pp. 258–262; John F. Baddeley, 1969, pp. 42–43; Shreen T. Hunter, 2004, p. 9.

A DESORDEM MUNDIAL

20. Grzegorz Rossolińke-Liebe, 2014, p. 90.
21. Leon Trotsky, "Problem of the Ukraine" (April 1939)". *Written*: 2 de abril de 1939. *Originally published*: *Socialist Appeal*, 9 de maio de 1939. *Source*: *Arsenal of Marxism, Fourth International*, Vol. 10, n. 10, Novembro de 1949, pp. 317–319. *Transcription/ HTML Markup*: Einde O'Callaghan for the *Trotsky Internet Archive*. Disponível em <http://www.marxists.org/archive/trotsky/1939/04/ukraine.html>.
22. "Order N.174 By the Chairman of the Revolutionary War Council of the Republic and People's Commissar for Military and Naval Affairs to the Red forces entering the Ukraine", November 30, 1919, Moscow. *"Comrade soldiers, commanders, commissars! You are entering the Ukraine. By defeating Denikin's bands you are freeing a fraternal country from its oppressors. The Ukraine is the land of the Ukrainian workers and working peasants. They alone have the right to rule in the Ukraine, to govern it and to build a new life in it. While striking merciless blows at the Denikinites you must at the same time show fraternal care and love for the working masses of the Ukraine. Woe to anyone who uses armed force to coerce the working people of the Ukraine's towns or villages! The workers and peasants of the Ukraine must feel secure under the defence of your bayonets! Keep this firmly in mind: your task is not to conquer the Ukraine but to liberate it. When Denikin's bands have finally been smashed, the working people of the liberated Ukraine will themselves decide on what terms they are to live with Soviet Russia. We are all sure, and we know, that the working people of the Ukraine will declare for the closest fraternal union with us. Do your duty, Red soldiers, commanders, commissars. Death to the aggressors and oppressors — the Denikinites, the landlords, the capitalists and kulaks! 'Long live the Red Army!* Long live the free and independent Soviet Ukraine!'". *The Military Writings of Leon Trotsky*. How the Revolution Armed, Volume 2, 1919. The Southern Front III. *The Red Army's Second Offensive in the Ukraine. (August-December 1919)*. Disponível em <https://www.marxists.org/archive/trotsky/1919/military/ch108.htm>. Também em: <https://www.marxists.org/archive/trotsky/index.htm>.
23. Fonte: Wikipedia <https://upload.wikimedia.org/wikipedia/commons/0/07/Ukraine-growth.png>.
24. Lenin, v. I. "The Ukraine", in: Collected Works. Londres: Lawrence & Wishart, 1964, Volume 25 (junho-setembro de 1917), pp. 91–92.
25. Lenin, v. I. "The Ukraine and the Defeat of the Ruling Parties", *Ibidem*, pp. 99–101.
26. Hiroaki Kuromiya, 1998, p. 99.
27. Paul Kubicek, 2008, p. 83.
28. Hiroaki Kuromiya, 1998, pp. 103.
29. Maxim Edwards, "Symbolism of the Donetsk People's Republic". *OpenDemocracy*, 9 de junho de 2014. Disponível em <https://www.opendemocracy.net/od-russia/maxim--edwards/symbolism-of-donetsk-people%E2%80%99s-republic-flag-novorossiya>.
30. Sénèque (L. Annaei Senecae), 1965, versos 165–170 e 906, pp. 51 e 132.
31. Paulo R. Magocsi, 2010, p. 201.
32. Chad Nagle, "Ukraine's pro-Russian separatists claim Bolshevik legacy". *The New Hetmanate*, 7 de fevereiro de 2015. Disponível em <http://newhetmanate.net/2015/02/07/ukraines-pro-russian-separatists-claim-bolshevik-legacy/>.

33. Vitaly M. Primakov foi um dos muitos oficiais do Exército Vermelho que Stalin mandou prender e executar entre 1936 e 1939.
34. Nestor Makhno, 1988, pp. 70–71 e 261–262.
35. "Prominent Russians: Nestor Makhno (October 26, 1888-July 6, 1934)". *Russiapedia*. Disponível em <http://russiapedia.rt.com/prominent-russians/history-and--mythology/nestor-makhno/>.
36. Cossaco, palavra originada do turco *Qasaq*.
37. Hiroaki Kuromiya, *Freedom and Terror in the Donbas: A Ukrainian-Russian Borderland, 1870s-1990s*. Nova York/Cambridge: Cambridge University Press, 1998, pp. 35–37. Em 2005, o presidente Vladimir Putin introduziu uma lei, aprovada pela Duma, que reconheceu os cossacos não apenas como distinta entidade etnocultural, mas também como poderosa força militar e de segurança. *Of Russian origin: Cossacks — Russiapedia*. Disponível em <http://russiapedia.rt.com/of-russian-origin/cossacks/>.
38. Orest Subtelny, 2000, pp. 266–271; Hiroaki Kuromiya, 1998, pp. 14–18.
39. Theodore H. Friedgut, /1989, p. 12.
40. *Coalland — Faces of Donetsk* — Zoï Environment Network and UNEP/GRID-Arendal, ISBN: 978-82-7701-090-8. França: Global Publishing Services, 2011, p. 12.
41. Richard Davenport-Hines (Editor), 1990, pp. 145–146.
42. Theodore H. Friedgut, 1989, pp. 15–20.
43. *Ibidem*, pp. 199–207.
44. *Ibidem*, p. 203.
45. *Ibidem*, pp. 87–88.
46. Hiroaki Kuromiya, 1998, pp. 14–18.
47. *Ibidem*, p. 42.
48. *Ibidem*, p. 207.
49. Theodore H. Friedgut, 1989, pp. xii e 3.
50. *Ibidem*, pp. 229–232.

Capítulo 12

CRÍTICA DE ROSA LUXEMBURG À POLÍTICA DAS NACIONALIDADES DE LENIN • UCRÂNIA INDEPENDENTE COMO INVENÇÃO DO *"HOBBY* DE LENIN" • AS SUBLEVAÇÕES CAMPONESAS • A VITÓRIA DO EXÉRCITO VERMELHO • A DESKULAKIZAÇÃO E A CRISE DE FOME DE 1931–1932 • INVASÃO DA UNIÃO SOVIÉTICA PELAS FORÇAS DA WEHRMARCHT • STEPAN BANDERA E A QUINTA-COLUNA NAZISTA NA UCRÂNIA • O *SHOAH* NA UCRÂNIA

Rosa Luxemburg (1871–1919), cujo contributo à teoria econômica de Marx e Engels foi dos mais importantes, saudou a Revolução Russa como *"das gewaltigste Faktum"* (o mais poderoso *factum*) da grande guerra de 1914–1918,[1] porém aportou severas críticas aos métodos e iniciativas de Lenin e Trotsky, em texto escrito, entre agosto e setembro de 1918, ainda na prisão de Breslau (Alemanha), da qual saiu em 18 de novembro, véspera da abdicação do Kaiser Wilhelm II. Uma de suas discordâncias foi quanto ao direito de autodeterminação das nacionalidades, que compunham a população da Rússia, desde muitos séculos, e, referindo-se, especialmente, ao "tolo nacionalismo ucraniano" (*die Narretein des "ukrainschen Nationalismus"*), ressaltou que antes de uma "Ucrânia independente" (*selbständige Ukraine*) haver sido inventada pelo *"hobby* de Lenin" (*Steckenpferd Lenins*), a Ucrânia fora o centro, a fortaleza do movimento revolucionário da Rússia.[2] De lá, de Rostov, de Odessa, da região de Donetz — lembrou Rosa Luxemburg — fluíram as torrentes de lava que lançaram o sul da Rússia, já em 1902–1904, em um mar de chamas, assim preparando a insurreição de 1905.[3] O mesmo aconteceu na revolução de 1917, pois o proletariado da Rússia meridional forneceu as tropas de elite das falanges proletárias (*die Elitentruppen der proletarischen Phalanx stellte*).[4]

A afirmar que os bolcheviques, com o princípio da autodeterminação das nacionalidades, propiciaram a ideologia que mascarava a contrarrevolução, fortalecendo a posição da pequena burguesia e enfraquecendo o proletariado, Rosa Luxemburg previu que a Ucrânia assim desempenharia um "papel fatal" (*fatale Role*) no destino da revolução russa. Seu nacionalismo — argumentou — era bastante diferente, *e.g.*, do nacionalismo tcheco, polonês ou finlandês, dado representar mera extravagância, empáfia de uma dúzia da *intelligentsia* pequeno-burguesa, sem a mínima raiz na situação econômica, política ou espiritual da terra, sem qualquer tradição histórica, porque a Ucrânia, povoada por uma minoria de 7 milhões de pessoas,[5] nunca constituiu uma nação ou um Estado, e sem nenhuma cultura nacional, exceto as poesias romântico-reacionárias de Schewtschenko.[6]

Rosa Luxemburg acusou Lenin e seus companheiros de inflarem, artificialmente, essa "farsa burlesca" (*diese lächerliche Posse*) de um par de professores universitários e estudantes, ao nível de um fator político, com a agitação da doutrina sobre o direito à autodeterminação, até o ponto de convertê-la em fanfarronada sangrenta e bandeira de reunião dos contrarrevolucionários.[7] O mesmo conceito Rosa Luxemburg repetiu em outro texto — "*Fragment über Krieg, nationale Frage und Revolution*" — no qual observou que o nacionalismo na Ucrânia russa, até a revolução bolchevique, em outubro de 1917, nada representava, era bolha de sabão, vaidade de uma dúzia de professores e advogados, cuja maioria nem mesmo ucraniano podia ler.[8] Ela entendia que Lenin devia manter a integridade territorial do Império Russo sob a égide da revolução socialista.

Lenin sustentou a decisão de conceder a autodeterminação às nacionalidades. Em 10 de março de 1919, o 3° Congresso dos Sovietes da Ucrânia mudou o nome da República Soviética do Povo Ucraniano (1917–1918), com a capital em Kharkov (Khirkiv), para República Socialista Soviética da Ucrânia, que se tornou tecnicamente um Estado independente, com seu próprio governo,[9] enquanto a República Popular da Ucrânia Ocidental, que existiu na Galitzia, entre fins de 1918 e começo de 1919, se fundia com a República Nacional da Ucrânia sob o nome de República

A DESORDEM MUNDIAL

Popular da Ucrânia (Zapadnoukrajinska Narodna Republika), com apenas 4 milhões de habitantes, sob o comando do nacionalista Symon Petlyura (1879–1926), que continuou a guerra contra o Exército Vermelho, apoiado por forças da Polônia, sob a ditadura do marechal Józef Klemens Piłsudski (1867–1935).

Como Rosa Luxemburg previu, a perspectiva de reconhecimento da autodeterminação das nacionalidades despedaçou a Ucrânia em pretensas pequenas repúblicas de tendências diferentes, em meio a sublevações de camponeses, cossacos chefiados pelo atamán Alexei M. Kaledin (1861–1918)[10] e operários, enquanto sangrentos *pogroms* ocorriam em todas as cidades. Em 15 de fevereiro de 1919 foram exterminados 1.700 judeus — homens, mulheres e crianças —, e, no dia seguinte, mais 600.[11] Os atamáns (warlords) cossacos do Don, Angell, Kazakov, Kozyr-Zyrko, Struk, Volynets, Zeleny, Tutunik, Shepel e Grigoryev, com cavalarias, pilharam, torturaram, estupraram e massacraram 6.000 judeus em meados de 1919. A palavra de ordem da contrarrevolução era: "Ataque os judeus e salve a Rússia."[12] Estima-se que os atamans, as forças nacionalistas sob o comando de Simon Petlyura,[13] à frente da Rada Central, instituída em Kiev, bem como o Exército Branco, contrarrevolucionário, do general Antón I. Denikin, cuja coluna dorsal foram os cossacos de Kuban (Kubanskiye Kazaki), realizaram 1.236 *pogroms*, entre 1917 e 1921, em mais de 524 localidades da Ucrânia, sobretudo no leste, e liquidaram entre 30.000 e 60.000 judeus.[14] Outras fontes estimam que aproximadamente 150.000 judeus (125.000 na Ucrânia, 25.000 na Bielorrússia) foram aniquilados entre 1918 e 1922.[15] As matanças perpetradas pelas forças contrarrevolucionárias estenderam-se à Bielorrússia e até o norte do Cáucaso, Sibéria e Mongólia. E os judeus procuravam a proteção do Exército Vermelho.[16]

Entre 13 de junho de 1920 e março de 1921, o Exército Vermelho, com cerca de 3,5 milhões de efetivos, muito bem organizados e disciplinados, sob o comando do general Mikhail N. Tukhachevsky (1893–1937), cercou e capturou Kiev, então dominada pelas forças de Józef Pilsudisky (1867–1935), ditador da Polônia, que reconheceu a soberania da Rússia sobre toda a Ucrânia até Donbass e a Bielorrússia, ao celebrar o Tratado de Riga (1921), terminando a guerra. E, em 30 de dezembro de 1922, a Ucrânia, ainda a padecer da devastação causada pela guerra civil e assolada pela fome, somou-se como Estado, denominado República Soviética Socialista, às Repúblicas Soviéticas da Rússia, Bielorrússia e Transcaucásia, na formação da União Soviética. O governo então lhe transferiu a região da Novorossiisk, que se estendia sobre Kharkov, Donetsk, Luhansk, Zaporizhia, Kherson, Dnepropetrovsk, Mykolaiv e Odessa, região onde enorme parte dos habitantes era russa ou de origem russa. O objetivo do governo bolchevique, ao transferir-lhe a Novorossiya, uma zona mais industrializada, foi, ao que consta, equilibrar o poder na nova república soviética, com maior número de operários, dado que o oeste, à margem direita do Dnieper, era predominantemente rural e os camponeses e setores nacionalistas pequeno-burgueses lá prevaleciam.

As fronteiras da República Soviética Socialista da Ucrânia não se estendiam à península da Crimeia, cuja população era, àquele tempo, de 623.000 habitantes, dos quais 150.000 tatars, que se consideravam seus primeiros habitantes (*korenni narod*). Em 1921–1922, a península foi bastante afetada pela fome e a população decresceu algo em torno de 21%.[17] Cerca de 100.000 pessoas, das quais 60.000 eram tatars, pereceram famintas e mais de 50.000 escaparam para a Romênia. Muitos depois regressaram e, entre 1925 e 1927, estabeleceram duas dezenas de assentamentos e vilas na península. E, segundo o censo da União Soviética, em 1939, 218.179 tatars viviam na Crimeia. Esse número caiu, no entanto, para 165.259, em 1953, em virtude das remoções em massa para o Cazaquistão, Ásia Central, Urais e Sibéria, ordenadas por Stalin entre 1943 e 1945,[18] não obstante desfrutarem de autonomia cultural (*korenzatsiia*), assegurada pela política de respeito às nacionalidades, desde que Lenin e os bolcheviques assumiram o poder em 1917.[19] Após o Pacto Molotov-Ribbentrop (23 de agosto de 1939), mediante o qual a União Soviética e a Alemanha a repartiram, invadiram e anexaram as partes da Polônia, a Ucrânia recebeu da Romênia a região da Bessarábia, o nordeste de Bukovina e a região de Hertza, assim como reincorporou ao seu território a Galitzia e Volhnia (Lodomeria-Volodymyr-Volynsky/ Vo-Lodymer).

Em 1941, após o começo da Operation Barbarossa — a invasão da União Soviética pelas forças da Wehrmarcht — as tropas da 11. Armee e a 22. Panzer-Division, sob o comando do marechal de campo Erich von Manstein, alcançaram e ocuparam a Crimeia, mas somente conseguiram conquistar a base naval de Sevastopol, depois de um cerco de 250 dias e intensas batalhas, entre julho e outubro de 1942. Durante a ocupação da Crimeia, os nazistas exterminaram mais da metade dos 65.000 judeus, que lá viviam, tanto ashkenazi quanto os judeus da montanha — *juhuro/quba* — e os *karaites/qarays* — *karaism/ 'kærə.aɪt/ 'kærə.ɪzəm/*. Outrossim, na Ucrânia, com uma população estimada em 30 milhões de habitantes, aproximadamente 3 milhões de judeus — homens, mulheres e crianças — foram aniquilados, à parte da matança de 850.0000 /900.000 a 1,5 milhão ou mais de não judeus.[20]

Conquanto a grande maioria dos ucranianos se incorporasse ao Exército Vermelho, e a crueldade das tropas da Wehrmacht incrementasse a resistência, a opressão do regime stalinista — o Grande Terror dos anos 1930, entre outros fatores históricos — havia gerado forte e profundo sentimento nacionalista antissoviético e, consequentemente, antirrusso, percebido pelo NKVD.[21] O próprio Pavel Y. Meshik (1910–1953), chefe da estação do NKVD na Ucrânia,[22] manifestou a Moscou o receio de que os nacionalistas ucranianos viessem a formar a quinta-coluna, em caso de invasão pelas forças do III Reich, possibilidade sobre a qual rumores já estavam a ocorrer.[23] Adiantou ainda a ocorrência de rumores sobre a ida de 200 ativistas nacionalistas ucranianos para Berlim, a fim de fazerem cursos especiais de como administrar uma "Ucrânia independente", e que mais de 1.000 grupos formados por elementos criminosos e fortemente armados, sob a liderança de Stepan Andriyovych Bandera (1909–1959), já estavam preparados para engajar-se em atividades contra a União Soviética.[24] Em 27 de fevereiro de 1941, antes da Operation Barbarossa, Pavel Y. Meshik também informou a Stalin que os mestres encorajavam e ensinavam os alunos, nas escolas, a escrever a história e a geografia da "Ucrânia independente", e mapas com essa configuração estavam pendurados em estabelecimentos de Cracow.[25] Em tais circunstâncias, parte da população não só saudou como libertadoras as tropas da Wehrmacht, como lutou ao seu lado contra a União Soviética. Mais de 100.000 ucranianos colaboraram com os nazistas, integraram a polícia local (Schutzmannschgaften), ideologicamente motivados,[26] e formaram várias unidades dentro das Waffen-SS e Wehrmacht, entre as quais a Divisão SS-Galichina, a 14ª Divisão de Voluntários SS (Galizien Division) e os batalhões Nachtigal e Roland.

Tais unidades militares eram integradas pelos protonazistas da Organização dos Nacionalistas Ucranianos-B (ONU-B/Banderivtsi), sob o comando de Stepan A. Bandera, agente direto da Abwher, o serviço de inteligência da Wehrmacht,[27] e chefe do Exército Ucraniano Insurgente (Ukrayins'ka Povstans'ka Armiya — UPA), cujas milícias foram treinadas pelas Waffen--SS. A ONU-B/Banderivtsi constituía uma dissidência radical da Organização dos Nacionalistas Ucranianos (ONU/Melnykivtsi), fundada em 1929 sob a liderança do general Andrij Melnyk (1890–1964),[28] e não apenas recebia o suporte da Abwher, dirigida pelo almirante Wilhelm F. Canaris (1987–1945), como também contou, desde meados dos anos 1930, com o patrocínio do almirante sir Hugh Sinclair, então chefe do MI6, da Grã--Bretanha, para que combatesse o bolchevismo.[29] As três organizações eram racistas, antissemitas, anticomunistas e colaboraram intensamente com as forças do III Reich — Waffen-SS, Gestapo, Einsatzgruppen etc. — na promoção de *pogroms*, desde o início da invasão da Ucrânia.[30] E, em conluio com os nazistas, trataram de implicar os judeus com os crimes de Joseph Stalin, que muitos acusavam haver deliberadamente causado a morte de milhões de pessoas, durante a crise de fome de 1931–1932, que atingiu duramente a Ucrânia, onde Donbass foi das áreas mais afetadas.[31]

Há controvérsias sobre as causas da crise.[32] Porém, ela ocorreu. Nikita Kruschiov contou, em suas memórias, que ele não podia imaginar, quando deixou a Iuzovka/Stalino (Donetsk),[33] em 1929, que a crise de fome iria abater a Ucrânia, porquanto a produção de alimentos havia alcançado o nível anterior à guerra civil (1917–1922), a qual havia devastado a agricultura, e o *standard* voltara a equivaler ao de 1913.[34] Recordou que Anastas I. Mikoyan (1895–1978), então membro do Politburo do PCUS, disse-lhe que, em 1936, Nikolai N. Demchenko,[35] secretário do PC em Kiev, informou-lhe que, naqueles anos, chegavam trens de Kharkov com vagões abarrotados de cadáveres. Supunha que Stalin de nada sabia. Tinha medo de transmitir-lhe a informação. E somente ousou falar com Mikoyan.[36]

O fato é que Stalin realmente sabia da desastrosa situação. Quando conferenciou com Winston Churchill, então primeiro-ministro da Grã--Bretanha, em Moscou (12 de agosto de 1942), ao ser indagado se as ten-

A DESORDEM MUNDIAL

sões da guerra contra a Alemanha nazista lhe eram tão ruins quanto a luta pela coletivização, ele respondeu que não, que a luta fora "terrível": "Dez milhões [...] foi assustador."[37] De fato, grande massa de 10 milhões de kulaks foi extirpada e deslocada na União Soviética.[38] E a estimativa era de que entre 6 e 8 milhões de pessoas, apenas entre 1931 e 1933, morreram esfomeadas — a maioria na Ucrânia — e até canibalismo houve — em consequência da gravíssima crise na agricultura, com a brutal queda da colheita de cereais, causada, *inter alia*, pelas requisições de grãos para exportar e coletivização forçada, em meio à sangrenta repressão e expropriação das terras pertencentes aos camponeses mais abastados (*kulaks*), e também de camponeses com menos recursos.

O fito de Stalin consistiu em destruir os kulaks como classe social, realizar a deskulakização (*raskulaestespchivanie*) e formar *kolkhozy* (cooperativas agrícolas/fazendas coletivas).[39] Milhares foram deportados para a Sibéria ou executados. Certamente, ademais dos que morreram durante a crise de fome, no início dos anos 1930, cerca de 4,2 milhões de pessoas pereceram até 1950, vítimas dos expurgos ordenados por Stalin, conforme revelou posteriormente Wladimir Krjutschkow (1924–2007), ex-diretor do KGB.[40] Por sua vez, o historiador Roy Medvedev calculou os mortos em cerca de 12 milhões de pessoas, além de outros 38 milhões, que sofreram as mais variadas medidas de repressão (prisão, campos de trabalho etc.).[41]

Decerto a deskulakização não foi o único fator da crise de fome. De qualquer forma, durante a ocupação pelas tropas do III Reich, a crise de fome dos anos 1930 serviu como elemento de propaganda contra os judeus/bolcheviques, a acusá-los como responsáveis pelo acontecimento. E os nacionalistas ucranianos, associados intimamente aos nazistas, participaram das terríveis matanças sucessivas, empreendidas pelos Einsatzgruppen A, C e D,[42] nas mais diversas *oblasts* da Ucrânia.[43] Nas regiões da Galitzia, Volhynia, Bukovina e muitas outras, as milícias da Organização dos Nacionalistas Ucranianos-B (ONU-B/ Banderivtsi) e do Exército Ucraniano Insurgente (Ukrayins'ka Povstans'ka Armiya — UPA) executaram uma limpeza étnica, com o massacre de cerca de 100.000 ou mais pessoas, em 1943. Segundo algumas fontes, os nacionalistas/protonazistas exterminaram entre 40.000 e 60.000 civis poloneses no território de Volhynia e entre 25.000 e 30.000 na região da Galitzia.[44] E, em dois dias — 29 e

30 de setembro de 1941— na ravina de Babyn Yar (Бабий Яр), ao norte da cidade de Kiev, mais de 33.000 judeus, ademais de comunistas, sacerdotes da Igreja Ortodoxa,[45] ciganos (*gypsies/romas*) e prisioneiros de guerra russos[46] foram coactados a abrir eles mesmos a cova coletiva, depois fuzilados e muitos lançados sobre os cadáveres dos outros e sepultados vivos. Calcula-se que o número de vítimas chegou a 100.000.[47]

Stepan A. Bandera e seus companheiros haviam proclamado a independência da Ucrânia, com o suporte da unidade ucraniana protonazista Nachtigall, em 30 de junho de 1941, logo após a conquista da cidade de L'viv, onde milhares de judeus — homens, mulheres e crianças — foram sumariamente aniquilados.[48] Seu ideal era uma Ucrânia nazista, mas "independente", com um governo aliado a Hitler, a fim de consolidar a "nova ordem étnica na Europa", através da "destruição da influência sediciosa dos judeus bolcheviques".[49] Cria que, terminada a guerra, o III Reich, vitorioso, retiraria suas tropas da Ucrânia, etnicamente limpa e independente, libertada tanto da Polônia quanto da União Soviética.[50] Volodymyr Stakhiv, eleito ministro dos Assuntos Exteriores, escreveu a Hitler a solicitar apoio à "nossa luta étnica".[51]

Não obstante Stepan Bandera e demais chefes da ONU-B/Banderivtsi e da ONU/Melnykivtsi cooperarem na execução da *Shoah* (Holocausto), não só na Ucrânia como na Polônia, com as matanças, a limpeza étnica do gueto de Varsóvia e o envio de milhares de judeus para os campos de extermínio de Auschwitz-Birkenau, as autoridades de Berlim, após alguma hesitação, ordenaram sua prisão. Muitos dos seus companheiros e adeptos foram perseguidos, alguns presos, e até mortos, uma vez que pretendiam a independência completa da Ucrânia, embora aliada à Alemanha e aos países do Eixo, contra os judeus/bolcheviques e a União Soviética. E Stepan Bandera, levado para Berlim, foi internado no campo de concentração de Sachsenhausen e depois transferido para Zellenbau Bunker.

A pretensão de fundar um Estado eslavo independente não convinha, contudo, aos interesses de Hitler, cujo projeto era descerrar o *Lebensraum* (espaço vital) da Alemanha, *i.e.*, talar as estepes da Ucrânia, para colonização e assentamento dos camponeses alemães, aos quais os eslavos, por ele considerados *untermenschen* (sub-humanos), deveriam servir como escravos.[52] Desde o início da ocupação, o comando da Wehrmacht em

A DESORDEM MUNDIAL

L'viv havia usado a Ucrânia como a principal fonte de suprimentos agrícolas para suas tropas, mas também de força de trabalho escrava.[53] Em setembro de 1944, ante o avanço do Exército Vermelho, os nazistas libertaram Stepan Bandera e outros e os transportaram para a Ucrânia, a fim de que colaborassem no enfrentamento com a União Soviética.

Uma facção, liderada por Mykola Lebed (1909–1998), associou-se mais estreitamente com o OSS (Office of Strategic Services), o serviço de inteligência dos Estados Unidos, antecessor da CIA. E Stepan Bandera conseguiu escapar para a Alemanha, a Zona de Ocupação da Grã-Bretanha. Lá orientou a reforma da ONU-B/Banderivtsi e voltou a trabalhar para o MI6.[54] Continuou então a coordenar as ações de guerrilhas e atividades terroristas contra a União Soviética, na Ucrânia, mediante o assassinato de conscritos do Exército Vermelho, suas famílias inteiras, o incêndio das moradias e florestas, a devastar vilas e explodir pontes.[55] Cerca de 35.000 membros dos serviços secretos da Polônia e da União Soviética, militares e quadros do Partido Comunista foram assassinados pelos guerrilheiros da ONU-B/Banderivtsi e do Exército Ucraniano Insurgente, nos dois anos seguintes ao fim da Segunda Guerra Mundial.[56] A esse tempo, a Ucrânia voltara a sofrer severa seca que afetou pesadamente a agricultura, reduzindo drasticamente a produção de grãos, a fome tornou-se iminente e o canibalismo ocorreu em algumas regiões, onde cadáveres foram usados como alimento.[57] Aleksei I. Kirichenko (1908–1975), secretário-geral do PC em Odessa, ao chegar a uma fazenda coletiva, viu uma camponesa cortar o cadáver de sua própria criança sobre a mesa e repartir os pedaços com outros.[58] E Khruschiov, em suas memórias, recordou que foi difícil convencer Stalin que o péssimo resultado da colheita não resultara de sabotagem,[59] ainda que os guerrilheiros da ONU-B pudessem haver largamente contribuído. E de fato contribuíram. A campanha terrorista, sob a orientação de Bandera e de outros dirigentes da ONU-B, devastou plantações, tornando desertas vastas áreas das estepes. O clímax dessa campanha terrorista ocorreu em 28 de setembro de 1948, com o assassinato do teólogo e sacerdote cárpato-russo Gabriel Kostelnik (1866–1948), da Igreja Ortodoxa. Kostelnik foi morto quando subia as escadas da Catedral da Transfiguração, em L'viv, por Vasily Pankiv, militante do Exército Ucraniano Insurgente, chefiado do exílio por Stepan

Bandera. Vasily Pankiv suicidou-se imediatamente após o crime. Os atentados, porém, prosseguiram.

A estratégia dos serviços de inteligência do Ocidente consistiu em expandir a resistência armada na Ucrânia a Bielorrússia, Moldávia, Polônia, países do Báltico e outras repúblicas do Bloco Soviético.[60] E, com a perspectiva de realizar operações paramilitares e operações encobertas, o OSS, chefiado por Allen Dulles, recrutou o general Reinhard Gehlen (1902–1979), ex-chefe do Fremde Heere Ost (FHO), o departamento da Abwehr encarregado da coleta de inteligência nos países do Leste Europeu, que se entregara ao Counter-Intelligence Corps (CIC) dos Estados Unidos, em 1944, e negociou seus serviços e arquivos, em troca de sua libertação e de seus companheiros, integrantes da rede de espionagem e operações secretas na Ucrânia e em toda a União Soviética.[61] Centenas de oficiais da Abwehr e das SS foram libertados e seguiram para as montanhas de Spessart, região da baixa francônia, entre a Baviera e Hesse, onde se juntaram ao general Reinhard Gehlen, já a serviço das U.S. Forces European Theater (USFET), desde que regressara dos Estados Unidos, onde fizera boa amizade com Allen Dulles.[62] Muitos agentes da Organization Gehlen, de quem Bandera se tornara protegido,[63] foram então infiltrados no sudoeste da Ucrânia, e diversos capturados pelo NKVD (НКВД — Narodnyy Komissariat Vnutrennikh Del), serviço de segurança da União Soviértica, denominado KGB a partir de 1954.[64] Porém, enquanto o general Gehlen clamava que Bandera "era um dos nossos homens", os assessores americanos advertiram à CIA que sua organização na Ucrânia — ONU-B/Banderivtsi — estava infiltrada por agentes do NKVD.[65] O general Gehlen, posteriormente, recebeu a missão de organizar o Bundesnachrichtendienst (BND), o serviço de inteligência da Alemanha Ocidental. As operações paramilitares na Ucrânia estavam então a declinar, desde a morte do general Roman Shukhevych (1907–1950), comandante do Exército Ucraniano Independente, abatido na resistência pelo general Viktor Drozdov, do NKVD,[66] mas eventualmente persistiram até novembro de 1953.[67]

Em 1959, o KGB (Komitet gosudarstvennoy bezopasnosti), o Comitê de Segurança do Estado, da União Soviética, sob a direção de Alexander Shelepin e com a aprovação de Khruschiov, decidiu eliminar os líderes nazistas, que fugiram da Ucrânia para a Alemanha. Em 15 de outubro de 1959, o

A DESORDEM MUNDIAL

agente Bohgdan Stashinsky, que antes matara Lev Rebet (1912–1957), um dos chefes da ONU-B, executou também Stepan Bandera, na entrada do apartamento onde ele morava, em Munique, com o disparo de ampolas de cianureto no rosto do guerrilheiro.[68] Yaroslav Stétsko, igualmente condena-do pelo KGB, teve sorte diferente e conseguiu escapar dos atentados contra ele planejados. Stétsko foi autor de um livro que serviu como base ideológi-ca para a fundação, em 1991, da União Pan-Ucraniana/União de Todos os Ucranianos, registrada em 1995 como Partido Social-Nacional da Ucrânia (SNPU), conhecido como Svoboda, partido da extrema direita nacionalista, antissemita e cujo símbolo evocava a suástica dos nazistas.

Viktor Yushchenko, um dos líderes da Revolução Laranja (novembro de 2004 – janeiro 2005), financiada e encorajada por ONGs dos Estados Unidos e da União Europeia, conferiu postumamente a Stepan Bandera o título de "Herói da Ucrânia", em 22 de janeiro de 2010, pouco antes de deixar a Presidência. Uma estátua, outrossim, foi erigida em L'viv.[69] Vários colaboradores do nazismo, companheiros de Stepan Bandera, foram igual-mente reabilitados e homenageados. Tais fatos chocaram grande parte da população do país, principalmente do leste e sudeste. Viktor F. Yanuko-vych, ex-governdor da Donetsk Oblast, pelo Partido das Regiões, predo-minante em Donbass, leste e sudeste, ainda como candidato à Presidência anunciou que derrogaria o título de "Herói da Ucrânia" e outras homena-gens prestadas a Bandera, um colaborador do nazismo durante a Segunda Guerra Mundial, e o fez, logo após assumir o governo.[70] O jornalista Cli-fford J. Levy, de *The New York Times*, observou que a contenda em torno das homenagens prestadas a Stepan Bandera *"reflects the longstanding ge-ographic schism in Ukraine and its impact on the nation's politics"*.[71] A contradição era perfeitamente perceptível, e a fratura, latente, a evidenciar a existências de duas Ucrânias, conforme salientou Eleonor Narvselius, do Centro para Estudos Europeus, da Universidade de Lund (Suécia).[72]

NOTAS

1. Rosa Luxemburg, 1990, Band 4, p. 355; Hiroaki Kuromiya, 1998, p. 42.
2. Rosa Luxemburg, 1990, Band 4, p. 350.

LUIZ ALBERTO MONIZ BANDEIRA

3. *Ibidem*, p. 350.
4. *Ibidem*, p. 350.
5. Paul Kubicec, 2008, p. 91.
6. Rosa Luxemburg, 1990, Band 4, p. 351. Taras Hryhorowytsch Schewtschenko (1814–1861) foi um poeta cuja obra foi escrita na língua ucraniana.
7. *Ibidem*.
8. Rosa Luxemburg, "Fragment über Krieg, nationale Frage um Revolution". *Ibidem*, p. 369.
9. Paul Kubicec, 2008, p. 90.
10. Peter Kenez, 1977, pp. 162–163.
11. Paulo R. Magocsi, 2010 pp. 506–507.
12. Louis Rapoport, 1999, pp. 14–15; Hanoch Teller, 1990, p. 314.
13. Em 1926, exilado em Paris, Simon Petlyura, chefe do governo da República Popular da Ucrânia, considerado o maior responsável pelos massacres em larga escala, foi executado pelo anarquista judeu Sholem Schwartzbard (1886–1938). Schwartzbard foi preso, julgado e absolvido pelo júri popular. Faleceu em Kapstatd, na África do Sul, doze anos depois; Paul Kubicek, 2008, p. 89.
14. *Ibidem*, pp. 506–507. *Modern Jewish History: Pogroms. Jewish Virtual Library.* 2a ed., pp. 71–73. Disponível em <http://www.jewishvirtuallibrary.org/jsource/History/pogroms.html>.
15. Nicolas Werth, "Crimes and Mass Violence of the Russian Civil Wars (1918–1921)". *Online Encyclopedia of Mass Violence®* — ISSN 1961–9898. 3 de abril de 2008 Disponível em <http://www.massviolence.org/crimes-and-mass-violence-of--the-russian-civil-wars-1918?artpage=3>.
16. Louis Rapoport, 1999, p. 15.
17. Alan W. Fisher, 1978, pp. 37–38.
18. *Ibidem*, p. 151.
19. Otto Pohl, J. "The Deportation and Fate of the Crimean Tatars". International Committee for Crimea. Washington, DC, 2003. Esse paper foi apresentado na 5th Annual World Convention of the Association for the Study of Nationalities: "Identity and the State: Nationalism and Sovereignty in a Changing World". Nova York: Columbia University, 13–15 de abril de 2000, Foi parte do painel "A Nation Exiled: The Crimean Tatars in the Russian Empire, Central Asia, and Turkey." Disponível em <http://www.iccrimea.org/scholarly/jopohl.html>.
20. William L. Shirer, 1960, Book Five — Beginning of the End, pp. 1257–1258; Paul Kubicec, 2008, p. 109.
21. Katrin Boeckh, 2007, pp. 190–191.
22. Pavel Y. Meshik foi expurgado e fuzilado juntamente com o marechal Lawrenty P. Beria (1889–1953), chefe do MVD e do NKVD, e mais sete generais e ministros, em 23 de dezembro em 1953, quando Nikita Khruschiov assumiu o poder na União Soviética. "Russia: Death of a Policeman". *Times*, 4 de janeiro de 1954. Disponível em <http://content.time.com/time/magazine/article/0,9171,860194,00.html>; Beria era a favor de reunificação e neutralização da Alemanha. Vide Luiz Alberto Moniz Bandeira, 2009, pp. 107–113.
23. Gabriel Gorodetsky, 1999, pp. 299–300.

A DESORDEM MUNDIAL

24. *Ibidem*, p. 300.

25. *Ibidem*, p. 299.

26. Ray Brandon & Wendy Lower (Editores), *The Shoa in Ukraine — History, Testimony, Memoralization*. Bloomington, Indianapolis: Indiana University Press, 2008, pp. 54–55; Anatoly Podols, "Collaboration in Ukraine during the Holocaust: Aspects of Historiography and Research". *The Holocaust in Ukraine — New Sources and Perspectives — Conference Presentations*, pp. 187–195; Center for Advanced Holocaust Studies United States Holocaust Memorial Museum, 2013. Disponível em: <http://www.ushmm.org/m/pdfs/20130500-holocaust-in-ukraine.pdf>.

27. Nikita Krushchev, *Memoirs of Nikita Khruschev*, vol. I, todo por Comissar (1918–1945), Editado por Sergey Khruschev. Pennsylvania: Pennsylvania State University Press, 2004, p. 240; Stephen Dorril, 2000, pp. 197–198, 225–226.

28. Ray Brandon & Wendy Lower (Editores), 2008, pp. 126 e 143.

29. Stephen Dorril, 2000, pp. 224–225.

30. Grzegorz Rossoliñke-Liebe, 2014, pp. 196–198.

31. Iroaki Kuromiya, 1998, p. 2.

32. David R. Marples, 2012, pp. 40–45.

33. Em 1938, a *oblast* de Donetsk foi dividida em Stalino (Donetsk) e Voroshylovhrad (Luhansk).

34. Nikita Krushchev, 2004, pp. 631–632.

35. N. Demchenko (1896–1937), primeiro-secretário do Partido Comunista de Kiev Oblas, desapareceu em 1937, executado, provavelmente, nos expurgos que Stalin realizou nos anos 1930.

36. Nikita Krushchev, 2004, p. 631.

37. Winston S. Churchill, 1995, pp. 722–724.

38. *Ibidem*, pp. 723; William Taubman, 2003, p. 73.

39. Leon Trotsky, 1936. pp. 51–59.

40. *Correio Braziliense*, 16 de junho de 1991.

41. Stephen White. *et al, Developments in Soviet Politics*. Londres: MacMillan, 1990, p. 22. *Correio Braziliense*, 16 de junho de 1991.

42. Os Einsatzgruppen der Sicherheitspolizei (Sipo) eram esquadrões móveis de operações especiais, criados pelo Reichsführer-SS (comandante das SS Heinrich Himmler). Eram formados por membros da Polícia de Segurança (Sicherheitspolizei — Sipo) e do Serviço de Segurança (Sicherheitsdienst — SD).

43. William L. Shirer, 1960, Book Five — Beginning of the

44. *Кајгана — Пресвртница за Украина*. Disponível em: <http://forum.kajgana.com/threads/%D0%9F%D1%80%D0%B5%D1%81%D0%B2%D1%80%D1%82%D0%BD%D0%B8%D1%86%D0%B0-%D0%B7%D0%B0-%D0%A3%D0%BA%D1%80%D0%B0%D0%B8%D0%BD%D0%B0.71107/page-204>; HILL, Henryk. *Second Polish Republic-The Book. Chapter 20: War crimes and atrocities*. Disponível em: <https://sites.google.com/a/secondpolishrepublic.net.pe/second-polish-republic-the-book/chapter-20 ->.

45. "Orthodox public concerned for threat of neo-nazism in Ukraine". *Interfax*, 27 de outubro de 2006. Disponível em: <http://www.interfax-religion.com/?act=news&div=2192>.

46. Ray Brandon & Wendy Lower (Editores), 2008, pp. 55–56. 274–275, 291–310. De 5,8 milhões de prisioneiros de guerra russos, cerca de 3,3 milhões, dos quais 1,3 milhão na Ucrânia, foram executados pelos nazistas; Orest Subtelny, 2000, p. 468.

47. "Kiev and Babi Yar". *Holocaust Encyclopedia*. Disponível em: <http://www.ushmm.org/wlc/en/article.php?ModuleId=10005421>.

48. Anatoly Podols, "Collaboration in Ukraine during the Holocaust: Aspects of Historiography and Research". *The Holocaust in Ukraine — New Sources and Perspectives — Conference Presentations*, p. 191. Center for Advanced Holocaust Studies United States Holocaust Memorial Museum, 2013. Disponível em: <http://www.ushmm.org/m/pdfs/20130500-holocaust-in-ukraine.pdf>.

49. Stephen Dorril, 2000, pp. 227–228; Wolfgang Benz, 2013, pp. 468–471.

50. Nikita Krushchev, 2004, p. 391.

51. Stephen Dorril, 2000, pp. 227.

52. Anatoly Podols, "Collaboration in Ukraine during the Holocaust: Aspects of Historiography and Research". *The Holocaust in Ukraine — New Sources and Perspectives — Conference Presentations*, p. 191. Center for Advanced Holocaust Studies United States Holocaust Memorial Museum, 2013. Disponível em: <http://www.ushmm.org/m/pdfs/20130500-holocaust-in-ukraine.pdf>; Orest Subtelny, 2000, pp. 468–471.

53. *Ibidem*, p. 69.

54. Stephen Dorril, 2002, pp. 231–232 e 236.

55. Pavel Sudoplatov & Anatoli Sudoplatov (With collaboration of Jerrol L.; Leona P. Schecter), 1995, pp. 235–237 e 250–252.

56. Stephen Dorril, 2000, pp. 237, 245–248.

57. Nikita Krushchev, 2004, pp. 3–6.

58. *Ibidem*, p. 7.

59. *Ibidem*.

60. *Ibidem*, 248.

61. Harry Rostizke, 1977, pp. 168–169; Reinhard Gehlen, 1971, pp. 134–139.

62. *Ibidem*, pp. 141–142, 242.

63. Grzegorz Rossolińke-Liebe, 2014, p. 335.

64. *Ibidem*, pp. 246–247.

65. Stephen Dorril, 2000, p. 246.

66. Pavel Sudoplatov & Anatoli Sudoplatov & Jerrol L. Schecter & Leona P. Schecter, 1995, p. 250.

67. Harry Rostizke, 1977, p. 169.

68. Christopher Andrew & Oleg Gordvietsky, 1991, pp. 464–465; Grzegorz Rossolińke-Liebe, 2014, p. 348

69. Michael Bernhard & Jan Kubik (Ed.), 2014, pp. 157–158, 166; "President confers posthumous title Hero of Ukraine to Stepan Bandera — President Victor Yushchenko awarded Ukrainian politician and one of the leaders of Ukrainian national movement Stepan Bandera a posthumous title Hero of Ukraine and the Order of the State". *Official Website of President of Ukraine — Press office of President Victor Yushchenko*, 22 de janeiro de 2010. Disponível em: <http://www.president.gov.ua/en/news/16473.html>.

A DESORDEM MUNDIAL

70. Clifford J. Levy Levy, 2011.
71. *Ibidem*.
72. Timothy Snyder, "A Fascist Hero in Democratic Kiev". *The New York Review of Books*, 24 de fevereiro de 2010. Disponível em: <http://www.nybooks.com/blogs/nyrblog/2010/feb/24/a-fascist-hero-in-democratic-kiev/>; Eleonor Narvselius, s./d. pp. 343–344; Timothy Snyder, "Who's Afraid of Ukrainian History?" *The New York Review of Books*, 21 de setembro de 2010. Disponível em: <http://www.nybooks.com/blogs/nyrblog/2010/sep/21/whos-afraid-ukrainian-history/?printpage=true>.

Capítulo 13

A RELEVÂNCIA ECONÔMICA E GEOPOLÍTICA DE DONBASS • MINAS DE CARVÃO E FERRO EXISTENTES NA REGIÃO DE NOVOROSSIISK • A DERROTA DA WEHRMACHT EM STALINGRADO • A CESSÃO DA CRIMEIA À UCRÂNIA POR KHRUSCHIOV • A DESINTEGRAÇÃO DA UNIÃO SOVIÉTICA E O DECLÍNIO ECONÔMICO DA UCRÂNIA • APROPRIAÇÃO DOS BENS PÚBLICOS PELOS OLIGARCAS • A EMERGÊNCIA DE YULIA TYMOSHENKO COM LAVAGEM DE DINHEIRO E EVASÃO DE IMPOSTOS

A Ucrânia assumiu vital relevância econômica e geopolítica para o Império Russo e, por conseguinte, para a União Soviética, desde que Catarina II, a Grande, incorporou ao seu território a região de Novorossiisk (Novorossiya), na Bacia do Donets (Donbass), e o empresário galês John James Hughes a converteu em importante centro industrial, na segunda metade do século XIX, com a fundação da empresa New Russia Company Ltd. (Novorossiskoe-Rog), para explorar as vastas minas de carvão e ferro lá existentes. Durante a 7ª Conferência do Partido Comunista da Guberniya (governadoria) de Moscou,[1] em outubro de 1921, Lenin, ao salientar que "um dos principais centros industriais" da Rússia se localizava na Bacia do Donets, onde funcionavam algumas das mais antigas empresas, não inferiores às empresas capitalistas da Europa Ocidental, afirmou que a primeira tarefa do Poder Soviético consistia em restaurar as grandes empresas industriais, e era mais fácil começar pela indústria de Donets, uma vez que lá havia relativamente pequeno número de trabalhadores.[2]

Profundo conhecedor da doutrina de Marx e Engels, Lenin entendia claramente que o socialismo não era via de desenvolvimento econômico e sua instauração somente se tornaria possível quando as forças produtivas do capitalismo atingissem, na Rússia, um nível em que o aumento da oferta de bens e serviços, em quantidade e em qualidade, pudesse permitir que a liquidação das diferenças de classe tivesse consistência e constituísse real progresso, sem acarretar consigo o estancamento ou, inclusive, a decadência do modo de produção da sociedade.[3] Daí por que, em 1921, retrocedeu do "comunismo militar", instaurado durante a guerra civil, e implantou a NEP (Novaya Ekonomicheskaya Politika), o capitalismo de Estado, *i.e.*, o capitalismo privado, sob o controle estatal. Lenin apontou, particularmente, como um sucesso da liberação do empreendimento privado e do livre comércio — compra e venda — o aumento da produção das pequenas minas arrendadas aos camponeses, que estavam a trabalhar bem e enviavam ao Estado cerca de 30% dos rendimentos do carvão extraído. O incremento da produção, sobretudo das pequenas minas, na Bacia do Donets, dentro das linhas do capitalismo de Estado, mostrava — Lenin argumentou — "a considerável melhoria geral" que ocorreu, em relação à "catastrófica" situação do ano anterior.[4]

Lenin, como presidente do Conselho dos Comissários do Povo da União Soviética, chamou Donbass a "nossa fortaleza",[5] em carta a Wjatscheslaw V. Molotov (1890–1986) e a outros camaradas, datada de 21 de novembro de 1921. Poucos meses depois, em 27 de março de 1922, ao abrir o 11° Congresso do Partido Comunista da Rússia, ele declarou que, conquanto a Ucrânia fosse uma república independente, o Comitê Central tinha de interferir, devido às divergências que lá estavam a ocorrer entre alguns dirigentes. A Bacia do Donets — Lenin explicou — "era o centro, a real base da nossa inteira economia" e que sem ela seria "completamente impossível restaurar na Rússia a grande indústria para construir realmente o socialismo — o qual só pode ser construído com base em uma grande indústria" — e daí a necessidade de que a existente em Donbass fosse reparada e desenvolvida a um nível apropriado.[6] E, mais adiante, acentuou que Donbass não era "simples distrito, mas um distrito sem o qual a construção do socialismo permaneceria como um pio desejo".[7]

Stalin, após o falecimento de Lenin (1923) e de consolidar-se como secretário-geral do PCUS, assenhoreando-se de todo o poder, derrogou a NEP, em 1928, e promoveu a total estatização da economia, dentro do 1° Plano Quinquenal. Contudo, de um modo ou de outro, Moscou, a fim de

A DESORDEM MUNDIAL

sustentar e acelerar o desenvolvimento econômico, visando a construir isoladamente o socialismo na União Soviética, continuou a desenvolver e modernizar a exploração das reservas minerais de carvão e ferro, a metalurgia e todos os setores da indústria em Donetsk, Luhansk e outras *oblast* da Ucrânia. Então, em 1938, quando Nikita Khruschiov recebeu o posto de primeiro-secretário do Partido Comunista da Ucrânia, Stalin orientou-o no sentido de que, não obstante sua paixão pelo carvão, metalurgia e indústria química de Donbass, onde nascera, prestasse atenção a outros ramos da economia, como a agricultura, a organização das fazendas coletivas e estatais, das quais a União Soviética obtinha trigo e outros grãos, batatas e diversos vegetais, leite e carne.[8] "Decerto, deves dar atenção a todos os setores", ponderou, a observar que a Ucrânia representava "imenso complexo industrial", porém sua produção estava bem organizada, com bons quadros de administração, enquanto a agricultura ainda continuava "fragmentada e largamente dispersada".[9]

Tais recursos agrícolas e minerais, com o enorme parque industrial de Donbass, Adolf Hitler, outrossim, considerava indispensáveis para os esforços de guerra da Alemanha[10] e daí que, em fins de 1940, o alto-comando da Wehrmacht reorientou a estratégia para o leste e a Operation Barbarossa, desfechada em 22 de junho de 1941, começou pelo Mar Báltico, ao norte, Bielorrússia, ao centro, e Mar Negro, ao sul, com três exércitos, formados por 3 milhões de soldados, sob o comando dos marechais Wilhelm Ritter von Leeb, Feodor Von Bock e Gerd von Runstedt, e ainda 650.000 combatentes da Finlândia e Romênia, além de unidades de reforço da Itália, Hungria, Eslováquia e Croácia.[11] O objetivo estratégico era atacar e ocupar Leningrado, Moscou e Kiev, bem como o centro industrial da Bacia do Donets, a Crimeia e os campos de petróleo do Cáucaso.[12]

Sangrentas batalhas ocorreram em Donbass. As forças do III Reich derrotaram o Exército Vermelho e capturaram milhares de soldados, nas batalhas de Uman, Kiev, Odessa e Dnipropetrovs'k (antes denominada Novorossiysk e também Yekaterinoslav). Somente na batalha de Kiev, após cercar a cidade e arredores por mais de um mês, de 7 de agosto a 26 de setembro de 1941, a Wehrmacht fez mais de 665.000 prisioneiros.[13] E, ao ocupar o território da Ucrânia, isolou as férteis terras de produção agrícola e as jazidas de ferro, carvão e outros minérios do resto da União Soviética e passou a explorá-las com o trabalho escravo de milhões de ucranianos. O próprio Stalin escreveu a Winston Churchill, em 4 de setembro de 1941, que já havia perdido mais do que a metade da Ucrânia, as minas de ferro de Krivoi Rog, e teve de evacuar os trabalhadores metalúrgicos, através do rio Dinieper, bem como os trabalhadores em alumínio, em Tikhvin,[14] *oblast* de Leningrado. *"This has weakned our power of defence and faced Soviet Union with a mortal menace"*, escreveu Stalin.[15] Tais palavras evidenciaram dramaticamente a importância que Donbass representava para a Rússia e, consequentemente, para toda a União Soviética.

Churchill narrou, em suas memórias, que as tropas da Alemanha já haviam adentrado 500 milhas (804.672 km) o território da União Soviética, e ultrapassado a área industrial da Rússia (Donbass), as ricas terras de trigo da Ucrânia, contudo ainda não haviam conseguido conquistar a Crimeia, de onde Stalin deportou a maior parte da população tatar, devido à sua ostensiva colaboração com os nazistas.[16] O Exército Vermelho estava longe de ser derrotado, passara a combater melhor do que antes e sua força certamente cresceria. Com efeito, a Wehrmacht, após vencer a batalha de Smolenski, entre 10 de julho e 10 de setembro de 1941, a 360 km de Moscou, chegou aos seus arredores, em dezembro, mas não conseguiu invadir, nem ocupar Leningrado, não obstante cercar a cidade, por mais de dois anos, *i.e.*, 872 dias, de 8 de setembro de 1941 a 27 de janeiro de 1943. Não tiveram condições de atingir seus três principais objetivos: a ocupação de Moscou, Leningrado e o baixo Don. A resistência do Exército Vermelho tornou-se cada vez mais feroz e o inverno, a chegar, favoreceu ainda mais a ofensiva, como Churchill anteviu.[17] A temperatura abruptamente despencou para 20 graus negativos e algumas vezes para 60 graus abaixo de zero e as tropas nazistas não estavam devidamente preparadas para uma longa campanha em tais condições climáticas.[18] A vitória com a Blietzkrieg, em que Hitler tanto confiava, não se consumou. As tropas da 6. Armée e da Panzer-Division, com 1,1 milhão de efetivos, comandados pelos marechais Erich von Manstein e Friedrich von Paulus, não alcançaram os campos de petróleo de Baku, no Cáucaso. O Exército Vermelho, sob o comando do general Georgy Zhukov, com cerca de 1,1 milhão de efetivos, estancou o avanço

A DESORDEM MUNDIAL

das forças do III Reich, ao esmagá-las na Batalha de Stalingrado, travada entre 23 de agosto de 1942 e 2 de fevereiro de 1943.

O exato número de mortos em Stalingrado nunca se soube nem se saberá. Calcula-se que entre 750.000 e 850.000 soldados da Alemanha e seus aliados pereceram na batalha, e o Exército Vermelho ainda tomou 91.000 prisioneiros de guerra, 2.500 oficiais, 24 generais e o marechal Friedrich von Paulus.[19] O poeta Pablo Neruda, no Chile, escreveu: *"Hoy bajo tus montañas de escarmiento no sólo están los tuyos enterrados: temblando está la carne de los muertos que tocaron tu frente, Stalingrado."*[20]

Com a perda de cerca ou mais de 800.000 efetivos e a completa destruição da 6. Armée e das 4. e 16. Panzer Divisionen — 2.000 tanques e canhões de assalto, 10.000 peças de artilharia, 3.000 aviões de combate e de transporte — enorme parte do potencial militar da Alemanha — efetivo humano e material bélico — estropiou-se e a Wehrmacht não mais teve fôlego e condições para deter o avanço do Exército Vermelho até Berlim.

Após o fim da Segunda Guerra Mundial, a República Soviética da Ucrânia foi um dos países fundadores da ONU. Stalin pretendeu colocá-la como membro permanente no Conselho de Segurança. A Grã-Bretanha opôs-se. Não queria que a União Soviética tivesse a seu favor mais um voto, com direito a veto, no Conselho de Segurança.[21] As fronteiras da Ucrânia, conforme então fixadas por Stalin, compreendiam a parte da Rus' Minor (margem esquerda do rio Dnieper), vastas áreas com população russófona, tais como as regiões leste e sudeste (Novorossiisk), Galitzia, o norte de Bucóvina, o sul da Bessarábia, Rutênia Subcarpátia (Subcarpathian Rus'). Muitos ucranianos no leste, região de Donbass, somente liam e falavam russo ou a mistura de russo e ucraniano e eram considerados os mais civilizados.[22]

A Crimeia, desde 1918 uma república da União Soviética, juntamente com a Rússia, só passou a integrar a Ucrânia a partir de 1954. Nikita S. Khruschiov (1894–1971), como presidente do Presidium do Conselho Supremo da União Soviética, assinou, em 19 de fevereiro de 1954, um decreto, trasladando a *oblast* da Crimeia, circundada pelo Mar Negro e o Mar de Azov, da estrutura da República Soviética Socialista da Rússia (RSSR) para a República Soviética Socialista da Ucrânia.

No entanto, de acordo com o artigo 18 da União Soviética,[23] as fronteiras de qualquer das repúblicas que a integravam não podiam ser redesenhadas sem o seu consentimento, no caso em questão, sem o consentimento da República Soviética Socialista da Rússia, à qual a Crimeia pertencia. O Presidium Supremo da União Soviética aprovou a transferência da Crimeia, porém não podia fazê-lo, de conformidade com a Constituição. A concessão não tinha legitimidade, e daí que, dias depois, em 27 de fevereiro, o Presidium Supremo anunciou um decreto, modificando os artigos 22 e 23 da Constituição Soviética, a fim de legalizar a transferência.[24] A população da Crimeia, àquele tempo, era de 1,1 milhão de habitantes, dos quais aproximadamente 75% eram russos e 25% ucranianos.[25] E, em 27 de junho de 1954, o Supremo Presidium da República Soviética Socialista da Ucrânia aceitou a transferência.

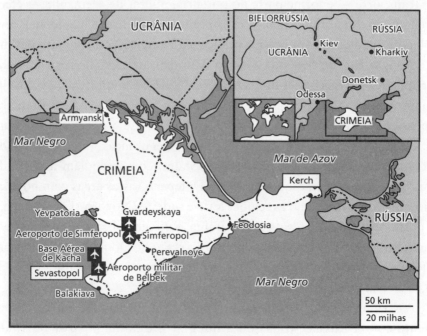

Figura 13.1 — Península da Crimeia[26]

Há várias versões sobre por que Khruschiov tomou tal iniciativa de ceder a Crimeia à Ucrânia. Ele nada explicou em suas memórias. Consta que o fez a título de celebrar os 300 anos de sua unificação com o Império Russo, mas os documentos existentes no Istoricheskii arkhiv, de Moscou,

A DESORDEM MUNDIAL

nada também esclareceram.[27] O que se sabe é que o Presidium do Conselho Supremo do Partido Comunista da União Soviética aprovou, em 25 de janeiro, uma resolução preliminar, no qual autorizava o Presidium do Conselho do Soviete Supremo da República Soviética Socialista da Rússia a aprovar a cessão, o que ocorreu em 19 de fevereiro de 1954 — com a presença de apenas 13 dos 27 membros, sob a presidência do general Kliment Y. Voroshilov (1881–1969).[28] A decisão foi tomada por unanimidade, embora não houvesse quórum, razão pela qual o Supremo Conselho da Rússia, revendo o processo, em 1992, considerou ilegítima a transferência dessa península, que então passou a chamar-se República Autônoma da Crimeia.[29]

Nikita S. Khruschiov, sucessor de Stalin na chefia do governo da União Soviética, nasceu na localidade de Kalinovka, fronteira da Rússia com a Ucrânia, lá trabalhou nas minas de ferro e carvão e amava a Crimeia, onde passava férias. Em 1962, decidiu instalar plataformas de mísseis em Cuba, uma vez que os Estados Unidos possuíam bases na Turquia, no outro lado do Mar Negro. Entre 1938 e 1947, havia exercido o cargo de primeiro--secretário do Partido Comunista da Ucrânia e colaborado com os sangrentos expurgos realizados nos anos 1930. Outrossim, durante a Segunda Guerra Mundial, quando as tropas da Alemanha nazista (3 milhões de soldados) iniciaram a Operation Barbarossa, invadindo a União Soviética, pelas fronteiras da Ucrânia e Bielorrússia, em 22 de junho de 1941, ele participou ativamente do desmantelamento e da remoção das indústrias situadas no sudeste e leste da Ucrânia para os montes Urais.

Após a Segunda Guerra Mundial, o desenvolvimento do parque industrial da Ucrânia, situado principalmente em Donbass, tomou impulso, sobretudo na primeira metade de 1960, mas, a partir de 1965, começou a desacelerar-se e, nos anos 1970, virtualmente estagnou. E a fragilidade nacional da Ucrânia, ao separar-se da União Soviética e tornar-se república independente, em 1991, era tanto populacional quanto econômica. Dos 44,6 milhões de habitantes, 77% eram ucranianos, 17% etnicamente russos e 6% de várias outras nacionalidades: bielorrussos, tatars, poloneses, lituanos, judeus e romenos.[30] E, economicamente, unidade não havia. A agricultura continuava, relativamente, a prevalecer no oeste, mais pobre e onde apenas eram produzidos aparelhos de televisão e ônibus, enquanto a região da Novorossiisk (leste e sudeste) possuía, ademais de ricas reservas de carvão, vasto parque industrial — usinas de aço, metalurgia e fábricas de máquinas pesadas — vinculado umbilicalmente à economia russa, à sua cadeia de produção de foguetes e outros artefatos militares, além de medicamentos, desde o tempo da União Soviética. E daí saía grande parte das exportações que sustentavam a Ucrânia, um país multiétnico e multilinguístico, cujas relações com a Rússia foram aprofundadas, historicamente, pelas relações econômicas, integração da cadeia industrial e o mercado russo, assim como pelas relações culturais e entroncamentos familiares, devido aos matrimônios interétnicos.[31]

A Ucrânia, entretanto, era uma das mais pobres repúblicas da extinta União Soviética.[32] E sua produção, como das demais repúblicas que se desmembraram, sofreu elevado declínio, ao mesmo tempo que a hiperinflação recrescia, devido a vários fatores, *inter alia*, não possuir instituições financeiras domésticas, maior acesso ao mercado estrangeiro e ter de cobrir o aumento do déficit orçamentário, com emissões e empréstimos do Banco Central.[33] Sua economia, entre 1991 e 1996, ainda mais se contraiu, entre 9,7% e 22,7%, anualmente, em meio a hiperinflação e amplo declínio da produção industrial, concentrada principalmente na produção de material bélico, na região de Donbass.[34]

Segundo os dados disponíveis, embora as estatísticas então fossem incertas, o PIB *per capita* da Ucrânia, estimado em US$ 1.748, em 1990, caiu para US$ 1.337, em 1993, e daí por diante declinou ainda mais até o ano 2000.[35] E seus habitantes alimentavam a expectativa de que maior integração com os países euro-atlânticos, o estabelecimento da democracia e do *free-market* melhorassem seu nível de vida. No entanto, apesar de tais expectativas, a promoção da democracia e do livre mercado não propiciou à Ucrânia nem estabilidade nem riqueza. O impetuoso processo de privatização, desregulamentação e liberalização do comércio, conforme as diretrizes do Washington Consensus, arruinou-lhe ainda mais a economia e favoreceu a corrupção, além da emergência de uma nova classe dominante, um círculo de bilionários, dos oligarcas, que constituíram pequena elite política.[36]

Até então a Ucrânia dependera e continuou a depender da Rússia, que virtualmente lhe sustentara a economia, ao fornecer-lhe a preço subsidiado 70% do gás e petróleo que ela importava. Por outro lado, 30% do complexo industrial de defesa da União Soviética estava situado no território da Ucrânia, cujas fábricas, em torno de 750, e 140 instituições técnicas, com 1 milhão de trabalhadores, permaneceram, portanto, integradas à cadeia produtiva da Rússia, seu mais significativo mercado e onde a maior parte dos componentes para os armamentos era manufaturada,[37] tais como engrenagens para os navios de guerra, sistema de satélite para alerta de ataques, bem como os desenhos para os mais pesados mísseis balísticos internacionais, os SS-18 Satan e outras armas nucleares.[38] Porém, desde que a Ucrânia se desgarrou da União Soviética, a Rússia retirou dois terços da indústria de defesa lá instalada e suas importações de maquinaria e armamentos caíram para 40%,[39] cerca de US$ 15,8 bilhões, o equivalente a 5% do total de suas importações em 2013, o que representou mais ou menos 53% do que a Ucrânia exportava para a Rússia em volumes de ferro e aço (14%); maquinaria e equipamentos mecânicos, reatores nucleares (14%); estradas de ferro e locomotivas, vagões (12%); equipamentos e maquinaria elétrica (7%); ferro ou produtos de aço (6%).[40]

A partir de 1991–1992, a indústria de defesa da Ucrânia foi, destarte, reduzida a aproximadamente 300 empresas e instituições — 75 das quais estavam registradas e licenciadas para produzir petrechos militares, inclusive foguetes e mísseis — empregando 250.000 trabalhadores. Em 2010, o governo criou uma *holding*, a Ukroboronprom, que passou a controlar 134 indústrias estatais de defesa, com 120.000 trabalhadores. Em 2012, suas vendas alcançaram US$ 1,44 bilhão, e US$ 1,79 bilhão, em 2013.[41] Na lista do Stockholm International Peace Research Institute (SIPRI), de 2011 e 2012, a Ukroboronprom ficou entre os 100 maiores fabricantes de armamentos do mundo. Esse conglomerado, situado em Donetsk, que incluía, em 2014, a UkrSpetsExport, sempre esteve integrado com o complexo industrial da Rússia e fornecia-lhe componentes de rádio eletrônico, aparelhos de visão e aparelhos rádio-eletrônicos e de orientação para robôs e aviões, particularmente os engenhos de aviação TV3-117/VK--2500, dos quais eram equipados os helicópteros de combate e transporte, sistemas digitais de comunicação e navegação. A Motor Sich, localizada em Zaporozhia, a 230 km a oeste de Donetsk, produzia a maior parte dos helicópteros militares, inclusive o Mi-24 usado pelas Forças Armadas da Rússia. Também estavam situadas em Donbass as fábricas que produziam os mísseis R-27 de médio alcance ar-ar e outros componentes sensíveis. E a Ucrânia carecia de suficiente mercado interno (grandes forças armadas) para consumir a substancial produção de sua indústria de armamentos e, sem a colaboração tecnológica da Rússia, que absorvia a maior parte, perdeu a competitividade no mercado internacional. Ainda assim sobreviveu graças à permanência das demandas de Moscou, dado que sua estreita implicação com a da Rússia não podia rapidamente se desvanecer.

Também a agricultura, que antes representava um quarto da produção agrícola da União Soviética, entrou em prolongada crise com o fim da planificação da economia; em 1990, a fim de privatizar, livre de impostos, as férteis terras negras, ricamente humificadas, o governo fechou cerca de 12.000 *kolkhozy* (fazendas coletivas) e *sovkhozy* (fazendas estatais), que empregavam mais de 40% da população rural da Ucrânia. Ocorreu então o surgimento de nova e pequena classe de empresários, a emergência de grandes companhias agrícolas privadas, ao mesmo tempo que a maioria da população rural empobrecia e a desigualdade social se exacerbava.[42] Essa reforma foi extremamente difícil, uma vez que os empresários emergentes na Ucrânia careciam de experiência de mercado e de capital. A queda dos preços da produção agrícola, depois de 1991, agravou a crise do setor, o nível de vida no campo descaiu, a estrutura social rapidamente se degradou e a população rural decresceu 15,9% (2,7 milhões de pessoas), entre 1991 e 2013, a provocar grave desequilíbrio demográfico.[43]

A Ucrânia, separada da Rússia, não melhorou nem econômica nem politicamente sua situação. Não diversificou as exportações e somente em um ano, 2002, manteve o equilíbrio orçamentário.[44] O PIB entrou em colapso entre 1990 e 1994 e continuou a declinar durante a década, em meio à expansão da *shadow economy*, chegando a representar 68% do seu valor oficial em 1997,[45] e ao processo de privatização das empresas estatais, que então começou a efetivar-se com a aprovação pelo Parlamento da resolução "Sobre a perfeição do mecanismo de privatização na Ucrânia e intensificação do controle de sua condução" e tomou impulso sob a presidência de Leonid Kučma (1994–2005), sucessor de Leonid Kravchuk (1992–1993), ambos intimamente ligados ao arquibilionário especulador financeiro George Soros.[46] E a implementação desse processo recebeu forte suporte do Banco Mundial, USAID e da EC TACIS (European Commission — Technical Assistance to the Commonwealth of Independent States), cujos consultores monitoraram a transição para a economia de mercado das repúblicas apartadas da União Soviética. Em 2 de setembro de 1996, o governo do presidente Leonid Kučma substituiu então a antiga moeda — *karbovanets* — pela nova moeda soberana — *hrywnja* (Гривня — grívnia) — que foi pouco usada,[47] em virtude da prevalência de rublos e dólares, mas a economia da Ucrânia, devido em larga medida à fuga de capitais em 1988, contraiu-se cerca de 15%, em 1999, com a produção a descambar para menos de 40% do nível de 1991.[48] Tornara-se em larga medida improdutiva.[49]

Não obstante, em meio à severa crise econômica, gerentes de empresas estatais tornaram-se ricos e poderosos capitães de indústria — oligarcas — durante o processo de privatização, com a apropriação a baixos custos de empresas do Estado, e passaram a financiar os partidos, como líderes políticos, a disputarem o controle do Estado para fazê-lo sua própria empresa, pautando em todos os níveis as decisões do governo. A instabilidade política, fertilizada pela corrupção endêmica, marcou desde então a história da Ucrânia e, nutrida com esse húmus, foi como Yulia (*née* Telehina) Tymoshenko, proprietária de uma loja de aluguel de vídeo, acervou bilhões de dólares. Após o colapso da União Soviética, ela se tornou diretora de uma pequena empresa — Ukrainian Oil Company (UOC) — e a desenvolveu como *trading* — United Energy Systems of Ukraine — a importar gás natural da Rússia. Conforme, porém, se revelou, Yulia Tymoshenko enriqueceu como *"poacher-turned-gamekeeper"*, com lucrativas operações de lavagem de dinheiro, evadindo o pagamento de impostos e desviando enormes quantidades de gás, com pagamento de propinas ao primeiro-ministro Pavlo Lazarenko[50] (1996–1997) pelo acesso a informações reservadas e especiais concessões, que lhe permitiram consolidar um terço do setor de gás e um quinto do PIB da Ucrânia.[51]

Nascida em Dnipropetrovsk, na Bacia do Dnieper, região russófona, Yulia Tymoshenko, em 2001, foi presa (também seu marido Olexandr Tymoshenko), por transferir ilegalmente US$ 1 bilhão da Ucrânia e pagar milhões de dólares de molhadura a Pavlo Lazarenko.[52] Permaneceu 42 dias detida. A acusação, porém, foi retirada e ela, solta. De qualquer forma, embora não constasse da lista dos bilionários da Ucrânia,[53] ela empalmou, mediante *shadowy gas-trading business,* uma fortuna pessoal avaliada em US$ 11 bilhões,[54] e evaginou-se politicamente durante a Revolução Laranja, em 2004/2005.[55] Tornou-se então primeira-ministra no governo de Viktor A. Yushchenko, governador do Banco da Ucrânia, que assumiu a Presidência do país após uma eleição permeada pela fraude, impulsou a privatização das empresas estatais e defendeu a adesão à OTAN. Os Estados Unidos deram-lhe massivo suporte econômico e político.

NOTAS

1. Região administrativa do antigo Império Russo.
2. W. I. Lenin, "VII Moskauer Gouvernerment-Parteikonferenz", outubro de 1921, pp. 29–31, *in*: W. I. Lenin, *Werke*, agosto de 1921 – março de 1923. Berlim: Dietz Verlag, 1962, Band 33, pp. 75–76.
3. "Erst auf einem gewissen, Für unsere Zeitverhältnisse sogar sehr hohen möglich, die Produktion so hoch zu steigern. daß die Abschaffung der Klassenunterschiede ein wirklicher Fortschritt, daß sie von Dauer sein kann, ohne einen Stillstand oder gar Rückgang in dar gesellschaftlichen Produktionsweise herbeizuführen". Engels, F. "Soziales aus Rußland", *in*: K. Marx; F. Engels, *Werke*. Band 18, Berlim: Dietz Verlag, 1976, pp. 556–559. Esse mesmo artigo consta também *in*: K. Marx & F. Engels, *Ausgewählte Schriften*, Band II, Berlim: Dietz Verlag, 1976, p. 39.
4. W. I. Lenin, "VII Moskauer Gouvernerment-Parteikonferenz", outubro de 1921, pp. 29–31, *in*: W. I. Lenin, *Werke*, agosto de 1921 – março de 1923. Berlim: Dietz Verlag, 1962, Band 33, pp. 75–76.
5. "An W. M. Molotow *et al.*", 21 de novembro de 1921, *in*: W. I. Lenin, *Briefe — Band IX*, novembro de 1921 – março de 1923. Institur für Marxismus-Leninismus beim der SED. Berlim: Dietz Verlag, 1974, p. 32.
6. W. I. Lenin, "Rede bei der Öffenung des Parteitags 27 März 1922", *in*: W. I. Lenin, *Werke*. Agosto de 1921 – março de 1923. Berlim: Dietz Verlag, 1962, Band 33, pp. 285–287.
7. *Ibidem*, p. 287.
8. Nikita Krushchev, 2004, p. 255.
9. *Ibidem*, p. 255.
10. Reinhard Gehlen, 1971, pp. 29–32; Iroaki Kuromiya, 1998, pp. 351–352; P. Zhilin, *et al.*, 1985, pp. 25–26; Winston Churchill, 1985, p. 251.
11. Autorenkollectiv, 1985, pp. 147–155, 163–174.
12. Winston Churchill, 1985, p. 347.

A DESORDEM MUNDIAL

13. Joachim C. Fest, 1974, p. 653.
14. "Premier Stalin to Prime Minister — 4 Sept. 41", *in*: Winston Churchill, 1985, pp. 405–406.
15. *Ibidem*, p. 405.
16. Uehling Greta Lynn, 2004, pp. 3–4.
17. Winston Churchill, 1985, pp. 476–477.
18. *Ibidem*, p. 477; Joachim C. Fest, 1974, p. 653.
19. Autorenkollectiv, 1985, p. 358; Antony Beevor, 1999, p. 396; Zhilin *et al.*, 1985, p. 198.
20. Pablo Neruda, 1951, pp. 83–87.
21. Daí que a União Soviética e a Grã-Bretanha não aceitaram que o presidente Franklin D. Roosevelt, conforme prometera ao presidente Getúlio Vargas, incluísse também o Brasil, porque estava então estreitamente vinculado aos Estados Unidos.
22. Grzegorz Rossoliński-Liebe, 2014, pp. 243–244.
23. "Article 18. The territory of a Union Republic may not be altered without its consent". *1936 Constitution of the USSR*. Bucknell University, Lewisburg, PA 17837. Disponível em: <http://www.departments.bucknell.edu/russian/const/1936toc.html>.
24. "Article 22. The Russian Soviet Federated Socialist Republic consists of the Altai, Krasnodar, Krasnoyarsk, Ordjonikidze, Maritime and Khabarovsk Territories; the Archangel, Vologda, Voronezh, Gorky, Ivanovo, Irkutsk, Kalinin, Kirov, Kuibyshev, Kursk, Leningrad, Molotov, Moscow, Murmansk, Novosibirsk, Omsk, Orel, Penza, Rostov, Ryazan, Saratov, Sverdlovsk, Smolensk, Stalingrad, Tambov, Tula, Chelyabinsk, Chita, Chkalov and Yaroslavl Regions; The Tatar, Bashkir, Daghestan, Buryat--Mongolian, Kabardino-Balkarian, Kalmyk, Komi, Crimean, Mari, Mordovian, Volga German, North Ossetian, Udmurt, Checheno-Ingush, Chuvash and Yakut Autonomous Soviet Socialist Republics; and the Adygei, Jewish, Karachai, Oirot, Khakass and Cherkess Autonomous Regions. Article 23. The Ukrainian Soviet Socialist Republic consists of the Vinnitsa, Volynsk, Voroshilovgrad, Dnepropetrovsk, Drogobych, Zhitomir, Zaporozhe, Izmail, Kamenets-Podolsk, Kiev, Kirovograd, Lvov, Nikolaev, Odessa, Poltava, Rovno, Stalino, Stanislav, Sumy, Tarnopol, Kharkov, Chemigov and Chernovitsy Regions. Chapter II — The Organization of the Soviet State". *1936 Constitution of the USSR*. Adopted December 1936. Disponível em: <http://www.departments.bucknell.edu/russian/const/36cons01.html#article14>.
25. Mark Kramer, "Why Did Russia Give Away Crimea Sixty Years Ago?". *Cold War International History Project*. Disponível em: <http://www.wilsoncenter.org/publication/why-did-russia-give-away-crimea-sixty-years-ago>.
26. Fonte: Cold War International History Project. Disponível em: <http://www.wilsoncenter.org/publication/why-did-russia-give-away-crimea-sixty-years-ago>.
27. *Ibidem*; Dmitri Volkogonov, 1999, pp. 196–200.
28. Mark Kramer, "Why Did Russia Give Away Crimea Sixty Years Ago?". *Cold War International History Project*. Disponível em: <http://www.wilsoncenter.org/publication/why-did-russia-give-away-crimea-sixty-years-ago>.
29. "USSR's Nikita Khrushchev gave Russia's Crimea away to Ukraine in only 15 minutes". *Pravda*, 19 de fevereiro de 2009. Disponível em: <http://english.pravda.ru/history/19-02-2009/107129-ussr_crimea_ukraine-0/>.

30. John Kozy, "Mother Russia." *Nueva Sociedad* – 253, Buenos Aires: Friedrich Ebert Stiftung, setembro – outubro de 2014, pp. 131–137.

31. Yakov Feygin, "Ukraine is stuck in a post-Soviet condition". *OpenDemocracy*, 12 de março de 2014. Disponível em: <https://www.opendemocracy.net/od-russia/yakov-feygin/ukraine-is-stuck-in-post-soviet-condition-east-vs-west-ukrainian-economy>.

32. Pekka Sutela, "Ukraine after Independence — The Underachiever — Ukraine's economy since 1991". *Paper*, 9 de março de 2012. *Carnegie Endowment for International Peace*. Disponível em: <http://carnegieendowment.org/files/ukraine_economy.pdf>; Yernar Zharkesho, (Director of Research Institute). "Comparative analysis of trends and challenges to maintain adequate institutional and human resource capacities of public administrations in post-Soviet countries". Background discussion paper. *Academy of public Administration under the President of Kazakhstan*. Disponível em: <http://workspace.unpan.org/sites/Internet/Documents/UNPAN93486.pdf>.

33. Vadym Lepetyuk, "Hyperinflation in Ukraine" — Econ1102 — Guest Lecture. *University of Minnesota*. Disponível em: <http://www.econ.umn.edu/~dmiller/GLhyperinflation>.

34. Pekka Sutela, "The Underachiever — Ukraine's Economy Since 1991". Ukraine March 2012. *Carnegie Papers. Carnegie Endowment for International Peace*. Disponível em: <http://carnegieendowment.org/files/ukraine_economy.pdf>.

35. "Gross Domestic Product (GDP) in Ukraine — GDP of Ukraine, 1990–2013". *World macroeconomic research*. Disponível em: <http://kushnirs.org/macroeconomics/gdp/gdp_ukraine.html>.

36. Nathaniel Copsey, 2010, pp. 32–33.

37. "Analysis: Ukraine's and Russia's aerospace industries will be hit hard by deteriorating relations". London. *Flightglobal*, 23 de setembro de 2014.

38. Pekka Sutela, "The Underachiever — Ukraine's Economy Since 1991" — Ukraine March 2012. *Carnegie Papers. Carnegie Endowment for International Peace*. Disponível em: <http://carnegieendowment.org/files/ukraine_economy.pdf>.

39. Jan Cienski, (Varsóvia). "Russia's reliance on Ukraine for military hardware raises fears". *The Financial Times*, 20 de abril de 2014. Disponível em: <http://www.ft.com/cms/s/0/9cc89022-c87b-11e3-a7a1-00144feabdc0.html#axzz3QtFrdlkm>.

40. Alexander Dembitski, (CEIC Analyst). "The Economic Implications of Ukraine-Russia Trade Relations". *CEIC Russia Data Talk*, 8 de julho de 2014. Disponível em: <http://www.ceicdata.com/en/blog/economic-implications-ukraine-russia-trade-relations. E também em: http://www.ceicdata.com/en/blog/economic-implications-ukraine-russia-trade-relations#sthash.bdvfLVlj.dpuf>.

41. Alexandra Mclees, & Eugene Rumer, "Saving Ukraine's Defense Industry", 30 de julho de 2014. *Carnegie Endowment for International Peace*. Disponível em: <http://carnegieendowment.org/2014/07/30/saving-ukraine-s-defense-industry>; "Sales by largest arms companies fell again in 2012 but Russian firms' sales increased sharply". *Stockholm International Peace Research Institute (SIPRI)*. 2014. Munique, 31 de janeiro de 2014. Disponível em: <http://www.sipri.org/media/pressreleases/2014/top100_january2014>.

42. Arkadiusz Sarna, "The transformation of agriculture in Ukraine: from collective farms to agroholdings". *OSW Commentary — Centre for Eastern Studies*. Number

127, 2 de junho de 2014. Disponível em: <www.osw.waw.pl. Também em: http://aei.pitt.edu/57943/1/commentary_127.pdf>.

43. *Ibidem.*

44. Pekka Sutela, "The Underachiever — Ukraine's Economy Since 1991" — Ukraine March 2012. *Carnegie Papers. Carnegie Endowment for International Peace.* Disponível em: <http://carnegieendowment.org/files/ukraine_economy.pdf>.

45. Lucio Vinhas Souza & Phillippe Lombarde, 2006, pp. 276–278.

46. David Snelbecker, "The Political Economy of Privatization in Ukraine". *Center for Social & Economic Research: CASE Research Foundation,* Warsaw 1995: Paper was prepared for the project: "Economic Reforms in the former USSR". Reformy gospodarcze na terenie dawnego ZSRR, financed by the Comittee of Scientific Research (Komitet Badań — Naukowych); Bohdan Hawrylyshyn. *Ten years of work on behalf of Ukraine: notable highlights.* Part II. A Washington dinner. Disponível em: <http:www.ukrweekly.com/old/archive/1999/099921.shtml>.

47. Pekka Sutela, "Ukraine after Independence — The Underachiever — Ukraine's economy Since 1991". Paper — 9 de março de 2012. *Carnegie Endowment for International Peace.* Disponível em: <http://carnegieendowment.org/files/ukraine_economy.pdf>.

48. CIA Fact Book. Disponível em: <https://www.cia.gov/library/publications/the-world-factbook/fields/print_2116.html>.

49. "Ukraine and Russia. Why is Ukraine's economy in such a mess?". *The Economist,* 5 de março de 2014.

50. Pavlo Lazarenko, durante o período em que esteve no governo da Ucrânia, como primeiro-ministro, apropriou-se ilegalmente de US$ 250 milhões e, em agosto de 2006, foi capturado nos Estados Unidos, julgado e sentenciado a nove anos de prisão por lavagem de dinheiro, fraude e extorsão. Em 2012 foi libertado da U.S. Federal Correctional Institution (FCI) Terminal Island, na Califórnia. O governo dos Estados Unidos localizou os recursos depositados em diversos bancos de vários lugares, entre os quais Guernsey, Antígua, Suíça, Liechtenstein e Lituânia; Daryna Kaleniuk & Halyna Senyk, "Who will get stolen Lazarenko money?". *Kyiv Post,* 12 de setembro de 2013. Disponível em: <http://www.kyivpost.com/opinion/op-ed/who-will-get-stolen-lazarenko-money-329296.html>.

51. Chrystia Freeland, "Lunch with the FT — Tea with the FT: Yulia Tymoshenko". *The Financial Times,* 16 de agosto de 2008. Disponível em: <http://www.ft.com/cms/s/0/f4b1341a-6a58-11dd-83e8-0000779fd18c.html>; John Daly, "Ukraine's Yulia Timoshenko — Victim or Crook?". *OilPrice.com,* 12 de outubro de 2011. Disponível em: <http://oilprice.com/Energy/Energy-General/Ukraines-Yulia-Timoshenko-Victim-Or-Crook.html>; "Julia Tymoshenko: The iron princess". *The Independent,* 28 de outubro de 2007. Disponível em: <http://www.independent.co.uk/news/people/profiles/julia-tymoshenko-the-iron-princess-397875.html>; Christopher Dickey, "Yulia Tymoshenko: She's No Angel". *The Daily Beast,* 23 de fevereiro de 2014. Disponível em: <http://www.thedailybeast.com/articles/2014/02/23/yulia-tymoshenko-she-s-no-angel.html>; Julia Ioffe, "Kiev Chameleon". *New Republic,* 5 de janeiro de 2010. Disponível em: <http://www.newrepublic.com/article/world/kiev-chameleon>.

52. Julia Ioffe, "Kiev Chameleon". *New Republic,* 5 de janeiro de 2010. Disponível em: <http://www.newrepublic.com/article/world/kiev-chameleon>.

53. Mark Rachkevych, "50 Richest Ukrainians". *Kyiv Post*, 11 de junho de 2009. Disponível em: <http://www.kyivpost.com/content/ukraine/50-richest-ukrainians-43241.html>.
54. James Meek, "The millionaire revolutionary". *The Guardian*, 26 de novembro de 2004. Disponível em: <http://www.theguardian.com/world/2004/nov/26/ukraine.gender>; "Julia Tymoshenko: The iron princess". *The Independent*, 28 de outubro de 2007. Disponível em: <http://www.independent.co.uk/news/people/profiles/julia-tymoshenko-the-iron-princess-397875.html>.
55. Sobre o tema da chamada Revolução Laranja, vide Luiz Alberto Moniz Bandeira, 2014, pp. 98–100.

Capítulo 14

DETERIORAÇÃO ECONÔMICA DA UCRÂNIA • A CRISE DE 2008 E A AMEAÇA DE COLAPSO DA UCRÂNIA • ASSISTÊNCIA DO FMI • CONTROLE DA RIQUEZA PELOS OLIGARCAS • A TEORIA DE ZBIGNIEW BRZEZINSKI • UCRÂNIA COMO *PIVOT COUNTRY* GEOPOLÍTICO • A DEPENDÊNCIA DO GÁS DA RÚSSIA • A CRIMEIA E A BASE NAVAL DA SEVASTOPOL • ANULADA A CESSÃO DA CRIMEIA EM 1992 • INTERDEPENDÊNCIA ESTRATÉGICA ENTRE UCRÂNIA E RÚSSIA

Yulia Tymoshenko voltou a exercer o cargo de primeira-ministra entre 2007 e 2010, quando se candidatou à Presidência da Ucrânia contra Viktor F. Yanukovych, também russófono, nascido em Yenakiieve, distrito de Donetsk Oblast, importante centro de mineração de carvão, metalurgia, indústria química e outras manufaturas, onde o Partido das Regiões, que o apoiava, era amplamente majoritário. Mas Yulia Tymoshenko perdeu a eleição. E, em 2011, ela foi processada por abuso do poder quando foi primeira-ministra do presidente Viktor A. Yushchenko, e condenada a sete anos de prisão, assim como o ex-ministro de Assuntos Interiores, Yuri Lutsenko (2007–2010). Entrementes, a Ucrânia, que recebera da Rússia a média anual de 35% de recursos econômicos, precipitara-se, desde a denominada Revolução Laranja, nas maiores dificuldades, em 2009, quando a crise econômica e financeira, que irrompera nos Estados Unidos, em 2007–2008, espraiou-se à União Europeia e abalou a Grécia, ameaçando a Irlanda, Portugal, Espanha e toda a Eurozona (16 dos 27 Estados-Membros da União Europeia e outros 9 não membros que adotavam o euro).

A dívida pública da Ucrânia havia saltado então de US$ 550,8 milhões, em 1992, para US$ 13,9 bilhões, em 1999, e mais de US$ 30 bilhões, em 2007.[1] A dívida *per capita* escalara de US$ 10,6, em 1992, para US$ 282,1, em 1999; US$ 498, em 2005; e US$ 827, em 2010.[2] Porém, com a crise financeira de 2007–2008, as fontes de recursos secaram. Em 2010, o FMI concordou em conceder à Ucrânia um empréstimo de US$ 15 bilhões, mas em 2011 suspendeu o crédito porque o presidente Viktor F. Yanukovych não conseguiu cumprir as drásticas condições às quais estava condicionado, tais como cortar o subsídio do gás e reduzir o déficit público a 2,8% do PIB, o que somente seria possível cortando despesas de capital, salários, pensões etc.

A dívida externa da Ucrânia, da ordem de US$ 137,07 milhões, em 2013, assomou o montante de US$ 142,5 milhões em janeiro de 2014.[3] A taxa de câmbio da hryvnia, fixada em 8:1 com o dólar, caiu para 10:1.[4] A depreciação da moeda aumentou o peso da dívida pública, metade da qual era em divisas estrangeiras, e tornou-se mais difícil contrair outras dívidas. O déficit negativo na conta corrente do balanço de pagamentos, no montante de US$ 14,3 milhões, em 2012, havia saltado para US$ 16,402, em 2013,[5] o equivalente a 9% do PIB, contra US$ 14,3 bilhões, ou 8,1% do PIB.[6] As reservas de ouro despencaram de US$ 41,7 bilhões para US$ 20,2 bilhões, em 2013, e ainda decresceram para US$ 13,40 bilhões, em 2014, o suficiente apenas para cobrir as importações de dois meses.[7] "O *status* da Ucrânia era virtualmente de *default* e, teoricamente, a possibilidade de que se efetivasse atingira 100%", afirmou Olexandr Sugonyako, presidente da Associação dos Bancos Ucranianos.[8] E somente não ocorreu, conforme o próprio banqueiro Olexandr Sugonyako previu, por complacência dos credores.

Desde 2009, a Naftogaz, empresa estatal da Ucrânia, devia entre US$ 2,2 bilhões e US$ 2,4 bilhões à Gazprom — que despachava o gás da Rússia para a União Europeia — e estava virtualmente ameaçada de entrar em bancarrota. Não tinha caixa para o pagamento de 500 milhões de *eurobonds*, em vencimento. Tal perspectiva levou o governo da Ucrânia a ter de dar garantia soberana de US$ 2 bilhões aos credores — Deutsche Bank, Credit Suisse e Depfa —, que lhe moveram processos na Corte de Londres, e convencê-los a aceitarem a reestruturação da dívida, de modo a evitar o *default* da companhia, cujo déficit orçamentário atingira o montante de 33 bilhões de hryvnia[9] (US$ 3,9 bilhões).[10] De qualquer modo, em fins de janeiro de 2014, as agências de classificação de risco Standard & Poor's, Moody's e Fitch rebaixaram o *rating* soberano da dívida de longo prazo da própria Ucrânia, com perspectiva negativa e alta ameaça de *default*, agravada pela turbulência e instabilidade política no país.[11]

Chafurdada em profunda crise econômica e financeira, a perspectiva da Ucrânia configurava-se cada vez mais dramática. Sua economia sofrera contração de 15% em 2009. O PIB, em 1992, era maior que o da Letônia e da Romênia, depois declinou e somente em 2010 registrou diminuto crescimento, mas ainda abaixo do nível que tinha antes de separar-se da Rússia, em 1991, e o PIB *per capita* comparava-se ao do Kosovo ou da Namíbia, atrás de Polônia, Eslováquia e Hungria.[12]

Cerca de uma centena de oligarcas — 0,00003% da população — controlava entre 80–85% da riqueza do país onde o nível de renda era o mais baixo da Europa.[13] Significativa parcela vivia abaixo da linha de pobreza — cerca de 25%, conforme as estatísticas oficiais — saltou de 10 milhões para 40 milhões de pessoas, *i.e.*, cerca de 99.9999% da população, calculada em 45 milhões de habitantes, por volta de 2013.[14] O desemprego, segundo o governo, era da ordem de 8%, e subiu para 9,3%, no primeiro quadrimestre de 2014. O índice de desnutrição era estimado entre 2% e 3% até 16%. O salário médio situava-se em torno de US$ 332, um dos mais baixos da Europa. E as áreas rurais, no oeste, eram mais pobres. A emergência de empresários rurais, com a rápida dissolução dos *kolkhozy*, causou o progressivo empobrecimento da maioria da população rural e exacerbou a desigualdade de rendas.[15] E os jovens ucranianos imaginavam que a União Europeia podia melhorar seu *standard* de vida e aumentar a prosperidade do país. Os ucranianos — em primeiro lugar a juventude — tinham o sonho da União Europeia, a liberdade de viajar, as ilusões de conforto, bons salários, prosperidade etc.

A Ucrânia, situada entre a Rússia e a União Europeia, com tendências centrífugas, era e é um *pivot country* geopolítico. Zbigniew Brzezinski, ex-assessor de Segurança Nacional do presidente Jimmy Carter, escreveu certa vez que, no tabuleiro do xadrez mundial, a Rússia, sem a Ucrânia, deixaria de ser um império eurasiano. Ainda poderia lutar pelo *status* imperial, mas apenas seria predominante na Ásia, em conflito com outros Estados, que se tornaram independentes da União Soviética.[16]

A Ucrânia podia estar na Europa sem a Rússia — assim ele entendia —, porém a Rússia não podia estar na Europa (Ocidental) sem a Ucrânia, cuja separação empurrava suas fronteiras 500 milhas (804.672 km) para o leste e lhe arrebatava potente zona industrial e férteis áreas de agricultura, bem como 52 milhões de habitantes (1997), russófonos, etnicamente vinculados à população russa. Daí por que — Zbigniew Brzezinski argumentou — os Estados Unidos deviam impedir a Rússia de reconquistar o controle da Ucrânia, um país com larga fonte de recursos e acesso ao Mar Negro, através da base naval de Sevastopol, o que lhe permitiria restaurar seu *status* imperial.[17]

Devido à sua dimensão geográfica, demográfica e estratégica — e ainda possuir grande arsenal nuclear —, o presidente Bill Clinton, ao assumir o governo dos Estados Unidos, em 1993, deu prioridade à Ucrânia, nos marcos do projeto de estender a jurisdição da OTAN às antigas repúblicas da União Soviética, temendo que ela, isolada, no sudeste da Rússia, girasse outra vez para sua órbita de gravitação.[18] E, ao visitar Kiev, em janeiro de 1994, propôs ao presidente Leonid Kravchuk (1991–1994)[19] a integração da Ucrânia (como das demais repúblicas do Pacto de Varsóvia) na arquitetura da OTAN, por meio da adesão ao programa de Paternship for Piece (PfP), elaborado pelo então secretário de Estado, Warren Christopher, e pelo secretário de Defesa Les Aspin.

A Ucrânia sempre fora um país muito contraditório. Nem todas as regiões, com variáveis diferenças étnicas, econômicas, sociais, políticas e culturais, aceitavam a adesão à OTAN e o ingresso na União Europeia.[20] A oferta de vincular a Ucrânia às Forças Armadas dos Estados Unidos, através da OTAN, com a qual setores nacionalistas de Kiev e da Galitzia muito simpatizavam e favoreciam, implicava, no entanto, quantidade suficiente de combustível para produzir chamas nas relações com a Rússia com respeito ao controle da base de Sevastopol e, consequentemente, de toda a península da Crimeia.[21] E tal controle igualmente se enredava com a questão do fornecimento de gás natural, de cujos suprimentos a Ucrânia dependia da Gazprom, em pelo menos 40%. Ademais, aproximadamente, 3,0 trilhões de pés cúbicos de gás natural (Tcf), *i.e.,* 86 bilhões de metros cúbicos (bcm), procedentes da

Rússia, transitaram por seu território, em 2013, a fim de abastecer a Áustria, Bósnia-Herzegovina, Bulgária, Croácia, República Tcheca, Alemanha, Grécia, Hungria, Moldávia, Polônia, Romênia, Eslováquia e Turquia.[22]

A Rússia exportou para a Europa Ocidental, em 2011, cerca de 35% dos suprimentos de óleo cru, através do ramal sul do oleoduto Druzhba,[23] que passava pela Ucrânia. Outrossim, em 2012, exportou aproximadamente 7,4 milhões bbl/d do total de combustíveis líquidos, com 5 milhões de bbl/d de óleo cru e 2,4 milhões bbl/d de produtos de petróleo.[24] Os países da Europa, sobretudo a Alemanha, Polônia e Holanda, bem como da Europa Oriental importaram da Rússia, em 2013, 79% do óleo cru, cerca de 300.000 bbl/d a 400.000 bbl/d — a maior parte do combustível consumido pela Hungria, Eslováquia, República Tcheca e Bósnia.[25]

As controvérsias sobre a base naval de Sevastopol haviam começado em 1992, em meio às negociações sobre a retirada do arsenal atômico da União Soviética, instalado na Ucrânia, cuja remoção finalmente aconteceu, após acordo trilateral, alcançado em janeiro de 1994, com a visita do presidente Bill Clinton a Kiev, após árduas negociações das quais participaram, além da Rússia, os Estados Unidos e a Grã-Bretanha. A Ucrânia receberia então segurança, compensação econômica no valor do urânio altamente enriquecido de 1.500 ogivas (*highly-enriched uranium* — HEU), assistência no desmantelamento dos 176 mísseis intercontinentais (ICBMs), silos, bombardeiros e infraestrutura atômica existente em seu território.[26] A remoção dos artefatos atômicos da Ucrânia era uma questão na qual os Estados Unidos e a Grã-Bretanha podiam envolver-se e pressioná-la, uma vez que se inseria no esforço de desnuclearização efetuado pelas grandes potências, nos marcos do Strategic Arms Reduction Treaty I (START) e do Tratado de Não Proliferação de Armas Nucleares (TNP). Porém a controvérsia sobre a base naval de Sevastopol afigurava uma questão bilateral, conquanto, na realidade, a pretensão dos Estados Unidos (e de setores políticos de Kiev) de estender à Ucrânia a estrutura militar da OTAN configurasse poderoso obstáculo.

Sevastopol, onde a 5ª esquadra da extinta União Soviética estacionava, sempre foi considerada cidade russa e os setores nacionalistas, em

Moscou, pressionavam no sentido de que a Rússia a recuperasse para a sua jurisdição, assim como todo o território da Crimeia, predominantemente russo e favorito dos turistas russos para férias.[27] O prefeito de Moscou, Yuri Luzhkov (1992-2010), sugeriu publicamente que Nikita Khrushiov estava embriagado quando tomou a decisão de doar a península à Ucrânia.[28] Mais de 80% dos habitantes da Crimeia falavam russo, sempre se consideraram russos, advogavam a secessão da Ucrânia e a reintegração da península à Rússia.[29] Muitos dos que residiam em Sevastopol eram ex-marinheiros soviéticos, com âncoras tatuadas nas mãos e braços, eram pró-Rússia e ferozmente contrários à OTAN, considerada por eles inimigo.[30] No entanto, Kiev queria assenhorear-se de 50% da Frota Soviética do Mar Negro, estacionada em Sevastopol, dando-lhe o *status* de principal base naval da Ucrânia, o que nem a Rússia nem o povo da Crimeia aceitavam. Ademais, um terço do vasto arsenal nuclear da União Soviética estava instalado na Ucrânia.

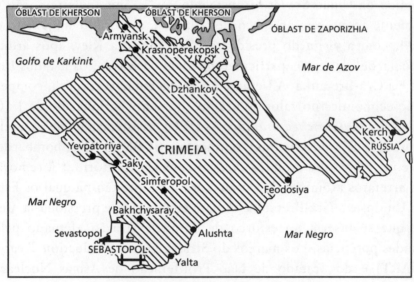

Figura 14.1 — República Autônoma da Crimeia

A Crimeia, em 1992, proclamou-se independente, separando-se da Ucrânia como república, estabelecendo sua própria Constituição, que a Rada de Kiev revogou em 1995. Em maio do mesmo ano, 1992, o Supremo Soviet da Rússia anulou a decisão que havia transferido a península para a jurisdição da Ucrânia.[31] O Congresso dos Deputados do Povo

Russo, em dezembro de 1992, decidiu investigar a legalidade da reclamação de Sevastopol pela Ucrânia. E a Duma, em Moscou, aprovou, em 9 de junho de 1993, uma resolução a reafirmar o *status* de Sevastopol como cidade federal da Rússia e a indivisibilidade da Frota do Mar Negro. Mais de 90% dos habitantes de Sevastopol, em pesquisa realizada em maio de 1994, também se manifestaram a favor de que a base naval de Sevastopol permanecesse com a Rússia.[32] Também foram organizadas manifestações públicas no mesmo sentido. Naquele mesmo ano (1994), Leonid Kučma (1994–2005), ao assumir a Presidência da Ucrânia, tomou uma atitude mais conciliatória com respeito à Crimeia e à Rússia e, quando o presidente Bill Clinton lhe sugeriu associar a Ucrânia à OTAN, durante o encontro que tiveram em Kiev, em 22 de novembro de 1994, ele desconversou. A Ucrânia, cujo PIB havia caído cerca de 25%, durante o governo de Leonid Kravchuk, na primeira metade dos anos 1990, não tinha condições de confrontar-se nem com a Rússia nem com os Estados Unidos.

O fornecimento de gás pela Rússia para atender a cerca de 70% das necessidades de consumo da Ucrânia, a base naval em Sevastopol, a Frota do Mar Negro, composta por cerca de 800 navios de guerra, e o alinhamento com a OTAN eram questões que se intrincavam, se contrapunham e se excluíam. O vice-almirante Eduard Baltin, ao assumir o comando da Frota do Mar Negro, em 1993, comentou que a Ucrânia se tornara um país autônomo, com sua própria visão de política interna e externa, diferente da Rússia, e seria difícil para o povo ver os navios russos navegando para leste e os navios ucranianos para o Ocidente, subordinados à OTAN.[33]

O presidente Leonid Kučma (1994–2005), por fim, realizou que as relações econômicas com a Rússia constituíam para a Ucrânia uma questão de sobrevivência, não apenas de prosperidade, e que Kiev não tinha condições de negociar com Moscou em posição de força.[34] Àquele tempo, a Rússia exportava, através dos gasodutos Bratstvo (Urengoy--Pomary-Uzhgorod) e Soyuz,[35] cerca de 156,1 bilhões de metros cúbicos de gás para a Europa Ocidental, no valor de US$ 35 bilhões, e 37,6 bilhões de metros cúbicos, o equivalente a US$ 3,4 bilhões, para a Ucrânia, cujo déficit com a Gazprom já atingia o montante de US$ 1,52 bilhão e não estava em condições de cobri-lo,[36] o que levou a Rússia a paralisar seu fornecimento.

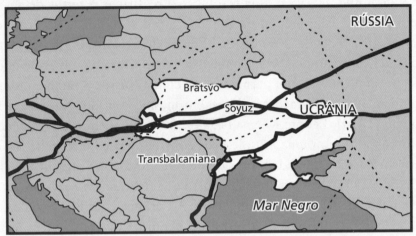

Figura 14.2 — Gasodutos da Rússia que atravessam a Ucrânia levando gás à Europa[37]

Havia interdependência estratégica entre os dois países e a Ucrânia necessitava aceitar a assimetria e manter relações normais com a Rússia.[38] As divergências sobre a demarcação e o reconhecimento das fronteiras foram equacionadas com a celebração do Tratado Russo-Ucraniano de Amizade, em busca de segurança e estabilidade na Europa Oriental, firmado em 28 de maio de 1997 pelos primeiro-ministros da Ucrânia, Pavlo Lazarenko, e da Rússia, Viktor S. Chernomyrdin. A Rússia ficaria com a maior parte da Frota do Mar Negro, junto com a propriedade do nome, cabendo à Ucrânia apenas 18,3% e compensações financeiras, assim como a propriedade de Sevastopol, com a obrigação de arrendá-la à Rússia por US$ 97,7 milhões,[39] durante o período de 20 anos, prorrogável pelo valor de US$ 100 milhões, com possibilidade de revisão para aumento.[40]

O arrendamento da base naval, por 20 anos, com possibilidade de prorrogação, estava implicitamente vinculado ao fornecimento de gás subsidiado à Ucrânia.[41] Em tais circunstâncias, o presidente Leonid Kučma, ao mesmo tempo que assinou o Tratado de Amizade com a Rússia, sobre a questão da base naval de Sevastopol e a Frota do Mar Negro, assentou, no mesmo ano (1997), o relacionamento com a OTAN, nos termos da Charter on a Distinctive Partnership, reforçada por outro ins-

A DESORDEM MUNDIAL

trumento em 2009, criando a NATO-Ukraine Commission (NUC), para o diálogo político e um programa anual de cooperação prática. Diversos fatores e pressões — tanto domésticas quanto externas — compeliram o presidente Leonid Kučma à tentativa de estabelecer o entendimento duplo e difícil da Ucrânia com a Rússia e, simultaneamente, a OTAN. Os Estados Unidos não desistiram de cercar, confinar e, ocupando econômica e militarmente a Ucrânia, apartar a Rússia da Europa Ocidental.

NOTAS

1. Ararat L. Osipian, 2009, pp. 123–124.
2. *Ibidem*, p. 123.
3. Ukraine External Debt 2003–2015. *Trading Economics*. Disponível em: <http://www.tradingeconomics.com/ukraine/external-debt>. Também em: <http://www.bank.gov.ua/doccatalog/document?id=8388817>; Sujata Rao, "Big debts and dwindling cash — Ukraine tests creditors' nerves". *Reuters*, 17 de outubro de 2013 — Disponível em: <http://uk.reuters.com/article/2013/10/17/uk-emerging--ukraine-debt-idUKBRE99G06P20131017>. *Trading Economics*. Disponível em: <http://www.tradingeconomics.com/ukraine/external-debt>.
4. "Ukraine and Russia. Why is Ukraine's economy in such a mess?". *The Economist*, 5 de março de 2014. Disponível em: <http://www.economist.com/blogs/freeexchange/2014/03/ukraine-and-russia>.
5. National Bank of Ukraine. Balance of Payments and External Debt of Ukraine in the First Quarter of 2014, p. 82. Disponível em: <http://www.bank.gov.ua/doccatalog/document;jsessionid=D3E06465B2108ABB86DD04A0A4677539?id=10132249>.
6. National Bank of Ukraine. Balance of Payments and External Debt of Ukraine in 2013, p. 5. Disponível em: <http://www.bank.gov.ua/doccatalog/document?id=8388817>.
7. National Bank of Ukraine. Balance of Payments and External Debt of Ukraine in the First Quarter of 2014, p. 82. Disponível em: <http://www.bank.gov.ua/doccatalog/document;jsessionid=D3E06465B2108ABB86DD04A0A4677539?id=10132249>. Ukraine External Debt 2003–2015. *Trading Economics*. Disponível em: <http://www.tradingeconomics.com/ukraine/external-debt>.
8. "Sugonyako: Since 2005, we have accumulated the external debt from $14 to $74 billion. Our economy is unprofitable, and our government is inefficient". *Gordon.com*, 12 de janeiro de 2015. Disponível em: <http://english.gordonua.com/news/exclusiveenglish/Sugonyako-60898.html>.
9. Moeda ucraniana.
10. Roman Olearchyk (in Kiev), "Ukraine offers to guarantee Naftogaz debt". *Financial Times*, 21 de setembro de 2009. Disponível em: <http://www.ft.com/intl/cms/s/0/f04c0740-a6b8-11de-bd14-00144feabdc0.html#axzz37w0928mV>; Roman Ole-

archyk, "Ukraine's Naftogaz battles to avert default". *Financial Times*, September 30, 2009. Disponível em: <http://www.ft.com/intl/cms/s/0/6efad0e2-add7-11de-87e7 -00144feabdc0.html#axzz37w0928mV>.

11. *EcoFinanças*. Disponível em: <http://www.ecofinancas.com/noticias/moody-s-re-baixa-rating-soberano-ucrania-para-caa2/relacionadas>.

12. USAID — Ukraine Country Development Cooperation Strategy 2012–2016, p. 8. Disponível em: <https://www.usaid.gov/sites/default/files/documents/1863/USAID _Ukraine_CDCS_2012-2016.pdf>; *CIA — Country Comparison: GDP — Per Capita* (PPP). Disponível em: <https://www.usaid.gov/sites/default/files/documents/ 1863/USAID_Ukraine_CDCS_2012-2016.pdf>.

13. "Ukrainian Oligarchs and the — "Family", a New Generation of Czars — or Hope for the Middle Class?". *International Research and Exchange Board* (IREX) — Department of State — August 2013. Disponível em: <https://www.irex.org/sites/de-fault/files/Holoyda%20EPS%20Research%20Brief.pdf>.

14. *Ibidem*.

15. "The transformation of agriculture in Ukraine: From collective farms to agrohol-dings". *OSW — Ośrodek waschodnich, in Marka Kapia*, 2 de julho de 2014. Disponível em: <http://www.osw.waw.pl/en/publikacje/osw-commentary/2014-02-07/ transformation-agriculture-ukraine-collective-farms-to>.

16. Zbigniew Brzezinski, 1997, pp. 46–47.

17. *Ibidem*, pp. 46–47.

18. Taylor Branch, 2009, p. 168; William J. Clinton: "The President's News Conference with President Kučma of Ukraine," 22 de novembro de 1994. Online by Gerhard Peters and John T. Woolley. *The American Presidency Project*. Disponível em: <http://www.presidency.ucsb.edu/ws/?pid=49507>.

19. "President's New Conference with President Leonid Kravchuck of Kiev, January 12, 1994", *in:* William J. Clinton, *Public Papers of the Presidents of the United States: William J. Clinton, 1994*, pp. 43–46. Disponível em: <https://books.google.de/ books?id=NCThAwAAQBAJ&pg=PA46&lpg=PA46&dq=Clinton+Partnership +For+peace+Ukraine&source=bl&ots=xAVnTwVIs-&sig=rnoNdxUxlugp_6qf OJFYzP0D97Q&hl=de&sa=X&ei=gd_pVLiHOsb9UOGRgtAN&ved=0CFMQ 6AEwBQ#v=onepage&q=Clinton%20Partnership%20For%20peace%20 Ukraine&f=false>.

20. Ian Mcallister & Stephen Whithe, "Rethinking the Orange Revolution", 2010, pp. 138–139.

21. Taras Kuzio, "The Crimea: Europe's Next Flashpoint? — November 2010". Washington. *The Jamestown Foundation*, p. 4. Disponível em: <http://www.peacepa-lacelibrary.nl/ebooks/files/372451918.pdf>.

22. "Ukraine — Country Analysis Note". *U.S. Energy Information Administration*. Disponível em: <http://www.eia.gov/countries/country-data.cfm?fips=up>; Frank Umbach, (Associate Director at the European Centre for Energy and Resource Security (EUCERS). "Russian-Ukrainian-EU gas conflict: who stands to lose most?" *NATO/ OTAN*. Disponível em: <http://www.nato.int/docu/review/2014/NATO-Energy-se-curity-running-on-empty/Ukrainian-conflict-Russia-annexation-of-Crimea/EN/in-dex.htm>; Karolina Chorvath (Special to CNBC.com), "Why Ukraine needs

A DESORDEM MUNDIAL

Russia — for now, anyway". Wednesday, 4 Jun 2014. *CNBC.com*. Disponível em: <http://www.cnbc.com/id/101727421>.

23. "Facet Sheet — Russia Europe liquid relationship often overlooked". *Clingendael International Energy Programme (CIEP)*. Disponível em: <http://www.clingendae-lenergy.com/files.cfm?event=files.download&ui=9C1E06F0-5254-00CF-FD03A39927F34043>.

24. "Russia — Overview, November 26, 2013 (Notes)". *U.S. Energy Information Administration*. Disponível em: <http://www.eia.gov/countries/country-data.cfm?fips=up>.

25. "Ukraine — Country Analysis Note". *U.S. Energy Information Administration*. Disponível em: <http://www.eia.gov/countries/country-data.cfm?fips=up>.

26. Bill Clinton, 2004, p. 570; Steven Pifer, "The Trilateral Process: The United States, Ukraine, Russia and Nuclear Weapons". Paper | Maio 2011. *Brooking*. Disponível em: <http://www.brookings.edu/research/papers/2011/05/trilateral-process-pifer>.

27. Thomas Gerlach & Gert Schmidt, 2009, pp. 448–449.

28. "The new Crimean war: how Ukraine squared up to Moscow". *The Independent,* 9 de janeiro de 2006. Disponível em: <http://www.independent.co.uk/news/world/europe/the-new-crimean-war-how-ukraine-squared-up-to-moscow-522213.html>.

29. Tyler Felgenhauer, "Ukraine, Russia, and the Black Sea Fleet Accords". *WWS Case Study 2/99*. Disponível em: <http://www.dtic.mil/dtic/tr/fulltext/u2/a360381.pdf>; Stephen White & Ian McAllister, 2010, p. 180.

30. "The new Crimean war: how Ukraine squared up to Moscow". *The Independent,* 9 de janeiro de 2006. Disponível em: <http://www.independent.co.uk/news/world/europe/the-new-crimean-war-how-ukraine-squared-up-to-moscow-522213.html>.

31. Karen Dawisha, & Bruce Parrot, 1995, pp. 210–211.

32. Edward Ozhiganov, "The Crimean Republic: rivalries concepts", 1997, p. 123.

33. Dale B. Stewart, "The Russian-Ukrainian Friendship Treaty and the Search for Regional Stability in Eastern Europe". Dezembro de 1997. Thesis S714366. N PS Archive 1997, 12. Naval Postgraduate School — Monterey, California. Disponível em: <https://archive.org/stream/russianukrainian00stew/russianukrainian00stew_djvu.txt>; Jane Shapiro Zacec & I. Ilpyong Kim (Editores), 1997, pp. 110–112.

34. Paul J. D'anieri, 1999, p. 17, 20–205.

35. *Gazprom Export* — Transportation. Disponível em: <http://www.gazpromexport.ru/en/projects/transportation/>.

36. Jeffrey Ringhausen, "Refuting the Media: Punishment and the 2005–06 Gas Dispute", pp. 3–33. University of North Carolina at Chapel Hill — Department of Slavic, Eurasian, and East European Studies. 2007- UMI Number: 1445454. Disponível em: <http://media.proquest.com/media/pq/classic/doc/1372035111/fmt/ai/rep/NPDF?_s=E21sZ9Yq1ee87kdZ1Xdh24phC7U%3D>.

37. Fonte: Energy Information Administration. Disponível em: <http://www.eia.gov/todayinenergy/detail.cfm?id=15411>.

38. Dale B. Stewart, "The Russian-Ukrainian Friendship Treaty and the Search for Regional Stability in Eastern Europe". December 1997. Thesis S714366. N PS Archive

1997, 12. *Naval Postgraduate School* — Monterey, California. Disponível em: <https://archive.org/stream/russianukrainian00stew/russianukrainian00stew_djvu.txt>.

39. Daniel W. Drezner, 1999, pp. 203–205.

40. *Ibidem;* Francisco J. Ruiz González, "La Arquitectura de Seguridad Europea: Un Sistema Imperfecto e Inacabado" — De la Caída del Muro de Berlín (1989) a la Guerra De Georgia (2008). Tesis Doctoral — Tutora: Fanny Castro-Rial Garrone, Profesora Titular de Derecho Internacional Público y RRII. UNED. Universidad Nacional de Educación a Distancia. Instituto Universitario General Gutiérrez Mellado, 2012 pp. 168–160. Disponível em: <http://e-spacio.uned.es/fez/eserv/tesisuned:IUGM-Fjruiz/Documento.pdf>.

41. Tyler Felgenhauer, "Ukraine, Russia, and the Black Sea Fleet Accords". *WWS Case Study* 2/99. Disponível em: <http://www.dtic.mil/dtic/tr/fulltext/u2/a360381.pdf>; Stephen White &, Ian McAllister, 2010.

Capítulo 15

POLÍTICA DE WASHINGTON DE EXPANSÃO NA EURÁSIA • TENTATIVA DE IMPEDIR A REEMERGÊNCIA DA RÚSSIA • A COMUNIDADE ECONÔMICA EURASIÁTICA • ADVERTÊNCIA DE KISSINGER DE QUE PARA A RÚSSIA A UCRÂNIA JAMAIS SERIA *"A FOREIGN COUNTRY"* • O TRATADO DE KHARKOV SOBRE GÁS E *LEASING* DE SEVASTOPOL • WASHINGTON INVESTIU US$ 5 BILHÕES PARA MUDAR O REGIME NA UCRÂNIA • GEORGE SOROS E AS ONGs SUBVERSIVAS

O esforço de conciliação do presidente Leonid Kučma eclipsou, mas não resolveu as contradições domésticas e internacionais, que latejavam, na Ucrânia, um *geopoliticaly pivot country*, cujo *noúmeno* do conflito não apenas consistia propriamente na adesão da Ucrânia ao programa Partnership for Peace da OTAN, mas na onipresença dos Estados Unidos, que visavam a transformá-la em cabeça de ponte para conquistar o resto da Eurásia e obstaculizar a presença da Rússia no Mar Mediterrâneo, onde ela havia iniciado a construção de outra base militar Novorossiysk, para os silenciosos submarinos diesel-elétricos Varshavyanka (Project 636 class), capazes de navegar em águas profundas, como buracos negros, sem ser detectados pelos radares dos Estados Unidos e da OTAN. Assim, de um modo ou de outro, permaneceram latentes os fatores de combustão, que se catalisaram e outra vez inflamaram a Ucrânia.

Os Estados Unidos buscavam bloquear a reemergência da Rússia, como potência, impedir que restabelecesse a hegemonia no espaço da Eurásia e, como não pudessem derrotá-la, trataram de criar caos, a fim de evitar o seu fortalecimento, conforme o geopolítico americano George Friedman comentou a estratégia de Washington.[1] O cerne do problema estava, pois, na desabrida ambição dos Estados Unidos de construir, a partir da Ucrânia, a ponte para sua expansão estratégica através da Eurásia, a pivotal área do equilíbrio global, e impedir que a Rússia voltasse a reconquistar a posição dominante no Mar Negro, onde Odessa funcionava como seu principal porto de comércio com o Mediterrâneo e outras regiões no Atlântico. A Comunidade dos Estados Independentes (CEI), criada em 8 de dezembro de 1991, em Viskuli (Bielorrússia), para congregar as antigas repúblicas da União Soviética (exceto as do Báltico), nunca efetivamente funcionou e daí que a crise em toda a região se agravou, quando o presidente Vladimir Putin, em 19 de setembro de 2013, firmou, em Yalta, com os presidentes da Bielorrússia e Cazaquistão o tratado para o estabelecimento do Espaço Econômico Comum da Eurásia.

As ONGs — tais como Freedom House, American Enterprise Institute (AEI), National Democratic Institute (NDI) e muitas outras, financiadas pela USAID, NED, CIA e agências dos Estados Unidos e da União Europeia e/ou grupos privados,[2] seguiram a encorajar as denominadas revoluções, coloridas nos países do Cáucaso.[3] A Revolução Laranja, na Ucrânia, visou a anular a eleição de Viktor Yanukovych, governador da província de Donetsk (1997–2002) e levar ao poder seu adversário, o líder da oposição, Viktor A. Yushchenko, que era pró-Ocidente, contrário ao acordo com a Rússia sobre a base de Sevastopol e o fornecimento de gás, através da companhia RosUkrEnergo, uma *joint-venture* sediada na Suíça e da qual a Gazprom possuía 50% das ações. De fato, conforme confessou à imprensa, ele expressava também a inquietação de ONGs e grupos econômicos e políticos de Kiev,[4] que mantinham em pauta, instigados desde o exterior, os planos de integrar a Ucrânia na União Europeia, OTAN e outras instituições ocidentais.[5] Efetivamente, a administração do presidente George W. Bush, conforme a Associated Press noticiou, havia gasto mais do que US$ 65 milhões nos últimos dois anos — 2003 e 2004 — com organizações na Ucrânia, pagando inclusive a viagem de Yushchenko para encontrar as autoridades nos Estados Unidos, a indicar que ele venceria a decisiva eleição contra Viktor Yanukovych,[6] como aconteceu, levando-o a assumir a presidência da Ucrânia em 23 de janeiro de 2005.

Contudo, sob vários aspectos, era muito difícil divorciar a Ucrânia da Rússia. Embora o censo de 2001 registrasse que somente 17%, na Ucrânia, se consideravam etnicamente russos, várias outras pesquisas indicavam que 80% da população, em 2012, falavam russo como primeiro idioma e a cultura era predominantemente russa: mais de 60% dos diários, 83% dos periódicos, 87% dos livros, bem como 72% dos programas de televisão eram editados e transmitidos em russo.[7]

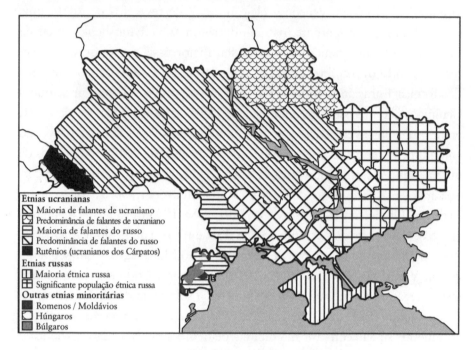

Figura 15.1 — Divisão etnolinguística da Ucrânia
Fonte: Wikimedia Commons[8]

Com toda a lucidez, como homem culto, Henry Kissinger, ex-secretário de Estado entre 1973 e 1977, escreveu que *"the West must understand that, to Russia, Ukraine can never be just a foreign country"*.[9] Explicou que a Rússia fora, nos primórdios, a Kievan-Rus'; a Ucrânia havia integrado seu território durante séculos, a história dos dois países estreitamente se entrelaçava e *"Ukraine has been independent for only 23 years; it had previously been under some kind of foreign rule since the 14th century"*, aduziu.[10] Daí seus principais políticos não haverem aprendido a arte do compromisso e, menos ainda, a perspectiva histórica. Henry Kissinger ponderou ser essa a razão da crise, uma vez que cada facção, representando diferentes interesses regionais e culturais, tentava impor sua vontade sobre a outra parte recalcitrante do país. A Ucrânia, chamada, tradicional-mente, de "pequena Rússia", era, entretanto, dividida entre os etnicamen-te ucranianos, no Ocidente, e os russófonos, ao leste e sul, em Donbass, e este fato resultava em profundas contradições políticas.

Em tais circunstâncias, Viktor Yanukovych, do Partido das Regiões, ma-joritário em Donbass, venceu a eleição em 7 de fevereiro de 2010, uma eleição limpa e transparente, na qual derrotou Yulia Tymoshenko, líder da Revolução Laranja, pouco após a Rússia, Bielorrússia e Cazaquistão have-rem aprovado (novembro de 2009) o plano para a criação da Comunidade Econômica Eurasiática (EurAsEC). Tornava-se previsível, portanto, que a Ucrânia a ela aderisse. Até então suas relações com a Rússia, desde 1991, eram muito instáveis. Porém Viktor Yanukovych sempre fora favorável ao entendimento entre os dois países. E em 21 de abril de 2010, pouco mais de um mês após assumir o governo, celebrou, em Kharkov (Kharkiv), um acor-do com o então presidente da Rússia, Dmitry Medvedev, sobre o fornecimen-to de gás. Obteve um desconto de US$ 30 a US$ 100 por tonelada de metros cúbicos, sobre o preço corrente de US$ 330, em troca do prolongamento até 2042 do *leasing* da base naval de Sevastopol, no Mar Negro,[11] que seu ante-cessor, Viktor Yushchenko (2005–2010), havia prometido e tentara acabar, sob a alegação de que sua presença violava a soberania da Ucrânia e repre-sentava um fator de desestabilização da Crimeia, cuja população era majori-tariamente russa, com forte simpatia pelo modelo da União Soviética.[12] Alguns grupos manifestaram-se contra a renovação do acordo para a preser-vação da base naval de Sevastopol por significar que a Revolução Laranja estava superada, morta.[13]

O arrendamento da base naval de Sevastopol, no Mar Negro, a expi-rar em 2017, foi prorrogado por mais 25 anos, até 2042, com a possibili-dade de ser estendido por mais cinco anos.[14] Em compensação, a Rússia investiria no desenvolvimento econômico e social de Sevastopol, além de reduzir em 30%, abaixo da cotação do mercado, o preço do gás natural fornecido à Ucrânia, estimado em US$ 40 bilhões. O acordo de Kharkov previa a cooperação industrial e realização de projetos conjuntos, como no tempo da União Soviética, em setores estratégicos, tais como, *inter alia*, energia nuclear e aviação, modernização e integração de tecnologias, como antes se realizava com a União Soviética, nas áreas da aeronáutica,

A DESORDEM MUNDIAL

produção de satélites, armamento, construção naval e outras, o que permitiria ao presidente Yanukovych resgatar a Ucrânia da severa recessão e à sua economia retomar um ritmo sustentável de crescimento. O acordo ajudaria a integração dos dois países e, outrossim, evitava que a Ucrânia aderisse à OTAN, cuja carta impedia que qualquer dos seus membros instalasse bases no seu território, até o fim do arrendamento pela Rússia.

Após o entendimento entre os presidentes Yanukovych e Medvedev, o FMI, em dezembro de 2013, aprovou um *bailout* de US$ 15,2 bilhões, por dois anos e meio.[15] Mas as condições impostas foram muito duras. Implicavam o corte do déficit fiscal, mediante severa redução de cerca de 50% nos subsídios de energia e dos programas sociais, das pensões, dispensa imediata de empregados do Estado, fortalecimento dos bancos e livre flutuação da moeda — hryvnia —, o que a desvalorizaria, com a queda da taxa de câmbio, e privatização das empresas estatais, *i.e.*, entregá-las por qualquer preço às corporações estrangeiras. Eram os mesmos termos do *bailout* de US$ 15 bilhões, oferecido em 2010, que o presidente Yanukovych não pôde cumprir e o FMI cancelou em 2011.[16]

A Ucrânia, ainda sob o governo do presidente Yushchenko, havia renovado as negociações em torno do European Union Association Agreement, que seria firmado na cidade de Vilnius, Lituânia, juntamente com os presidentes da Armênia, Azerbaijão, Bielorrússia, Geórgia e Moldávia, em 21 de novembro de 2013.[17] Tratava-se de uma dúbia posição, decorrente das controvérsias domésticas e pressões estrangeiras. Porém, em outubro de 2013, o presidente Vladimir Putin impôs controles, cotas e tarifas aduaneiras para os produtos da Ucrânia destinados à Rússia, o que fez suas exportações caírem em mais de 25%; cobrou de Kiev o pagamento da dívida de US$ 1 bilhão dos suprimentos de gás, ademais de ameaçar o preço do combustível e de restringir a entrada de ucranianos para trabalhar no país.[18] A Ucrânia, se entrasse na área de livre comércio com a União Europeia, teria então um prejuízo de cerca de US$ 500 bilhões, nos negócios com a Rússia, que necessariamente teria de derrogar o tratamento preferencial para o livre acesso ao seu mercado, um mercado de US$ 2,5 trilhões e 146 milhões de consumidores.[19] Logo no sumário da proposta de Bruxelas para o ingresso na União Europeia estava previsto que as exportações da Ucrânia para a Rússia decresceriam 17% ou US$ 3 bilhões por ano.[20]

LUIZ ALBERTO MONIZ BANDEIRA

Em 2013, a Ucrânia vendera à Rússia bens no valor de US$ 16 bilhões, aproximadamente 25% do total de suas exportações, e cerca de US$ 17 bilhões para a União Europeia, uma economia de US$ 17 trilhões, com mais ou menos 500 milhões de consumidores.[21] A diferença era pequena e não compensaria as eventuais perdas, entre as quais o desconto no preço do gás. A União Europeia não solucionaria os problemas econômicos da Ucrânia. Estava bastante exaurida com a crise financeira da Grécia, Espanha e Portugal, a ameaçar também a França e a própria sobrevivência da Eurozona. Mesmo a Alemanha, responsável pela maior parte dos recursos para socorrer tais países, havia acumulado uma dívida pública da ordem de 76% do seu PIB,[22] embora muito inferior à dos Estados Unidos, na casa de 101,53% do seu PIB.[23] Sua indústria bélica sofrera duramente o impacto da prolongada crise financeira, que compeliu os governos todos da Eurozona a tomar severas medidas, com cortes de despesas, inclusive na área de defesa, em virtude da enorme dívida pública e da perspectiva de estagnação da economia. Por outro lado, inúmeras empresas estatais de armamentos foram privatizadas e se defrontavam com intensa competição não só no mercado exterior como também dentro da própria União Europeia.[24]

A Ucrânia era um dos grandes exportadores mundiais de material bélico. Entre 2010 e 2014, ocupou o 9º lugar, segundo os dados do SIPRI Arms Transfers Database, e seus principais mercados estavam na China (22%), Rússia (10%) e Tailândia (9%).[25]

Tabela 2 — *Ranking* dos países exportadores de material bélico

Posição no ranking	País	%
1º	Estados Unidos	31%
2º	Rússia	27%
3º	China	5%
4º	Alemanha	5%
5º	França	5%
6º	Reino Unido	4%
7º	Espanha	3%
8º	Itália	3%
9º	Ucrânia	3%
10º	Israel	2%

Fonte: SIPRI Arms Transfers Database[26]

A DESORDEM MUNDIAL

No *ranking* de armas convencionais, a Ucrânia situava-se na quarta posição entre os exportadores de 2012.[27] A Ukrinmash, juntamente com a Ukroboronservice e a Prohres, que se fundiram sob o nome de Ukrespetexport, vendia armamentos à Rússia e países da Eurásia, ademais de Angola, Cuba, Croácia, Paquistão, Mongólia, China, Sri Lanka, Iêmen do Sul etc.[28] E a Ukroboronprom, a corporação estatal, responsável pela produção de material bélico, aparelhos de alta tecnologia, eletrônico-nuclear, metalúrgicos e diversos equipamentos pesados, inclusive para hidroelétricas, tinha sua sede e a maior parte das instalações e fábricas, que integravam, no leste e sudeste da Ucrânia, na Donetsk Oblast, com 4,5 milhões de habitantes, dos quais quase metade era de origem russa ou etnicamente entrelaçada por vínculos familiares. Essa corporação — Ukroboronprom — controlava 134 indústrias de defesa e, em 2013, firmou com a Aviaexport, da Rússia, um tratado de cooperação visando ao desenvolvimento conjunto de helicópteros e aeronaves, para novos mercados. Sua produção consiste em equipamentos de radar, mísseis de defesa aérea, canhões de artilharia e sistemas de produção de tanques blindados e um moderno sistema acústico de localizar a procedência de tiros e a posição de *snipers* e artilharia. E destina mais de 45% do total de suas exportações ao mercado da Comunidade de Estados Independentes, formada por antigas repúblicas da União Soviética, entre as quais Rússia, Belarus, Cazakistão, Kyrgyzstão, Tajikistão, que firmaram o tratado de criação da União Econômica Eurasiana.

Com aproximadamente 25.900 km², abrangendo Kharkov, Dnipropetrovsk, Donetsk, Zaporizhzhya, Makiyivka, Mariupol e Luhansk, a Bacia de Donetsk (Donbass), possuía o maior parque de produção industrial da Ucrânia, uma das maiores concentrações industriais do mundo, ademais de que lá havia consideráveis reservas de titânio, níquel, zinco, mercúrio, petróleo, gás natural, bauxita, carvão (antracito) e minerais ferrosos. Ela se estende pela fronteira da Rússia e se identifica com a Rostov Oblast, uma área de 100.800 km² e uma população de 4,3 milhões de habitantes (2010 est.). E em Donetsk e Luhansk se concentravam as usinas de aço e as minas de carvão da Ucrânia, que mesmo após a dissolução da União Soviética, em 1991, continuaram a ter na Rússia seu maior mercado, muito à frente de todos os demais e para o qual, em 2012 e 2013, destinou 25%

e 27% de suas exportações, respectivamente, e do qual provieram 32% de suas importações, sobretudo de gás.[29]

Caso aderisse à área de livre comércio da União Europeia, as indústrias de mineração de ferro e siderúrgicas, a maior parte em Donbass, perderiam a competitividade, devido à alta do preço da energia, exigido pelo FMI, e sofreriam dura concorrência tanto no mercado doméstico quanto no exterior.[30] Muitas fábricas fechariam e/ou seriam assenhoreadas pelas corporações europeias, enquanto as grandes empresas de *agro-business* do Ocidente arruinariam os pequenos agricultores.

Todo esse potencial econômico cairia sob o domínio da União Europeia. A União Europeia, entretanto, muito pouco podia oferecer à Ucrânia, exceto o levantamento das barreiras alfandegárias, a exportação maciça de produtos do Ocidente e investimentos, mediante a compra das empresas nacionais. Não se dispunha então a arcar com novos compromissos, para resolver a grave situação financeira da Ucrânia. Havia oferecido a Kiev um empréstimo de € 600 milhões (equivalentes, na época, a US$ 827 milhões), valor depois aumentado para € 1 bilhão do Fundo Monetário Internacional.[31] Era um valor extremamente irrisório, comparado com a elevada dívida do país, e insuficiente até para cobrir seu débito com a Gazprom.

A Ucrânia, por outro lado, teria de arcar com um custo de US$ 104 bilhões,[32] a fim de implementar profundas mudanças nas suas instituições, leis e políticas, de modo a ajustar-se aos padrões e dimensões do *acquis communautaire*, a moldura institucional e administrativa da União Europeia, arquitetada e modelada sistematicamente por mais de 40 anos.[33] E o presidente Yanukovych, em novembro de 2013, foi informado por um estudo do Instituto para a Economia e Prognósticos da Academia Nacional de Ciências da Ucrânia que o país teria de pagar, se entrasse na União Europeia, na realidade, US$ 160 bilhões, custo 50 vezes mais do que aparecia no sumário de proposta de Bruxelas e que o assessor alemão do grupo de negociações lhe dissera.[34] Seus custos financeiros seriam, portanto, muito elevados, e a Ucrânia igualmente não tinha condições de executar outras desconfortáveis reformas de alto risco, demandadas pelo FMI e pela União Europeia, porquanto os cortes orçamentários, aumento dos impostos e a elevação das tarifas de gás em 40% escalariam as tensões sociais e engravesceriam

A DESORDEM MUNDIAL

ainda mais a recessão. A situação da Ucrânia assemelhar-se-ia à da Grécia, onde havia quatro anos, após receber o primeiro *bailout* do programa UE--FMI, o desemprego chegara a 27% da força de trabalho e a taxa de risco de empobrecimento continuava a recrescer.

Em 22 de setembro de 2013, dois meses antes da cúpula em Vilnius, quando seria firmado, juntamente com os presidentes da Armênia, Azerbaijão, Bielorrússia, Geórgia e Moldávia, o European Union Association Agreement, Sergei Glazyev, nascido em Zaporizhia (Ucrânia), membro da Academia de Ciências da Rússia e assessor do presidente Putin, advertiu o oligarca Petro Poroshenko, ex-ministro do Comércio e Desenviolvimento Econômico da Ucrânia (2012), de que o ingresso da Ucrânia na União Europeia ser-lhe-ia catastrófico.[35] Arguiu que a Ucrânia somente poderia equilibrar o balanço de pagamentos mediante a união aduaneira com a Rússia, seu principal credor, e atentou-o para os custos econômicos que seu país teria, se o acordo com a União Europeia fosse assinado, pois certamente Moscou adotaria sanções e denunciaria o tratado bilateral, que delimitava as fronteiras entre os dois países. Também previu, por fim, a alta possibilidade de que ocorressem movimentos separatistas nas regiões russófonas no leste e sul do país, em Donbass.[36]

Contudo, conforme a revista alemã *Der Spiegel* comentou, nem as autoridades de Bruxelas nem o governo de Berlim, sob Angela Merkel, atentaram para as realidades do poder, as preocupações da Rússia, em relação ao seu enclausuramento pela OTAN, durante todo o ano em que ocorreram as negociações para o ingresso na União Europeia.[37] Estavam avisados, mas não consideraram o que a adesão da Ucrânia à União Europeia significaria para a Rússia. O oligarca ucraniano Victor Pinchuk, proprietário da EastOne Group LLC, advertiu os comissários da União Europeia de que o negócio com a Ucrânia podia ser considerado uma provocação com a Rússia. E assim, como nas tragédias de Sófocles — *Oedipus Rex* e outras —, todos sabiam o que poderia ocorrer, foram advertidos, decerto não queriam que o conflito com a Rússia ocorresse, no entanto, todos os atores fizeram tudo para que necessariamente o conflito acontecesse.

Os termos do acordo oferecido à Ucrânia pela União Europeia não compensariam as consequências, domésticas, que adviriam para a Ucrânia do impacto da majoração do preço do gás e dos impostos etc. O país estava dramaticamente empobrecido, com as reservas quase exauridas e provavelmente incapacitado de atender ao duro programa de reembolso da dívida a ter de assumir.[38] Diante de tal perspectiva, em 21 de novembro de 2013, o presidente Yanukovych, em Boryspil, Aeroporto Internacional de Kiev, assinou a ordem legal 905-r, com a instrução para suspender as negociações com a União Europeia, decisão que sustentou, com o suporte do primeiro-ministro Mykola Azarov, não obstante as pressões de alguns oligarcas e de setores políticos de Kiev. Essa decisão implicava, decerto, clara opção geopolítica. A Ucrânia voltar-se-ia para a União Econômica Eurasiana com a Rússia, Bielorrússia e Cazaquistão, percebida pelos Estados Unidos como tentativa de ressuscitar a União Soviética, ainda que nem a Rússia nem qualquer outro Estado pretendesse fazê-lo e confrontar o Ocidente.

Porém a *ratio decidendi* do presidente Yanukovych foi, máxime, econômica. Em menos de um mês, 17 de dezembro, ele foi a Moscou e o presidente Vladimir Putin ofereceu-lhe um investimento em *securities* no valor de US$ 15 bilhões, dos quais antecipou US$ 3 bilhões com a compra de bônus da Ucrânia, e estabeleceu novo preço para o gás, em torno de US$ 268.5 *per* 1.000 m³, o que significava a redução do preço em 1/3, do nível US$ 400 *per* 1.000 m³, então vigente, e permitiria a economia de US$ 3,5 bilhões por ano, com a corrente taxa anual de consumo de 26–27 bilhões de metros cúbicos.[39]

O negócio era muito mais vantajoso e barato para a Ucrânia, que outrossim evitava aumentar o preço do gás e perder o mercado da Rússia, seu principal parceiro comercial, para o qual exportava em média 24% de sua produção e importava 31% de suas necessidades de consumo.[40] Embora fosse uma solução temporária, pois um entendimento de longo termo devia ser ainda alcançado, o acordo representava, porém, um "negócio histórico", segundo o primeiro-ministro da Ucrânia, Mykola Azarov, o suficiente para equilibrar o pagamento por cerca de dois anos e possibilitar que o país retomasse o crescimento econômico,[41] com a cooperação industrial da Rússia, modernização e integração de tecnologias, como antes se realizava com a União Soviética, nas áreas da aeronáutica, produção de satélites, armamento, construção naval e outras.

Contudo, as demonstrações contra o presidente Yanukovych recrudesceram. Elas haviam começado, em novembro, após a suspensão da assinatura do acordo com a União Europeia, quando o parlamentar Oleg Tsariov, do Partido das Regiões, denunciou, na Verkhovna Rada (Parlamento), que, dentro do projeto TechCamp,[42] instrutores, a serviço da embaixada dos Estados Unidos, então chefiada pelo embaixador Geoffrey R. Pyatt, estavam a preparar especialistas em guerra de informação e descrédito das instituições do Estado, a usar o potencial revolucionário da mídia moderna para a manipulação da opinião pública e organização de protestos, com o objetivo de subverter a ordem estabelecida no país.[43] Eram as mesmas técnicas usadas na Tunísia, no Egito, na Líbia e Síria, durante a denominada Primavera Árabe. Segundo Oleh Tsariov revelou, a última conferência da TechCamp realizou-se em 14 e 15 de novembro de 2013, no coração de Kiev, no território da embaixada dos Estados Unidos.[44] E o treinamento ocorria pelo menos desde 2012.[45]

Os ativistas capacitados pela TechCamp e outros, que impulsaram as demonstrações de massa contra a decisão do presidente Yanukovych, pertenciam às ONGs, organizadas pela CIA e financiadas, principalmente, pela U.S. Agency for International Development (USAID), National Endowment for Democracy (NED), bem como pela Open Society Foundations, sob o nome de Renaissance Foundation (Міжнароднийфонд — Від родження), do bilionário George Soros, Open Society Foundations (OSF), Vidrodzhenya (Reviver), Freedom House, Poland-America-Ukraine Cooperation Initiative etc.

"A Ucrânia ou a parte ocidental do país está cheia de ONGs mantidas por Washington", denunciou o economista Paul Craig Roberts, ex-secretário assistente do Tesouro no governo de Ronald Reagan (1981–1969), acrescentando que seu objetivo era "entregar a Ucrânia às garras da União Europeia, para que os bancos da União Europeia e dos Estados Unidos possam saquear o país como saquearam, por exemplo, a Letônia; e enfraquecer, simultaneamente, a Rússia, roubando-lhe uma parte tradicional e convertendo-a em área reservada para bases militares dos Estados Unidos--OTAN".[46] Conforme esclareceu:

> The protests in the western Ukraine are organized by the CIA, the US State Department, and by Washington — and EU — financed Non-Governmental Organizations (NGOs) that work in conjunction with the

CIA and State Department. The purpose of the protests is to overturn the decision by the independent government of Ukraine not to join the EU.[47]

Essas ONGs, desde a década de 1990, funcionaram como fachada para promover a política de *regime change* sem a ocorrência de um golpe militar. E a própria secretária-assistente de Estado para a Europa e Assuntos da Eurásia, Victoria Nuland, esposa de Robert D. Kagan,[48] expoente dos *neocons*, a extrema direita do Partido Republicano, admitiu, durante entrevista a *National Press Club* em Washington, em 13 de dezembro de 2013, que os Estados Unidos haviam "investido" US$ 5 bilhões na Ucrânia:

> *Since the declaration of Ukrainian independence in 1991, the United States supported the Ukrainians in the development of democratic institutions and skills in promoting civil society and a good form of government — all that is necessary to achieve the objectives of Ukraine's European. We have invested more than 5 billion dollars to help Ukraine to achieve these and other goals.*[49]

Somente em dois anos, 2003 e 2004, a administração do presidente George W. Bush havia gasto mais de US$ 65 milhões no apoio a organizações políticas na Ucrânia, inclusive com a viagem de grupos liderados por Viktor Yushchenko,[50] a fim de encontrar autoridades nos Estados Unidos, indicando assim que ele venceria o turno final da eleição para a Presidência da Ucrânia.[51] Também o International Republican Institute (IRI), sob a direção do senador John McCain, patrocinou a campanha de Yushchenko e possibilitou que ele tivesse em Washington encontros com o vice-presidente Dick Cheney, o secretário-assistente de Estado, Richard Armitage, e senadores do Partido Republicano.

Diversas ONGs eram financiadas pelo bilionário George Soros,[52] que havia duas décadas estava a derramar, ostensivamente, dezenas de milhões de dólares na Ucrânia, como em outros países do Leste Europeu, através da International Renaissance Foundation (IRF), de sua propriedade, e de vários institutos e fundações, rotulados Open Society, sob o pretexto de ajudá-los a se tornarem *"open"* e *"democratic society"*.[53] O *Annual Report for 2012* da International Renaissance Foundation consignou o gasto de UAH (hryvnia) em 63 milhões, o equivalente, na época, a US$ 6,7 milhões no engajamento de ONGs, catalisando-as em iniciativas contra a corrupção e em favor de reformas democráticas, o que significava cooptação de políticos e sustentação da mídia (jornais, TV e internet), em oposição ao governo do presidente Yanukovych e intensificadas depois de sua eleição em 2010.[54] De 1991 a 2011, em 20 anos as Open Society Foundations, de George Soros, espargiram por meio da International Renaissance Foundation (IRF) cerca de US$ 976 milhões nos países do Leste Europeu, antes aliados do Pacto de Varsóvia, e nas repúblicas que se desprenderam da União Soviética.[55] A Ucrânia foi o país onde, de 1990 a 2010, as ONGs e outras entidades, como editoras, grupos acadêmicos e culturais, mais receberam doações, em um montante superior a US$ 100 milhões.[56]

George Soros, entrevistado pelo jornalista Fareed Zakaria, da CNN, no programa *On GPS: Will Ukraine detach from Russia?*, após admitir que, em 1989, financiara os dissidentes nos países da Europa Oriental, como Polônia e República Tcheca, revelou que antes de que a Ucrânia se separasse da União Soviética lá havia assentado uma fundação, que não só estava em pleno funcionamento como também havia desempenhdo importante papel nas manifestações que irromperam na Maidan Nezalezhnosti (Praça da Independência), desde novembro de 2013, e impulsaram a derrubada do presidente Yanukovych.[57]

Orysia Lutsevych, que trabalhou para a Freedom House e foi diretora-executiva da Open Ukraine Foundation,[58] escreveu que em vários países, como a Ucrânia, as ONGs tornaram-se sinônimo de sociedade civil e de fato monopolizaram seu discurso, a suplantar as instituições e derruir a democracia.[59] As ONGs — conforme salientou — converteram-se em uma *"'NGO-cracy'* [ONG-cracia], *where professional leaders use access to domestic policy-makers and Western donors to influence public policies, yet they are disconnected from the public at large"*.[60] E em três países da Eurásia — Ucrânia, Geórgia e Moldávia — a ONG-cracia minou o que realmente se podia considerar democracia.[61]

Em novembro de 2014, o ministro de Defesa da Rússia, Anatoly Antonov, e o ministro de Defesa da China, Chang Wanquan, conversaram, em Beijing, sobre as novas formas de agressão estrangeira, a propósito das intensivas manifestações "pró-democracia", que estavam a ocorrer em Hong Kong e nas quais até símbolos da Union Jack apareciam,[62] e decidiram juntar as forças para combater a ameaça das chamadas "revoluções coloridas", como ocorrera na Ucrânia e às quais nenhum país estava imune.[63] Segundo o diretor do Departamento de Estudos Estratégicos da China, Chen Xulong, a campanha rotulada de "Occupy Central", em Hong Kong, fracassou porque o governo central de Beijing e as autoridades da Especial Região Administrativa de Hong Kong rapidamente identificaram a semelhança e perceberam que se tratava de uma versão das "*color revolutions*", realizadas em outras partes do mundo, com protestos de rua, bloqueio de edifícios públicos e demanda de renúncia das autoridades.[64]

Sergei Lavrov, ministro dos Assuntos Estrangeiros da Rússia, declarou que o conflito na Ucrânia fora deflagrado a partir de pressão do exterior, a fim de compelir Kiev a tomar decisão em favor do Ocidente. Referiu-se à ebulição no Oriente Médio e na África do Norte, onde a ameaça do terrorismo recrescia, inclusive por meio da aguda amplificação e transformação dos grupos do Exército Islâmico (ISIS/ISIL) em um real exército terrorista.[65] E apontou que "um fator muito sério de desestabilização" era ainda usado em várias regiões do mundo com as tentativas de "exportar democracia e mudar regimes políticos com o fito de promover *color revolutions*.[66] O derrocamento do presidente Yanukovych, na madrugada de 21 para 22 de fevereiro de 2014, configurou, na realidade, a reprodução da denominada Revolução Laranja, que demoliu o governo do presidente Leonid Kučma, entre novembro de 2004 e janeiro de 2005, patrocinada pelo Ocidente, *i.e.*, Estados Unidos e União Europeia.[67]

As circunstâncias, contudo, não mais eram iguais às de uma década atrás. E, em 26 dezembro de 2014, após a Verkhovna Rada aprovar a renúncia da Ucrânia ao *status* de neutralidade, o presidente Putin aprovou a revisão da doutrina militar da Rússia, de 2010, e não somente identificou a expansão da OTAN até suas fronteiras como a fundamental ameaça à segurança nacional, como também agregou o uso de movimentos financiados e conduzidos desde o exterior, assim como a utilização de meios não militares juntamente com a força militar, inclusive a vontade

A DESORDEM MUNDIAL

de protestos, como elementos que configuravam na época aspectos característicos de conflito.[68] Não obstante admitir o uso de armas nucleares, se necessário, a doutrina militar da Rússia permaneceu de natureza defensiva, primordialmente, deixando a ação militar só para o caso em que todas as opções violentas estivessem esgotadas.[69]

NOTAS

1. "In Ukraine, U.S interests are incompatible with the interests of the Russian Federation". Stratfor chief George Friedman on the roots of the Ukraine crisis Interview by Elena Chernenko & Alexander Gabuev — *us-russia.org*, 17 de janeiro de 2015. Disponível em: <http://us-russia.org/2902-in-ukraine-us-interests-are-incompatible-with-the-interests-of-the-russian-federation-stratfor-chief-george-friedman-on--the-roots-of-the-ukraine-crisis.html>; Elena Chernenko & Alexander Gabuev (Kommersant — Russian daily), "Stratfor Chief's "Most Blatant Coup in History". Interview Translated in Full. *Insider Russia*, 20.01.2015. Disponível em: <http://russia-insider.com/en/2015/01/20/256>.
2. Gerald Sussman, *Branding Democracy: U.S. Regime Change in Post-Soviet Eastern Europe*. Nova York: Peter Lang Publishing, 2010, pp. 108–109; Luiz Alberto Moniz Bandeira, 2014, pp. 92–102.
3. Anders Åslund & Michael Mfaul (Editores), 2006, pp. 184–188.
4. "Yushchenko said he wants clarity on gas sector". *The Ukrainian Weekly*, 19 de fevereiro de 2006, p. 8. Disponível em: <http://ukrweekly.com/archive/pdf3/2006/The_Ukrainian_Weekly_2006-08.pdf>.
5. Taras Kuzio, "Comments on Black Sea Fleet talks" *The Ukrainian Weekly*, 19 de fevereiro de 2006, p. 8. Disponível em: <http://ukrweekly.com/archive/pdf3/2006/The_Ukrainian_Weekly_2006-08. pdf>.
6. "U.S. Spent $65M to Aid Ukrainian Groups". *Associated Press — Fox News.com*, 10 de fevereiro de 2004. Disponível em: <http://www.foxnews.com/story/2004/12/10/us-spent-65m-to-aid-ukrainian-groups/print>.
7. Richard Sakwa, 2015, pp. 58–59.
8. Max Fisher, "This one map helps explain Ukraine's protests." *The Washington Post*, 9 de dezembro de 2013. Disponível em: <https://www.washingtonpost.com/blogs/worldviews/wp/2013/12/09/this-one-map-helps-explain-ukraines-protests/>.
9. Henry A. Kissinger, "How the Ukraine crisis ends". *The Washington Post*, 5 de março de 2014.
10. *Ibidem.*
11. Luke Harding (Moscow), "Ukraine extends lease for Russia's Black Sea Fleet — Deal with new President Viktor Yanukovych to cut Russian gas prices sees Ukraine tilt backs towards Moscow". *The Guardian*, 21 de abril de 2010.
12. *Ibidem.*

13. "Ukraine's Orange Revolution Well and Truly Over". *Kiev Ukraine News Blog*, 30 de abril de 2010.
14. Luke Harding, "Ukraine extends lease for Russia's Black Sea Fleet. Deal with new President Viktor Yanukovych to cut Russian gas prices sees Ukraine tilt backs towards Moscow". *The Guardian*, 21 de abril de 2010.
15. "IMF Board Approves \$15.2 Billion Loan to Ukraine". *Bloomberg News*, 29 de julho de 2010. Disponível em: <http://www.bloomberg.com/news/articles/2010-07-28/imf-approves-15-2-billion-loan-to-ukraine-on-fiscal-adjustment-pledge>.
16. Jack Rasmus, 2014, pp. 120–121; David M. Rasmus, "I.M.F. Criticizes Ukraine Plan for Economy". *The New York Times*, 19 de dezembro de 2013.
17. David R. Cameron, "Putin's Gas-Fueled Bailout of Ukraine — Europe may have given up too quickly on bailout and potential trade agreement for Ukraine". *Yale-Global Online*, 2 de janeiro de 2014. Disponível em: <http://yaleglobal.yale.edu/content/putin%E2%80%99s-gas-fueled-bailout-ukraine>.
18. *Ibidem*; Robert Coalson, "Ukraine's Choice: East or West?" *Israel Military.net*, 15 de novembro de 2013. Disponível em: <http://www.rferl.org/content/ukraine.../25169110.html>.
19. *Ibidem*. "5 facts you need to know about Ukraine-EU trade deal". *RT*, 27 de junho de 2014. Disponível em: <http://rt.com/business/168856-ukraine-europe-trade/>.
20. Spiegel Staff, "Summit of Failure — How the EU Lost Russia over Ukraine". *Spiegel Online*, 24 de novembro de 2014. Disponível em: <http://www.spiegel.de/international/europe/war-in-ukraine-a-result-of-misunderstandings-between-europe-and-russia-a-1004706-druck.html>.
21. "5 facts you need to know about Ukraine-EU trade deal". *RT*, 27 de junho de 2014. Disponível em: <http://rt.com/business/168856-ukraine-europe-trade/>.
22. Germany Government Debt to GDP 1995–2015. *Trading Economics*. Disponível em: <http://www.tradingeconomics.com/germany/government-debt-to-gdp>.
23. United States Government Debt to GDP 1940–2015. *Trading Economics*. Disponível em: <http://www.tradingeconomics.com/united-states/government-debt-to-gdp>.
24. Marko Savković (Belgrade Centre for Security Policy (BCSP). "Europe's Defence in Times of Austerity: Spending Cuts as a One-Way Street?". *International Relations and Security Network (ISN)* ETH Zurich, 9 de outubro de 2012. Disponível em: <http://www.isn.ethz.ch/Digital-Library/Articles/Detail/?id=154133>; *"Capitalist crisis and European defense industry"*. Stop Wapenhandel. Disponível em: <http://www.stopwapenhandel.org/node/751>.
25. Pieter D. Wezeman & Siemon T. Wezeman, "Trends in International Arms Transfers, 2014". *SIPRI Fact Sheet*, 25 de março. Stockhol International Peace Research Institute (SIPRI). Disponível em: <http://books.sipri.org/files/FS/SIPRIFS1503.pdf>.
26. *Ibidem*.
27. "Ukraine world's 4th largest arms exporter in 2012, according to SIPRI". *Interfax-Ukraine Kiev Post*, 18 de março de 2013. Disponível em: <http://www.kyivpost.com/content/ukraine/ukraine-worlds-4th-largest-arms-exporter-in-2012-according-to-sipri-321878.html?flavour=full>.
28. Gary K. Bertsch & Suzette Grillo Grillot (Editores), *Arms on the Market — Reducing the Risk of Proliferation in the Former Soviet Union*. Nova York: Routledge, 1998, p. 73; Gary K. Bertsch & William C. Potter (Editores), 1999, p. 65.

A DESORDEM MUNDIAL

29. *Bloomberg Visual Data*. Disponível em: <http://www.bloomberg.com/visual-data/best-and-worst/ukraines-biggest-trading-partners-countries>. *Ukraine: Economy - Infoplease.com*. Disponível em: <http://www.infoplease.com/encyclopedia/world/ukraine-economy.html#ixzz387gacUF3>; *CIA — The World Fact Book —* Fact Disponível em: <https://www.cia.gov/library/publications/the-world-factbook/geos/up.html>.

30. Michael Emerson *et al*., 2006, pp. 150, 154 e 206.

31. "Putin's Gambit: How the EU Lost Ukraine". *Der Spiegel,* 25 de novembro de 2013. Disponível em: <http://www.spiegel.de/international/europe/how-the-eu-lost-to-russia-in-negotiations-over-ukraine-trade-deal-a-935476.html>.

32. Robin Emmott (Bruxelas), "Q&A-What is Ukraine's association agreement with the EU?". *Reuters,* 26 de junho de 2014. Disponível em: <http://www.reuters.com/article/2014/06/26/eu-ukraine-idUSL6N0P61N720140626>.

33. Igor Burakovsky *et al*., "Costs and Benefits of FTA between Ukraine and the European Union". *Institute for Economic Research and Policy Consulting —* Kyiv 2010, pp. 32–35. УДК 339.54: 339.56: 339.924 ББК 65,58Б91 — Recommended for publication by the Academic Board's Decision of Diplomatic Academy of Ukraine under the Ministry of foreign affairs of Ukraine (Protocol No. 1 as of October 13, 2010). Disponível em: <http://www.ier.com.ua/files/Books/Ocinka_vytrat/ocinka_vitrat_eng.pdf>; Michael Emerson *et al*., 2006, p. 20–21.

34. Spiegel Staff, "Summit of Failure — How the EU Lost Russia over Ukraine". *Spiegel Online*, 24 de novembro de 2014. Disponível em: <http://www.spiegel.de/international/europe/war-in-ukraine-a-result-of-misunderstandings-between-europe-and--russia-a-1004706-druck.html>.

35. *Ibidem*.

36. Shaun Walker (Yalta), "Ukraine's EU trade deal will be catastrophic, says Russia — Kremlin claims neighbouring state faces financial ruin and possible collapse if integration agreement goes ahead". *The Guardian*, 22 de setembro de 2013.

37. Spiegel Staff, "Summit of Failure — How the EU Lost Russia over Ukraine". *Spiegel Online*, 24 de novembro de 2014. Disponível em: <http://www.spiegel.de/international/europe/war-in-ukraine-a-result-of-misunderstandings-between-europe-and--russia-a-1004706-druck.html>.

38. Kataryna Wolczuk & Roman Wolczuk, "What you need to know about the causes of the Ukrainian protests". *The Washington Post*, 9 de dezembro de 2013.

39. Darina Marchak & Katya Gorchinskaya, "Russia gives Ukraine cheap gas, $15 billion in loans". Gazprom will cut the price that Ukraine must pay for Russian gas deliveries to $268 per 1,000 cubic metres from the current level of about $400 per 1,000 cubic metres. *KyivPost*, 17 de dezembro de 2013. Disponível em: <http://www.kyivpost.com/content/ukraine/russia-gives-ukraine-cheap-gas-15-billion-in-loans-333852.html>; Carol Matlack. "Ukraine Cuts a Deal It Could Soon Regret" & Shaun Walker (Moscow) & agencies. "Vladimir Putin offers Ukraine financial incentives to stick with Russia — Moscow to buy $15bn of Ukrainian government bonds and cut gas price after Kiev resists signing EU deal amid mass protests". *The Guardian*. Disponível em: <http://www.theguardian.com/world/2013/dec/17/ukraine--russia-leaders-talks-kremlin-loan-deal>; David Stern, "Russia offers Ukraine major

economic assistance". *BBC Europe*, 17 de dezembro de 2013. Disponível em: <http://www.bbc.com/news/world-europe-25411118>. *Bloomberg*, 17 de dezembro de 2013. Disponível em: <http://www.bloomberg.com/bw/articles/2013-12-17/ukraine-cuts-a-deal-it-could-soon-regret>.

40. *Observatory of Economic Complexity*. Disponível em: <http://atlas.media.mit.edu/profile/country/ukr/. Ver também: http://atlas.media.mit.edu/profile/country/ukr/>.

41. Shaun Walker (Moscow) & agencies. "Vladimir Putin offers Ukraine financial incentives to stick with Russia — Moscow to buy $15bn of Ukrainian government bonds and cut gas price after Kiev resists signing EU deal amid mass protests". *The Guardian,* 18 de dezembro de 2013.

42. "TechCamp Ukraine — TechCamp is a workshop where civil society organizations share current challenges they are facing with peers and technologists and brainstorm how technology can play a role in addressing these challenges. This interactive event brings together American and Ukrainian technology experts working with educators, NGO staff and social media enthusiasts to find effective, low-cost ways to address real social problems by using technology. This is not a typical technology camp. Participants will work in small groups and directly with international and local technology experts in sessions designed to show how to apply new, online technologies to fundraise for their missions, build organizational capacity, plan for project implementation and management, increase public relations skills, and much more". Disponível em: <https://www.flickr.com/photos/usembassykyiv/collections/72157633190416346/>.

43. "Party of Regions MP Tsariov accuses US Embassy in Ukraine of training revolutionaries for street protests". *KyivPost*, 20 de novembro de 2013. | Politics–*Interfax-Ukraine* Disponível em: <http://www.kyivpost.com/content/politics/party-of-regions-mp-tsariov-accuses-us-embassy-in-ukraine-of-training-revolutionaries-for-street-protests-332162.html>. Também em: <http://en.interfax.com.ua/news/general/175839.html>.

44. "Must watch: Ukrainian Deputy: US to stage a civil war in Ukraine! This was 20.11.2013!! Before Maidan". *The Vineyard of the Saker,* 28 de janeiro de 2015. Disponível em: <http://vineyardsaker.blogspot.de/2015/01/must-watch-ukrainian--deputy-us-to-stage.html>; "Must Watch: 20.11.2013!! (pre-Maidan!): Ukraine Deputy has proof of USA staging civil war in Ukraine".Transcript — *Investment Watch*. 27 de janeiro de 2015. Disponível em: <http://investmentwatchblog.com/proof-of-us-sponsored-coup-in-ukraine-ukrainian-politician-before-the-violent-demonstrations-on-maidan-us-embassy-in-kiev-ran-a-project-called-techcamp-to--train-activists-in-organizing-protests/>.

45. "TechCamp Kyiv 2012 — July 29, 2012 — U.S. Embassy Kyiv is happy to announce the open call for applications to attend TechCamp Kyiv September 12 and 13 at Master Klass", *in:* Kyiv, Ukraine. TechCamp is a program under Secretary of State Hillary Clinton's Civil Society 2.0 initiative — an effort to galvanize the technology community to assist civil society organizations across the globe by providing capabilities, resources and assistance to harness the latest information and communications technology advances to build their digital capacity. TechCamp Kyiv is a two days conference where civil society organizations share current challenges they are

facing with peers and technologists and brainstorm how technology can play a role in addressing these challenges. Over 100 highly motivated participants will attend from throughout Ukraine and Belarus. This interactive event will bring together American, Ukrainian and Belarusian technology experts working with educators, NGO staff and social media enthusiasts to find effective, low-cost ways to address real social problems by using technology. Please visit this link to learn more and apply for the chance to attend. *Embassy of the United States — Kiyv — Ukraine.* Disponível em: <http://ukraine.usembassy.gov/events/tech-camp.html>; "The U.S. Embassy in Kyiv in partnership with Microsoft Ukraine hosted TechCamp Kyiv 2.0 on March 1, 2013 at the Microsoft Ukraine Headquarters. TechCamps support the U.S. State Department's Civil Society 2.0 initiative that builds the technological and digital capacity of civil society organizations around the world". U.S. Embassy Hosted TechCamp Kyiv 2.0 to Build Technological Capacity of Civil Society — Events 2013. *Embassy of the United States — Kyiv-Ukraine.* Disponível em: <http://ukraine.usembassy.gov/events/techcamp-2013-kyiv.html>.

46. Paul Craig Roberts, "Washington Orchestrated Protests Are Destabilizing Ukraine", 12 de fevereiro de 2014. Institute for Political Economy. Disponível em: <http://www.paulcraigroberts.org/2014/02/12/washington-orchestrated-protests-destabilizing-ukraine/>.

47. *Ibidem.*

48. "Ukraine: Nuland feeds hungry Maidan protesters and police." Video Id: 201312 11-054. Ukraine: Nuland feeds hungry Maidan protesters and police. *RT — Ruptly*, 11 de dezembro de 2013. Disponível em: <http://ruptly.tv/site/vod/view/6876/ukraine-nuland-feeds-hungry-maidan-protesters-and-police>.

49. "Regime Change in Kiev — Victoria Nuland Admits: US Has Invested $5 Billion In The Development of Ukrainian, 'Democratic Institutions.'" Video — International Business Conference at Ukraine in Washington — National Press Club — December 13, 2013 — Victoria Nuland — Assistant Secretary of State for Europe and Eurasian Affairs. Postado em 9 de fevereiro de 2014; Finian Cunningham, "Washington's Cloned Female Warmongers", *in: Information Clearing House*, 9 de fevereiro de 2014. Disponível em: <http://www.informationclearinghouse.info/article37599.htm>; Alice Bota & Kerstin Kohlenberg, "UkraineHaben die Amis den Maidan gekauft? Die USA gaben in der Ukraine über Jahrzehnte Milliarden aus. Wohin floss das Geld?". *Die Zeit*, No. 20/2015, 17 de maio de 2015. Disponível em: <http://www.zeit.de/2015/20/ukraine-usa-maidan-finanzierung/komplettansicht>.

50. Viktor Yushchenko havia trabalhado numa *think-tank* da extrema direita, a Heritage Foundation. E sua esposa, Katherine Chumachenko Yushenko, cidadã americana, serviu na White House Public Liaison Office, durante a administração do presidente Ronald Reagan, com a função de recrutadora e, nesse cargo, articulou vários grupos de extrema direita e anticomunistas. Também foi diretora da *think-tank* neoconservadora New Atlantic Initiative.

51. Matt Kelley (*Associated Press*), "Bush Administration Spent $65 Million to Help Opposition in Ukraine", — *Associated Press — Fox News*, 10 de dezembro de 2004. Disponível em: <http://www.foxnews.com/story/2004/12/10/us-spent-65m-to-aid-ukrainian-groups/>.

52. Katerina Tsetsura & Anastasia Grynko & Anna Klyueva, "The Media Map Project — Ukraine — Case Study on Donor Support to Independent Media, 1990–2010", p. 14. Disponível em: <http://www.academia.edu/3295647/Media_Map_Project._Ukraine_Case_study_on_donor_support_to_independent_media_1990-2010>.

53. William F. Jasper, "George Soros' Giant Globalist Footprint in Ukraine's Turmoil". *The New American*. Disponível em: <http://www.thenewamerican.com/world-news/europe/item/17843-george-soros-s-giant-globalist-footprint-in-ukraine-s-turmoil>.

54. *Ibidem*; Wayne Madsen, "Nuland attempts Kiev Version 2.0 in Skopje". *Strategic Culture Foundation*, 16 de fevereiro de 2015. Disponível em: <http://m.strategic--culture.org/news/2015/02/16/nuland-attempts-kiev-version-2-skopje.html>.

55. Katerina Tsetsura & Anastasia Grynko & Anna Klyueva, "The Media Map Project — UkraineCase Study on Donor Support to Independent Media, 1990–2010". Disponível em: <http://www.academia.edu/3295647/Media_Map_Project._Ukraine_Case_study_on_donor_support_to_independent_media_1990-2010>.

56. William F. Jasper, "George Soros' Giant Globalist Footprint in Ukraine's Turmoil". *The New American*, 14 de março de 2014. Disponível em: <http://www.thenewamerican.com/world-news/europe/item/17843-george-soros-s-giant-globalist-footprint-in-ukraine-s-turmoil>.

57. "Fareed Zakaria: During the revolutions of 1989, you funded a lot of dissident activities, civil society groups in eastern Europe; Poland, the Czech Republic. Are you doing similar things in Ukraine? Soros: I set up a foundation in Ukraine before Ukraine became independent of Russia. And the foundation has been functioning ever since and played an important part in events now", "Soros on Russian ethnic nationalism". *CNN*, 25 de maio de 2014. Disponível em: <http://cnnpressroom.blogs.cnn.com/2014/05/25/soros-on-russian-ethnic-nationalism/>.

58. Orysia Lutsevych trabalhou nos Estados Unidos para a Freedom House e o Project Harmony International. Também foi diretora-executiva da Open Ukraine Foundation e, após 2005, implementou a estratégia para a criação da Polish-Ukraine Cooperation Foundation (PAUCI), o veículo de distribuição de recursos do programa da USAID, do qual se tornou diretora na Ucrânia.

59. Orysia Lutsevych, "How to Finish a Revolution: Civil Society and Democracy in Georgia, Moldova and Ukraine", p. 4–7. Briefing paper Russia and Eurasia | January 2013 | REP BP 2013/01. *Chatham House*. Disponível em: <http://www.chathamhouse.org/sites/files/chathamhouse/public/Research/Russia%20and%20Eurasia/0113bp_lutsevych.pdf>.

60. *Ibidem*.

61. *Ibidem*.

62. Keith Bradsher, "Some Chinese Leaders Claim U.S. and Britain Are Behind Hong Kong Protests." *The New York Times*, 10 de outubro de 2014.

63. "Russia, China should jointly counter color revolutions — Russian Defense Ministry. The Russian and Chinese defense ministers focused on the recent Hong Kong protests and acknowledged that no country is immune from 'color revolutions'". *ITAR-TASS*, Beijing, 18 de novembro de 2014. Disponível em: <http://tass.ru/en/russia/760349>.

64. Zhang Dan (Editor), "Failure of Hong Kong version of 'Color Revolution' would be a bliss". *CCTV.com,* 22 de outubro de 2014. Disponível em: <http://english.cntv.cn/2014/10/22/ARTI1413962823597930.shtml>.

65. Artyom Geodakyan, "Lavrov: trends of color revolutions and democracy export can be changed. The Russian foreign minister said the Ukrainian conflict also erupted under outside pressure on Kiev". *ITAR-TASS,* 12 de dezembro de 2014. Disponível em: <http://tass.ru/en/world/766611>.

66. *Ibidem.*

67. Nathaniel Copsey, 2010, pp. 30–31, 37–40.

68. Valery Sharifulin, "Russia's new military doctrine says use of protest moods typical for conflicts nowadays. The doctrine also stresses amassed combat employment of high-precision weaponry, drones and robots". *ITAR-TASS,* 26 de dezembro de 2014. Disponível em: <http://tass.ru/en/russia/769513>.

69. Dr. Alexander Yakovenko, Russian Ambassador to the United Kingdom of Great Britain and Northern Ireland, Deputy foreign minister (2005–2011). "The truth about Russia's new military doctrine". *RT Op-Edge,* 27 de fevereiro de 2015. Disponível em: <http://rt.com/op-edge/236175-president-putin-military-doctrine-document/>.

Capítulo 16

INTERESSES GEOESTRATÉGICOS DOS ESTADOS UNIDOS NA UCRÂNIA • RESERVAS E DUTOS DE GÁS E ÓLEO • ADESÃO À UNIÃO EUROPEIA E ALARGAMENTO DA OTAN • UCRÂNIA E SÍRIA, CHAVES DA RÚSSIA NO MEDITERRÂNEO • SENADORES JOHN MCCAIN E CHRISTOPHER MURPHY, AGITADORES EM KIEV • A QUEDA DO PRESIDENTE YANUKOVYCH • A ASCENSÃO DE ARSENIY YATSENYUK E DO SETOR DE DIREITA • O PODER DE VIKTORIA NULAND: *"FUCK THE E.U."*

Os objetivos geoestratégicos dos Estados Unidos/OTAN, consubstanciados, *inter alia*, na pretensão de assenhorear-se do completo domínio das reservas e dos corredores de gás e óleo, tanto na Eurásia como no Oriente Médio e África do Norte, compunham o trasfondo da contenda na Ucrânia, assim como da guerra na Síria. O governo do presidente George W. Bush, desde pelo menos 2005, estivera a fomentar financeiramente a oposição e, em 2007, aprovou a concessão de fundos e apoio logístico à Frente Síria de Salvação Nacional e à Irmandade Muçulmana, pela Arábia Saudita. Também, mediante um *finding*, o presidente George W. Bush autorizou a CIA a realizar *covert actions* para enfraquecer e derrubar o regime de Bashar al-Assad.[1] A razão, *inter alia*, consistia no fato de que a Síria não aceitou a proposta do Qatar para a construção de um gasoduto através do seu território, em conexão com o projetado Nabucco, que transportaria a produção de gás do Mar Cáspio (Azerbaijão, Turcomenistão e Cazaquistão) até o Oriente Médio e Europa, desviando da Rússia o suprimento de 160 bcm por ano.[2]

Outrossim, na Ucrânia, fortes interesses econômicos, conluiados com os objetivos geoestratégicos dos Estados Unidos, nutriam o movimento contra o presidente Yanukovych, dada a perspectiva de obter maiores lucros na agricultura e na exploração das reservas tecnicamente recuperáveis de gás de xisto (*shale gas*), do qual a Ucrânia, de acordo com as estimativas da U.S. Energy Information Administration, em 2013,[3] possuía 128 trilhões de pés cúbicos, a quarta maior da Europa, apenas abaixo da Rússia, com 285 tcf; Polônia, 148 tcf; e França, 137 tcf,[4] ademais de 0,2 bilhão de barris de óleo, nos campos de gás de xisto, localizados no óleo betuminoso do Deniep, na bacia do Donets, ao leste do país.[5] As principais áreas, onde as reservas se localizavam, estavam em Oleska, oeste da Ucrânia, entre Lviv e a bacia de Lublin, e eram estimadas em 1,47 trilhão de metros cúbicos; e em Yuzivska, ao leste, em Deniepr, entre Kharkov e as regiões da bacia do Donetsk, nas quais o depósito estimado era da ordem de 2,15 trilhões de metros cúbicos de gás de xisto[6], ou mais de 4 trilhões de pés cúbicos.[7]

A exploração do gás de xisto, na percepção de setores políticos de Kiev, seria uma alternativa para retirar o país da esfera de dependência econômica da Rússia, Irã e Qatar, países onde se concentrava metade das maiores reservas mundiais de gás natural do mundo.[8] E havia muito tempo as companhias petrolíferas dos Estados Unidos, bem como da União Europeia, mostravam-se interessadas na sua exploração, de modo que pudessem conquistar os mercados da Ucrânia, ocupados pela Rússia, bem como da Polônia, Bulgária, França, República Tcheca, Hungria e outros países da Europa.[9]

Em maio de 2012, a companhia anglo-holandesa Royal Dutch-Shell venceu a concorrência e, em 24 de janeiro de 2013, não obstante os protestos da população de Donbass, firmou acordo com a Nadra Yuzivska, empresa da Ucrânia, para exploração das reservas de Yuzivske, uma área de aproximadamente 8.000 km², entre as cidades de Kharkov e Donetsk, ao leste da Ucrânia, com mais de 1,5 trilhão de metros cúbicos de gás de xisto.[10] Por meio de outro contrato, firmado em setembro de 2013, a Royal Dutch-Shell recebeu a mais ampla permissão para realizar investimentos e a extração do gás de xisto das reservas de Dnepropetrovsk-Donetsk, na área de Burisma, da Ucrânia.[11]

Outrossim, a Nadra Yuzivska, da Ucrânia, assinou com a Chevron, em 5 de novembro de 2013, um acordo de US$ 10 bilhões, para o desenvolvimento, em 50 anos, da produção de óleo e gás na região de Oleska, a oeste,[12] e estava perto de alcançar outro acordo com a Exxon Mobil (XOM) e Royal Dutch-Shell (RDS.B), que deveriam investir US$ 735 milhões na produção de gás de xisto, no sudoeste da Crimeia, na área de Skifska.[13] Além de tais contratos, o governo da Ucrânia ainda fez um acordo, em 27 de novembro, com um consórcio de investidores, liderado pela companhia italiana ENI, para o desenvolvimento da produção não convencional de hidrocarbonetos, no Mar Negro.

A eleição de Viktor Yanukovych para a Presidência da Ucrânia, em 2010, fora considerada em Washington derrota da Revolução Laranja e os preparativos para desestabilizar seu governo, tudo indica, começaram muito antes de que ele suspendesse a celebração do acordo de livre comércio com a União Europeia.[14] A despeito da celebração dos contratos com a Royal Dutch-Shell, Chevron e a Exxon Mobil, havia temor em Washington de que Yanukovych levasse a Ucrânia a aderir à União Econômica Eurasiana, que o presidente Vladimir Putin estava a moldar com a Bielorrússia e com o Cazaquistão e que as jazidas de gás de xisto, a explorar na Ucrânia, e outras de gás natural e petróleo, na Crimeia e no litoral do Mar Negro, pendessem por fim para o controle da Rússia, cuja companhia, a Gazprom, controlava cerca de 1/5 das reservas de gás existentes no mundo. E não era de surpreender que a Chevron e a Royal Dutch--Shell estivessem, direta ou indiretamente, a financiar as ONGs atuantes na Praça Maidan. Ambas as companhias já haviam sido acusadas pelo Center for Constitutional Rights (CCR), Earth Rights International (ERI) e outras entidades de direitos humanos de recrutar soldados e suprir de recursos as forças armadas da Nigéria, envolvidas em abusos dos direitos humanos e massacres na região de Ogoni, ao sul do país, onde pretendiam construir um oleoduto.[15]

A derrubada do governo de Viktor Yanukovych tornava-se fundamental para os objetivos estratégicos dos Estados Unidos, entre os quais, máxime, impedir que a Rússia recuperasse a influência na Ucrânia e restabelecesse seu imperial *status* na Eurásia, conforme a percepção de Zbigniew Brzezinski.[16] O acordo da Ucrânia com a União Europeia, portanto, encapava vários e complexos objetivos, não apenas econômicos e comerciais. *Sub omni lapide scorpio dormit*. Com efeito, sob a cobertura do livre comércio, o acordo comprometia a Ucrânia a estabelecer *gradual convergence* com a Defence Policy and European Defence Agency (CSDP),[17] o que significava colocar indiretamente a Ucrânia dentro da estrutura militar da OTAN[18] e abrir as portas para a instalação de bases militares e o estacionamento de tropas no seu território, fronteira da Rússia. Essa iniciativa se equiparava à instalação pela União Soviética de plataformas de mísseis em Cuba, em 1962, que provocara a reação dos Estados Unidos, levando a Guerra Fria ao clímax. Os Estados Unidos já haviam incorporado à OTAN e estendido sua máquina de guerra e de submissão da Europa aos Estados bálticos (Lituânia, Letônia e Estônia). E, se a expandisse até a Ucrânia, suas forças militares chegariam a cerca de 1.600 km de St. Petersburg e apenas a 480 km de Moscou. A adesão à União Europeia, a possibilitar o avanço da OTAN até a Ucrânia, tenderia destarte a romper todo o equilíbrio geopolítico da Eurásia, uma vasta região terrestre e fluvial, até o Oriente Médio, que abrangia os estreitos de Bósforo e Dardanelos, deveras valiosos para as comunicações do Mar Negro e de importantes zonas energéticas (gás e petróleo) com o Mar Mediterrâneo, cujo controle e completo domínio os Estados Unidos aspiravam a conquistar.

O presidente Vladimir Putin sempre se manifestou disposto a não tolerar que a OTAN estendesse sua máquina de guerra às fronteiras da Rússia, a ameaçar-lhe a posição estratégica, nem o estacionamento do escudo antimíssil nos territórios da Polônia e da República Tcheca. Por perceber o risco implícito nas iniciativas militares dos Estados Unidos e das demais potências ocidentais, visando a assumir o total controle do Mediterrâneo e eliminar a influência da Rússia e da China no Oriente Médio e no Maghrib, bem como isolar politicamente o Irã, ele restaurou a frota russa, no Atlântico, e expandiu a frota em Sevastopol, que passou a contar, a partir de 2012, com onze vasos de guerra — *Aleksandr Shabalin, Almirante Nevelskoy, Peresve, Novocherkassk, Minsk, Nikolay Fylchenkov*, ademais de um grande navio antissubmarino — *Almirante Panteleyev* —, um navio de escolta — *Neustrashimy'* —, um navio de patrulha — *Smetlivy* — e um cruzador antimísseis — *Moskva*. Daí a ampliação do porto de Latakia e da base naval de Tartus, na Síria, para revigorar a presença da Rússia no Mediterrâneo, o que não convinha aos Estados Unidos e à OTAN, sobremodo a Israel e à Turquia, dado restringir bastante sua margem de manobra na região. E o presidente Barack Obama ainda mais perseverou na sustentação dos jihadistas islâmicos contra o regime de Bashar al-Assad, em virtude do acordo de US$ 90 milhões, assinado com a Rússia, em 25 de dezembro de 2013, concedendo à companhia Soyuzneftegas o direito de exploração e produção de petróleo, por 25 anos, em 2.190 km² (845 milhas quadradas) do Bloco 2, na Zona Econômica Exclusiva da Síria, entre as cidades de Tartus e Banias.[19]

Os objetivos geoestratégicos dos Estados Unidos, *inter alia*, consistiam, portanto, no estabelecimento de governos submissos, em Damasco e Kiev, a fim de remover as bases russas, na Síria, e em Sevastopol, no Mar Negro, que se interligavam e asseguravam à Rússia o acesso às águas quentes do Mediterrâneo e ao Oceano Atlântico. Assim, logo em 5 de dezembro de 2013, menos de 15 dias após o início das manifestações contra a suspensão do acordo com a União Europeia, dois senadores dos Estados Unidos, John McCain (Partido Republicano) e Christopher Murphy (Partido Democrata), estavam à frente dos protestos na Maidan Nezalezhnost, gritando, como vulgares agitadores: *"America will stand with Ukraine"* e *"Ukraine will make Europe better and Europe will make Ukraine better"*.[20]

A aberta participação do senador John McCain, juntamente com o senador Christopher Murphy,[21] nos protestos da Praça Maidan, constituiu não somente ultrajante intromissão nos assuntos internos da Ucrânia como evidenciou os objetivos geoestratégicos dos Estados Unidos por trás das negociações sobre o acordo de livre comércio com a União Europeia. John McCain, famoso *warmonger* e lobista,[22] estava, como sempre, a defender os interesses dos *"international arms dealers, oil sheikhs and angry Ukrainians"*, com os quais comparecera à 50ª Conferência de Segurança em Munique, Alemanha (31/1/2014 a 2/2/2014).[23] John McCain sempre esteve a serviço dos interesses da indústria bélica e das companhias petrolíferas, entre as quais a Chevron, cujos executivos e empregados lhe haviam doado o montante líquido de US$ 700 mil de 1989 a 2006, ano em que ele ainda levantou, no mínimo, US$ 305,277[24] e, em poucos meses de 2008, recebeu cerca de US$ 1,7 milhão para a sua campanha eleitoral.[25] E, desde 1989, sob o manto do International Republican Institute (IRI), a ONG que ele internacionalmente dirigia, operava na Ucrânia.

Os senadores John McCain e Christopher Murphy atuaram, na Praça Maidan, decerto, em conexão com o Departamento de Estado, de onde a secretária-assistente de Estado, Victoria Nuland, titoreava as manifestações para subverter o regime na Ucrânia. Em 4 de fevereiro de 2014, dois dias antes de ir à Ucrânia, ela já havia elegido quem devia governar o país, após a queda do presidente Yanukovych, como evidenciou a conversa com o embaixador dos Estados Unidos em Kiev, Geoffrey Pyatt, interceptada provavelmente por algum *hacker* do serviço de inteligência SVR RF ou qualquer outra agência da Rússia e posta a circular no YouTube, com o título *"Maidan's puppets"*.[26]

A avaliar a estratégia e qual a figura da oposição melhor para ocupar o governo da Ucrânia, após a queda do presidente Yanukovych, Victoria Nuland descartou os nomes de Oleh Tyahnybok, líder extremista do Svoboda, e do campeão de boxe Vitali V. Klitschko, fundador da Aliança Democrática Ucraniana (UDAR/УДАР) e candidato de Angela Merkel, chefe do governo da Alemanha. Alegou que não tinham capacidade e experiência para a função.[27] E apontou o nome do banqueiro Arseniy Yatsenyuk, usando, carinhosamente, o diminutivo: *"I think Yats is the guy who's got the economic experience, the governing experience. He's the... what he needs is Klitsch and Tyahnybok on the outside."*[28] Irritada, demonstrou, então, descontentamento com a vacilação da União Europeia *vis-à-vis* da Ucrânia, devido às suas relações com a Rússia, e exclamou: *"Fuck the E.U."*[29] A União Europeia não importava. Os Estados Unidos atuariam unilateralmente.

A porta-voz do Departamento de Estado, Jen Psaki, reconheceu que a gravação da conversa, vazada no YouTube, era autêntica e disse que Victoria Nuland havia pedido desculpas às autoridades da União Europeia. Mas a linguagem obscena e agressiva, de baixo calão, por ela usada, a ninguém podia surpreender. Victoria Nuland apenas expressou o que sempre pensaram autoridades de Washington, o desprezo que sentiam com respeito não somente à União Europeia, mas também ao resto do mundo.

Assim, em cinco semanas, depois da suspensão do acordo com a União Europeia, Victoria Nuland viajou a Kiev pelo menos duas vezes e, quando lá esteve, entre 6 e 12 de dezembro, foi recebida pelo presidente Yanukovych, a quem deu, de fato, ordens, como se a Ucrânia fosse colônia dos Estados Unidos, no sentido de que ele imediatamente se dobrasse, para superar a crise, e voltasse às negociações com a União Europeia e o Fundo Monetário Internacional: *"That was going to require immediate steps to deescalate the security situation and immediate political steps to end the crisis and get Ukraine back into a conversation with Europe and the International Monetary Fund."*[30]

Durante sua estada em Kiev, acompanhada por Catherine Ashton, Alta Representante da União Europeia para os Assuntos Estrangeiros e Política de Seguranças, Victoria Nuland também se encontrou com os gestores dos protestos, entre os quais Oleh Tyahnybok, líder do Svoboda (Partido da Liberdade), da extrema direita nacionalista, e Arsenly Yatsenyuk, do Partido da Pátria,[31] e andou na Praça Maidan, juntamente com o embaixador Geoffrey Pyatt, a distribuir sanduíches para os manifestantes, como *"symbol of sympathy"* pela *"horrible situation"* em que, segundo alegou, Yanukovych os havia colocado, *"putting them against each other."*[32] Entrementes, em Washington, o secretário de Estado, John Kerry, declarou que os Estados Unidos

> *expresses disgust with the decision of the Ukrainian authorities to meet the peaceful protest in (Kiev's) Maidan Square with riot police, bulldozers and batons, rather than respect for democratic rights and human dignity. This response is neither acceptable nor does it benefit democracy.*[33]

John Kerry, impudico, esquecia que o presidente Yanukovych havia sido democraticamente eleito e que, se as forças policiais do governo estavam a reprimir as demonstrações, comportavam-se da mesma forma que nos Estados Unidos e em qualquer outro país, na mesma situação. Todavia, embora aderissem às demonstrações milhares de pessoas, revoltadas contra a estagnação econômica, a pobreza e um regime corrupto, os líderes não eram melhores, mais honestos e capazes do que o presidente Yanukovych; e os manifestantes, na Praça Maidan, não estavam desarmados nem pacificamente protestavam. Eram ativistas do Svoboda, com clara tendência xenófoba, racista, antissemita e contra a Rússia, levados de Lviv (Lwow, Lemberg), no leste da Galitzia (Halychyna), para Kiev.

A eles se adiantavam 500 paramilitares do Setor de Direita (*Pravyi Sektor*/Правий сектор), cujas milícias, militarmente organizadas em companhias, e muito bem armadas, patrulhavam as ruas, em grupos de combate de dez pessoas. Alguns usavam capacetes e trajavam fardamento da divisão SS Galitzia (14. Waffen-Grenadier-Division der SS, que lutou ao lado dos nazistas alemães contra os soviéticos em 1943–1945), com emblema similar à cruz suástica dos nazistas,[34] sob o comando de Dmytro Yarosh.[35] As milícias também eram integradas por grupos de *hooligans* de futebol e as derriças ainda mais recrudesceram. Em meio a ininterruptas e violentas manifestações, com as milícias do Svoboda e Setor de Direita portando insígnias neonazistas,[36] à frente de outros ativistas, treinados desde 2004, dentro do programa IREX-USAID, para a chamada Revolução Laranja,[37] atacaram e ocuparam os prédios da administração e todo o distrito do governo, em 1º de dezembro de 2013. Outrossim, ergueram barricadas, com pneus incendiados, destruíram antigos monumentos comunistas e dos trabalhadores que participaram dos levantes de 1918, agrediram os jornalistas e arrebentaram suas câmaras fotográficas. Essas milícias ainda invadiram as sedes do Partido Comunista da Ucrânia e hastearam bandeiras neonazistas. Criou-se um ambiente de terror.

Uma testemunha, residente em Kiev, relatou, em mensagem particular, o que de fato estava a acontecer na Praça Maidan, ressaltando o quanto a mídia manipulava as informações sobre a Ucrânia:

> Sim, efetivamente aqui está muito quente na rua (a temperatura chegou a 35 graus na semana passada). Eu fui ver as barricadas ontem à noite, na primeira linha diante dos integrantes da polícia militar. É bastante impressionante. Os opositores na rua, que ocupam aquela área, estão armados, muito bem organizados militarmente em companhias, fazem patrulhas em grupos de combate de dez pessoas, com capacetes e armas. Eu cruzei com dois sujeitos com uniformes da divisão SS Galizien (divisão que combateu com os alemães contra os soviéticos em 1943–1945). Acho muito engraçado ver os políticos europeus fazendo grandes declarações sobre o "Maidan" e a democracia quando praticamente todos esses tipos que enfrentam a polícia nas ruas são fascistas. É uma grande hipocrisia. Os euro-atlânticos

estão prontos a se aliar com não importa quem (como os islamistas na Síria) desde que isso contribua para enfraquecer a Rússia.[38]

Em 20 de fevereiro, Laurent Fabius, Radoslaw Sikorski e Frank-Walter Steinmeier, ministros dos Assuntos Estrangeiros da França, Polônia e Alemanha, chegaram a Kiev e tentaram intermediar um acordo entre o presidente Yanukovych e os representantes da oposição, Vitali Klitscho e Arsenly Yatsenyuk,[39] que previa a formação de um governo de "unidade nacional", a convocação de eleições para a presidência e a Verkhovna Rada, em novembro, restauração da Constituição de 2004, suprimindo alguns poderes do presidente. Porém, mal as negociações estavam concluídas, à meia-noite de 20 de fevereiro, Dmytro Yarosh, líder dos neonazistas do Setor de Direita, anunciou que não aceitaria nenhum entendimento com o presidente Yanukovych e empreenderia decisivas ações para derrubar o governo.

As violências recrudesceram ao extremo. Confrontos sangrentos sucederam-se, no centro de Kiev, com os policiais da Berkut, Alpha, Omega, Falke e Titan, unidades especiais do Serviço de Segurança da Ucrânia (Sluzhba Bezpeky Ukrayiny — SBU). Contudo, embora não se pudesse descartar inteiramente nenhuma possibilidade, tudo indicou que outros foram os responsáveis pelo massacre de manifestantes e também de policiais ocorrido em 20 de fevereiro de 2014. Postados nas janelas do Conservatório de Música, atiradores (*snipers*), alguns provavelmente oriundos de algum país do Báltico e/ou do batalhão Dnipro, formado pelos paramilitares do Setor de Direita, atiraram contra a multidão. O professor Ivan Katchanovski, da School of Political Studies & Department of Communication University of Ottawa, escreveu, após investigar, profundamente, os acontecimentos da Praça Maidan, que *"this violent overthrow constituted an undemocratic change of government"*[40] e o que se evidenciou foi a aliança dos ativistas da praça Maidan com a extrema direita, envolvendo-se no massacre dos manifestantes, enquanto nada se pôde provar sobre a participação dos policiais e outras unidades do governo da Ucrânia. O novo governo da Ucrânia — asseverou o professor Ivan Katchanovski — emergiu largamente como resultado da falsificação do massacre e a mídia ucraniana contribuiu, deturpando a morte em massa de manifestantes e policiais.[41] A pesquisa realizada pelo professor Ivan Katchanovski concluiu que *"the far right played a key role in the violent overthrow of the government in Ukraine."*[42]

Tratou-se de provocação com o propósito de responsabilizar o presidente em meio a sangrentos conflitos, a emocionar a opinião pública nacional e internacional, pavimentar o caminho para o golpe de Estado. Em tais circunstâncias, o acordo, intermediado pelos ministros para Assuntos Estrangeiros da França, Polônia e Alemanha, abortou. Não interessava à oposição. E a turba ainda mais encrespou. Assim, após ocupar a Central dos Correios e o Comitê do Estado para Rádio e Televisão, ademais de outros órgãos públicos, os grupos de *storm-troopers*, com fardas da antiga divisão SS Galitzia (Waffen-Grenadier-Division der SS/galizische SS-Division Nr. 1), os ultranacionalistas do Svoboda e neonazistas do Setor de Direita, treinados, armados e organizados, na Lituânia e na Polônia, e levados de Lviv (Lwow, Lemberg) para Kiev, bem como o batalhão Azov, Patriotas da Ucrânia e outros grupos fascistas assomaram e invadiram a Verkhovna Rada, sob o comando de Dmytro Yarosh, durante a noite de 21 para 22 fevereiro. O presidente Yanukovych, a fim de não ser assassinado, conseguiu escapar de Kiev para Kharkov (Kharkiv), um dos seus redutos eleitorais,[43] após denunciar o que estava a ocorrer em Kiev como *"vandalism, banditism and a coup d'État"*.[44] Ele, democraticamente eleito, em 2010, foi então derrocado, com a colaboração e o suporte dos oligarcas,[45] inclusive do Partido das Regiões, subornados e coarctados a aderir ao golpe.[46] *"The extreme right, although a minority, was a highly effective minority. These can play out-of-proportion roles precisely in revolutions or similar situations"*, comentou o professor Tarik Cyril Amar, da Columbia University, especializado no estudo da Ucrânia.[47]

Outro residente de Kiev, cujo nome pediu para não ser revelado, testemunhou, em correspondência reservada, que

> *Yes, here was armed coup d'État made by local Nazi terrorists that was made under total false slogans for "integration in EU", "democracy" and 'freedom'. Actually, now is a total bedlam here and Nazi terror against Russians and Russian-speaking people, and against Russian Orthodox Church. The authority here was caught by hard criminals and bandits, and they are started with a dirty company against former authorities. The for-*

mer authorities was not angels in real life, of course, but compared with the current — the former authorities was Angels from Heaven... [...] Situation here is very and very dangerous now... Kiev teeming with thousands of armed gangs of local Nazi of different independent movements and absolutely mad and stupid armed lumpens... The rampant terror and banditry in Kiev and in almost all regions of Ukraine, except Crimea.[48]

Entrementes, o geopolítico húngaro-americano George Friedman, vinculado ao *establishment* de Washington, escreveu, na revista *Stratfor — Geopolitical Weekly*, que *"it is not clear what happened in Kiev. There were of course many organizations funded by American and European money that were committed to a reform government"*.[49] Mas, posteriormente, em entrevista à publicação russa *Kommersant*, confirmou que a Rússia estava certa em considerar os eventos que ocorreram em Kiev, na madrugada de 21 para 22 de fevereiro de 2014, um *coup d'État* organizado pelos Estados Unidos.[50] E acrescentou: *"it truly was the most blatant coup in history."*[51]

De fato, como George Friedman reconheceu, a derrubada do presidente configurou verdadeiramente o mais patente golpe de Estado e permitiu o estabelecimento de um *"openly pro-Western Ukrainian govern ment"*,[52] formado pelos mais notórios adeptos do nazi-fascismo. Yulia Tymoshenko, condenada e presa por fraude e outros ilícitos penais, foi libertada. Stepan A. Bandera (1909–1959), antissemita e antirrusso, aliado de Hitler na Segunda Guerra Mundial, foi sagrado herói nacional. A secretária-assistente de Estado para Assuntos Europeus, Victoria Nuland, o senador John McCain, e Carl Gershman, presidente da National Endowment for Democracy, foram efetivamente seus artífices, nos padrões formulados pelo professor do Gene Sharp em *From Dictatorship to Democracy*,[53] com a intenção de expelir a frota que a Rússia mantinha no Mar Negro havia mais de 230 anos e apropriar-se da base naval de Sevastopol para a OTAN. E as ONGs, em face da permeabilidade das fronteiras nacionais, cada vez econômica e politicamente mais porosas, constituíram a ferramenta tática para a penetração e intervenção informal dos Estados Unidos, através de programas como o International Research & Exchange Board (IREX--USAID), Global Undergraduate Exchange Program (Global UGRAD), na

Eurásia e Ásia Central, de modo a consolidar a estabilidade de sua hegemonia sobre todos os continentes, como *raison d'être*.

O bonifrate de Victoria Nuland, Arseniy "Yats" Yatsenyuk, presidente da OpenUkraine Foundation, associada à Chatam House, Centro de Informação e Documentação da OTAN e ao banco suíço Horizon Capital,[54] autoproclamou-se primeiro-ministro e colocou os nacionalistas extremistas e neonazistas nos postos-chave do governo. O cargo de presidente interino coube a Olexander Turchynov, íntimo aliado da oligarca Yulia Tymoshenko. O almirante Ihor Yosypovych Tenyukh, alto dirigente do Svoboda, assumiu interinamente o Ministério de Defesa da Ucrânia; Dmytro Yarosh, fundador do Setor de Direita, passou a exercer a vice-presidência do Conselho de Defesa e Segurança Nacional. E Oleh Yaroslavovych Tyahnybok, o líder neonazista do Svoboda, na Verkhovna Rada, inimigo declarado do que chamava de "máfia judaico-russa", tornou-se um dos pilares do poder. Tal governo, dirigido pelo primeiro-ministro, o banqueiro Arseniy Yatsenyuk, ilegal, sem legitimidade, oriundo de um *putsch* e logo reconhecido pelo presidente Barack Obama, foi que então firmou, em 21 de março de 2014, o Association Agreement com a União Europeia.[55] E, em 23 de fevereiro, a Verkhovna Rada baniu o russo como a segunda língua oficial da Ucrânia, a provocar indignação e revolta da população russófona do país. Tal decisão haveria de fraturar inevitavelmente a Ucrânia, onde mais de dois terços da população tinha o russo como idioma nativo — sobretudo na Crimeia e na região de Donbass — Donetsk, Luhansk e outras *oblasts*, ao sul e ao leste, a Rússia teria de respaldá-la.

NOTAS

1. Seymour M. Hers, "Annals of National Security — The Redirection. Is the Administration's new policy benefitting our enemies in the war on terrorism?". *The New Yorker*, 5 de março de 2007 Issue. Disponível em: <http://www.newyorker. com/magazine/2007/03/05/the-redirection?currentPage=all>; Nafeez Ahmed, "Syria intervention plan fueled by oil interests, not chemical weapon concern". *The Guardian*, 30 de agosto de 2013. Disponível em: <http://www.theguardian.com/ environment/earth-insight/2013/aug/30/syria-chemical-attack-war-intervention-oil--gas-energy-pipelines>.

2. Tamsin Carlisle, "Qatar seeks gas pipeline to Turkey". The National — Business. August 26, 2009. Disponível em: <http://www.thenational.ae/business/energy/qatar-seeks-gas-pipeline-to-turkey>; Judy Dempsey, "Victory for Russia as the EU's Nabucco Gas Project Collapses". *Carnegie Europe*, 1º de julho de 2013. Disponível em: <http://carnegieeurope.eu/strategiceurope/?fa=52246>; Erkan Erdoğdu. "Bypassing Russia: Nabucco project and its implications for the European gas security". MPRA Paper from University Library of Munich, Germany. Published in *Renewable and Sustainable Energy Reviews*, 9.14(2010): pp. 2936–2945. Disponível em: <http://econpapers.repec.org/paper/pramprapa/26793.htm>; Ralf Dickel *et al.*, "Reducing European Dependence on Russian Gas: distinguishing natural gas security from geopolitics". *Oxford Institute for Energy Studies*. October 2014 OIES PAPER: NG 92. ISBN 978-78467-014-6. Disponível em: <http://www.oxfordenergy.org/wpcms/wp-content/uploads/2014/10/NG-92.pdf>.
3. "Ukraine crisis sharpens focus on European shale gas". *Reuters*, Londres, 4 de março de 2014. Disponível em: <http://www.reuters.com/article/2014/03/14/europe-shale-ukraine-idUSL6N0MB1WI20140314>.
4. "Countries outside the United States — June 2013". Executive — Summary, Table 5. *U.S. Energy Information Administration,* 13 de junho de 2013. Disponível em: <http://www.eia.gov/analysis/studies/worldshalegas/pdf/fullreport.pdf?zscb=84859470>.
5. "Ukraine's Oil and Natural Gas Reserves — A Pawn in Geopolitical Chess Game?". *Viable Opposition*. Sunday, March 16, 2014. Disponível em: <http://viableopposition.blogspot.fr/2014/03/ukraines-oil-and-natural-gas-reserves.html>.
6. "Shale gas reserves and major fields of Ukraine" — Projects in Ukraine, 14.6.2013. *Unconventional Gas in Ukraine*. Disponível em: <http://shalegas.in.ua/en/shale-gas-resources-in-ukraine/>.
7. "Kiev fights in Ukraine's southeast for shale gas deposits to be controlled by US — PushkovRussia". *Itar-TASS*, 16 de agosto 2014. Disponível em: <http://tass.ru/en/russia/745305>. "Corporate Interests behind Ukraine Putsch". *Consortiumnews.com*, 16 de março de 2014. Disponível em: <https://consortiumnews.com/2014/03/16/corporate-interests-behind-ukraine-putsch/>.
8. Stanley Reed & Andrew E. Kramernov, "Chevron and Ukraine Set Shale Gas Deal". *The New York Times*, 5 de novembro de 2013; Roman Olearchyk (Kiev) & Gregory Meyer (Nova York), "Cargill acquires stake in Ukraine agribusiness". *Information Clearing House*, 13 de março de 2014. Disponível em: <http://www.informationclearinghouse.info/article37931.htm>; *JP Sottile for Buzzflash at Truthout*. "The Business of America Is Giving Countries Like Ukraine the Business, Wednesday, 12 de março de 2014. Disponível em: <http://www.truth-out.org/buzzflash/commentary/the-business-of-america-is-giving-countries-like-ukraine-the-business>.
9. Nat Parry, "Beneath the Ukraine Crisis: Shale Gas". *Consortiumnet.com*, 24 de abril de 2014. Disponível em: <https://consortiumnews.com/2014/04/24/beneath-the-ukraine-crisis-shale-gas/>.
10. "Milieudefensie/FoE Netherlands: Harmful shale gas deal between Shell and Yanukovych must be halted". *Friends of the Earth International*. Disponível em: <http://www.foei.org/news/milieudefensie-foe-netherlands-harmful-shale-gas-de-

-between-shell-and-yanukovych-must-be-halted-2/>; "Ukraine Shale Gas: Shell Moves Forward While Chevron Stalled". *Natural Gas — Europe*, 20 de janeiro de 2013. Disponível em: <http://www.naturalgaseurope.com/regional-ukraine-governments-approve-shell-shale-gas-production-sharing-agreement>; "Ukraine's Nadra Yuzivska and Shell Entered into Shale Gas Production PSA". *Oil Market Magazine*, 24 de janeiro de 2013. Disponível em: <http://oilmarket-magazine.com/eng/shownews.phtml?id=221>.

11. "Ukraine's government and Shell sign operation agreement to develop shale deposit". Projects in Ukraine. *Unconventional Gas in Ukraine*, 12 de setembro de 2013. Disponível em: <http://shalegas.in.ua/en/uryad-ukrajiny-i-shell-pidpysaly-uhodu--pro-operatsijnu-diyalnist-z-vydobutku-vuhlevodniv/>; Mike Orcutt (Technology Review), "Shale gas has become the geopolitical energy that can change ruling power globally. Kiev fights in Ukraine's southeast for shale gas deposits to be controlled by US". *Gunnars tankar och funderingar*. Disponível em: <http://gunnarlittmarck.blogspot.de/2014/08/shale-gas-has-become-geopolitical.html>.

12. Stanley Reed & Andrew E. Kramer, "Chevron and Ukraine Set Shale Gas Deal". *The New York Times*, 5 de novembro de 2013.

13. Carol Matlack, "Losing Crimea Could Sink Ukraine's Offshore Oil and Gas Hopes". *Bloomberg*, 11 de março de 2014. Disponível em: <http://www.bloomberg.com/bw/articles/2014-03-11/losing-crimea-could-sink-ukraines-offshore-oil-and--gas-hopesatlack>.

14. USAID — Ukraine Country Development Cooperation Strategy 2012–2016. Disponível em: <https://www.usaid.gov/sites/default/files/documents/1863/USAID_Ukraine_CDCS_2012-2016.pdf>.

15. "Factsheet: The Case against Shell". *Consortiumnews.com*. Disponível em: <https://ccrjustice.org/learn-more/faqs/factsheet%3A-case-against-shell-0>; Nat Parry, "Beneath the Ukraine Crisis: Shale Gas". *Consortiumnews.com*. 24 de abril de 2014. Disponível em: <https://consortiumnews.com/2014/04/24/beneath-the-ukraine--crisis-shale-gas/>.

16. Zbigniew Brzezinski, *The Grand Chess Board — American Primacy and its Geostrategic Imperatives*. Nova York: Basic Books — Perseus Books Group, 1997, p. 46.

17. EU-Ukraine Association Agreement — the complete texts. Disponível em: <http://eeas.europa.eu/ukraine/assoagreement/assoagreement-2013_en.htm>.

18. A Organização do Tratado do Atlântico Norte (OTAN/NATO) foi criada em 4 de abril de 1949, por iniciativa dos Estados Unidos e a adesão de mais 11 países — Bélgica, Canadá, Dinamarca, França, Islândia, Itália, Luxemburgo, Países Baixos, Noruega, Portugal e Grã-Bretanha.

19. Jonathan Saul (Londres), "Russia steps up military lifeline to Syria's Assad — sources". *Reuters*, Fri Jan 17, 2014. Syrian energy deal puts Russia in gas-rich Med". *UPI*. Beirut, Lebanon. Business News/Energy Resources, 16 de janeiro de 2014.

20. "John McCain tells Ukraine protesters: 'We are here to support your just cause'". *The Guardian*, 15 de dezembro de 2013. Disponível em: <http://www.theguardian.com/world/2013/dec/15/john-mccain-ukraine-protests-support-just-cause>; "Ukraine — manifestation monstre des pro-européens à Kiev". *Le Monde*.fr avec AFP, 15 de dezembro de 2013. Disponível em: <http://www.lemonde.fr/europe/article/2013/12/15/

ukraine-200-000-pro-europeens-rassembles-a-kiev_4334662_3214.html>: Nick Paton Walsh & Susanna Capelouto, "Ukrainian protesters get visit from Sen. John McCain — McCain: America stands with Ukrainians". *CNN*, 15 de dezembro de 2013. Disponível em: <http://edition.cnn.com/2013/12/14/world/europe/ukraine-protests/> (Acesso em 10 de março de 2015).

21. "John McCain tells Ukraine protesters: 'We are here to support your just cause'". *The Guardian*, 15 de dezembro de 2013. Disponível em: <http://www.theguardian.com/world/2013/dec/15/john-mccain-ukraine-protests-support-just-cause>.

22. Seth Colter Walls, "New Questions over McCain Campaign Chief's Ties to Ukraine". *The Huffington Post*, 6/27/2008. Disponível em: <http://www.huffingtonpost.com/2008/06/20/new-questions-over-mccain_n_108204.html>. Acesso em 1º de junho de 2015.

23. Jeffrey Goldberg, "How Much Does It Cost to Be Ambassador to Hungary?". *Bloomberg*, 11 de fevereiro de 2014. Disponível em: <http://www.bloombergview.com/articles/2014-02-11/how-much-does-it-cost-to-be-ambassador-to-hungary->.

24. Josh Dorner John & David Willett, "McCain's Million Dollar Big Oil *Quid Pro Quo* Campaign Cash from Big Oil Flows In After Offshore Drilling Flip-Flop". *Sierra Club*. Disponível em: <http://action.sierraclub.org/site/MessageViewer;jsessionid=9C3A870C38955027BEF958DFC1084DC5.app207a?em_id=65021.0>.

25. Matthew Mosk (Washington Post Staff Writer), "Industry Gushed Money after Reversal on Drillin". *The Washington Post*, 27 de julho de 2008. Disponível em: <http://www.washingtonpost.com/wp-dyn/content/article/2008/7/26/AR2008072601891.html>.

26. Anne Gearan Gearan, "In recording of U.S. diplomat, blunt talk on Ukraine". *The Washington Post*, 6 de fevereiro de 2014; Anne Gearan, "In recording of U.S. diplomat, blunt talk on Ukraine". *The Washington Post*, 6 de fevereiro de 2014.

27. "Ukraine crisis: Transcript of leaked Nuland-Pyatt call". *BBC News* (From the section Europe) — A transcript, with analysis by *BBC* diplomatic correspondent Jonathan Marcus) — 7 de fevereiro de 2014. Disponível em: <http://www.bbc.com/news/world-europe-26079957>; Noah Rayman, "Leaked Audio Depicts U.S. Diplomat Cursing E.U. Diplomacy. Americans pointed the finger at Russia for the leak". *Time*, 6 de fevereiro de 2014. Disponível em: <http://world.time.com/2014/02/06/victoria-nuland-leaked-audio-european-union/>. Марионетки Майдан. www.youtube.com/watch?v=MSxaa-67yGM04.02.2014. Hochgeladen von Re Post. "Victoria Nuland gaffe: Angela Merkel condemns EU insult". *BBC Europe*, 7 de fevereiro de 2014. Disponível em: <http://www.bbc.com/news/world-europe-26080715>.

28. *Ibidem.*

29. *Ibidem.*

30. "Remarks — Victoria Nuland, Assistant Secretary, Bureau of European and Eurasian Affairs. Washington, DC, December 13, 2013". *U.S. Department of State*. Disponível em: <http://www.state.gov/p/eur/rls/rm/2013/dec/218804.htm>; Richard Sakwa, *Frontline Ukraine — Crisis in the Boarderlands*. Londres: I.B. Tauris, 2015, pp. 86–88.

31. "Top U.S. official visits protesters in Kiev as Obama admin. ups pressure on Ukraine president Yanukovych". *CBS/Wire Services*, 11 de dezembro de 2013. Disponível

em: <http://www.cbsnews.com/news/us-victoria-nuland-wades-into-ukraine-turmoil-over-yanukovich/>.

32. "Sandwiches Are Symbol of Sympathy to Ukrainians at Maidan: Nuland"- *Sputnik News — International*, 18 de dezembro de 2014. Disponível em: <http://sputnik-news.com/politics>.

33. Paul D. Shinkman, "U.S., John Kerry Disgusted With Ukrainian Response to Protests. Response to protests not acceptable for democracy, Secretary of State John Kerry says". *U.S. News*, 11 de dezembro de 2013. Disponível em: <http://www.usnews.com/news/articles/2013/12/11/us-john-kerry-disgusted-with-ukrainian-response-to-protests>.

34. "A l'Est, les Nazis de hier sont réhabilités. En Ukraine et ailleurs dans l'ex-URSS: honneur aux anciens SS". Disponível em: <http://www.resistances.be/ukraine.html>.

35. "Profile: Ukraine's ultra-nationalist Right Sector". *BBC Europe*, 28 de abril de 2014. Disponível em: <http://www.bbc.com/news/world-europe-27173857>; Ver também: "Administration on December 1, 2013, and on the parliament in the end of January and on February 18, 2014. Shortly after midnight on February 20, Dmytro Yarosh. Disponível em: <https://newcoldwar.org/wp-content/uploads/2015/02/The-%E2%80%9CSnipers%E2%80%99-Massacre%E2%80%9D-on-the-Maidan--in-Ukraine-revised-and-updated-version-Feb-20-2015.pdf>.

36. O Svoboda, cujo chefe era Oleg Tiagnibog, tinha maior influência na Galitzia oriental, antes pertencente à Polônia e onde muitos habitantes colaboraram com as tropas da Wehmarcht e, como voluntários, formaram a 14. Waffen-Grenadier-Division der SS (galizische SS-Division Nr. 1) der Waffen-SS da Alemanha nazista. Sempre foi um reduto da extrema direita e os chamados ativistas, que instigaram e lideraram as demonstrações pró-Ocidente, pertenciam a comandos do Svoboda, ao Setor de Direita (*Pravyy Sektor*) e às forças paramilitares da Assembleia Nacional Ucraniana — Autodefesa do Povo da Ucrânia e de outras tendências neonazistas, com claras inclinações xenófobas, racistas, antissemitas e contra a Rússia.

37. Sreeram Chaulia. "Democratisation, Colour Revolutions and the Role of the NGOs: Catalysts or Saboteurs?". *Global Research*, 25 de dezembro de 2005. Disponível em: <http://www.globalresearch.ca/democratisation-colour-revolutions-and-the-role--of-the-ngos-catalysts-or-saboteurs/1638>.

38. Original em francês: "*Oui effectivement ici c'est tres 'chaud' dans la rue! (Meme si on a eu –35 degres la semaine derniere). Je suis justement alle voir les barricades hier soir, en 1ere ligne juste devant les rangees de la police militaire. C'est assez impressionant. Les opposants dans la rue qui occupent la zone sont sur-armes, tres bien organises militairement en compagnies, on les voit patrouiller en groupe de combat de 10 personnes, avec des casques, des boucliers et des armes. J'ai croise hier soir 2 types en uniforme de la division SS 'Galicie' (qui se battait avec les allemands contre les sovietiques en 1943–45). Ca m'amuse beaucoup de voir les politiciens europeens fairent de grandes declarations sur le 'Maidan' et la democratie alors que pratiquement tous ces types dans la rue qui se battent contre la police sont fascistes. Bref une grande hypocrisie. Les Euro-atlantistes sont pret a s'allier a n'importe qui (comme les Islamistes en Syrie) du moment que cela affaiblisse la Russie [...].*" Mensagem particular, por e-mail, 13 de fevereiro de 2014. (Arquivo do Autor.)

39. "Diplomatische Bewegung in der Ukraine-Krise". *Tagsspiegel*, 20 de fevereiro de 2014. Disponível em: <http://www.tagesspiegel.de/politik/eu-aussenminister-in-kiew-diplomatische-bewegung-in-der-ukraine-krise/9513942.html>; "Klitschko erzählt von der Todes-Nacht auf dem Maidan". *Focus Online*. Disponível em: <http://www.focus.de/politik/ausland/news-ticker-zur-eskalation-in-der-ukraine-25-tote-busse--karren-demonstranten-vom-land-nach-kiew_id_3625618.html>.

40. Ivan Katchanovski, "The 'Snipers' Massacre" on the Maidan in Ukraine" Disponível em: <http://www.scribd.com/doc/244801508/Snipers-Massacre-on-the-Maidan--in-Ukraine-Paper-libre>.

41. *Ibidem.*

42. *Ibidem.*

43. "Ukraine crisis: Viktor Yanukovych leaves Kiev for support base. US warns deal remains 'very, very fragile; as president visits eastern stronghold of Kharkiv". *The Telegraph*. Londres, 22 de fevereiro de 2014.

44. Andrew Higgins & Andrew E. Kramerfeb, "Archrival Is Freed as Ukraine Leader Flees". *The New York Times*, 22 de fevereiro de 2014.

45. Christian Neef (Kiev), "Yanukovych's Fall: The Power of Ukraine's Billionaires". *Spiegel Online International*, February 25, 2014. Disponível em: <http://www.spiegel.de/international/europe/how-oligarchs-in-ukraine-prepared-for-the-fall-of--yanukovych-a-955328.html>.

46. "Ukraine president Viktor Yanukovych denounces 'coup d'État' after protesters take control in Kiev". *ABC News*. Disponível em:<http://www.abc.net.au/news/2014-02-22/ukraine-president-viktor-yanukovych-leaves-kiev-reports/5277588>.

47. David Stern (Kiev), "Ukraine's revolution and the far right". *BBC News Europe*, 7 de março de 2014. Disponível em: <http://www.bbc.com/news/world-europe-264 68720?print=true>.

48. Mensagem pessoal, por e-mail, 23 de março de 2014. Original em inglês. (Arquivo do Autor.)

49. George Friedman, "Russia Examines Its Options for Responding to Ukraine". *Stratfor — Geopolitical Weekly*, 18 de março de 2014. Disponível em: <http://www.stratfor.com/weekly/russia-examines-its-options-responding-ukraine#axzz38IEGZtks>.

50. "In Ukraine, U.S interests are incompatible with the interests of the Russian Federation` Stratfor chief George Friedman on the roots of the Ukraine crisis Interview by Elena Chernenko & Alexander Gabuev (Translation: Paul R. Grenier) — *us-russia.org*, 17 de janeiro de 2015. Disponível em: <http://us-russia.org/2902-in-ukraine-us--interests-are-incompatible-with-the-interests-of-the-russian-federation-stratfor--chief-george-friedman-on-the-roots-of-the-ukraine-crisis.html>; Elena Chernenko & Alexander Gabuev (*Kommersant* — Russian daily)>; "Stratfor Chief's "Most Blatant Coup in History" Interview Translated in Full. *Insider Russia*, 20 de janeiro de 2015. Disponível em: <http://russia-insider.com/en/2015/01/20/256>; "Интересы РФ и США в отношении Украины несовместимы друг с другом". Глава Stratfor Джордж Фридман о первопричинах украинского кризиса- *Коммерсантъ от* 19 de dezembro de 2014. Disponível em: <http://www.kommersant.ru/doc/2636177>.

51. *Ibidem.*

52. George Friedman, "Russia Examines Its Options for Responding to Ukraine". Stratfor — *Geopolitical Weekly*, 18 de março de 2014. Disponível em: <http://www.stratfor.com/weekly/russia-examines-its-options-responding-ukraine#axzz3 HYiHNE4r>.

53. A estratégia para golpes de Estado, elaborada pelo professor Gene Sharp, consistia na luta não violenta, mas em uma luta complexa, travada por vários meios, como protestos, greves, não cooperação, deslealdade, boicotes, marchas, desfiles de automóveis, procissões etc., em meio à guerra psicológica, social, econômica e política, visando à subversão da ordem. Constituiu o padrão das chamadas Revoluções Coloridas, na Eurásia, e a Primavera Árabe, na África do Norte e Oriente Médio. E ONGs, estipendiadas pela National Endowment for Democracia (NED), USAID e CIA, e outras instituições públicas e privadas foram instrumentalizadas para *shadow wars* promovidas por Washington. Gene Sharp é professor da University of Massachusetts Dartmouth e diretor da Albert Einstein Institution, em Boston. Após a guerra fria, com o apoio do coronel Robert Helvey, a Albert Einstein Institution realizou a Conference on Non Violent Sanctions, no Center for International Affairs da Universidade de Harvard, com a participação de 185 especialistas de 16 países. Reuven Gal, psicólogo israelense, autor de várias obras, entre as quais *Service Without Guns* era um deles. A tradução e a distribuição do livro *From Dictatorship to Democracy,* do professor Gene Sharp, foram patrocinadas por entidades dos Estados Unidos e de potências da União Europeia. Vide Luiz Alberto Moniz Bandeira, 2014, pp. 25–26, 100, 107–109.

54. Arseniy Yatsenyuk. Disponível em: <http://openukraine.org/en/about/partners>.

55. "Adrian Croft European Union signs landmark association agreement with Ukraine". *Reuter* — World. Brussels, 21 de março de 2014. Disponível em: <http://www.reuters.com/article/2014/03/21/us-ukraine-crisis-eu-agreement-idUSBRE-A2K0JY20140321>.

Capítulo 17

O CONTRAGOLPE DO PRESIDENTE PUTIN • A REINTEGRAÇÃO DA CRIMEIA À RÚSSIA • O APOIO POPULAR • PROVOCAÇÕES DOS COMANDANTES DA OTAN • AGUÇAMENTO DA SEGUNDA GUERRA FRIA • DIMENSÃO GEOPOLÍTICA DO MAR NEGRO E DO MAR DE AZOV • A INSTABILIDADE NA UCRÂNIA • A PREEMINÊNCIA DOS NEONAZISTAS EM KIEV • SANÇÕES CONTRA A RÚSSIA — DESVALORIZAÇÃO DO RUBLO E QUEDA DO PREÇO DO ÓLEO

O presidente Putin havia equacionado uma solução imediata da crise econômica na Ucrânia, ao conceder-lhe, em 17 de dezembro de 2013, um *bailout* de US$ 15 bilhões, redução do preço do gás e outros benefícios. Porém percebera que a agitação em Kiev evoluía no sentido de derrubar o presidente Yanukovych, encapando grave ameaça aos interesses da Rússia — como a denúncia do acordo de Kharkov (gás-por-frota), sobre a base naval de Sevastopol, e essa a razão pela qual se aprestou para desfechar decisivo contragolpe. Decerto, já excogitava, havia algum tempo, a possibilidade de ter a Rússia de reintegrar a Crimeia à sua jurisdição. As autoridades do Ocidente e de Kiev foram, inclusive, diversas vezes advertidas, sobremodo pelo ministro Sergei Lavrov, das consequências que poderiam advir, até mesmo sobre perspectiva de que a Ucrânia se fraturasse em dois pedaços. O presidente Putin sabia, através de pesquisa secretamente realizada durante as demonstrações contra o presidente Yanukovych, que 80% da população da península eram a favor da reincorporação à Rússia e, aos seus colegas de gabinete, disse que "a situação estava de tal maneira que nós somos forçados a começar os preparativos para reunificar a Crimeia, porque não podemos deixar esse território e o povo, que

LUIZ ALBERTO MONIZ BANDEIRA

ali vive, à mercê do destino; não podemos lançá-los debaixo dos tratores dos nacionalistas".[1]

Na base naval de Sevastopol, que propiciava à Rússia substancial capacidade operacional e de defesa, estavam ancorados navios de guerra muito bem equipados com os mais avançados supersônicos mísseis cruzeiros, sistema de defesa aérea, a BSF 11ª Brigada de Mísseis de Defesa Costeira, armada com o K-300P sistema de defesa e mísseis antinavios Yakhont. Outrossim, a Rússia estava a construir outra base naval em Novorossiysk, seu território continental, o Krai de Krasnodar, sobre o Mar Negro, ao leste da Crimeia, para a eventualidade de que um dia não alcançasse um acordo com Kiev e tivesse de abandonar Sevastopol. Essa possibilidade havia, caso a Ucrânia aderisse ao Coletivo de Segurança e Política de Defesa da União Europeia. E, em Novorossiysk, laureada como Cidade Heroica, devido à resistência aos nazistas durante a Segunda Guerra Mundial, situava-se o maior porto comercial da Rússia, no Mar Negro. Essa zona se revestia de grande importância geopolítica e estratégica por ser a encruzilhada dos maiores dutos de gás e óleo transportados do Mar Cáspio pela OAO Gazprom. A Rússia desejava reforçar sua presença no Mediterrâneo, com a expansão da base naval de Tartus e o porto de Latakia, na Síria.

A base naval, em Novorossiysk, serviria para o estacionamento de submarinos, portando mísseis de alcance superior a 1.500 km, e adquirira maior relevância, uma vez que, após a reincorporação da Crimeia à Rússia, navios da OTAN estavam frequentemente a penetrar no Mar Negro, como ressaltou o comandante Aleksandr Vitko.[2] E era a partir do Mar Negro que a frota estacionada em Sevastopol podia, através do Mediterrâneo, chegar ao Atlântico e ao Oceano Índico. A presença da Frota Russa no Mar Negro — entendia o presidente Putin — constituía fator-chave para a segurança regional. A Rússia temia o enclausuramento pelo Ocidente, a ameaça à sua fronteira sudeste. Desde os tempos mais remotos, a região esteve em sua esfera de influência e constituía o eixo de sua segurança nacional. Não podia, portanto, perder a estratégica posição na Crimeia. Era através dos portos dessa península — Sevastopol, Varna, Sohum, Trabzon, Konstanz, Poti e Batumi — que transitavam o óleo e o gás natural, oriundos do Cáucaso, e a Frota do Mar Negro controlava as comunicações com o Mar Mediterrâneo, através dos estreitos de Bósforo e Dardanelos, de importantes zonas energéticas que abasteciam os mercados do Ocidente. Os corredores de energia expandiram assim a dimensão geopolítica do Mar Negro e de todo o seu entorno.

A Crimeia, que fora parte da Rússia desde 1783, já se tornara uma República Autônoma (Avtonomnaya Respublika), em 1991, dentro da Ucrânia, à qual estava ligada apenas pelo istmo de Perekop. Sua população era composta por 60% de russos, 25% de ucranianos russófonos e 25% de *tatars* e pequenas minorias. A iniciativa do presidente Putin de reintegrar a Crimeia à Federação Russa constituiu uma reação ao *putsch* perpetrado em Kiev pelas *storm-troopers* do Setor de Direita (Pravyi Sektor) e do Svoboda do (Partido Liberdade). Não ocorreu invasão. Lá estacionados já estavam cerca de 15.000 marinheiros e soldados russos, na base naval de Sevastopol, conforme o acordo de Kharkov, que autorizava a presença de até 25.000 soldados na região, aos quais então outros se somaram de modo a assegurar a defesa da península contra eventual ataque de Kiev.[3] Não houve propriamente anexação, mas, de fato e de direito, a reincorporação da República Autônoma à Federação Russa, como República da Crimeia (Respublika Krym), aprovada por 96,77% dos 83,10% dos votantes, uma participação massiva, no referendo convocado pelo Parlamento regional e realizado em 16 de março de 2014.

A Guerra Fria, a aguçar-se, desde a administração do presidente George W. Bush, recrudesceu mais e mais, com as provocações ensandecidas do secretário-geral da OTAN, Anders Fogh Rasmussen, e do general Phillip Breedlove, Supremo Comandante Aliado na Europa (SACEUR), provocações de consequências imprevisíveis. Os Estados Unidos e seus sócios da União Europeia não tinham condições políticas e militares de opor-se à iniciativa da Rússia nem qualquer autoridade moral para condenar a reintegração da Crimeia ao seu território. As potências ocidentais haviam promovido e sustentado a declaração unilateral de independência de Kosovo, de 17 de fevereiro de 2008, na Corte Internacional de Justiça, que em 2010 julgou não haver violação da lei internacional e da Resolução nº 1.244.[4] E as fronteiras da Sérvia, com a separação do Kosovo, foram mudadas, não por meios pacíficos, mas por força das armas. A OTAN realizou brutal intervenção militar (Operation Allied Force), a bombardear o país, sem

LUIZ ALBERTO MONIZ BANDEIRA

autorização do Conselho de Segurança da ONU, durante 75 dias,[5] e destruiu toda a sua infraestrutura, como faria ulteriormente no Iraque e na Líbia, uma frontal violação da lei internacional, o princípio da soberania nacional, consagrado nos Acordos de Helsinki (Finlândia), de 1975, que resultaram da Conferência de Segurança e Cooperação na Europa e 35 nações haviam firmado.

Ao contrário do que ocorrera na Sérvia, violência não houve na Crimeia. A Rússia não bombardeou a Ucrânia para separar a península. O povo, com a queda de Yanukovych, estava a demandar a secessão da Ucrânia. Milhares de pessoas já estavam, nas ruas de Sevastopol, a clamar "Rússia, Rússia, Rússia", com a bandeira russa, e a gritar "Não nos renderemos a esses fascistas", os que se apossaram do governo em Kiev. E, como escreveu o grande poeta português Fernando Pessoa, "a base da pátria é o idioma".[6] A população da Crimeia — cerca de 2,3 milhões de habitantes —, cuja maioria era etnicamente russa (58/60% russa, 24% ucraniana e 12% tatar, segundo o Censo de 2001[7]), não se submeteria ao governo do Svoboda e Setor de Direita. Daí que, em Simferopol, capital da Crimeia, com uma população de 337.285 habitantes, majoritariamente russos e pequena minoria tatar, logo foram organizadas milícias de autodefesa para resistir a qualquer força militar de Kiev. O Kremlin não podia abandonar essa população.

A Crimeia, península com parte de deserto e parte de região montanhosa, permanecera efetivamente sob a soberania da Rússia desde o Tratado de Küçük Kaynarca, firmado com o Império Otomano, em 1774, durante do reinado da imperatriz Catarina II, a Grande (1729–1796). Como lembrou o presidente Vladimir Putin, foram os bolcheviques que, após a revolução de 1917, cederam a Kiev, sem consideração étnica, os territórios russos, que formavam o sul e o sudeste da Ucrânia. Nikita Khruschiov, secretário-geral do Partido Comunista da URSS, outorgou à Ucrânia, em 1954, a Crimeia, juntamente com Sevastopol, onde estacionava a Frota do Mar Negro, um mar 60% mais largo que o Golfo Pérsico, por onde também saíam 60% do total das exportações marítimas da Rússia, e que, além da Ucrânia, se estendia às margens da Bulgária, Romênia, Geórgia e Turquia. Com a reincorporação da Crimeia, de cujos portos saíam seus produtos agrícolas, metais e energia, a Rússia retomou o domínio do Estreito de Kerch, a rota-chave entre o Mar de Azov e o Mar Negro, e o completo controle do canal Kerch-Yenikalskiy, que permitia a passagem de navios maiores entre os dois mares, bem como da entrada do Volga, o maior rio da Europa, permitindo o acesso, sem estorvo, à via do Mar Cáspio. A Ucrânia, sob o governo neonazista, restou bastante vulnerável. Se tentasse uma guerra, poderia ser atacada pela Rússia, em três frentes, do nordeste, sudeste e sul, e em uma semana seria ocupada.

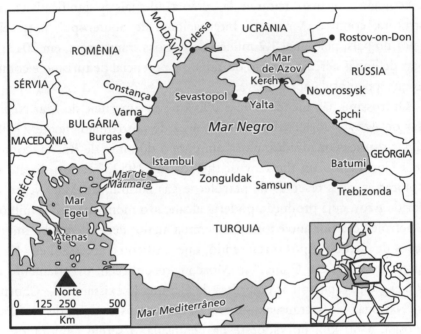

Figura 17.1 — O Mar Negro e Sevastopol

À sombra do Association Agreement com a União Europeia, um dos principais objetivos de Arseniy "Yats" Yatsenyuk, o boneco de engonço de Victoria Nuland, era a adesão da Ucrânia à OTAN. O acordo de Kharkov, negociado com o presidente Yanukovytch, baseava-se na doutrina militar da Rússia de 2010, que identificava como um dos principais perigos externos a Aliança Atlântica (OTAN), à qual o Ocidente (Estados Unidos e seus sócios) entregara funções globais de violar as normas e leis internacionais e de mover sua estrutura militar até as proximidades de suas fronteiras, com a expansão do bloco.[8] E estava implícito, na prorrogação do *leasing* de Sevastopol, que a Ucrânia não poderia aderir à OTAN, até

2042, porquanto a Rússia se opunha a que qualquer país da extinta União Soviética o fizesse, afora os do Báltico.

Com a reintegração da Crimeia à Rússia — o presidente Putin retaliou a impudente ofensiva dos Estados Unidos e seus aliados da União Europeia. E o governo de Kiev perdeu o acesso físico às virtuais fontes de energia, no Mar Negro, e um acervo de aproximadamente 127 bilhões de hryvna (US$ 10,8 bilhões), segundo Denis Khramov, ministro-adjunto de Ecologia e Recursos naturais da Ucrânia, ademais de significativa infra-estrutura, como o Aeroporto Internacional de Simferopol, o terceiro maior do país, pelo qual 1,2 milhão de pessoas transitaram, em 2013; as rotas de linhas aéreas; o porto de Yalta e o potencial de turismo e comércio que a península apresentava.[9]

Outrossim, não menos que 93.000 km² da superfície do Mar Negro, Mar de Azov e adjacências, enorme área de aproximadamente 27.000 milhas náuticas quadradas, passaram para o domínio de Rússia, conforme a Convention on the Law of the Sea, de 1982,[10] com o direito de explorar as ricas reservas de petróleo e gás natural, do Mar Negro ao Mar de Azov, cuja produção poderia alcançar o montante de 70 milhões de petróleo cru por ano e tornar a Ucrânia menos dependente das importações de energia. Após o referendo, que ratificou a secessão, em 17 de março de 2014, e a Duma, em Moscou, reconheceu, o Parlamento da Crimeia, que estatizou as empresas da Ucrânia lá existentes — ChornomorNaftogaz e Ukrtransgaz —, os gasodutos e os campos de Skifska e Foroska, a 80 km, no sudoeste da península, a serem explorados em consórcio com as companhias petrolíferas — Royal Dutch Shell Plc (RDSA), Exxon Mobil Corp. (XOM) Shell e Chevron Corp, Eni Span (ENI). Essas companhias, em consequência, cancelaram seus contratos com o governo de Kiev.[11] As reservas de energia do litoral submarino do Mar Negro eram estimadas em 1,5 trilhão de metros cúbicos, incluindo as recém-descobertas de hidrato de metano[12] e as de gás natural, calculadas entre 200 bilhões e 250 bilhões de metros cúbicos.[13] Um dos maiores depósitos de gás, com capacidade de produzir 1,5 bilhão de metros cúbicos por ano, estava nos estreitos de Kerch. E assim a Rússia assumiu formalmente a jurisdição sobre a maior extensão do Mar Negro, ao longo do inteiro litoral leste da Crimeia, envolvendo o estreito de Kerch, onde se localizavam as plantas de mineração e processamento de ferro e, ao sudoeste, as cidades russas e o porto Novorossiysk e Sochi, região de Krasnodar. Todas as reservas de gás e óleo do Mar Negro e Mar de Azov passariam para o controle da Gazprom.

O contragolpe desfechado pelo presidente Putin foi contundente. Doeu fundo em Washington. E o presidente Barack Obama afoitou-se. Logo reconheceu o governo instalado em Kiev pelos neonazistas e recebeu, na Casa Branca, o autoproclamado primeiro-ministro da Ucrânia, o banqueiro Arseniy "Yats" Yatsenyuk, o que ainda mais evidenciou sua incompetência como chefe de governo e de Estado. A diplomacia do Departamento de Estado, a implementar uma *partisan foreign policy*, mostrou-se inepta, como quase sempre. Nem podia deixar de sê-lo, uma vez conduzida por homens de negócios, amadores, ignorantes, embriagados pela ideologia do "excepcionalismo" da América.

Conforme os dados da American Foreign Service Association, no segundo mandato, pouco mais de 40% dos embaixadores dos Estados Unidos nomeados pelo presidente Barack Obama foram homens de negócios, que contribuíram com recursos financeiros para sua campanha, e não diplomatas de carreira.[14] A qualificação de Colleen Bradley Bell, produtora do programa *The Bold and the Beautiful*, da CBS, apresentada, ao nomeá-la embaixadora na Hungria, foi a de que ela havia exportado para *"more than 100 countries, for daily consumption with more than 40 million viewers"*.[15] Na realidade, Colleen Bradley Bell havia doado US$ 500.000 para a campanha de Barack Obama e levantado US$ 2,1 milhões durante 2011 e 2012.[16] Também, para a Noruega, o presidente Obama nomeou George Tsunis, CEO do Chartwell Hotels, em Long Island (Nova York), por ter doado US$ 1,5 milhão para a sua campanha, em 2012, o que gerou duras críticas em Oslo, pois, ao ser inquirido no Senado, demonstrou que nem sequer sabia que o regime do país era o monárquico e não o republicano.[17] Também Noah Bryson Mamet, designado para chefiar a embaixada dos Estados Unidos em Buenos Aires, revelou o mais completo desconhecimento da Argentina. Sabatinado no Senado, confessou nunca haver lá estado. Nada sabia sobre o país. Sua qualificação para o cargo era a de haver coletado no mínimo US$ 500.000, com a OpenSecrets.org.[18]

A nomeação de homens de negócios, doadores de recursos para os candidatos à presidência dos Estados Unidos, não constituiu prática exclusiva do presidente Obama. Soía acontecer desde o século XIX. É uma forma de permitir que os generosos *businessmen*, astros de Hollywood e outros bilionários, ocupando a chefia de embaixadas, pudessem fazer altos negócios e recebessem comissões para se ressarcir, com lucro, os recursos que haviam doado para a campanha. A corrupção foi sempre endêmica na república presidencialista, a seiva das eleições. O jornalista americano-israelense Jeffrey Goldberg, no site de *Bloomberg*, comentou que

> *[...] there is the corruption of governance and diplomacy, in which ambassadorships are sold to the highest bidder. And then there is a more subtle form of corruption, in which the people's representatives are made to feel as if they must provide cover for the corrupt practices of the executive branch.*[19]

Conquanto houvesse nos Estados Unidos notável elite acadêmica e intelectual, com profundo e claro conhecimento dos demais países, e homens de grande lucidez, jornalistas e outros, a América profunda sempre ignorou o resto do mundo. E essa América profunda foi que sempre elegeu a maioria do Congresso, o presidente da República e, portanto, influiu na política exterior, mais e mais militarizada, com base na crença da invencibilidade do seu poderio militar, conquanto, como reconheceu o próprio ex-presidente Bill Clinton, os Estados Unidos não tenham vencido nenhuma guerra desde 1945.

A mesma insciência levou as autoridades de Washington a imaginarem que o modelo das *"color revolutions"*, bem-sucedidas, inicialmente, na Geórgia (Revolução Rosa, 2003), Ucrânia (Revolução Laranja, 2004) e Quirguistão (Revolução Tulipa, 2005), poderia ser reproduzido em outros países, como forma especial de guerra subversiva, para a consecução dos seus objetivos econômicos e geoestratégicos.[20] O resultado, contudo, foi negativo. Posteriormente, após a derrubada do presidente Yanukovytch, a situação na Ucrânia tornou-se extremamente instável. Os Estados Unidos protestaram contra a reincorporação da Crimeia, a acusarem a Rússia de violar o princípio da integridade territorial. Porém nada puderam fazer, senão deflagrar a guerra econômica, a começar pela decretação de

Major-general Smedley D. Butler, duas vezes condecorado com Medal of Honor por distintos atos de excepcional heroísmo. Denunciou em 1934 o golpe fascista articulado pelos oligarcas de Wall Street para depor o presidente Franklin D. Roosevelt e instalar nos Estados Unidos regime similar ao fascismo.

Edifício da Wall Street, ninho de gestão do frustrado golpe fascista contra o governo de Franklin D. Roosevelt e de toda a política imperialista dos Estados Unidos. Neste local os bancos Goldman Sachs, Citigroup, Wells Fargo, JPMorgan Chase e Bank of America, em 2015, detinham um acervo de mais de US$ 6,7 trilhões. Estas corporações exercem o domínio do mundo, dado o privilégio de ser o dólar a moeda de reserva internacional e de só os Estados Unidos terem o direito de fazer sua emissão.

Publicação antissemita de Henry Ford — *A Internacional Judia e a questão mundial* — editada em Leipzig, em 1922.

Stepan A. Bandera, agente direto da Abwehr, o serviço de inteligência da Wehrmacht, e chefe do Exército Ucraniano Insurgente contra a União Soviética, cujas milícias foram treinadas pelas Waffen-SS.

Decreto ilegal de Nikita Khruschiov, como secretário do Partido Comunista da União Soviética, transferindo o território da Crimeia para a jurisdição da Ucrânia em 1954.

A secretária-assistente de Estado dos Estados Unidos, Victoria Nuland, distribui sanduíches para os Maidan *puppets*, durante as demonstrações que culminaram na queda do presidente Yanukovych. Foi Nuland que indicou o banqueiro Arseniy Yatsenyuk para o cargo de primeiro-ministro da Ucrânia.

Cerimônia de sepultamento de combatentes dos destacamentos especiais neonazistas Azov (Zahin Osoblyvogo Priznacenniya) e Aidar, a serviço do governo de Kiev contra os insurgentes em Donbass. Eles empunham uma bandeira com símbolo similar à cruz suástica da Alemanha de Hitler.

Integrantes da Social Nationalist Assembly (SNA), parte do movimento de direita ultranacionalista, participam de uma cerimônia antes de ir para o leste da Ucrânia como parte do batalhão Azov, em Kiev.

Começo das manifestações na praça Maidan, novembro de 2013.

Neonazistas da Ucrânia, com o retrato de Stepan A. Bandera, político ucraniano que colaborou com as forças de Hitler e com a Gestapo, contra a União Soviética.

Cidade em Donbass incendiada pelas forças neonazistas e ultranacionalistas de Kiev, novembro de 2013.

Petro Poroshenko foi eleito presidente da Ucrânia em 2014. Dono de um império avaliado em mais de 1,3 bilhão de dólares, Poroshenko foi um dos pilares dos protestos em Maidan — revolução civil que teve desfecho sangrento e derrubou o governo de Viktor Yanukovych.

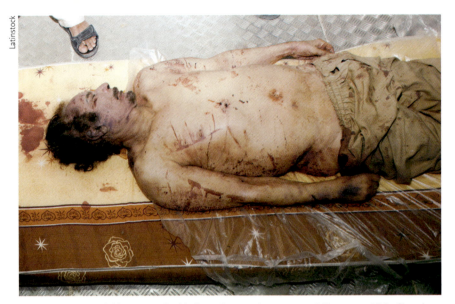

Cadáver do coronel Muammar Gaddafi em freezer de carne em Misrata, na Líbia. Depois de sua deposição e assassinato, em outubro de 2011, a Líbia chafurdou-se no caos econômico e político, sob o domínio dos terroristas que a OTAN patrocinara e armara.

Fábrica em Donetsk bombardeada pelas milícias neonazistas mobilizadas pelo governo do banqueiro Arseniy Yatsenyuk, primeiro-ministro da Ucrânia.

A tipologia dos furos e sua localização na parte da cabine do Boeing 777 (MH17), da Malaysia Airlines, sugere que um míssil ar-ar disparado por um jato de Kiev, Su-25 ou MiG -29, com canhão GSh-2-30 ou SPPU-22, atingiu o cockpit, despressurizando-o subitamente. Isso destruiu o sistema de controle do jato; o piloto automático falhou, e deu-se a explosão. Os rebeldes de Donetsk não possuíam nenhum BUK 9M38M1 terra-ar nem interesse em derrubar um avião de passageiros. *Cui bono* a catástrofe para fins de propaganda?

Instalações de petróleo, capturadas pelo Da'ish (Exército Islâmico/Estado Islâmico do Iraque e Levante), como alvo de bombardeio por um jato russo Su-24.

Cerimônia de sepultamento, como Hero of the Russia, do tenente-coronel Oleg Peshkov. Ele era o comandante do Su-24M, derrubado covardemente na noite de 24 de novembro de 2015, dentro da fronteira da Síria, por um jato da Turquia. Quando descia de paraquedas, o comandante Peshkov foi morto a tiros, por terroristas turcomanos, que operavam na Síria com o Exército Islâmico.

Durante a semana de 26 de novembro a 4 de dezembro de 2015, a aviação da Rússia, a partir da base aérea de Hmeymim, em Latakia, realizou 1.548 investidas contra alvos do Da'ish.

Habitantes retornam às ruínas de Zanea, na Faixa de Gaza, após intenso bombardeio efetuado pelas forças de Israel.

Em Gaza, cadáver dos mortos pelos bombardeios das Forças Armadas de Israel, durante a Operação Pilar de Fogo/Pilar de Nuvem.

Faixa de Gaza atacada pelas Forças Armadas de Israel com bombas de fósforo.

Primeiro-ministro de Israel, Binyamin Netanyahu, proclama publicamente que o Irã estava a atingir a linha para a fabricação da bomba nuclear, a fim de pressionar os Estados Unidos a fazer a guerra contra a república islâmica.

Milícias do Da'ish desfilam pela cidade de Tell Abyad, na Síria.

Jato Sukhoi Su-34, da Rússia, lançando bombas sobre as instalações do Da'ish e al-Nusra, na Síria.

Cristão sendo levado para crucificação pelo Da'ish na Síria.

Prisioneiros preparados para serem degolados pelo Da'ish.

Cabeças de prisioneiros decapitados pelos terroristas do Da'ish.

S-400, sofisticado sistema terra-ar de antimíssil aéreo contra mísseis de curto e médio alcance. Com mais de 72 mísseis, é capaz de destruir alvos a 400 km de distância de uma só vez.

Arseniy Yatsenyuk, primeiro-ministro da Ucrânia de fevereiro de 2014 até sua renúncia, em abril de 2016.

Grupos de yazidis — minoria religiosa que vivia ao sul do monte Sinjar, nordeste do Iraque —, assim como assírios cristãos, católicos, trataram de escapar do genocídio perpetrado pelos terroristas do Da'ish.

sucessivas sanções contra a Rússia, tais como congelamento de acervos financeiros, proibição de vistos, com o objetivo de causar danos econômicos a empresas e a algumas personalidades do governo e vinculadas ao Kremlin. O valor do rublo despencou no mercado internacional. E a vertiginosa queda do preço do petróleo, a cair de US$ 110 o barril para menos de US$ 50, desde junho de 2014, resultou, segundo algumas hipóteses, de manobra conjunta dos Estados Unidos com a Arábia Saudita, com o objetivo de sangrar ainda mais a economia da Rússia — bem como a do Irã e a da Venezuela —, não apenas por causa da Crimeia, mas também por causa da Síria, cujo governo de Bashar al-Assad o presidente Putin se recusava abandonar.[21] Estimava-se que as sanções, a desvalorização do rublo e a queda do preço do petróleo causariam à Rússia uma perda de cerca de US$ 140 bilhões por ano e uma queda do PIB de quase 5% em 2015.[22]

Figura 17.2 — Petróleo cru WTI (NYMEX)
Fonte: NASDAQ

A União Europeia acompanhou, servilmente, os Estados Unidos. As exportações dos Estados Unidos para a Rússia, entretanto, não passavam de 1% do seu comércio exterior e o presidente Obama podia adotar sanções sem que o país nada sofresse. As da União Europeia, não. Embora os dirigentes da Comissão Europeia, em Bruxelas, calculassem que as sanções causariam à Rússia prejuízos de € 23 bilhões em 2014 (1,5% do PIB) e € 75 bilhões (4,8% do PIB), em 2015,[23] todos os países do bloco teriam de suportar as severas consequências de tal iniciativa.[24] Em 2013, a Rússia tornara-se o principal destino das exportações agrícolas da União Europeia (19%), deixando a Turquia em segundo lugar (15%),[25] e o segundo maior mercado para suas exportações de alimentos, bebidas e matérias-primas, que recresciam a cada ano e atingiram o valor de € 12,2 bilhões (£ 9,7 bilhões) em 2013.[26] E todos os membros da União Europeia tiveram de amargar pesadas perdas, quando o presidente Putin assinou o Editct nº 560, em 6 de agosto de 2014, suspendendo por um ano as importações dos mais diversos produtos dos países da União Europeia, entre os quais frutas, vegetais, carnes e subprodutos, peixe, leite e todos os derivados. O embargo estendeu-se igualmente aos produtos da Austrália, Canadá, Noruega e Japão. Os prejuízos atingiram mais ainda os produtos perecíveis, que ultrapassaram as perdas no comércio exterior e setores industriais.[27] O impacto das sanções contra a Rússia foi muito mais sobre o comércio e economia da União Europeia do que sobre os Estados Unidos.[28]

O presidente Putin, por diversas razões econômicas e políticas, descartou o corte do fornecimento de gás e óleo das sanções adotadas contra a União Europeia. Mesmo assim, os prejuízos, decorrentes do embargo das importações de produtos agrícolas e derivados seriam muito maiores do que Bruxelas imaginou. Segundo estudo realizado pelo Austrian Institute of Economic Research (WIFO), as sanções impostas à Rússia e as retaliações de Moscou custariam à União Europeia € 100 bilhões para desenvolvimento econômico e comprometeriam 2,5 milhões de empregos.[29] Somente a Alemanha perderia cerca de 500.000 de lugares de trabalho.

A Alemanha havia, inicialmente, tentado resistir. Vacilou em adotar sanções, devido à oposição interna, como dos líderes social-democratas Helmut Schmidt e Gerhard Schröder,[30] bem como de parte da opinião pública e de vastos fortes setores econômicos. Mais de 6.200 empresas mantinham estreitos negócios com a Rússia, da ordem de € 76 bilhões, que respondiam por mais de 300.000 empregos, na Alemanha, de acordo com Anton Boerner, dirigente da BGA, firma de exportação.[31] A indústria química BASF teve de cancelar lucrativos negócios com a Gazprom para extração de gás e distribuição de gás natural. A Opel e a Volkswagen igualmente tiveram de cancelar suas operações na Rússia. Segundo Tassilo Zywietz, diretor da Câmara de Comércio e Indústria de Stuttgart, um total de 6.500 companhias (pelo menos uma em cada três companhias) estavam a operar na Rússia, cujo mercado fora sempre muito importante para a Alemanha.[32]

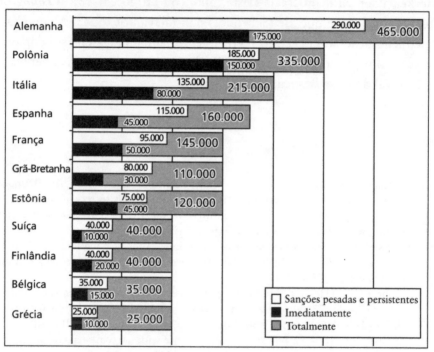

Figura17.3 — Sanções contra a Rússia: perda de empregos na União Europeia
Fonte: Grafik: t-online.de[33]

O ex-Kanzeler Helmut Schmidt advertiu que as sanções contra a Rússia, por causa da reintegração da Crimeia, constituíam um *"dummes Zeug"* (instrumento estúpido) dos Estados Unidos e da União Europeia.[34] Acentuou que o clima parecia o de 1914, que precedeu a Primeira Guerra Mundial, e que a Alemanha não devia encorajar outro conflito nem requerer mais recursos financeiros nem armamentos para a OTAN.[35] Porém, coadjuvada, comedidamente, pelos social-democratas, pelo ministro para Assuntos Estrangeiros, Frank-Walter Steinmeier, e por Sigmar Gabriel, vice-Kanzeler, que compunham o governo da Grande Coalizão, a Kanzelerin Angela Merkel respaldou e aprovou as sanções contra a Rússia. Cedeu às pressões de Washington e da OTAN, em contradição com os interesses econômicos e políticos da Alemanha. Não seria de estranhar. Em 2003, quando o então Kanzeler Gerhardt Schröder (social-democrata) se opôs à invasão do Iraque, juntamente com o presidente da França, Jacques Chirac (União da Democracia Francesa — centro-direita), Angela Merkel, líder da democracia-cristã, publicou artigo em *The Washington Post*, no qual disse que ele (Schröder) não falava por toda a Alemanha e defendeu a ação armada contra o regime de Saddam Hussein, solidarizando-se com o presidente George W. Bush, que a recebeu festivamente no Salão Oval da Casa Branca.[36]

NOTAS

1. "Putin explained why he decided to return Crimea to Russia". *Itar-TASS*. Disponível em: <http://tass.ru/en/russia/781790>; "Putin reveals secrets of Russia's Crimea takeover plot". *BBC News — Europe*, 9 de março de 2015. Disponível em: <http://www.bbc.com/news/world-europe-31796226?print=true>.
2. "Russia's Black Sea port of Novorossiysk to house subs carrying long-range cruise missiles". *Itar-TASS* — Russia, 23 de setembro de 2014. Disponível em: <http://tass.ru/en/russia/750841>.
3. Kathrin Hille (Moscou), "Ukrainian port is key to Russia's naval power". *The Financial Times*, 27 de fevereiro de 2014. Disponível em: <http://www.ft.com/cms/s/0/1f749b24-9f8c-11e3-b6c7-00144feab7de.html#axzz3X7DJLGGh>.
4. "Sumary 2010/2 — 22 July 2010 — Accordance with international law of the unilateral declaration of independence in respect of Kosovo. Summary of the Advisory Opinion, On 22 July 2010, The International Court of Justice gave its Advisory Opinion on the question of the Accordance with international law of the unilateral declaration of independence in respect of Kosovo". Disponível em: <http://www.icj-cij.org/docket/files/141/16010.pdf>.
5. Conference on Security and Co-operation in Europe — Final Act — Helsinki 1975, p. 4. Disponível em: <https://www.osce.org/mc/39501?download=true>.
6. Fernando Pessoa, *Sobre Portugal — Introdução ao Problema Nacional.* (Recolha de textos de Maria Isabel Rocheta e Maria Paula Morão. Introdução organizada por Joel Serrão.). Lisboa: Ática, 1979, p. 19. Disponível em: <http://multipessoa.net/labirinto/portugal/12>.

7. "Everything you need to know about Crimea. Why is the Crimean peninsula part of Ukraine? Why does Russia have military presence there? Here is a short guide for the perplexed". *Há'aretz*, 11 de março de 2014. Disponível em: <http://www.haaretz.com/world-news/1.577286>.

8. "Text of newly approved Russian military doctrine. Text of report by Russian presidential website on 5 February" ("The Military Doctrine of the Russian Federation" approved by Russian Federation presidential edict on 5 February 2010). Disponível em: <http://carnegieendowment.org/files/2010russia_military_doctrine.pdf>.

9. Natalia Zinets & Elizabeth Piper (Kiev), "Crimea cost Ukraine over $10 billion in lost natural resources". *Reuters*, 7 de abril de 2014; Maksym Bugriy, "The Cost to Ukraine of Crimea's Annexation". *Eurasia Daily Monitor*, Volume: 11, Issue: 70. April 14, 2014. *Jamestown Foundation*. Disponível em: <http://www.jamestown.org/regions/europe/single/?tx_ttnews[tt_news]=42227&tx_ttnews[backPid]=51&cHash=5bd3d36f8fd90bb8c050304f4aff136a#.VS0P0JM-7_A>; "Росія захопила в Криму майна на 127 мільярдів — Мохник". Українська правда, Понеділок, 07 квітня2014.Disponívelem:<http://www.pravda.com.ua/news/2014/04/7/7021631/view_print/>.

10. "Section 2. Limits Of The Territorial Sea Article 4 — Outer limit of the territorial sea –The outer limit of the territorial sea is the line every point of which is at a distance from the nearest point of the baseline equal to the breadth of the territorial sea". United Nations Convention on the Law of the Sea". Disponível em: <http://www.un.org/depts/los/convention_agreements/texts/unclos/unclos_e.pdf>.

11. Roland Flamini, "Crimea: Putin's War for Oil and Gas?". *World Affairs — Corridors of Power*, 20 de maio de 2014. Disponível em: <http://www.worldaffairsjournal.org/blog/roland-flamini/crimea-putins-war-oil-and-gas>;"Ukraine Crisis Endangers Exxon's Black Sea Gas Drilling: Energy". *Bloomberg*, 11 de março de 2014. Disponível em: <http://www.bloomberg.com/news/articles/2014-03-10/ukraine-crisis--endangers-exxon-s-black-sea-gas-drilling-energy>.

12. *Ibidem*.

13. Nick Cunningham, "Russia Eyes Crimea's Oil and Gas Reserves". *Oil Price*, 16 de março de 2014. Disponível em: <http://oilprice.com/Energy/Energy-General/Russia-Eyes-Crimeas-Oil-and-Gas-Reserves.html>.

14. "President Obama's Second-Term Ambassadorial Nominations. Updated April 17, 2015." *American Foreign Service Association*. Disponível em: <http://www.afsa.org/secondterm.aspx>; Cathal J. Nolan (Editor), *Notable U.S. Ambassadors since 1775: A Biographical. Dictionary*. Westport, Connecticut: Greenwood Press, 1997, p. 90. Tamara Keith. "When Big Money Leads To Diplomatic Posts". *NPR*, 3 de dezembro de 2014. Disponível em: <http://www.npr.org/2014/12/03/368143632/obama-appoints-too-many-big-donors-to-ambassadorships-critics-say>.

15. *Ibidem*; Leslie Larson, "Senate sneers as soap opera exec is confirmed Ambassador to Hungary". *Daily News*, Nova York, 3 de dezembro de 2014. Disponível em: <http://www.nydailynews.com/news/politics/soap-opera-producer-confirmed-ambassador-hungary-article-1.2031496>.

16. *Ibidem*; "Obama's Top Fund-Raisers". *The New York Times*, 13 de setembro de 2012. Disponível em: <http://www.nytimes.com/interactive/2012/09/13/us/politics/

obamas-top-fund-raisers.html?_r=0. Acesso em 18 de abril de 2014. "Ambassador to Hungary: Who Is Colleen Bell." *AlllGov*. Monday, 2 de junho de 2014. Disponível em: <http://www.allgov.com/news/appointments-and-resignations/ambassador-to-hungary-who-is-colleen-bell-140602?news=853292>.

17. Alex Lazar, "Oslo Mayor Unhappy With Obama's Norway Ambassador Nominee". *The Huffington Post*, 7 de agosto de 2014. Disponível em: <http://www.huffingtonpost.com/2014/07/08/george-tsunis-norway_n_5567351.html>; Michael A. Memoli & Lisa Mascaro (Washington), "Obama donor George Tsunis ends his nomination as Norway ambassador". *Los Angeles Times*, 13 de dezembro de 2014. Disponível em: <http://www.latimes.com/world/europe/la-fg-norway-ambassador-nominee--withdraws-20141213-story.html>.

18. "Argentina ambassador pick, and Obama bundler, has never been to Argentina". *FoxNews.com*, 7 de fevereiro de 2014. Disponível em: <http://www.foxnews.com/politics/2014/02/07/nominee-for-argentina-ambassador-and-obama-bundler-has--never-been-to-argentina/>; "Barack Obama's Bundlers. Bundlers are people with friends in high places who, after bumping against personal contribution limits, turn to those friends, associates, and, well, anyone who's willing to give, and deliver the checks to the candidate in one big bundle." *OpenSecrets — The Center for Responsive Politics*. Disponível em: <http://www.opensecrets.org/pres12/bundlers.php?id=N00009638>.

19. Jeffrey Goldberg, "How Much Does It Cost to Be Ambassador to Hungary?". *Bloomberg*, 11 de fecereiro de 2014. Disponível em: <http://www.bloombergview.com/articles/2014-02-11/how-much-does-it-cost-to-be-ambassador-to-hungary->.

20. Lincoln A. Mitchell, 2012, pp. 86, 94, 141–146.

21. Tim Bowler (Business reporter), "Falling oil prices: Who are the winners and losers?". *BBC News*, 19 de janeiro de 2015. Disponível em: <http://www.bbc.com/news/business-29643612>; TOPF, Andrew. "Did the Saudis and the US Collude in Dropping Oil Prices?" *OilPrice.com*, 23 de dezembro de 2014. Disponível em: <http://oilprice.com/Energy/Oil-Prices/Did-The-Saudis-And-The-US-Collude-In--Dropping-Oil-Prices.html>.

22. "Russia losing $140 billion from sanctions and low oil prices." *CNN Money*. Disponível em: <http://money.cnn.com/2014/11/24/news/economy/russia-losing-140--billion-oil-sanctions/>; "Northwestern Mutual Voice Team, Northwestern Mutual. Who Wins And Who Loses As Oil Prices Fall?" *Forbes — Investing*, 16 de dezembro de 2014. Disponível em: <http://www.forbes.com/sites/northwesternmutual/2014/12/16/who-wins-and-who-loses-as-oil-prices-fall/>.

23. Valentina Pop, "Multi-billion losses expected from Russia sanctions". *EuObserver*, Brussels, 28 de julho de 2014. Disponível em: <https://euobserver.com/economic/125118>.

24. William Mauldin, "Europeans Face Export Losses as Sanctions Bite Russian Ruble". *The Wall Street Journal,* 19 de dezembro de 2014. Disponível em: <http://blogs.wsj.com/economics/2014/12/19/europeans-face-export-losses-as-sanctions-bite--russian-ruble/>.

25. *European Commission* — Monitoring Agri-trade Policy — Agricultural trade in 2013: EU gains in commodity exports. Disponível em: <http://ec.europa.eu/agri-

culture/trade-analysis/map/2014-1_en.pdf>. *European Commission* — Monitoring Agri-trade Policy (MAP — 2014) — Agricultural trade in 2013: EU gains in commodity exports. Disponível em: <http://ec.europa.eu/agriculture/trade-analysis/map/2014-1_en.pdf>.

26. Jennifer Ranking & agencies, "Russia responds to sanctions by banning western food imports". *The Guardian*, 7 de agosto de 2014.

27. Alan Matthews, "Russian food sanctions against the EU". *CAP Reform.EU*, 15 de agosto de 2014. Disponível em: <http://capreform.eu/russian-food-sanctions-against-the-eu/>.

28. Simond de Galbert, *A Year of Sanctions against Russia — Now What?: A European Assessment of the Outcome and Future of Russia Sanctions*. Washington: Center for Strategic and International Studies, 2015, pp. 8–9.

29. "Anti-Russian sanctions hurt Europe harder than expected, threaten 2.5mn jobs — study". *RT*, 19 de junho de 2015. Disponível em: <http://rt.com/news/268336-russian-sanctions-hurt-europe/>; "Russia crisis will cost EU up to 100 billion in value — Press". *Start your bag*, 19 de junho de 2015. Disponível em: <http://startyourbag.com/germany/russia-crisis-will-cost-eu-up-to-100-billion-in-value-press/>.

30. "Krim-Krise — Altkanzler Schmidt verteidigt Putins Ukraine-Kurs". *Spiegl Online*, 26 de março de 2014. Disponível em: <http://www.spiegel.de/politik/ausland/helmut-schmidt-verteidigt-in-krim-krise-putins-ukraine-kurs-a-960834-druck.html>; "Ukraine-Konflikt — Schröder macht EU für Krim-Krise mitverantwortlich". *Spiegel Online*, 9 de março de 2014. Disponível em: <http://www.spiegel.de/politik/deutschland/krim-krise-ex-kanzler-gerhard-schroeder-kritisiert-eu-a-957728.html>; 'It's a dead end': German FM joins chorus of discontent over Russia sanctions rhetoric". *RT*, 18 de maio de 2014. Disponível em: <http://rt.com/news/159716-germany-sanctions-russia-criticism/>.

31. "German trade group BGA warns sanctions 'life-threatening' to Russia, hurting Germany". *DW (Deutsche Welle)*, 12 de março de 2014). Disponível em: <http://www.dw.de/german-trade-group-bga-warns-sanctions-life-threatening-to-russia-hurting-germany/a-17492056>; "Above 6,000 German companies to be hit by sanctions on Russia-export body." *RT*, 21 de março de 2014. Disponível em: <http://rt.com/business/germany-russia-sanctions-businesses-365/>.

32. Sergey Guneev, "German Businesses Suffer Losses Due to EU Anti-Russia Sanctions: Official". *Sputnik*, 14 de janeiro de 2015. Disponível em: <http://sputnik-news.com/business/20150114/1016894488.html>.

33. "Russland-Sanktionen rächen sich: 500.000 deutsche Jobs in Gefahr". Disponível em: <http://www.t-online.de/wirtschaft/id_74428354/russland-sanktionen-raechen-sich-500-000-deutsche-jobs-in-gefahr.html>; Elisabeth Christen & Oliver Fritz & Gerhard Streicher, "Effects of the EU-Russia Economic Sanctions on Value Added and Employment in the European Union and Switzerland". Reports (*work in progress*), junho de 2015. *Austrian Institute of Economic Research*. Disponível em: <http://www.wifo.ac.at/jart/prj3/wifo/main.jart?rel=en&reserve-mode=active&content-id=1424976969312&publikation_id=58195&detail-view=yes>.

34. "Sanktionen dummes Zeug Schmidt verteidigt Putins Krim-Politik". *Frankfurter Allgemeine Zeitung*, 26 de março de 2014. Disponível em: <http://www.faz.net/aktuell/politik/inland/schmidt-verteidigt-putins-krim-politik-12864852.html>.

35. Leon Mangasarian, "Ukraine Crisis Echoes 1914, German Ex-Leader Schmidt Says". *Bloomberg*, 16 de maio de 2014. Disponível em: <http://www.bloomberg.com/news/articles/2014-05-16/ukraine-crisis-resembles-europe-1914-says-helmut--schmidt>.

36. Max Cohen, "Angela Merkel schreibt in der *Washington Post*: 'Schroeder Doesn't Speak for All Germans' By Angela Merkel". *The Washington Post*, 20 de fevereiro de 2003, p. A39. Disponível em: <http://www.ariva.de/forum/Angela-Merkel--schreibt-in-der-Washington-Post-153840>; "Merkel und der Irak-Krieg — Ein Golfkriegssyndrom ganz eigener Art". *Süddeutsche Zeitung*, 17 de maio de 2010. Disponível em: <http://www.sueddeutsche.de/politik/merkel-und-der-irak-krieg--ein-golfkriegssyndrom-ganz-eigener-art-1.747506>; Markus Becker, "Beitrag in US-Zeitung — Merkels Bückling vor Bush — Angela Merkel hat für einen handfesten Eklat gesorgt: In einem Beitrag für die *Washington Post* stimmte die CDU--Chefin in den Kriegsgesang der US-Regierung ein, wetterte gegen die Bundesregierung — und brach damit nach Ansicht der SPD eine Tradition deutscher Politik". *Spiegel Online*, 20 de fevereiro de 2003. Disponível em: <http://www.spiegel.de/politik/ausland/beitrag-in-us-zeitung-merkels-bueckling-vor-bush-a-237040-druck.html>; Norman M. Spreng, 2015, pp. 285–286.

Capítulo 18

ADVERTÊNCIAS DOS LÍDERES ALEMÃES SOBRE AS SANÇÕES CONTRA A RÚSSIA E A ESCALAÇÃO DOS CONFLITOS NA UCRÂNIA • O FIASCO DA POLÍTICA DE *REGIME CHANGE* • O LEVANTE DAS POPULAÇÕES DO CENTRO INDUSTRIAL, SUL, SUDESTE E LESTE DA UCRÂNIA — AS REPÚBLICAS POPULARES DA NOVOROSSIYA • DEMANDA DE AUTONOMIA E FEDERALIZAÇÃO DA UCRÂNIA — INÍCIO DA GUERRA CIVIL E A ASSISTÊNCIA DA RÚSSIA AOS REBELDES • MOBILIZAÇÃO DA OTAN E MERCENÁRIOS DAS EMPRESAS MILITARES AMERICANAS NAS TROPAS DE KIEV • EMPRÉSTIMO DO FMI • PETRO PEROSHENKO ELEITO PRESIDENTE DA UCRÂNIA

As sanções decretadas pelos Estados Unidos e pela União Europeia jamais reverteriam a reintegração da Crimeia à Rússia, aprovada no referendo de 17 de março por mais de 90% dos votantes e celebrada, com bandeiras da Rússia, na Praça Lenin, em Simferopol.[1] Jamais dobrariam os joelhos do presidente Vladimir Putin, que reconheceu por decreto a soberania da Crimeia, como Estado independente, logo após o referendo. Gregor Gysi, líder do partido Die Linke (A Esquerda), na Alemanha, advertiu que medidas econômicas punitivas contra a Rússia e a intromissão da OTAN somente escalariam a crise na Ucrânia.[2] E a crise não foi a Rússia que provocou. Conforme ressaltou o ex-Kanzeler da Alemanha, Gerhard Schröder (social-democrata), os responsáveis foram os Estados Unidos, coadjuvados pela União Europeia, por tentarem compelir Kiev a firmar um tratado de associação, ignorando o fato de que a Ucrânia constituía um país com profunda divisão cultural e que, desde sempre, as populações do sul e do leste estavam mais voltadas para a Rússia do que para o Ocidente,[3] e o Partido das Regiões se opunha à adesão à OTAN.[4] Washington ignorou as repetidas advertências de Moscou. Não calculou as consequências que adviriam da derrubada do governo legal de Viktor Yanukovych, a perspectiva de inevitável despedaçamento do frágil equilíbrio político doméstico na Ucrânia e a emergência de uma situação de instabilidade na Europa. "A Casa Branca rudemente interferiu nos assuntos internos da Ucrânia ao orquestrar e apoiar um golpe de Estado anticonstitucional, instrumentalizando as forças ultranacionalistas e neonazistas", declarou Sergei Lavrov, ministro para Assuntos Estrangeiros da Rússia.[5] Essa denúncia o presidente Vladimir Putin pessoalmente endossou, quando abriu em junho de 2015 a sessão plenária do St. Petersburg International Economic Forum e, respondendo às perguntas dos participantes, apontou como "primeira causa da crise na Ucrânia o suporte do Ocidente ao golpe anticonstitucional" que derrubou o presidente Yanukovych.[6]

O cientista político Albert Alexander Stahel, professor de Estudos Estratégicos da ETH Zürich (Instituto Federal de Tecnologia) e da Universidade de Zurique, ao comentar que a violenta deposição de Viktor Yanukovych pelo Parlamento desestabilizou e fracionou a Ucrânia, com os separatistas em Donbass a lutarem contra as milícias e o exército de Kiev, escreveu que, com base nesse e em outros casos, se podia concluir que a política de *regime change* dos Estados Unidos não levou a democracia a nenhuma parte.[7] Pelo contrário, provocou guerras civis e caos, em todos os países onde os Estados Unidos tentaram promover a mudança do regime, a pretexto de promover a democracia — acentuou o professor Albert Alexander Stahel —, citando, entre outros exemplos: Afeganistão, em interminável guerra desde 2001, lastreada pelos negócios das drogas; Iraque, onde a guerra ainda perdurava, desde 2003, com a origem ao Estado Islâmico; Tunísia, que se tornou instável após a derrubada do ditador Zine al-Abidine Ben Ali, com o fortalecimento do islamismo radical; Egito, onde, após a derrubada de Hosni Mubarak, a Irmandade Muçulmana elegeu Mohammed Mursi para a presidência, da qual o marechal Abd al-Fattah as-Sisi o derrubou com um golpe militar, e o exército passou a combater os islamistas radicais na península do Sinai; Síria, onde os Estados Unidos com a Turquia e a Arábia Saudita fomentaram protestos contra o regime de Bashar al-Assad e apoiaram com recursos e armas as organizações salafistas — Jabhat al-Nusra e Estado Islâmico, em

A DESORDEM MUNDIAL

uma guerra que produziu mais de 279.000 mortos, até o começo de 2016, e mais de 4,5 milhões de refugiados, entre março de 2011 e fevereiro de 2016; Líbia, transformada em um Estado falido, brutal guerra civil, após a destruição do regime de Muammar Gaddafi pela guerra aérea da OTAN (Estados Unidos, Grã-Bretanha e França), a respaldar as milícias islamistas. Segundo o professor Albert Alexander Stahel, melhor seria se Washington usasse o dinheiro investido em tais operações de *regime change* para resolver seus próprios problemas e restaurar a sua infraestrutura, que quase não mais funcionava, e seus sistemas de educação, saúde e previdência ruins.[8]

Victoria Nuland, a secretária-assistente de Estado, havia declarado na conversa com o embaixador Geoffrey Pyatt que os Estados Unidos haviam investido US$ 5 bilhões para o *"development of democratic institutions"* na Ucrânia,[9] o que significava haver financiado a Revolução Laranja (2004–2005) e estipendiado as demonstrações, iniciadas em fins de novembro de 2013, na Maidan Nezalezhnost, com o fito de derrubar o presidente Viktor Yanukovych, por denegar o acordo de associação com a União Europeia. Na 50ª Conferência de Segurança de Munique (31 de janeiro a 2 de fevereiro de 2014), o secretário de Estado, John Kerry, disse que as demonstrações contra o presidente Yanukovych, em Kiev, tinham como objetivo implantar a democracia. Que democracia? Yanukovych fora democraticamente eleito em 2010 por mais de 90% dos votantes de Donbass. E o nacionalismo alimentado na Ucrânia pelo Ocidente (Estados Unidos e vassalos da União Europeia) configurava, na realidade, a ressurgência do neonazismo. As multidões da "Euromaidan", os que clamaram em Kiev a favor da associação com a União Europeia, não representavam toda a Ucrânia. Seu respaldo não passava de mais de 2 milhões de habitantes,[10] enquanto as províncias de Donetsk e Luhansk, que se insurgiram, abrangiam mais de 7 milhões de pessoas (só em Donetsk havia 4,5 milhões) e representavam cerca de 20% a 30% do PIB da Ucrânia.[11]

A política de *regime change* implementada por Washington uma vez mais fracassou. A tentativa de reproduzir a Revolução Laranja de 2004–2005, que começara desde então a empecer as relações da Rússia com os Estados Unidos,[12] lançou a Ucrânia em uma situação de Estado econômica e politicamente falido, governado por Arseniy Yatsenyuk, do Partido da

Pátria (Batkivshchina), como primeiro-ministro, e Olekksandr Turchinov,[13] eleito presidente da Verkhovna Rada e presidente interino da Ucrânia, com a participação de neonazistas do Svoboda e o suporte das milícias paramilitares da Assembleia Nacional Ucraniana — Autodefesa do Povo da Ucrânia e do Setor de Direita (Pravyi Sektor). As populações do leste, sudeste e sul do país, do coração industrial da Ucrânia, repulsaram, porém, o *putsch* perpetrado em Kiev. Não reconheceram a legitimidade da junta chefiada por Arseniy Yatsenyuk. Insurgiram-se. E o levante logo se espraiou às demais províncias da Novorossiya, em Donbass, sobretudo Donetsk, Kharkov (Kharkiv) e Luhansk, onde a população se sublevou, em Slaviansk, Mariupol, Yenakiyevo, Kramatorsk, Zaporizhzhya, Makiyivka e outras cidades, cerca de 32, a demandar referendos sobre o *status* de autonomia da região, federalização da Ucrânia, maior integração com a Rússia e renúncia das autoridades de Kiev, a mesma reivindicação levantada, durante a greve geral de 1993, pelos trabalhadores de 250 regiões mineiras e mais 400 empresas.[14]

As províncias de Donetsk e Luhansk, onde se concentravam as usinas de aço e reservas de carvão, estimadas em 10 bilhões de toneladas, eram povoadas, em larga medida, por trabalhadores mineiros e cossacos e tendiam fortemente a aderir à Rússia com a qual se vinculavam não apenas por afinidades étnicas, mas também por interesses econômicos: a Rússia representava seu maior mercado, muito à frente de todos os demais, e para o qual, em 2012 e 2013, destinaram 25% e 27% de suas exportações, respectivamente, e do qual provieram 32% de suas importações, sobretudo de gás.[15] As indústrias de defesa e espacial de Donbass, em Dnipropetrovsk, Zaporizhia e outras cidades, dependiam dos fornecimentos às Forças Armadas da Rússia, para as quais seus sistemas e equipamentos haviam sido especialmente fabricados, e para as quais elas produziam doze tipos de mísseis balísticos, tanques, helicópteros de combate e outros petrechos bélicos.[16] O levante das populações nessa região, que contribuía com cerca de um terço para a economia da Ucrânia, um país à beira de completo colapso nos mercados monetários, e ameaçava a sobrevivência política da junta de Kiev. Não seria fácil encontrar outros países para vender sua produção de armamentos, fabricados nos padrões russos.

Com efeito, o conflito configurou a secessão da Ucrânia. Os insurgentes ocuparam o quartel-general do Serviço de Segurança e casernas da Guarda Nacional, onde se apoderaram do material bélico, e convocaram uma sessão do Conselho Regional de Donbass, realizada em 7 de abril de 2014, na qual votaram unanimemente a declaração formal de independência, como República Popular de Donetsk (Donetskaya Narodnaya Respublika), demandando o respaldo da Rússia.[17] O mesmo aconteceu dias depois na província de Luhansk, que também se instituiu como República Popular de Luhansk (Luhanskaya Narodnaya Respublika), cujo *status* de independência, assim como o da República Popular de Donetsk, foi aprovado pelos referendos realizados em 11 de maio de 2014. Os votantes, por 89,07% e 96,2%, respectivamente, aprovaram a autodeterminação e independência de Donetsk e Luhansk.[18]

Denis Pushilin, que assumiu a presidência do Conselho, ao proclamar a República Popular de Donetsk, "na sequência da expressão da vontade do povo" e "por forma a restaurar a justiça histórica", pediu a integração na Federação Russa. Assim igualmente procedeu Valery Bolotova, ao proclamar, em grande comício, a República Popular de Luhansk, como Estado soberano, "em conformidade com o direito internacional, seu território e suas fronteiras são indivisíveis e invioláveis".[19] O propósito era formar, em Donbass, o Estado Federal da Novorossiya (Federativnoye Gosudarstvo Novorossiya) ou União das Repúblicas da Novorossiya (Soyuz Narodnykh Respublik), que abrangeria Kharkov, Dnepropetrovsk, Zaporizhia, Kherson, Mykolaiv e Odessa. Havia certa nostalgia da União Soviética.

Os acontecimentos em Donbass não surpreenderam Moscou. Eram previstos desde 2008, quando o ministro Sergei Lavrov preveniu Washington sobre as consequências do plano para a expansão da máquina militar da OTAN até a Ucrânia. E, certamente, os rebeldes, chamados de separatistas, contaram com a assistência de oficiais do Serviço Federal de Segurança (Federal'naya sluzhba bezopasnosti Rossiyskoy Federatsii — FSB) e das forças especiais (*spetsnaz*) do Serviço de Inteligência Militar (Glavnoye razvedyvatel'noye upravleniye — GRU), tropas aerotransportadas (Vozdushno-desantnye voyska — VDV), e infantaria naval (Морская пехота, Morskaya Pekhota — VDV '90), que treinaram e forneceram armas e equipamentos às milícias de autodefesa organizadas pelos rebeldes, às quais aderiram algumas dezenas de russos.[20] O conflito armado era inevitável. A porosidade da fronteira permitia tal apoio. E a Rússia concentrou de 12.000 a 20.000 soldados nas raias da Ucrânia, mas o presidente Putin, ao que se sabe, não pretendia intervir e não reconheceu oficialmente a proclamação das repúblicas de Donetsk e Luhansk, de modo a não aprofundar a contradição com a União Europeia, sobremodo com a Alemanha, um dos objetivos aparentes de Washington. Agiu com cautela e firmeza, sem agressividade, não paralisou as exportações de gás para a Ucrânia, apesar de a junta de Kiev não ter pago, no prazo, à Gazprom a dívida de US$ 2,2 bilhões,[21] nem para a União Europeia, a fim de não perder especial fonte de divisas. Não fechou o espaço para negociação, mas não abandonou os insurgentes à repressão de Kiev e sempre defendeu, como princípio e condição fundamental para a solução da crise, a federalização e a autonomia das províncias de Donbass.

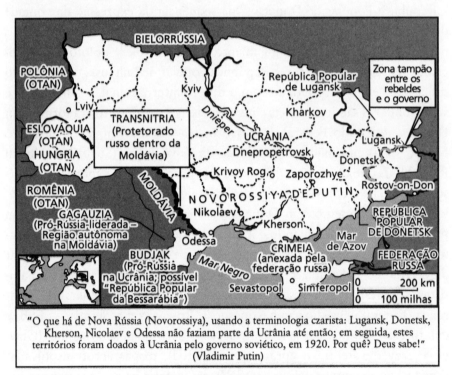

Figura 18.1 — Mapa da Novorossiya[22]

A junta chefiada por Arseniy Yatsenyuk e Olexander Turchynov reputou os rebeldes como "terroristas", qualificação tão ao gosto de Washington, e desfechou a operação militar para esmagar a sublevação. As tropas do Exército da Ucrânia — a Guarda Nacional — às quais se incorporaram as milícias paramilitares do Setor de Direita, sob o comando do neonazista Dmitry Yarosh,[23] militante da organização paramilitar Tryzub, que congregava todas as Organizações Ucranianas Stepan Bandera, o colaborador do nazismo, foram enviadas para as províncias de Donbass, juntamente com efetivos do Serviço de Segurança da Ucrânia (Sluzhba Bezpeky Ukrayinyor — SBU), e a participação de mercenários estrangeiros (poloneses, croatas, georgianos, islamistas tchetchenos e de várias outras nacionalidades,[24] bem como de 300 mercenários ucranianos ocidentais, que haviam retornado da Síria, onde combatiam contra o regime de Bashar al-Assad.[25] De acordo com o *Bild am Sonntag*, um dos jornais de maior circulação em toda a Alemanha, cerca de 400 mercenários, da companhia militar Academy (ex-Blackwater) e Greystones, como tropas de elite, e, embora ainda não estivesse claro quem os contratou,[26] soube-se, depois, que foram recrutados com financiamento da OTAN e de vários oligarcas ucranianos, entre os quais o presidente interino Olexander Turchynov, o ex-presidente Viktor Yanukovych, Rihat Akhmetov e o poderoso multibilionário judeu Ihor Kolomojski, governador da província de Dnepropetrovsk, região da indústria aeroespacial da Ucrânia, onde estavam situadas as empresas Aerosvit Airlines, Dniproavia e Donbassaero, por ele controladas através do PrivatBank.[27] Essas tropas de mercenários participaram das campanhas contra os rebeldes pró-federalização ao redor de Slowjansk, bem como Mariupol e outras pequenas cidades, na Ucrânia oriental.[28] Em 10 de março, já o site *Infowars.com* havia revelado a presença de mercenários em Donetsk e outras cidades industriais à margem do rio Kalmius, enviados pelas corporações militares dos Estados Unidos.[29] A Academy e a Greystone,[30] que teriam recrutado entre 100 e 150 mercenários americanos, desmentiram a notícia e a informação de Moscou. Porém o BND (Bundesnachrichtendienst), o serviço de inteligência da Alemanha, teria confirmado o fato — a participação de mercenários nas tropas de Kiev — para o governo federal, em Berlim, no dia 29 de abril de 2014. Anders Fogh Rasmussen, secretário-geral da OTAN, reiterou publicamente o total apoio ao governo de Kiev[31] e a OTAN, a fim de exibir força e justificar sua sobrevivência, enviou mais de 4.000 soldados de treze nações, inclusive de não membros da Aliança, como a Geórgia e a Lituânia, e toneladas de equipamentos de treinamento para o Joint Multinational Training Centers da U.S. Army Garrison Bavaria, em Grafenwöhr, Alemanha, e também participar dos exercícios da Combined Resolve II.[32] O Pentágono, decerto, desejava que o presidente Putin ordenasse a intervenção militar, em favor das repúblicas da Novorossiya — Donetsk e Luhansk —, de modo a justificar a submissão da Europas aos seus objetivos estratégicos e mantê-la em atrito com a Rússia. Entretanto, não era provável que a OTAN entrasse, diretamente, em confronto militar com a Rússia, em favor das forças de Kiev. O conflito em Donbass configurava nítida *proxy war*, *i.e.*, guerra por procuração, entre os Estados Unidos e a Rússia.

O respaldo dos Estados Unidos e da União Europeia à junta de Kiev não se limitou à exibição de força da OTAN e à contratação de mercenários pelas companhias militares Academy e outras. Não obstante estar a Ucrânia em plena guerra civil e com 0,2 de reservas monetárias, em virtual bancarrota, o Fundo Monetário Internacional (FMI), a desrespeitar suas principais normas, dado o risco, concedeu-lhe um crédito *stand-by* de US$ 17,01 bilhões (SDR 10,976 bilhões[33]), do qual a junta de Kiev logo podia desembolsar SDR 2,058 bilhões (cerca de US$ 3,19 bilhões), mediante o compromisso de realizar um programa de *"structural adjustment"*, de reformas que assegurassem a estabilidade macroeconômica e financeira do país.[34] Conforme a própria Christine Lagarde, presidente do FMI, reconheceu, as profundas vulnerabilidades da Ucrânia, juntamente com os choques políticos, produziriam a maior crise na Ucrânia, que estava em recessão, balanço fiscal deteriorado e o setor financeiro sob significante estresse. Ela sabia que o crédito de US$ 17,01 bilhões era insuficiente e haveria necessidade de estendê-lo, ao prever que a Ucrânia entraria em prolongada recessão e as tensões do conflito no leste do país se escalassem.[35] Contudo, as reformas exigidas pelo FMI consistiam em uma série de medidas de austeridade, a começar pelo aumento de impostos, privatização, congelamento de pensões e até a elevação do preço do gás natural, entre outras medidas neoliberais, que empobreceriam ainda mais a população.

A eleição para a presidência da Ucrânia, convocada desde o governo de Viktor Yanukovych para 26 de fevereiro de 2015, ocorreu, antecipadamente, em 25 de maio de 2014, financiada por Washington com US$ 11,4 milhões,[36] e o oligarca bilionário Petro Poroshenko, apoiado pelo bloco da Frente Popular, venceu com 54,7% dos votos, contra 21 candidatos, à frente dos quais estava Yulia Tymoshenko, do Partido da Pátria, que apenas obteve 12,81%. O pleito circunscreveu-se, virtualmente, às oblasts do oeste e do centro da Ucrânia, mas nas regiões rebeladas do sul, sudeste e leste, sobretudo Donetsk e Luhansk, praticamente não houve votação.[37] O bloco da Frente Popular ganhou 214 cadeiras na Verkhovna Rada e, em coalizão com outro partido, o Samopomich (autoajuda), obteve 248, a maioria absoluta. Aliou-se então ao Partido da Pátria, de Yulia Timoshenko, e Arseniy Yatsenyuk, confirmado como primeiro-ministro, conduziu o governo, sob a orientação do embaixador americano Geoffrey Pyatt e da secretária-assistente de Estado, Victoria Nuland.

Petro Poroshenko era proprietário de cinco estações de TV, dois estaleiros (um dos quais — Sevastopol Marine Plant [Sevmorzavod] — à margem do Mar de Azov-Mar Negro, sudoeste da Crimeia),[38] do Banco Internacional de Investimentos, conglomerado agrário Ukrprominvest e da Roshen Confectionery Corp. Essa grande indústria de chocolate, posicionada entre as 20 maiores do mundo, a Roshen Confectionery Corp., com 19 fábricas, tinha a Rússia como seu principal mercado (7% de suas vendas) e obtivera um lucro de US$ 1,021 bilhão, em 2013, sofreu enormes prejuízos com o embargo das importações da Ucrânia, decretado pelo presidente Vladimir Putin. Sua produção, da ordem de 400.000 toneladas em 2012, caiu 25% nos dois anos seguintes, e os acervos da fábrica situada em Lipetsk, sudoeste de Moscou — Likonf Confectionery Factory (Likonf OAO) —, foram depois desapropriados, judicialmente, por US$ 40 milhões, sob a acusação de massivas fraudes fiscais.[39] O presidente Petro Poroshenko perdeu 30% de sua fortuna, que atingia, em 2013, o montante entre US$ 1,3 bilhão e US$ 1,60 bilhão[40], segundo a *Forbes*, e decaiu para cerca de US$ 720 milhões, em 2014, de acordo com o Bloomberg Billionaires Index. [41]

Não apenas o presidente Poroshenko perdeu grande parte de sua fortuna. Todos os demais oligarcas da Ucrânia sofreram imensuráveis prejuízos. Seus acervos tombaram cerca de 54%, de US$ 29 bilhões líquidos, em 2012, para US$ 13,5 bilhões na primeira metade de 2015, em consequência do fechamento do mercado russo para as exportações da Ucrânia e da guerra civil na região da Novorossiya. Rinat Akhmetov, um dos que financiaram o recrutamento de mercenários para combater os rebeldes, perdeu mais da metade de sua riqueza, concentrada na produção de carvão e ferro, em Donetsk e Luhansk, e ainda continuou a arruinar-se, com os golpes decorrentes da guerra civil e do arrasamento da economia da Ucrânia.[42]

NOTAS

1. Mark Kramer, "Why Did Russia Give Away Crimea Sixty Years Ago?". CWIHP (Cold War International History Project) e-Dossier No. 47. *Wilson Center*. Disponível em: <http://www.wilsoncenter.org/publication/why-did-russia-give-away-crimea-sixty-years-ago>; "95.7% of Crimeans in referendum voted to join Russia — preliminary results". *RT* — 17 de março de 2014. Disponível em: <http://www.rt.com/news/crimea-vote-join-russia-210/>.

2. Bernd Ulrich, "Die Deutschen und Russland: Wie Putin spaltet Die Deutschen und Russland Wie Putin spaltet". *Die Zeit*, Nº. 16/2014, 10 de abril de 2014. Disponível em: <http://www.zeit.de/politik/ausland/2014-04/germans-russia-media-putin/komple ttansicht>; Christian Unger, "Krim-Krise Gregor Gysi: "Sanktionen gegen Russland verschärfen die Krise", 26 de março de 2014; *Hambumburger Abendblatt*. Disponível em: <http://www.abendblatt.de/politik/article126202086/Gregor-Gysi--Sanktionen-gegen-Russland-verschaerfen-die-Krise.html>; Christopher Alessi & Monica Raymunt (Reuters), "Germans wary of Merkel's tough line on Russia". *Chicago Tribune*, 25 de abril de 2014. Disponível em: <http://articles.chicagotribune.com/2014-04-25/news/sns-rt-us-germany-russia-20140424_1_germans-economic-sanctions-gregor-gysi>; "Democratic vote, govt. without fascists needed in Ukraine before any talks". *RT*, 25 de março 2014. Disponível em: <http://rt.com/news/ukraine-government-fascists-gysi-997/>.

3. "Ukraine-Konflikt — Schröder macht EU für Krim-Krise mitverantwortlich". *Der Spiegel Online*, 9 de março de 2014. Disponível em: <http://www.spiegel.de/politik/deutschland/krim-krise-ex-kanzler-gerhard-schroeder-kritisiert-eu-a-957728.html>; "Es war ein Fehler, die Ukraine vor die Wahl zwischen der EU und Russland zu stellen, sagte Schröder. Die EU habe ignoriert, dass die Ukraine ein kulturell tief gespaltenes Land sei.", "Alt-Kanzler Schröder macht EU für Ukraine-Krise verantwortlich." Welt am Sonntag. Disponível em: <http://deutsche-wirtschafts-nachrichten.de/2014/05/11/alt-kanzler-schroeder-macht-eu-fuer-ukraine-krise-verantwortlich>; "Ex-PM da Alemanha. Culpa do que se passa na Ucrânia é da EU — diz Schroeder". *Diário de Notícias/Globo*, 11 de maio de 2014. Disponível em: <http://www.dn.pt/inicio/globo/interior.aspx?content_id=3856448&seccao=Europa&page=-1>.

4. Lincoln A. Mitchell, 2012, pp. 86, 94.

5. "Russia says US rudely interfered, The US leadership ignored Moscow's repeated warning that shattering the fragile inter-political balance in Ukraine would result in

A DESORDEM MUNDIAL

the emergence of a serious hotbed of instability in Europe in Ukraine's affairs by backing coup". TASS-World, 7 de maio de 2015. Disponível em: <http://tass.ru/en/world/793425>.

6. Mikhail Metzel (TASS), "West's support for state coup in Ukraine prime cause of crisis in Ukraine — Putin". *TASS*, 19 de junho de 2015. Disponível em: <http://tass.ru/en/world/802418>.

7. Albert A. Stahel, "Regime-change — fortwährende Fehlschläge der USA". *Strategische Studien*, 17 de janeiro de 2015. Disponível em: <http://strategische-studien.com/2015/01/17/regime-change-fortwaehrende-fehlschlaege-der-usa-2/>.

8. "Aufgrund dieser verschiedenen Beispiele kann der Schluss gezogen werden, dass die amerikanische Politik des Regime-change nirgends zur Demokratie geführt hat. Im Gegenteil — beinahe in allen diesen Staaten herrschen heute Bürgerkriege und Chaos. Die USA hätten sinnvoller das dafür verwendete Geld zur Lösung ihrer eigenen Probleme eingesetzt und damit ihre beinahe nicht mehr funktionierende Infrastruktur, ihr schlechtes Bildungs-und Gesundheitswesen und ihr darniederliegendes Rentenwesen saniert"; *Ibidem*.

9. "Regime Change in Kiev — Victoria Nuland Admits: 'US Has Invested $5 Billion In The Development of Ukrainian, 'Democratic Institution'". Victoria Nuland — Assistant Secretary of State for Europe and Eurasian Affairs — International Business Conference at Ukraine in Washington — National Press Club — 13 de dezembro de 2013 Full Speech — Video *in*: *Information Clearing House*. Disponível em: <http://www.informationclearinghouse.info/article37599.htm>; Peter Scholl-Latour, *Der Flucht der bösen Tat. Das Scheitern des Westens im Orient*. Berlim: Propyläen, 2014, pp. 16–17; Finian Cunningham, "Washington's Cloned Female Warmongers". *Information Clearing House*. Disponível em: <http://www.informationclearinghouse.info/article37599.htm>.

10. John Haines, "Ukraine — Still Here After Autumn?". *The Foreign Policy Research Institute* (FPRI), Maio de 2014. Disponível em: <http://www.fpri.org/articles/2014/05/ukraine-still-here-after-autumn>.

11. Jeanette Seiffert, "The significance of the Donbas. The Donbas is Ukraine's industrial heartland. But its coal-based economy is a heavily-subsidized millstone for Ukraine, not a powerhouse, no matter how important its arms exports might be to the Russian military". *Deutsche Welle (DW)*, 15 de abril de 2014. Disponível em: <http://www.dw.com/en/the-significance-of-the-donbas/a-17567049>; Acessado em 1º de agosto de 2014; "Ukraine's war-torn east home to third of country's GDP — minister". *TASS*, 31 de março de 2015. Disponível em: <http://www.rt.com/business/245597-ukraine-donbass-third-of-gdp/>; RAY, Lada. "7 Million People, 30% of GDP Say Goodbye to Ukraine: Donetsk and Lugansk Vote to Secede", 11 de maio de 2014. *Futurist TrendCast*. Disponível em: <https://futuristrendcast.wordpress.com/2014/05/11/live-voting-now-donetsk-peoples-republic-independence-referendum/>. Acessado em 1o de agosto de 2015.

12. Lincoln A. Mitchell, 2012, pp. 86, 92–99.

13. Olexander Turchynov era o braço direito de Yulia Tymoshenko.

14. Yuri M. Zhukov, "Rust Belt Rising.The Economics behind Eastern Ukraine's Upheaval". *Foreign Affairs* — Council of Foreign Relations, 11 de junho de 2014.

Disponível em: <http://www.foreignaffairs.com/articles/141561/yuri-m-zhukov/rust-belt-rising>.

15. *Bloomberg Visual Data*. Disponível em: <http://www.bloomberg.com/visual-data/best-and-worst/ukraines-biggest-trading-partners-countries>; *Ukraine: Economy-Infoplease.com*. Disponível em: <http://www.infoplease.com/encyclopedia/world/ukraine-economy.html#ixzz387gacUF3>; *CIA — The World Fact Book —* Fact. Disponível em: <https://www.cia.gov/library/publications/the-world-factbook/geos/up.html>.

16. Jeanette Seiffert, "The significance of the Donbas. The Donbas is Ukraine's industrial heartland. But its coal-based economy is a heavily-subsidized millstone for Ukraine, not a powerhouse, no matter how important its arms exports might be to the Russian military". *Deutsche Welle (DW)*, 15 de abril de 2014. Disponível em: <http://www.dw.com/en/the-significance-of-the-donbas/a-17567049>. Acessado em 1º de agosto de 2014.

17. "RT — Donetsk activists proclaim region's independence from Ukraine". *RT*, 7 de abril de 2014. Disponível em: <http://on.rt.com/peotvghttp://www.rt.com/news/donetsk-republic-protestukraine-841/>.

18. Ben Piven & Ben Willers, "Infographic: Ukraine's 2014 presidential election". *Al Jazeera*, 23 de maio de 2014. Disponível em: <http://america.aljazeera.com/multimedia/2014/5/ukraine-presidentialelectioninfographic.html>. Acessado em 5 de agosto 2014.

19. "Protesters Declare Independent People's Republic in Ukraine's Luhansk", *Sputnik* (RIA Novosti), 28 de abril de 2014. Disponível em: <http://sputniknews.com/world/20140428/189420422.html#ixzz3h677L7fE>.

20. Igor Sutyagin, "Russian Forces in Ukraine". *Briefing Paper — Royal United Services Institute for Defence and Security Studies*. Março de 2015. Disponível em: <https://www.rusi.org/downloads/assets/201503_BP_Russian_Forces_in_Ukraine_FINAL.pdf ->; Sean Crowley, "(Not) Behind Enemy Lines I: Recruiting for Russia's War in Ukraine". *LEKSIKA*, 25 de junho de 2015. Disponível em: <http://www.leksika.org/tacticalanalysis/2015/6/24/not-behind-enemy-lines-i-recruiting-for-russias-war-in-ukraine>.

21. "Ukraine misses Gazprom's deadline to pay gas debt". *BBC News*, 8 de abril de 2014. Disponível em: <http://www.bbc.com/news/business-26930998>.

22. Disponível em: <http://www.google.de/imgres?imgurl=http://cs7010.vk.me/c540103/v540103774/25e09/4TmaZ5Ryl2k.jpg&imgrefurl=http://www.edmaps.com/html/novorossiya.html&h=800&w=1131&tbnid=IZL--FYlA0OWHIM:&tbnh=90&tbnw=127&usg=__DuTR69M4KgmbSQdmiLN-Dbb-ICFM=&docid=_3Hb5zmrFXoJRM&sa=X&ved=0CC8Q9QEwAmoVCh MIsd_Z4Jb0xgIVy4osCh1WigBR>.

23. Ralf Schulten, "Experte warnt vor Folgen einer Aufrüstung der UA"!. *Focus Online*, 6 de abril de 2015. Disponível em: <http://www.focus.de/politik/ausland/ukraine--krise/experte-warnt-vor-folgen-einer-aufruestung-der-ua-ukraine-krise-kommentar_id_6343836.html>.

24. Jacques Frère, "Ukraine/Donbass: Debaltsevo est libérée!". *NationsPresse*, 17 de fevereiro de 2015. Disponível em: <www.nationspresse.info/.../ukraine-donbass-

-debaltsevo>; DanleMiel Guimond, "UKRAINE — Crimes de guerre de l'OTAN à Debaltsevo? Joe Biden redessine la carte de Lvov à Kahrkiv". ESC_Niouze, 9 de fevereiro de 2015. Disponível em: <https://entretiensentresoi.wordpress.com/2015/02/09/ukraine-que-peut-bien-cacher-lotan-a-debaltsevo/>.

25. "About 300 Ukrainian mercenaries from Syria fighting in south-eastern Ukraine — source — Most of the mercenaries are from western regions of Ukraine, a source in the General Staff of the Russian Armed Forces says". *TASS*, 29 de maio de 2014. Disponível em: <http://tass.ru/en/world/733865>.

26. "Einsatz gegen Separatisten: Ukrainische Armee bekommt offenbar Unterstützung von US-Söldnern". *Spiegel Online,* 11 de maio de 2014. Disponível em: <http://www.spiegel.de/politik/ausland/ukraine-krise-400-us-soeldner-von-academi-kaempfen-gegen-separatisten-a-968745.html>; "Laut Zeitungsbericht Amerikanische Söldner sollen in Ostukraine kämpfen". *Frankfurter Allgemeine Zeitung*, 11 de maio de 2014. Disponível em: <http://www.faz.net/aktuell/politik/ausland/laut-zeitungsbericht-amerikanische-soeldner-sollen-in-ostukraine-kaempfen-12933968.html>; "Blackwater lässt grüßenKämpfen US-Söldner in der Ukraine?, Blackwater lässt grüßen Kämpfen US-Söldner in der Ukraine?". *N — TV*, Sonntag, 11 de maio de 2014. Disponível em: <http://www.n-tv.de/politik/Kaempfen-US-Soeldner-in-der-Ukraine-article12808976.html>; "EIL — Kiew entsendet Blackwater-Söldner zur Unterdrückung der Proteste im Osten der Ukraine". *Sputnik* (RiaNovosti), 7 de abril de 2014. Disponível em: <http://de.sputniknews.com/politik/20140407/268223480.html>.

27. Konrad Schuller (Warschau), "Ukraine Der gestürzte Oligarch und der Rechte Sektor". *Franfurter Allgemeine Zeitung*, 26 de março de 2015. Disponível em: <http://www.faz.net/aktuell/politik/ausland/europa/ihor-kolomojskijs-entmachtung-inszenierte-abschiedszeremonie-13505871.html>.

28. "Einsatz gegen Separatisten: Ukrainische Armee bekommt offenbar Unterstützung von US-Söldnern". *Spiegel Online* Sonntag, 11 de maio de 2014. Disponível em: <http://www.spiegel.de/politik/ausland/ukraine-krise-400-us-soeldner-von-academi-kaempfen-gegen-separatisten-a-968745.html>; "Laut Zeitungsbericht Amerikanische Söldner sollen in Ostukraine kämpfen". *Frankfurter Allgemeine Zeitung,* 11 de maio de 2014. Disponível em: <http://www.faz.net/aktuell/politik/ausland/laut-zeitungsbericht-amerikanische-soeldner-sollen-in-ostukraine-kaempfen-12933968.html>; Sam Sokol, "Diaspora. Election results buoy Ukrainian Jews". *Jerusalem Post*, 27 de outubro de 2014. Disponível em: <http://www.jpost.com/Diaspora/Election-results-buoy-Ukrainian-Jews-379969>; "Ukraine-Krise Nato sichert Ukraine Hilfe gegen Russland zu — Das westliche Militärbündnis will die Regierung in Kiew im Konflikt mit Russland unterstützen. Nato-Generalsekretär Rasmussen hat Berater und andere Mittel zugesichert". *Die Zeit Online* (Ausland), 7 de agosto de 2014.

29. Kurt Nimmo, "Russia Says U.S. Mercenaries in Eastern Ukraine — Coup government in Kyiv moves to quell separatism as civil war brews". *Infowars.com*, 10 de março de 2014. Disponível em: <http://www.infowars.com/russia-claims-greystone-mercenaries-team-up-with-right-sector-in-eastern-ukraine/>.

30. Kirit Radia & James Gordon Meek & Lee Ferran & Ali Weinberg, "US Contractor Greystone Denies Its 'Mercenaries' in Ukraine". *ABC News*, 8 de abril de

2014. Disponível em: <http://abcnews.go.com/Blotter/greystone-firm-accused-
-disguising-mercenaries-ukrainians/story?id=23243761>.

31. "Ukraine-Krise Nato sichert Ukraine Hilfe gegen Russland zu — Das westliche Mi-
litärbündnis will die Regierung in Kiew im Konflikt mit Russland unterstützen.
Nato-Generalsekretär Rasmussen hat Berater und andere Mittel zugesichert". *Die
Zeit Online* (Ausland), 7 de agosto de 2014.

32. Matthew Schofield (McClatchy Foreign Staff), "Rumors of American mercenaries
in Ukraine spread to Germany — NATO flexes muscles as Combined Resolve II
unfolds in Hohenfels". *Stars and Stripes,* 12 de maio de 2014. Disponível em:
<http://www.stripes.com/news/europe/nato-flexes-muscles-as-combined-resolve-
-ii-unfolds-in-hohenfels-1.282650>.

33. SDR é a "moeda" do FMI.

34. Interview With Reza Moghadam — Ukraine Unveils Reform Program with IMF
Support. *IMF Survey,* 30 de abril de 2014. Disponível em: <http://www.imf.org/
external/pubs/ft/survey/so/2014/new043014a.htm>.

35. Angela Monaghan, "Ukraine bailout of $17bn approved by IMF who warns reforms
are at risk. Kiev agrees to a sweeping economic programme but may need to extend
bailout if the unrest in east of country escalates". *The Guardian,* 1º de maio de 2014.

36. Ben Piven & Ben Willers, "Infographic: Ukraine's 2014 presidential election". *Al
Jazeera,* 23 de maio de 2014. Disponível em: <http://america.aljazeera.com/multi-
media/2014/5/ukraine-presidentialelectioninfographic.html>. Acessado em 5 de
agosto de 2015.

37. Sergiy Kudelia, "Ukraine's 2014 presidential election result is unlikely to be repeated". *The Washington Post,* 2 de junho de 2014; Shaun Walker (Donetsk) & Alec
Luhn (Kiev), "Petro Poroshenko wins Ukraine presidency, according to exit
polls — 'Chocolate king' expected to secure 56% of vote and vows to restore peace
following election billed as most important since independence". *The Guardian,* 25
de maio de 2014.

38. Esse estaleiro foi uma das doze empresas privadas nacionalizadas pelo governo da
cidade de Sevastopol em 2014.

39. Kateryna Choursina & Alexander Sazonov, "Russia Seizes Candy Factory Owned
by Ukraine Leader Poroshenko". *Bloomberg,* 29 de abril de 2015. Disponível em:
<http://www.bloomberg.com/news/articles/2015-04-29/russia-seizes-candy-fac-
tory-owed-by-ukraine-president-poroshenko>; "Media: Poroshenko sold RO-
SHEN to Yanukovy — Poroshenko's chocolate empire Poroshenko sells his
chocolate empire to Yanukovych — via the Rothschilds". *Seemorerocks,* 2 de setembro de 2014. Disponível em: <http://robinwestenra.blogspot.de/2014/09/poro-
shenkos-chocolate-empire.html>.

40. Tatyana Zenkovich Pa, "Poroshenko's fortune estimated at $750 million — Forbes.-
-Ukraine — Ukrainian president ranks eighth in the ranking, which is topped by
Rinat Akhmetov ($6.9 billion), Viktor Pinchuk ($1.5 billion) and ex-Dnipropetro-
vsk region governor Igor Kolomoysky ($1.4 billion)". *TASS,* 27 de março de 2015.
Disponível em: <http://tass.ru/en/world/785423>.

41. Kateryna Choursina & Volodymyr Verbyany & Alexander Sazono, *Billionaire No
More: Ukraine President's Fortune Fades With War.* Bloomberg, 8 de maio de 2015;

Anders Aslund, "How oligarchs are losing out". *KyivPost*, 29 de maio de 2015. Disponível em: <http://www.kyivpost.com/opinion/op-ed/how-oligarchs-are-losing-out-390953.html>; Ver também: http://www.bloomberg.com/news/articles/2015-05-08/billionaire-no-more-ukraine-president-s-fortune-fades-with-war; Iryna Yakovenko & Oleksandra Poloskova & Yevhen Solonina & Daisy Sindelar, "A Sticky Situation for Poroshenko As Russians Seize Candy Assets". *Radio Free Europe — Radio Liberty*, 29 de abril de 2015. Disponível em: <http://www.rferl.org/content/ukraine-poroshenko-roshen-russia-seizes-candy-lipetsk/26985196.html>.

42. "Forbes Billionaires 2015: Which Billionaires Lost The Most Money — Rinat Akhmetov on Forbes Lists". Disponível em: <http://www.forbes.com/profile/rinat-akhmetov/>; Anders Aslund, "How oligarchs are losing out". *KyivPost*, 29 de maio de 2015. Disponível em: <http://www.kyivpost.com/opinion/op-ed/how-oligarchs-are-losing-out-390953.html>.

Capítulo 19

O GOVERNO DE PETRO POROSHENKO • GUARDA NACIONAL DA UCRÂNIA DOMINADA PELOS NEONAZISTAS • PROCLAMAÇÃO DAS REPÚBLICAS POPULARES DE DONETSK E LUHANSK • POSIÇÃO MODERADA DE PUTIN • MASSACRE DE ODESSA • DEVASTAÇÃO DE LUHANSK E DONBASS • MASSA DE REFUGIADOS DA UCRÂNIA PARA A RÚSSIA • BLOQUEIO DAS CIDADES DE DONBASS • CATÁSTROFE HUMANITÁRIA • TRAGÉDIA DO BOEING 777 (MH17) • MAIS SANÇÕES CONTRA A RÚSSIA • CONCLUSÃO DA UNIÃO DOS ENGENHEIROS RUSSOS • AJUDA HUMANITÁRIA DA RÚSSIA

Petro Poroshenko assumiu o governo em 7 de junho de 2014, o que de certo modo legitimou a junta, *i.e.*, a ditadura neonazista instituída em Kiev, dado que também o presidente Putin declarou respeitar o resultado da eleição, monitorada pela Organização para Segurança e Cooperação na Europa (OSCE), e o reconheceu como presidente da Ucrânia.[1] Ele, Poroshenko, estava comprometido a começar o diálogo com o presidente Putin e negociar novo tratado, em substituição ao memorando de Budapeste,[2] assinado em dezembro de 1994, mediante o qual a Rússia, Reino Unido e Estados Unidos prometeram que não ameaçariam ou usariam força contra a integridade territorial ou independência política, nem coerção econômica para subordinar a Ucrânia, como potência não nuclear, aos seus interesses.[3] O plano de paz que apresentou, com cinco pontos para a negociação, previa terminar em breve as operações especiais em Donbass, conceder anistia a todos os que depusessem armas e não houvessem cometido sérios crimes, libertação dos prisioneiros, bem como caminhar para a descentralização do governo, proteção da língua russa e reforma da Constituição.

O presidente Poroshenko, entretanto, não tinha completo controle da Guarda Nacional. Desde o início do levante no leste da Ucrânia, a junta de Kiev perdeu o controle sobre a região. Milhares de soldados da Guarda Nacional, mais de 17.000, desmoralizados pelo despreparo e ante a raiva dos habitantes, bem como efetivos da polícia, haviam desertado e continuavam a passar para o lado dos rebeldes, com armas e todos os equipamentos bélicos.[4] Ainda em agosto de 2014, cerca de 311 soldados e guardas da fronteira correram em direção à Rússia, em meio a intensa barragem de tiros, no *checkpoint* de Gukovo.[5] Daí por que, talvez, por falta de confiança nas tropas regulares, em consequência de tantas defecções, Viktor Muzhenko, chefe das Forças Armadas da Ucrânia, tenha feito um negócio com Dmytro Yarosh, o líder do Setor de Direita, e incorporou à Guarda Nacional os batalhões de voluntários neonazistas, que eram ideologicamente motivados para combater os rebeldes de Donbass. Esses batalhões preservariam *status* de independência, embora devessem obedecer às ordens dos chefes de Estado-Maior, na guerra contra o "o inimigo externo", o que significava os insurgentes de Donbass.[6] O oligarca Ihor Kolomoyskyi, ainda que demitido da governança da *oblast*, Dnipropetrovsk, pelo presidente Poroshenko, continuou a manter suas unidades armadas na linha de frente.

O presidente Putin, por sua vez, havia exortado os insurgentes a não realizarem o referendo para proclamar a independência das repúblicas populares de Donetsk e Luhansk.[7] Precisava de espaço a fim de negociar a crise com o presidente Poroshenko, dentro dos marcos da federalização e autodeterminação das *oblasts*, sem dilacerar a Ucrânia, mantendo formalmente sua integridade territorial. Não foi atendido. Não tinha controle e não podia conter a sublevação, com profundas raízes na população de Donbass, revoltada contra o regime instituído em Kiev, onde a Verkhovna Rada, logo após o *putsch* de 22 de fevereiro, banira o russo como segunda língua oficial de Odessa (94% russófonos), Kharkov (74%), Zaporizhzhya (81%), Dnipropetrovsk (72%), Luhansk (89%), Donetsk (93%), Mykolaiv (66%), e muitas outras regiões.[8] As exibições de filmes russos e programas de televisão da Rússia foram proibidas, em meio à campanha dos neonazistas e nacionalistas radicais, que exigiam oficialmente a "purificação étnica", incendiaram duas livrarias russas em

Kiev, em 24 e 25 de abril, e a retórica antirrussa e antissemita intensificou-se. Daí que cerca de 90% dos combatentes das repúblicas populares, proclamadas em Donetsk e Luhank, eram habitantes locais e somente depois, em meados de agosto de 2014,[9] soldados russos, licenciados, entraram na luta, conforme depoimento de Igor Vsevolodovich Girkin, conhecido como Igor Strelkov,[10] coronel (r) do Serviço Federal de Segurança (FSB) e um dos principais dirigentes do levante em Donbass.[11] Possivelmente os russos, que participaram dos combates em Donbass (calcula-se que entre 3.500 e 6.000–6.500)[12] pertenciam às brigadas da Spetsnaz, forças especiais do GRU (Glavnoje Razvedyvatel'noje Upravlenije), reformados para não comprometer a Rússia. Igor Giurkin ou Igor Strelkov disse ainda que um grande desapontamento dos rebeldes foi a falta de maior assistência de Moscou, que lhes negou ampliar o suprimento de armas pesadas — morteiros, canhões, metralhadores, mísseis etc. — e sempre recomendava o diálogo com Kiev quando eles solicitavam a adesão à Federação Russa.[13] Os Estados Unidos e a subserviente União Europeia, entretanto, insistiam em acusar Moscou de fomentar a partição da Ucrânia e aplicaram novas sanções sucessivamente contra cidadãos, políticos, homens de negócios e empresas da Rússia.

As violências, iniciadas durante as manifestações, na Maidan Nezalezhnosti, não cessaram, antes haviam recrudescido, com os massacres perpetrados pelas milícias paramilitares neonazistas do Svoboda, Setor de Direita e outras organizações,[14] integradas na Guarda Nacional, a bombardearem indiscriminadamente as cidades sob o controle dos insurgentes, destruindo, principalmente, residências, escolas e hospitais, com o aparente desígnio de exterminar a população civil russófona de Donbass. Em 2 de maio, tais milícias, com insígnias similares à suástica nazista,[15] juntamente com grupos "nacionalistas autônomos" e *hooligans* de futebol, sob o comando de Mykola Volkov, haviam atacado a cidade portuária de Odessa, na costa do Mar Negro, e lá exterminaram dezenas de pessoas — segundo informes desencontrados, poderiam ser 48 ou mais de 116 pessoas —, incendiando com coquetéis-molotov e granadas o palácio da união dos sindicatos, onde abrasaram vivos e sufocaram 39 trabalhadores, líderes sindicais e outros militantes pró-federalização, alguns dos quais sucumbiram a saltar pelas janelas do prédio para salvar-se do fogo.[16] Os números divulgados indicavam 200 feridos, aproximadamente.[17] As instruções partiram do neonazista Andriy Parubiy, secretário do Conselho de Segurança e Defesa e cofundador do Partido Nacional Socialista (depois Sovoboda), da junta de Kiev.[18] E, na ofensiva para recapturar a cidade de Slavyansk, diversas outras atrocidades e outros crimes de guerra foram cometidos pelas forças de Kiev. Há denúncias de tortura e execução de prisioneiros, e o assassinato de centenas de civis, com indiscriminado bombardeio de residências, escolas, hospitais e outras edificações não militares. Contra a cidade de Slavyansk, a artilharia da Guarda Nacional lançou os antigos foguetes múltiplos (BM-21 — Grad).[19] O batalhão Aidar, composto por voluntários e estipendiado pelo oligarca Ihor Kolomoyskyi, que apesar de judeu sustentava forças nazistas, atuava paralelamente às tropas de Kiev e cometia toda sorte de crimes, inclusive sequestros, roubos, assalto a bancos, extorsões e execuções, no estilo das crueldades praticadas pelo Exército Islâmico (ISIS/ISIL).[20]

Em 27 de junho, o presidente Poroshenko assinou o acordo comercial com a União Europeia e a trégua com os insurgentes de Donbass, por ele decretada, não durou mais do que dez dias. Em fins de junho e começo de julho, as tropas da Guarda Nacional, sob a direção do Serviço de Segurança do Estado (Sluzhba Bezpeky Ukrayiny — SBU), intensificaram a ofensiva, denominada de "operação antiterrorista", contra as *oblasts* do sudeste e leste, e os pesados bombardeios de artilharia prosseguiram, juntamente com ataques aéreos pela Brigada 299 de Aviação Tática de Nikolaev, com aviões Su-25, e a 40ª Brigada Aérea de Vasilkovo, com MiG-29 e Mi-24; Mi-8. Visavam, deliberadamente, às áreas densamente povoadas, os alvos civis, matando crescente número e dispersando milhares de habitantes, com a devastação de vilas e cidades, ao mesmo tempo que atacavam as minas de carvão e destruíam os serviços de utilidade pública — água, eletricidade, esgoto, ferrovias, toda a infraestrutura de Donetsk e Luhansk, bloqueadas para compelir os insurgentes a se renderem.[21] *"The rule of law no longer existed and was replaced by the rule of violence"*, ressaltou o United Nations High Commissioner for Human Rights (UNHCHR). A organização estimou, assim como a World Health Organisation (WHO), que no mínimo 1.000 pessoas, entre militares e civis, já haviam sucumbido, entre meados de abril e 15 de julho, no leste da Ucrânia.[22]

A DESORDEM MUNDIAL

Em 4 de junho, as forças de segurança de Kiev, apoiadas por milícias de neonazistas e ultranacionalistas, reconquistaram diversas cidades rebeladas, entre as quais Slavyansk, Kramatorsk, Artyomovsk e Druzhkovka, assim como tomaram os aeroportos próximos de Slavyansk/Kramatorsk e Donetsk. Não conseguiram, porém, vencer a resistência das Forças de Defesa da Novorossiya em Donetsk, Luhansk, Gorlovka, Snezhnoye e outras regiões, onde o clima de ódio, terror e intimidação, imposto às populações pelos neonazistas incorporados às forças de Kiev, alcançou níveis tão insuportáveis que, em junho de 2014, cerca ou mais de 110.000 já se haviam refugiado na Rússia, enquanto 54.400 se dispersaram dentro da Ucrânia, de acordo com a United Nations High Commissioner for Refuges (UNHCR).[23] O fluxo de refugiados, a atravessarem a fronteira para dentro da Rússia, não cessou. Recresceu. Até o início de agosto, aproximadamente 730.000 habitantes do leste da Ucrânia buscaram abrigo na Rússia.[24] Porém, segundo o ministro de Assuntos Estrangeiros da Rússia, Sergei Lavrov, o número dos habitantes de Donbass que cruzaram a fronteira da Rússia, fugindo da guerra civil, já havia, em junho de 2014, alcançado o montante de 1 milhão.[25] De qualquer modo, a UNHCR confirmou, em setembro, que pelo menos 814.000 habitantes de Donbass se refugiaram na Rússia, enquanto 260.000 migraram para outras regiões da Ucrânia.

Em meados de julho, as tropas de Kiev circundaram o território controlado pelas milícias de autodefesa das repúblicas populares — Donetsk, Luhansk, Gorlovka e Makeyevka — separando-as da fronteira russa, apenas com um corredor de 8–10 km,[26] e total foi o bloqueio, inclusive econômico, que até a movimentação dos bancos foi paralisada. O estado da população em Luhansk, cidade com mais de 400.000 habitantes, tornara-se cada vez mais crítico. As residências, hospitais, clínicas, escolas e outros edifícios foram destruídos com indiscriminados bombardeios das forças de Kiev. Havia escassez de abrigos, medicamentos, artigos de primeira necessidade, ademais de dinheiro, dado não haver pagamento de pensões e salários, e massivo desemprego. E durante mais de um mês não houve água nem eletricidade, cortadas pelas forças de Kiev. Mas não apenas Luhansk sofreu tamanha degradação. A situação nas cidades sitiadas também tomou o trágico contorno de uma catástrofe humanitária.[27] Mais da metade da população escapou para outras cidades, a maioria para os campos de refugiados na Rússia.[28] Porém diversas unidades da Guarda Nacional, a se defrontarem com acirrada resistência, foram cercadas pelos insurgentes, sofreram pesadas baixas e, sem munição, água e alimentos, começaram a desertar, muitos dos quais, 438 soldados ucranianos, pediram asilo à Guarda da Fronteira da Federação Russa, em 3 de agosto de 2014.[29] Muitos outros, em seguida, desertaram, sob intenso fogo de artilharia, no lugar do Gukovo *checkpoint*.[30] As milícias de autodefesa das repúblicas populares recuperaram certo controle de partes da fronteira com a Rússia.

Em 17 de julho de 2014, enquanto os combates em Donbass recrudesciam, o Boeing 777-2H6ER (voo MH17), da Malaysian Airlines, em rota de Amsterdã para Kuala Lumpur, caiu na região de Donetsk e pereceram todos os 298 passageiros e 15 tripulantes. As autoridades de Kiev, os governos dos Estados Unidos e da União Europeia, bem como toda a mídia corporativa, sem qualquer evidência, logo incriminaram as milícias de autodefesa da República Popular de Donetsk e/ou a Rússia de haver abatido com míssil o avião. Até meados de agosto de 2014 as controvérsias sobre a responsabilidade pela tragédia prosseguiam. Mas por que as milícias de autodefesa de Donetsk haveriam de derrubar sobre seu território um avião civil? Qual o interesse? De fato, nenhum. A quem interessava, portanto, produzir tamanho crime? Ao que tudo indica, somente o governo de Kiev ganharia com essa tragédia, quiçá engendrada com a colaboração da CIA. A hipocrisia sempre foi a essencial característica da política exterior de Washington: realizar *black ops*, e *covert operations*, atos ilegais, criminosos, porém de modo a permitir *plausible deniability* e não muito afetar as relações diplomáticas e a imagem dos Estados como "*indispensable nation*". Porém, no seu prontuário, há antecedentes de abater aviões civis, entre os quais o Airbus da Iran Air Flight 655 (IR655), em rota para Bandar Abbas-Dubai, derrubado por um míssil SM-2MR, lançado pelo cruzador *USS Vincennes* em 3 de julho de 1988, matando 290 passageiros, entre os quais 66 de seis diferentes nações.[31]

Ao que tudo indica, o desastre do Boeing 777 — MH17 constituiu uma *false-flag operation*, como instrumento de Psychological Operations (PSYOP) e Psychological Warfare (PSYWAR) contra os insurgentes de Donetsk e Luhansk e a Rússia. E existia um precedente. Em 1962, o ge-

A DESORDEM MUNDIAL

neral Lyman L. Lemnitzer (1899–1988), chefe do Estado-Maior Conjunto das Forças Armadas dos Estados Unidos, encaminhou ao presidente John F. Kennedy, no contexto da Mongoose Operation, uma série de sugestões, das mais criminosas, para justificar a intervenção militar em Cuba, excogitadas pela Task Force W, e entre as quais constava responsabilizar o governo de Fidel Castro "com provas fraudadas de interferência eletrônica, por qualquer falha no lançamento da nave espacial Mercury, tripulada pelo astronauta John Glenn, bem como pela derrubada sobre Havana de um avião civil de passageiros, cuja explosão a CIA acionaria pelo rádio".[32] Não se pode descartar, efetivamente, a hipótese de que algo similar acontecera com o Boeing MH17. Tal proposta, amplamente comprovada pelos documentos da CIA, desclassificados com base no Freedom of Information Act (FOIA — 1946, efetivado em 1967),[33] autoriza a conclusão de que o Boeing 777 da Malaysian Airlines (MH17), na Ucrânia, pode ter sido derrubado por um míssil, disparado de outro avião ou por uma plataforma de terra das forças militares da Ucrânia para efeito de incriminar as milícias de Donetsk e a Rússia.

O antigo senador republicano Ron Paul e ex-candidato à presidência dos Estados Unidos contradisse a versão que Washington tratava de difundir, acusando os rebeldes de Donetsk e a Rússia pela tragédia. Em sua coluna "Texas Straight Talk", na página do Ron Paul Institute, escreveu que *"just days after the tragic crash of a Malaysian Airlines flight over eastern Ukraine, Western politicians and media joined together to gain the maximum propaganda"*, contra o presidente Putin e os insurgentes de Donetsk, dada a repercussão do desastre.[34] Outrossim, Ron Paul ressaltou que a crise na Ucrânia foi iniciada, em 2014, quando a União Europeia e os Estados Unidos apoiaram os protestos na conspiração para *"overthrow of the elected Ukrainian president, Viktor Yanukovych"* e que sem *"the US-sponsored 'regime change', it is unlikely that hundreds would have been killed in the unrest that followed. Nor would the Malaysian Airlines crash have happened"*.[35]

Conforme o relatório de investigação de um grupo de especialistas de segurança na aviação, vazado pelo *LiveJournal* de Albert Naryshkin (aka albert_lex), o Boeing MH17 teria sido atingido por um míssil ar-ar Python (AAMs), manufaturado pela Rafael Advanced Defense Systems, de

343

origem russa, disparado a partir de um avião de combate MiG-29 ou SU-25, que o serviço de inteligência militar da Rússia detectou, ganhando altura, distante 3 km a 5 km do Boeing, MH17, no dia da catástrofe, fato este revelado pelo tenente-general Andrey Kartopolov, chefe do Estado--Maior de Operações das Forças Armadas da Rússia (GRU Generalnovo Shtaba).[36] Porém, mesmo que os investigadores da Holanda houvessem encontrado fragmentos de um míssil ar-terra russo,[37] o que negaram,[38] esse fato somente podia confirmar que fora lançado por algum dos dois ou três batalhões de Kiev, uma vez que estavam equipados com Buk-M1 SAM (mísseis terra-ar), nas vizinhanças de Donetsk.[39]

Yan Novikov, diretor-executivo da corporação estatal russa Almaz-Antey (OAO Концерн ВКО Алмаз-Антей), a indústria de sistemas antiaéreos, informou à imprensa que seus analistas examinaram destroços do foguete, que abateu o MH17, e concluíram que se tratava de um BUK 9M38M1 terra-ar, armado com uma ogiva 9H314M, fora de produção desde 1999, e não mais usado pelas Forças Armadas da Rússia, cujo sistema mudara para o BUK com ogivas 9M317M.[40] Os furos nos fragmentos do avião eram consistentes com o tipo de míssil que atingiu o Boeing MH17.[41] Segundo aduziu, as evidências indicavam que o aparelho fora derrubado por um míssil autopropulsado terra-ar 9M38M1, da Ucrânia, arremetido a partir de um Buk-M1 (SA-11), sistema localizado em Zaroschenskoe, região de Donetsk.[42] A União Russa de Engenheiros, no entanto, examinou todas as hipóteses e, com base na análise da fuselagem do avião, concluiu que a tipologia dos furos e sua localização sugeriam que o mais provável era que um míssil ar-ar disparado, presumivelmente, por um jato Su-25 ou MiG-29, com canhão GSh-2-30 ou SPPU-22, atingira o *cockpit* do Boieng 777, despressurizando-o, subitamente, o que destruiu o sistema de controle do avião e o piloto automático falhou, e daí a explosão, a alta altitude, razão pela qual os destroços se dispersaram por 15 km.[43] As milícias de autodefesa de Donetsk chegaram a derrubar 16 ou 17 aviões de combate, que as atacavam, a baixa altitude, sendo alguns de transporte militar. Também derrubaram seis helicópteros e destruíram aeronaves nos aeroportos. Contudo, não possuíam força aérea nem artilharia capaz de atingir um aparelho a uma altitude de 10.100 metros (acima de 10 km, cerca de 33.000 pés de altura), a uma velocidade de 905 m/h. Também não dispu-

A DESORDEM MUNDIAL

nham de radar para localização. Entretanto, no dia em que o Boeing 777 foi abatido, 17 de julho, o jornal *KyivPost* noticiou que o Conselho Nacional de Segurança e Defesa da Ucrânia (NSDC) havia registrado que um avião militar russo havia invadido seu espaço aéreo e atirado contra um jato SU-25 das Forças Armadas da Ucrânia.[44] Curiosamente, o avião militar russo teria errado o alvo e, em consequência, não conseguiu derrubar o SU-25 ucraniano. Por outro lado, segundo informações de autoridades de Kiev, o Boeing 777 estaria sendo escoltado por dois SU-27 Flankers da Força Aérea ucraniana, minutos antes de ser atingido. A hipótese de que fora derrubado por erro do operador em terra, dentro de um Buk (SA-11) SAM (míssil terra-ar) sistema TELAR, no entanto, não é plausível. Não afigura consistente. O operador, dentro do Buk, podia ler Boeing 777 e o transponder — dispositivo de comunicação eletrônica que transmite todos os dados do aparelho — podia identificar perfeitamente que se tratava de aparelho civil em rota de Amsterdã para Kuala Lumpur.[45] De qualquer modo, nem Holanda nem Bélgica e Austrália até meados de agosto de 2015 revelaram o resultado de suas investigações. E o porta-voz do procurador-geral Yuri Boychenko declarou que só poderia ser anunciado após o consentimento de todas as partes.[46]

Contudo, o presidente Barack Obama, como supremo juiz, e seus vassalos da União Europeia, sem qualquer prova, evidência ou consenso, logo decretaram vastas sanções contra a Rússia, incluindo pessoas ligadas ao presidente Putin, embargo de armas, restrições financeiras de acesso ao mercado de capital, defesa, bens de uso dual e tecnologias sensíveis.[47] O objetivo da derrubada do avião, como *false-flag operation*, era certamente o de adensar as *psychological operations* (PSYOP), a propaganda através da mídia e a guerra econômica, visando a desestabilizar a Rússia e o governo do presidente Putin.

A Ucrânia, ao separar-se da União Soviética, herdara, *inter alia*, dezenas (cerca de 40) de regimentos de aviões de combate Suchoi SU-25 (Сухой Су-25) e outros, ademais de MiGs, e enorme estoque de mísseis ar-ar e terra-ar, cerca de 1.000 em seu arsenal, projetados pela Yuzhnoye Design Office Yuzhnoye, algumas partes dos quais eram construídas na planta da A. M. Makarov, em Dnepropetrovsk, e outras, na Rússia. Tinha assim tradição na indústria espacial e suas fábricas estavam a projetar e a construir o míssil Cyclone-4, além da plataforma para lançamento do veículo. Esta, inclusive, seria desenvolvida em conjunto com o Brasil, nas instalações da base na ilha de Alcântara, dentro do acordo de cooperação, firmado em 2003.[48] Entretanto, em 24 de julho de 2015, a presidente do Brasil, Dilma Rousseff, assinou o Decreto nº 8.494, denunciando o Tratado de Cooperação de Longo Prazo na Utilização do Veículo de Lançamento Cyclone-4, firmado em 2005 com o governo do presidente Leonid D. Kuchma (1994-2005). A crise na Ucrânia, deflagrada com o *putsch* de 22 de fevereiro de 2014, foi o que determinou, entre outros fatores, tal decisão, pois o sítio de Alcântara iria servir para o lançamento do veículo Angara,[49] da Rússia, projetado e manufaturado pelo Khrunichev Research and Production Space Center, de Moscou.[50]

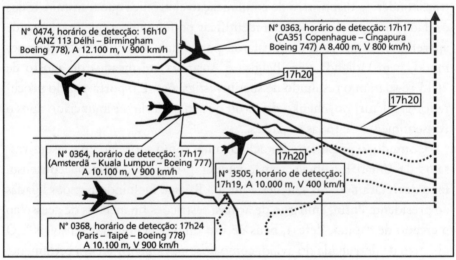

Figura 19.1 — Situação aérea no período entre 17h10 e 17h30
no distrito de Donetsk (17 de julho de 2014)
Fonte: Ministério de Defesa da Federação Russa[51]

À época em que o Boeing 777 (MH17) fora derrubado, a situação em Luhansk e Donetsk alcançara tal ponto, com a população a sofrer extrema carência de alimentos, roupas e medicamentos, que Moscou decidiu enviar um comboio de 280 caminhões com ajuda humanitária. À noite de 12 de agosto, entretanto, a marcha do comboio foi interrompida e a ajuda foi obrigada a estacionar na cidade de Yelets, cerca de 220 milhas (354.05 km) da fronteira da Ucrânia.[52] As forças de Kiev, compostas de

A DESORDEM MUNDIAL

batalhões paramilitares de voluntários nazistas e nacionalistas radicais — Aidar, Azov,[53] com bandeiras e símbolos neonazistas,[54] e outros, legalizados após o *putsch* de 22 de fevereiro de 2014, devido à grande deterioração da polícia e da Guarda Nacional,[55] estavam lá para impedir que alimentos e medicamentos chegassem à população. Havia suspeitas de que o comboio de 280 caminhões não passava de uma impostura e que o objetivo era, de fato, a invasão da Ucrânia pela Rússia, o cavalo de troia, difundidas sobremodo pelo *warmonger* Anders Fogh Rasmussen, então secretário-geral da OTAN. Porém, o presidente Poroshenko, sob pressão do Comitê Internacional da Cruz Vermelha, que se deslocou para Kiev, e dos governos da Alemanha e França, autorizou, em 16 de agosto, a entrada, através do *checkpoint* de Donetsk, dos 280 caminhões com 1.856.300 toneladas de medicamentos, cereais, açúcar, alimentos, inclusive leite para crianças, sacos de dormir (sacos-cama), roupas de inverno e outros suprimentos.[56] Coube à Cruz Vermelha e à OSCE acompanhar, dar assistência e fazer a supervisão. Desde então, a Rússia enviou vários outros comboios de caminhões com ajuda humanitária para as repúblicas populares de Donetsk e Luhansk.

NOTAS

1. "Russia will recognise outcome of Ukraine poll, says Vladimir Putin — Putin says Russia will 'respect the choice of Ukrainian people', but separatist authorities vow to disrupt weekend's presidential election". Shaun Walker (Donetsk), *The Guardian*, 23 de maio de 2014; Michael Birnbaum & Fredrick Kunkle & Abigail Hauslohner, "Vladimir Putin says Russia will respect result of Ukraine's presidential election". *The Washington Post*, 23 de maio de 2014.
2. Shaun Walker (Donetsk) & Alec Luhn (Kiev), "Petro Poroshenko wins Ukraine presidency, according to exit polls — 'Chocolate king' expected to secure 56% of vote and vows to restore peace following election billed as most important since independence". *The Guardian*, 25 de maio de 2014. Michael Birnbaum *et al.*, "Vladimir Putin says Russia will respect result of Ukraine's presidential election". *The Washington Post*, 23 de maio de 2014.
3. "Budapest Memorandums on Security Assurances, 1994", *in: Council of the Foreign Relations,* 5 de dezembro de 1994. Disponível em: <http://www.cfr.org/nonproliferation-arms-control-and-disarmament/budapest-memorandums-security--assurances-1994/p32484>.

4. Luke Harding (Luhansk), "Ukraine's government has lost control of east, says acting president — Oleksandr Turchynov says security forces are unable to control situation in Donetsk and Luhansk regions". *The Guardian*, 30 de abril de 2014. Disponível em: <http://www.theguardian.com/world/2014/apr/30/ukraine-government-lost-control-east-acting-president — Alec Luhn>; "Ukrainian troops 'demoralised' as civilians face down anti-terror drive. General Vasily Krutov says main force is security service with army as back-up, but analysts criticise lack of plan from Kiev". *The Guardian*, 16 de abril de 2014. Disponível em: <http://www.theguardian.com/world/2014/apr/16/ukrainian-troops-civilians-kiev-anti--terrorist-krutov>.
5. "Many Ukraine soldiers cross into Russia amid shelling". *BBC News*, 4 de agosto de 2014. Disponível em: <http://www.bbc.com/news/world-europe-28637569>.
6. *German-Foreign-Policy.com*. 10 de abril de 2014. Disponível em: <http://www.german-foreign-policy.com/en/fulltext/58837/print>.
7. Ian Traynor (Editor) & Shaun Walker (Donetsk) & Harriet Salem (Slavyansk) & Paul Lewis (Washington), "Russian president also calls for halt to Ukrainian military operations against pro-Russia activists in eastern towns". *The Guardian*, 8 de maio de 2014. Disponível em: <http://www.theguardian.com/world/2014/may/07/ukraine-crisis-putin-referendum-autonomy-postponed>.
8. Stanislav Byshok & Alexey Kochetkov, *Neonazis & Euromaidan — From democracy to dictatorship.* (North Charleston United States): CreateSpace Independent Publishing Platform (www.kmbook.ru), 2ª ed., 2014, p. 74.
9. Igor Sutyagin, "Russian Forces in Ukraine". *Royal United Service Institute for Defence and Security Studies,* 3 de março de 2015. Disponível em: <https://www.rusi.org/downloads/assets/201503_BP_Russian_Forces_in_Ukraine_FINAL.pdf>. Acessado em 12 de agosto de 2014.
10. Florian Hassel (Donezk), "Igor Strelkow, Kommandeur in der Ostukraine Mann hinter der Schreckensherrschaft". *Süddeutsche Zeitung,* 12 de maio de 2014. Disponível em <http://www.sueddeutsche.de/politik/igor-strelkow-kommandeur-in--der-ostukraine-der-mann-hinter-der-schreckensherrschaft-1.1958675>. Acessado em 14 de fevereiro de 2016; Igor Vsevolodovich Girkin era de nacionalidade russa e trabalhara de 1976 até 2013 para o FSB, no departamento interno de Antiterrorismo. Ele lutou na Tchetchênia, Transnistria e Sérvia.
11. Anna Dolgov, "Russia's Igor Strelkov: I Am Responsible for War in Eastern Ukraine". *The Moscow Times*, 21 de novembro de 2014. Disponível em: <http://www.themoscowtimes.com/news/article/russias-igor-strelkov-i-am-responsible-for-war--in-eastern-ukraine/511584.html>.
12. Igor Sutyagin, "Russian Forces in Ukraine". *Royal United Service Institute for Defence and Security Studies,* 3 de março de 2015. Disponível em: <https://www.rusi.org/downloads/assets/201503_BP_Russian_Forces_in_Ukraine_FINAL.pdf>. Acessado em 12 de agosto de 2014.
13. *Ibidem.*
14. Sergey Kirichuck, "Ukraine: far-right extremists at core of 'democracy' protest — As violent scenes play out on the streets of Kiev, we look at the major role extremist right-wing movements have played in Ukraine's 'pro-democracy' movement".

A DESORDEM MUNDIAL

Channel 4 News (*Ukraina*), 24 de janeiro de 2014. Disponível em: <http://www.channel4.com/news/kiev-svoboda-far-right-protests-right-sector-riot-police>; Max Blumenthal, "Is the US backing neo-Nazis in Ukraine? — John McCain and other State Department members have troubling ties to the ultra-nationalist Svoboda party". (VIDEO) — *Salon*, 25 de fevereiro de 2014. Disponível em: <http://www.salon.com/2014/02/25/is_the_us_backing_neo_nazis_in_ukraine_partner/>.

15. "Ukraine's 'Romantic' Nazi Storm Troopers". *Consortiumnews.com*, 15 de setembro de 2014. Disponível em: <https://consortiumnews.com/2014/09/15/ukraines--romantic-nazi-storm-troopers/>.

16. Roland Oliphant (Odessa), "Ukraine crisis: death by fire in Odessa as country suffers bloodiest day since the revolution". *The Telegraph*, 3 de maio de 2014. Disponível em: <http://www.telegraph.co.uk/news/worldnews/europe/ukraine/10806656/Ukraine--crisis-death-by-fire-in-Odessa-as-country-suffers-bloodiest-day-since-the-revolution.html>; Stanislav Byshok & Alexey Kochetkov, *Neonazis & Euromaidan — From democracy to dictatorship.* (North Charleston United States): CreateSpace Independent Publishing Platform (www.kmbook.ru), 2a ed., 2014, pp. 129–132. "39 people die after radicals set Trade Unions House on fire in Ukraine's Odessa". "Ukraine clashes: dozens dead after Odessa building fire — Trade union building set alight after day of street battles in Black Sea resort city". *The Guardian*, 2 de maio de 2014. Disponível em: <http://www.theguardian.com/world/2014/may/02/ukraine-dead-odessa-building-fire>; *RT*, 2 de maio de 2014. Disponível em: <http://www.rt.com/news/156480-odessa-fire-protesters-dead/. Acessado em 2 de agosto de 2014. "Radicals stage disorder at May Odessa massacre trial in southern Ukraine". *TASS*, 22 de janeiro de 2015. Disponível em: <http://tass.ru/en/world/772769>. Acessado em 2 de agosto de 2015.

17. *Ibidem.*

18. Stanislav Byshok & Alexey Kochetkov, *Neonazis & Euromaidan — From democracy to dictatorship.* (North Charleston United States): CreateSpace Independent Publishing Platform (www.kmbook.ru), 2ª ed., 2014, pp. 13–132; Michel Chossudovsky, "The U.S. has installed a Neo-Nazi Government in Ukraine". *Global Research*, 26 de fevereiro de 2015. Disponível em: <http://www.globalresearch.ca/the-u-s-has-installed-a-neo-nazi-government-in-kraine/5371554?print=1>.

19. Esses foguetes datavam do tempo da União Soviética.

20. "Ukraine must stop ongoing abuses and war crimes by pro-Ukrainian volunteer forces". *Amnesty International*, 8 de Setembro de 2014. Disponível em: <https://www.amnesty.ie/news/ukraine-must-stop-ongoing-abuses-and-war-crimes-pro--ukrainian-volunteer-forces>; Damien Sharkov, "Ukrainian Nationalist Volunteers Committing 'ISIS-Style' War Crimes". *Newsweek*, 9 de outubro de 2014. Disponível em: <http://europe.newsweek.com/evidence-war-crimes-committed-ukrainian--nationalist-volunteers-grows-269604>.

21. "Office of the United Nations High Commissioner for Human Rights Report on the human rights situation in Ukraine". 15 de julho de 2014. Disponível em: <http://www.ohchr.org/Documents/Countries/UA/Ukraine_Report_15July2014.pdf>. Acessado em 8 de agosto de 2014; Valeriy Melnikov & Novosti Ria, "Kiev

official: Military op death toll is 478 civilians, outnumbers army losses". *RT*, 10 de julho de 2014. Disponível em: <http://www.rt.com/news/171808-eastern-ukraine--civilians-killed/s>.

22. "Office of the United Nations High Commissioner for Human Rights Report on the human rights situation in Ukraine". 15 de julho de 2014. Disponível em: <http://www.ohchr.org/Documents/Countries/UA/Ukraine_Report_15July2014.pdf>.

23. "UN refugee agency warns of 'sharp rise' in people fleeing eastern Ukraine". United Nation High Commissioner for Refugees (UNHCR). *UN Centre*, 27 de junho de 2014. Disponível em: <http://www.un.org/apps/news/story.asp?NewsID=48159#.VcYWd_k-7_A>.

24. "Gefechte im Osten: 730.000 Ukrainer wandern nach Russland aus. Seit Jahresbeginn sind rund 730.000 Menschen aus der Ukraine nach Russland ausgewandert. Das Uno-Flüchtlingswerk hält die Zahlen aus Moskau für glaubwürdig". *Spiegel Online*, Dienstag, 5 de agosto de 2014. Disponível em: <http://www.spiegel.de/politik/ausland/kaempfe-im-osten-730-000-ukrainer-fliehen-nach-russland--a-984567.html>.

25. Alexei Malgavko, "Lawrow: Eine Million Flüchtlinge aus Ukraine 2014 in Russland eingetroffen". *Sputnik*, 1º de junho de 2014. Disponível em: <http://de.sputniknews.com/panorama/20150601/302576655.html>. Acessado, em 7 de junho de 2014.

26. Sergey Averin, "One Year of Civil War in Ukraine: Timeline and Facts". *Sputnik*, 7 de março de 2015. Disponível em: <http://sputniknews.com/europe/20150407/1020582134.html>.

27. Stéphane Dujarric, "Daily Press Briefing by the Office of the Spokesperson for the Secretary-General", 21 de abril de 2015. Disponível em: <http://www.un.org/press/en/2015/db150421.doc.htm>.

28. Shaun Walker (Luhansk), "Despair in Luhansk as residents count the dead — The worst-hit city in eastern Ukraine is struggling with the aftermath of violence as a semblance of normality return". *The Guardian*, 11 de setembro de 2014. Disponível em: <http://www.theguardian.com/world/2014/sep/11/despair-luhansk-residents--count-dead>.

29. "The Ukrainian soldiers taking refuge in Russia". *BBC News*, 5 de agosto de 2014. Disponível em: <http://www.bbc.com/news/world-europe-28652096>. Acessado em 6 de agosto de 2014.

30. "Many Ukraine soldiers cross into Russia amid shelling". *BBC Europe*, 4 de agosto de 2014. Disponível em: <http://www.bbc.com/news/world-europe-28637569>. Acessado em 6 de agosto de 2014.

31. "Unfassbare Unglücke290 Menschen sterben beim Abschuss eines iranischen Jet". *Focus*, Freitag, 18 de julho de 2014. Disponível em: <http://www.focus.de/politik/ausland/flugzeugabschuesse-der-historie-nach-mh17-diese-fluege-wurden-ziele--von-flugzeugabschuessen_id_4001088.html>.

32. "Operation Mongoose Priority Operations Schedule-21 May, 30 June 1962, Washington, May 17, 1962". *Foreign Relations of the United States* (FRUS), vol. X, 1961–1962, Cuba, pp. 810 - 820; Program Review by the Chief of Operations, Operation Mongoose (Lansdale) — The Cuba Project, Washington, January 18, 1962. *Ibid.* pp., 710 718. Vide fotocópias dos documentos originais *in:* Luiz Alber-

to Moniz Bandeira, 2009, pp. 769–784; "How to Star a War: The Bizarre Tale of Operation Mongoose", reportagem apresentada no programa de televisão *Nightline*, da rede ABC nos EUA, por Aaron Brown, no dia 29 de janeiro de 1998. O general (r) Alexander Haig, que participara da Operation Mongoose e fora secretário de Estado na Administração Reagan, declarou naquele programa da rede ABC: "Sinto ter de dizer. Mas éramos uma democracia e penso que, quando presidentes se iludem, pensando que podem arriscar vidas e conduzir tais operações arrogantes sem nada dizer ao povo americano, escondendo os fatos da população, é um comportamento disparatado". Ferreira, Argemiro — "Documentos secretos revelam mais truques sujos planejados nos EUA para derrubar Fidel", *in*: *Tribuna da Imprensa*, Rio de Janeiro, 5 de janeiro de 1998.

33. Desclassificados a requerimento do National Security University, em George Washington University, Washington, D.C.

34. Alexandra Le Tellier, "After MH17, questions of trust from Ron Paul and others". *Los Angeles Times*, 21 de julho de 2014. Disponível em: <http://www.latimes.com/opinion/opinion-la/la-ol-malaysia-airlines-flight-17-mh17-ron-paul-mainstream-media-20140721-story.html>. Acessado em 11 de agosto de 2015.

35. *Ibidem*.

36. "Ukrainian Su-25 fighter detected in close approach to MH17 before crash — Moscow". *RT*, 21 de julho de 2014. Disponível em: <http://www.rt.com/news/174412-malaysia-plane-russia-ukraine/>. Acessado em 22 julho 2014.

37. Jason Hanna & Claudia Rebaza, "MH17 investigators: Possible missile parts found". *CNN*, 11 de agosto de 2015. Disponível em: <http://edition.cnn.com/2015/08/11/europe/mh17-investigation/index.html>. Acessado em 12 de agosto de 2015; Lizzie Dearden, "MH17 crash: Fragments of Russian missile BUK launcher found at crash site". *The Independent*, 11 de agosto de 2015. Disponível em: <http://www.independent.co.uk/news/world/europe/mh17-crash-investigators-find-parts-of-buk-missile-possibly-used-to-shoot-plane-down-10450053.html>. Acessado em 12 de agosto de 2015.

38. "MH17 investigators to RT: No proof east Ukraine fragments from 'Russian' Buk missile". *RT,* 11 de agosto de 2015. Disponível em: <http://www.rt.com/news/>.

39. "10 more questions Russian military pose to Ukraine". US over MH17 crash. *RT*, 21 de julho de 2014. Disponível em: <http://www.rt.com/news/174496-malaysia-crash-russia-questions/>. Acessado em 22 de julho de 2014.

40. Gabriela Baczynska (Moscou), "Missile maker says Russia did not shoot down Malaysian plane over Ukraine". *Reuters*, 2 de junho de 2015. Disponível em: <http://www.reuters.com/article/2015/06/02/us-ukraine-crisis-mh17-russia-idUSKBN0OI1S620150602>. Acessado em 14 de agosto de 2015; "Informational Briefing from the Russian Union of Engineers, 15/08/2014 — Analysis of the causes of the crash of Flight MH17 (Malaysian Boeing 777). Ivan A. Andrievskii, First Vice-President of the All-Russian Public Organization Russian Union of Engineers — Chairman of the Board of Directors of the Engineering Company 2K". Disponível em: <http://www.globalresearch.ca/wp-content/uploads/2014/09/MH17_Report_Russian_Union_of_Engineers140818.pdf>.

41. *Ibidem*.

42. Nikolai Novichkov (Moscow), "Country Risk — MH17 'shot down by Ukrainian SAM', claims Almaz-Antey". *IHS Jane's Defence Weekly*, 4 de junho de 2015. Disponível em: <http://www.janes.com/article/52019/mh17-shot-down-by-ukrainian--sam-claims-almaz-antey>. Acessado em 14 de agosto de 2014.

43. "Informational Briefing from the Russian Union of Engineers, 15/08/2014 — Analysis of the causes of the crash of Flight MH17 (Malaysian Boeing 777). Ivan A. Andrievskii, First Vice-President of the All-Russian Public Organization Russian Union of Engineers — Chairman of the Board of Directors of the Engineering Company 2K". Disponível em: <http://www.globalresearch.ca/wp-content/uploads/2014/09/MH17_Report_Russian_Union_of_Engineers140818.pdf>.

44. "Russian military plane shot down Ukrainian Su-25 aircraft in Ukraine". *Kyiv-Post — Interfax-Ukraine*, 17 de julho de 2014. Disponível em: <http://www.kyivpost.com/content/ukraine/russian-military-plane-shot-down-ukrainian-su-25-aircraft--in-ukraine-356422.html>.

45. David Cenciotti, "According to an authoritative source, two Su-27 Flankers escorted the Boeing 777 Malaysian minutes before it was hit by one or more missiles". *The Aviationist*, 21 de julho de 2014. Disponível em: <http://theaviationist.com/2014/07/21/su-27s-escorted-mh17/>.

46. Eric Zuesse, "MH-17 'Investigation': Secret August 8th Agreement Seeps Out — Perpetrator of the downing in Ukraine, of the Malaysian airliner, will stay hidden". *Infowars.Com*, 25 de agosto de 2014. Disponível em: <http://www.info-wars.com/mh-17-investigation-secret-august-8th-agreement-seeps-out/>.

47. Julian Borger (Bruxelas) & Alec Luhn (Moscou) & Richard Norton-Taylor, "EU announces further sanctions on Russia after downing of MH17". *The Guardian*, Tuesday 22 July 2014. Disponível em: <http://www.theguardian.com/world/2014/jul/22/eu-plans-further-sanctions-russia-putin-mh1>.

48. "Ukraine: Space Deal With Brazil Uncertain, 2009 December 22, 14:22 (Tuesday) CONFIDENTIAL.BR — Brazil | ECON — Economic Affairs — Economic Conditions, Trends and Potential | ETRD — Economic Affairs — Foreign Trade | TSPA — Technology and Science — Space Activities | UP — Ukraine Office Origin: — N/A or Blank — From: Ukraine Kyiv To: Brazil Brasilia | Department of Commerce | Group Destinations Commonwealth of Independent States | NATO — European Union Cooperative | National Aeronautics and Space Administration. Public Library of U.S. Diplomacy | Secretary of State". Disponível em: <https://wikileaks.org/plusd/cables/09KYIV2182_a.html>.

49. "Russia to create Angara rocket launch pad". *Business Standard*. Moscou, 28 de julho de 2015. Disponível em: <http://www.business-standard.com/article/news--ians/russia-to-create-angara-rocket-launch-pad-115072801010_1.html>.

50. "Russia to carry out 10 test launches of Angara heavy carrier rocket by 2020". *TASS*, 28 de julho de 2015. Disponível em: <http://tass.ru/en/non-political/811139>.

51. Informational Briefing from the Russian Union of Engineers, 15/08/2014 — Analysis of the causes of the crash of Flight MH17 (Malaysian Boeing 777). Ivan A. Andrievskii, First Vice-President of the All-Russian Public Organization Russian Union of Engineers — Chairman of the Board of Directors of the Engineering Company 2K. Disponível em: <http://www.globalresearch.ca/wpcontent/uploads/2014/09/

MH17_Report_Russian_Union_of_Engineers140818.pdf>; "Ситуационный а
нализ гибели рейса MH17 (малайзийского Boeing 777), сделанный на основе
инженерно –технического анализа от 15.08.2014 — Информационное сообщение
от Российского союза инженеров", 13 de novembro de 2014. Disponível em:
<http://www.российский-союз-инженеров.рф/RSI_Boeing777_13.11.2014.pdf>.

52. Alec Luhn (Moscou) & Luke Harding, "Russian aid convoy heads for Ukraine amid
doubts over lorries' contents — Kiev says it will turn back shipment which Moscow
describes as humanitarian but which west says could be prelude to invasion". *The
Guardian,* 12 de agosto de 2014; Alec Luhn (Moscou) & Luke Harding, "Ukraine
refuses to permit Russian aid convoy to enter country — West fears 280-truck operation is a prelude to invasion while Moscow insists it wants to help residents trapped by conflict". *The Guardian,* 13 de agosto de 2014.

53. O batalhão Azov, composto pelos neonazistas de Patriotas da Ucrânia, estava sob o
comando do neonazista Andriy Biletsky, um dos fundadores do Setor de Direita e
dirigente das manifestações na Praça Maidan, braço militar da Assembleia Nacional
da Ucrânia, organização racista e neonazista.

54. Gabriela Baczynska (Urzuf, Ucrânia), "Ultra-nationalist Ukrainian battalion gears
up for more fighting". *Reuters,* 25 de maio de 2015. Disponível em: <http://www.
reuters.com/article/2015/03/25/us-ukraine-crisis-azov-idUSKBN0ML0XJ-
20150325>; Tom Parfitt (Urzuf, Ucrânia), "Ukraine crisis: the neo-Nazi brigade
fighting pro-Russian separatists — Kiev throws paramilitaries — some openly neo-
-Nazi — into the front of the battle with rebels". *The Telegraph,* 11 de agosto de
2014. Disponível em: <http://www.telegraph.co.uk/news/worldnews/europe/
ukraine/11025137/Ukraine-crisis-the-neo-Nazi-brigade-fighting-pro-Russian-sepa-
ratists.html>.

55. "Starvation as warfare: Pro-Kiev forces "block food, medicine, aid from reaching
east". *RT,* 24 de dezembro de 2014. Disponível em: <http://www.rt.com/
news/217279-ukraine-aid-battalions-blockade/>.

56. Neil MacFarquhar, "A Russian Convoy Carrying Aid to Ukraine Is Dogged by Suspicion". *The New York Times,* 12 de agosto de 2014. "Ukraine officially recognizes
Russian aid convoy as humanitarian". *RT,* 16 de agosto de 2014. Disponível em:
<http://www.rt.com/news/180844-ukraine-recognizes-russia-humanitarian-aid/>.
Acessado em 17 de agosto de 2014; Alec Luhn (Moscow) & Luke Harding, "Russian aid convoy heads for Ukraine amid doubts over lorries' contents — Kiev says
it will turn back shipment which Moscow describes as humanitarian but which west
says could be prelude to invasion". *The Guardian,* 12 de agosto de 2014.

Capítulo 20

PLANO PARA O PROCESSO DE PAZ NA UCRÂNIA • ACORDO DE MINSK II • VIOLAÇÕES DO CESSAR-FOGO • BATALHÕES DE NEONAZISTAS NA GUERRA EM DONBASS • AJUDA MILITAR DA OTAN A KIEV • A BATALHA EM DEBALTSEVE • INFLUÊNCIA DOS ESTADOS UNIDOS NA RECUPERAÇÃO DO NEONAZISMO • REABILITAÇÃO DE STEPAN BANDERA E DOS COLABORADORES DO NAZISMO NA SEGUNDA GUERRA MUNDIAL • ENVIO PARA A UCRÂNIA DE ARMAS LETAIS E INSTRUTORES AMERICANOS • OPOSIÇÃO À CONCESSÃO DE AUTONOMIA A DONETSK E LUHANSK • CONFLITOS EM KIEV E MANOBRAS DA OTAN NO MAR NEGRO

No dia 3 de setembro de 2014, o presidente Putin apresentou um plano para terminar a violência e solucionar o conflito no sudeste e leste da Ucrânia, o qual devia começar pela conversação direta entre as autoridades de Kiev (Leonid Kuchma) e os representantes das repúblicas populares da Novorossiya — Donetsk e Luhansk (respectivamente, Alexander Zakharchenko e Igor Plotnitsky) — como Grupo Trilateral de Contato, formado em maio de 2014, após a eleição do presidente Poroshenko. A reunião ocorreu em Minsk (Bielorrússia), em 5 de setembro de 2014, e o Grupo Trilateral de Contato aceitou, em suas linhas gerais, as cláusulas propostas pelo presidente Putin, com a aprovação de um protocolo, no qual os participantes do conflito se comprometiam, entre outras iniciativas, a assegurar imediatamente bilateral cessar-fogo, sob o monitoramento e a verificação pela OSCE, e retirar os mercenários do conflito e a artilharia pesada para 15 km (9,3 milhas) distante, cada lado, da linha de contato, criando uma zona tampão (*buffer zone*) de 30 km (19 milhas). O governo de Kiev, por sua vez, devia também promover a descentralização do poder, incluindo na Constituição, como lei da Ucrânia, "uma ordem temporária de autogoverno, em particular das províncias de Donetsk e Luhansk", o que significava instituir o direito à autodeterminação.[1]

Figura 20.1 — Mapa da zona tampão estabelecida pelo Protocolo de Minsk[2]

Contudo, com as tropas da OTAN a iniciarem então exercícios na Polônia e nos países do Báltico, as tensões com o Ocidente alcançaram os níveis da Guerra Fria, conforme ressaltou o general Valery Gerasimov, comandante em chefe do Estado-Maior das Forças Armadas da Rússia.[3] A grande mídia internacional, "de propriedade dos *big businesses*, os grandes consórcios americanos", como parte integrante dos conflitos modernos e "obrigada notadamente a captar parte de sua audiência, por motivos comerciais",[4] intensificou a campanha de desinformação e demonização do presidente Putin, como novo Stalin ou Hitler. Assim, o cessar-fogo na Ucrânia não durou mais que dez dias. As demais cláusulas do protocolo nem foram cumpridas ou porque o presidente Poroshenko não queria que fossem ou porque não controlava o gabinete, sob a liderança do primeiro-ministro Arseniy Yatsenuk, nem, muito menos, a Guarda Nacional, preenchida quase completamente por batalhões de milhares de mercenários, fanáticos neonazistas (Azov, Aidar *et al.*, com soldos de 6.000 hryvnia, *i.e.*, US$ 316), radicais e criminosos, *soldiers of fortune* oriundos de vários países, entre os quais os contractors (ex-soldados da Navy Seal e outras forças especiais dos Estados Unidos, recrutados pela corporação Academy — ex-Blackwater),[5] bem como bandidos e fugitivos da própria Rússia.[6] O batalhão Azov, sob o comando do neonazista Andriy Biletsky e cujo símbolo imitava a suástica de Hitler (símbolo invertido do Wolfsangel, usado pela 2. SS-Panzer-Division Das Reich),[7] possuía artilharia e cerca de 1.000 homens, treinados na vila de Urzuf, 40 km a sudoeste da cidade de Mariupol, à margem do Mar de Azov.[8] Um dos seus comandantes, Sergei Korotkykh (codinome "Malyuta"), nascido na Bielorrússia, notório neonazista e terrorista, recebeu do presidente Poroshenko, em 5 de dezembro de 2014, a cidadania ucraniana e a medalha de reconhecimento de mérito.[9] Tanto o batalhão Azov quanto o batalhão Aidar e todos os demais estavam a cometer as maiores atrocidades, abusos e execuções de prisioneiros, como o Exército Islâmico (Da'ish), na Síria e no Iraque, a tal ponto que a Anistia Internacional, em setembro de 2014, requereu ao governo de Kiev que investigasse a denúncia.[10]

Àquela época, setembro de 2014, enquanto os chefes de governo da Alemanha, França, Rússia e Ucrânia discutiam o cessar-fogo e outras medidas para encaminhar o processo de paz na Ucrânia, o secretário-geral Anders Fogh Rasmussen anunciou a concessão de *"comprehensive and tailored package of measures"*, tais como tratamento dos feridos, defesa cibernética, logística, comando e controle das comunicações, uma doação de US$ 15 milhões, definidos então pela cúpula da Aliança, no País de Gales (Wales — Grã-Bretanha).[11] Entretanto, alguns países da OTAN (provavelmente Polônia, países do Báltico e outros mais) já estavam a enviar clandestinamente armamentos letais para o governo de Kiev combater os rebeldes de Donbass, conforme revelou Valery Heletey, ministra da Defesa da Ucrânia.[12] E, segundo o cientista político Mateusz Piskorski, diretor do Centro Europeu de Análise Geopolítica, de Varsóvia, cerca de dezessete ex-soldados de elite da JW GROM (Grupa Reagowania Operacyjno-Manewrowego), forças especiais da Polônia dedicadas às operações silenciosas (Cichociemni Spadochroniarze Armii Krajowej), estavam a combater na Ucrânia, ganhando até US$ 500.[13] Ao que se sabe, desde setembro de 2013, cerca de 86 militantes do Setor de Direita (Pravy Sktor), convidados pelo ministro do Exterior da Polônia, Radosław T. Sikorski, fizeram treinamento de controle de multidões, táticas de combate, no centro policial de Legionowo, 23 km distante de Varsóvia.[14] E até julho de 2014, de acordo com informações de Igor Strelkow, então ministro da República Popular de Donetsk, 139 mercenários da companhia militar polonesa ASBS (Analizy Systemowe Bartlomiej Sienkiewicz) Othago foram abatidos em Donbass, ao tempo em que a Academy (ex--Blackwater) perdera 125 mercenários e sua congênere, a American Greystone Ltd, subsidiária da Vehicle Services Company LLC, 40, dos 150 que estariam a combater na Ucrânia. Tudo evidentemente negado.[15]

Entretanto, as milícias das repúblicas populares da Novorossiya, sob o comando de Alexander Zakharchenko, após cercar o *cauldron* e travar, entre 12 e 17 de fevereiro de 2015, sangrenta batalha, em que as tropas de Kiev sofreram pesadas baixas, conquistaram o estrategicamente importante centro ferroviário e rodoviário de Debaltseve, ponto de junção das regiões de Donetsk e Luhansk, cidade junto à fronteira da Rússia, onde as lojas de comércio já vendiam mercadorias em rublos e não mais em hryvnia, a moeda ucraniana. Dos 5.000 a 8.000 soldados regulares da Guarda Nacional, entre os quais mercenários, 3.000 a 3.500 pereceram, cercados em Debaltseve, e outros se renderam, abandonando para os insurgentes tanques, blindados e outros armamentos pesados estacionados na região. Segundo o presidente Poroshenko, 80% de suas tropas retiraram-se de Debaltseve, *i.e.*, uma coluna de mais ou menos 2.000 soldados, indicando que a força da Guarda Nacional lá estacionada se constituía de apenas 3.000 homens.[16] Não era verdade. Semyon Semyenchenko, comandante do batalhão Donbass, composto de mercenários, declarou que o presidente Poroshenko era vítima de uma pequena clique que estava a mentir sobre o número de mortos e feridos, a fim de encobrir suas próprias faltas e conservar a influência.[17] O *Kyiv Post*, da Ucrânia, estimou que, em 17 de fevereiro, cerca de 4.000 a 8.000 soldados da Guarda Nacional ainda permaneciam sediados em Debaltseve.[18] As informações e contrainformações tornaram difícil a estimativa mais ou menos exata do número de baixas. Cadáveres de soldados ocuparam as morgues de Artemivsk, cidade cerca de 50 km de Debaltseve e ainda sob controle de Kiev.[19] Também civis pereceram e centenas de feridos encheram os hospitais dessa cidade. Debaltseve restou em escombros. A retirada das tropas de Kiev evidenciou a ignominiosa derrota do governo de Poroshenko. A debacle da Anti-Terrorist Operation (ATO) foi mais severa do que os comandantes militares admitiram.[20]

Os correspondentes de *The New York Times* descreveram que os "soldados ucranianos, desmoralizados, tresmalharam-se para dentro da cidade de Artemivsk, afrontando a incompetência do comando e narrando as desesperadas condições e horripilantes matanças, quando bateram em retirada da estratégica cidade de Debaltseve", enquanto muitos outros começaram a embriagar-se, pesadamente, e capturaram táxis, sem pagamento, ao escaparem do cerco, após semanas de bombardeio.[21] Havia escassez de munição de guerra e de boca. Os soldados estavam exaustos e famintos. Não se sabe onde dormiam os que sobreviveram ao assédio e fugiram de Debaltseve. E de acordo com Andrew E. Kramer e David M. Herszenhorn, de *The New York Times*, que se encontravam em Artemivsk, mais de 5.000 pessoas morreram no conflito.[22] As tropas da Guarda Nacional, entre as quais havia dezessete batalhões de mercenários, chamados de voluntários,[23] perderam também dezenas de soldados, aprisionados pelas milícias da República Popular de Donetsk, sob o comando de Alexander Zakharchenko.[24]

Tanto Kiev quanto Washington e demais países da OTAN inculparam os rebeldes de haver rompido a trégua, embora o comandante Alexander Zakharchenko houvesse dito antes de assediar Debaltseve que respeitaria o cessar-fogo, em todas as partes, exceto aí, porque essa cidade pertencia à República Popular de Donetsk. No entanto, o presidente Obama valeu-se da situação, como pretexto, para empreender nova série de sanções contra a Rússia, acompanhado pelos governos da União Europeia, a acusá-la de haver apoiado militarmente as milícias rebeldes.[25] Decerto, a Rússia ajudou as milícias da República Popular de Donetsk, com artilharia localizada na fronteira, o envio de armamentos pesados, instrutores do GRU e efetivos licenciados da Spetsnaz, como voluntários.[26] Nem podia deixar de fazê-lo, quando se sabia que os Estados Unidos/OTAN enviavam instrutores militares, armamentos e outros petrechos bélicos, secretamente, para as forças de Kiev e excogitavam de fazê-lo ainda mais.[27] O Canadá pretendia então mandar 200 soldados para a Ucrânia ocidental, a fim de que se juntassem aos 800 americanos e 75 britânicos que estavam designados desde um ano para treinar as tropas da Guarda Nacional.[28]

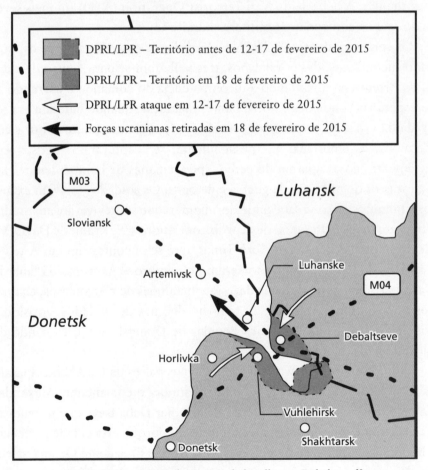

Figura 20.2 — Mapa do cerco e da batalha em Debaltseve[29]

A DESORDEM MUNDIAL

Entrementes, ao tempo em que a guerra sangrava Debaltseve, 12 de fevereiro de 2015, a Kanzlerin da Alemanha, Angela Merkel, que assumira a frente da mediação com a Rússia, coadjuvada pelo presidente da França, François Hollande, outra vez se reunia com o presidente Putin, após diversos encontros e dezenas de conversações telefônicas, e o presidente Poroshenko, em Minsk, onde ratificaram os compromissos assumidos no Protocolo de 19 de setembro de 2014, dentro do Normandie Format), *i.e.*, conforme os entendimentos realizados em 6 de junho de 2014, no Château de Bénouville, na celebração do 70º aniversário da Operation Overlord, durante a Segunda Guerra Mundial. E um dos itens claramente expressos era a reforma da Constituição, a entrar em vigor nos fins de 2015, estipulando a *"decentralization as a key element (including a reference to the specificities of certain areas in the Donetsk and Luhansk regions)"*.[30] Houve troca de prisioneiros e a retirada da artilharia pesada, ainda que parcialmente, foi realizada pelas forças de Kiev. Contudo o cessar-fogo imposto pelo protocolo de Minsk 2 nunca foi plenamente respeitado. Contínuas violações, sobretudo por parte da Guarda Nacional, foram registradas em seus informes pela Special Monitoring Mission to Ukraine (SMM) da OSCE. Os bombardeiros prosseguiram nas áreas do aeroporto de Donetsk e Mariupol, nas vilas de Mayorsk, Horlivka e Sokilnyky, bem como na área de Kominternove.[31]

Era difícil gerir as contradições que os Estados Unidos e a União Europeia criaram e/ou fomentaram, na Ucrânia, ao encorajarem o *putsch* contra o presidente Viktor Yanukovych. O bloco liderado pelo presidente Poroshenko, nas eleições parlamentares, realizadas em 25 de outubro de 2014, ganhou 132 cadeiras, mas, sem a Frente Popular, de Arseniy Yatsenyuk, que obteve 82 cadeiras, não podia fazer a maioria de 226 cadeiras, na Verkhovna Rada. Ademais, Arseniy Yatsenyuk, cujo partido — a Frente Popular — se alinhava com a extrema direita, era o homem de confiança de Washington, que a secretária-assistente de Estado, Victoria Nuland, escolheu para o cargo. O vice-presidente dos Estados Unidos, Joe Biden, havia aceitado ou induzido a Burisma Holdings Ltda., companhia de gás privada, de propriedade do oligarca Nikolai Zlochevskyi, a contratar Hunter Biden, seu filho mais moço, para o Conselho Diretor,[32] o que evidenciava não somente falta de ética, mas tráfico de influência, corrupção, tentativa de atrair investidores americanos para a Ucrânia e modo de influir sobre o governo de Kiev. E, em 2 de dezembro de 2014, a banqueira americana Natalie Ann Jaresko, nascida em Elmhurst (Illinois), recebeu do presidente Poroshenko a nacionalidade ucraniana e assumiu o Ministério da Fazenda. Ela trabalhara no Departamento do Tesouro, além de outros órgãos dos Estados Unidos, e fora presidente e Chief Executive Office (CEO) da Western NIS Enterprise Fund (WNISEF) e fundadora e CEO do banco de investimentos Horizon Capital, que patrocinava, juntamente com a OTAN e o Departamento de Estado, a Fundação Open Ukraine, do primeiro-ministro Arseniy Yatsenyuk,[33] e cujo esquema com o Emerging Europe Growth Fund, L. P. (EEGF) era manipular os negócios da Ucrânia e da Moldávia em favor dos interesses estratégicos de Washington.[34]

Em tais circunstâncias, conquanto os partidos neonazistas Svoboda e Setor de Direita somente conquistassem 7 cadeiras (6 e 1, respectivamente), a direita ultranacionalista manteve a predominância na Verkhovna Rada, com o encorajamento dos Estados Unidos e da União Europeia, e não aprovaria certamente várias cláusulas do Protocolo de Minsk, tanto assim que, em 23 de dezembro de 2014, logo aboliu o *status* de não alinhado da Ucrânia, a fim de aprofundar a cooperação com a OTAN e preencher os critérios necessários ao seu ingresso na Aliança. Posteriormente, em 9 maio de 2015, denunciou todos os acordos de cooperação militar e logística com a Rússia. Alguns meses depois, a Verkhovna Rada, sob a liderança do primeiro-ministro Arseniy Yatsenyuk, aprovou um pacote de "descomunização". As leis proscreveram o Partido Comunista, aboliram qualquer menção que evocasse o comunismo, equiparando-o ao nazismo, e a União Soviética, e reabilitaram como *freedom fighters* os militantes da Organização dos Ucranianos Nacionalistas (Orhanizatsiya Ukrayins'kykh Natsionalistiv — OUN) e do Exército Ucraniano Insurgente (Ukrayins'ka Povstans'ka Armiya — UPA).[35]

Durante a Segunda Guerra Mundial, esses *freedom fighters* da Ucrânia, os *"banderivets"*, haviam executado ampla limpeza étnica contra as populações polonesas e judaicas, exterminando, segundo algumas estimativas, entre 60.000 e 100.000 poloneses em Volhynia — leste da Galitzia.[36] Posteriormente, ao tempo da Guerra Fria, as duas organizações — OUN e UPA — continuaram a operar contra a União Soviética, com o apoio do SIS (MI6), da Grã-Bretanha, e da CIA, assim como com respaldo do BND, com o qual Stepan Bandera mantinha contato através do general de brigada Heinz-Danko Herre, e também da ditadura de Francisco Franco, da Espanha.[37] Tais leis, aprovadas pelo parlamento, e sancionadas pelo presidente Poroshenko, dividiram ainda mais a Ucrânia e dificultavam qualquer acordo para manter sua unidade, uma vez que a grande maioria da população das repúblicas populares da Novorossiya, em Donbass, não as aceitava e até as repulsava.

Logo após a ratificação do acordo de Minsk II, pelos chefes de governo da Alemanha, França, Rússia e Ucrânia, ocorrida em 12 de fevereiro de 2015, a House of Representatives, em 24 de março, aprovou por 348 votos contra 48 uma resolução, urgindo o presidente Obama a enviar armamentos letais para o governo de Kiev.[38] Armamentos pesados já estavam a ser remetidos, secretamente, por países da OTAN, e o presidente Obama, com base no Global Security Contingency Fund, resolveu, em abril, despachar 300 soldados da 173rd Airborne Brigade, aquartelados na US Army Garrison Vicenza (Caserna Carlo Ederle), Itália, com a missão de treinar as tropas da Guarda Nacional,[39] *as part of a joint DoD-State Department initiative to strengthen Ukraine's internal defense capabilitie with a focus on internal security and territorial defense*.[40] No dia 25 de março, começaram a chegar, abertamente, ao Boryspil International Airport o primeiro carregamento de Humvees (High Mobility Multipurpose Wheeled Vehicle — HMMWV), rádios, radares de trajetória contra morteiros, vestimentas de camuflagem e outros equipamentos letais e não letais, no valor de US$ 75 milhões.[41]

As reformas exigidas pelo FMI, voltadas para a correção dos desequilíbrios econômicos, rebaixaram ainda mais os níveis de consumo e aprofundaram a recessão. Moscou, ao suspender as importações de produtos da agropecuária, retaliando as sanções que lhe foram impostas, feriu gravemente a economia da Ucrânia, que tinha na Rússia seu principal mercado. A pecuária decaiu para menos de 14% do nível ao tempo da União Soviética.[42] E não somente a produção de carne, mas também de leite, do qual a Rússia importava 71%, diariamente, desde 2011.[43] Por outro lado, as más condições climáticas — a seca e calor no verão de

2015 — prejudicaram a semeadura e a safra de plantas oleaginosas, para biodiesel, que ocuparam, na Ucrânia, 685.000 hectares contra 865.000 em 2014.[44] O mesmo se previa que ocorresse em 2016. Em consequência, conforme a estimativa da UkrAgroConsult, as exportações de oleaginosas deveriam cair 17,6%, em 2015–2016, para 1,58 milhão de toneladas.[45] Também, com uma área plantada de 5–7% para a colheita de cereais, do que a Ucrânia era um dos maiores exportadores, a estimativa era de que a colheita caísse mais de 7% em 2015. A produção industrial — minérios, máquinas e outras manufaturas — estava a decrescer desde junho de 2012 e a guerra em Donbass afetou ainda mais o setor, localizado principalmente ao leste e sudeste da Ucrânia.[46] A queda da produção de carvão (-22%) e aço (-17%) determinou o colapso das exportações da Ucrânia, para as quais contribuíram com 25% para o total das exportações, em 2013.[47] As exportações da indústria de aço, outrora a principal fonte de receita, despencaram 39,6%, *i.e*, de US$ 26,5 bilhões, em 2008, para US$ 14,6 bilhões, cerca de 27,1%, em 2014.[48]

O entendimento que o presidente Poroshenko, em 21 de setembro de 2015, firmou com o secretário-geral da OTAN, Jens Stoltenberg, pouco ajudaria o governo de Kiev no conflito em Donbass. Aparentemente, Stoltenberg apenas prometeu maior cooperação com a Ucrânia, sobretudo na área de comunicações estratégicas, e o aumento para 40.000 das tropas da OTAN no leste da Europa, porém não armamentos,[49] conquanto já antes os houvesse fornecido.[50] Era fútil a pretensão do presidente Poroshenko e do primeiro-ministro Arseny Yatsenyuk, ao dizer-lhe que a Ucrânia estava a confrontar-se com uma potência nuclear.[51] Ainda que obtivesse mais armamentos da OTAN, era virtualmente muito difícil o governo de Kiev esmagar as repúblicas populares de Donetsk e Luhansk, sustentadas por forças especiais (Spetsnaz) e o serviço de inteligência exterior (Sluzhba vneshney razvedki — SVR RF (CBP РФ), da Rússia. Outrossim, acenar para suposta ameaça russa constituía a manifestação de antiga paranoia dos Estados Unidos e de certos setores da Europa, que o governo de Kiev tentava aplicar, de modo a entorpecer a opinião pública interna e externa e ofuscar o fiasco econômico e político, no qual resultara o *putsch* de 22 de fevereiro de 2014.

A DESORDEM MUNDIAL

Contudo, os representantes da República Popular de Donetsk, Vladislav Deinego, e da República Popular de Luhansk, Denis Pushilin, nas negociações do Grupo de Contacto com Kiev, sobre a situação de Donbass, avançaram nos entendimentos para a retirada da linha de frente dos pequenos armamentos (morteiros e mísseis com calibre menor que 100 mm). E, em 2 de outubro de 2015, o quarteto, os chefes de governo da Rússia, Alemanha, França e da Ucrânia, que antes se haviam reunido na Normandia, voltaram a encontrar-se em Paris e alcançaram, aparentemente, compromissos quanto à implementação dos acordos de Minsk.[52] Em consequência, as eleições locais, programadas para novembro em Donetsk e Luhansk, foram postergadas para fevereiro, devido à intercessão do presidente Putin, mas os insurgentes declararam que, como contrapartida, Kiev devia cumprir plenamente o acordo de Minsk e conceder o *status* especial às províncias de Donbass e, entre outras questões, a anistia geral. O presidente Petro Poroshenko disse que, embora a trégua fosse mantida, a guerra não terminaria, enquanto o território estivesse ocupado. Afigurava, no entanto, que o governo de Kiev, em colapso financeiro, não tinha condições de sustentar o conflito com as repúblicas da Novorossiya que lhe custava entre US$ 5,5 e US$ 8 milhões *per day*, e já atingira o total de US$ 1,5 bilhão, em janeiro de 2015, segundo confirmou o presidente Poroshenko.[53] A perspectiva era de que, ao fim de 2015, a contração do PIB fosse da ordem de 11%, com a depressão dos investimentos e do consumo, em consequência do conflito, que não cessava, não obstante a trégua decretada.[54] E, de fato, a queda do PIB da Ucrânia foi da ordem de 10%, ao fim de 2015.

NOTAS

1. "PROTOCOL on the results of consultations of the Trilateral Contact Group (Minsk, 05/09/2014) — PROTOCOL on the results of consultations of the Trilateral Contact Group with respect to the joint steps aimed at the implementation of the Peace Plan of the President of Ukraine, P. Poroshenko, and the initiatives of the President of Russia, V. Putin — Mission of Ukraine to the European Union — 8 September 2014, Ministry of Foreign Affairs of Ukraine." Disponível em: <http://mfa.gov.ua/en/news-feeds/foreign-offices-news/27596-protocolon-the-results-of-

-consultations-of-the-trilateral-contact-group-minsk-05092014>; "О временном порядке местного самоуправления в отдельных районах Донецкой и Луганской областей" (Закон об особом статусе). Закон об особом порядке местного самоуправления в отдельных районах Донецкой и Луганской областей (Закон об особом статусе Донбасса), текст проекта № 5081 от 16.09.2014. *Закон и Бизнес.* Disponível em: <http://zib.com.ua/ru/print/100900-zakon_ob_osobom_poryadke_mestnogo_samoupravleniya_v_otdelnih.html>.

2. Goran tek-en — Licensed under CC BY-SA 4.0 via Commons. Disponível em: <https://commons.wikimedia.org/wiki/File:Minsk_Protocol.svg#/media/File:Minsk_Protocol>.

3. Michael Birnbaum *et al.,* "Vladimir Putin says Russia will respect result of Ukraine's presidential election". *The Washington Post*, 23 de maio de 2014.

4. Wesley Clarck, *L'Irak, le terrorisme et l'Empire Américain.* Paris: Éditions du Seuil, 2004, pp. 64, 187–188.

5. Sergey Dolzhenko Epa, "According to the General Staff, there are also facts of participation of private military companies in the Ukrainian events". *TASS*, 23 de maio de 2014; Gabriela Baczynska (Urzuf, Ucrânia), "Ultra-Nationalist Ukrainian Battalion Gears Up For More Fighting". *Reuters*, 25 de março de 2015. Disponível em: <http://www.reuters.com/article/2015/03/25/us-ukraine-crisis-azov-idUSKB-N0ML0XJ20150325; Caleb Maupin, "Nazis to Enforce Neoliberalism: 'Operation Jade Helm' and the Ukrainian National Guard". *Neo Eastern Outlook (NEO)*, 20 de julho de 2015. Disponível em: <http://journal-neo.org/2015/07/20/nazis-to--enforce-neoliberalism-operation-jade-helm-and-the-ukrainian-national-guard/>.

6. "Rota: de Maidan até a guerra no Donbass". [22/8/2015, Alexey Zotyev (ru. Cassad.net; esp. em slavyangrad), traduzido]. *Vila Vudu* — Samstag, 22. August 2015. Original russo: Закон об особом порядке местного самоуправления в отдельных районах Донецкой и Луганской областей (Закон об особом статусе Донбасса), текст проекта № 5081 от 16.09.2014. Закон и Бизнес. Disponível em: <http://zib.com.ua/ru/print/100900-zakon_ob_osobom_poryadke_mestnogo_samoupravleniya_v_otdelnih.html"; "Rota: de Maidan até a guerra no Donbass". *Pravda.ru*, 23 de agosto de 2015. Disponível em: <http://port.pravda.ru/mundo/23-08-2015/39316-maidan_donbass-0/#sthash.l0BIcUeA.dpuf>.

7. Divisão das Waffen-SS, da Alemanha, na Segunda Guerra Mundial.

8. Gabriela Baczynska (Urzuf, Ukraine), "Ultra-nationalist Ukrainian battalion gears up for more fighting". *Reuters*, 25 de março de 2015. Disponível em: <http://www.reuters.com/article/2015/03/25/us-ukraine-crisis-azov-idUSKBN0ML0XJ20150325>; Shaun Walker (Mariupol), "Azov fighters are Ukraine's greatest weapon and may be its greatest threat — The battalion's far-right volunteers' desire to 'bring the fight to Kiev' is a danger to post-conflict stability". *The Guardian*, 10 de setembro de 2014. Disponível em: <http://www.theguardian.com/world/2014/sep/10/azov-far-right-fighters-ukraine-neo-nazis>.

9. Halya Coynash, "Poroshenko grants Belarusian Neo-Nazi Ukrainian citizenship". *Kyiv Post*, 9 de dezembro de 2014. Disponível em: <http://www.kyivpost.com/opinion/op-ed/halya-coynash-poroshenko-grants-belarusian-neo-nazi-ukrainian-citizenship-374562.html>.

A DESORDEM MUNDIAL

10. "Ukraine: Abuses and war crimes by the Aidar Volunteer Battalion in the north Luhansk region". *Amnesty International*, 8 de setembro de 2014, Index number: EUR 50/040/2014. Disponível em: <http://www.amnesty.org/en/documents/EUR50/040/2014/en/>; Linda Wurster, "Das Bataillon Asow — Schmutziger Kampf in der Ukraine: Neonazis im Dienst der Regierung". *Focus-Online*, Aktualisiert am Donnerstag, 14 de agosto de 2014. Disponível em: <http://www.focus.de/politik/ausland/das-bataillon-asow-schmutziger-kampf-in-der-ukraine-neonazis-im--dienst-der-regierung_id_4058717.html>.

11. "NATO leaders pledge support to Ukraine at Wales Summit". *NATO/OTAN — North Atlantic Treaty Organization*, 4 de setembro de 2014. Disponível em: <http://www.nato.int/cps/de/natohq/news_112459.htm>.

12. "NATO countries have begun delivering weapons to Ukraine to help fight pro--Russian separatists, the country's defence minister claimed last night". *The Times*, 15 de setembro de 2014. Disponível em: <http://www.thetimes.co.uk/tto/news/world/europe/article4206727.ece>; NATO countries have begun arms deliveries to Ukraine: defense minister". *Reuters*, 14 de setembro de 2014. Disponível em: <http://www.reuters.com/article/2014/09/14/us-ukraine-crisis-heletey-idUSKB-N0H90PP20140914>. Acessado em 30 de agosto de 2015; "NATO to give Ukraine 15mn euros, lethal and non-lethal military supplies from members". *RT*, 4 de setembro de 2014. Disponível em: <http://www.rt.com/news/185132-nato-ukraine-aid-support/>.

13. Alexander Lüders, "Polnische Spezialisten". *Focus*, Samstag 13 de setembro de 2014. Disponível em: <http://www.focus.de/politik/ausland/polnische-spezialisten--ukraine-krise-kommentar_id_5967578.html>.

14. Thierry Meyssan, "Ukraine: Poland trained putchists two months in advance". *Voltaire Network*. Damascus (Syria). 19 de abril de 2014. Disponível em: <http://www.voltairenet.org/article183373.html>. Acessado em 25 de agosto de 2015; Nikolai Malishevsk, "Polish Death Squads Fighting in Ukraine. CIA Covert Operation?". *Global Research*, 28 de maio de 2014. Strategic Culture Foundation. Disponível em: <http://www.globalresearch.ca/polish-death-squads-fighting-in--ukraine-cia-covert-operation/5384210>.

15. Fred Widmer, Forum: Politik Kämpfe in der Ostukraine: "Praktisch jedes Haus zerstört — Mär vom faschistischen Putsch". *Spiegel Online*, 30 de agosto de 2014. Disponível em: <http://www.spiegel.de/forum/politik/kaempfe-der-ostukraine--praktisch-jedes-haus-zerstoert-thread-141429-11.html>; Kirit Radia *et al.*, "US Contractor Greystone Denies Its 'Mercenaries' in Ukraine". *ABC News*, 8 de abril de 2014. Disponível em: <http://abcnews.go.com/Blotter/greystone-firm-accused--disguising-mercenaries-ukrainians/story?id=23243761>.

16. Andrew E. Kramer & David M. Herszanhorn, "Ukrainian Soldiers' Retreat from Eastern Town Raises Doubt for Truce". *The New York Times*, 18 de fevereiro de 2015.

17. Lucian Kim, "Debaltseve debacle puts Ukraine's leader in jeopardy. That suits Vladimir Putin just fine". *Reuters*, 19 de fevereiro de 2015. Disponível em: <http://blogs.reuters.com/great-debate/2015/02/19/debaltseve-debacle-put-ukraines-leader--in-jeopardy-and-that-suits-vladimir-putin-just-fine/>. Acessado em 27 de fevereiro de 2015.

18. Anastasia Vlasova (*Kyiv Post*) & Oksana Grytsenko, "Thousands of Ukrainian soldiers trapped as Debaltseve pocket closes". *Kyiv Post*, 18 de fevereiro de 2015. Disponível em: <http://www.kyivpost.com/content/kyiv-post-plus/thousands-of--soldiers-endangered-in-debaltseve-pocket-380978.html>.

19. Sarah Rainsford (Artemivsk, Ukraine), "Ukraine civilians stranded as shells pound Debaltseve". *BBC News*, 30 de janeiro de 2015. Disponível em: <http://www.bbc.com/news/world-europe-31055060>. Acessado em 27 de agosto de 2015.

20. Anastasia Vlasova (*Kyiv Post*) & Oksana Grytsenko, "Thousands of Ukrainian soldiers trapped as Debaltseve pocket closes". *Kyiv Post*, 18 de fevereiro de 2015. Disponível em: <http://www.kyivpost.com/content/kyiv-post-plus/thousands-of-soldiers-endangered-in-debaltseve-pocket-380978.html>; Alec Luhn (Artemivsk) & Oksana Grytsenko (Luhansk), "Ukrainian soldiers share horrors of Debaltseve battle after stinging defeat — Thousands of Ukrainian soldiers retreat from strategic town taken by pro--Russia separatists, leaving their dead and wounded comrades behind". *The Guardian*, Wednesday, 18 de fevereiro de 2015. Disponível em: <http://www.theguardian.com/world/2015/feb/18/ukrainian-soldiers-share-horrors-of-debaltseve-battle-after-stinging-defeat>.

21. Andrew E. Kramer & David M. Herszenhorn (Artemivsk, Ukraine), "Retreating Soldiers Bring Echoes of War's Chaos to a Ukrainian Town". *The New York Times*, 19 de fevereiro de 2015. Disponível em: <http://www.nytimes.com/2015/02/20/world/europe/leaders-speak-by-telephone-to-try-to-impose-ukraine-cease-fire.html>.

22. *Ibidem*. Lucian Kim, "Debaltseve debacle puts Ukraine's leader in jeopardy. That suits Vladimir Putin just fine". *Reuters*, 19 de fevereiro de 2015. Disponível em: <http://blogs.reuters.com/great-debate/2015/02/19/debaltseve-debacle-put-ukraines-leader-in-jeopardy-and-that-suits-vladimir-putin-just-fine/>. Acessado em 27 fevereiro de 2015.

23. *Ibidem*.

24. Associated Press — AP (Artemivsk, Ukraine), "Embattled Debaltseve falls to Ukraine rebels; troops retreat". *Mail Online*. Disponível em: <http://www.dailymail.co.uk/wires/ap/article-2958163/Ukraine-says-rebels-continue-onslaught-Debaltseve.html>; Courtney Weaver (Artemivsk) & Roman Olearchyk (Kiev), "City of Debaltseve emerges as a tipping point in Ukraine's war". *Financial Times*, 9 de fevereiro de 2015. Disponível em: <http://www.ft.com/intl/cms/s/0/7fe1d32e-b047-11e4-92b6-00144feab7de.html#axzz3jwzpgTib>; Lucian Kim, "Debaltseve debacle puts Ukraine's leader in jeopardy. That suits Vladimir Putin just fine". *Reuters*, 19 de fevereiro de 2015. Disponível em: <http://blogs.reuters.com/great-debate/2015/02/19/debaltseve-debacle-put-ukraines-leader-in-jeopardy-and--that-suits-vladimir-putin-just-fine/>; Acessado em 27 de fevereiro de 2015.

25. Andrew E. Kramer & Michael R. Gordon, "U.S. Faults Russia as Combat Spikes in East Ukraine". *The New York Times*, 13 de fevereiro de 2015.

26. David Blair (Chief Foreign Correspondent), "Capture of Debaltseve shreds the latest Ukraine ceasefire deal — The pro-Russian rebels must now decide whether to press on with their advance — but Ukraine's president is out of options, writes David Blair". *The Telegraph*, 18 de fevereiro de 2015. Disponível em: <http://www.telegraph.co.uk/news/worldnews/europe/ukraine/11421390/Capture-of-Debaltseve-shreds-the-latest-Ukraine-ceasefire-deal.html>; "US blames Russia for re-

A DESORDEM MUNDIAL

bel ceasefire violations in Ukraine — Joe Biden warns Moscow it will face 'costs' if Russian forces and separatists fail to respect the Minsk agreement and continue to attack Debaltseve". *The Telegraph*, 18 de fevereiro de 2015. Disponível em: <http://www.telegraph.co.uk/news/worldnews/europe/ukraine/11419309/US-condemns-rebel-ceasefire-violations-in-Ukraine.html>; Igor Sutyagin, "Russian Forces in Ukraine. Briefing Paper, March 2015". *Royal United Services Institute*. Disponível em: <https://www.rusi.org/downloads/assets/201503_BP_Russian_Forces_in_Ukraine_FINAL.pdf>.

27. Richard Norton-Taylor, "US weapons to Ukraine 'would be matched by Russian arms to rebels' — International Institute for Strategic Studies warns that Moscow could arm separatists more quickly than US could reinforce Ukraine's forces". *The Guardian*, Wednesday, 11 de fevereiro de 2015. "Ukraine crisis: 'Don't arm Kiev' Russia warns US". *CNN News*, 10 de fevereiro de 2015. Disponível em: <http://www.bbc.com/news/world-europe-31356372>.

28. Pat Buchanan, "A U.S.-Russia War Over Ukraine?". *Creators.com*. 17 de abril de 2015. Disponível em: <http://www.creators.com/opinion/pat-buchanan/a--us-russia-war-over-ukraine.html>. Acessado em 2 de setembro de 2015; Matthew Fisher, "Canadians take part in NATO war games aimed at sending message to Russia over Ukraine aggression". *National Post*, 25 de maio de 2015. Disponível em: <http://news.nationalpost.com/news/world/canadians--take-part-in-nato-war-games-aimed-at-sending-message-to-russia-over--ukraine-aggression>. Acessado em 2 de setembro de 2015.

29. Ministry of Defence of Ukraine. Disponível em: <https://en.wikipedia.org/wiki/Battle_of_Debaltseve>.

30. "Package of Measures for the Implementation of the Minsk Agreements". *Présidence de la République française* — Élysée.fr. Disponível em : <http://www.elysee.fr/declarations/article/package-of-measures-for-the-implementation-of-the-minsk-agreements/>; "Minsk agreement on Ukraine crisis: text in full". *The Telegraph*, 12 de fevereiro de 2015. Disponível em: <http://www.telegraph.co.uk/news/worldnews/europe/ukraine/11408266/Minsk-agreement-on-Ukraine-crisis-text-in-full.html>.

31. "Daily updates from the Special Monitoring Mission to Ukraine". *OSCE Special Monitoring Mission to Ukraine*. Disponível em: <http://www.osce.org/ukraine--smm/daily-updates>; Andriy. "Ukrainian Armed Forces de-mine Kominternove". *Ukraine Crisis Media Center*. Kyiv, 16 de março de 2015. Disponível em: <http://uacrisis.org/20074-andrijj-lisenko-59>.

32. "Vice President Joe Biden's son joins Ukraine gas company". *BBC News*, 14 de maio de 2014. Disponível em: <http://www.bbc.com/news/blogs-echochambers-27403003>; BRAUN, Stephen (Associated Press). "Ukrainian energy firm hires Biden's son as lawyer". *The Washington Times*, 7 de junho de 2014. Disponível em: <http://www.washingtontimes.com/news/2014/jun/7/ukrainian-energy-firm-hires-biden-son-as-lawyer/?page=all>.

33. "Arseniy Yatsenyuk Foundation Open Ukraine". Disponível em: <http://openukraine.org/en/about/partners>.

34. "Plünderung der Welt — Ukraine: US-Investment-Bankerin ist neue Finanzministerin". *Deutsche Wirtschafts Nachrichten*, 2 de dezembro de 2014. Disponível em:

<http://deutsche-wirtschafts-nachrichten.de/2014/12/02/ukraine-us-investment-
-bankerin-ist-neue-finanzministerin/>.

35. Lily Hyde (Kiev), "Ukraine to rewrite Soviet history with controversial 'decommunisation' laws — President set to sign measures that ban Communist symbols and
offer public recognition and payouts for fighters in militias implicated in atrocities". *The Guardian*, 20 de abril de 2015. Disponível em: <http://www.theguar-
dian.com/world/2015/apr/20/ukraine-decommunisation-law-soviet>; "Ukraine
bans Communism & Nazism, celebrates UPA nationalists as 'freedom fighters'".
RT, 9 de abril de 2015. Disponível em: <http://www.rt.com/news/248365-ukraine-
-bans-communism-nazism/>. Acessado em 11 de abril de 2015; "Ukraine pushes to
'ban communism' by 70th anniversary of victory over Nazism". *RT*, 6 de abril de
2015. Disponível em: <http://www.rt.com/news/247009-ukraine-communism-
-ban-nazism/>. Acessado em 6 de abril de 2015; "Ukraine's neo-Nazi leader becomes top military adviser, legalizes fighters". *RT*, 6 de abril de 2015. Disponível em:
<http://www.rt.com/news/247001-ukraine-army-adviser-yarosh/>. Acessado em 6
de abril de 2015.

36. Josh Cohen (Reuters), "Putin says Ukraine being overrun by fascists — and he may
be right — Kiev has now handed the Kremlin 'evidence' for Putin's claim that Russia
is facing off against fascists". *The Jerusalem Post,* 16 de maio de 2015. Disponível
em: <http://www.jpost.com/International/Putin-says-Ukraine-being-overrun-by-
-fascists-and-he-may-be-right-4032>.

37. Grzegorz Rossoliński-Liebe, *Stepan Bandera*: *The Life and Afterlife of a Ukrainian Nationalist: Fascism, Genocide and Cult*. Stuttgart: *Ibidem* Verlag, 2014, pp. 332–334.

38. "US House urges Obama to send arms to Ukraine". *RT*, 24 de março de 2015. Disponível em: <http://www.rt.com/news/243417-us-house-weapons-ukraine>. Acessado em 24 de março de 2015.

39. "US sends 300 troops to Ukraine to train forces fighting pro-Russian rebels — Russia criticized the arrival of US military personnel, saying the move could further
destabilize Ukraine". *Al Jazeera*, 17 de abril de 2015. Disponível em: <http://ame-
rica.aljazeera.com/articles/2015/4/17/us-sends-300-troops-to-ukraine.html>.

40. Cheryl Pellerin, DoD News, Defense Media Activity. "DoD Moves Forward on
Ukraine National Guard Training". *U.S. Department of Defence. Washington*, 20 de
março de 2015. Disponível em: <http://www.defense.gov/News-Article-View/Arti-
cle/604322>; DoD é abreviatura do Departamento de Defesa/Pentágono.

41. "Ukraine Receives First Batch of US Humvees". *Kiev Ukraine News*, 27 de março
de 2015. Disponível em: <http://news.kievukraine.info/2015/03/ukraine-receives-
-first-batch-of-us.html>; "Ukraine Receives First Batch of US Humvees". *Agence
France-Presse,* 25 de março de 2015. "Defense News". Disponível em: <http://
www.defensenews.com/story/defense/international/europe/2015/03/25/ukraine-re-
ceives-first-batch-us-humvees/70445154/>. Acessado em 26 de março de 2015.

42. "Dairy woes to shrink Ukraine cattle herd to 14% of Soviet levels". *Blackseagrain,*
18 de setembro de 2015. Disponível em: <http://www.blackseagrain.net/novosti/
dairy-woes-to-shrink-ukraine-cattle-herd-to-14-of-soviet-levels>. Acessado em 21
de setembro de 2015.

43. *Ibidem.*

A DESORDEM MUNDIAL

44. "2016 rapeseed harvest in Ukraine is imperiled". *World News Report — Ukrainian Biofuel Portal* — 21 de setembro de 2015. Disponível em: <http://world.einnews. com/article/287393651/P1Iu7e-i9RjcBYu4>.

45. Sandra Boga, "Ukraine 2015/16 rapeseed exports seen down 18%". *Informa — Public Ledger,* 04 August 2015. Disponível em: <https://www.agra-net.net/agra/public-ledger/commodities/oils-oilseeds/rapeseed/ukraine-201516-rapeseed-exports-seen-down-18--1.htm>. Acessado em 21 de setembro de 2015. Sabine Crook. "Slow sowing pace raises concern for Ukraine's rapeseed crop — Ongoing dryness during the current sowing window is likely to cut Ukraine's rapeseed harvest to between 1-1.5 million tonnes compared with 1.7 mln for this year's harvest, analyst UkrAgroConsult said today. *Informa — Public Ledger,* 15 de setembro de 2015. Disponível em: <https://www.agra-net.net/agra/public-ledger/commodities/oils-oilseeds/rapeseed/slow-sowing-pace-raises-concern-for-ukraines-rapeseed-crop--1.htm>. Acessado em 21 de setembro de 2015.

46. "Collapse of Ukrainian exports to Russia and Europe in first six months of 2015". *Introduction by New Cold War.org — The New Cold War: Ukraine and beyond*, 20 de agosto de 2015. Disponível em: <http://newcoldwar.org/collapse-of-ukrainian-exports-to-russia-and-europe-in-first-six-.months-of-2015/>.

47. Tadeusz Iwański, "The collapse of Ukraine's foreign trade", 18 de março de 2015. Disponível em: <http://www.osw.waw.pl/en/publikacje/analyses/2015-03-18/collapse-ukraines-foreign-trade>.

48. Oleksandr Kramar, "Back on the Ground — Agribusiness becomes the biggest component of Ukraine's economy. What will it take for the growth to continue?". *Ukrainain Week*, 25 de agosto de 2015. Disponível em: <http://ukrainianweek. com/Economics/144123>.

49. Robin Emmott — Kiev (Reuters), "In symbolic visit, NATO offers Ukraine support but no arms — The head of NATO pledged to help Ukraine defend itself against pro-Russian separatists on Tuesday but disappointed some in Kiev who seek supplies of defensive weaponry that the West fears would threaten a fragile ceasefire with the rebels. In an opulent gilded state room in the presidential palace, Secretary-General Jens Stoltenberg told Ukraine…". *World News Report*. Disponível em: <http:// world.einnews.com/article_detail/287643883/3njHxBQ7N2T1sbWX?n=2&code =P21DsWBPJxF7hfqq>.

50. "NATO to give Ukraine 15mn euros, lethal and non-lethal military supplies from members". *RT,* 4 de setembro de 2014. Disponível em: <http://www.rt.com/ news/185132-nato-ukraine-aid-support/>. Acessado em 5 de julho de 2014; "NATO countries have begun arms deliveries to Ukraine: defense minister". *Reuters*, 14 de setembro de 2014. Disponível em: <http://www.reuters.com/article/2014/09/14/us-ukraine-crisis-heletey-idUSKBN0H90PP20140914>. Acessado em 30 de agosto de 2015.

51. "Ukraine wants help to build nuclear defence shield". *Ukraine Today Weekly Digest*, 22 de setembro de 2015. Disponível em: <http://uatoday.tv/politics/ukraine-wants-help-to-build-nuclear-defence-shield-arseniy-yatsenyuk-498674.html>.

52. Anne-Sylvaine Chassany, "Ukraine talks in Paris end on positive note", 2 de outubro de 2015. Disponível em: <http://www.ft.com/intl/cms/s/0/0b24a898-693f-11e5-a57f-21b88f7d973f.html#axzz3ntbj5Ujy>.

371

53. "Ukraine's Poroshenko Says War Costing $8 Million Per Day". *The Moscow Times*, 5 de fevereiro de 2015. Disponível em: <http://www.themoscowtimes.com/business/article/ukraine-s-poroshenko-says-war-costing-8-million-per-day/515488.html>.

54. *Focus Economics — Economic Forecasts from the World's Leading Economists*, 6 de outubro de 2015. Disponível em: <http://www.focus-economics.com/countries/ukrain>.

Capítulo 21

ACIRRAMENTO DAS CONTRADIÇÕES INTERNACIONAIS — DERROCAR PRESIDENTE BASHAR AL-ASSAD COMO OBJETIVO CENTRAL DE WASHINGTON DESDE 2006 • EXPANSÃO DE FRANQUIAS DA AL-QA'IDA • AS ADVERTÊNCIAS DE HENRY KISSINGER E DO SENADOR RAND PAUL • AS ASPIRAÇÕES DO PRESIDENTE ERDOĞAN • O *PUTSCH* DO GENERAL AL-SISSI NO EGITO • O ESMAGAMENTO EM MASSA DA IRMANDADE MUÇULMANA • OS TERRORISTAS NO SINAI • A PRIMAVERA ÁRABE, O CAOS E O TERROR NO IÊMEN • A INSURGÊNCIA DOS HOUTHIS E A GUERRA COM A AL-QA'IDA • BOMBARDEIOS INDISCRIMINADOS DA ARÁBIA SAUDITA E O RESPALDO DE WASHINGTON

A guerra na Síria situava-se na mesma ambiência do conflito na Ucrânia. Refletia o acirramento das contradições internacionais, particularmente entre a Rússia, que reemergia como potência mundial, e os Estados Unidos, cuja hegemonia, estribada no dólar e na OTAN, buscavam sustentar a qualquer custo. O objetivo de manter-se como único polo de poder justificava-lhes os meios, por mais ignominiosos que fossem. E o fato incontraste era que a derrocada do regime de Bashar al-Assad estava na agenda de Washington desde pelo menos 2005–2006, cinco anos antes da Primavera Árabe, deflagrada durante o governo do presidente Barack Obama. Um telegrama de 13 de dezembro de 2006 — *"Unfluencing the SARG* (governo sírio) *in the end of 2006"*,[1] de autoria do diplomata William Roebuck, *chargé d'affaires* dos Estados Unidos em Damasco, já indicava que a desestabilização do regime de Bashar al-Assad constituía motivo central da política exterior de Washington.[2] O presidente George W. Bush, porém, mostrou-se cauteloso. Evitou ir outra vez *"abroad in se-*

arch of monsters to destroy", como fizera no Afeganistão e no Iraque, negando o que seu predecessor, John Quincy Adams, proclamara em 1821. Conquanto continuasse a financiar com milhões de dólares a oposição, não invadiu a Síria, ante a advertência do primeiro-ministro de Israel, Ariel Sharon (2001–2006), de que a alternativa seria, certamente, a ascensão ao poder da Irmandade Muçulmana, o que seria pior do que Bashar al-Assad, o *"devil we know"*.[3]

Em março de 2011, logo depois que o levante em Benghazi começou, o presidente Barack Obama disse, com o respaldo de alguns chefes de governo da União Europeia, que *"world had an obligation to prevent any massacre of civilians"* e Muammar Gaddafi devia *"step down"*.[4] *Dictum et factum.* A secretária de Estado, Hillary Clinton, ao visitar Trípoli em 21 de outubro de 2011, chegou a comentar nos seguintes termos o linchamento de Gaddafi, em entrevista à imprensa, pilheriando: *"We came, we saw, he died!"*[5] Contudo, sabe-se que Abdullah Senussi, chefe do serviço de inteligência da Líbia (Mukhabarat el-Jamahiriya), havia informado a Michael Morrel, diretor-adjunto da CIA, que Gaddafi, tanto quanto os Estados Unidos, odiava e temia a al-Qa'ida e que vários emissários de bin Ladin estavam a dar assistência aos manifestantes de Benghazi.[6] Entretanto, a Casa Branca insistia em repetir que Gaddafi *"had to go"*. Michael Morrel reconheceu que *"there was no doubt that mixed among various rebels factions were some extremist loyal to bin Ladin'ideology"* e *"eventually"* o suporte militar — armas letais — aos agitadores proveio da OTAN e outros aliados.[7] O colapso do Estado na Líbia possibilitou, então, imenso espraiamento de armas convencionais em torno de todo o Maghrib e a expansão de al-Qa'ida no Egito e em Mali e em outros países da África.[8]

Outrossim, ao tempo em que a rebelião na Síria se avultava, agosto de 2011, o presidente Obama voltou a assumir uma vez mais o papel de ditador universal, a dar outra ordem que *"for the sake of the Syrian people, the time has come for President Assad to step aside"*.[9] A denominada Primavera Árabe então florescia, com as sementes plantadas desde Washington, talado o campo para a brotação e florescimento de outros grupos com a ideologia da al-Qa'ida. Porém, com sua experiência de ex-assessor de Segurança Nacional e secretário de Estado dos presidentes Richard

Nixon (1969–1974) e Gerald Ford (1974–1977), o professor Henry Kissinger advertiu que, se o presidente Bashar al-Assad caísse, o colapso do Estado na Síria poderia ocorrer e, a abrir um *vacuum* de poder, torná-la um espaço vazio, base para o terrorismo ou o suprimento de armas aos países vizinhos, com a falta de leis e na ausência de uma autoridade central, como acontecera no Iêmen, Somália, norte do Mali, Líbia e noroeste do Paquistão.[10] O presságio de Henry Kissinger virtualmente se confirmou. Dois anos depois, em junho de 2014, quando o Da'ish invadiu o Iraque, o senador Rand Paul (Republicano — Kentucky) declarou, em entrevista à *NBC News*, que a política de Washington, com base nas diretrizes dos *neocons*, criou no Oriente Médio um paraíso seguro para os radicais islâmicos. Ressaltou então que os Estados Unidos entraram na Líbia, derrubaram o *"terrible Qaddafi"* e agora a Líbia se tornara uma terra maravilhosa para os jihadistas, que de lá se espalhavam por todas as partes.[11] E avisou, como Kissinger já o fizera, que, *"if we were to get rid of Assad it would be a jihadist wonderland in Syria. It's now a jihadist wonderland in Iraq, precisely because we got over-involved"*.[12]

Durante a administração do presidente Jimmy Carter, seu assessor de Segurança Nacional, Zbigniew Brzezinski, formulou a estratégia de fomentar e manipular o fundamentalismo islâmico, como arma ideológica para contrapor-se ao comunismo, bem como patrocinar a formação de jihadistas, como *freedom fighters*, assumindo Usamah bin Ladin o encargo de recrutar mujahidin, como *freedom fighters*, oriundos dos mais diversos países do Oriente Médio, África e Ásia Central, com o fito de combater as tropas soviéticas no Afeganistão e desestabilizar a União Soviética, a partir de suas repúblicas orientais,[13] habitadas largamente por muçulmanos. O presidente Carter teve receio de favorecer os terroristas. E, para o convencer, Brzezinski perguntou: *"What is more important to the history of the world? The Taliban or the collapse of the Soviet empire? Some stirred-up Moslems or the liberation of Central Europe and the end of the cold war?"*[14]

Assim os Estados Unidos, como na novela de Mary Shelley (1797–1851), começaram a construir sua *"creature"*, da qual nada havia *"equal in deformity and wickedness"*, Frankenstein, *"the monster"*,[15] que passou a chamar-se al-Qa'ida. Porém a estratégia de Zbigniew Brzezinski funcionou como um bumerangue. A *"creature"* escapou do laboratório da CIA, com a colaboração da Arábia Saudita e do Paquistão, *"propagated upon the earth who might make the very existence of the species of man a condition precarious and full of terror"*,[16] multiplicou-se a partir do Cáucaso ao Oriente Médio e Maghrib, gerou diversas organizações terroristas, como a al-Qa'ida no Iraque (AQI), al-Qa'ida na Península Árabe (al-Qā'idah fī Jazīrat al-'Arab — AQPA), Jabhat al-Nusra e Frente Islâmica, entre outras, formando um sistema de *franchise* de grupos terroristas,[17] que a Arábia Saudita, Qatar, Kuwait continuaram a nutrir com recursos financeiros os jihadistas e a repassar-lhes, com a colaboração da Turquia e da Jordânia, armamentos fornecidos pelos Estados Unidos e seus aliados da OTAN, a fim de derrubar o regime de Bashar al-Assad, na Síria. Essa organização, segundo o presidente Bashar al-Assad, desenvolveu-se na Síria, com respaldo do Ocidente e dos emirados do Golfo, particularmente Qatar e Arábia Saudita, e o suporte logístico do presidente da Turquia (2014–), o então primeiro-ministro Recep Tayyip Erdoğan (2003–2014), adepto intelectual da Irmandade Muçulmana, imaginando que a mudança dos regimes no Iraque, Egito e Síria lhe possibilitaria criar um novo sultanato, não um sultanato otomano, mas um sultanato da Irmandade Muçulmana, do Atlântico ao Mediterrâneo, sob sua regência.[18] Esse era seu sonho bem como do ministro para Assuntos Estrangeiros, depois primeiro-ministro, Ahmet Davutoğlu, e, para concretizá-lo, eles pretendiam derrubar a qualquer preço o regime do presidente Assad e destruir o Partido dos Trabalhadores Curdos (Partiya Karkerên Kurdistanê, PKK).[19] Em 2013, o serviço de inteligência da Turquia (Millî İstihbarat Teşkilatı, MİT) remeteu para os rebeldes islamistas, na Síria, armas e munições aproximadamente no valor de US$ 1,6 milhão.[20]

Outrossim, os takfiris do Da'ish avançaram e ocuparam regiões ao norte da Mesopotâmia, onde Abu Bakr Al-Baghdadi, em 2013, instituiu o Estado Islâmico. Apropriou-se então de 20 tanques russos T-55, na Síria, e ao atravessar a fronteira do Iraque, lá capturou, sem maior ou nenhuma resistência, bases do exército, com todos os equipamentos fornecidos pelos Estados Unidos. Somente se defrontou com maior e mais relevante resistência na área do governo curdo. Dezenas de combatentes estrangeiros, grande parte ex-soldados ingleses e americanos, também voluntariamente se juntaram às tropas curdas — Unidades de Proteção do Povo, aquarteladas no norte da Síria, e mais conhecidas, no Iraque, como Peshmerga (os que se confrontam com a morte),[21] sob o comando de Masoud Barzani, presidente da Região Autônoma do Curdistão.[22] Lutaram contra o Da'ish/ ISIS/ISIL e outros grupos terroristas, ao longo de 1.050 km (642 milhas), em aliança com as milícias Dwekh Nawsha (autossacrifício, em aramaico), formadas em 2014 para defender os assírios cristãos, minoria étnico-religiosa habitante de Erbil (antiga Irbilum), capital do Curdistão, em uma população de cerca de 700.000, espalhada em toda a Mesopotâmia, ao norte do Iraque, ademais de 900.000 católicos e cerca de um milhão, adeptos da Igreja Católica Caldeia (siríaca oriental),[23] à qual pertencera Tariq Aziz (Mikhail Yuhanna — 1936–2015), o ex-vice-presidente de Saddam Hussein.

O Da'ish enflorou nas condições da crise que o próprio presidente George W. Bush havia deflagrado, com a *war on terror* e *preemptive attacks*, ao intervir no Afeganistão, em 2001, e atacar o Iraque, em 2003, a fim de derrubar o regime de Saddam Hussein, com a mentira de que ele dispunha de armas de destruição em massa. Toda a região politicamente se desequilibrou. Em 18 de janeiro de 2007, o general William E. Odom, ex-diretor da National Security Agency (1985–1988) e professor da University Yale, informou ao Comitê de Relações Exteriores do Senado, presidido pelo então senador Joe Biden, que a intervenção militar para derruir o regime de Saddam Hussein foi um *"strategic error of monumental proportions"*, dado que a guerra não se confinou ao Iraque, excedeu vastamente suas fronteiras e não apenas desencadeou a resistência armada contra a ocupação pelos Estados Unidos, com a simpatia e o suporte material de outros países árabes, como deflagrou o conflito aberto xiita-sunita, antes sublimado, abrindo as portas para a influência do Irã no Iraque.[24] *"It presumed that establishing a liberal democracy in Iraq would lead to regional stability"*, lembrou o general William E. Odom, porém ressaltou que, *"in fact, the policy of spreading democracy by force of arms has become the main source of regional instability"*.[25] Igualmente, Michael Morell, ex-diretor adjunto da CIA, constatou que nem todos os países estavam aptos para a democracia; democracia efetivamente implicava muito mais que eleições livres e justas.[26]

Com efeito, o Egito haveria submergido no caos, como o Iraque, Líbia e Iêmen, se o general Abdel Fattah al-Sisi, chefe das Forças Armadas, sob a justificativa de que o país estava sob a ameaça de grupos salafi-jihadistas, não houvesse deposto o presidente Muḥammad Mursī/Mohamed Morsi (30 de junho de 2012–3 de julho de 2013), eleito democraticamente pela Irmandade Muçulmana.[27] O próprio presidente Putin ressaltou que a "determinação e a sabedoria" da liderança do Egito salvaram o país do caos e da agressividade dos extremistas.[28] Em 2013, durante o governo da Irmandade Muçulmana, ocorreram 270 ataques terroristas, cerca de 79% contra postos militares e policiais do Egito, no Sinai, e informes de inteligência indicavam que grupos, tais como Ansar al-Shariah, Tawhid wal-Jihad e Takfir wal-Hijra, pretendiam proclamar a independência da estratégica península, que era margeada ao leste por Gaza, Israel e o golfo de Aqaba; a oeste, pelo Canal de Suez; ao norte pelo Mediterrâneo e ao sul pelo Mar Vermelho.[29] E, mesmo após a queda do presidente Mursī, os atentados não cessaram. Os salafi-jihadistas, mobilizando tribos de beduínos, que representavam cerca de 70% da população do Sinai, continuaram a empreender o terror, como o sequestro de turistas, e outras atividades criminosas — narcotráfico, contrabando de armas etc. — enquanto os atentados a bomba ocorriam, inclusive no Cairo, Minya e outras cidades do Egito.

Contudo, o general al-Sissi, eleito presidente em 2014, conseguiu, de alguma forma, controlar a situação, mediante dura repressão e abusos dos direitos humanos em escala sem precedentes, e não permitiu que o Egito se chafurdasse no caos e se esfacelasse, como aconteceu na Líbia. Mais de 1.000 militantes da Irmandade Muçulmana pereceram em batalhas de rua com as forças de segurança; e o tribunal de justiça condenou à morte (muitos executados, alguns não) centenas e centenas de outros, inclusive seu líder espiritual Muḥammad Badī e o próprio ex-presidente Muḥammad Mursī. Em setembro de 2015, cerca de 40.000 islamistas ainda permaneciam na prisão. Porém, no Sinai, os terroristas vincularam-se ao Da'ish e mataram, somente em 2014, 190 conscritos e oficiais do Exército egípcio.[30] Os ataques terroristas, embora intermitentes, não cessaram no Egito.

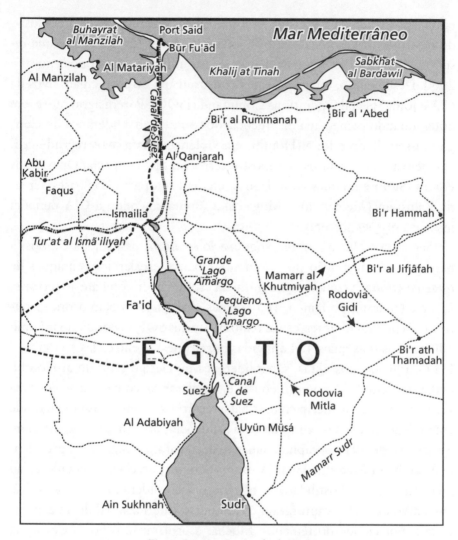

Figura 21.1 — Península do Sinai

O Iêmen, país estrategicamente situado entre o Golfo de Áden e a Arábia Saudita, não alcançou qualquer democracia, mesmo após a derrocada do regime do presidente Alī ʿAbdullāh Ṣāliḥ, em 2012, em meio à floração da Primavera Árabe. Abdrabbuh Mansour Hadi assumiu o governo, em seguida foi eleito democraticamente. Mas, com uma população de 26,7 milhões (estimativa de julho de 2015), da qual 65% eram sunitas, e 35%, xiitas,[31] a instabilidade tornara-se crônica, desde a reunificação em 1990,[32] sobretudo, entre outros fatores, depois que lá se instalou a al-Qa'ida na Península Árabe (AQPA), responsável pela explosão do destroier *USS Cole* (DDG-67), ancorado no porto de Aden e que resultou na morte de 17 marinheiros e, no mínimo, 40 feridos, no ano 2000. Desde então, o país passou a constituir um dos principais alvos da CIA e Joint Special Operations Command (JSOC). Porém agravou-se, em 2004, quando começou a insurgência dos xiitas, sob a liderança do clérigo Hussein Badreddin al-Houthi, e a violência ainda mais recrudesceu, em meio aos assassinatos de supostos terroristas pelas Special Operations Forces (SOF) e ataques com drones, efetuados a partir das bases aéreas de Ramstein (Alemanha) e Mogadishu (Somália), onde a CIA também instalara prisões secretas.[33]

Segundo o *Bureau of Investigative Journalism*, os Estados Unidos, a partir da administração do presidente Obama, escalaram os ataques de *targeted killing*,[34] como tática central da estratégia de combate ao terrorismo, e efetuaram, no Iêmen, 103 ataques, dos quais 88 com drones e outros com *mísseis raids* terrestres realizadas pelas SOF, matando no mínimo 580 pessoas (das quais 424 atingidas por drones), e entre elas 131 civis.[35] E a insurgência dos xiitas, sob a liderança do clérigo Hussein al-Houthi, deflagrada em 2004, intensificou-se e, a alastrar-se, converteu-se em cada vez mais sangrenta guerra civil, tribal e sectária, e os Houthis (assim desde então denominados os xiitas da seita Zaidiyyah, no Iêmen) conquistaram, em janeiro de 2015, a capital, Sanaa, e derrocaram o regime do presidente Abdrabbuh Mansour Hadi. A Arábia Saudita percebeu séria ameaça ao recrudescerem as hostilidades e os Houthis, considerados *proxies* do Irã, em março de 2015, capturaram o Aeroporto Internacional de Taiz, a terceira maior cidade do Iêmen, e Mocha, a projetar-se sobre o Corno da África. Daí que, logo em seguida, à frente de uma coalizão dos emirados árabes, Jordânia, Marrocos, Egito e Sudão, começou uma campanha aérea, a Operation Decisive Storm ('Amaliyyat 'Āṣifat al-Ḥazm), a bombardear suas posições, com o apoio logístico dos Estados Unidos. Ao mesmo tempo, os salafi-jihadistas da al-Qa'ida na Península Árabe (AQPA) investiam contra os Houthis, cujas milícias representavam a única força que realmente se opunha ao seu avanço no Iêmen. Os Estados Unidos, ao respaldarem a Arábia Saudita, favoreciam a ofensiva do Da'ish. Em setembro de 2015, as forças do presidente Hadi retomaram, porém, a cidade e o porto de Áden. Até então os bestiais e indiscriminados bombardeios efetuados pela Arábia Saudita e seus aliados já haviam aniquilado mais de 2.355 civis.[36]

No início de 2016, a crise humanitária no Iêmen aprofundara-se ao ponto de atingir aproximadamente 55,6% da população (14,4 milhões), dos quais cerca de 7,6 milhões estavam afetados e inseguros, inclusive quanto à alimentação, No mesmo período, a entidade Action on Armed Violence (AOAV), sediada na Grã-Bretanha, já havia registrado a morte entre 6.119 e 7.514 civis mortos e feridos em decorrência de explosivos, *i.e.*, dos bombardeios efetuados pela Arábia Saudita, iniciados em março de 2015.[37]

Em reunião da Arms Trade Treaty (ATT), dos países aderentes e signatários do Arms Trade Treaty, da ONU, a organização Control Arms apresentou informe no qual acusou a França, Alemanha, Itália, Montenegro, Países Baixos, Espanha, Suécia, Suíça, Turquia, Reino Unido e Estados Unidos de haverem dado, em 2015, licenças no valor de US$ 25 bn (talvez mais US$ 4.9 bilhões), para venda à Arábia Saudita de armamentos — *e.g.*, drones, bombas, torpedos, foguetes e mísseis, que estavam sendo usados em grandes violações dos direitos humanos e possíveis crimes de guerra no Iêmen.[38] E em artigo publicado em *The Telegraph*, de Londres, a jornalista iemenita-britânica, Nawal al-Maghafi, apontou então a Grã-Bretanha e os Estados Unidos como as duas causas primárias do problema no Iêmen, por darem assistência e permitirem que o mais rico país do Oriente Médio, a Arábia Saudita, reunisse forças e continuasse a bombardear o mais pobre, o Iêmen, a devastá-lo e a esfomear sua população.[39]

Assim, com a Grã-Bretanha e os Estados Unidos na sombra, a guerra ainda prosseguia, nos primeiros meses de 2016, e certamente não teria solução militar, dado implicar profundas contradições regionais, tribais, sociais, ideológicas e religiosas, bem como internacionais, agravadas pelo descontentamento, em uma conjuntura local e economicamente conturbada.[40] O caos e os conflitos realmente eram previsíveis para quem conhecia as contradições étnicas, tribais e religiosas, ademais de contrapostos interesses econômicos e geopolíticos regionais e internacionais, que fermentavam no Oriente Médio e adjacências. Países como Iraque, Síria, Líbia etc., criados, artificialmente, pelo Sykes-Picot Agreement,[41] implodiriam, decerto, sem homens fortes, como Saddam Hussein, Muammar al-Gaddafi e Bashar al-Assad. De um modo ou de outro, eles conseguiram manter ditatorialmente a unidade dos países, como Estados laicos, agregando comunidades cujas diferentes crenças — sunitas, salafi-wahhabistas, xiitas, curdos etc. — se sobrepunham à consciência de nação, não obstante os árabes ocuparem vasta região e falarem (com variantes dialetais) o mesmo idioma árabe. E a fé, que diversas seitas absolutamente professavam e fragmentaram o Islã, excluía a racionalidade, a dúvida e a tolerância. Era a maior paixão, o salto no absurdo — ensinou Søren Kierkegaard[42] —, e a fé absoluta compeliu Abraão a quase sacrificar Isaac no monte Mōriyāh, obedecendo a uma ordem de Deus, que, ao comprová-la, mandou um anjo interceptar o sacrifício do seu único filho (Gênesis 22). E aí o gérmen que sói perverter o monoteísmo, a degenerar no terror, a síndrome do fundamentalismo islâmico, cujo principal intérprete, na geração de 1960, foi o intelectual egípcio Sayyd Qutb (1906–1966), fundador da Irmandade Muçulmana executado no governo do presidente Gamal Abdel Nasser (1956–1970).[43]

Ignorantes, sem nada saber do Oriente Médio profundo, os presidentes George W. Bush e, depois, Barack Obama trataram de empreender a política de *regime change* e, em consequência, de *nation-building, i.e.*, derrubar os governos não alinhados com os interesses econômicos e geopolíticos dos Estados Unidos e de Israel. Os *neocons* (neoconservadores), cuja maioria era etnicamente israelita, muitos com dupla cidadania, imaginavam que a desintegração da Síria, do Iraque e de outros países árabes pudesse favorecer a hegemonia de Israel, no Oriente Médio, bloquear o Irã e interromper o tráfego de armas para o Hizballah, no Líbano.[44]

O presidente George W. Bush conflagrou o Oriente Médio, ao invadir o Iraque, com base em *"lies and fabrications"*, como asseverou o ex--congressista e ex-candidato à presidência dos Estados Unidos, Ron Paul, do Partido Republicano (Texas), com base nos documentos da CIA posteriormente desclassificados.[45] *"From the sectarian violence unleashed by the US invasion of Iraq emerged al-Qaeda and then its more radical spin--off, ISIS"*, asseverou Ron Paul.[46] E comentou ser duro crer que em uma sociedade, supostamente governada pelas normas da lei, os *"US leaders can escape any penalty for using blatantly false information — that they had to know at the time was false — to launch a pre-emptive attack on a country that posed no threat to the United States*".[47] Sim, o ex-presidente George W. Bush, o ex-secretário de Defesa, Donald Rumsfeld, a assessora de Relações Internacionais, Condolezza Rice e o então secretário de Estado general Colin Powell, continuaram impunes, nenhuma punição sofreram, após precipitarem o país em uma guerra sem fim, que prosseguia e se disseminava, a dar enorme prejuízo à nação e a custar milhares de vidas, com base na mentira de que o regime de Saddam Hussein possuía armas químicas e estava a reconstruir seu programa nuclear.[48] E esses *neocons*, que também defenderam a intervenção na Líbia e Síria, talvez estivessem, entretanto, a fazer o mesmo com as reclamações da "invasão" da Rússia na Ucrânia, aduziu Ron Paul.[49]

O presidente Obama perseverou na mesma linha dos *neocons*, ao ordenar irresponsavelmente o bombardeio na Líbia, evento que resultou em carnificina e catástrofe humanitária, e encorajar a guerra na Síria, fornecendo aos jihadistas, por ele chamados de "rebeldes moderados", treinamento e armas que sempre caíram, cerca de 70%, nas mãos dos terroristas do Exército Islâmico, muitas vendidas por um bom preço de mercado.[50] Entretanto, ele fora informado que as *"major forces driving the insurgency in Syria"* contra o regime do presidente Bashar al-Assad, por considerá-lo *jibha ruwafdh* (vanguarda dos xiitas), eram sunitas e, ideologicamente, as mais radicais — *the Salafist, the Muslim Brotherhood, and AQI* (al-Q'aida no Iraque), sob o nome de Jabhat al-Nusra (Exército Vitorioso), Liwa al--Adiyat (Brigada de Grandes Castigos) — e sustentadas pelos países do Golfo Pérsico (Qatar e Arábia Saudita) e Turquia.[51] Também o presidente Obama não desconhecia que desde 2011 os terroristas transportavam armamentos (todos os tipos) de Benghazi, na Líbia, lá distribuídos pela OTAN para derrubar Gaddafi, para os portos de Banias e Borj Islam, na Síria. O informe da Defense Intelligence Agency (DIA), datado de 12 de setembro de 2012, fora enviado à Casa Branca, à secretária de Estado, Hillary Clinton, ao então secretário de Defesa, Leon Panetta, ao chefe do Estado-Maior Conjunto e ao Conselho de Segurança Nacional. Outrossim, antes de sua reeleição para a presidência, em novembro de 2012, já sabia que tais rebeldes pretendiam estabelecer um califado, em toda a região do Oriente Médio, ao estilo do que existiu no século VII, sob a lei islâmica, a Shari'ah.[52] Seu propósito era *baqiya wa tatamadad, i.e.*, durar e expandir-se.[53]

Tanto Obama, através de informes de inteligência, como o Pentágono e o Departamento de Estado estavam conscientes, pois *The New York Times* noticiou, com destaque, que a maioria das armas letais, destinadas à Arábia Saudita e Qatar para suprir os grupos, que lutavam para derrubar o regime do presidente Bashar al-Assad, era transferida para os jihadistas radicais e não para a suposta *"democratic-minded opposition"*,[54] existente tão só como ficção, com a finalidade de justificar a intervenção colateral na Síria. Daí que Sergei Lavrov, ministro para Assuntos Estrangeiros da Rússia, chamou o Exército Sírio Livre de "grupo fantasma"; ninguém sabia onde operava e onde suas unidades se encontravam.[55] Outrossim, o jornalista Robert Fisk, em um programa da ABC, respondeu, quando perguntado sobre o Exército Sírio Livre, que *"I think drinks a lot of coffee in Istanbul"* e acrescentou que era um mito e não vira nenhum de seus soldados na Síria, que havia então percorrido como correspondente de *The Independent*, de Londres.[56]

A agência internacional alemã Deutsche Welle (DW), em 28 de novembro de 2014, apresentou em vídeo uma reportagem do jornalista Anthony Cartalucci, na qual mostrou que o Da'ish/ISIS/ISIL não era suprido de armamentos, roupas e alimentos apenas com recursos da "venda de óleo no mercado negro", "resgate de sequestrados" ou doações privadas provenientes da Arábia Saudita e Emirados Árabes, mas por países-membros da OTAN, no valor de bilhões de dólares, em caminhões que atravessavam diariamente a fronteira da Turquia com a Síria.[57] Em outra publicação, segundo Anthony Cartalucci, escreveu que estava claro, já em 2012, que a fronteira da Turquia, norte de Aleppo e Idlib, era a principal rota (a Jordânia, a segunda) por onde a OTAN realizava a introdução na Síria de armamentos e terroristas originários da Líbia.[58] Diversos repórteres haviam *"amply-documented role of the NATO-Gulf-Zionist-Turkey alliance"*, em armar, treinar e possibilitar o trânsito de terroristas do denominado Exército Sírio Livre. A OTAN chegou a usar inclusive paraquedas a fim de enviar as armas aos terroristas de Jabhat al-Nusra, a Frente Islâmica e Da'ish, em mais de uma ocasião.[59]

A DESORDEM MUNDIAL

O presidente Putin sempre esteve muito bem informado de que os Estados Unidos e seus aliados, como no passado, financiavam e armavam diretamente os rebeldes além de fornecer os mercenários de diversos países para preencher as suas fileiras. E, ao discursar, durante o encontro no Valdai International Discussion Club em 14 de outubro de 2014 (vizinhança de Veliky Novgorod), disse: "Deixem-me perguntar de onde esses rebeldes recebiam o dinheiro, armamentos e especialistas militares? De onde todos eles (dinheiro e armamentos) vinham? Como o notório ISIL maneja para tornar-se tão poderoso grupo, essencialmente uma real força armada?"[60] O Exército Sírio Livre fora de fato instituído pelos Estados Unidos e países ocidentais,[61] formado por oficiais desertores do Exército de Assad, e muitos, senão a maioria, aderiram ou já eram militantes do Da'ish/ ISIS/ISIL. Esses *moderates rebels*, que o presidente Obama abasteceu com armas, munições e outros petrechos bélicos, invadiram, em 8 de julho de 2013, a aldeia cristã Oum Sharshouh, nas cercanias da cidade de Homs, mataram muitos cristãos, incendiaram as casas e compeliram cerca de 250 famílias a se deslocarem da área.[62] Grande maioria dos *moderate rebels* pertencia, na realidade, à organização islâmica Dawlat al--'Iraq al-Islāmīyah, vinculada à al-Qa'ida no Iraque (AQI), que o senador *neocon* John McCain (Partido Republicano — Arizona), com a estolidez de sempre, considerava uma *heroic organization*.[63] Seu comandante era Abu Abdullah al-Rashid al-Baghdadi, substituído, depois, por Abu Bakr al-Baghdadi, que instituiu, em 8 de abril de 2013, o Estado Islâmico do Iraque e da Síria — Da'ish — e proclamou-se Califa Ibrahim, como sucessor do Profeta.

Não obstante, em meados de 2014, o presidente Obama requereu e o Congresso aprovou o montante de US\$ 500 milhões — montante maior do que o esperado — para treinar *moderate Syrian rebels*, em campos da Turquia e da Jordânia, e fornecer-lhes armamentos, expandir ainda mais a participação oblíqua dos Estados Unidos na guerra contra o regime de Bashar al-Assad.[64] E uma das razões, *inter alia*, foi compensar a perda dos lucros da indústria bélica e das empresas privadas militares, como a KBR (Kellogg Brown & Root, Inc.), divisão da Halliburton, contemplada, sem concorrência, pelo governo de George W. Bush com contratos para prestação de serviços no Iraque, da ordem de mais de US\$ 39,5 bilhões.[65]

O programa, proposto pelo presidente Obama, resultou, porém, no maior e ridículo fiasco.[66] Conforme revelou Peter Cook, o secretário de imprensa do Departamento de Defesa,[67] os primeiros graduados — entre 54 e 70 — da Divisão 30, após dois meses de treinamento e armados pelas Army Special Forces e CIA, a um custo de US$ 41,8 milhões, passaram, em 31 de julho de 2015, da Turquia para a Síria, nas circunvizinhanças de Azaz e Bab al-Salama, ao norte de Aleppo. Mas, logo atacados, na vila Mariameen, pelas milícias da Jabhat al-Nusra, fugiram, outros morreram e/ou foram capturados, inclusive o tenente Farhan al-Jassem, com todos os armamentos pesados, cerca de 25% do total fornecido pelo Pentágono.[68] Tais "rebeldes moderados", recrutados pelo U.S. Central Command (CENTCOM), eram mercenários, muitos de etnia turca, outros árabes dos mais diversos países, e ganhavam mensalmente salários de US$ 225, como soldados, e US$ 350, os oficiais.[69]

Essa informação não podia surpreender o CENTCOM do Pentágono. O comandante dos "*moderate rebels*", 'Abd al-Jabbar al-Okaidi, retirou-se da frente de batalha, criticando o pouco apoio dos Estados Unidos e da Grã-Bretanha,[70] mas a verdade é que tinha "bom" relacionamento com os "irmãos" do Da'ish.[71] Em setembro de 2014, o Syrian Observatory for Human Rights informou que o tal Exército Sírio Livre, comandado pelo coronel Riad al-Asaad, havia firmado um pacto de não agressão com o Da'ish, porquanto a prioridade era derrubar o presidente Bashar al-Assad.[72] E, em abril de 2015, entre 9.000 e 12.000 jihadistas de aproximadamente 40 grupos terroristas wahhabistas/salafistas, entre os quais Ahrar al-Sham, Jund al-Aqsa, Liwa al-Haqq, Jaysh al-Sunna, Ajnad al-Sham e Faylaq al-Sham, integrantes da aliança Jaysh al Fateh (Exército de Conquista), conquistaram a estratégica cidade de Jisr al-Shughour, rota entre Aleppo e Latakia no litoral do Mediterrâneo. Eram liderados pela Jabhat al-Nusra, *franchise* de al-Qa'ida no Iraque (AQI), e contaram com a adesão da 13ª Divisão do Exército Sírio Livre, que atacou as forças do governo do presidente Bashar al-Assad através das linhas de Idilib.[73] A cidade de Jisr al-Shughour foi, porém, libertada dias depois pelas forças do presidente Bashar al-Assad.

Ao longo de sua expansão, desde Bab e Manbij, ao leste da província de Aleppo, na Síria, e de conquistar sua capital, al-Raqqa, onde estabele-

A DESORDEM MUNDIAL

ceu o quartel-general, e a província de Hasaka, o Da'ish ocupou e espargiu o terror por centenas de milhas. Traspassou a fronteira da Síria com o Iraque, dominou o rio Eufrates e uma população em torno de oito milhões de habitantes, ademais de controlar onze campos de óleo com produção entre 25.000 e 40.000 barris diários, no valor estimado em US$ 1,2 milhão, contrabandeados para o Irã, Curdistão, Síria e Turquia.[74] Os jihadistas, somente dos campos marginais no norte do Iraque, obtinham recursos no montante de US$ 730 milhões por ano, o bastante para financiar suas operações além das fronteiras do país.[75] De fato, o deputado do Partido Popular Republicano, Mehmet Ali Ediboğlu, eleito pela província de Hatay (Turquia, fronteira com a Síria), denunciou, em meados de 2014, que o Da'ish/ISIS/ISIL havia ganho US$ 800 milhões com a venda na Turquia do petróleo das regiões ocupadas (dos campos de Rumeilan, norte da Síria — e depois de Mossul, norte do Iraque, região do rio Tigris).[76] E Luay Al Khatteeb, diretor do Iraq Energy Institute, informou que o óleo cru e refinado para comércio em dinheiro (cash) era tratado em refinarias da Síria, que o Da'ish havia capturado,[77] e "era transportado por tanques para a Jordânia, via a província de Anbar, para o Irã via Curdistão, para a Turquia via Mossul, e para os mercados locais da própria Síria, sob seu controle".[78]

Não obstante o apoio da Arábia Saudita, Qatar e outros emirados, o Da'ish provavelmente alentava o objetivo de ocupar Meca e Medina, as cidades mais sagradas do Islã, apossar-se da bacia de petróleo e gás existente no Golfo Pérsico, e eliminar as fronteiras de todo o Oriente Médio e adjacências na África.[79] Estimava-se que seus recursos, em fins de 2014, ultrapassassem o montante de US$ 2 bilhões.[80] E, além do contrabando de petróleo, a extorsão, taxação das populações dominadas, resgates, confisco de depósitos dos bancos e venda de pequenas antiguidades, destinadas ao mercado de Londres, contribuíram para que os jihadistas acervassem fortuna cada vez maior.[81] Grande parte do tráfico, que também incluía drogas, era realizada através do Sahara por jihadistas de al-Qa'ida no Maghrib Islâmico (AQMI) e outros operadores igualmente criminosos, mas menos ideológicos, que trabalhavam apenas pelo dinheiro. As drogas provinham, principalmente, da América do Sul e chegavam por barco e por avião à costa da África Ocidental, e daí eram transportadas (por avião e outros meios) até a margem do deserto, a partir de onde os traficantes do Sahara encarregavam-se de entregar os recursos aos diversos grupos terroristas.

Ao entrarem no Iraque, no início de 2014, os jihadistas do Exército Islâmico, Jabhat al-Nusra e outros, contando com o suporte das milícias sufistas Naqschbandīya, saquearam diversas cidades, entre as quais Fallujah, Ramad, Kirkuk, Tikrit, onde nascera Saddam Hussein, e Mossul, ao tempo em que também conquistaram bases e arsenais do Exército iraquiano, tais como, *inter alia*, Atareb, Taftanaz, Jirah e Tiyas, onde apresaram os armamentos fornecidos pelos Estados Unidos — F-16, helicópteros Apache, Humvees, tanques M-1, mísseis antitanques e carros blindados BGM-71 TOW, fabricados pela Eagle-Piche IND (Indiana) Inc., e toda uma tropa de blindados.[82] As divisões do Exército iraquiano nem resistiram. Debandaram e muitos soldados e policiais sunitas aderiram ao Da'ish, apesar de que os Estados Unidos houvessem gasto aproximadamente US$ 25 bilhões no treinamento das tropas, durante vários anos.[83] Assim os jihadistas avançaram, ocuparam Baquba, a 60 km (37 milhas) de Bagdá, e realizaram sucessivos massacres, com a dimensão de genocídio. Não faziam prisioneiros. Degolavam massivamente os que se rendiam ou capturavam e praticaram crimes sexuais, violentando mulheres das minorias religiosas — assírios cristãos, católicos, yazidis,[84] cujas vilas ao sul do monte Sinjar, nordeste do Iraque, atacaram, em agosto de 2014. Após executar entre 2.000 e 5.000 homens, mulheres e crianças, violentaram e capturaram cerca ou mais de 3.000 jovens, para usá-las como escravas sexuais. Uma delas, após sua libertação, prestou depoimento no Congresso dos Estados Unidos e revelou que foi brutalmente estuprada e escravizada por um jihadista do alto-comando do Da'ish, muito branco, de origem americana, de mais ou menos 23 anos, chamado Abu Abdullah al-Amriki (o Americano).[85] Abdullah é um dos mais de 250 cidadãos americanos, entre mais de 4.500 ocidentais, recrutados pelo Da'ish, dentro do qual a comunidade de jihadistas estrangeiros — Al Muhajirun[86] — cada vez mais recresceu, estimando-se em média 1.000 por mês, desde 2011.[87] O número de estrangeiros entre os jihadistas elevou-se de 8.500, calculados em 2013, para mais ou menos 15.000, em 2014,[88] e ultrapassou 25.000, quase 30.000, mais do que o triplo, em setembro de 2015, conforme relatório do Homeland Security

A DESORDEM MUNDIAL

Committee, da House of Representatives.[89] Os bombardeios efetuados pela coalização sob a liderança dos Estados Unidos não impediram o Da'ish de incrementar seus efetivos, com aproximadamente 50% ou mais de estrangeiros, e expandir sua influência ao Afeganistão, Egito, Líbia, com 5.000 jihadistas no início de 2015, Tunísia e outros países da África, onde recebeu a adesão dos grupos islâmicos terroristas Boco Haram, na Nigéria, e al-Shabaab, no Quênia.[90]

NOTAS

1. "Influencing the SARG in the end of 2006", 13 de dezembro de 2006. Disponível em: <https:/wikileaks.org/cable/2006/12/06DAMASCUS5399.html>. *The Wikileak Files — The World According to U.S. Empire — With an Introduction by Julian Assange*. Londres/Nova York, pp. 298–299.
2. *Ibidem.*
3. Itamar Rabinovich, 2012, p. 52; Luiz Alberto Moniz Bandeira, 2014, pp. 372–373.
4. "Libya: US and EU say Muammar Gaddafi must go". *BBC* — Seccion Africa, 11 de março de 2011. Disponível em: <http://www.bbc.com/news/world-europe-12711162>.
5. "Flashback 2011: Hillary Clinton Laughs About Killing Moammar Gaddafi: 'We Came, We Saw, He Died!'". *Real Clear Politics* (Video), 19 de junho de 2015. Disponível em: <http://www.realclearpolitics.com/video/2015/06/19/flashback_2011_hillary_clinton_laughs_about_killing_moammar_gaddafi_we_came_we_saw_he_died.html>.
6. Michael Morell & Bill Harlow, 2015, pp. 188–191.
7. *Ibidem*, p. 181.
8. *Ibidem*, p. 195.
9. Scott Wilson & Joby Warrick, "Assad must go, Obama says". *The Washington Post*, 18 de agosto de 2011.
10. Henry A. Kissinger, "Syrian intervention risks upsetting global order", *The Washington Post*, 2 de junho de 2012.
11. *"We went into Libya and we got rid of that terrible Qaddafi, now it's a jihadist wonderland over there. [...] There's jihadists everywhere. If we were to get rid of Assad it would be a jihadist wonderland in Syria. It's now a jihadist wonderland in Iraq, precisely because we got over-involved."*; Laura Basset, "Rand Paul: We Created 'Jihadist Wonderland' In Iraq". *Huffpost Politics*, 23 de junho de 2014. Disponível em: <http://www.huffingtonpost.com/2014/06/22/rand-paul-iraq_n_5519287.html>; Kurt Nimmo, "Sen. Feinstein: 'There Will Be Plots to Kill Americans'". Infowars.com On June 23, 2014. *In: Featured Stories, Infowars Exclusives, Tile*. Disponível em: <http://www.infowars.com/sen-feinstein-there-will--be-plots-to-kill-americans/print/>.

12. Laura Bassett, "Rand Paul: We Created 'Jihadist Wonderland' In Iraq". *The Huffington Post — Huff Post*, 23 de junho de 2014. Disponível em: <http://www.huffingtonpost.com/2014/06/22/rand-paul-iraq_n_5519287.html>.

13. Vide Luiz Alberto Moniz Bandeira, 2014, pp. 395–402.

14. Arnold Schuchter, 2004, p. 118; Peter Dale Scott, 2003 p. 35.

15. Mary Shelley, 1818 Edition 2015, pp. 106–107.

16. *Ibidem*.

17. "Al-Qaida als Franchise-System — Lose verbunden, unabhängig finanziert, zu Ad-hoc-Kämpfern ausgebildet: Die neue Terroristen-Generation ist nicht kontrollierbar". *Die Welt*, 8 de julho de 2014.

18. "Cause of Syrian civil war, ISIS & Western propaganda: Assad interview highlights". *RT*, 18 de setembro de 2015. Disponível em: <http://www.rt.com/news/315848-assad-syria-isis-interview/>.

19. Bruno Schirra, 2015, pp. 174–180.

20. *Ibidem*, p. 184,

21. Dieter Bednarz *et al.* (Spiegel Staff). "A Country Implodes: ISIS Pushes Iraq to the Brink". *Spiegel Online*, 17 de junho de 2014. Disponível em: <http://www.spiegel.de/international/world/the-implosion-of-iraq-at-the-hands-of-the-isis-islamists-a-975541.html>.

22. John Hall (for *MailOnline*), "Meet the Peshmerga's International Brigade: From IT workers to ex-soldiers, the men from the West teaming up with Kurdish forces to fight ISIS." *MailOnline*, 21 de abril de 2015. Disponível em: <http://www.dailymail.co.uk/news/article-3049019/Peshmerga-s-foreign-legion-fighting-alongside-defeat-ISIS-workers-ex-soldiers-brave-men-world-teaming-Kurdish-forces.html>.

23. Margo Kirtikar, *Once Upon a Time in Baghdad: The Two Golden Decades The 1940s and 1950s*. Crossways, Dartford (U.K.); Xlibris Corporation, 2011, pp. 270–271.

24. "Strategic Errors of Monumental Proportions. What Can Be Done in Iraq?". Lt. Gen. William E. Odom (Ret.). Text of testimony before the Senate Foreign Relations Committee, 18 January 2007. *AntiWar.com*, 26 de janeiro de 2007. Disponível em: <http://www.antiwar.com/orig/odom.php?articleid=10396>.

25. *Ibidem*.

26. Michael Morell & Bill Harlow, 2015, p. 196.

27. *Ibidem*.

28. Vladimir Putin, "The World Order: New Rules or a Game without Rules". Meeting of the Valdai International Discussion Club. 24 October 2014, 19:00, Sochi. *Official site of the President of Russia*. Disponível em: <http://en.kremlin.ru/events/president/news/46860>. Acessado em 12 de outubro de 2015.

29. Emily Dyer & Oren Kessler & Kit Waterman & Samuel James Abbott, *Terror in the Sinai*. Londres: The Henry Jackson Society, 2014, p. 4. Disponível em: <http://henryjacksonsociety.org/wp-content/uploads/2014/05/HJS-Terror-in-the-Sinai-Report-Colour-Web.pdf>.

30. Steven A. Cook & Eni Enrico Mattei (Senior Fellow for Middle East and Africa Studies), "How to Get Egypt's Generals Back on Our Side". *ForeignPolicy.com*, 5

de janeiro de 2015. Disponível em: <http://www.cfr.org/egypt/get-egypts-generals--back-our-side/p35922>.

31. CIA — The World Fact Book. Disponível em: <https://www.cia.gov/library/publications/the-world-factbook/geos/ym.html>.

32. Até 1990, o Iêmen esteve dividido em dois Estados: República Árabe do Iêmen (Iêmen do Norte) e a República Democrática do Iêmen (Iêmen do Sul).

33. Jeremy Scahill, "The CIA's Secret Sites in Somalia Renditions, an underground prison and a new CIA base are elements of an intensifying US war, according to a Nation investigation in Mogadishu". *The Nation*, 10 de dezembro de 2014. Disponível em: <http://www.thenation.com/article/cias-secret-sites-somalia/>.

34. Siobhan Gorman & Adam Entous, "CIA Plans Yemen Drone Strikes — Covert Program Would Be a Major Expansion of U.S. Efforts to Kill Members of al Qaeda Branch". *The Wall Street Journal*, 14 de junho de 2011.

35. Jack Serle, "Drone strikes in Yemen — Analysis: What next for Yemen as death toll from confirmed US drone strikes hits 424, including 8 children". *The Bureau of Investigative Journalism,* 30 de janeiro de 2015. Disponível em: <https://www.thebureauinvestigates.com/2015/01/30/analysis-death-toll-drone-strikes-yemen--crisis-what-next/>.

36. Kareem Fahim, "Saudis Face Mounting Pressure over Civilian Deaths in Yemen Conflict". *The New York Times,* 29 de setembro 2015.

37. "Yemen: Yemen — Conflict (ECHO, UN, EP, Media) (ECHO Daily Flash of 29 February 2016) 29 de fevereiro de 2016. *UN Office for the Coordination of Humanitarian Affairs Country*: Iraq, Jordan, Nepal, Nigeria, Ukraine, World, Yemen — European Commission Humanitarian Aid Office Country: Saudi Arabia, United Arab Emirates, Yemen". Disponível em: <http://www.unocha.org/aggregator/sources/80>; Khaled Abdullah, "UN 'conservative estimates' show 700 children among 6,000 Yemen fatalities". *RT*, 17 de fevereiro de 2016. Disponível em: <https://www.rt.com/news/332710-yemen-humanitarian-catastrophe-fatalities/>.

38. "Yemen needs peace, not more bombs February 29, 2016". Disponível em: <http://controlarms.org/en/>; "Campaigners urge States to stop selling billions of dollars in weapons to Saudi Arabia that are killing civilians in Yemen", 26 de fevereiro de 2016. Disponível em: <http://controlarms.org/en/news/campaigners-urge-states--to-stop-selling-billions-of-dollars-in-weapons-to-saudi-arabia-that-are-killing-civilians-in-yemen/>.

39. Nawal al-Maghafi. "Yemen is becoming the new Syria — and Britain is directly to blame. Our support for the brutal Saudi Arabian intervention is creating a lawless wasteland where extremist groups like ISIL can thrive". *The Telegraph*, 24 de fevereiro de 2016. Disponível em: <http://www.telegraph.co.uk/news/worldnews/middleeast/yemen/12171785/Yemen-is-becoming-the-new-Syria-and-Britain-is--directly-to-blame.html>.

40. Barak A. Salmoni & Bryce Loidolt & Madeleine Wells, "Regime and Periphery in Northern Yemen — The Huthi Phenomenon". *National Defense Research Institute — RAND*, 2010. pp. 264–265. Prepared for the Defense Intelligence Agency.
Disponível em: <http://www.rand.org/content/dam/rand/pubs/monographs/2010/RAND_MG962.pdf>.

41. O *Sykes-Picot agreement* foi negociado secretamente, durante a Primeira Guerra Mundial (maio de 1916) pelos diplomatas François Georges-Picot, da França, e sir Mark Sykes, da Grã-Bretanha, com a concordância da Rússia, ainda sob o reinado do czar Nicolau II Romanov (1894–1917). A linha de fronteira, desenhada pelos diplomatas Sykes e Picot, corria do Acre (Akko), na baía de Haifa, na costa do Mediterrâneo, até Kirkuk, na proximidade da Pérsia, e os Estados, que então nasceram, configuraram um mosaico de etnias, culturas, religiões, seitas e subseitas, clãs e tribos, grande maioria nômades, que viviam nos desertos da Arábia.

42. Søren Kierkegaard, 1993, pp. 58–59, 140–141.

43. Emmanuel Sivan, 1985, pp. 117–118.

44. Paulo Craig Roberts Interviewed by the *Voice of Russia*, 27 de junho de 2014-US war against Russia is already underway. *PaulCraigRoberts.org*. Disponível em: <http://www.paulcraigroberts.org/2014/07/01/us-war-russia-already-underway--pcr-interviewed-voice-russia/>.

45. Ron Paul, "After a Twelve Year Mistake in Iraq, We Must Just March Home". *The Ron Paul Institute for Peace & Prosperity*, 22 de março de 2015. Disponível em: <http://www.ronpaulinstitute.org/archives/featured-articles/2015/march/22/after--a-twelve-year-mistake-in-iraq-we-must-just-march-home/>.

46. *Ibidem.*

47. *Ibidem.*

48. *Ibidem.*

49. *Ibidem.*

50. Daniel Lazare, "Climbing into Bed with Al-Qaeda". *Information Clearing House,* 2 de maio de 2015. Disponível em: <http://www.informationclearinghouse.info/article41742.htm>; "Media Blacks Out Pentagon Report Exposing U.S. Role In ISIS Creation". *MintPress*. Disponível em: <http://www.mintpressnews.com/media--blacks-out-pentagon-report-exposing-u-s-role-in-isis-creation/206187>.

51. *Judicial Watch — Documents Archive.* — Pgs. 1–3 (2–3) from JW v DOD and State 14–812. Disponível em: <http://www.judicialwatch.org/wp-content/uploads/2015/05/Pgs.-1-3-2-3-from-JW-v-DOD-and-State-14-812-DOD-Release-2015-04-10-final-version1.pdf>.

52. *Judicial Watch*: Defense, State Department Documents Reveal Obama Administration Knew that al Qaeda Terrorists Had Planned Benghazi Attack 10 Days in Advance. 18 de maio de 2015. Disponível em: <http://www.judicialwatch.org/press-room/press-releases/judicial-watch-defense-state-department-documents-reveal-obama--administration-knew-that-al-qaeda-terrorists-had-planned-benghazi-attack-10--days-in-advance/>.

53. Charles R. Lister,*The Islamic State — A Brief Introduction*. Washington, D.C., Brooking Institution Press, 2015, p. 5.

54. David E. Sanger, "Rebel Arms Flow Is Said to Benefit Jihadists in Syria". *The New York Times*, 14 de outubro de 2012.

55. "Russian Foreign Minister calls Free Syrian Army 'phantom' group', October 05". Disponível em: <http://tass.ru/en/politics/826244>. Acessado em 5 de outubro de 2015.

56. "Syrian soldiers are fighting for their lives as well as their country". Robert Fisk, Middle East correspondent for the Independent discusses the current situation in Syria. Transcript. Reporter: Emma Alberici. *Lateline,* Broadcast: 10 de novembro de 2014. Disponível em: <http://www.abc.net.au/lateline/content/2014/s4125600.htm>.

57. Anthony Cartalucci, "Focus on Europe'IS' supply channels through Turkey". "Every day, trucks laden with food, clothing, and other supplies cross the border from Turkey to Syria. It is unclear who is picking up the goods. The haulers believe most of the cargo is going to the 'Islamic State' militia. Oil, weapons, and soldiers are also being smuggled over the border, and Kurdish volunteers are now patrolling the area in a bid to stem the supplies" (Video). *Deutsche Welle (DW),* 28 de novembro de 2014. Disponível em: <http://www.dw.com/en/is-supply-channels-through--turkey/av-18091048>.

58. Tony Cartalucci, "US-Turkey 'Buffer Zone' to Save ISIS, Not Stop Them". *NEO (New Eastern Outlook).* Disponível em: <http://journal-neo.org/2015/10/24/us--turkey-buffer-zone-to-save-isis-not-stop-them/>.

59. Eva Bartlett, "Distorting the story of Syria's Heritage destruction". *Crescente International,* fevereiro de 2015. Disponível em: <http://www.crescent-online.net/2015/02/distorting-the-story-of-syrias-heritage-destruction-eva-bartlett-4815--articles.html>.

60. Vladimir Putin, "The World Order: New Rules or a Game without Rules". Meeting of the Valdai International Discussion Club. 24 October 2014, 19:00, Sochi. *Official site of the President of Russia.* Disponível em: <http://en.kremlin.ru/events/president/news/46860>. Acessado em 12 de outubro de 2015.

61. Peter Scholl-Latour, 2014, pp. 11–12.

62. "Editors Christians Massacred by 'Free' Syrian Army Terrorists (Rebels)". *Ortodox Net.com.Blog.* 24 de agosto de 2013. Disponível em: <http://www.orthodoxytoday.org/blog/2013/08/christians-massacred-by-free-syrian-army-terrorists-rebels/>; Robert Spencer, "U.S. training Free Syrian Army in Jordan — a group that violently targets Christians". *Jihad Watch,* 7 de fevereiro de 2014. Disponível em: <http://www.jihadwatch.org/2014/02/u-s-training-free-syrian-army-in-jordan-a-group-that-violently-targets-christians>; Tom Cohland & Norhan Keshik, "West bankrolls Free Syrian Army fightback". *The Times — The Australian,* 8 de fevereiro de 2014. Disponível em: <http://www.theaustralian.com.au/news/world/west--bankrolls-free-syrian-army-fightback/story-fnb64oi6-1226820979028?nk=7f805021fdbcc30f4ca8b9d3cd537c47#>.

63. Alex Newman, "What is the Obama-backed Free Syrian Army?". *New American,* 17 de setembro de 2013. Disponível em: <http://www.thenewamerican.com/world--news/asia/item/16550-what-is-the-obama-backed-free-syrian-army>.

64. Julian E. Barnes & Adam Entous & Carol E. Lee, "Obama Proposes $500 Million to Aid Syrian Rebels — Program to Train and Equip Moderate Opposition Would Expand U.S. Role in Civil War". *The Wall Street Journal,* 26 de junho de 2014.

65. Angelo Young, "And The Winner For The Most Iraq War Contracts Is... KBR, With $39.5 Billion In A Decade". *International Business Times,* 19 de março de 2013. Disponível em: <http://www.ibtimes.com/winner-most-iraq-war-contracts-kbr-395-billion--decade-1135905>; *RSN.* Disponível em: <http://readersupportednews.org/news--section2/308-12/16561-focus-cheneys-halliburton-made-395-billion-on-iraq-war>.

66. Eric Schmitt & Ben Hubbard, "U.S. Revamping Rebel Force Fighting ISIS in Syria". *The New York Times*, 6 de setembro de 2015. Disponível em: <http://www.nytimes.com/2015/09/07/world/middleeast/us-to-revamp-training-program-to-fight--isis.html>. Acessado em 7 de setembro de 2015.

67. Richard Sisk, "Syrian Rebel Training Program Costs Millions and Counting". *DoD--Buzz — Military.com Network*, 9 de setembro de 2015. Disponível em: <http://www.dodbuzz.com/2015/09/09/syrian-rebel-training-program-costs-millions-and--counting/>; Martin Matishak, "$42 Million for 54 Recruits: U.S. Program to Train Syrian Rebels Is a Disaster". *The Fiscal Times*, 10 de setembro de 2015. Disponível em: <http://www.thefiscaltimes.com/2015/09/10/42-Million-54-Recruits--US-Program-Train-Syrian-Rebels-Dud>.

68. *Ibidem*; Karen Deyoung, "Commander of U.S.-backed rebels captured by al-Qaeda militants in Syria". *The Washington Post*, July 30, 2015. "West suffers new Syria setback as US-trained rebels arrested". *The Times*, 21 de setembro de 2015. Disponível em: <http://www.thetimes.co.uk/tto/news/world/middleeast/article4562713.ec>; "Capture of U.S.-Trained Fighters in Syria Sets Back Fight Against ISIS — Lieutenant Farhan al-Jassem spoke to the Center for Public Integrity before he was taken". *Syrian Observatory for Human Rights*, 3 de agosto de 2015. Disponível em: <http://www.syriahr.com/en/2015/08/capture-of-u-s-trained-fighters-in-syria-sets--back-fight-against-isis/>; "Syria's rebel fighters recruited to fight Isis, but captured and beaten by Jabhat al-Nusra for 'collaborating with crusaders'". *The Independent*, 28 de setembro de 2015. Disponível em: <http://www.independent.co.uk/news/world/middle-east/syrias-rebel-fighters-recruited-to-fight-isis-but-captured-and-beaten-by-jabhat-alnusra-for-collaborating-with-crusaders-10432686 html>; "Syria conflict: 75 US-trained rebels crossed into Syria from Turkey, monitoring group says". *ABC News*. Disponível em: <http://www.abc.net.au/news/2015-09-20/75-us-trained-rebels-enter-syria-monitoring-group-says/6790300>.

69. Eric Schmitt & Ben Hubbard, "U.S. Revamping Rebel Force Fighting ISIS in Syria". *The New York Times*, 6 de setembro de 2015. Disponível em: <http://www.nytimes.com/2015/09/07/world/middleeast/us-to-revamp-training-program-to-fight--isis.html>. Acessado em 7 de setembro de 2015.

70. Ruth Sherlock, "Syria rebel quits after battlefield defeat — Syria rebel commander lashes out at his western patrons as he quits in protest at losses to regime". *The Telegraph*, 4 de novembro de 2013. Disponível em: <http://www.telegraph.co.uk/news/worldnews/middleeast/syria/10425001/Syria-rebel-quits-after-battlefield-defeat.html>.

71. Eva Bartlett, "Distorting the story of Syria's Heritage destruction". *Crescent International*, fevereiro de 2015. Disponível em: <http://www.crescent-online.net/2015/02/distorting-the-story-of-syrias-heritage-destruction-eva-bartlett-4815--articles.html>.

72. Rebecca Shabad, "US-backed Rebels and Islamic State sign Ceasefire/Non-aggression Pact — ISIS, Syrian rebels reach ceasefire". *Information Clearing House,* 13 de setembro de 2014. Disponível em: <http://www.informationclearinghouse.info/article39665.htm. MEE staff>; "Free Syrian Army will not join US-led coalition

against IS">; *Nairaland*, 14 de setembro de 2014. Disponível em: <http://www.nairaland.com/1902522/free-syrian-army-not-join>.

73. Lizzie Dearden, "Jabhat al-Nusra seizes control of major Syrian government stronghold with rebel coalition — The city of Jisr al-Shughur lies on a strategic motorway from the capital to coast". *The Independent*, 25 de abril de 2015. Disponível em: <http://www.independent.co.uk/news/world/middle-east/jabhat-al-nusra-seizes-control-of-major-syrian-government-stronghold-with-jihadist-coalition-10203764.html>.

74. Chris Dalby, "Who Is Buying The Islamic State's Illegal Oil?". *OilPrice.com*, 30 de setembro de 2014. Disponível em: <http://oilprice.com/Energy/Crude-Oil/Who-Is--Buying-The-Islamic-States-Illegal-Oil.html>; Claude Salhani, "Islamic State's Ultimate Goal: Saudi Arabia's Oil Wells". *OilPrice.com*, 9 de setembro de 2014. Disponível em: <http://oilprice.com/Geopolitics/Middle-East/Islamic-States-Ultimate-Goal-Saudi-Arabias-Oil-Wells.html>.

75. Luay Al-Khatteeb (Special to CNN), "How Iraq's black market in oil funds ISIS". *CNN*, 22 de agosto de 2014. Disponível em: <http://edition.cnn.com/2014/08/18/business/al-khatteeb-isis-oil-iraq/>. Acessado em 2 de outubro de 2015.

76. Guler Vilmaz, "Opposition MP says ISIS is selling oil in Turkey" — "The Islamic State of Iraq and al-Sham (ISIS) has been selling smuggled Syrian oil in Turkey worth $800 million, according to Ali Ediboglu, a lawmaker for the border province of Hatay from the main opposition Republican People's Party (CHP)". *Al-Monitor*, 13 de junho de 2014. Disponível em: <http://www.al-monitor.com/pulse/business/2014/06/turkey-syria-isis-selling-smuggled-oil>.

77. *Ibidem*. Chris Dalby, "Who Is Buying The Islamic State's Illegal Oil?" *OilPrice.com*, 30 de setembro de 2014. Disponível em: <http://oilprice.com/Energy/Crude-Oil/Who-Is-Buying-The-Islamic-States-Illegal-Oil.html>. Acessado em 2 de outubro de 2015.

78. *Ibidem*.

79. Claude Salhani, "Islamic State's Ultimate Goal: Saudi Arabia's Oil Wells". *OilPrice.com*, 9 de setembro de 2014. Disponível em: <http://oilprice.com/Geopolitics/Middle-East/Islamic-States-Ultimate-Goal-Saudi-Arabias-Oil-Wells.html>.

80. Catherine Shakdam, "Genesis: The real story behind the rise of ISIS". *RT*, 25 de julho de 2015. Disponível em: <http://www.rt.com/op-edge/310731-isis-rise-support-terror/>.

81. Tarek Radwan, "Top News: Syrian Antiquities and the ISIS Billion-Dollar Economy". *Atlantic Council*, 26 de agosto de 2015. Disponível em: <http://www.atlanticcouncil.org/en/blogs/menasource/top-news-syrian-antiquities-and-the-isis-s--billion-dollar-economy>.

82. Dieter Bednarz *et al.* (Spiegel Staff), "A Country Implodes: ISIS Pushes Iraq to the Brink". *Spiegel Online*, 17 de junho de 2014. Disponível em: <http://www.spiegel.de/international/world/the-implosion-of-iraq-at-the-hands-of-the-isis-islamists--a-975541.html>.

83. *Ibidem*.

84. Os yazidis, minoria que professa uma religião sincrética, que se compõe de elementos cristãos, islâmicos e de zoroastrismo, são etnicamente curdos e estima-se que sua população fosse de 700 mil pessoas, a maioria concentrada nas imediações do monte Sinjar.

85. "ISIS told Yazidi sex slaves that rape is part of their twisted corruption of Islam". *Mirror*, 14 de agosto de 2015. Disponível em: <http://www.mirror.co.uk/news/world-news/isis-told-yazidi-sex-slaves-6251415>; "Yazidi Slave Reveals: American Jihadi is 'Top ISIS Commander'". *AlulBayt News Agency* (*BNA*), 29 de setembro de 2015. Disponível em: <http://en.abna24.com/service/middle-east-west-asia/archive/2015/09/29/712912/story.html>; PARRY, Hannah (*Dailymail.com*). "Yazidi sex slave claims she was raped by 'white American ISIS jihadi' in Syria". *Daily Mail*, 24 de setembro de 2015. Disponível em: <http://www.dailymail.co.uk/news/article-3248173/Yazidi-sex-slave-claims-raped-American-teacher-turned-ISIS-jihadi--testify-Congress.html>. Acessado em 29 de setembro de 2015.

86. Thomas Joscelyn, "Jihadist front established to represent foreign fighters in Syria". *The Long War Journal — Foundation for Defense of Democracies*. Disponível em: <http://www.longwarjournal.org/archives/2015/07/jihadist-front-established-to--represent-foreign-fighters-in-syria.php>.

87. "Final Report of the Task Force on Combating Terrorist and Foreign Fighter Travel". *Homeland Security Committee — U.S. House of Representatives*, 29 de setembro de 2015. Disponível em: <https://homeland.house.gov/wp-content/uploads/2015/09/TaskForceFinalReport.pdf>, pp. 11–12. Acessado em 28 de setembro de 2015. "Number of foreign fighters in Syria has doubled in past year — report". *RT*, 27 de setembro de 2015. Disponível em: <https://www.rt.com/news/316644-jihadists-flow-double-syria/>. Acessado em 28 de setembro de 2015.

88. Michael Weiss & Hassan Hassan, 2015, pp. 166–167.

89. "Final Report of the Task Force on Combating Terrorist and Foreign Fighter Travel". *Homeland Security Committee — U.S. House of Representatives*, 29 de setembro de 2015. Disponível em: <https://homeland.house.gov/wp-content/uploads/2015/09/TaskForceFinalReport.pdf, pp. 11-12>.

90. *Ibidem*, pp. 11–13.

Capítulo 22

RESERVAS DE GÁS NA FAIXA DE GAZA ESTIMADAS EM 1,4 TRILHÃO DE METROS CÚBICOS • A VITÓRIA DO ḤAMĀS NAS ELEIÇÕES • OPERATION CAST LEAD • MASSACRE DE PALESTINOS E DESTRUIÇÃO NA FAIXA DE GAZA PELAS IDF • PREJUÍZOS DE US$ 2 BILHÕES • OPERATION PILLAR OF CLOUD • ARRASAMENTO DA INFRAESTRUTURA DE GAZA • CONTÍNUA EXPANSÃO DO ASSENTAMENTO E A CONSTRUÇÃO DO GRANDE ISRAEL — ERETZ ISRAEL • O ASSASSINATO DE YITZHAK RABIN • ELIMINAÇÃO DE YASSIR ARAFAT EXCOGITADA POR ARIEL SHARON E GEORGE W. BUSH • ASSASSINATO DE ARAFAT COM POLONIUM-210 • O IMPULSO DOS ASSENTAMENTOS SOB O GOVERNO DE BINYAMIN NETANYAHU

Os interesses da Arábia Saudita, Qatar e, inclusive Turquia, em fomentar a guerra civil na Síria entrelaçavam-se com os dos Estados Unidos e de alguns países da União Europeia. Eram econômicos, religiosos, geopolíticos e estratégicos, deveras complexos e mesmo contraditórios e inconciliáveis. A Arábia Saudita e demais Estados do Golfo Pérsico, não obstante os íntimos vínculos econômicos e financeiros com os Estados Unidos, que a corrupção no *swap* — petróleo/armamentos — sempre lastreou, tinham objetivos políticos e religiosos, como, *inter alia*, a predominância regional e o estabelecimento do Grande Califado, regido pela Shari'ah e as *hadith* do Profeta. Eram similares às pretensões do presidente Recep Tayyip Erdoğan da Turquia, com a Irmandade Muçulmana. Os propósitos dos Estados Unidos e seus *puppets governments* da França e Grã-Bretanha, porém, eram outros, tais como, *inter alia*, assumir o controle de todo o Mediterrâneo, acabar com as bases — Tartus e Latakia — que a Rússia lá operava, bem como impedir a complementação do gasoduto entre as

LUIZ ALBERTO MONIZ BANDEIRA

imensas reservas energéticas ao sul do Irã — Pars South — e Qatar, estimadas em 14 trilhões de metros cúbicos de gás natural e 18 bilhões de barris de gás condensado, no Golfo Pérsico, ao leste do Mediterrâneo e costa da Síria.[1]

Ao longo da costa da Faixa de Gaza, no ano 2000, haviam sido descobertas extensas reservas de gás, estimadas em 1,4 trilhão de metros cúbicos e avaliadas aproximadamente em US$ 4 bilhões pela British Gas (BG Group), com a qual a Autoridade Palestina havia firmado um contrato para a sua exploração. Em 2007, o ex-chefe do Estado-Maior das Forças Armadas de Israel (IDF), Moshe Ya'alon, publicamente, acusou o Conselho de Segurança do governo do primeiro-ministro Ehud Olmert de não haver ordenado operação na Faixa de Gaza, a fim de não prejudicar as negociações com a British Gas para a compra do gás a ser extraído da região.[2] Seu argumento, assim como o de Meir Dagan, chefe do Mossad, consistia em que os recursos da venda de gás, explorado em Gaza, financiariam ataques de terror contra Israel. No ano seguinte, em 27 de dezembro de 2008, o governo de Tel Aviv empreendeu a Operation Cast Lead, a invasão da Faixa de Gaza, onde o Ḥamās, acrônimo de Ḥarakat al-Muqāwamah al-'Islāmiyyah (Movimento Islâmico de Resistência), ganhara as eleições e assumira o poder, após breve conflito armado com a Autoridade Nacional Palestina, presidida por Mahmoud Abbas. As IDF, com apenas dezessete baixas, massacraram de 1.385 a 1.417 palestinos, dos quais mais de 1.000 civis, sobretudo mulheres e crianças, deixaram cerca de 5.000 a 7.000 feridos, e causaram enormes danos a 12.000 pessoas, que se dispersaram com a destruição de mais de 4.000 moradias, edifícios e grande parte de sua infraestrutura. Os prejuízos foram estimados em quase US$ 2 bilhões.[3] Os conflitos nunca cessaram na Palestina, sobremodo na Faixa de Gaza. E entre 14 e 21 de novembro de 2012, quatro anos após a Operation Cast Lead, a Israel Defense Force (IDF) lançou outra operação — Operation Pillar of Cloud/Pillar of Defence[4] — que resultou na morte de Ahmad El Ja'abari, comandante das Izz ad-Din al-Qassam,[5] do Ḥamās, e de cerca de 173 ou 174 civis palestinos, dos quais 107 eram civis, entre os quais 33 crianças e 13 mulheres, deixando ainda centenas de feridos, ademais de arrasar total ou parcialmente 382 residências, centros de saúde, bancos, mesquitas e dar à agricultura um prejuízo de US$ 20

A DESORDEM MUNDIAL

milhões.[6] Cerca de 2.300 palestinos foram desalojados e toda a população de Gaza sofreu com carência de abrigos, alimentos e cuidados médicos.[7] A represália das IDF foi brutal e assimétrica. Os foguetes do Ḥamās só haviam matado seis israelenses — quatro civis e um soldado — e injuriado 259 pessoas, das quais eram 239 civis, ademais de destruir 80 residências.[8] E a escalada da violência pelas IDF somente servia para manter o círculo vicioso do terrorismo e dos massacres.

Os conflitos na Palestina eram crônicos e inevitáveis, desde antes da própria criação de Israel, que mais ainda os recrudesceu, uma vez terminada a Primeira Guerra Mundial. Quando o poderoso banqueiro Lord Lionel W. Rothschild induziu o secretário do Foreign Office, Lord James A. Balfour, a declarar, em 2 de novembro de 1917, que a Grã-Bretanha iria favorecer *"the establishment in Palestine of a national home for the Jewish people (Eretz Yisrael)"*, a perspectiva da *perpetual* war delineou-se. O coronel Thomas E. Lawrence, que havia comandado a insurgência árabe contra o domínio otomano, na Primeira Guerra Mundial, divisou claramente o que ocorreria. E preveniu sir Gilbert Clayton, diretor do Military Intelligence (MI6) da Grã-Bretanha, no Egito, que a migração em massa de judeus para a Palestina, onde somente havia 58.000 da etnia contra 74.000 cristãos e esmagadora população muçulmana, estimada em 568.000, acenderia permanente conflito na região, uma vez que os camponeses árabes não se dispunham a ceder suas terras aos colonos judeus e a *"the Jewish influence in European finance might not be sufficient to deter the Arabs from refusing to quit — or worse!"*[9]. E aí predominou a crença de que Deus dissera a Abraão, como Voltaire acentuou, *"Je vous donnerait tut ce pais depuis le fleuve d'Egypt jusq'a l'Euprhate"* (Gênesis, 15:18).[10] O primeiro-ministro Binyamin Netanyahu talvez imaginasse que poderia expandir a Terra de Israel, conforme Deus havia prometido, a estendê-la desde as águas do Nilo até o Eufrates. De qualquer modo, estava claro que seu propósito era ocupar não apenas a Judeia, Samaria e Galileia, as terras onde viveram David, Salomão, Isaiah e Jeremiah, mas toda a Palestina e ressuscitar o Grande Israel — Eretz Israel — onde nascera o povo judeu. Israel alargou suas fronteiras desde que ocorreu a catástrofe humanitária de 1948, al-Nakb, o êxodo de 700.000 árabes, após o despovoamento de Haifa, Jaffa, Acre, Nazareth, Safad e outras cidades e vilas, em

1948, estranguladas pelas forças paramilitares judaicas Haganah (The Defence), depois Israel Defence Forces (IDF).[11] Tel Aviv, nas negociações de paz com os países árabes (Egito, Iraque, Líbano, Arábia Saudita, Síria, Transjordânia e Iêmen), ao terminar a guerra de 1947–1948, tentou também incorporar a Faixa de Gaza à sua jurisdição.[12] Não conseguiu. O Egito vetou. Contudo, Israel, a vencer sucessivos conflitos armados (Guerra de Seis Dias, 1967; Guerra do Yom Kippur, 1973, e outras contendas), incorporou a maior parte do território da Palestina e prosseguiu a ocupação da Cisjordânia, a Banda Ocidental, mediante o confisco de terras e assentamento de colônias judaicas. Mais de 1 milhão de israelitas, sobreviventes do Holocausto, emigraram para Israel, entre 1949 e 1960. E o fluxo para Israel não cessou. De 1970 a 1980, Israel assenhoreou-se das terras de propriedade dos árabes refugiados, impedidos de regressarem.[13] Entre 1993 e 1998, confiscou mais de 117.000 dunums,[14] o equivalente a cerca de 28.9113.000 de acres, pertencentes a árabes refugiados ou a título de compensação de guerra.[15] Os Estados Unidos nada disseram. Nem podiam. Conquanto os israelitas não constituíssem mais de 2,2% de sua população, em 2014, sua influência no Congresso e dentro da Casa Branca atingia os níveis mais elevados, quase absoluto, dado seu imenso poder financeiro, e o poderoso *lobby* judaico — Israel Public Affairs Committee (AIPAC) — a derramar milhões de dólares nas eleições, podia influir pesadamente na política exterior de Washington. O confisco das terras dos palestinos foi *fait accompli*.[16] E Tel Aviv autorizou a construção de mais 15.000 unidades residenciais na Cisjordânia e o assentamento de mais de 55.000 colonos, entre 1993 e 1998.

Sob a administração do primeiro-ministro Binyamin Netanyahu (1996––1999), que assumiu o governo de Israel, vago com o assassinato de Yitzhak Rabin, por um fundamentalista israelense, em 1996, a expansão dos assentamentos ainda mais avançou, com o levantamento das restrições para construir na Banda Ocidental e na Faixa de Gaza. O número de colonos saltou para 380.000, em 1999, dividindo a Cisjordânia em cantões de palestinos, situados ao norte, centro e sul, sem conexões entre eles.[17] Esses assentamentos que tornavam mais e mais difícil, quase impossível, uma reversão, Catherine Ashton, alta representante da União Europeia para os Assuntos Estrangeiros e de Segurança, considerou que eram *"illegal under international law, an obstacle to peace and threaten the viability of a two-state solution"*.

Nem em Washington, pelo menos desde a administração do presidente Jimmy Carter, nem em Tel Aviv nunca houve efetiva e real motivação para solucionar o conflito na Palestina. Em 2002, ao ser recebido no Salão Oval pelo presidente George W. Bush, o rei Abdullah II, da Jordânia, percebeu que ele não tinha o menor interesse no processo de paz na Palestina.[18] O presidente George W. Bush somente atacou Yasser Arafat, acusando-o de estar ao lado dos terroristas e justificou não apenas a prisão domiciliar onde o primeiro-ministro Ariel Sharon (2001–2006) o mantinha, como a destruição da infraestrutura da Autoridade Palestina, na Cisjordânia.[19] E, quando o rei Abdullah referiu que o primeiro-ministro Ariel Sharon declarou *"his sorrow not eliminate Presidente Arafat in Lebanon, as if was a mistake he would like to correct now"*, o presidente George W. Bush respondeu que sim, que o melhor caminho para a paz era descarrilhar o que a impedia *"and what darails Peace is Terror"*.[20] E acentuou que *"more quickly we eliminate terror, the likely it we'll have a peaceful resolution in the region"*.[21] O próprio primeiro-ministro de Israel, Ariel Sharon, recebido no Salão Oval pelo presidente George W. Bush, em 8 de fevereiro de 2002, disse que ele e seu governo consideravam Arafat *"an obstacle to the Peace"* e que Arafat havia escolhido *"the strategy of terror"*.[22] Yassir Arafat, na equação do primeiro-ministro Ariel Sharon e do presidente George W. Bush, significava o terror. E eliminar o terror implicava o assassinato de Yassir Arafat (1929–2004), líder da Organização pela Libertação da Palestina e presidente da Autoridade Palestina (As-Sulṭah Al-Waṭaniyyah Al-Filasṭīniyyah), criada pelos acordos de Oslo, mediante os quais ele reconhecera o direito de existir do Estado de Israel, em troca da retirada de suas forças da Faixa de Gaza e da Cisjordânia (West Bank).

Entretanto, àquela mesma época, 2002, Graham E. Fuller, ex-vice-presidente do National Intelligence Council da CIA, escreveu em *The Los Angeles Times* que *"Sharon believes that Arafat's elimination is desirable, and most of the Israeli Cabinet is ready to assassinate him"*.[23] E acrescentou que Washington aquiescia com a estratégia de Sharon. *"If Israel is about to eliminate Arafat, fine, as long as Sharon and Bush are convinced that what succeeds him will be better, more malleable"*, comentou Graham E. Fuller.[24] O presidente George W. Bush já havia declarado à imprensa que os palestinos necessitavam de novos líderes e que só com a mudança, *i.e.*, a substituição de Arafat, os Estados Unidos apoiariam a criação do Estado palestino, cujas fronteiras seriam provisórias até a solução dos assentamentos.[25] O extrajudicial *killing* de Yassir Arafat, de fato, estava em discussão na Casa Branca,[26] defendido ardentemente pelo vice-presidente Dick Chenney com o presidente George W. Bush, desde agosto de 2001, antes da segunda intifada (setembro de 2000–fevereiro de 2005),[27] ocorrida após a visita de Ariel Sharon, líder do Likud, ao Templo da Montanha, onde se localizava a mesquita Al-Aqsa (Haram al-Sharif), e do atentado terrorista às torres gêmeas do WTC, em 11 de setembro daquele ano.[28] Entendiam, no entanto, que a Ariel Sharon se devia deixar a tarefa, uma vez que podia alegar, ante as críticas internacionais, que o fizera *"in self-defense, necessitated by Arafat's failure to stop bombings by Palestinian militants"*.[29] Ele, Sharon, apregoava, desde 1989, que o meio de acabar com a intifada era *"to eliminate the heads of the terrorist organizations and first of all Arafat"*.[30]

Mas a verdade era que Arafat não tinha meios de impedir a continuidade da intifada. Tentara algumas vezes e não lograra êxito. O terror realimentava-se com a opressão e a repressão do Estado de Israel, o terror das IDF. As pesquisas de opinião evidenciavam que 80% dos palestinos apoiavam os ataques com bombas e foguetes do Ḥamās como método de autodefesa contra a ocupação e a violência de Israel,[31] que lhes confiscava as terras, devastava a economia e impedia sua movimentação. Estavam desiludidos com os esforços de Arafat juntamente com Yitzhak Rabin, primeiro-ministro, de Shimon Peres, ministro para Assuntos Exteriores de Israel, de alcançar um entendimento, esforços que os levaram a compartilhar o Prêmio Nobel de Paz, em 1994. A intifada refletia desespero, frustração e impotência dos palestinos ante a dura e sangrenta repressão das IDF, que estavam a empreender, em 2001, com a detenção de centenas de pessoas e *extrajudicial killings*.[32] As violências recresceram à medida que os palestinos tinham suas terras espoliadas e os assentamentos israelenses se expandiam.

A primeira tentativa de eliminar Arafat ocorreu em 6 de junho de 2002, após o primeiro-ministro Ariel Sharon regressar de Washington.

Helicópteros das IDF bombardearam o quartel-general da Autoridade Palestina, em Ramallah, após cercá-lo com tanques, antes da alvorada, a pretexto de um atentado que matou 17 israelenses, inclusive 13 soldados.[33] A infantaria israelense avançou, matou vários palestinos e, em seguida, as escavadeiras arrasaram todo o edifício, a residência de Arafat e suas redondezas. Mas o presidente George W. Bush disse à imprensa que havia recebido repetidas vezes *"a pledge from Prime Minister Sharon not to try to kill or harm Mr. Arafat"*.[34] Esta declaração *non est de fide*. Pelo contrário, nas conversações com Ariel Sharon, o presidente George W. Bush concordou com a necessidade de eliminar Yassir Arafat e substituí-lo por alguém mais dócil e maleável, para que os Estados Unidos colaborassem na construção do Estado palestino, e insistiu junto ao Knesset (Parlamento de Israel) que somente haveria solução do conflito Israel-Palestina com a emergência de nova entidade palestina *"more decent, responsible"*, comprometida com *"free and fair elections, liberty, tolerance, compromisse, transparency, and the rule of law"*.[35] O que o presidente George W. Bush estava a advogar, de um modo ou outro, era a eliminação de Arafat. Na véspera do arrasamento do quartel-general da Autoridade Palestina, bombardeado por helicópteros das IDF, Ari Fleischer, secretário de Imprensa da Casa Branca, declarou que o presidente George W. Bush considerava Arafat irrelevante e que *"never played a role of someone who can be trusted or effective"*.[36] Cerca de duas semanas depois, em 25 de junho de 2002, o presidente George W. Bush, em discurso pronunciado no Rose Garden, na Casa Branca, reiterou, virtualmente, que considerava Arafat irrelevante e afirmou que *"peace requires a new and different Palestinian leadership, so that a Palestinian state can be born"*.[37] Tanto quanto o presidente George W. Bush, Ariel Sharon e todo o seu gabinete consideravam Arafat irrelevante.[38]

Yassir Arafat adoeceu, súbita e misteriosamente, em Ramallah, onde estava confinado, e, transportado em ambulância aérea para o Hôpital d'Instruction des Armées Percy, em Clamart (França),[39] morreu em 11 de novembro de 2004, aos 75 anos de idade. A hipótese mais provável, *inter alia*, foi a de que o Mossad o envenenou com *polonium*-210, isótopo que emite partículas alfa altamente radiativas, encontrado em seus ossos, pelos especialistas da University Centre of Legal Medicine in Lausanne/

Geneve.[40] O meio, porém, não é o fundamental. Yassir Arafat havia sido eliminado. E o fato é que sua eliminação, *i.e.*, o assassinato de Yassir Arafat, comprovadamente, estava na agenda do primeiro-ministro Ariel Sharon, com a anuência do presidente George W. Bush, e cerca de dois anos depois ele morreu, *i.e.*, foi eliminado. E Ariel Sharon, então primeiro-ministro de Israel, celebrou o acontecimento como possível "mudança histórica" na Palestina.[41] Não houve, entretanto, qualquer "mudança histórica" na Palestina. Ariel Sharon nunca se interessou realmente pelas negociações de paz na Palestina.[42] Nem desejava a criação de um Estado palestino, ao lado de Israel. Muito menos, seu sucessor, Binyamin Netanyahu.

O objetivo de Tel Aviv sempre foi o de reconstruir o Grande Israel (Eretz Israel), a Terra Prometida por Yahweh (יהוה — Deus) a Abraão, Jacob e seus descendentes, a qual se estendia, segundo a Bíblia, "do rio do Egito[43] ao grande rio, o rio Eufrates".[44] O "rio do Egito" (Minnǝhar miṣrayim) não podia ser outro, senão o Nilo, porém alguns *scholars* o identificam como o Wadi al-Arish, ribeiro ao norte da península do Sinai, à margem do Mediterrâneo. Tratava-se de vasto território, que se estendia do vale do Nilo, na África do Norte, até a Mesopotâmia, fronteira da Síria-Turquia, abrangendo todo o Oriente Médio, ao longo de 1.560 km (972 milhas). Theodor Herzl (1860–1904) e Isidore Bodenheimer (1865–1940), pioneiros e teóricos do sionismo, desde o século XIX, defenderam a ideia de estabelecer assentamentos judaicos na Palestina e Síria, espaço em que os hebreus haviam habitado em tempos remotos.[45]

A perspectiva de ocupar toda a Terra Prometida, David ben Gurion (1886–1973), nome hebraico que David Grün adotou depois de chegar a Jaffa,[46] em 1906, entremostrou, em 14 de maio de 1948, ao proclamar, "em virtude de nosso natural e histórico direito e com base na força da Resolução da Assembleia Geral da ONU,[47] [...] o estabelecimento de um Estado judaico na Terra de Israel (Eretz Israel), a ser conhecido como Estado de Israel".[48] A percepção dos sionistas era a de que o Estado de Israel ocupava apenas uma pequena fração da Terra de Israel (Eretz Israel), a Terra Prometida por Yahweh, no solene pacto de aliança (*b'rit*), celebrado com Abraão. Essa frase de David ben Gurion evidenciava a rejeição dos sionistas à partição da Palestina, com a criação de outro Estado, um Estado árabe. Eles entendiam que, por "direito natural e histórico", todo

A DESORDEM MUNDIAL

o território pertencia ao povo judaico, embora os fundadores do Estado de Israel não fossem etnicamente descendentes dos hebreus. Os Estados árabes, porém, opuseram-se abertamente à criação de um Estado judaico e deflagraram a primeira guerra árabe-israelense — denominada "guerra da independência de Israel" —, que ocorreu entre 29 de novembro de 1947 e 15 de maio de 1948.

Sob o mandato de David ben Gurion, primeiro chefe de governo do Estado de Israel (1948–1954), começou então a expulsão dos palestinos, entre 700.000 e 900.000, forçados a abandonar seus lares e negócios, ou massacrados, como ocorreu, principalmente, em Deir Yassin (9 de abril de 1948), onde as milícias paramilitares Hā-'Irgun Ha-Tzva'ī Ha-Leūmī b-Ērētz Yiśā'el e Lohamei Herut Israel — Lehi, responsáveis por ações terroristas durante o Mandato britânico, dizimaram milhares de palestinos, sob o comando de Menachem Begin e Yitzhak Shamir, ambos, depois, governaram o Estado de Israel, respectivamente, em 1977–1983 e 1986–1992.[49] Também a milícia Palmach, sob o comando de Yitzhak Sadeh, cometeu os mais ignominiosos massacres nas aldeias árabes de Balad al--Sheikh, Hawassa e Ein al Zeitun (1º de maio de 1948). Essas milícias da Haganah, depois oficializadas como Forças de Defesa de Israel (IDF), foram responsáveis por mais de 55% do êxodo dos palestinos, aproximadamente 391.000, entre 1º de dezembro de 1947 e 1º de junho de 1948, e propriedades foram expropriadas: 73.000 espaços em casas abandonadas, 7.800 lojas, oficinas e armazéns, 5 milhões de libras palestinas em contas bancárias e mais de 300.000 hectares de terra.[50] O total da emigração, compelida sob diversas formas, pelos governantes do Estado de Israel, atingiu, entretanto, o nível de 73% dos refugiados palestinos, segundo o historiador israelense Benny Morris, professor do Departamento Ben--Gurion da Universidade de Negev, na cidade de Beersheba (Israel) e autor do livro *The Birth of the Palestinian Refugee Problem*.[51]

Na realidade, nenhum dirigente sionista reconheceu os direitos do povo palestino, nem sua soberania sobre parte do território, conforme determinado pela Resolution 181 (Partition Plan), aprovada pela Assembleia Geral da ONU em 29 de novembro de 1947. Em 1969, a importante líder sionista Golda Meir (1898–1978), então a exercer a função de primeira-ministra de Israel (1969–1974), declarou ao *The*

405

Sunday Times: "*There was no such thing as Palestinians... They did not exist.*"[52] Segundo sua concepção, as fronteiras do Estado de Israel não estavam delimitadas por linhas traçadas nos mapas. "Este país existe como cumprimento da promessa feita pelo próprio Deus", disse ela em outra ocasião, acrescentando que seria "ridículo questionar sua legitimidade".[53] A crença era a lei.

Em 1974, com a renúncia de Golda Meir, acometida por um linfoma, Menachem Begin, do Likud, assumiu a função de primeiro-ministro (1977–1983) e, após negociações secretas, intermediadas pelo presidente Jimmy Carter, dos Estados Unidos, firmou, em 17 de setembro de 1978, os Acordos de Camp David (Framework for Peace in the Middle East), com Anwar El Sadat, presidente do Egito, o primeiro país árabe a reconhecer o Estado de Israel.[54] Porém Menachem Begin, conforme declarou em Oslo, em 12 de dezembro de 1978, entendia, como Golda Meir, que "essa terra nos foi prometida e a ela nós temos direito",[55] e daí impulsou a expansão das fronteiras de Israel, mediante a criação de assentamentos judaicos na Judeia e Samaria (Cisjordânia/Banda Ocidental). E, empenhado para manter a preeminência de Israel, no Oriente Médio, ordenou a Operation Opera/Operation Babnylon, codinome do bombardeio de Osirak, a planta nuclear do Iraque, em 1981, bem como a invasão do Líbano, em 1982. Com a conivência do presidente Ronald Reagan (1981–1989), Ariel Sharon, então ministro da Defesa, mandou arrasar os acampamentos da OLP, em 1982, e reacendeu e aprofundou a guerra civil, que lá ocorria (1975–1990). As tropas de Israel cercaram Sabra e Shatila e, juntamente com as Falanges Cristãs, massacraram refugiados, na maioria palestinos e xiitas libaneses, todos civis. Não se sabe com exatidão o resultado do massacre: de acordo com algumas fontes, foram mortas entre 762 e 3.550 pessoas (dessas, cerca de 2.000 palestinos);[56] segundo outras estimativas, o número de pessoas assassinadas varia entre 2.000 e 3.000. (e xiitas libaneses, todos civis).

O processo de paz somente foi efetivamente retomado quando Yitzhak Rabin, do Partido Trabalhista, assumiu o governo de Israel (1992–1995). Ele entendeu que o conflito árabe-israelense não se resolveria por meios militares. Outrossim, Yassir Arafat, líder da Organização de Libertação da Palestina (OLP), mudou também a estratégia de luta contra a

A DESORDEM MUNDIAL

ocupação da Cisjordânia e da Faixa de Gaza, após o fracasso da intifada de 1988. Ambos então alcançaram um entendimento e firmaram os Acordos de Oslo — 1º e 2º — em 1993 e 1995, com a bênção do presidente Bill Clinton (1993–2001). Esses acordos, com base na Resolução 242 (S/RES/242), em 22 de novembro de 1967, e na Resolução 338, de 22 de outubro de 1973, do Conselho de Segurança da ONU, possibilitaram a existência da Autoridade Nacional da Palestina, não como Estado, porém como um governo interino, cuja soberania se limitava às Áreas A e B, *i.e.*, a Cisjordânia (Banda Ocidental) e a Faixa de Gaza, isoladas, territórios ocupados por Israel, desde a guerra de 1967. Assim Israel e a OLP, formal e mutuamente, se reconheceram e se comprometeram a negociar a questão territorial e o conflito, que remanescia desde a guerra de 1967. A consequência, conquanto não explícita, seria a criação gradual de outro Estado, um Estado palestino, restrito a uma pequena parte da Palestina, mas ainda sem definir exatamente os limites de sua jurisdição, e o reconhecimento da soberania do Estado de Israel pela OLP sobre quase todo o histórico território da Palestina. Porém, como Baruch de Spinoza (1632–1677) escreveu ao seu amigo Jarig Jelles, em carta datada de 2 de junho de 1674, *"quia ergo figura non aliud, quam determinatio, et determinatio negatio est"*. Assim, com base nos Acordos de Oslo, o Estado de Israel *causa sui* era eterno e indivisível, indeterminado, mas a Autoridade Palestina, apenas determinada. Equilíbrio de poderes e direitos entre as partes não havia.[57] Era enorme a assimetria entre o Estado de Israel, estância superior e comando político e administrativo de uma sociedade, com poder econômico, diplomático e militar, e a Autoridade Palestina, que nem sequer um Estado configurava, apartada entre a Faixa de Gaza e a Cisjordânia, onde a progressão dos assentamentos judaicos se tornara quase ininterrupta e avassaladora.

Entre os árabes, o Ḥamās, fundado durante a intifada de 1987, opusera-se aos acordos de Oslo, assim como o Likud, o partido conservador de Israel. E Yitzhak Rabin pagou com a própria vida por entender-se com Yassir Arafat e retomar o processo de paz na Palestina. Em 4 de novembro de 1995, durante uma concentração política em apoio ao processo de paz, em Tel Aviv, um judeu ortodoxo, radical Yigal Ami, assassinou-o a bala.[58] E, em 1996, com a vitória eleitoral dos conservadores do Likud, Binyamin (Bibi)

Netanyahu assumiu o cargo de primeiro-ministro e opôs-se à retirada de Israel da Banda Ocidental. Nenhum esforço fez para ocultar ou disfarçar sua oposição aos acordos de Oslo, por considerá-los incompatíveis com os direitos históricos do Estado de Israel, e tratou de implementar, durante os três primeiros anos de seu mandato (1996–1999), o projeto de expandir os assentamentos judaicos na Cisjordânia.

Em 2001, conforme vídeo revelado pelos jornais *The Guardian* e *Há'aretz*, de Tel Aviv, Netanyahu declarou a um grupo de vítimas do terrorismo, sem saber que estava sendo gravado: *"I know what America is. [...] America is a thing you can move very easily, move it in the right direction. They won't get in their way."*[59] Com arrogância, jactou-se de haver burlado e como sabotou o processo de Oslo, quando se tornou primeiro-ministro de Israel. Antes de sua eleição, a administração do presidente Clinton perguntou-lhe se ele honraria os Acordos de Oslo e sua resposta foi: *"I said I would."* Porém iria interpretá-los de tal maneira que o autorizasse a pôr um fim a esse galopar para a frente de *"67 borders"*.[60] Segundo comentou, ninguém havia dito onde eram as zonas e ao que sabia o inteiro vale da Jordânia era definido como zona militar.[61] O jornalista israelense Gideon Levy, admirado pela sua independência, comentou em artigo publicado no diário *Há'aretz*, que Israel tivera muitos líderes direitistas, *"but there has never been one like Netanyahu, who wants to do it by deceit, to mock America, trick the Palestinians and lead us all astray"*.[62]

NOTAS

1. "Iran to double gas production at South Pars largest Phase". *PressTV*, 30 de maio de 2014. Disponível em: <http://www.presstv.ir/detail/2014/05/30/364764/iran-to--boost-south-pars-gas-output/>; "Iran's South Pars phases to be completed by 2017: Official". *PressTV*, 30 de maio de 2014. Disponível em: <http://www.press--tv.ir/detail/2014/05/30/364764/iran-to-boost-south-pars-gas-O output/>.

2. Avi Bar-Eli, "Ya'alon: British Gas natural gas deal in Gaza will finance terror. Former IDF Chief of Staff accuses Gov't of not Ordering Military action in Gaza so as not to Damage BG Deal". *Haaretz.com*, 21 de outubro de 2007. Disponível em: <http://www.haaretz.com/misc/article-print-page/ya-alon-british-gas-natural-gas--deal-in-gaza-will-finance-terror-1.231576?trailingPath=2.169%2C2.216%2C>; Raji Sourani, (Director of the Palestinian Centre for Human Rights, in Gaza). "His-

tory is repeated as the international community turns its back on Gaza — As was the case in Operation Cast Lead, the international community is once again turning its back on Gaza." *Al Jazeera*, 17 de novembro de 2012. Disponível em: <http://www.aljazeera.com/indepth/opinion/2012/11/20121117115136211403.html>.

3. "Life in the Gaza Strip". *BBC News*, 14 de julho de 2014. Disponível em: <http://www.bbc.com/news/world-middle-east-20415675?print=true>.

4. Para os hebreus a operação tomou o nome de Pilar of Cloud (וְנֵע דוּמֵע) /Pilar de Nuvem, referência à presença do Deus de Israel, que guiou os judeus, durante o dia, na travessia do Jordão, no êxodo do Egito (Exodus 13:21–22), a transformar-se em Pilar de Fogo, durante a noite.

5. O Sheikh Izz ad-Din al-Qassam (1882–1935), nascido em Latakia (Síria), foi que comandou a primeira intifada, em 1935, contra o domínio da Grã-Bretanha e a crescente penetração sionista na Palestina. Foi abatido por soldados ingleses em 20 de novembro de 1935.

6. "Human Rights Council — Twenty Second Session — Agenda items 2 and 7Annual report of the United Nations High Commissioner for Human Rights and reports of the Office of the High Commissioner and the Secretary General Human rights situation in Palestine and other occupied Arab territories — Report of the United Nations High Commissioner for Human Rights on the implementation of Human Rights Council resolutions S 9/1 and S-12/1 — Addendum Concerns related to adherence to international human rights and international humanitarian law in the context of the escalation between the State of Israel, the de facto authorities in Gaza and Palestinian armed groups in Gaza that occurred from 14 to 21 November 2012." Avance version Distr.: General 6 March 2013 — pp. 6–11. Disponível em: <http://www.ohchr.org/Documents/HRBodies/HRCouncil/RegularSession/Session22/A.HRC.22.35.Add.1_AV.pdf>.

7. *Ibidem*, p. 11.

8. *Ibidem*, p. 12.

9. Lawrence James, 1995, pp. 275–391. Vide também Luiz Alberto Moniz Bandeira, 2014, pp. 177–180.

10. Voltaire (François Marie Arouet), 1964, p. 248.

11. Benny Morris, 1987, pp. 89–96, 101–111.

12. *Ibidem*, 268–275.

13. Michael R. Fischbach, 2003, pp. 315–317.

14. 1 hundum (medida de origem turca) equivale a 4,0468564224 acres.

15. Michael R. Fischbach, 2003, pp. 315–317.

16. *Ibidem*, p. 363.

17. Leila Farsakh (Research fellow at the Trans-Arab Research Institute, Boston), "The Palestinian Economy and the Oslo Peace Process". *Trans-Arab Institute (TARI)*. Disponível em: <http://tari.org/index.php?option=com_content&view=article&id=9&Itemid=11>.

18. King Abdullah Ii Of Jordan, 2011, pp. 201–202.

19. "Remarks Prior Discussions with King Abdullah II of Jordan and an Exchange with Reporters — February 1 2002". *Public Papers of the Presidents of the United States — George W. Bush*, Book I, January 1 to June 30 2002. Washington: United

States Printing Office, 2004, pp. 160–162. Disponível em: <https://books.google.de/books?id=f_vhrnvPUqwC&pg=PA191&lpg=PA191&dq=George+W.+Bush+on+Arafat&source=bl&ots=-dNb0FG8py&sig=VZFu2d1XF-CaQvIUoxjR--4zesV0&hl=de&sa=X&ved=0CEoQ6AEwCWoVChMI6N_VyZzWyAIVxdssCh2G8A54#v=onepage&q=Jordan&f=false>.

20. *Ibidem*, p. 161.

21. *Ibidem*.

22. "Remarks Following Discussions with Prime Minister Ariel Sharon — February 7". *Public Papers of the Presidents of the United States — George W. Bush*, Book I, January 1 to June 30 2002. Washington: United States Printing Office, 2004, pp. 190–192. Disponível em: <https://books.google.de/books?id=f_vhrnvPUqwC&pg=PA191&lpg=PA191&dq=George+W.+Bush+on+Arafat&source=bl&ots=--dNb0FG8py&sig=VZFu2d1XF-CaQvIUoxjR-4zesV0&hl=de&sa=X&ved=0CEoQ6AEwCWoVChMI6N_VyZzWyAIVxdssCh2G8A54#v=onepage&q=Jordan&f=false>.

23. Graham E. Fuller (ex-vice-presidente do National Intelligence Council at the CIA), "Bush Must See Past the Acts of Terror to the Root Causes". *Los Angeles Times,* 29 de janeiro de 2002. Disponível em: <ttp://articles.latimes.com/2002/jan/29/opinion/oe-fuller29>.

24. *Ibidem;* Uri Dan (Companheiro de luta de Ariel Sharon), "Der Feind: Er ist ein Mörder — Im Todesbett ist Arafat dort, wo er hingehört". Die *Weltwoche*, Ausgabe 46/2004. Disponível em: <http://www.weltwoche.ch/ausgaben/2004-46/artikel-2004-46-er-ist-ein-moerd.html>. Acessado em 23 de outubro de 2015.

25. Julian Borger (Washington), "Bush says Arafat must go". *The Guardian*, 25 de junho de 2002. Disponível em: <http://www.theguardian.com/world/2002/jun/25/usa.israel>.

26. Tony Karon, "Israel Violence Means Big Trouble for Sharon, Arafat and Bush". *Time,* 6 de agosto de 2001. Disponível em: <http://content.time.com/time/world/article/0,8599,170235,00.html>.

27. A primeira intifada, o levante palestino contra o domínio de Israel, ocorreu entre 1987 e 1993. Mas antes já havia ocorrido uma intifada contra os ingleses, em 1935.

28. Tony Karon, "Israel Violence Means Big Trouble for Sharon, Arafat and Bush". *Time*, 6 de agosto de 2001. Disponível em: <http://content.time.com/time/world/article/0,8599,170235,00.html>.

29. *Ibidem*.

30. "Sharon Urges 'Elimination' of Arafat, Terrorist Leaders". *Deseret News*, 17 de julho de 1989. Disponível em: <http://www.deseretnews.com/article/55557/SHARON-URGES-ELIMINATION-OF-ARAFAT-TERRORIST-LEADERS.html?pg=all>. Acessado em 23 de outubro de 2015.

31. Howard Witt (Washington Bureau), "Arafat's power to stop terror attacks debated". *Chicago Tribune*, 4 de dezembro de 2001. Disponível em: <http://www.chicagotribune.com/chi-0112040122dec04-story.html>.

32. *Yearbook of the United Nations 2001*. Vol. 55. Department of Public Information. United Nations, Nova York, 2003, pp. 408 e 648. Disponível em: <https://books.google.de/books?id=Yt3o624miKQC&pg=PA407&lpg=PA407&dq=Palesti-

A DESORDEM MUNDIAL

-ne+more+than+14+months 222+Israelis+killed+compared+to+742+Palesti
nians&source=bl&ots=9vhs9RceFM&sig=KRN8BCZqK8FH6iwLi2cKyMsJHe
E&hl=de&sa=X&ved=0CD8Q6AEwBWoVChMI1deIvdPYyAIVitYsCh1azAMq
#v=onepage&q=Arafat&f=false>.

33. James Bennet, "Israel Attacks Arafat's Compound in Swift Response After a Bombing Kills 17". *The New York Times*, 6 de junho de 2002. Disponível em: <http://www.nytimes.com/2002/06/06/international/middleeast/06MIDE.html>.

34. *Ibidem.*

35. Robert Maranto & Tom Lansford & Jeremy Johnson (Editores), 2009, p. 233.

36. Toby Harnden (Washington), "Bush sees Arafat as irrelevant". *The Telegraph*, 6 de junho de 2002. Disponível em: <http://www.telegraph.co.uk/news/worldnews/middleeast/israel/1396455/Bush-sees-Arafat-as-irrelevant.html>.

37. "President Bush Calls for New Palestinian Leadership". The Rose Garden — Office of the Press Secretary for Immediate Release, June 24, 2002. *White House — Presidente George W. Bush*. Disponível em: <http://georgewbush-whitehouse.archives.gov/news/releases/2002/06/20020624-3.html>.

38. David Singer & Lawrence Grossman, 2003, pp. 210–211.

39. Thomas G. Mitchell, 2015, p. 179.

40. David Poort & Ken Silverstein, "Swiss study: Polonium found in Arafat's bones — Scientists find at least 18 times the normal levels of radioactive element in late Palestinian leader". *Al Jazeera*, 7 de novembro de 2013. Disponível em: <http://www.aljazeera.com/investigations/killing-arafat/swiss-study-polonium-found-arafats-bones-201311522578803512.html>.

41. "*Friedensprozess: Scharon spricht von historischer Wend — Nach dem Tod von Palästinenserpräsident Arafat gibt es neue Hoffnung für einen Friedensprozess in Nahost. Israels Ministerpräsident Scharon sprach von einer möglichen 'historischen Wende'. Auch US-Präsident Bush hofft auf Fortschritte im Friedensprozess. Frankreichs Präsident Chirac rief zur Umsetzung der 'Road Map' auf.*" Spiegel Online, 11 de novembro de 2004. Disponível em: <http://www.spiegel.de/politik/ausland/friedensprozess-scharon-spricht-von-historischer-wende-a-327352.html>.

42. King Abdullah Ii Of Jordan, 2011, pp. 131, 196 e 200.

43. O "rio do Egito", referido em Gênesis, era provavelmente o Nilo, porém vários *schollars* o identificam como Wadi al-Arish, ao Norte da península do Sinai, à margem do Mediterrâneo.

44. "*Minnəhar miṣrayim 'aḍ-hannāhār haggāḍōl nəhar-pərāṯ*" (rio: Nāhār). Genesis (Bərēšīṯ), 15:18. Biblia Hebraica Stuttgartensia, editio quinta emendata, Stuttgart: Deutsche Bibelgesellschaft, 1997, p. 21; Genesis — Kapitel 15:18–21 — Die Heilige Schrift des Alten und Neuen Testaments. Aschaffenburg: Paul Pattloch Verlag, 17. Auflage, 1965, p. 15.

45. Daniel Pipes, "Imperial Israel: The Nile-to-Euphrates Calumny". *Middle East Quarterly*, março de 1994. Disponível em: <http://www.danielpipes.org/247/imperial-israel-the-nile-to-euphrates-calumny>.

46. Nascido em Płońsk, no Reino da Polônia, o nome original de David ben Gurion era David Grün (David, Green ou Grien).

47. "UN General Assembly — Resolution 181 (Partition Plan), November 29, 1947". *Israel Ministry of Foreign Affairs*. Disponível em: <http://www.mfa.gov.il/mfa/foreignpolicy/peace/guide/pages/un%20general%20assembly%20resolution%20181.aspx>.

48. "Declaration of Establishment of State of Israel — 14 May 1948". *Israel Ministry of Foreign Affairs*. Disponível em: <http://www.mfa.gov.il/mfa/foreignpolicy/peace/guide/pages/declaration%20of%20establishment%20of%20state%20of%20israel.aspx>.

49. Benny Morris Morris, "For the record". *The Guardian*, 14 de janeiro de 2004. Disponível em: <http://www.theguardian.com/world/2004/jan/14/israel/print>.

50. Dominique Vidal, "Ten years of research into the 1947–49 — WAR The expulsion of the Palestinians re-examined". *Le Monde diplomatique* (English Edition). Dezembro de 1997. Disponível em: <http://mondediplo.com/1997/12/palestine>.

51. *Ibidem.*

52. *Apud.* Benny Morris, "Palestinian Identity: The Construction of Modern National Consciousness (review)". *Israel Studies*, Volume 3, Number 1, Spring 1998, pp. 266–272. Disponível em: <https://muse.jhu.edu/login?auth=0&type=summary&url=/journals/israel_studies/v003/3.1morris.html>. The Myths of the 20th Century. 4 — The myth of a "land without a people for a people without a land". Source *Le Monde*, 15 October 1971. Source: Mrs. Golda Meir. Statement to *The Sunday Times*, 15 de junho de 1969. Disponível em: <http://www.bible-believers.org.au/zionmyth6.htm>.

53. *Ibidem.*

54. O Tratado de Paz entre o Egito e Israel foi celebrado em 1979.

55. Roger Garaudy, "The Myth of a 'Land without People for a People without land". *The Holocaust Historiography (Project)*. Disponível em: <http://www.historiography-project.com/jhrchives/v18/v18n5p38_Garaudy.html>.

56. "Sabra and Shatila massacre: General info". *The WikiLeaks Supporters Forum,* 14 de janeiro de 2014. Disponível em: <http://www.wikileaks-forum.com/sabra-and--shatila-massacre/613/sabra-and-shatila-massacre-general-info/26766/>.

57. Hani A. Faris, 2013, pp. 80.

58. Serge Schmemann, "Assassination in Israel: The Overview — Assassination in Israel: The Overview; Rabin Slain After Peace Rally in Tel Aviv; Israeli Gunman Held; Says He Acted Alone". *The New York Times*, 5 de novembro de 1995. Disponível em: <http://www.nytimes.com/1995/11/05/world/assassination-israel-overview-rabin-slain-after-peace-rally-tel-aviv-israeli.html?pagewanted=all>.

59. Avi Shalaim, "It's now clear: the Oslo peace accords were wrecked by Netanyahu's bad faith — I thought the peace accords 20 years ago could work, but Israel used them as cover for its colonial project in Palestine". *The Guardian*, 12 de setembro de 2013.

60. Glenn Kessler, "Netanyahu: 'America is a thing you can move very easily'". *The Washington Post*, 16 de julho de 2010.

61. Avi Shalaim, "It's now clear: the Oslo peace accords were wrecked by Netanyahu's bad faith — I thought the peace accords 20 years ago could work, but Israel used them as cover for its colonial project in Palestine". *The Guardian*, 12 de setembro de 2013.

62. Gideon Levy, "Tricky Bibi — Israel has had many rightist leaders since Menachem Begin promised many Elon Morehs, but there has never been one like Netanyahu, who wants to do it by deceit". *Há'aretz*, 15 de julho de 2010. Disponível em: <http://www.haaretz.com/misc/article-print-page/tricky-bibi-1.302053?trailingPath=2.169%2C2.225%2C2.227%2C>; Glenn Kessler, "Netanyahu: 'America is a thing you can move very easily'". *The Washington Post*, 16 de julho de 2010.

Capítulo 23

ARIEL SHARON E MAḤMŪD ʿABBĀS • O FIM DE SHARON • ASCENSÃO DO ḤAMĀS EM GAZA • NETANYAHU E A EXPANSÃO DOS ASSENTAMENTOS JUDAICOS • INVIABILIZAÇÃO DO ESTADO PALESTINO • FRACASSO DO PROCESSO DE PAZ • VITÓRIA DO ḤAMĀS E OPERAÇÕES CONTRA GAZA • OPERATION PROTECTIVE EDGE • ARRASAMENTO DE GAZA • JIMMY CARTER CONTRA NETANYAHU • CONFLITOS NA MESQUITA DE AL-AQSA • DESACORDOS OBAMA-NETANYAHU • ASSISTÊNCIA MILITAR DO PENTÁGONO A ISRAEL PARA 2016

O presidente George W. Bush, ao receber na Casa Branca Maḥmūd ʿAbbās (também conhecido como ʿAbū Māzin), eleito presidente da OLP e da Autoridade Palestina, após a eliminação de Yassir Arafat, saudou-o, em discurso no Rose Garden, como o líder capaz de criar um Estado palestino *"peaceful, democratic"* e rejeitar a violência.[1] Declarou que Israel *"must remove unauthorized outposts and stop settlement expansion"*, e que a solução viável de dois Estados *"must ensure contiguity of the West Bank, and a state of scattered territories will not work"*.[2] Pouco depois, em 24 de junho de 2002, no Rose Garden, declarou que *"it is untenable for Israeli citizens to live in terror"*, mas, também, *"it is untenable for Palestinians to live in squalor and occupation"*. E, a dizer que aquela situação não apresentava perspectiva de melhoria de vida, pois os israelenses continuariam *"to be victimized by terrorists"*, e Israel tinha que defender-se, reconheceu que *"in the situation the Palestinian people will grow more and more miserable"* e que a única solução estava na criação de *"two states, living side by side in peace and security"*.[3]

O presidente George W. Bush invertia, porém, os termos da equação. Decerto, não se podia justificar os atentados de terror cometidos pelo Ḥamās e pelo Jihad Islâmica, com bombas e foguetes contra a população civil israelense; mas não era a violência do Ḥamās que estava a gerar a ocupação do território da Palestina pelo Estado de Israel. Era exatamente a contínua ocupação do seu território, e a consequente situação *"more and more miserable"* do povo palestino, que gerava a violência e alimentava o terror do Ḥamās e do Jihad Islâmica. O Road Map apresentado pelo denominado Quarteto do Oriente Médio, que representantes da ONU, União Europeia, Estados Unidos e Rússia formaram para salvar o processo de paz, foi inicialmente aceito pelo então primeiro-ministro da Autoridade Palestina, Maḥmūd ʿAbbās, em 2003, e pelo primeiro-ministro Ariel Sharon, cujo gabinete o aprovou, mas o inviabilizou com inúmeras ressalvas. A retirada de 21 assentamentos da Faixa de Gaza foi iniciada pelo governo de Israel, em 2005, em meio a vasta resistência de milhares de colonos israelenses, muitos dos quais tiveram de ser retirados, pelos soldados da IDF, de caves e sinagogas, onde se refugiaram.[4] Quatro assentamentos foram igualmente desmontados.

Ariel Sharon, entretanto, sofreu, em 4 de janeiro de 2006, mais um derrame, hemorragia cerebral maciça, que o deixou em estado de coma, a viver em estado vegetativo, no Sheba Medical Centre, onde faleceu oito anos depois, em 11 de janeiro de 2014, com a idade de 85 anos. E o Estado de Israel não cumpriu nenhum acordo. Por outro lado, Maḥmūd ʿAbbās, embora um dos fundadores da PLO (al-Fatah), eleito presidente da Autoridade Palestina, não tinha o mesmo carisma histórico, liderança e força que Arafat para conter as tendências radicais, representadas, sobretudo pelo Ḥamās, e Jihad Islâmica, organizações sustentadas pela Irmandade Muçulmana. Daí que a OLP (Fatah) perdeu as eleições de 2006. A vitória do Ḥamās aguçou as tensões e conflitos armados irromperam entre as duas facções, em junho de 2007. A Autoridade Nacional Palestina, cuja jurisdição abrangia os Territórios Ocupados por Israel (Gaza, Jerusalém Oriental e West Bank/Cisjordânia), sob a presidência de Maḥmūd ʿAbbās, ficou restrita, destarte, à Cisjordânia.

Com a enfermidade de Ariel Sharon, Ehud Olmert, do Kadima, assumiu a função de primeiro-ministro (2006 a 2009). E, não obstante o presidente George W. Bush haver defendido a criação de dois Estados, na Palestina, o fato foi que os Estados Unidos não quiseram ou não puderam impedir que Israel prosseguisse com o alargamento de suas fronteiras. Tampouco a condenação internacional, as resoluções da Assembleia Geral da ONU e decisões da Corte Internacional de Justiça sustaram a incoercível expansão dos assentamentos judaicos, cuja população crescia em média 5% ao ano. O Quarteto do Oriente Médio não conseguiu retomar o processo de paz.

Desde 1996, quando Binyamin Netanyahu, pela primeira vez, assumiu o poder, amplamente apoiado pelos ultraortodoxos e judeus russos imigrantes, os assentamentos ilegais de colonos recresceram, rapidamente, tanto na Cisjordânia quanto em Jerusalém Oriental, não obstante haver ele assinado, nos Estados Unidos, com Yassir Arafat, o Protocolo de Hebron (1997), e o Wye River Memorandum (1998), ambos sob o patrocínio do presidente Bill Clinton. Toda a sua política visou inviabilizar a criação de um Estado palestino soberano e contíguo, vizinho do Estado de Israel.

O primeiro-ministro Binyamin Netanyahu jamais escondera ser contrário à criação de um Estado palestino. Nutria um trauma e, decerto, um ressentimento pessoal contra os palestinos. Seu irmão mais velho, o tenente-coronel Yonatan (Yon) Netanyahu, comandante de um destacamento das IDF, morreu em 4 de julho de 1976, aos 30 anos, durante a Operation Thunderbolt, a fim de resgatar 105 judeus capturados por terroristas da Frente Popular de Libertação da Palestina e da organização alemã Baader-Meinhof, no Airbus da Air France, sequestrado e levado para o aeroporto de Entebbe, Uganda, quando voava entre Tel Aviv e Paris.[5] Um ano depois, aos 28 anos, em Boston, Binyamin Netanyahu manifestou abertamente rejeição à ideia de um Estado palestino, junto com o Estado de Israel, ao dizer que tal Estado já existia e era a Jordânia. E acrescentou que *"there is no right to establish a second one on my doorstep, which will threaten my existence, there is no right whatsoever"*.[6]

Em 1996, logo após tornar-se primeiro-ministro, quando visitou Ariel, um grande assentamento na Cisjordânia (West Bank), declarou: "Nós estamos aqui, permanentemente, para sempre." E prometeu a implantação de novas comunidades judaicas, ali, nas terras que pertenciam a um futuro Estado palestino.[7] Entretanto, durante a campanha eleitoral de 2009, declarou que, se tivesse garantia de desmilitarização, e se os palestinos reconhecessem Israel como Estado judaico, ele estaria disposto a concordar com um real tratado de paz, "um Estado palestino desmilitarizado lado a lado com o Estado judaico".[8] As palavras de Netanyahu não passavam de *fumus vendere* e significavam que ele, na realidade, não aceitava qualquer Estado palestino. A desmilitarização implicava a carência de soberania e possibilitava que o Estado de Israel continuasse a adentrar e ocupar toda a Cisjordânia, a reduzir, gradativamente, uma área de 5.640 km², o espaço que restava para a população árabe, cerca de 4,6 milhões,[9] já dispersa em bolsões isolados e sem sequer o direito de votar.

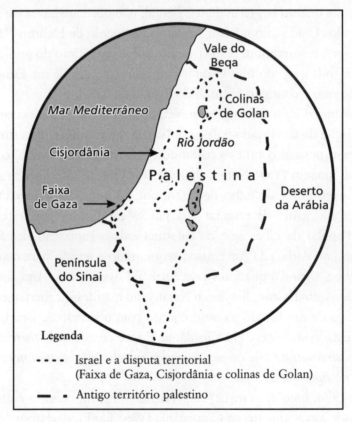

Figura 23.1 — Israel/Palestina

Antes de ser eleito, em 2009, Binyamin Netanyahu, na condição de ministro para Assuntos Estrangeiros, proclamara que a questão da imigração (*aliyah*) e a absorção dos imigrantes estava na lista de prioridades do governo, que trabalharia vigorosamente para que judeus de todos os países do mundo fossem habitar Israel.[10] A pressão demográfica tornou, portanto, incoercível o alargamento das fronteiras do Estado, que ele promoveu, como primeiro-ministro, a uma velocidade sem precedentes, mediante a autorização ilegal de novos assentamentos na Cisjordânia e em Jerusalém Oriental. De 1948 até o ano de 2014, cerca de ou mais de 3.152.146[11] de judeus, dos quais 1.223.723 procedentes da antiga União Soviética, migraram para Israel, ademais de muitos outros, originários da Etiópia e França. E o fato foi que, desde quando voltara ao poder, em 2009, até o início de 2014, o número de judeus assentados na Cisjordânia cresceu 23%, saltando para 355.993, enquanto o total da população de Israel, calculada em 8 milhões, aumentou somente 9%.[12] Como primeiro-ministro, em 2010, afirmou, em uma cerimônia de plantação de árvores na Cisjordânia, que "we are planting here, we will stay here, we will build here. This place will be an inseparable part of the State of Israel for eternity".[13]

E a *aliyah* continuou. Mais e mais judeus chegaram, a fim de assentar colônias nos territórios ocupados por Israel, especialmente a Cisjordânia e Jerusalém Oriental. Em apenas três meses de 2015, de janeiro a março, chegaram a Israel cerca de 6.499 judeus, a vasta maioria da Europa, dos quais 1.971 da Ucrânia, um incremento de 215% sobre os 625 que migraram no mesmo período de 2014, enquanto o número de russos alçou para 1.515, um aumento equivalente a 50%.[14] Ao mesmo tempo, o primeiro-ministro Binyamin Netanyahu conclamou os judeus a imigrarem em massa para Israel, dizendo que os receberia "com os braços abertos".[15] Em torno de 310.000 a 500.000 judeus ainda viviam na França,[16] um terço ou metade do 1 milhão dos que moravam na Europa, em 2010, embora nos países do Leste, do extinto bloco soviético, o número houvesse desde então dramaticamente decaído.[17]

A crescente pressão demográfica, decorrente da *aliyah*, forçou, diretamente, a expansão das colônias na Cisjordânia, e na área de Jerusalém Oriental, inviabilizando de fato a criação de outro Estado na Palestina. E era essa a estratégia de Netanyahu. Aumentar mais e mais a população judaica de Israel, que crescera de 806.000, em 1949, para 6,3 milhões (74,9%), em 2015, quando os árabes representavam 20,7% da população (1,7 milhão) e 4,4% (366.000 pessoas) eram identificados como pertencentes a outras etnias e nacionalidades.[18] Entretanto, segundo o Palestinian Central Bureau of Statistics, a estimativa era de que, em

2015, 2,9 milhões de palestinos vivessem na Cisjordânia, 1,85 milhão na Faixa de Gaza, 1,47 milhão no Estado de Israel, em uma população de 12,1 milhões, da qual havia 5,49 milhões refugiados em países árabes e 675.000 em outras partes do mundo.[19] A previsão era de que o número de palestinos na Cisjordânia e em Gaza equivalesse ao total de judeus, aproximadamente, da ordem de 6,4 milhões, em 2016, chegando a 7,14 milhões em 2020, enquanto o número de judeus aumentaria apenas para 6,87 milhões se a taxa de crescimento corrente se mantiver.[20] O cerne da questão para Israel consistia em preservar indisputável e clara maioria judaica no total da população, segundo o professor Sergio DellaPergola da Universidade de Jerusalém.[21] Esse — na sua opinião — era o pré-requisito para sua *"future existence as a Jewish and democratic state"*.[22] Sim, democracia exclusiva para judeus. E aí a razão pela qual Netanyahu não anexava os territórios ocupados por Israel, para não dar aos palestinos os mesmos direitos que os judeus, nem admitia a criação de um Estado palestino. Tendência democrática ele nunca tivera nem manifestara. E jamais dera valor à vida dos palestinos.

Em março de 2009, quando Joe Biden, então vice-presidente dos Estados Unidos, visitou Israel, Netanyahú, como um desafio à política do

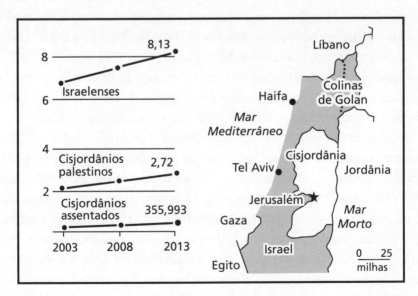

Figura 23.2 — Israelenses, palestinos e o assentamento populacional (em milhões)[23]

A DESORDEM MUNDIAL

presidente Barack Obama, anunciou o plano de construir 1.600 novas residências na parte oriental de Jerusalém, prevista para ser capital de um futuro Estado palestino,[24] violando a lei humanitária (especialmente a Quarta Convenção de Genebra), conforme as resoluções aprovadas pelo Conselho de Segurança e a Assembleia Geral da ONU. *"This is starting to get dangerous for us"*, disse-lhe Biden, acrescentando que *"what you're doing here undermines the security of our troops who are fighting in Iraq, Afghanistan and Pakistan. That endangers us, and it endangers regional peace"*.[25] Netanyahu não cedeu. E Joe Biden nada pôde fazer em face do respaldo a Israel do multimilionário *lobby* judaico, o American-Israeli Public Affairs Committee (AIPAC), um dos fatores reais de poder nos Estados Unidos, sem o qual nenhum congressista se elegia.

Em fevereiro de 2011, o Conselho de Segurança aprovou por 14 votos e os Estados Unidos, como sempre, vetaram a resolução, apresentada por dois terços das Nações Unidas, condenando como ilegais e um obstáculo à paz os assentamentos de Israel na Cisjordânia. Porém a embaixadora do Brasil na ONU, Maria Luiza Viotti, então na presidência rotativa do Conselho de Segurança, reafirmou, inclusive para a imprensa, que *"Israel's ongoing settlement activity had become the most important obstacle to a comprehensive solution"* e, a acentuar que o texto da resolução declarava todos os assentamentos *"illegal and an obstacle to Peace"*, acrescentou que ambas as partes deviam buscar uma resolução *"in support of a two--State Solution"*.[26]

Contudo, nada deteve a ocupação da Cisjordânia por Israel. Lá, Ehud Olmert, como primeiro-ministro (2006–2009), promovera, em dois anos, a construção de 5.120 residências.[27] De acordo com o Israel's Central Bureau of Statistics (CBS), havia, em fins de 2013, 350.010 habitantes nos assentamentos da Cisjordânia, excluindo Jerusalém Oriental. Àquele tempo, 2013, o Conselho de Direitos Humanos da ONU, com base no relatório da Fact-Finding Mission enviada à Palestina, considerou que os crescentes assentamentos, promovidos por Israel, configuravam *"creeping form of annexation which compromised the right to self-determination of the people of the Occupied Palestinian Territories;"* e exortou a comunidade internacional no sentido de pressionar Israel para que fossem desmantelados *"all settlements which were in flagrant violation of international law*".[28] Em janeiro de 2014, Netanyahu anunciou, no entanto, a construção de 1.400 novas casas e apartamentos nas áreas que pertenceriam a um futuro Estado palestino, a Cisjordânia e Jerusalém Oriental, onde já viviam 500.000 israelenses.[29] E, na primeira metade de 2015, o número de colonos lá estabelecidos saltou para 547.000, entre 2,8 milhões de palestinos.[30] A continuidade de tais assentamentos ilegais, conformando vilas e cidades, cada vez mais difíceis ou mesmo impossíveis de desmontar, constituía de fato o maior obstáculo à paz e à criação de um Estado palestino soberano, em um território contíguo.

Outrossim, a despeito de que a Resolução 181 da ONU (1947) houvesse concebido Jerusalém como *corpus separatum*, Israel, que ficara com a parte ocidental sob seu controle, anexou a parte oriental, deixada com a Jordânia, durante a Guerra dos Seis Dias (1967), e a intenção era de que toda a cidade permaneceria como eterna e indivisível capital do povo judeu. Essa pretensão o Knesset legalizou, em 1980, ao proclamar Jerusalém "eterna e indivisível capital" do Estado de Israel.[31] E, de fato, ela foi efetivada, ao longo dos anos, espoliando os palestinos de suas residências e direitos. De 1967 a 2006, um total de 8.269 palestinos, residentes em Jerusalém Oriental, perderam suas residências; somente em 2006, 1.363 palestinos foram privados de seus direitos de viver na cidade; e, entre 2007 e 2009, 5.585, em Jerusalém Oriental, foram despojados de tudo pelo governo de Israel.[32]

Desde que Ariel Sharon, em 2005, desmantelou 21 assentamentos em Gaza, retirou as tropas das IDF e entregou a área à Autoridade Palestina, esse pequeno enclave de 225.000 milhas quadradas (582.747 km²), entre Israel, Egito e o Mar Mediterrâneo, continuou sob estrito bloqueio naval e terrestre, coadjuvado pelo Egito, que fechou as passagens pela sua fronteira, a impedir a entrada e saída de pessoas e bens (exceto os que considerava "humanitários"), o que levou à virtual paralisação da indústria lá existente, privada de matérias-primas e mercados de exportação. O pretexto era evitar o contrabando de armamentos para o Ḥamās, Netanyahu, porém, justificou constantemente a erradicação dos palestinos da Cisjordânia, com o argumento de que a retirada de Gaza das forças das IDF, em 2005, possibilitara que o Ḥamās vencesse as eleições parlamentares lá realizadas.

A DESORDEM MUNDIAL

Era uma falsa percepção. O candidato Isma'īl Haniyya venceu, em 2006, as eleições na Faixa de Gaza, em virtude, certamente, da eliminação de Yassir Arafat, cuja liderança era muito superior à de Maḥmūd 'Abbās. Yassir Arafat, mais objetivo e pragmático, entendera que a coexistência com o Estado de Israel era inevitável; Israel constituía uma realidade econômica, social, política e militar, reconhecido como personalidade jurídica do Direito Internacional; uma realidade irreversível. E com seu carisma, construído ao longo das lutas, induziu a OLP (al-Fatah) a aceitar as Resoluções 242 (novembro de 1967) e 338 (outubro de 1973) do Conselho de Segurança da ONU, o que implicava o reconhecimento do Estado de Israel, bem como a renunciar ao terrorismo, cujas operações não haviam produzido qualquer resultado. E seu objetivo foi facilitar o fim dos conflitos e avançar as negociações a fim de viabilizar, dentro da moldura dos acordos de Oslo, a criação de um Estado palestino independente, em 22% da Palestina histórica, paralelo ao Estado de Israel, já a ocupar 78%. Porém era mais duro nas negociações com Sharon, recusou-se a conceder a Israel o controle sobre o Nobre Santuário, i.e., a mesquita al-Aqsa/Domo da Rocha, e, uma vez eliminado, o Ḥamās adquiriu mais força e não só venceu as eleições como derrotou a OLP e consolidou o poder em Gaza, em choques armados com Fatah, travados em 2007. Maḥmūd 'Abbās contou com o respaldo do MI6 para robustecer a Autoridade Palestina, sob sua presidência, cujo espaço se restringiu à Cisjordânia, com a implantação de mais e mais assentamentos judaicos.

O Ḥamās, ao conciliar-se com a OLP, em 2014, para formar um governo de coalizão, os termos do entendimento entre as duas organizações, implicitamente, deviam levar ao reconhecimento do Estado de Israel dentro das fronteiras de 1967.[33] Mas Netanyahu suspendeu as negociações com a Autoridade Palestina e afastou-se do processo de paz, que nunca passou, efetivamente, de falácia. As tensões recrudesceram. O Ḥamās perseverou então em não admitir a existência de Israel como Estado judaico e continuou a disparar foguetes Qassam contra suas cidades. De qualquer modo, o fato foi que, a pretexto de retaliar o disparo desses foguetes desde Gaza, como atos de terrorismo, o primeiro-ministro Netanyahu armou a Operation Protective Edge, após o acordo de reconciliação entre Fatah e o Ḥamās.

LUIZ ALBERTO MONIZ BANDEIRA

As dificuldades nas negociações com Israel induziram Maḥmūd ʿAbbās a reaproximar-se do Ḥamās, com o propósito de acumular força, ao conjugar politicamente a Cisjordânia, sob a jurisdição formal da Autoridade Palestina, com a Faixa de Gaza. Daí que as duas facções palestinas haviam formado um governo de unidade, provisoriamente reconhecido pelo Departamento de Estado, conquanto classificasse o Ḥamās como organização terrorista. Porém Netanyahu advertiu Maḥmūd ʿAbbās de que ele devia escolher entre a paz com Israel ou o Ḥamās.[34] A conciliação dos governos de Gaza e Ramallah constituiu significativo e histórico acontecimento. Mas não condizia com os interesses de Netanyahu. Não lhe convinha. Era inevitável, portanto, que as hostilidades, mais cedo ou mais tarde, eclodissem. E em 10 de junho de 2014, três jovens israelenses, entre 16 anos e 19 anos de idade — Naftali Frankel, Gilad Shaar e Eyal Yifrach —, foram raptados, na estrada, enquanto pediam transporte para retornar do assentamento Alon Shvut, em Gush Etzion, na Cisjordânia, ocupada por Israel, às suas residências.[35]

O primeiro-ministro Netanyahu, sem qualquer evidência, logo acusou o Ḥamās pelo sequestro. Khālid Mashʿal, seu principal dirigente, e o governo da Autoridade Palestina negaram responsabilidade pelo acontecimento,[36] conquanto, sem o seu conhecimento, membros isolados das brigadas Izz ad-Din al-Qassam pudessem haver raptado e assassinado os três jovens. O Ḥamās não estava interessado em escalar o conflito, mas o propósito de Israel consistia não só em vingar o assassinato dos jovens colonos, como também demolir tudo o que restara do seu aparato, após as sangrentas operações de guerra — Operation Cast Lead —, em 2008, Operation Pillar of Cloud/Defence, 2012 — que já haviam assolado Gaza. E Netanyahu reagiu como se realmente o Ḥamās fosse culpado pelo acontecimento. As IDF, a título de buscar os três jovens, iniciaram então a Operation Brother's Keeper, que durou 11 dias e prendeu, na Cisjordânia, 419 palestinos, inclusive todos os líderes do Ḥamās.[37] Durante algumas escaramuças, tombaram três soldados das IDF, enquanto dezenas de palestinos pereceram.[38] As buscas duraram três semanas e os cadáveres dos três jovens foram descobertos, semienterrados, embaixo de rochas, próximo à cidade de Hebron. No mesmo dia, 1º de julho, a Força Aérea de Israel executou três ataques de precisão contra as estruturas do Ḥamās

A DESORDEM MUNDIAL

e do jihad islâmica, em resposta a 18 foguetes disparados de suas bases na Faixa de Gaza.[39] Após os funerais, em Halhul, fundamentalistas israelenses realizaram manifestações, gritando "morte aos árabes", e, como retaliação, alguns sequestraram e, após espancar, queimaram vivo o adolescente palestino de 16 anos, Mohammed Abu Khdeir. Houve, em seguida, uma sequência de ataques a crianças árabes.

Ainda que Salah al-Arouriri, organizador, em 1991, das brigadas Izz ad-Din al-Qassam,[40] dissesse (talvez a título de propaganda) para clérigos, na Turquia, onde estava exilado, que seus militantes raptaram e mataram os três jovens israelenses, Khālid Mash'al continuou a negar que o Ḥamās, do qual era o dirigente, houvesse cometido a atrocidade contra os jovens israelenses.[41] E com forte razão. Nem o governo de Israel nem a mídia internacional deram maior importância ao fato de que, mediante um panfleto, que logo circulou em Hebron, a primeira organização a reivindicar a responsabilidade pelo bárbaro martírio dos jovens foi o Da'ish, alegando que se tratava de represália pela morte de três de seus militantes na Cisjordânia.[42] Com efeito, é possível que militantes das brigadas al-Qassam, empenhados em criar raízes na Cisjordânia, tenham aderido ao Da'ish. E o Ḥamās certamente não tinha interesse em desafiar Israel com tão hediondo crime, mero ato de terror, sem qualquer finalidade política, a poucos meses de formar um governo de coalizão com a OLP. Tratou-se evidentemente de banditismo e cruel provocação.

O Ḥamās estava consciente de que não podia acabar com o Estado de Israel. Não tinha condições militares de derrotá-lo. A assimetria era imensa. Era um *non-State actor*, com limitado armamento. O sistema antimísseis Iron Dome, de Israel, interceptava cerca de 90% dos foguetes Qassam, cujo alcance era de apenas 3 km a 4,5 km, sem adequação para alvos militares, foguetes primitivos, autopropulsados e sem guia, de fabricação local. O terror era mais psicológico, do que realmente físico, ainda que os foguetes Qassam algumas vezes atingissem áreas densamente povoadas e vitimassem civis israelenses. De qualquer modo, se bem que o Ḥamās não configurasse qualquer ameaça real,[43] Netanyahu, a odiar obsessivamente os palestinos, não podia suportar um foco de resistência à dilatação do Estado de Israel por ele almejada como objetivo estratégico do seu governo.

425

O assalto a Gaza, portanto, era uma questão de *timing*, clima e esfera da operação militar.

O governo de Netanyahu estava à espera de uma evasiva de *self-defence*, o motivo para escalar o conflito. E os radicais das Brigadas Qassam e/ou o Jihad Islâmico, no curso de uma semana, dispararam cerca de 29 foguetes e morteiros que atingiram Hayfa, Jerusalém e Asdod, em Israel. A pedido de Khālid Mash'al, dirigente do Ḥamās, o ministro para Assuntos Exteriores do Egito, Sameh Shoukry esforçou-se para acalmar a situação junto a Netanyahu. Não conseguiu. E, de 7 para 8 de julho de 2014, tropas de infantaria, artilharia, tanques e engenheiros militares das IDF invadiram a Faixa de Gaza, deflagrando a Operation Protective Edge, com a participação da Força Aérea e de navios de guerra, bem como o suporte de Shin Bet, conhecida em hebraico pelo acrônimo de Shabak (Sherut ha'Bitachon ha'Klali), um dos três serviços de inteligência de Israel e cujo lema era *"Magen Velo Yera*'e" (Defender sem ser visto).

A campanha durou 50 dias, de 8 de julho a 26 de agosto de 2014, e matou 2.251 palestinos, a maioria civis, entre os quais 539 crianças. Ademais de tantas letalidades, 11.231[44] foram mutilados, feridos ou permanentemente desfigurados.[45] Por outro lado, as IDF tiveram 66 baixas e sete civis israelenses morreram, em consequência dos foguetes do Ḥamās.[46] A ofensiva terrestre, com artilharia e outros explosivos, e os ataques aéreos, o lançamento indiscriminado de mísseis e bombas, em áreas densamente povoadas, devastaram milhares de residências, cerca de 20.000 habitantes perderam seus lares, mais de 100.000 edifícios foram total ou parcialmente arruinados, em uma área de 360 km²,[47] assim como arrasados 148 escolas, 15 hospitais, 45 centros médicos, 247 fábricas e 300 centros comerciais, inclusive um moderno, em Rafah, depósitos de combustíveis e as plantas de geração de energia e de suprimentos de água.[48] As IDF derrocaram toda a infraestrutura civil de Gaza e danificaram a agricultura.[49] Em fins de julho de 2014, a ONU estimava que quase um quarto dos 1.700 residentes em Gaza haviam sido deslocados pelos ataques e todos estavam a enfrentar a falta de suprimentos básicos.[50] O fato foi que, realmente, cerca de 300.000 palestinos foram desabrigados e muitos buscaram refúgio nas unidades da UNRWA (United Nations Relief and Works Agency for Palestine Refugees in the Near East).[51]

A Amnesty International acusou as IDF de haver cometido *"war crimes"* durante os 50 dias de campanha, com desproporcional e indiscriminada acometida contra áreas densamente povoadas, destruindo escolas e outros edifícios, onde civis se abrigavam, sob a alegação de que eram usados para esconder foguetes.[52] E o United Nations Human Rights Council (UNHRC), posteriormente, aprovou resolução, na qual não somente manifestou grave preocupação com *"possible war crimes"*, cometidos por Israel, como condenou todas as violações dos direitos humanos, rompendo as leis internacionais, e o *"appalled at the widespread and unprecedented levels of destruction, death and human suffering caused"* em Gaza.[53]

De fato, durante a Operation Protective Edge, centenas de pessoas foram detidas nos territórios palestinos ocupados por Israel, sem acusação ou julgamento, com base apenas em informações secretas. Não lhes foi permitido ter acesso a advogados e, incomunicáveis, continuaram a ser torturadas e maltratadas pelos agentes de Shin Bet/Shabak, o serviço de segurança interna de Israel, durante vários dias, às vezes, semanas.[54] Os métodos eram similares aos usados pela CIA, em Guantánamo e Abu Ghraib (Iraque), e incluíam várias agressões físicas, sovas e estrangulamento, agrilhoamento e situações de estresse prolongadas, bem como ameaças contra suas famílias.[55]

Conforme o Banco Mundial, o bloqueio, as guerras e a pobre governança estrangularam a economia de Gaza e a taxa de desemprego tornara-se a mais alta do mundo, a atingir 43% da população e, entre os jovens, mais de 60%, ao fim de 2014.[56] A população sofria com os serviços públicos muito precários, deficientes, escassez de eletricidade e água, e cerca de 80% dos habitantes dependiam da assistência da United Nations Relief and Works Agency for Palestine Refugees para sua sobrevivência, enquanto mais de 40% caíram abaixo da linha de pobreza. E a cidade de Gaza não havia sido reconstruída depois das guerras de 2008 e 2012 porque Israel não autorizava. Conforme o Banco Mundial, *"while shocking, these numbers fail to fully convey the difficult living conditions that nearly all Gaza's residents have been experiencing"*.[57]

Mesmo *more shocking* — acentuou o informe do Banco Mundial —, era a realidade que mais de 1,8 milhão de residentes estavam confinados a uma área de 160 km², uma das mais densamente povoadas do mundo, e não podiam ir além desses limites sem permissão.[58] Desde que estabelecera o bloqueio de Gaza, em 2007, o objetivo de Israel foi manter a população na penúria e a economia à beira do colapso. O ministro da Defesa de Israel, Tzipi Livni, manteve o mais estrito e severo controle sobre os produtos que entravam em Gaza e baniu os mais diversos alimentos, entre os quais *spagetti* e outras massas, coentro, ervas para temperos e até *ketchup*, por considerá-los desnecessários.[59] E as crianças sofreram ainda mais as consequências. De acordo com o Center for Mind-Body-Medicine, baseado em Washington, mais de um terço das crianças de Gaza apresentava sinais de *"post-traumatic stress disorder"*, mesmo antes do conflito armado de 2014, e depois muito mais.[60] *"The statu quo in Gaza is unsustainable."*[61] E esse *statu quo* foi exacerbado pelo bloqueio e três brutais operações militares de Israel, em 2008, 2012 e 2014. Gaza *delenda est*. Estava em escombros. Em novembro de 2015, o número de refugiados atingia no mínimo 7,1 milhões de pessoas, em diversos países do mundo, e cerca de 427.000 internamente deslocados, com a destruição de seus lares, conforme a United Nations Refugees Agency (UNHCR).[62]

O ex-presidente dos Estados Unidos, Jimmy Carter, ao visitar a Cisjordânia, em maio de 2015, declarou em entrevista à imprensa que a situação de Gaza era *"intolerable"*, e esteve com Maḥmūd ʿAbbās, em Ramallah, mas não se encontrou com o primeiro-ministro Netanyahu, por considerar *"waste of time"*.[63] Na ocasião, embora condenasse os atos criminosos do Ḥamās, disse que seu dirigente Khālid Mashʿal não era terrorista, e defendeu a conciliação com Fatah, a fim de que houvesse novas eleições para a Autoridade Nacional Palestina.[64] O ex-presidente Jimmy Carter tinha razão. O Ḥamās, na realidade, é uma facção política nacionalista e militante, empenhada em estabelecer um Estado palestino, e, embora não reconhecesse a legitimidade do Estado de Israel e efetuasse ações de terror, que atingiam civis, Khālid Mashʿal, seu líder, rejeitou publicamente qualquer comparação com o ISIS,[65] feita por Netanyahu, de modo a justificar a guerra contra Gaza. *"At the moment, there is zero chance of the two-state solution"*, disse o ex-presidente Jimmy Carter, em agosto de 2015.[66] E, a ressaltar que as perspectivas de paz eram as piores possíveis,[67] acentuou que o primeiro-ministro Netanyahu "*has any intention*" de fazer qualquer progresso nesse sentido,[68] *i.e.*, alcançar a paz, de nunca haver querido sinceramente a solução de dois Estados e haver desde cedo decidido adotar "*a one-state solution*", mas sem dar aos palestinos iguais direitos.[69]

Essa era realmente a decisão de Netanyahu, conquanto Israel pudesse ganhar em uma década cerca de US$ 120 bilhões, com a solução de dois Estados, segundo as estimativas da Rand Corporation, ao passo que os palestinos apenas ganhariam US$ 50 bilhões.[70] Em outubro de 2015, em reunião do Comitê de Defesa e Assuntos Exteriores do Knesset, Netanyahu revelou aos demais membros que não tinha plano de entregar o controle da Cisjordânia aos palestinos como parte do processo de paz. E afirmou: "A esse tempo, necessitamos controlar todo o território por um futuro previsível."[71] Ele cria que "metade dos palestinos era governada pelo Islã extremista, que nos quer destruir: se houvesse eleições amanhã, o Ḥamās venceria".[72] A perspectiva, naquelas circunstâncias, era de que o Ḥamās realmente triunfasse; não estava envolvido em inócuas negociações com Israel e, ademais, dispunha de um serviço de assistência à população árabe, que a Autoridade Palestina não dava. Porém, não apenas a situação de Gaza era funesta, insustentável. Também em Jerusalém Oriental e na Cisjordânia a convulsão latejava. E os conflitos eclodiram entre 13 e 15 de setembro, véspera do Rosh Hashana, o Ano-Novo judaico, no Templo do Monte, onde também estava edificada a Mesquita de al-Aqsa, junto ao Domo da Rocha, o Nobre Santuário (Haram al-Sharif), reverenciado como o lugar de onde o Profeta Muhammad teria ascendido ao céu e para receber al-Qur'ān diretamente de Allah.

As tensões latentes entre israelenses e palestinos fermentavam em todos os territórios ocupados por Israel. Entretanto, escalaram cada vez mais após a polícia de Israel haver invadido a mesquita de al-Aqsa, para derrubar as barricadas que dentro os palestinos haviam erguido, usando granadas de gases lacrimogêneos e granadas estonteantes.[73] E desde então os choques não cessaram. Os palestinos recorreram aos mesmos métodos usados pelos judeus zelotes, nacionalistas,[74] que efetuaram uma campanha de terror, desde o ano 48 a.C., durante o reinado de Idumean Herodes, até a queda de Jerusalém e de Massada, em 70 d.C. e 73 d.C., com o propósito de encorajar a insurreição contra o domínio de Roma. Os sicarii, infiltrados nas cidades, apunhalavam legionários romanos e judeus colaboradores, com a *sica* (adaga curva), escondida debaixo da manta. E assim fizeram os palestinos, desde a invasão da Mesquita de al-Aqsa, cerca de 2.000 anos depois. Diversos israelenses foram assim assassinados, em Jerusalém, e o levante escalou, com os palestinos a enfrentarem os soldados de Israel, lançando pedras, muitas com fundas (*slingshot*), como David abatera Goliath, no vale de Elah (Emek HaElah).

Os apunhalamentos, tiros, pedradas e incêndios tornaram-se acontecimentos cotidianos e as IDF responderam com agressiva e letal repressão contra os suspeitos de terrorismo. Só em outubro, centenas de palestinos, inclusive 150 crianças, foram presos. Dezenas de palestinos, sobretudo jovens, foram mortos pelas IDF,[75] cujas tropas, ademais de bloquearem o acesso dos palestinos às plantações de oliveiras, perto da vila de Nablus, impedindo a colheita, demoliram ali residências e confiscaram terras. E a estação de rádio palestina Al Hurria, em Hebron (Cisjordânia), foi invadida durante a noite, no início de novembro, por soldados das IDF, que destroçaram os equipamentos e se apossaram dos transmissores, sob a alegação de que eram usados para incitar ataques aos israelenses.[76]

O primeiro-ministro Netanyahu acusou Maḥmūd ʿAbbās de incitar a onda de violência dos palestinos e advertiu que os israelenses tinham de aceitar que não havia probabilidade de paz e que eles iriam continuar "a viver pela espada". Mas o próprio comandante do Diretório Militar de Inteligência (Agaf HaModi'in — Aman) de Israel, o major-general Herzl Halevi, judeu ortodoxo, declarou em reunião do gabinete, em 1º de novembro de 2015, que os sentimentos de fúria e frustração, especialmente entre os jovens, eram "parte da razão da onda de ataques de terror em Jerusalém e na Cisjordânia".[77] Esclareceu que os jovens se lançavam aos ataques terroristas porque estavam em desespero com o estado de coisas "e sentiam que nada tinham a perder".[78] O major-general Herzl Halevi, contrariando o que dissera o primeiro-ministro Netanyahu, informou que Maḥmūd ʿAbbās tentava manter a calma na Cisjordânia e instruíra suas forças no sentido de frustrar os atentados contra Israel, mas parecia que parte da juventude escapava do controle da Autoridade Palestina.[79]

A DESORDEM MUNDIAL

Figura 23.3 — Cisjordânia e Gaza sob ocupação israelense desde 1967

A intifada, iniciada em setembro e que ainda em novembro não cessara, refletia o sentimento de revolta que germinou ao longo de meio século de ocupação do território palestino por Israel, opressão e discriminação. E, da mesma forma que o ex-presidente Jimmy Carter, o ex-primeiro--ministro de Israel, Shimon Peres, do Partido Trabalhista, arguiu, em entrevista à Associated Press, que Netanyahu nunca foi sincero a respeito de paz, que nunca "escapou do domínio da conversa", nem com a criação de outro Estado, ao lado de Israel, porém a alternativa para a existência de dois Estados na Palestina era "a guerra contínua e ninguém podia manter a guerra para sempre".[80] "Netanyahu é contra o Estado binacional, mas admite que devemos viver para sempre pela espada; isto é um pesadelo", comentou o cientista político Menachem Klein,[81] cuja promoção a Universidade Bar-Ilan negou por considerá-lo de esquerda.[82] A estratégia de Netanyahu era efetivamente manter os israelenses em medo e ansiedade.

A intolerância do governo de Netanyahu era tal que seu assessor de imprensa, Ran Baratz, zombou, desrespeitosamente, do secretário de Estado, John Kerry, ao dizer que sua idade mental "não excedia a de um menino de 12 anos", assim como acusou o presidente Obama de antissemitismo por defender a solução de dois Estados.[83] Netanyahu não o demitiu. As desculpas oficiais não cicatrizaram as feridas.[84] O presidente Obama apenas fez um *"realistic assessment"* de que não seria possível alcançar a paz na Palestina antes do término do seu mandato e, segundo seu assessor de Segurança Nacional, Benjamin Rhodes, ele gostaria de ouvir como Netanyahu pretendia, sem conversações de paz, evitar a solução de um Estado, estabilizar a situação e assinalar que estava comprometido com a solução de dois Estados.[85] E o fato era que nunca esteve comprometido com tal solução. A aceitação de criar mais um Estado, na Palestina, por parte de Netanyahu, significou apenas *verba et praeterea nihil*.

Entretanto, não obstante as desavenças e dificuldades no relacionamento com Netanyahu, sobretudo por causa do Acordo Nuclear com o Irã, Obama destinou, no orçamento de 2016, US$ 3,1 bilhões, a título de assistência militar, considerado pela AIPAC a *"most tangible manifestation of American support"* a Israel, o que lhe permitirá a compra de esquadrões de F-35, totalizando 33 jatos, além de vários outros petrechos bélicos, dando assim lucros à indústria de armamentos.[86] E Israel conti-

A DESORDEM MUNDIAL

nuou o maior recipiente cumulativo da assistência militar dos Estados Unidos, desde a Segunda Guerra Mundial, havendo recebido dos contribuintes americanos um montante de US$ 124,3 bilhões (em dólares correntes não inflacionados), como assistência bilateral, *i.e.*, assistência militar, o que tornou as IDF em uma das mais sofisticadas forças armadas do mundo, superior às de todos os Estados vizinhos.[87]

NOTAS

1. "President Welcomes Palestinian President Abbas to the White House". The Rose Garden. *The White House — President George W. Bush*. Office of the Press Secretary, 26 de maio de 2005. Disponível em: <http://georgewbush-whitehouse.archives. gov/news/releases/2005/05/print/text/20050526.html>; *Public Papers of the Presidents of the United States. George W. Bush (In Two Books) Book I: January 1 to June 30, 2005*. Washington: US Government Printing Office, p. 880. Disponível em: <https://books.google.de/books?id=5VVC1YI72DoC&pg=PA880&lpg=PA880& dq=George+W.+Bush+%E2%80%9Cmust+remove+unauthorized+outposts+a nd+stop+settlement+expansion.#v=onepage&q=George%20W.%20Bush%20 %E2%80%9Cmust%20remove%20unauthorized%20outposts%20and%20 stop%20settlement%20expansion.&f=false>.
2. *Ibidem.*
3. "President Bush Calls for New Palestinian Leadership". *White House. Office of the Press*. The Rose Garden, 24 de junho de 2002. For Immediate Release. Disponível em: <http:// georgewbush-whitehouse.archives.gov/news/releases/2002/06/20020624-3.html>.
4. Alon Ben-Meir (Senior Fellow, Center for Global Affairs, NYU), "The Fallacy of the Gaza Withdrawal", *in*: *HuffPost News,* 13 de novembro de 2014. Disponível em: <http://www.huffingtonpost.com/alon-benmeir/the-fallacy-of-the-gaza-w_ b_6152350.html>. Acessado em 25 de outubro de 2015.
5. O objetivo da Frente Popular de Libertação da Palestina era trocar os judeus sequestrados pelos militantes palestinos presos em Israel.
6. Tovah Lazaroff, "Has Netanyahu been boom or bust for Israel's West Bank settlement enterprise?". *The Jerusalem Post*, 17 de março de 2015. Disponível em: <http://www.jpost.com/Israel-Elections/Has-Netanyahu-been-boom-or-bust-for- -Israels-West-Bank-settlement-enterprise-394135>.
7. Jodi Rudoren & Jeremy Ashkenas, "Netanyahu and the Settlements — Israeli Prime Minister Benjamin Netanyahu's settlement policy resembles his predecessors' in many ways, but it is a march toward permanence in a time when prospects for peace are few". *International New York Times*, 12 de março de 2015. Disponível em: <http://www.nytimes.com/interactive/2015/03/12/world/middleeast/netanyahu- -west-bank-settlements-israel-election.html?_r=0>; Serge Schmemann, "Netanyahu, Scorning Critics, Visits West Bank Settlement". *The New York Times*, 27

de novembro de 1996. Disponível em: <http://www.nytimes.com/1996/11/27/world/netanyahu-scorning-critics-visits-west-bank-settlement.html>.

8. "Full Text of Netanyahu's Foreign Policy Speech at Bar Ilan". *Há'aretz*, 14 de junho de 2009. Disponível em: <http://www.haaretz.com/news/full-text-of-netanyahu-s--foreign-policy-speech-at-bar-ilan-1.277922>.

9. "Experts clash over Palestinian demographic statistics on eve of 2015, Israel's population hits 8.3 million — Data predicted equal Jewish, Arab population in Israel and territories by 2016". *The Jerusalem Post*, 22 de outubro de 2015. 9 Heshvan, 5776. Disponível em: <http://www.jpost.com/Middle-East/Experts-clash-over-Palestinian-demographic-statistics-386443>.

10. Ian S. Lustick, "Israel's Migration Balance — Demography, Politics, and Ideology", pp. 33–34. *Israel Studies Review*, Vol. 26, Issue 1, Summer 2011: 33–65 © Association for Israel Studies doi: 10.3167/isr.2011.260108. Disponível em: <https://www.sas.upenn.edu/polisci/sites/www.sas.upenn.edu.polisci/files/Lustick_Emigration_ISR_11.pdf>.

11. Immigration to Israel: Total Immigration, by Year (1948 — Present 2014). *Jewish Virtual Library*. Disponível em: <https://www.jewishvirtuallibrary.org/jsource/Immigration/Immigration_to_Israel.html>.

12. Dan Perry & Josef Federman, "Netanyahu years continue surge in settlement". *Associated Press*, 15 de dezembro de 2014. Disponível em: <http://news.yahoo.com/netanyahu-years-see-surge-west-bank-settlements-075922371.html>.

13. Isabel Kershnerjan, "Netanyahu Says Some Settlements to Stay in Israel". *The New York Times*. 24, 2010. Disponível em: <http://www.nytimes.com/2010/01/25/world/middleeast/25mideast.html?_r=0>.

14. Mairav Zonszein (Tel Aviv), "Jewish migration to Israel up 40% this year so far — Ukrainians and Russians account for surge as numbers leaving Western Europe in first three months remains steady despite Paris attacks in January, report shows". *The Guardian*, 3 de maio de 2015.

15. *Ibidem.*

16. *Ibidem.*

17. Michael Lipka, "The continuing decline of Europe's Jewish population". *Pew Research Center*. Disponível em: <http://www.pewresearch.org/fact-tank/2015/02/09/europes-jewish-population/>.

18. Vital Statistics: Latest Population Statistics for Israel — (Updated September 2015). *Jewish Virtual Library*. Disponível em: <http://www.jewishvirtuallibrary.org/jsource/Society_&_Culture/newpop.html>.

19. "Experts clash over Palestinian demographic statistics on eve of 2015, Israel's population hits 8.3 million - Data predicted equal Jewish, Arab population in Israel and territories by 2016". *The Jerusalem Post*, 22 de outubro de 2015 | 9 Heshvan, 5776. Disponível em: <http://www.jpost.com/Middle-East/Experts-clash-over-Palestinian-demographic-statistics-386443>.

20. Ariel Ben Solomon, "On eve of 2015, Israel's population hits 8.3 million. Experts clash over Palestinian demographic statistics. Data predicted equal Jewish, Arab population in Israel and territories by 2016". *The Jerusalem Post*, 1º de janeiro de 2015. Disponível em: <http://www.jpost.com/Middle-East/Experts-clash-over-Pa-

lestinian-demographic-statistics-386443>; Palestinian Central Bureau of Statistics (PCBS) — "Palestinians at the End of 2015", 30 de dezembro de 2015. Disponível em: <http://www.pcbs.gov.ps/site/512/default.aspx?tabID=512&lang=en&Item ID=1566&mid=3171&wversion=Staging>.

21. Sergio Della Pergola, "Jewish Demographic Policy Population Trends and options in Israel and in the diaspora". The Hebrew University of Jerusalem Editors Barry Geltman, rami Tal. *The Jewish People Policy Institute* (ppi) (established by the Jewish agency for Israel, Ltd). Disponível em: <http://jppi.org.il/uploads/Jewish_Demographic_Policies.pdf.

22. *Ibidem*.

23. Disponível em: https://www.whashingtonpost.com/news/worldviews/wp/2014/12/22/map-the-spread-of-israeli-sttlements-in-the-bank/.

24. A parte ocidental seria a capital do Estado de Israel>.

25. Hani A. Faris, 2013, pp. 77–78.

26. "Security Council Fails to Adopt Text Demanding That Israel Halt Settlement Activity as Permanent Member Casts Negative Vote." *United Nations - Security Council*. 6484th Meeting (PM) 18 de fevereiro de 2011. Disponível em: <http://www.un.org/press/en/2011/sc10178.doc.htm>. Shlomo Shamir, "The UN Is Ripe for Advancing the Palestinian Agenda — The settlements have been defined as the number-one problem impeding peace, and no Israeli attempt to blame the stalemate on the Palestinians will be accepted at the UN". *Há'aretz*, 22 de fevereiro de 2011. Disponível em: <http://www.haaretz.com/print-edition/opinion/the-un-is--ripe-for-advancing-the-palestinian-agenda-1.344905>; "Ilegal Israeli Settlements". *Council for European Palestinian Relations*. Disponível em: <http://thecepr.org/index.php?option=com_content&view=article&id=115:illegal-israeli-settlements&catid=6:memos&Itemid=34>.

27. Mitzpe Kramim (West Bank) & Maayan Lubell, "In Netanyahu's fourth term, what's next for Israeli settlements?". *Reuters*, 6 de abril de 2015. Disponível em: <http://www.reuters.com/article/2015/04/06/us-israel-palestinians-settlements-in--sig-idUSKBN0MX0T220150406>. Acessado em 1º de novembro de 2015.

28. "The United Nations — Human Rights Council holds interactive dialogue with Fact-finding Mission on Israeli Settlements Human Rights Council", 18 de março de 2013. Disponível em: <http://www.ohchr.org/EN/NewsEvents/Pages/DisplayNews.aspx?NewsID=13156&LangID=E>.

29. William Booth, "Israel announces new settlement construction in occupied West Bank, East Jerusalem". *The Washington Post*, 10 de janeiro de 2014. Disponível em: <https://www.washingtonpost.com/world/middle_east/israel-announces-new--settlement-construction-in-occupied-west-bank-east-jerusalem/2014/01/10/1669db6-7a0b-11e3-a647-a19deaf575b3_story.html>.

30. "The Israeli Information Center for Human Rights in the Occupied Territories". *B'Tselem*, 11 de maio de 2015. Disponível em: <http://www.btselem.org/settlements/statistics>.

31. Charles M. Sennott, *The Body and the Blood: The Middle East's Vanishing Christians and the Possibility for Peace*. Nova York: Public Affairs — Perseus — Book Group, 2002, pp. 66–67; Hani A. Faris, 2013, p. 45.

32. *Ibidem*, pp. 44–45.
33. Munib Al-Masri, "United, the Palestinians Have Endorsed 1967 Borders for Peace. Will Israel? Now Ḥamās has indicated its recognition of the 1967 borders, the main Palestinian players all seek an historic agreement with Israel. But is Netanyahu's government strong enough to respond?". *Há'aretz*, 7 de maio de 2014. Disponível em: <http://www.haaretz.com/opinion/1.589343>.
34. Rushdi Abu Alouf (Gaza City), "Ḥamās and Fatah unveil Palestinian reconciliation deal". *BBC News*, 23 de abril de 2014. Disponível em: <http://www.bbc.com/news/world-middle-east-27128902>. Acessado em 29 de outubro de 2015.
35. Peter Beaumont (Jerusalém) & Orlando Crowcroft (El Ad), "Bodies of three missing Israeli teenagers found in West Bank — Naftali Frankel, Gilad Shaar and Eyal Yifrach were kidnapped while hitchhiking back from their religious schools". *The Guardian*, 30 de junho de 2014.
36. Adnan Abu Amer, "Ḥamās denies link to murders of Israeli students. Palestinians and Israelis have been living in uncertainty in the past three weeks following the murders of three Israeli settlers and Palestinian teenager Mohammed Abu Khdeir. The discovery of the bodies of the three Israeli boys has opened the door to further speculation as to what actually happened, for Israel insists Ḥamās was responsible, while Ḥamās continues to deny involvement". *Al Monitor*, 3 de julho de 2014. Disponível em: <http://www.al-monitor.com/pulse/originals/2014/07/palestine-Ḥamās--links-murder-israeli-teens-unclear.html>.
37. Yifa Yaakov & Marissa Newman, "Israel's three murdered teens buried side-by-side amid national outpouring of grief. PM says Israel will expand action against Ḥamās if need be; missiles hit Eshkol region; tens of thousands mourn teens at joint burial service, separate funerals; Israel vows to apprehend killers 'dead or alive'; US warns Israel against 'heavy-handed' response". *The Times of Israel*, 1º de julho de 2014. Disponível em: <http://www.timesofisrael.com/idf-hunts-for-two-suspects-in-teens--murder/.
38. Gili Cohen, "Two Soldiers Killed by Gaza Militants Who Breached Border — Two more wounded; Palestinian militants launch anti-tank missile at IDF unit". *Há'aretz*, 19 de julho de 2014. Disponível em: <http://www.haaretz.com/israel-news/.premium-1.606012>.
39. "Israeli jets strike 34 targets in Gaza Strip — Air force hits Ḥamās, Islamic Jihad structures; 4 reported wounded; 2 rockets explode in Israel causing damage, hours after discovery of kidnapped teens' bodies". *The Times of Israel*, 1º de julho de 2014. Disponível em: <http://www.timesofisrael.com/palestinians-israeli-jets-strike-over-30-targets-in-gaza/>.
40. "In first, Ḥamās official takes credit for kidnap and murder of Israeli teens". *The Jerusalem Post*, 20 de agosto de 2014. Disponível em: <http://www.jpost.com/Arab-Israeli-Conflict/In-first-Ḥamās-official-takes-credit-for-kidnap-and-murder-of-Israeli-teens-371703>.
41. Adnan Abu Amer, "Ḥamās denies link to murders of Israeli students. Palestinians and Israelis have been living in uncertainty in the past three weeks following the murders of three Israeli settlers and Palestinian teenager Mohammed Abu Khdeir. The discovery of the bodies of the three Israeli boys has opened the door to further speculation

A DESORDEM MUNDIAL

as to what actually happened, for Israel insists Ḥamās was responsible, while Ḥamās continues to deny involvement". *Al Monitor*, 3 de julho de 2014. Disponível em: <http://www.al-monitor.com/pulse/originals/2014/07/palestine-Ḥamās-links-murder--israeli-teens-unclear.html>.

42. M.A. Hussein & R. Abraham, "ISIS, Not Ḥamās, Claimed Responsibility For Kidnapping Three Israeli Teens". *Counter Current News*, 22 de agosto de 2014. Disponível em: <http://countercurrentnews.com/2014/08/isis-in-the-west-bank-not-Ḥamās-first--claimed-responsibility-for-kidnapping-those-israeli-teens/>. Acessado em 31de outubro de 2014; BAR'EL, Zvi. "Has ISIS Infiltrated the West Bank? — The pamphlet claiming responsibility for the kidnappings doesn't seem to have come from the Salafi group now terrorizing Iraq and Syria. But maybe a local cell decided to claim affiliation with ISIS to inspire fear." *Há'aretz*, 14 de junho de 2014. Disponível em: <http://www.haaretz.com/israel-news/.premium-1.598648>. Acessado em 31 de outubro de 2014.

43. Nathan J. Brown, "Five myths about Ḥamās". *The Washington Post*, 18 de julho de 2014.

44. Gaza Emergency — UNRWA — United Nations Relief and Works Agency for Palestine Refugees in the Near East. 15 de outubro de 2015. Disponível em: <http://www.unrwa.org/gaza-emergency>; "Annual Report. Israel and Occupied Palestinian Territories". *Amnesty International Report 2014/15*. Disponível em: <https://www.amnesty.org/en/countries/middle-east-and-north-africa/israel-and-occupied--palestinian-territories/report-israel-and-occupied-palestinian-territories/>.

45. Dalia Gebrial, "Unrecovered and Unremembered: Gaza One Year After Operation Protective Edge". *Egyptian Streets*, 31 de julho de 2015. Disponível em: <http://egyptianstreets.com/2015/07/31/unrecovered-and-unremembered-gaza-one-year--after-operation-protective-edge/.

46. "Gaza crisis: Toll of operations in Gaza". *BBC News*, 1º de setembro de 2014. Disponível em: <http://www.bbc.com/news/world-middle-east-28439404>. Acessado em 1º de novembro de 2015.

47. Dalia Gebrial, "Unrecovered and Unremembered: Gaza One Year After Operation Protective Edge". *Egyptian Streets*, 31 de julho de 2015. Disponível em: <http://egyptianstreets.com/2015/07/31/unrecovered-and-unremembered-gaza-one-year--after-operation-protective-edge/>.

48. "UN: Gaza Could Become 'Uninhabitable' By 2020 — Israeli military action and economic blockade have rendered the coastal strip unfit for civilian life, report says." *MiniPress News*, 2 de setembro de 2015. Disponível em: <http://www.mintpressnews.com/un-gaza-could-become-uninhabitable-by-2020/209180/>.

49. "Annual Report. Israel and Occupied Palestinian Territories". *Amnesty International Report 2014/15*. Disponível em: <https://www.amnesty.org/en/countries/middle-east-and-north-africa/israel-and-occupied-palestinian-territories/report--israel-and-occupied-palestinian-territories/>.

50. Lazaro Gamio & Richard Johnson & Adam Taylor, "The crisis in Gaza". *The Washington Post*, 1º de agosto de 2014. Disponível em: <http://www.washingtonpost.com/wp-srv/special/world/the-gaza-crisis/>. Acessado em 3 de novembro de 2012.

51. *Ibidem.*

52. *Ibidem.*

53. "Times of Israel staff. Full text of UNHRC resolution on Gaza war probe — Motion passed on Friday by UN Human Rights Council welcomes findings of McGowan Davis commission". *The Times of Israel*, 3 de julho de 2015. Disponível em: <http://www.timesofisrael.com/full-text-of-unhrc-resolution/>.

54. "Annual Report. Israel and Occupied Palestinian Territories". *Amnesty International Report 2014/15*. Disponível em: <https://www.amnesty.org/en/countries/middle-east-and-north-africa/israel-and-occupied-palestinian-territories/report-israel-and-occupied-palestinian-territories/>.

55. *Ibidem.*

56. "Gaza Economy on the Verge of Collapse, Youth Unemployment Highest in the Region at 60 Percent". *World Bank*, 21 de maio de 2015. Disponível em: <http://www.worldbank.org/en/news/press-release/2015/05/21/gaza-economy-on-the-verge-of-collapse>.

57. *Ibidem.*

58. *Ibidem.*

59. Zvi Bar'el & Barak Ravid, "Gaza Prohibitions Were 'Too Harsh,' Livni Tells TurkelLivni said the Defense Ministry was responsible for banning numerous food products from entering Gaza, such as pasta, coriander, spices and even ketchup". *Há'aretz*, 26 de outubro de 2010. Disponível em: <http://www.haaretz.com/print-edition/news/gaza-prohibitions-were-too-harsh-livni-tells-turkel-1.321157>. Acessado em 3 de novembro de 2015.

60. "Gaza Economy on the Verge of Collapse, Youth Unemployment Highest in the Region at 60 Percent". *World Bank*, 21 de maio de 2015. Disponível em: <http://www.worldbank.org/en/news/press-release/2015/05/21/gaza-economy-on-the-verge->.

61. *Ibidem.*

62. Middle East: Palestinian refugee numbers/whereabouts. *IRIN — Humanitarian news and analysis*. Disponível em: <http://www.irinnews.org/report/89571/middle-east-palestinian-refugee-numbers-whereabouts>.

63. "Times of Israel staff & AFP Carter says Ḥamās leader committed to peace, Netanyahu not — Ex-president doesn't meet PM, says it would be a 'waste of time'; claims Mashaal is 'not a terrorist' and 'strongly in favor of peace process'". *The Times of Israel*, 2 de maio de 2015. Disponível em: <http://www.timesofisrael.com/carter-says-Ḥamās-leader-committed-to-peace-netanyahu-not/>. "Ex-U.S. President Jimmy Carter Says Situation in Gaza Is 'Intolerable'. Speaking at a press conference in Ramallah, Carter lamented that 'not one destroyed house has been rebuilt' in Gaza since the war last summer". *Há'aretz & The Associated Press*, 2 de maio de 2015. Disponível em: <http://www.haaretz.com/israel-news/1.654622>.

64. *Ibidem.*

65. Ari Soffer, "Ḥamās Leader Objects: Don't compare us to ISIS. Khaled Meshaal objects to Netanyahu's comparison between Ḥamās and Islamic State, says Ḥamās 'isn't a violent religious group.'" *Arutz Sheva 7 — Israelnationalnews.com*, 23 de agosto de 2014. Disponível em: <http://www.israelnationalnews.com/News/News.aspx/184333#.VjoltCt0f_B>; Max Fisher, "Ḥamās is not ISIS. Here's why Netanyahu says it is anyway". *Vox — Israel-Palestine Conflict*, 25 de agosto de 2014.

Disponível em: <http://www.vox.com/2014/8/25/6064467/no-netanyahu-Ḥamās-
-is-not-isis-isis-is-not-Ḥamās>.

66. Bronwen Maddox, "Jimmy Carter: there is zero chance for the two-state solution.
The US has withdrawn from tackling the Middle East's most intractable problem,
says the former President". *Prospect*, 13 de agosto de 2015. Disponível em: <http://
www.prospectmagazine.co.uk/world/jimmy-carter-there-is-zero-chance-for-the-
-two-state-solution>. "Carter: Zero Chance for Two-state Solution — Netanyahu
decided 'early on to adopt a one-state solution, but without giving the Palestinians
equal rights,' former U.S. president accuses in interview". *Há'aretz*, 13 de agosto de
2015. Disponível em: <http://www.haaretz.com/israel-news/1.671056>.

67. *Ibidem*.

68. *Ibidem*.

69. *Ibidem*.

70. C. Ross Anthony *et al.*, "The Costs of the Israeli-Palestinian Conflict: Executive
Summary". *Rand Corporation*, 18 de junho de 2015. Disponível em: <http://www.
rand.org/pubs/research_reports/RR740-1.html>; "Israelis Stand to Gain $120
Billion, Palestinians $50 Billion in Two-State Solution Over Next Decade". *Rand
Corporation*, 8 de junho de 2015. Disponível em: <http://www.rand.org/news/
press/2015/06/08.html>.

71. Jessica Schulberg (Foreign Affairs Reporter, *The Huffington Post*), "Benjamin
Netanyahu's Latest Rejection of a Palestinian State. 'You think there is a magic
wand here, but I disagree,' he told his political opponents, who have been pushing
for peace talks". *TheWorldPost — The Huffington Post*, 27 de outubro de 2015.
Disponível em: <http://www.huffingtonpost.com/entry/israel-benjamin-netanyahu-
-reject-palestinian-state_562e5f1be4b0c66bae58b878>.

72. *Ibidem*.

73. "Jerusalem's al-Aqsa mosque sees Israeli-Palestinian clashes". *BBC News*, 13 de setembro de 2015. Disponível em: <http://www.bbc.com/news/world-middle-east-34
237219>.

74. Reza Aslan, 2013, pp. 74–76.

75. Kate Shuttleworth (Jerusalém), "Ultraorthodox Jews at the Damascus gate in Jerusalem after a Palestinian man was shot dead by police after allegedly stabbing and
injuring a 15-year-old Jewish youth". *The Guardian*, 4 de outubro de 2015. Disponível em: <http://www.theguardian.com/world/2015/oct/04/israel-second-stabbing-
-just-hours-after-two-jewish-men-fatally-stabbed>.

76. "Israel raids and shuts down Palestinian radio station". *AAAJ and agencies. al-Araby*, 3 de novembro de 2015. Disponível em: <http://www.alaraby.co.uk/english/
news/2015/11/3/israel-raids-and-shuts-down-palestinian-radio-station>; "Israeli military closes Palestinian radio station for inciting violence. Israel says it has shut
down a Palestinian radio station on charges of incitement. The move comes after
Prime Minister Benjamin Netanyahu accused Palestinian leaders of stoking the violence that has plagued the region". *Deutsche Welle - DW*, 3 de novembro de 2015.
Disponível em: <http://www.dw.com/en/israeli-military-closes-palestinian-radio-
-station-for-inciting-violence/a-18822859>. Acessado em 5 de novembro de 2015;
"Radio West Bank Radio Destroyed". *Deep Dish Waves of Change*, 3 de novembro

de 2015. Disponível em: <http://deepdishwavesofchange.org/blog/2015/11/west-
-bank-radio-destroyed>. Acessado em 3 de novembro de 2015.

77. Barak Ravid, "IDF Intelligence Chief: Palestinian Despair, Frustration Are among Reasons for Terror Wave. Major General Herzi Halevi's assessment contradicts Prime Minister Benjamin Netanyahu's message which blames the attacks on incitement and ingrained hatred". *Há'aretz*, 3 de novembro de 2015. Disponível em: <http://www.haaretz.com/israel-news/.premium-1.683860>.

78. *Ibidem.*

79. *Ibidem.*

80. Aron Heller, "Peres: Netanyahu was never sincere about making peace. Ex-president says PM's overtures have never 'escaped the domain of talking,' and warns against his notion of continually 'living by the sword'". *The Times of Israel*, 2 de novembro de 2015. Disponível em: <http://www.timesofisrael.com/peres-netanyahu-was-never-sincere-about-making-peace/?utm_source=dlvr.it&utm_medium=twitter>.

81. Ian Black (Kafr Qassem), "Israel's strategic position 'enhanced by chaos of Arab neighbourhood'. Netanyahu government reaps benefits of Middle Eastern mayhem but is set to maintain the status quo of occupation on the Palestinian front". *The Guardian*, 11 de junho de 2015.

82. Or Kashti. "Israeli University Lecturer Says Denied Promotion for Being 'Too Leftist' — Bar Ilan's promotions committee also ruled against elevating Dr. Menachem Klein to the rank of professor five years ago". *Há'aretz*, 10 de fevereiro de 2011. Disponível em: <http://www.haaretz.com/israel-news/israeli-university-lecturer-
-says-denied-promotion-for-being-too-leftist-1.342355>.

83. JPost.Com Staff. 'Kerry's mental age doesn't exceed that of a 12-year-old,' Netanyahu's new media czar wrote Bennett blasts Kerry for linking Israeli-Palestinian conflict to ISIS proliferation. *The Jerusalem Post*, 5 de novembro de 2015. Disponível em: <http://www.jpost.com/Israel-News/Politics-And-Diplomacy/Kerrys-mental-age-doesnt-exceed-that-of-a-12-year-old-Netanyahus-new-media-czar-
-wrote-432104>. *Times of Israel*. "Netanyahu's new media czar called Obama 'anti-Semitic'- Ran Baratz also in hot water for comments disparaging Rivlin, John Kerry; two Likud ministers oppose his appointment". *The Times of Israel*, 5 de novembro de 2015. Disponível em: <http://www.timesofisrael.com/netanyahus-
-new-media-czar-called-obama-anti-semitic/?utm_source=The+Times+of+Israel
+Daily+Edition&utm_campaign=55b79272ba-2015_11_05&utm_
medium=email&utm_term=0_adb46cec92-55b79272ba-55318305>.

84. Josef Federman (Jerusalém), "Netanyahu appointment casts cloud over US visit". *Associated Press — The Washington Post*, 5 de novembro de 2015.

85. Steven Mufson, "Obama administration concedes that Mideast peace is beyond reach on his watch". *The Washington Post*, 5 de novembro de 2015. "Obama rules out Israeli-Palestinian peace deal before leaving office -US officials say president has made 'realistic assessment'; will discuss steps to prevent further violence with Netanyahu on Monday". *Times of Israel*, 6 de novembro de 2015, Disponível em: <http://www.timesofisrael.com/obama-rules-out-israeli-palestinian-peace-deal-be-
fore-leaving office/?utm_source=The+Times+of+Israel+Daily+Edition&utm_

campaign=ecd33f82de-2015_11_06&utm_medium=email&utm_term=0_adb 46cec92-ecd33f82de-55318305>.

86. "Support Security Assistance for Israel". *American Israel Public Affairs Committee — AIPAC*. Disponível em: <http://www.aipac.org/learn/legislative-agenda/agenda-display?agendaid=%7B407715AF-6DB4-4268-B6F8-36D3C6F241AA%7D>.

87. Jeremy M. Sharp (Specialist in Middle Eastern Affairs), "U.S. Foreign Aid to Israel June 10, 2015". *Congressional Research Service 7-5700 www.crs.gov RL33222*. Disponível em: <https://www.fas.org/sgp/crs/mideast/RL33222.pdf>.

Capítulo 24

A ADVERTÊNCIA DE JOHN Q. ADAMS • GUERRA PSICOLÓGICA E GUERRA ECONÔMICA CONTRA A RÚSSIA • DEMONIZAÇÃO DO PRESIDENTE PUTIN • RESSURREIÇÃO DO NAZISMO NA UCRÂNIA • O ÓLEO DO MAR CÁSPIO • MODERNIZAÇÃO DO ARSENAL NUCLEAR DA RÚSSIA • CRIAÇÃO DA UNIÃO ECONÔMICA EURASIANA • ACORDO ENTRE RÚSSIA E CHINA • PREJUÍZOS DA UNIÃO EUROPEIA COM AS SANÇÕES CONTRA A RÚSSIA • O GASODUTO NORD-STREAM • CHINA E RÚSSIA E A CRIAÇÃO DE NOVA ESTRUTURA INTERNACIONAL DE PAGAMENTOS • O PETRO-DOLLAR STANDARD E A HEGEMONIA DOS ESTADOS UNIDOS • ENFRENTAMENTO COM A CHINA • SUBSTITUIÇÃO DO DÓLAR COMO *CURRENCY* DOMINANTE NO COMÉRCIO MUNDIAL

As contradições no trasfondo das guerras na Ucrânia, Síria, Iraque, Iêmen, Líbia, Afeganistão etc. eram das mais agudas e extremamente complexas, dado que implicavam interesses profundamente antagônicos de grandes potências, como Estados Unidos, Rússia, China e também União Europeia, ademais de outros países do Oriente Médio e Leste Europeu. O que lá ocorria configurava *proxy wars*, *i.e.*, guerras por procuração, travadas entre as grandes potências com ou em outros países, através de terceiros atores, sem que elas diretamente se envolvessem. E o presidente Obama havia assimilado a nova política exterior do Partido Republicano, dos *neocons*, "*more missionary*", como o professor Henry Kissinger referiu, a enfatizar que a "*America had a mission to bring about democracy — if necessary, by the use of force*" — e a demonstrar certa ou total intolerância diante de qualquer oposição.[1]

John Quincy Adams, ex-secretário de Estado (1817–1825) e depois 8° presidente dos Estados Unidos (1825–1929), em discurso perante a House of Representatives, por ocasião do Independence Day, em 4 de julho de 1821, havia, orgulhosamente, declarado que *"she* [América] *has, in the lapse of nearly half a century, without a single exception, respected the independence of other nations, while asserting and maintaining her own"*.[2] E, a acrescentar que a América se abstivera de interferência nos assuntos de outros países, mesmo quando o conflito fora por princípios aos quais de coração aderia, acentuou que a América desejava a *"freedom and independence of all"*, porém, *"she goes not abroad in search of monsters to destroy"*.[3] *"Her glory is not dominion, but liberty"*, concluiu.[4] Não foi, porém, o que aconteceu ao longo da história. A compulsão cada vez *"more missionary"* de impor o que entendiam como democracia, ainda que pela força, a expressar-se com a política de *exporting democracy* e de *regime change*,[5] exacerbou-se na medida em que os interesses de Wall Street mais e mais se estreitaram com os do complexo industrial-militar até constituir uma aberração, que solapou a posição internacional dos Estados Unidos, como símbolo da liberdade, pretendido pelos *Founding Fathers*. E o fato foi que os Estados Unidos não somente buscaram no exterior *"monsters to destroy"*, *i.e.*, regimes que não convinham aos seus interesses econômicos e geopolíticos, como procriaram os próprios *monsters* — *e.g.* CIA, OTAN etc., atores responsáveis pelos mais sangrentos fiascos e catástrofes humanitárias, na Eurásia, no Oriente Médio e na África, evidenciados *inter alia* na guerra do Afeganistão, no ataque ao Iraque e bombardeio da Líbia, na emergência do Da'ish, em meio à sangueira na Síria, e no *putsch* que produziu a secessão da Ucrânia *et sequens* a guerra civil em Donbass.

Não obstante, o presidente Obama, como antes o presidente George W. Bush, perseverou no propósito de estender a máquina de guerra da OTAN à Ucrânia, como porta de entrada, e daí alcançar o resto da Eurásia, até o Mar Cáspio, o maior lago do planeta e, com o Golfo Pérsico, uma das duas maiores áreas ricas em reservas de petróleo e gás existentes na Terra, ademais de sua importância para a conexão com muitas outras regiões de interesse do Ocidente.[6] Tratava-se de uma região de fundamental relevância econômica, militar e geopolítica, onde os Estados Unidos estavam a perder mais e mais a influência,[7] em virtude do soerguimento da Rússia, sob o governo do presidente Vladimir Putin, *est quod* a intensa campanha para demonizá-lo, sob o pretexto da reincorporação da Crimeia, empreendida pelos governos do

A DESORDEM MUNDIAL

Ocidente (Estados Unidos e União Europeia) e pela mídia corporativa internacional, veículo das operações de guerra psicológica (*psyops*).

Com toda a razão, o economista Paul Craig Roberts, ex-secretário assistente do Tesouro, na administração do presidente Ronald Reagan (1981–1989), acusou *"the Obama regime and its neocon monsters and European vassals have resurrected a Nazi government and located it in Ukraine"*. Conforme explicou, o golpe na Ucrânia foi um esforço de Washington *"to thrust a dagger into Russia's heart"*.[8] E "A ousadia de tal ato criminoso foi encoberta pela construção de uma falsa realidade de uma revolução popular contra um governo corrupto e opressivo", ressaltou, a observar que o mundo devia estar aturdido ao ver que *"bringing democracy has become Washington's cover for resurrecting a Nazi state"*. A mídia ocidental — aduziu Paul Craig Roberts — *"has created a fictional account of events in Ukraine"*, a omitir que o golpe foi organizado pela administração do presidente Obama, derrubou na Ucrânia um governo democraticamente eleito e ignorar que as milícias desfraldaram os *"Nazi symbols"*.[9]

A Rússia evidentemente teria *justus titulus* de reagir. A reintegração da Crimeia tornara-se inevitável depois do *putsch*, que derrubou o presidente Viktor Yanukovych, patrocinado pelos Estados Unidos. Tratava-se de defender a estratégica base naval de Sevastopol, construída pela Rússia em 1783, vital para seu acesso ao Mar Negro, bem como os corredores de transporte de óleo e gás do Mar Cáspio, que atravessavam a Ucrânia. Estultícia imaginar que Moscou de alguma forma não reagiria à ofensiva.

Segundo a U.S. Information Administration, comprovadamente, no Mar Cáspio e adjacências, havia, em 2012–2013, reservas de 48 bilhões de barris de óleo e 292 trilhões de pés cúbicos (Tcf) de gás natural e, no litoral, 41% do total do cru, 19,6 bilhões de barris de hidrocarboneto líquido condensado, recuperado de jazidas extraídas de gases associados e não associados, a maior parte como um composto químico, formado por átomos de carbonos.[10] O U.S. Geological Survey (USGS) calculava que existiam ainda mais reservas não descobertas, com 20 bilhões de barris de óleo e 243 Tcf de gás natural.[11] As bacias do Mar Cáspio produziram, em 2012, a média de 2,6 milhões de barris de cru por dia, cerca de 3,4% do consumo mundial, a maior parte (35%) extraída dos campos ao largo do litoral.[12] E só o Azerbaijão, em 2015, estava a produzir 291 milhões de barris de óleo e 1,07 trilhão Tcf de gás natural.[13] O total das reservas fora antes (1999) estimado em mais de 100 bilhões de barris de óleo, dez vezes mais que as reservas do Alasca.[14] Estimava-se que o total da sua produção de óleo do Mar Cáspio podia superar a do Mar do Norte,[15] onde a exploração declinara de 44 campos, em 2008, para apenas 12, em 2015, apesar de que ainda houvesse 16 bilhões de barris recuperáveis nas proximidades da costa de Aberdeen e a oeste das Shetland Islands.[16]

Figura 24.1 — Mar Cáspio
Fonte: U.S. Energy Information Administration

A Rússia e o Cazaquistão controlavam a maior parte do Mar Cáspio e, desde 29 de setembro de 2014, os cinco países que o circundavam — Rússia, Irã, Azerbaijão, Turcomenistão e Cazaquistão — decidiram, unanimemente, na IV Reunião de Cúpula, em Astracã (Rússia), que eram capazes de manter a segurança da região e não permitir a ingerência de forças militares estrangeiras.[17] Esse acordo visou a afastar da Ásia Central a penetração de forças da OTAN, cuja base aérea da 376th Air Expeditionary Wing, em Manas (Manas Transit Center), instalada em 2001, no Quirguistão, para as operações da ISAF (International Security Assistance Force), no Afeganistão, tivera de ser fechada, em 4 de junho de 2014, devido, *inter alia*, ao arrendamento baixo, inadequado, corrupção nos contratos de óleo, e preocupação quanto aos danos ambientais,[18] bem como ao compromisso de não renovar o contrato com os Estados Unidos, assumido com a Rússia.[19] O presidente Barack Obama, ao ter de encerrar as atividades da base aérea de Manas, pretendeu transferir as instalações para o Cazaquistão, ao mesmo tempo que tratou de incrementar ainda mais a expansão da OTAN nos países do Leste Europeu, a pretexto da crise na Ucrânia e da reincorporação da Crimeia pela Rússia. O Acordo da IV Cúpula do Cáspio, em Astracã, fechou, no entanto, o Mar Cáspio aos desígnios do presidente Obama de avançar na região, onde antes os Estados Unidos mantiveram estreitas relações militares com o Azerbaijão, Turcomenistão e Cazaquistão, desde que deflagraram a Operation Enduring Freedom contra os Talibãs, em 2001. O presidente Obama conseguiu, entretanto, um acordo com o presidente do Cazaquistão, Nursultan Nazarbayev, que permitiu o transporte pelo seu espaço aéreo de tropas e equipamentos não letais, de modo que pudesse alcançar, rapidamente, o polo norte, a fim de levá-los, em menos de 12 horas, à base militar de Bagram, a 25 milhas ao norte do Aeroporto Internacional de Kabul, no Afeganistão.[20] E o Cazaquistão, com 6.846 km de fronteira contínua com a Rússia e 1.533 km com a China, configurava um país de essencial importância geopolítica para a estratégia dos Estados Unidos.

A base aérea dos Estados Unidos de Karshi-Khanabad, no Uzbequistão, já havia sido fechada, em 2005, mas a Alemanha continuou a manter a pequena base aérea de Termez, a única do Ocidente que lá funcionava, no sudeste, e era também usada pelos países da OTAN para a guerra no Afeganistão, onde ainda estavam estacionados, em meados de 2015, 12.500 soldados, entre os quais 850 alemães e 10.000 americanos, integrantes da Operation Freedom's Sentinel, dado que os insurgentes continuavam a operar no nordeste, província de Kunduz, com a participação de muitos tadjiques e uzbeques, militantes do Movimento Islâmico do Uzbequistão. O governo do Uzbequistão, que recebia da Alemanha pelo arrendamento da base € 12,4 milhões, desde 2005, e € 15,2 milhões, a partir de 2008, exigiu € 35 milhões e, em abril de 2015, € 72,5 milhões para renovação do contrato, a vigorar em 2016.[21] O presidente Islam Karimov proibiu, porém, o estacionamento de tropas na base de Termez, de sorte que ela seria apenas usada como centro logístico e eletrônico de reconhecimento e captação de inteligência na Ásia Central — Cazaquistão, sudeste da Rússia e oeste da China, bem como, possivelmente, do Irã, Paquistão e Índia. Outrossim, ainda serviria para o suprimento das tropas alemãs que permaneceram no Hindu Kusch, Afeganistão, integrantes da Mission Resolute Support, uma vez haver a ISAF (International Security Assistance Force) terminado formalmente suas operações de combate, em 28 de dezembro de 2014.[22] A Alemanha somente mantinha em Termez, junto com a Força Aérea do Uzbequistão, três aviões C-160 Transall e 160 operadores, embora entre 17.000 e 18.000 de várias nações ainda devessem continuar no Afeganistão.

Os Estados Unidos, entretanto, haviam distorcido a função da OTAN, inicialmente defensiva e circunscrita aos sócios da Europa Ocidental, e atribuíram-lhe missões ofensivas *out-of-area*, como, *e.g.*, a guerra no Afeganistão e o bombardeio da Líbia para derrubar o regime de Muammar Gaddafi, pervertendo a Resolução 1.970 (2011).[23] Seu objetivo era garantir permanente presença em Hindu Kush e entre as mais altas montanhas do mundo, de 3.500 a 5.000 m de altitude, na cordilheira Pamir, bem como nas estepes da Ásia Central.

Os Estados Unidos, dentro da moldura da cooperação bilateral, estavam a fornecer aos países da Europa Oriental, que se associaram à OTAN, entre os quais Bulgária e Polônia, modernos equipamentos, tais como o AGM-158 JASSM (Joint Air-to-Surface Standoff Missile), míssil cruzeiro de baixa visibilidade, que podia ser lançado a distância, e possibilitava a aviões táticos atacarem alvo no interior da Rússia, sem penetrar na área coberta pelo seu sistema de defesa antimíssil.

Figura 24.2 — Localização da cordilheira Pamir
Fonte: GNU Free Documentation License

Diante da expansão da OTAN até as imediações da Rússia, engrifando-se a penetrar na Eurásia e encantoá-la,[24] o presidente Vladimir Putin, havia algum tempo, trabalhava para robustecer um sistema de defesa e segurança coletiva, no Cáucaso. O esboço do acordo já havia sido elaborado com a Armênia, similar ao que fizera com o Quirguistão, Tajiquistão, Cazaquistão, assim como com a Bielorrússia, cujas unidades de combate e defesa atuariam coordenadamente com as da Rússia, como anunciou o tenente-general Pavel Kurachenko, do comando da Força de Defesa Aeroespacial da Rússia.[25] A Rússia tencionava então estabelecer bases aéreas, dentro dos marcos da Organização do Tratado de Segurança e Defesa Coletiva (Organizatsiya Dogovora o Kollektivnoy Bezopasnosti — ODKB), em alguns dos países signatários, entre os quais Bielorrússia, bem como, provavelmente, Armênia, Cazaquistão, Quirguistão, Tajiquistão e outros da Ásia Central.[26] Para a Bielorrússia, país com o qual em setembro de 2015 estava a negociar a abertura de uma base aérea e um sistema conjunto de defesa, Moscou pretendia enviar 2.250 unidades de modernos equipamentos, aviões de combate Su-35 e Su-35S, helicópteros MI-8MTV51, radares, novos aparelhos para assalto de paraquedistas, veículos de infantaria de combate, e complexos drones (UAV).[27] *Si vis pacem, para bellum*. Mas os países do Báltico e a Polônia, os mais belicosos, assustaram-se. Era supérflua a presença de forças da OTAN no seu território.

Em 1997, ao tempo em que o presidente Bill Clinton planejara a expansão da OTAN aos países do Leste Europeu, o contra-almirante Eugene J. Carroll Jr., em artigo publicado em *Los Angeles Times*, reiterou a advertência do diplomata George F. Kennan, autor da doutrina de *containment* da União Soviética, de que *"expanding NATO would be the most fateful error of American policy in the post cold-war era. Such a decision may be expected [...] to impel Russian foreign policy in directions decidedly not to our liking"*.[28] Daí que a Rússia, evidentemente, tinha de reagir, reincorporando a Ucrânia e Sevastopol à sua jurisdição, de modo a preservar a base naval na baía Akhtiar (pedra branca), fundada entre 1783 e 1784, uma vez que o objetivo implícito, *inter alia*, do Departamento de Estado e outras instituições públicas e privadas dos Estados Unidos (NED, USAID e ONGs), ao promoverem o *putsch* contra o presidente Viktor Yanukovych, consistia em instalar novo regime e estender a máquina de guerra da OTAN à Ucrânia, cerca de 490 km de Moscou.

O general Joseph Dunford Jr., do U.S. Marine Corps, nomeado pelo presidente Obama chefe do Estado-Maior Conjunto das Forças Armadas, declarou ao Armed Services Committee do Senado, em Washington, que a *"Russia resentes the greatest threat to our national security. [...] I f you look at their behavior, it's nothing short of alarming"*.[29] Porém o presidente Putin já havia percebido a ameaça na fabricação pelos Estados Unidos de novos mísseis com precisão e letalidade, de longo alcance — Patriot, Aegis/Standard Missile e SLAMRAAM (Surface Launched Advanced Medium-Range Air-to-Air *Missile*), AIM-120 AMRAAM (Advanced Medium--Range Air-to-Air Missile) etc., os quais, além da visibilidade, podiam atingir alvos estratégicos na Rússia. E desde alguns anos a Rússia começara a modernizar seus armamentos e produziu um míssil cruzeiro, que, instalado em submarinos e navios de guerra, podia reduzir o poder militar dos Estados Unidos sobre vasta região, de Varsóvia a Kabul e de Roma a Bagdá.[30] Os Estados Unidos, por outro lado, desenvolveram o sistema antimísseis cruzeiros, conhecido como JLENS, montado e preso em plataformas eletrônicas, com ampla área de alcance e radar de precisão, a integrar o Theater Air and Missile Defense (JTAMD).[31] Os tratados de desarmamento entre os Estados Unidos e a Rússia estavam a corromper-se desde a administração do presidente George W. Bush, que não respeitara sequer

A DESORDEM MUNDIAL

lei internacional nem a própria ONU e, ao adotar a doutrina da *preemptive wars*, invadiu aventureiramente o Iraque, o primeiro dos vários países a atacar, entre os quais a Síria se incluía.

O presidente Putin havia salvado a Rússia da desintegração, "histórico feito durante crucial período", conforme lembrou ao povo russo Mikhail Gorbachiov, ex-secretário do Partido Comunista (1985–1991) e presidente da União Soviética, a apoiar a reincorporação da Crimeia.[32] Todo seu esforço visava restaurar, ainda que parcial e conforme normas do capitalismo, o espaço de influência econômica e política da União Soviética, sob o nome União Econômica Eurasiana (EurAsEc — UEE), reestruturando os países da Comunidade dos Estados Independentes (CEI), comunidade criada em 1991, na gestão do ex-presidente Boris Yeltsin, sem maior organicidade, união alfandegária, relações de comércio e assistência mútua, embora possuísse um mercado de cerca de 180 milhões de pessoas. E a recomposição de uma Rússia, com a dimensão econômica, geopolítica e estratégica da extinta União Soviética, era o que os Estados Unidos não aceitavam e queriam obstaculizar, com a decretação de sanções, a pretexto da reintegração da Crimeia e da guerra civil no leste da Ucrânia. Essa foi, fundamentalmente, a *ratio essendi* do *putsch* contra o governo do presidente Viktor Yanukovych, desfechado pelas milícias ultranacionalistas e neonazistas, com o custeio dos Estados Unidos e dos ricos oligarcas, temerosos de que a concorrência acabasse o monopólio dos setores industriais, sob seu domínio, se a Ucrânia aderisse à União Econômica Eurasiana.

A unipolaridade dos Estados Unidos no sistema financeiro internacional, fator que possibilitava a imposição de sanções, conforme seus interesses econômicos e geopolíticos, impeliu outros países a buscar diferentes instrumentos de comércio e de transações financeiras, fora da esfera do dólar.[33] E o presidente Putin projetou a eliminação do dólar e do euro nas transações comerciais dentro da moldura da UEE — Rússia, Bielorrússia, Armênia, Cazaquistão e, posteriormente, com a possível inclusão de outros países, tais como Quirguistão, Tajiquistão e Uzbequistão, a expandir o uso das moedas nacionais (rublo russo, rublo bielorrusso, dram e tenge, respectivamente)[34] no pagamento de negócios e serviços financeiros internacionais. Outrossim, Dmitry Medvedev, primeiro-ministro da Rússia, estava a negociar a adesão do Vietnã à UEE com o primeiro-ministro

451

Nguyen Tan Dung.³⁵ E, em 2014, os bancos centrais da Rússia e da China assinaram um acordo de *swap* no valor de 150 bilhões de yuan (US$ 23,5 bilhões), a fim de intensificar a cooperação financeira entre os dois países. Em agosto de 2015, o Banco Central da China iniciou um programa piloto de substituição do dólar pelo rublo, na cidade de Suifenhe, província de Heilongjiang, no nordeste do país.³⁶

Figura 24.3 — Fronteiras da Rússia
Fonte: WorldAtlas.com

Dentro do contexto de guerra econômico-financeira, desfechada pelos Estados Unidos e União Europeia contra a Rússia, a Gazprom e a China's National Petroleum Corporation (CNPC) firmaram um memorando de entendimento com o objetivo de construir o duto Power of Siberia (Сила Сибири) através de 2.500 dos campos de Krasnoyarsk e Irkutsk, na Sibéria, para o suprimento de gás natural líquido (*liquefied natural gas* — LNG) à China aprovado pelos presidentes Vladimir Putin e Xi Jinping. O acordo fora no valor de US$ 400 bilhões e efetivar-se-ia em rublos/yuan. A Gazprom igualmente negociava com a China o fornecimento pela rota ocidental da Sibéria, através do gasoduto de Altai, de 1.700 milhas, o volume de 30 bilhões de metros cúbicos por ano, com a perspectiva de aumentar o volume para 100 bilhões por ano.[37] A Gazprom, em meados de 2015, estava a exportar gás natural líquido, por cerca de US$ 10,19 *per* MMBtu, porém os analistas criam que para a China o valor era em torno de US$ 8 *per* MMBtu.[38] Não obstante o baixo preço, a perspectiva era de que as corporações americanas, a investirem na construção de terminais nos Estados Unidos, ao longo da costa do Pacífico, com a intenção de suprir futuramente a China com gás, a partir do xisto, cuja liquefação custava muito caro, teriam "*some epic capital destruction*".[39] Não teriam condições de competir em preço com a Rússia.

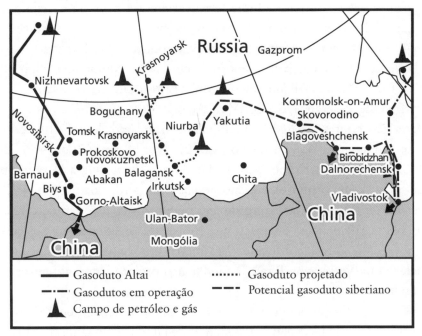

Figura 24.4 — Gasodutos russos na fronteira com a China
Fonte: Gazprom

A Rússia, diante das tensões criadas pela União Europeia, acompanhando os Estados Unidos, esteve a ponto de abandonar a construção do gasoduto North Stream e tratou de negociar com o presidente da Turquia, Recep Tayyip Erdoğan, o projeto do gasoduto South Stream, que iria da Bulgária e atravessaria o Mar Negro para o Sul e a Europa. Mas a Comissão Europeia obstaculizou-o por motivos políticos, sob a alegação de que configurava um monopólio e contrariava as leis da competição. A submissão de Bruxelas a Washington estava a danificar gravemente a economia da União Europeia, particularmente a da Alemanha. O analista-chefe do Bremer Landesbank, o economista Folker Hellmeyer, revelou que em consequência das sanções contra a Rússia, as exportações da Alemanha declinaram 18% em 2014, 34% nos primeiros dois meses de 2015, porém o dano foi muito maior do que as estatísticas demonstram, porquanto às "primeiras perdas" se acrescem os "efeitos secundários", que se tornam muito piores com o tempo.[40] Segundo salientou, a falta de previsibilidade, como requisito, colocou a Siemens fora de um grande projeto, a Alstom perdeu um contrato para a linha ferroviária entre Moscou e Beijing, e o potencial de prejuízos foi mais massivo do que as atuais contas indicavam, e não somente para a Alemanha, mas para toda a União Europeia.[41]

Diante da perspectiva de enormes perdas, as companhias alemãs E. ON e BASF/Wintershall juntamente com a British-Dutch Royal Dutch Shell Plc, ENGIE, da França, e a OMV, da Áustria, desconsideraram as sanções decretadas contra a Rússia e mantiveram o projeto de construir com a Gazprom (com 51% das ações) o gasoduto Nord Stream-2, que teria dois prolongamentos marítimos sob o Mar Báltico, *bypassing* a Ucrânia, por não ser uma rota confiável, e a Eslováquia. [42] E a perda do governo de Kiev, privado de receber pagamento de *fees* pelo trânsito da energia, cerca de 140 bilhões de metros cúbicos de gás, fora estimado em pelo menos US$ 2 bilhões de dólares, conforme o primeiro-ministro Arseniy Yatsenyuk declarou na Verkhovna Rada, a condenar o projeto como antieuropeu e antiucraniano.[43]

Os entendimentos entre a Rússia e a China tomavam como base do intercâmbio o rublo/yuan. O Banco Popular da China, desde abril de 2012, estava a desenhar uma nova arquitetura de pagamentos internacionais e criou o CIPS (China International Payment System),[44] um meio super-rápido de transações com o yuan CHN= CNY= CFXS, em substituição ao sistema de *clearing*, controlado pelos Estados Unidos através da National Security Agency (NSA). Assim se desobstruiu a via para internacionalização do yuan e sua transformação em moeda de reserva.[45] O yuan já se tornara, em 2014, a quinta maior *currency* usada no comércio mundial.[46] E o CIPS[47] começou a funcionar, em uma primeira fase,[48] em outubro de 2015,[49] enquanto a Rússia estava a lançar um protótipo nacional de cartão crédito — Mir (paz ou mundo), que poderia estender-se aos países do grupo BRIC (acrônimo do grupo denominado por Jim O'Neill, do banco de investimento Goldman Sachs).[50] Em novembro de 2015, o yuan foi, porém, incluído na Special Drawing Rights (SDR), a sesta de reservas do Fundo Monetário Internacional.

Figura 24.5 — Localização do gasoduto Nord Stream
Fonte: wikimedia.org/wikipedia/commons/5/58/Nordstream.png

Esse novo sistema de intercomunicação internacional de recursos financeiros, o CIPS, constituía frontal desafio ao SWIFT.[51] Outrossim, com o objetivo de gerar o embrião de nova ordem econômica e financeira internacional, a China havia fundado o Asian Infrastructure Investment Bank (AIIB), com US$ 100 bilhões e a adesão de inúmeros países, e, em 20 de junho de 2015, o New Development Bank, em sociedade com o Brasil, Rússia, Índia, África do Sul, também com um capital de US$ 100 bilhões,[52] como alternativa para o FMI e o Banco Mundial. Os quatro primeiros países, que conformavam o BRIC sem a África do Sul, compreendiam 40% da população mundial, um quarto da área mundial e 35% do PIB mundial.[53]

Entrementes, Moscou pretendia criar outro sistema interbancário e o Banco Central da Rússia fora encarregado de construir uma alternativa para a SWIFT (Society for Worldwide Interbank Financial Telecommunication),[54] de modo a enfrentar eventuais sanções dos Estados Unidos e a União Europeia que afetassem suas ordens de pagamentos internacionais, no valor de mais de US$ 6 trilhões, a envolver mais de 10.000 instituições financeiras em 210 países.[55] A ROSSWIFT era a segunda maior associada depois dos Estados Unidos. E, caso os Estados Unidos e a União Europeia desabilitassem a Rússia da SWIFT, a situação poderia agravar-se a ponto de gerar provavelmente um conflito internacional de maiores proporções e imprevisíveis consequências.[56]

A substituição do dólar como *currency* dominante no comércio mundial reduziria a capacidade dos Estados Unidos de aplicar sanções contra outros países, bem como criaria condições para maior liquidez nos mercados. A Rússia, em 2014, decidiu estabelecer em rublos o preço de suas *commodities* — óleo e gás — e Washington alarmou-se com a notícia de que Moscou havia firmado com Teerã um memorando de entendimento para fazer transações de *swaps*, à base *oil-for-goods*, no valor de US$ 20 bilhões, dando a Rosneft em torno de 500.000 bbl/d de petróleo para escoamento no mercado internacional. Esse fato alarmou Washington. O congressista Edward Royce (Republicano-Califórnia), presidente do House Foreign Affairs Committee, escreveu ao secretário de Estado, John Kerry, uma carta, datada de 2 de junho de 2014, na qual expressou *"serious concern"* sobre a possibilidade de que o negócio permitisse ao Irã aumentar suas exportações de óleo em troca de armamentos e novas instalações nucleares fornecidas pelas Rússia.[57] Também, na percepção de Washington, esse acordo solaparia os esforços para isolar a Rússia feitos pelos Estados Unidos *"after it annexed Crimea in March and started destabilizing eastern Ukraine"*.[58] Em outubro de 2015, os bancos russos Sberbank, VTB, Gazprombank, Bank of Moscow, Rosselkhozbank etc. estavam já a usar outro sistema de pagamentos, fora da SWIFT.[59]

Tais acontecimentos tendiam a pôr fim à hegemonia do dólar, cujo enfraquecimento começara quando os presidentes Lyndon Johnson (1963–1969) e Richard Nixon (1969–1974) descumpriram as regras do Gold Exchange Standard, acordadas em Bretton Woods (1944). Uma oz de ouro, *i.e.*, 28,35 g, devia valer US$ 35, e eles emitiram e lançaram em circulação mais dólares do que podiam lastrear com o ouro existente em Fort Knox, a fim de financiar as importações dos Estados Unidos e os custos da Guerra Fria e da guerra no Vietnã, Camboja e Laos. Ademais, os bancos e as grandes corporações dos Estados Unidos passaram a investir pesadamente na Europa. Todas as reservas de ouro estocadas já se haviam virtualmente esgotados em 1970. Só restavam 1.000 das 8.500 toneladas que supostamente estavam depositadas em Fort Knox. E as reservas em dólar, em posse dos bancos europeus, os eurodólares, haviam saltado de US$ 23,8 bilhões para US$ 36 bilhões, em julho de 1971 e, no mês seguinte, para US$ 40 bilhões, três vezes mais do que os Estados Unidos necessitavam para honrar as obrigações contraídas com base nos acordos de Bretton Woods.[60]

Entrementes, os déficits orçamentários federais, desde 1960, recresceram em média US$ 3 bilhões, por ano, saltando de US$ 9 bilhões, em 1967, para US$ 25 bilhões em 1968, devido aos gastos da guerra na Indochina, enquanto as obrigações dos Estados Unidos alcançavam US$ 36 bilhões e os estoques de ouro despenhavam-se de US$ 24 bilhões, em 1945, para US$ 16 bilhões, em 1962, e apenas US$ 13 bilhões em 1969.[61] Estimava-se que, em 1970, os eurodólares, no mercado de Londres, alcançavam um volume de US$ 1,3 trilhão, um *pool* de *hot money*, circulação *offshore*, sem controle, mas voltavam aos Estados Unidos, mediante a compra de bônus do Tesouro, e assim financiavam os déficits de Washington. Entre 1968 e 1971, somavam, cumulativamente, US$ 56 bilhões. Tratava-se de uma economia gravemente enferma. Se os países, que detinham reservas de eurodólares, exigissem a conversão da moeda papel, na paridade de US$ 35 por uma oz de ouro, os Estados Unidos quebrariam.[62] Daí que, em agosto de 1971, o presidente Nixon suspendeu, unilateralmente, a conversibilidade direta do dólar em ouro.[63] A ordem monetária e econômica internacional sofreu forte abalo. A confiabilidade no dólar abateu-se e a afluência de divisas para a Europa e o Japão ainda mais aumentou. Assim, dois anos depois, em 1973, o presidente Nixon, ante o agravamento da crise, teve de desvalorizar o dólar em 10%, rompendo tanto o Smithsonian Agreement quanto o European Joint Float e pavimentando o caminho para a livre flutuação das moedas. O dólar, que só os Estados Unidos podiam produzir, transformou-se em divisa fiduciária internacional. O FMI adotou então o Special Draing Rights (SDR), um esquema para encobrir a debilidade do dólar como divisa. E o então presidente da França, general Charles de Gaulle, acusou os Estados Unidos de assumirem um "privilégio exorbitante", na medida em que podiam continuar financiando seus déficits com a emissão de mais dólares e colocá-los em circulação.[64]

Entrementes, de 1971 a 1973, Jack F. Bennettt, secretário do Tesouro e mais tarde diretor da Exxon, e o professor Henry Kissinger, assessor de Segurança do presidente Nixon, com o suporte dos poderosos banqueiros da City de Londres, sir Sigmundo Warburg, Edmond Rothschild, Jocelyn Hambro etc., entramados com Wall Street, haviam negociado com o rei Fayşal ibn 'Abd al-'Azīz Āl Su'ūd e a Saudi Arabian Monetary Agency um acordo, posteriormente sedimentado com a criação da U.S.-Saudi Arabian Joint Commission on Economic Cooperation, mediante o qual os negócios de petróleo — venda e compra — seriam feitos somente em dólares e depois reinvestidos na compra de títulos do Tesouro dos Estados Unidos, o que permitiria a Washington financiar seus crescentes déficits. Em 1973, durante as celebrações do Yon Kippur (Dia da Expiação), 6 de outubro, o dia mais sagrado dos judeus, tropas da Síria e do Egito atravessaram o Canal de Suez e investiram contra Israel, avançando na direção da península do Sinai e das colinas de Golan. Apesar da surpresa e das derrotas iniciais, com pesadas perdas, cerca de 2.600 soldados, as IDF reverteram a situação e, em 28 de outubro, o Egito, Síria e Israel aceitaram o cessar-fogo. A fim de boicotar os Estados Unidos e o Ocidente por terem dado apoio a Israel, o Egito encorajou a elevação do preço do óleo cru de US$ 3 *per* barril para US$ 12, em 1974. Contudo, a reciclagem dos dólares já estava acordada com a Arábia Saudita, quando ocorreu o choque do petróleo, e com os altos lucros que a alta lhe propiciou, Riad comprou US$ 2,5 bilhões de bônus do Tesouro dos Estados Unidos.[65] O acordo óleo/dólar foi expandido em 1975 aos demais membros da OPEC.[66] O Petro-Dollar Standard substituiu, então, o Gold Exchange Standard e consolidou-se. O país que necessitava comprar óleo tinha necessariamente de obter dólares e tomar empréstimos de curto prazo aos bancos da Europa e dos Estados Unidos. Destarte ocorreu a mutação dos eurodólares em petrodólares. A demanda externa possibilitava a emissão contínua do papel-moeda, como *fiat currency*, e a acumulação de imensos débitos sem que Washington corresse o risco de cometer o *default*. E os petrodólares converteram-se em um dos alicerces do poder econômico dos Estados Unidos, reforçado ainda por outro choque do petróleo em 1979, enquanto os países da América Latina, Ásia e África atascavam-se em profunda crise de endividamento externo.

Conforme salientou Richard Benson, ex-economista do Chase Manhattan Bank, o nível de prosperidade dos Estados Unidos, e não em pequena medida, estava a depender dos massivos déficits, que os governos faziam nas relações comerciais com outros países, ao importar US$ 3 trilhões (1972), sem que realmente pagassem os bens que adquiriram.[67] Os bancos centrais desejavam aceitar os acervos em dólar como investimentos, entretanto a única coisa que tinha valor na economia moderna era o óleo! *"In the real world (which is a long way from Hollywood and the Liberal Media), the one factor underpinning American prosperity is keeping the dollar the World Reserve Currency."*[68] E isto somente poderia acontecer se os países produtores de óleo sustentassem o preço e todas as suas reservas de divisas em dólares. *"If anything put the final nail in Saddam Hussein's coffin, it was his move to start selling oil for Euros"*, comentou Richard Benson, aduzindo que *"the US is the sole super power and we control and dictate to the Middle East oil producers. America has the power to change rulers if they can't follow the 'straight line' the US dictates. America's prosperity depends on this"*.[69]

Os Estados Unidos havia algum tempo "perderam sua habilidade de ditar a política econômica de outros países", declarou em entrevista à imprensa o professor Paul Krugman, da Princeton University e Prêmio Nobel de Economia.[70] Porém, os grandes bancos, que regiam a economia mundial, através do FED e de Wall Street, jamais admitiram que o dólar, ainda a subsistir como *fiat currency*, pudesse perder o *status* de única moeda na condução das transações financeiras e do comércio internacional, sobretudo no de óleo e gás. Esse fato, *inter alia*, determinou a invasão do Iraque, em 2003, quando Saddam Hussein pretendeu substituir o dólar pelo euro, nas vendas de petróleo, o que outros países poderiam certamente acompanhar.[71] Não sem razão, o antigo secretário do Serviço Civil da Grã-Bretanha, John Chapman, escreveu no *The Guardian* que *"there were only two credible reasons for invading Iraq: control over oil and preservation of the dollar as the world's reserve currency. Yet the government has kept silent on these factors*".[72] Com efeito, a confiabilidade do dólar como *fiat currency* estava a dissipar-se.[73] Washington não podia continuar indefinidamente a emitir papel-moeda, sem lastro, para importar mais do que produzia, e os demais países com esses mesmos dólares, sem lastro, continuarem a comprar bônus do Tesouro, financiando o déficit público e a prosperidade da população americana. O déficit, a recrescer a cada ano, atingiu o montante de US$ 18,1 trilhões,[74] em 2014, com a previsão de subir para US$ 22,488 trilhões (federal, estadual e local), ao fim do ano fiscal de 2016,[75] enquanto o PIB fora de apenas US$ 17,42 trilhões (2014 est.).[76]

A criação do CIPS pela China, como alternativa para a SWIFT, conjugada com iniciativa similar da Rússia, o estabelecimento do Asian Infrastructure Investment Bank (AIIB) e do New Development Bank, em sociedade com o Brasil, Rússia, Índia, África do Sul, tendiam a quebrantar a preeminência de Wall Street, o que implicava aluir a hegemonia dos Estados Unidos, exercida por meio do dólar, como única moeda de reserva internacional, e da expansão da máquina militar da OTAN, com que subordinava a União Europeia e outros países aos seus interesses econômicos e políticos. Esse era, em larga medida, o trasfondo das crises, *inter alia*, na Ucrânia e na Síria.[77] E no discurso pronunciado durante a cerimônia de formatura dos oficiais na Academia Militar de West Point, em 28 de maio de 2014, o presidente Obama nominou os países que lhe pareciam hostis aos Estados Unidos, ao apontar a *"Russia's aggression toward former Soviet states unnerves capitals in Europe, while China's economic rise and military reach worries its neighbors. From Brazil to India, rising middle classes compete with us, and governments seek a greater say in global forums"*.[78] Esses eram exatamente os países que conformavam o grupo denominado BRIC.

O conflito, no entanto, estava decidido; o domínio do Ocidente, derrubado — prenunciou o economista Folker Hellmeyer, analista-chefe do Bremer Landesbank.[79] Entrevistado pelo *Deutsche Wirtschafts Nachrichten* em junho de 2015, ele observou que, em 1990, os países do grupo BRIC respondiam apenas por 25% da produção mundial; em 2015, respondiam por 56%; representavam 85% da população mundial e controlavam 70% das reservas mundiais.[80] E, uma vez que os Estados Unidos não se dispunham a

A DESORDEM MUNDIAL

partilhar o poder, *e.g.*, mudança na proporção de votos no FMI e no Banco Mundial, não restava a esses países emergentes senão construir seu próprio sistema financeiro (*ein eigenes Finanzsystem auf*) — ponderou. E afirmou: "Lá está o futuro" (*Dort liegt die Zukunft*). Sem Moscou e Beijing nenhum problema no mundo se podia solucionar (*Ohne Moskau und Peking lässt sich kein Problem in der Welt lösen*), declarou Folker Hellmeyer, ao pressagiar que, sem dúvida, o eixo Moscou-Beijing (Achse Moskau-Peking) prevalecerá contra a velha hegemonia dos Estados Unidos.[81]

NOTAS

1. "The Interview: Henry Kissinger". *The National Interest*'s. *National Interest*, setembro/outubro de 2015. Disponível em: <http://nationalinterest.org/print/feature/the-interview-henry-kissinger-13615?page=3>.

2. "Speech on Independence Day — John Quincy Adams — United States House of Representatives", 4 de julho de 1821. Disponível em: <http://teachingamericanhistory.org/>; "Ashbrook Center at Ashland University". Disponível em: <http://teachingamericanhistory.org/library/document/speech-on-independence-day/>.

3. *Ibidem*.

4. *Ibidem*; John Quincy Adams, *Speech to the U.S. House of Representatives on Foreign Policy (4 de julho de 1821)* — Transcript. Miller Center — University of Virginia. Disponível em: <http://millercenter.org/president/speeches/speech-3484>; Carl Cavanagh Hodge & Cathal J. Nolan, *US Presidents and Foreign Policy — 1789 to the Present*. Santa Barbara (California): ABC-CLIO, pp. 58- 59.

5. Joshua Muravchik, *Exporting Democracy*: *Fulfilling America's Destiny — Fulfilling the American Destiny*. Washington: Aei Press, 1991, p. 81–83; Peter J. Schraeder, *Exporting Democracy*: *Rhetoric Vs. Reality*. Colorado: Lynne Rienner Publishers, 2002, p. 131, 217–220.

6. Megan Munoz, "For Members Only: The Consequences of the Caspian Summit's Foreign Military Ban". *Modern Diplomacy*, 30 de julho de 2015. Disponível em: <http://moderndiplomacy.eu/index.php?option=com_k2&view=item&id=890:for-members-only-the-consequences-of-the-caspian-summit-s-foreign-military-ban&Itemid=771>.

7. Richard Bidlack, *Russia and Eurasia 2015–2016*. Lanham (Maryland): Rowman & Littlefield, 2015. 46th Edition, pp. vii-viii; Seyyedeh Motahhareh Hosseine & Asghar Shokri Moqaddam, "US Presence in Eurasia and Its Impact on Security and Military Arrangements of This Region". *Geopolitica*, 5 de maio de 2014. Disponível em: <http://www.geopolitica.ru/en/article/us-presence-eurasia-and-its-impact-security-and-military-arrangements-region#.Vex_MJc-7_A>.

8. Paul Craig Roberts, "Truth Has Been Murdered". *Institute for Political Economy*, 28 de abril de 2015. Disponível em: <http://www.paulcraigroberts.org/2015/04/28/truth--murdered-paul-craig-roberts/print/>; "Paul Craig Roberts: 'Bringing Democracy' Has Become Washington's Cover For Resurrecting a Nazi State". *Silver Doctors*, 6 de maio de 2015. Disponível em: <http://www.silverdoctors.com/paul-craig-roberts-bringing--democracy-has-become-washingtons-cover-for-resurrecting-a-nazi-state>.

9. *Ibidem.*

10. "Oil and natural gas production is growing in Caspian Sea region". *Today in Energy*, 11 de setembro de 2013. *U.S. Energy Information Administration.* Disponível em: <http://www.eia.gov/todayinenergy/detail.cfm?id=12911>.

11. *Ibidem.*

12. "Caspian Sea — Overview of oil and natural gas in the Caspian Sea region — *International energy data and analysis*". *EIA Beta — U.S. Department of Energy*, 26 de agosto de 2013. *Disponível em: <http://www.eia.gov/beta/international/regions--topics.cfm?RegionTopicID=CSR>.*

13. Jon Mainwaring, "Caspian Conference: Azeri Oil, Gas Production Target Raised for 2015". *Rigzone*, 4 de junho de 2015. Disponível em: <http://www.rigzone.com/news/oil_gas/a/138946/Caspian_Conference_Azeri_Oil_Gas_Production_Target_Raised_for_2015>.

14. Vladimir Babak, "Kazaskstan Around Big Oil", 1999, pp. 182–183.

15. *Ibidem*, p. 183.

16. Andrew Critchlow (Commodities editor), "North Sea oil production rises despite price fall The UK offshore region is set for the first increase in total production for 15 years". *The Telegraph*, 3 de agosto de 2015. Disponível em: <http://www.telegraph.co.uk/finance/newsbysector/energy/oilandgas/11780648/North-Sea-oil-production-rises-despite-price-slump.html>.

17. Julia Nanay, "Russia's role in the energy Eurasian market", 2010, pp. 109–115.

18. John C. K. Daly, "After Ukraine, Russia Beefs Up Military in Armenia and Kyrgyzstan". *Silk Road Reporters*, 24 de outubro de 2014. Disponível em: <http://www.silkroadreporters.com/2014/10/24/ukraine-russia-beefs-military-armenia-kyrgyzstan/>.

19. Lt. Col. Max Despain, 376th Air Expeditionary Wing Public Affairs. "The End of an Era: 376th Air Expeditionary Wing inactivation ceremony", 4 de junho de 2014. *U.S. Air Force.* Disponível em: <http://www.af.mil/News/ArticleDisplay/tabid/223/Article/485254/the-end-of-an-era-376th-air-expeditionary-wing-inactivation-ceremony.aspx>.

20. Rick Rozoff, "Kazakhstan: U.S., NATO Seek Military Outpost between Russia and China", *Global Research*, 15 de abril de 2010. Disponível em: <http://www.globalresearch.ca/kazakhstan-u-s-nato-seek-military-outpost-between-russia-and--china/18680>; Ver também: <http://www.globalresearch.ca/kazakhstan-u-s--nato-seek-military-outpost-between-russia-and-china/18680?print=1>.

21. Alexander Cooley, *Great Games, Local Rules: The New Great Power Contest in Central Asia*. Oxford-Nova York: Oxford University Press, 2012. p. 168; "Germany negotiates air base lease with Uzbekistan". *NEOnline | TB*. Disponível em: <http://neurope.eu/article/germany-negotiates-air-base-lease-uzbekistan/>.

22. Zdzislaw Lachowski, "Foreign Military Bases in Eurasia". *SIPRI Policy Paper No. 18. SIPRI, Stockholm International Peace Research Institute.* Estocolmo: CM Grup-

pen, Bromma, junho de 2007. Disponível em: <http://books.sipri.org/files/PP/SI-PRIPP18.pdf>.

23. "Security Council Approves 'No-Fly Zone' over Libya, Authorizing 'All Necessary Measures' to Protect Civilians, by Vote of 10 in Favour with 5 Abstentions 17 March 2011 Security Council. 6498th Meeting (Night)". Disponível em: <http://www.un.org/press/en/2011/sc10200.doc.htm>.

24. Seyyedeh Motahhareh Hosseini & Asghar Shokri Moqaddam, "US Presence in Eurasia and Its Impact on Security and Military Arrangements of This Region". *Geopolitica*, 5 de maio de 2014. Disponível em: <http://www.geopolitica.ru/en/article/us-presence-eurasia-and-its-impact-security-and-military-arrangements-region#.Vex_MJc-7_A>.

25. "Russian Unified Air Defense for CIS Collective Security". *Russian Peacekeper*, 9 de setembro de 2015. Disponível em: <http://www.peacekeeper.ru/en/?module=news&action=view&id=27398>.

26. "Russia is ready to establish airbases in neighboring countries — Russian PM". *RT*, 9 de setembro de 2015. Disponível em: <http://www.rt.com/news/314787-russia--air-bases-csto/06>. Acessado em 10 setembro de 2015; Christopher Harress, "Amid NATO Threats, Russia New Air Bases Could Open Across Eastern Europe And Central Asia". *International Business Times*, 9 de setembro de 2015. Disponível em: <http://www.ibtimes.com/amid-nato-threats-russia-new-air-bases-could--open-across-eastern-europe-central-asia-2088746>; John C. K. Daly, "After Ukraine, Russia Beefs Up Military in Armenia and Kyrgyzstan". *Silk Road Reporters*, 24 de outubro de 2014. Disponível em: <http://www.silkroadreporters.com/2014/10/24/ukraine-russia-beefs-military-armenia-kyrgyzstan/>.

27. "Putin orders talks on Russian military base in Belarus". *RT*, 19 de setembro de 2015. Disponível em: <https://www.rt.com/news/315964-putin-military-base-belarus/>. Acessado em 19 setembro de 2015.

28. Eugene J. Carroll Jr. (retired Navy rear admiral, deputy director of the Center for Defense Information). "NATO Expansion Would Be an Epic 'Fateful Error' — Policy: Enlargement could weaken unity within the alliance. Denials of the potential threat to Russia are delusory". *Los Angeles Times*, 7 de julho de 1997. Disponível em: <http://articles.latimes.com/print/1997/jul/07/local/me-10464>; George F. Kennan, "A Fateful Error". *The New York Times*, 5 de julho de 1997. *Wargaming italia*. Disponível em: <http://www.netwargamingitalia.net/forum/resources/george-f-kennan-a-fateful-error.35/>.

29. "Obama's pick for Joint Chiefs sides with Romney on Russia". *New York Post*, 9 de julho de 2015. Disponível em: <http://nypost.com/2015/07/09/russia-is-greatest--threat-to-america-joint-chiefs-nominee/>; Francesca Chambers (White House Correspondent For Dailymail.com) & Reuters "The Cold War is back: Putin's Russia named as number one threat to U.S. by Obama's nominee to lead the Joint Chiefs of Staff". *MailOnline*, 9 de julho de 2015. Acessado em 22 de julho de 2015.

30. "Russia - Politics Putin prepares bitter and hysterical missile surprise to 'American partners'". *Pravda*, 16 de janeiro de 2015. Disponível em: <http://english.pravda.ru/russia/politics/16-01-2015/129540-putin_missile_surprise-0/>.

31. Julian Borger (diplomatic editor), "U.S. and Russia in danger of returning to era of nuclear rivalry — American threats to retaliate for Russian development of new cruise missile take tensions to new level". *The Guardian*, 4 de janeiro de 2015. Disponível em: <http://www.theguardian.com/world/2015/jan/04/us-russia-era--nuclear-rivalry>.

32. "Gorbachev: Putin saved Russia from disintegration". *RT*, 27 de dezembro de 2014. Disponível em: <http://rt.com/news/217931-gorbachev-putin-saved-russia/>; Tom Porter, "Mikhail Gorbachev claims Vladimir Putin 'saved' Russia from falling apart". *International Business Times*, 27 de dezembro de 2014. Disponível em: <http://www.ibtimes.co.uk/mikhail-gorbachev-claims-vladimir-putin-saved-russia--falling-apart-1481065>.

33. Ariel Noyola Rodríguez, "Russia Precipitates the Abandonment of the SWIFT International Payments System among BRICS Countries". *Global Research*, 6 de outubro de 2015; UNISA (University of South Africa) — Institute for Global Dialogue. Disponível em: <http://www.igd.org.za/index.php/research/foreign-policy-analysis/south-south-cooperation/11465-russia-precipitates-the-abandonment-of-the--swift-international-payments-system-among-brics-countries>.

34. "Putin says dump the dollar". *RT*, 1º de setembro de 2015. Disponível em: <https://www.rt.com/business/313967-putin-says-dump-dollar/>. Acessado em 3 de setembro de 2015. Também em: <https://www.rt.com/business/313967-putin-says--dump-dollar/>.

35. "Vietnam and Eurasian Economic Union free trade zone deal in 'home straight' — Russian PM". *RT*, 6 de abril de 2015. Disponível em: <http://www.rt.com/business/247033--russia-vietnam-trade-cooperation/>. Acessado em 6 de Abril de 2015.

36. *Ibidem*.

37. "Gazprom and CNPC sign memorandum on gas deliveries from Russia's Far East to China — Russia's gas major Gazprom and the Chinese National Oil and Gas Company have signed a Memorandum of Understanding on natural gas supplies from Russia to China and to build a pipeline to the Far East". *TASS*, 3 de setembro de 2014. Disponível em: <http://tass.ru/en/economy/818493>; Kenneth Rapoza, "Russian Government Ratifies Huge China Gas Pipeline Deal". *Forbes*, 3 de maio de 2015. Disponível em: <http://www.forbes.com/sites/kenrapoza/2015/05/03/russian-government-ratifies-huge-china-gas-pipeline-deal/5>.

38. MMBTU/MBTU é acrônimo de One Million of British Thermal Units, medida usada para gás natural.

39. Kurt Cobb, "Russia-China Deal Could Kill U.S. LNG Exports". *OilPrice.com/CNBC*, 18 de novembro de 2014. Disponível em: <http://oilprice.com/Energy/Natural-Gas/Russia-China-Deal-Could-Kill-U.S.-LNG-Exports.html>.

40. "Top-Banker ist sich sicher: Russland und China gewinnen gegen die USA". *Deutsche Wirtschafts Nachrichten*, 6 de junho de 2010. Disponível em: <http://deutsche-wirtschafts-nachrichten.de/2015/06/06/top-banker-ist-sich-sicher-russland-und-china--gewinnen-gegen-die-usa/>.

41. *Ibidem*.

42. "Gazprom, BASF, E.ON, ENGIE, OMV and Shell sign Shareholders Agreement on Nord Stream II project". *Gazprom*, 4 de setembro de 2015. Disponível em: <http://

www.gazprom.com/press/news/2015/september/article245837/>; Denis Pinchuk & Olesya Astakhova & Oleg Vulkmanovic, "Gazprom to offer more gas at spot prices via Nord Stream II". *Reuters*, 13 de outubro de 2015. Disponível em: <http://www.reuters.com/article/2015/10/13/us-russia-gazprom-spot--idUSKCN0S71XS20151013>; Elena Mazneva & Dina Khrennikova, "Putin Bets on Germany as Gas Ties with Turkey Sour on Syria". *Bloomberg*, 13 de outubro de 2015. Disponível em: <http://www.bloomberg.com/news/articles/2015-10-12/putin-bets-on-germany-as-gas-ties-with-turkey-go-sour-over-syria>.

43. Filip Singer, "Ukraine's PM blames EU for lack of partnership over support of Nord Stream-2 project". *TASS*, 18 de setembro de 2015. Disponível em: <http://tass.ru/en/world/822175>.

44. "Internationalisierung des Yuan — China startet internationales Zahlungssystem — Bisher war die Abwicklung grenzüberschreitender Geschäfte in Yuan teuer und langwierig. Das soll nun besser werden und die Internationalisierung der chinesischen Währung vorantreibenn". *Zürcher Kantonalbank*, 9 de outubro de 2015. Disponível em: <http://www.nzz.ch/finanzen/devisen-und-rohstoffe/china-startet--internationales-zahlungssystem-1.18626842>.

45. Michelle Chen & Koh Gui Qing, "China's international payments system ready, could launch by end-2015 — sources". *Reuters*, 9 de março de 2015. Disponível em: <http://www.reuters.com/article/2015/03/09/us-china-yuan-payments-exclusive-idUSKBN0M50BV20150309>.

46. "China's mega international payment system is ready will launch this year — report". *RT*, 10 de março de 2015. Disponível em: <https://www.rt.com/business/239189-china-payment-system-ready/>.

47. "Payment, clearing and settlement systems in China". Disponível em: <https://www.bis.org/cpmi/publ/d105_cn.pdf>.

48. "China launches RMB int'l interbank payment system". *English.news.cn*, 10 de agosto de 2015. Disponível em: <http://news.xinhuanet.com/english/video/2015-10/08/c_134692342.htm>.

49. "Internationalisierung des Yuan — China startet internationales Zahlungssystem — Bisher war die Abwicklung grenzüberschreitender Geschäfte in Yuan teuer und langwierig. Das soll nun besser werden und die Internationalisierung der chinesischen Währung vorantreiben". *Zürcher Kantonalbank*, 9 de outubro de 2015. Disponível em: <http://www.nzz.ch/finanzen/devisen-und-rohstoffe/china-startet--internationales-zahlungssystem-1.18626842>.

50. Alexej Lossan (RBTH), "Russland stellt Alternative zu Visa und MasterCard vor — Die russische Regierung hat in Moskau den Prototypen einer nationalen Kreditkarte vorgestellt. Allerdings wird noch einige Zeit vergehen, bis das neue Zahlungssystem flächendeckend eingeführt wird". *Russia Beyond and the Headlines*, 4 de junho de 2015. Disponível em: <http://de.rbth.com/wirtschaft/2015/06/04/russland_stellt_alternative_zu_visa_und_mastercard_vor_33869>.

51. "Mehr Unabhängigkeit: BRICS-Staaten vs. Wall Street und City of London". *Pravda TV*, 14 de outubro de 2015. Disponível em: <http://www.pravda-tv.com/2015/10/mehr-unabhaengigkeit-brics-staaten-vs-wall-street-und-city-of-london>.

52. Gabriel Wildau (Shanghai), "New Brics bank in Shanghai to challenge major institutions". *The Financial Times*, 21 de julho de 2015. Disponível em: <http://www.ft.com/intl/cms/s/0/d8e26216-2f8d-11e5-8873-775ba7c2ea3d.html#axzz3lo8DME81>.

53. *Ibidem.*

54. Essa sociedade — a rede Swift — foi criada em Bruxelas, em 1973.

55. "Russia to launch alternative to SWIFT bank transaction system in spring 2015". *RT*, 11 de novembro de 2014. Disponível em: <https://www.rt.com/business/204459-russia-swift-payment-alternative/.

56. Michelle Chen & Koh Gui Qing (Hong Kong/Beijing), "Exclusive: China's international payments system ready, could launch by end-2015 — sources". *Reuters*, 9 de março de 2015. Disponível em: <http://www.reuters.com/article/2015/03/09/us--china-yuan-payments-exclusive-idUSKBN0M50BV20150309>.

57. "Iran and Russia Making a Deal? Chairman Royce". *Presses State Department for Information*, 3 de junho de 2014. Disponível em: <http://foreignaffairs.house.gov/press-release/iran-and-russia-making-deal-chairman-royce-presses-state-department-information>.

58. *Ibidem.*

59. "Several big Russian banks already use SWIFT equivalent — banking official. It was reported earlier that Russia's SWIFT equivalent would be launched in fall 2015". *TASS — Russia & India Reports,* 18 de setembro de 2015. Disponível em: <http://in.rbth.com/news/2015/09/18/several-big-rusian-banks-already-use-swift-equivalent-banking-official_425941>.

60. William Bundy, 1998, p. 361.

61. "New York FED stores third od gold. 80 countries keeps 13 billion in vault". *Chicago Tribune*, 23 de setembro de 1969. Disponível em: <http://archives.chicagotribune.com/1969/09/23/page/53/article/new-york-fed-bank-stores-third-of-gold>.

62. F. William Engdahl, 1993, pp. 133–137.

63. Satyendra Nayak, 2013, pp. 105–108.

64. *Ibidem*, pp. 107–108, "Norte-Sur. Un programa para la supervivencia. Informe de la Comisión Independiente sobre Problemas Internacionales del Desarrollo presidida por Willy Brandt". *The Independente Comisión on International Development Sigues.* Bogotá: Editorial Pluma, 1980, p. 305.

65. William R. Clark, 2005, pp. 20–22.

66. Alexander Clakson, "The Real Reason Russia is Demonized and Sanctioned: the American Petrodollar". *Global Research*, 18 de setembro de 2014. Disponível em: <http://www.globalresearch.ca/the-real-reason-russia-is-demonized-and-sanctioned-the-american-petrodollar/5402592>.

67. Richard Benson, SFGroup. "Oil, the Dollar, and US Prosperity". *Information Clearing House*, 8 de agosto de 2003. Disponível em: <http://www.informationclearinghouse.info/article4404.htm>.

68. *Ibidem.*

69. *Ibidem.*

70. Giuliana Vallone, "Economia global projeta cenário decepcionante, diz Nobel de Economia". *Folha de S. Paulo*, 19 de outubro de 2015. Disponível em: <http://

A DESORDEM MUNDIAL

www1.folha.uol.com.br/mercado/2015/10/1695575-economia-global-projeta-cenario-decepcionante-diz-nobel-de-economia.shtm>.

71. William R. Clark, 2005, pp. 113–117.
72. Sandy Franks & Sara Nunnally, 2011, pp. 135–138, 150–151.
73. John Chapman, "The real reasons Bush went to war — WMD was the rationale for invading Iraq. But what was really driving the US were fears over oil and the future of the dollar". *The Guardian*, 28 de julho de 2004. Disponível em: <http://www.theguardian.com/world/2004/jul/28/iraq.usa>; Rachel Evans, "Russia Sanctions Accelerate Risk to Dollar Dominance". *Bloomberg*, 6 de agosto de 2014. Disponível em: <http://www.bloomberg.com/news/2014-08-06/russia-sanctions-accelerate-risk-to-dollar-dominance.html>; Finian Cunningham, "'Deal or War': Is doomed Dollar Really Behind Obama's Iran Warning?". *RT*, 16 de agosto de 2015. Disponível em: <https://www.rt.com/op-edge/312531-iran-kerry-us-dollar/>.
74. Federal Debt Clock. Disponível em: <http://www.usgovernmentdebt.us/>.
75. *Ibidem.*
76. *CIA — World Fact Book*. Disponível em: <https://www.cia.gov/library/publications/the-world-factbook/geos/us.html>. Acessado em 16 de outubro de 2015.
77. "Jim Rogers — Russia/China/Brazil Joining Forces to Avoid U.S. Dollar". *The Daily Coin*, 3 de novembro de 2014. Disponível em: <http://thedailycoin.org/?p=10593>; Andrew Henderson, "Russia vs. the petrodollar: the latest reserve currency meltdown". *Nomad Capitalist*. Disponível em: <http://nomadcapitalist.com/2014/08/08/russia-vs-petrodollar-latest-reserve-currency-meltdown/>.
78. "Remarks by the President at the United States Military Academy Commencement Ceremony". *The White House. Office of the Press Secretary,* 28 de maio de 2014. Disponível em: <https://www.whitehouse.gov/the-press-office/2014/05/28/remarks-president-united-states-military-academy-commencement-ceremon>.
79. "Top-Banker ist sich sicher: Russland und China gewinnen gegen die USA". *Deutsche Wirtschafts Nachrichten*, 6 de junho de 2015. Disponível em: <http://deutsche-wirtschafts-nachrichten.de/2015/06/06/top-banker-ist-sich-sicher-russland-und-china-gewinnen-gegen-die-usa/>.
80. *Ibidem.*
81. *Ibidem.*

Epílogo

*If politics must truly be at the service of the human person, it follows
that it cannot be a slave to the economy and finance. [...] Why are
deadly weapons being sold to those who plan to inflict untold suffering
on individuals and society? Sadly, the answer, as we all know, is simply
for money: money that is drenched in blood, often innocent blood. In
the face of this shameful and culpable silence, it is our duty to confront
the problem and to stop the arms trade.*

Papa Francisco ao Congresso dos Estados Unidos[1]

O revolucionário Thomas Paine (1737–1809), nascido em Norfolk (Inglaterra) e um dos *Founding Fathers* dos Estados Unidos, escreveu que
"the American Constitution were to Liberty what a grammar is to language"; definia as partes dos discursos e construía a sintaxe.[2] O filósofo anglo-irlandês Edmund Burke (1729–1797), expressão do conservadorismo
na Inglaterra, contestou-o, ironicamente, ao ressaltar que os colonos revolucionários, conquanto proclamassem defender na América uma *"independent constitution and a free trade"*, entendiam que as tropas militares
deviam sustentar tais supostas virtudes, porém, *"as the colonists rise on
you, the negroes rise on them"*, eles clamavam: *"Troops again — Massacre,
torture, hanging! These are your right of men."*[3] A escravatura era a *"peculiar institution"* da *respublica* nos Estados Unidos, não havia direitos humanos para os escravos e, quando se insurgiam e matavam os senhores, a
repressão era a mais brutal e feroz. E assim aconteceu em 1831, em Southampton (Virgínia), onde, após uma sublevação, mais de 100 africanos
foram massacrados, e cerca de dezesseis outros, enforcados. Como Jean-Jacques Rousseau (1712–1778) ponderou, no rigor da acepção, *"il n'a
jamais existe de véritable démocratie, et il n'en existera jamais"*.[4] Com

efeito, *"omnis determinatio est negatio"*, escreveu Baruch Spinoza ao seu amigo Jari Jelle, em carta datada de 2 de junho de 1674. E foi o que ocorreu, ao longo de todo o desenvolvimento da história, em que a negação da democracia resultou de sua própria determinação, ao refletir a evolução do capitalismo, com a qual se identificou, sobretudo nos Estados Unidos, país surgiram as primeiras formas de instituições monopolísticas da economia — trustes, cartéis e sindicatos.

O militarismo, como instrumento especial de realizar o excedente e acumulação do capital, dado ser o Estado o principal consumidor da indústria pesada, marcou, *ab incunabulis*, quase toda a história da república nos Estados Unidos, a partir, sobretudo, da segunda metade do século XIX. E a *mutazione dello stato*, com a *res publica* a transmudar-se em um tipo especial de regime, ainda mais se aprofundou a partir da Segunda Guerra Mundial, e o que corroborou para a preservação das formalidades democráticas foi o temor de que o comunismo se propagasse, com a emergência da União Soviética como potência mundial. Tornava-se necessário antepor ao comunismo, configurado então pelo totalitarismo stalinista, algo como a democracia, que os Estados Unidos tratavam de representar, desde suas origens.

Contudo, o esbarrondamento da União Soviética, entre 1989 e 1991, não significou o triunfo nem dos Estados Unidos nem da democracia. Em estudo para a American Political Science Association, os cientistas políticos Martin Gilens, da Princeton University, e Benjamin I. Page, da Northwestern University, concluíram que nos Estados Unidos não mais havia democracia, mas uma *"economic élite domination"*, uma vez que *"the majority does not rule — at least not in the causal sense of actually determining policy outcomes"*.[5] As decisões políticas eram tomadas pelas *"powerful business organizations and a small number of affluent Americans"*, dúvida não havia de que as elites econômicas tinham desproporcional influência em Washington, ainda que houvesse eleições regulares nos Estados Unidos, liberdade de palavra e diversas outras franquias.[6] As preferências do povo pareciam ter *"only a minuscule, near-zero, statistically nonsignificant impact upon public policy"*, acentuaram Martin Gilens e Benjamin I. Page. Mais claramente, conquanto o regime democrático formalmente continuasse a funcionar, os interesses do capital financeiro, concentrados em Wall Street

A DESORDEM MUNDIAL

e entrelaçados com os interesses das corporações de gás e petróleo, da indústria bélica e sua cadeia produtiva, eram os que condicionavam, predominantemente, as decisões políticas de Washington, não apenas com os gastos da *lobbying industry*, mas, *inter alia*, através das contribuições para a campanha eleitoral dos candidatos aos cargos eletivos. E, uma vez no governo ou Congresso, os eleitos tinham necessariamente de atender e compensar os interesses de seus *benefactors*.

O ex-presidente James Earl (Jimmy) Carter Jr., um "homem de ética" e "um dos presidentes mais honrados dos Estados Unidos" (1977–1981), conforme Fidel Castro,[7] avaliou, igualmente, que na América se havia instalado *"an oligarchy instead of a democracy"*, na qual "ilimitado suborno" promoveu *"a complete subversion of our political system as a payoff to major contributors"*,[8] *i.e.*, havia "excessiva influência" do dinheiro nas eleições.[9] Ambos, democratas e republicanos, *"look upon this unlimited money as a great benefit to themselves"*, acentuou o ex-presidente Carter, salientando que essa era *"the essence of getting the nominations for president or to elect the president"*, ou governadores e congressistas.[10] Folker Hellmeyer analista-chefe do Bremer Landesbank, da Alemanha, também comentou a mutação da democracia em uma "democratura" (*"Demokratie zur Demokratur"*), na medida em que o regime nos Estados Unidos se convertera em oligarquia.[11]

A Constituição americana não mais era *"to Liberty what a grammar is to language"*, como a definira Thomas Paine, ao tempo da Revolução Americana.[12] A lei fundamental escrita (*geschribenen Verfassung*) dos Estados Unidos, no século XX, quase já não se diferenciava do que Ferdinand Lassalle (1825–1864) chamou de simples folha de papel (*Blatt Papier*), porquanto refletia outras e distintas relações reais de poder (*die realen Machtverhältnisse*), *i.e.*, a Constituição de fato (*die wirkliche Verfassung*),[13] conformada por Wall Street, Pentágono e aparelho de segurança, Congresso, grandes bancos etc., que constituíam fundamentais frações, cujos interesses, a entremesclar-se no complexo industrial-militar, determinavam as decisões dos Partidos Republicano e Democrata. A democracia, nos Estados Unidos, virtualmente se tornara no que Eisenhower previra, em 1961: a *"insolvent phantom of tomorrow"*.[14] De fato, como James Madison (1809–1817), 4º presidente dos Estados Unidos, havia pressagiado, *"no nation could preserve its freedom in the midst of continual warfare"*.[15] E os Estados Unidos, desde sua fundação, em 1776, até dezembro de 2015, estiveram *at war* 218 anos — somente 21 de paz — em 239 anos de sua existência como nação.

Mutazione dello stato

O processo da *mutazione dello stato*, do regime democrático em oligarquia, a revestir a ditadura do capital financeiro, não era novo, contudo, mais e mais se exacerbou, com a escalada da concentração de renda e desigualdade social nos Estados Unidos, onde a classe dominante acumulou mais riqueza do que em qualquer outro tempo, desde a Grande Depressão, deflagrada pelo colapso de Wall Street, em 1929. Em 2013, os acervos do JP Morgan Chase, o maior banco do mundo, somavam, aproximadamente, US$ 4 trilhões, dos quais US$ 1,53 em derivativos,[16] um valor equivalente a um terço do PIB dos Estados Unidos, estimado em US$ 16,1 trilhões na mesma época.[17]

De acordo com um estudo elaborado pelos economistas Lawrence Mishel, Elise Gould e Josh Bivens, os Estados Unidos hão sofrido de contínuo e crônico vagaroso desenvolvimento econômico e crescente desigualdade nos *standards* de vida dos americanos de baixa e média rendas. Esse fenômeno precedeu a Grande Depressão dos anos 1930 e outra vez estava a ocorrer desde 1970. O grande desafio dos Estados Unidos consistia no mau entendimento das raízes da desigualdade de renda, do lento crescimento dos padrões de vida, a atingir as bordas da estagnação do salário horário da vasta maioria dos trabalhadores americanos.[18] Como também apontou Martin Wolf, colunista do *Financial Times*, os fatores se mesclavam, decorrentes da inovação tecnológica, liberalização comercial e financeira, bem como de mudanças na governança corporativa, mas era inquestionável o fato de que, nos Estados Unidos e, em menor medida, em outros países de alta renda, os frutos do desenvolvimento concentraram-se no topo da pirâmide social.[19] Com efeito, em 2015, cerca de 1% da população mundial, dominante sobre-

tudo nos Estados Unidos e na Europa, estava a acumular 50% da riqueza existente no planeta,[20] calculada em US$ 250 trilhões, contra 2% em
2007,[21] quando a crise financeira ampliou ainda mais a desigualdade.
Somente nos Estados Unidos cerca de US$ 63,5 trilhões, o maior volu-
me de dinheiro no mundo, mais de quatro vezes maior do que seu PIB,
calculado, então, em US$ 14,1 trilhões,[22] concentravam-se em mãos pri-
vadas.[23] E, segundo Jesse Drucker, da *Bloomberg Businessweek*, os Estados Unidos estavam a tornar-se novo paraíso fiscal para onde os ricos
oligarcas estrangeiros podiam evadir suas rendas, na medida em que
resistiam a adotar os *"new global disclosure standards"* das contas bancárias, a criar *"a hot new market, becoming the go-to place to stash foreign wealth"*, ainda que pressionassem outros países, como a Suíça, a
fazê-lo.[24]

Durante reunião de Davos, em janeiro de 2016, a Oxfam, instituição
registrada na Grã-Bretanha, liberou novo relatório, revelando que os 62
mais ricos bilionários do mundo — a maior parte nos Estados Unidos — possuíam tanta riqueza quanto a metade mais pobre da população
mundial, *i.e.*, 1% da população mundial detinha mais riqueza do que os
outros 99%. Essa concentração de renda se açodou desde 2010 e, enquanto o número dos mais ricos oligarcas bilionários diminuía, a fortuna
acervada pelo restante recresceu de US$ 500 bilhões (£ 350 bilhões) para
US$ 1,76 trilhão em 2015.[25,26]

A concentração de renda em mãos da oligarquia financeira, que virtualmente começou desde a segunda metade do século XIX, quando ocorreu a crise de 1857, acentuou-se, ao longo do século XX e, ao acelerar-se,
a partir de 1970 e na primeira década do século XXI, concorreu para
condensar mais e mais o poder político das grandes corporações de Wall
Street, principalmente os bancos, com o atrofiamento da democracia nos
Estados Unidos. O ex-senador do Partido Republicano, Barry M. Goldwater, célebre expressão do conservadorismo nos Estados Unidos, escreveu em suas memórias que *"the Wall Street banks contributed the financial
muscle to elect Woodrow Wilson President em 1912"*.[27] E acrescentou que
os banqueiros internacionais faziam dinheiro estendendo créditos aos governos e que as largas dívidas do Estado retornavam aos emprestadores

como enormes juros. O general Smedley Butler, que denunciaria, nos anos 1930, a armação em Wall Street do golpe fascista contra o presidente Roosevelt, ao lembrar que o presidente Woodrow Wilson se reelegeu presidente dos Estados Unidos, em 1916, com a plataforma *"kep us out of war"*, cinco meses depois, requereu ao Congresso que declarasse guerra contra a Alemanha; *"Then what caused our government to change its mind so suddenly?"*, perguntou o general Smedley Butler e em seguida respondeu: *"Money."*[28] Se perdessem a guerra, a França, Inglaterra e Itália não poderiam pagar US$ 5 ou US$ 6 bilhões que tinham de pagar aos bancos e exportadores de armamentos dos Estados Unidos.[29] Pautada pelos interesses das grandes corporações bancárias, petrolíferas e de material bélico, a política exterior dos Estados Unidos, desde o fim da União Soviética, empenhou-se mais e mais na implantação internacional da *full-spectrum dominance, full-spectrum superiority*, terra, mar e ar. Seu objetivo estratégico consistiu na criação de um espaço econômico unitário, a pretexto de promover a democracia, nos mais diversos países, e assim espargir sua total predominância, mediante a ditadura internacional do capital financeiro. Quanto maior o espaço econômico, maior o poder político da oligarquia financeira assentada em Wall Street. Daí que o presidente Obama tudo fez para firmar os tratados comerciais de Transatlantic Trade and Investment Partnership e Trans-Pacific Partnership (TTIP e TPP), a cercar a União Europeia, de um lado, e a China e a Rússia, do outro. Ao mesmo tempo, de modo a manter o controle militar da OTAN, principalmente sobre a Alemanha, e obter mais recursos orçamentários para o ano fiscal de 2016, o Pentágono tratou de colocar a Rússia na condição de outra ameaça, assim como a China e o Irã e o Da'ish.[30]

Jonathan Turley, professor de Direito Público, na George Washington University, em depoimento perante o Congresso, considerou perigosa a concentração dos poderes presidenciais dos Estados Unidos, como aconteceu, particularmente, nas administrações dos presidentes George W. Bush e Barack Obama, que deflagraram as guerras no Iraque e Líbia, sem autorização legislativa.[31] Enquanto representava *"perpetual profits"* para os amplos e complexos negócios e interesses do governo, a *"perpetual war"* constituía *"perpetual losses for families"*,[32] sobretudo da classe operária, da qual provieram cerca de 78% dos que tombaram no Afeganistão

A DESORDEM MUNDIAL

entre 2001, quando começou, e 2011, segundo estudo do professor Michael Zweig, diretor do Center for Study of Working Class Life at the State University of New York at Stony Brook.[33] Não somente os poderes inerentes dos presidentes foram maximizados, mas também os orçamentos militares e das agências de segurança interna, e essa nova coalizão de corporações, agências e lobistas sobrepujou o sistema sobre o qual o presidente Dwight Eisenhower advertira os governos americanos, em 1961, para resguardar-se *"against the acquisition of unwarranted influence... by the military-industrial complex"*.[34]

A história confirmou sua predição. O complexo industrial-militar capturou e manteve como reféns todos os governos, fossem do Partido Republicano ou Democrata. E seus gastos militares continuaram a crescer, para a sustentação da indústria bélica e de sua cadeia produtiva, gerando a necessidade de permanente guerra e de reais ou supostas ameaças à segurança nacional dos Estados Unidos, a fim de consumir os armamentos produzidos e reproduzir o capital. E nenhum governo podia realmente reverter a indústria bélica, sem acarretar profundas implicações políticas, na medida em que aumentaria o número de desempregados e abalaria as atividades econômicas de diversos estados (Califórnia, Texas, Missouri, Flórida, Maryland e Virgínia), onde se localizavam, principalmente, as corporações especializadas em armamentos com tecnologia intensiva de capital, cujo interesse consistia em experimentá-los em guerras reais, a fim de que o Pentágono pudesse esvaziar os arsenais, promover os armamentos, vendê-los a outros países e fazer novas encomendas, que propiciavam polpudas comissões e dividendos.

Essa a razão pela qual, *inter alia*, os Estados Unidos, em 2013, ainda mantinham ao redor do mundo cerca de 800 instalações militares, 23 das quais na Europa, a maioria na Alemanha, onde se localizavam, em Ramstein, o comando da U.S. Army Europe (USAREUR) e a U.S. Satellite Relay Station, esta última, fundamental na campanha de extrajudicial *targeted killings*, com ataques de drones contra suspeitos de terrorismo no Oriente Médio, África e sudeste da Ásia. Havia ainda 23 instalações no Japão e 15 na Coreia do Sul; e 7 na Itália, ademais de centenas espalhadas em mais de 70 países, entre eles Bulgária, Colômbia, Aruba, Austrália, Bahrain, Quênia e Qatar,[35] a um custo de US$ 85 bilhões a US$ 100 bilhões, com mais US$ 160 bilhões a US$ 200 bilhões em zonas de guerra, ao longo do ano fiscal de 2014.[36] E o presidente Obama ainda pretendia conservar, até depois de 2014, nove bases no Afeganistão: Kabul, Bagram, Mazar, Jalalabad, Gardez, Kandahar, Helmand, Shindand e Herat,[37] ademais de suprir a Polônia e outros países da Europa Oriental com modernos equipamentos bélicos, entre os quais o míssil cruzeiro AGM-158 JASSM (Joint Air-to-Surface Standoff Missile), juntamente com o envio de mais soldados para os países do Báltico, sob a capa da OTAN.

Milhares de lobistas, em Washington, asseguraram ininterrupta elevação das dotações orçamentárias dos departamentos de Defesa, Segurança Interna e Justiça. Centenas de bilhões de dólares escoaram dos cofres públicos, todos os anos, para as 16 agências de segurança, civis e militares, integrantes da comunidade de inteligência, com mais de 107.035 pessoas empregadas e um *black budget* estimado em mais de US$ 52 bilhões, em 2013, e as empreiteiras militares, que continuavam a induzir o país a manter-se em permanente estado de guerra e constante orçamento de guerra.[38] E, ironicamente, comentou o professor Jonathan Turley, essa influência teve seus melhores dias sob o presidente Obama, que expandiu, de modo radical e ao seu único arbítrio, os ataques com drones, e trilhões de dólares, durante seus oito anos de governo, fluíram para as corporações militares e de segurança.[39]

Com toda a razão, em discurso perante o Congresso dos Estados Unidos, o papa Francisco, após perguntar, francamente, por que armamentos letais eram vendidos àqueles que planejavam *"to inflict untold suffering on individuals and society"*, declarou que, *"sadly, the answer, as we all know, is simply for money: money that is drenched in blood, often innocent blood"*.[40] De fato, os Estados Unidos continuaram como principal exportador mundial de armamentos, conforme o Stockholm International Peace Research Institute (SIPRI) e o volume de suas transferências para outros países cresceu 23% entre 2005–2009 e entre 2010–2014.[41] Seu maior mercado foram os países do Conselho de Cooperação do Golfo, cujas importações de material bélico, do total de 54% de todo o Oriente Médio, aumentaram 71% de 2005 a 2009 e de 2010 a 2014, enquanto, nesse mesmo período (2010–2014), a Arábia Saudita elevou quatro vezes suas compras em relação a 2005–2009 e destacou-se como o segundo maior importador mundial de armamentos.[42] *"The United States has long seen arms exports as a major foreign policy and security tool"*, disse Aude Fleurant, o diretor do SIPRI Arms and Military Expenditure Programme, porém aduziu que, *"in recent years exports are increasingly needed to help the US arms industry maintain production levels at a time of decreasing US military expenditure"*.[43]

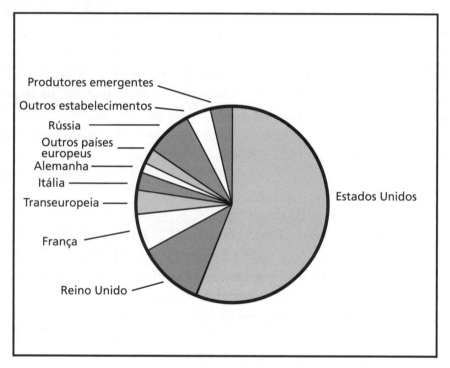

Figura 25.1 — Participação de empresas na venda de armas no top 100 SIPRI para 2013, por país
Fonte: SIPRI[44]

As vendas das 100 maiores empresas de armamentos — 42 das quais baseadas nos Estados Unidos e responsáveis por 58% do comércio e fornecimento de armas ao Pentágono — haviam declinado fortemente, cerca de 60%, a partir de 2011, em consequência da retirada das tropas americanas do Iraque.[45] Contudo, o presidente Obama pouco ou quase nada mudou, fundamentalmente, na política internacional do presidente George W. Bush, salvo o restabelecimento das relações com Cuba e o acordo com o Irã sobre a questão nuclear. Continuou a relumbrar os Estados Unidos, na moldura mítica do *"excepcionalism"*, *"indispensable power"*, variante do "povo eleito de Deus" e "raça superior". Mas a democracia, que pretendia exportar, fez um verdadeiro *strip-tease* e o autoritarismo imperial desnudou-se, quando o capital financeiro não mais conseguiu manter o equilíbrio mundial, mediante as normas do Direito Internacional. E o presidente George W. Bush, ao invadir o Iraque, a pretexto de acabar com armas de destruição em massa (não mais existentes) e estabelecer a democracia, lá e em todo o Oriente Médio, cometeu um disparate estratégico, na tentativa de manejar com realidades que estavam fora de seu controle — declarou o general William E. Odom, ex-diretor da NSA, na Comissão de Relações Exteriores do Senado.[46] E acrescentou que *"in fact, the policy of spreading democracy by force of arms has become the main source of regional instability"*.[47]

O *Big Brother*

Com efeito, assim como o presidente George W. Bush, o presidente Obama, a desempenhar o papel do Big Brother, da famosa novela de George Orwell, *1984*, demonstrou que, em seu vocabulário, *"War is Peace; Freedom is Slavery & Ignorance is Strength"*.[48] A nova ordem internacional de *"peace and security, freedom, and the rule of law"*, que o presidente George H. W. Bush (1989–1993), em 1991, anunciou ao Congresso dos Estados Unidos,[49] mais e mais se esfumou, fragmentada, sem *"peace and security, freedom, and the rule of law"*, enfraquecida e desfigurada, e o princípio de soberania nacional virtualmente desapareceu, como fundamento do Direito Internacional, mediante a artimanha do tipo Responsibility to Protect (R2P ou RtoP) e *"right of humanitarian intervention"*, segundo a qual a soberania era um privilégio, não um direito absoluto, e que, se um Estado violasse os preceitos da boa governança, a comunidade internacional (Estados Unidos e seus vassalos da União Europeia) estaria obrigada a revogá-la e militarmente derrubar o regime do país. Eis por que os Estados Unidos, ao invés de tentar uma solução, escalaram os conflitos, e a tentativa de ditar e impor unilateralmente seu modelo de democracia a outros países apenas descerrou o espaço para o caos, o terror e a

A DESORDEM MUNDIAL

emergência dos que o presidente Vladimir Putin apontou como os neofascistas (Ucrânia) e islamistas radicais (Oriente Médio e alhures).[50]

Durante a administração do presidente Obama, conforme o *Conflict Barometer 2014*, do Heidelberg Institute for International Conflict Research (HIIK), dirigido pelo professor Frank R. Pfetsch, o número global de conflitos recresceu de 414 casos, em 2013, para 424, em 2014, embora o número de conflitos altamente violentos diminuísse para 21 guerras e 25 guerras limitadas.[51] E, entre 2013 e 2014, a onda de refugiados, em todo o mundo, alcançou níveis sem precedentes, de acordo com as informações do United Nations High Commissioner for Refugees. Em fins de 2014, o número havia recrescido para 59,5 milhões como resultado da escalação das guerras, conflitos, violência generalizada e violação dos direitos humanos.[52] Em novembro de 2015, o número já havia ultrapassado 60 milhões, milhões dos quais estavam a invadir a Europa, particularmente a Alemanha, que se lhes afigurava como o Eldorado.

O número de ataques terroristas, outrossim, recrudesceu, em 2014, comparado com 2013. Segundo o informe do Departamento de Estado, ocorreram 13.463 atentados terroristas, ao redor do mundo, com um total de 32.700 e 34.700 feridos, respectivamente.[53] Houve um aumento de 35%, e de 81% no total de mortes, sobretudo no Iraque, Afeganistão e Nigéria, enquanto na Síria permaneceu elevado, mas o número de vítimas recresceu 57%, com métodos cruéis, tais como crucificação e decapitação.[54] Somente no Afeganistão — país onde o presidente George W. Bush iniciou a *war on terror* — o número de ataques terroristas recresceu 38% entre 2013 e 2014, enquanto o número de mortos subiu 45%.[55] Esses números comprovaram a contundente derrota dos Estados Unidos e da Grã-Bretanha na *global war on terror*, deflagrada pelo presidente George W. Bush, ao atacar o Afeganistão e, posteriormente, o Iraque, conflitos nos quais os Estados Unidos, Grã-Bretanha e aliados, até início de 2016, sofreram 8.331 baixas.[56] O presidente Obama temeu a perda inútil de mais vidas americanas, porém deu continuidade à guerra, sob o nome de *Overseas Contingency Operation*, mediante, principalmente, uso dos aparelhos *"remotely piloted aircraft commonly referred to as drones"*.[57] Também não ganhou nenhuma batalha, exceto a execução de Usamah bin Ladin por um comando da U.S. Navy SEAL, em Abbottabad (Paquistão), em 2 de maio de 2011.

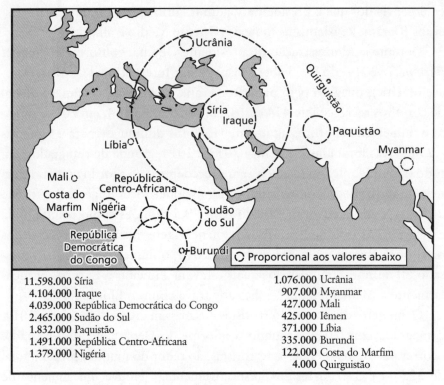

Figura 25.2 — Quinze conflitos iniciados ou revigorados
nos últimos cinco anos, deslocando dezenas de milhões de pessoas
Fonte: UNHCR

Nenhum outro grande feito conseguiu o presidente Obama no combate ao terrorismo. Os países onde os ataques dos jihadistas mais recrudesceram foram o Iraque, Afeganistão, Paquistão e Nigéria, *inter alia*, que mais serviram como alvo dos drones, os aviões *remotely piloted* pela CIA, disparados a partir de estações na África e, sobretudo, da Ramstein Air Base, na Alemanha. E, entre as organizações — Boko Haram, Talibã e al--Shabaab (todas sunitas extremistas, salafi-wahabbistas), que mais cometeram atentados no mundo, a que sobressaiu foi o Da'ish, na Síria e no Iraque, com a participação de cerca ou mais de 16.000 estrangeiros, oriundos de 90 países, até dezembro de 2014.[58]

Grande parte dos estrangeiros árabes ou oriundos da Europa, assim como jihadistas do Cáucaso (Rússia, Uzbequistão e Tchetchênia) e sírios, que se apresentavam como "rebeldes moderados", foi certamente treinada

A DESORDEM MUNDIAL

pelas Special Forces dos Estados Unidos, em campos da Turquia e da Jordânia. Na realidade, pertenciam a diversas vertentes de 7.000 grupos islâmicos radicais, entre os quais Jabhat al-Nusrah, Ansar al-Shari'a e outros,[59] que depois se aliaram abertamente ao Da'ish, ou desertaram. *"The so-called moderates had evaporated"*, comentou o jornalista Seymour Hersh.[60]

Essa a razão, *inter alia*, pela qual o presidente Obama, após desperdiçar mais de US$ 50 milhões, suspendeu o programa de treinamento, pelo qual eram preparados os jihadistas para combater o regime da Síria, não obstante a resistência de grande parte do Estado-Maior Conjunto das Forças Armadas dos Estados Unidos, desde meados de 2013, quando recebeu altamente secreta estimativa da Defense Intelligence Agency (DIA), então chefiada pelo general Martin Dempsey, prevendo que a queda do regime de Bashar al-Assad causaria o caos, tal como estava a acontecer na Líbia, e os jihadistas extremistas — do Da'ish — tomariam o poder na Síria.[61] O general Michael Flynn, diretor da DIA, confirmou ao notável jornalista Seymour Hersh que entre 2012 e 2014 enviara ao Estado-Maior Conjunto diversas advertências de que a queda de Assad significaria o caos e os terroristas se assenhorariam do poder na Síria.[62] Contudo, o Estado-Maior das Forças Armadas, dividido, conduziu uma política contraditória, e o presidente Obama nada escutava, obcecado com a ideia da Guerra Fria, contra a Rússia, e o fito de abater o regime de Assad, seu aliado, e eliminar a base naval de Tartus.

Com toda a razão o major-general Igor Konashenkov, porta-voz do ministro da Defesa da Rússia, comentou que o presidente Obama, a dividir a oposição na Síria entre *"moderate or immoderate"*, terroristas entre *"bad and very bad"*, lembrava o *"'theatre of the absurd' based on double standards and quibbling"*.[63] Não obstante tal fiasco, os Estados Unidos ainda gastaram o montante de US$ 136 milhões com a compra, em junho de 2015, de armamentos para seus "rebeldes moderados", e usaram US$ 367 milhões, dos US$ 500 milhões aprovados pelo Congresso, a fim de enviar-lhes metralhadoras, granada e foguetes autopropelidos, despejados no norte da Síria, por um avião US Air Force C-17, em outubro de 2015.[64] E o presidente Obama e todos em Washington sabiam, pois *The New York Times* noticiou, em 2012, que a maioria dos armamentos enviados através da Arábia Saudita e Qatar à chamada "oposição secular" ia para as mãos dos jihadistas radicais, terroristas, que formariam o Da'ish.[65] Um dos objetivos foi, na realidade, atender aos interesses da indústria bélica.

A democracia do caos

A política exterior do presidente Obama, sob vários aspectos, foi desastrosa. Os bombardeios da OTAN, por ele autorizados, devastaram a Líbia, uma das mais ricas nações da África. Com a queda do regime de Muammar Gaddafi, o país precipitou-se no caos econômico e político, converteu-se em um território sem Estado, dois frágeis governos — um baseado em Trípoli, o outro em Tobruk — que nada dominavam, pois o poder se dispersara entre as tribos e os grupos rivais e terroristas, em constantes conflitos, armados e apossados das fontes de receitas, tais como aeroportos e campos de petróleo.[66] As leis internacionais continuaram a ser cotidianamente violadas com sequestros, tortura, assassinatos e execuções, bombardeios de áreas civis, destruição de propriedades e outros abusos, segundo o relatório da UN Support Mission in Libya (UNSMIL), em conjunto com o UN Human Rights Office, liberado em novembro de 2015.[67] E a Líbia, destroncada e sua indústria de petróleo estropiada, tornou-se o segundo maior país de trânsito dos migrantes para a Europa. O Da'ish dominou a cidade de Derna, no leste da Líbia, com 100.000 habitantes, e instalou seu quartel-general em Sirtes, entre Benghazi e Trípoli, à margem do Mar Mediterrâneo, de onde recrutava, por meio da mídia social, jihadistas do Ocidente, que procediam de Roma e de lá, em picapes Toyota, atravessavam o Sahara, juntamente com o contrabando de armas, munição, alimentos, aparelhos eletrônicos e outros, rumo à Síria (Shaam).[68] Assim, os jihadistas da brigada al-Battar e outros começaram a concentrar-se às portas da Europa.[69] Quais os responsáveis por tal situação? Os Estados Unidos, França e Grã-Bretanha sob a fachada da OTAN. Onde a democracia na Líbia? Talvez nas areias do deserto.

O golpe na Ucrânia, articulado pela secretária-assistente de Estado, Victoria Nuland, e pelo embaixador em Kiev, Geoffrey R. Pyatt, resultou em outro fiasco: o presidente Putin reincorporou a Crimeia à Rússia, a fim de assegurar a base naval de Sevastopol, no Mar Negro, logo que os neonazistas e ultranacionalistas se assenhorearam do poder em Kiev, deflagrando uma guerra civil com as províncias russófonas de Donbass — Donetsk e Luhansk — onde as hostilidades, conquanto intermitentes, ainda não haviam cessado, em fevereiro de 2016, e já alcançavam o custo de US$ 8 milhões por dia.[70] Sem a Crimeia, com a base de Sevastopol, e a secessão do leste e sudeste, as regiões mais ricas do país, a Ucrânia apresentou-se economicamente menos atrativa para o Ocidente. Porém, ao enviar, em novembro de 2015, novos armamentos letais para Kiev, Washington, ao que tudo indicava, não desejava que realmente houvesse paz na Ucrânia, cujas reservas monetárias eram de apenas € 6 milhões, insuficientes para as importações de um mês.

A Ucrânia tornara-se país falido, com a moeda — hryvnia — 70% desvalorizada em relação ao dólar, desde fevereiro de 2014, e uma dívida externa, em dezembro de 2015, que estava a exceder 94,4% do PIB,[71] cuja queda, segundo o FMI, seria de 11%, muito pior do que antes previra, ou 12%, de acordo com o Banco Mundial,[72] como de fato ocorreu. Mesmo assim o Conselho Executivo do FMI mudou suas próprias regras de não dar assistência financeira a países em vias de *default* e em guerra, e renovou, em dezembro de 2015, os créditos à Ucrânia, inadimplente com a Rússia, à qual devia mais de US$ 3 bilhões, sem quaisquer condições de pagar aos seus credores privados.[73]

Contudo, a instabilidade não cessou. Em 3 de fevereiro de 2016, o ministro da Economia, Aivaras Abromavičius, com toda sua equipe, renunciou, a acusar o governo do presidente Poroshenko e do primeiro-ministro Arseniy Yatsenyuk de entravar as reformas econômicas e das empresas estatais, pretender controlar os fundos públicos, bem como acobertar e favorecer ampla corrupção, sobretudo no setor de energia.[74] Os oligarcas não deixaram de predominar e aproveitar-se das benesses do Estado. E o impasse em torno do cumprimento dos acordos de Minsk não se resolvia. A Verkhovna Rada, controlada pelos neonazistas e ultranacionalistas, resistia a aprovar a autonomia das repúblicas de Donetsk e Luhansk. A secessão de Donbass significara a perda da região responsável por 15% do PIB e um quarto das exportações da Ucrânia. A guerra civil, que havia produzido, até dezembro de 2015, cerca de 9.100 vítimas, prosseguia, intermitente.[75] E, no início de 2016, a Ucrânia chafurdou-se em profunda crise econômica e política. Não conseguiu realizar todas as reformas exigidas pelo FMI para a liberação do restante do crédito de US$ 17,5 bilhões. A corrupção continuava a campear. E a resistência dos neonazistas e ultranacionalistas, bem como do primeiro-ministro Arseniy Yatsenyuk, na Verkhovna Rada, não permitiu a aprovação das cláusulas dos acordos de Minsk, com a descentralização do poder e a concessão de *status* especial às províncias de Donbass, sobretudo às repúblicas de Donetsky e Luhansk, de forma a reunificar a Ucrânia.

A impopularidade do primeiro-ministro Yatsenyuk, com quem o presidente Poroshenko disputava o poder, era, no entanto, cada vez maior, em meio à severa crise econômica.[76] Ele havia sobrevivido a um voto de desconfiança, embora depois perdesse a maioria na Verkhovna Rada, ao romper-se a coalizão liderada pelo presidente Poroshenko. E não renunciava, não obstante as pressões, os escândalos de corrupção etc. Victoria Nuland, secretária-assistente de Estado, de quem Yatsenyuk era o querido, temia que o caos em Kiev criasse dúvidas sobre a continuidade do apoio à Ucrânia e levasse a União Europeia a suspender as sanções contra a Rússia.[77] Com efeito, a União Europeia desejava, profundamente, restabelecer a normalidade do seu relacionamento com a Rússia. O presidente da Comissão Europeia, Jean-Claude Juncker, declarou que a Ucrânia não se tornaria membro da OTAN nas próximas duas décadas,[78] o que significava, talvez, nunca. A União Europeia não desejava confronto com a Rússia, a possibilidade de uma guerra, com resultados imprevisíveis, por causa da Ucrânia. E Kiev teria de *bite the bullet*, *i.e.*, engolir e implementar os acordos de Minsk, gostasse ou não. A realidade geopolítica era que a Ucrânia não se podia separar da Rússia, com a qual estava economicamente integrada, desde as origens. Mas até março de 2016 o impasse ainda persistia e a ministra das Finanças, Natalie Jaresko, ex-executiva-chefe dos bancos de investimentos Horizon Capital e simultaneamente do Private Equity Fonds WNISEF, banco estatal dos Estados Unidos, já se candidatava a substituir Arseniy Yatsenyuk, no cargo de primeiro-ministro. Ela, ucraniana nascida em Chicago (Illinois), tinha plena confiança do Departamento de Estado, para o qual trabalhara como chefe da seção econômica da embaixada dos Estados Unidos em Kiev, no início dos anos 1990. E assim a Ucrânia havia de permanecer sob o controle dos *shadow bankers* ocidentais — Carlyle Group LP Emerging Sovereign Group LLC, Greylock Capital Management LLC, LNG Capital LLP and GoldenTree Asset Management LP — detentores dos *hedge funds*, investimentos de altíssimo risco, especulativos, que tiveram enormes prejuízos em meio à crise desencadeada com o golpe da Praça Maidan, em 2014, e a consequente reintegração da Crimeia pela Rússia.

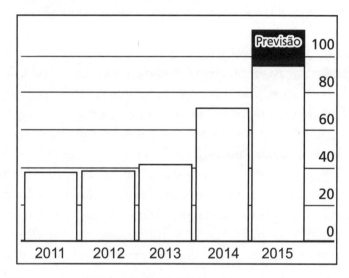

Figura 25.3 — Débito público da Ucrânia em porcentagem GDP
Fonte: IMF

Guerra por procuração

Entrementes, no Oriente Médio, o advento do Da'ish e seu avanço cada vez mais profundo no Iraque levaram o presidente Obama a remeter alguns bombardeiros para contê-lo e, depois, a operar na Síria, ilegalmente, junto com a força área da França, cujo presidente, François Hollande, era o mais assertivo na campanha para derrubar o regime de Assad. Ambos, porém, manipulavam a situação no país, com os jatos dos Estados Unidos, França e outros aliados, a atacarem alvos secundários, menores, não propriamente do Da'ish, de modo que seus contingentes ainda pudessem continuar a combater e derrubar o regime de Bashar al-Assad. Depois seria mais fácil destruí-lo, era o que provavelmente supunham. A Operation

Inherent Resolve, deflagrada em 8 de agosto de 2014, não alcançara maior sucesso na guerra contra Da'ish, até 15 de novembro de 2015, embora custasse aos Estados Unidos US$ 5,2 bilhões e a média diária de US$ 11 milhões em 465 dias de operações.[79]

Certamente a Operation Inherent Resolve não podia alcançar maior êxito. Em 16 de novembro de 2015, aproximadamente 45 minutos antes de bombardear a infraestrutura de petróleo e os caminhões de transporte do ISIS, em Al-Bukamal, leste da Síria, perto da fronteira do Iraque, os aviões da força aérea dos Estados Unidos, a pretexto de evitar vítimas civis, lançaram um aviso: *"Warning, Airstrikes are coming, oil trucks will be destroyed. Get away from your oil trucks immediately. Do not risk your life."*[80] Os Estados Unidos jamais cuidaram de poupar civis. Os supostos civis, na zona alvo do bombardeio, eram evidentemente os terroristas do Da'ish, contrabandistas do petróleo, e eles evidentemente se evadiram, *"get out of [their] trucks and run away"*. E das centenas de caminhões--tanques, que lá se concentravam, os aviões dos Estados Unidos destruíram somente 116 e proclamaram o feito, através da mídia, como grande vitória. O mesmo aviso os aviões A-10 Warthogs e AC-130 deram antes de bombardear os caminhões-tanques, com metralhadoras e canhões.[81] Decerto, mais uma vez, como, provavelmente, em outras ocasiões, terroristas "moderados" e não moderados lá não ficaram para morrer. Escafederam-se. Mas a U.S. Air Force noticiou haver destruído 280 caminhões-tanques, carregados de óleo, ao longo da fronteira Síria-Iraque.

Estava claro que o *Leitmotiv* da intervenção dos Estados Unidos na Síria não consistia, propriamente, em derrotar o ISIS, nem implantar qualquer democracia, porém favorecer a vitória dos jihadistas "moderados" (como se os houvesse) e lá instituir um regime que acabasse a base naval de Tartus — razão similar à do golpe na Ucrânia, visando à base de Sevastopol — e encapsular a Rússia, a bloquear-lhe o acesso da esquadra ao Mediterrâneo e às águas quentes do Atlântico. E daí que, *vis-à-vis* da política tortuosa e encapuzada dos presidentes Obama, François Hollande e Erdoğan, bem como do primeiro-ministro Cameron, o presidente Putin não hesitou em intervir, militarmente, na Síria.

Esteve antes com os governos de diversos países do Oriente Médio, entre os quais Arábia Saudita e Israel, a cujo primeiro-ministro Netanyahu

A DESORDEM MUNDIAL

propôs que Moscou assumisse a responsabilidade de defender os campos de gás e fazer um investimento de US$ 7–10 bilhões para desenvolver Leviathan, o maior poço descoberto no seu litoral, e construir um gasoduto através da Turquia a fim de levar o produto para a Europa.[82] Um multibilionário investimento que nem a Síria nem o Hizballah ousariam atacar, mesmo que pertencesse a Israel.[83]

Após o trabalho diplomático, em busca de alianças e de tranquilizar os possíveis adversários na região, o presidente Putin, ao falar na Assembleia Geral da ONU, em 28 de setembro de 2015, declarou que o *"vacuum* de poder"*, em alguns países do Oriente Médio e norte da África, "obviamente resultou na emergência de áreas de anarquia, as quais rapidamente foram preenchidas pelos extremistas e terroristas".[84] E acrescentou que o assim chamado Estado Islâmico contou com a adesão de dezenas de milhares de militantes, inclusive antigos soldados do Exército do Iraque, que foram abandonados nas ruas, após a invasão de 2003, e muitos recrutas, originários da Líbia, cuja soberania foi destruída "como resultado da brutal violação da Resolução nº 1973 do Conselho de Segurança da ONU".[85] O presidente Putin também denunciou que os membros da oposição síria, chamada "moderada" pelo Ocidente, se somaram ao Estado Islâmico com as armas e o treinamento que haviam recebido. Advertiu então que a situação se configurava "extremamente perigosa" e que, em tais circunstâncias, era "hipócrita e irresponsável fazer declarações sobre a ameaça de terrorismo e ao mesmo tempo fechar os olhos para os canais de financiamento e apoio, entre os quais o tráfico de drogas, comércio ilegal de óleo e de armamentos".[86] E advertiu que *"to flirt with terrorists"* era extremamente perigoso.[87] E era o que estavam a fazer na Síria os presidentes Obama, Hollande e Erdoğan, que reservadamente prevaricavam com o grupo Ahrar al-Sham (Harakat Ahrar al-Sham al--Islamiyya) ou Movimento Islâmico do Homem Livre do Levante, e outros, todos terroristas aliados do ISIS, com o propósito de derrocar o regime de Bashar al-Assad. O presidente Putin estava muito bem informado de que aviões da OTAN continuavam a chegar à base aérea de Iskenderum, na fronteira da Turquia com a Síria, transportando material bélico, do arsenal de Muammar Gaddafi, capturado após sua queda, bem como jihadistas do Conselho Líbio de Transição Nacional.

A intervenção da Rússia

O discurso do presidente Putin pareceu haver convencido o Ocidente de que dar *ultimatum* ao presidente Bashar al-Assad para deixar o governo não produzira nem produziria qualquer resultado.[88] E, dias depois, 30 de setembro de 2015, a Rússia, a pedido do presidente Bashar al-Assad, interveio abertamente na Síria. Jatos Sukhoi 12, Sukhoi-24M2s, Sukhoi Su-25, Sukhoi Su-30SMs e Sukhoi Su-34s e outros partiram da base aérea de Hmeymim, na província de Latakia, e bombardearam os redutos do Da'ish no noroeste da Síria. Em seguida, seis navios de guerra, da frota do Mar Cáspio — as fragatas *Gepard-class, Dagestan* e as corvetas *Buyan-M-class, Grad Sviyazhsk, Uglich e Veliky Ustyug* —, dispararam mísseis cruzeiros supersônicos 3M-14T Kalibr NK (Klub-N) VLS, capazes de voar entre 1.500 e 2.500 km de distância antes de atingir os alvos com a maior precisão. Destarte, sobrevoaram o espaço aéreo do Irã e Iraque e arrasaram posições do Da'ish e de outros grupos, em Raqqa, Idlib e Aleppo.[89] Os bombardeios pelos jatos da Rússia e os mísseis cruzeiros 3M-14T Kalibr NK, lançados desde o Mar Cáspio, foram coordenados com as operações terrestres das forças do Exército Árabe-Sírio, Hizballah, corpos da Guarda Revolucionária e Forças Quds, do Irã, que fizeram os avanços por terra, com a libertação da base aérea de Kweires, cercada pelo Da'ish, na província de Aleppo, havia dois anos.

A intervenção na Síria, a evidenciar o enorme e avançado poderio militar da Rússia, *e.g.*, os mísseis cruzeiros supersônicos 3M-14T Kalibr NK, mudou quantitativa e qualitativamente o cenário internacional, sobretudo o desenvolvimento da guerra. Não apenas resguardou e consolidou a posição da Rússia no Oriente Médio como complicou os objetivos políticos e estratégicos dos Estados Unidos, Turquia e alguns sócios da OTAN, que consistiam em desconstruir a Síria, fragmentá-la em diversas zonas autônomas, com um eventual e modesto governo federal, de modo a reduzir as discordâncias entre os patrocinadores da insurgência, entre os quais a Arábia Saudita e a Turquia.[90] Como escreveu o economista americano Paul Craig Roberts, *"Putin has launched a revolution that will overthrow the world's subservience to Washington"*.[91] E frustrou e dificultou a tentativa de Ancara, apoiada pelos Estados Unidos e países do Ocidente, de estabelecer de fato uma *fly zone* na fronteira da Síria com a Turquia, de modo a proteger o abastecimento dos terroristas do Da'ish e outros grupos e a passagem de mais jihadistas para combater o regime do presidente Assad.

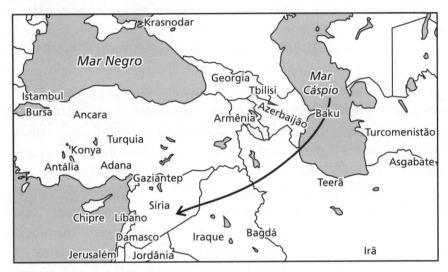

Figura 25.4 — Oriente Médio

Em Viena, em 30 de outubro de 2015, representantes de 29 países, tendo à frente a Rússia e os Estados Unidos, se reuniram de modo a discutir uma solução para a guerra na Síria. As decisões mais importantes — e que constituíram uma vitória do ministro para Assuntos Estrangeiros da Rússia, Sergei Lavrov — foram no sentido de que o Estado sírio não seria dividido, nem o Exército do presidente Bashar al-Assad, desmantelado, conforme os Estados Unidos fizeram no Iraque, possibilitando que os soldados, sunitas e sem emprego, terminassem recrutados pelo Da'ish. Não se chegou a nenhuma conclusão sobre o destino do presidente Bashar al--Assad, que a Rússia e o Irã sustentavam, porém os Estados Unidos, Turquia, Arábia Saudita e outros emirados do Golfo queriam derrubá-lo a qualquer preço. A situação no Oriente Médio era a mais complexa e difícil, devido às profundas e radicais rivalidades, não só econômicas, políticas e geopolíticas, das grandes potências e outras menores, mas regionais, tribais, étnicas e religiosas. A Arábia Saudita, uma tirania wahhabista, os emirados do Golfo e Turquia, cujo presidente Recep Tayyip Erdoğan sustentava os turcomanos rebeldes, habitantes da Síria, e outros grupos terroristas, entre os quais Jabhat al-Nusra e Ahrar al-Sham, todos sunitas, bem como Israel, um Estado judaico, eram adversários do Irã, xiita, e opunham-se ao único regime secular ainda existente no Oriente Médio, o do presidente Bashar al-Assad, adepto pessoalmente da seita alawita. Múltiplos *states* e *no-states actors* atuavam no Levante.

No dia 31 de outubro, enquanto se debatia em Viena a possibilidade de um cessar-fogo na Síria, o aparelho da companhia russa Kogalymavia, voo 9268 (Metrojet Airbus A321-200), decolou com destino a St. Petersburg, do Sharm El Sheikh Airport, por onde transitavam anualmente 10 milhões de passageiros (turistas na maioria), e explodiu, vinte minutos depois, sobre Wadi al-Zolomat, península do Sinai. Havia 224 pessoas a bordo e todas pereceram. O Da'ish reivindicou o atentado, como retaliação à intervenção da Rússia na Síria. O chefe do Serviço Federal de Segurança de Federação Russa (Федеральная слу́жба безопа́сности Росси́йской Федера́ции), Alexander Bortnikov, revelou que a bomba, introduzida clandestinamente, no KogalymAvia 9268, tinha uma capacidade de 1 kg de TNT. E os terroristas do Da'ish publicaram a informação (duvidosa para alguns especialistas) de que a bomba, artesanal, e o detonador estavam em uma lata de bebida Schweppes Gold.[92]

Conquanto diversos atentados terroristas ocorressem, quase diariamente, nas mais diversas cidades da África e da Ásia, resultando em centenas de mortes que eram noticiadas pela mídia corporativa sem maior destaque, em 13 de novembro de 2015, os sangrentos ataques ocorridos em Paris alarmaram o Ocidente e estremeceram a França, onde já houvera em 7 de janeiro de 2015 o massacre dos jornalistas do semanário humorístico *Charlie Hebdo*. Por algum tempo, o foco da campanha na Síria, até então orientada contra o regime de Bashar al-Assad, foi desviado para o combate efetivo ao Da'ish. Outrossim, Washington, Paris e Londres entenderam a necessidade de coordenar os esforços com a Rússia, cujos bombardeios antes criticavam por atingir grupos da oposição "moderada", tais como Jaysh Al-Muhajireen wal Ansar, Harakat Sham Al-Islam, Junud Al--sham e Fatah Al-islam. Na realidade, todos eram terroristas islâmicos que pretendiam demolir o regime laico do presidente Bashar al-Assad. E, durante a reunião do G20, em Antalya (Turquia), 15–16 de novembro, dois dias após os atentados em Paris, o presidente Putin apresentou aos seus colegas, inclusive ao presidente Obama, com quem separadamente se reuniu, fotos dos caminhões-tanques, contrabandeando óleo para a Turquia, e a lista obtida pela inteligência russa dos que financiavam o Da'ish, estabelecidos em quarenta países, alguns dos quais membros do G-20, lá presentes.[93] O nome dos países não foi revelado para a imprensa. Mas se sabe que, entre eles, estavam a Turquia, Arábia Saudita, Qatar, Kuwait e Emirados Árabes Unidos, cujos milionários faziam doações obrigatórias (*Zakah*), um dos cinco pilares do Islã, e dádivas voluntárias (*Sadaqah*) às entidades islâmicas, a título de caridade — *"masquerade as humanitarian aid organizations"* —, cuja finalidade era financiar o Da'ish e outros grupos terroristas na Síria.[94] Seus maiores patrocinadores, *inter alia*, eram, em Qatar, Tariq bin al-Tahar al-Harzim; e no Kuwait, o milionário e parlamentar Muhammad Hayef al-Mutairi, além do clérigo sunita Shafi al-Ajmi Yasser al-Zayyat, que levantava fundos para a jihad na Síria.[95]

Washington, na realidade, sempre soube que, antes da conquista dos campos de petróleo da Síria e do Iraque pelo Da'ish, a principal fonte de financiamento do terrorismo estava na Arábia Saudita e emirados do Gulf Cooperation Council. Em telegrama secreto nº 131.801, datado de 30 de dezembro de 2009, revelado pelo *Wikileak*, a então secretária de Estado, Hillary Clinton, assinalou que *"Saudi Arabia remains a critical financial support base for al-Qa'ida, the Taliban, LeT, and other terrorist groups, including Ḥamās, which probably raise millions of dollars annually from Saudi sources, often during Hajj and Ramadan"*.[96] Mesmo assim os Estados Unidos e vassalos da União Europeia continuaram a vender enormes quantidades de armamentos à Arábia Saudita e aos emirados do Gulf Cooperation Council (GCC), muitos das quais passavam para as mãos dos terroristas. Também Washington evidentemente sabia que o presidente Erdoğan instrumentalizava o Da'ish e a Organização Nacional de Inteligência da Turquia, MİT (Millî İstihbarat Teşkilatı), não apenas lhes supria de munição, explosivos, medicamentos etc., passaportes turcos falsificados (£ 500 cada), como também prestava assistência médica aos terroristas feridos, na cidade de Gaziantep, 120 km distante de Aleppo, e facilitava a entrada na Síria, ao longo da fronteira, de outros, procedentes de vários países.[97] A informação era de que no mínimo 1.000 pessoas de nacionalidade turca ajudavam os jihadistas estrangeiros — tchetchenos e outros caucasianos — a penetrarem na Síria e no Iraque.[98] A passagem ocorria principalmente em Akcakale, rota estratégica ao sudeste da Turquia, para a cidade de Tell Abyad, 60 milhas ao norte de Raqqa, quartel-general do Da'ish, que controlava a região.[99]

Mehmet Aşkar, um dos onze presos na Turquia, sob a suspeita de pertencerem ao Da'ish, confessou, ao ser julgado pela Niğde, Alta Corte Criminal do país, que a Organização Nacional de Inteligência da Turquia (MİT) o auxiliou a contrabandear armamentos para a oposição, na Síria, desde 2011, quando os conflitos começaram.[100] Seu companheiro Haisam Toubalijeh, conhecido como Keysem Topalca, declarou igualmente que, graças aos contatos dentro do MİT, pôde levar, em 2013, 100 rifles da OTAN, para os jihadistas, com escolta e sem qualquer fiscalização.[101]

Em 21 de outubro de 2015, os deputados Eren Erdem e Ali Şekerda, do Partido Popular Republicano (CHP), da oposição, revelaram, em entrevista à imprensa, em Istambul, que as investigações realizadas pela Procuradoria, em Adana, haviam confirmado que o MİT fornecera ao Da'ish o gás sarin, que matou 1.300 civis, em Ghouta, em 21 de agosto de 2013, e que o ataque foi realmente uma *false flag*, orquestrada com o fito de atribuir ao presidente Bashar al-Assad o recurso à guerra química e assim violar a *"red line"* estabelecida pelo presidente Obama para a intervenção dos Estados Unidos na Síria.[102] Os deputados Eren Erdem e Ali Şekerda acusaram autoridades do governo de haverem instruído o procurador Mehmet Arikan de encerrar o inquérito e nada mais fazer sem o conhecimento do ministro da Justiça, Bekir Bozdag. Não seria possível que o MİT estivesse a colaborar estreitamente com o Da'ish sem aval e conhecimento do então primeiro-ministro Erdoğan, sobretudo quando as notícias saíam em jornais da Turquia. Erdoğan estava a jogar todas as cartas para depor o presidente Assad e possivelmente a operação com gás sarin, importado pela empresa turca Zirve Import Export Ltd.,[103] segundo informe da Defense Intelligence Agence, foi realizada pelo MİT, em conexão com Al Mukhabarat Al A'amah/Ri'āsat Al-Istikhbārāt Al-'Āmah, a Direção Geral de Inteligência da Arábia Saudita, que sempre operou dentro da Síria.

Os recursos financeiros do terror

O presidente Putin sabia que nenhum *no-state actor*, como o Da'ish, até então houvera com a mesma escala de recursos financeiros (cerca ou mais de US$ 2,5 bilhões), sofisticação de armamentos — entre os quais mísseis TOW (*U.S. made*), com alcance de 2,33 milhas (3.750 metros) — e capacidade de dominar um território tão vasto, a maioria de quase todos os campos de petróleo concentrados no leste da Síria, com uma produção de cerca de 50.000 bpd, na Síria, e de 30.000 bpd, juntamente com um ou dois no Iraque, perto de Mossul. O total da produção, em todo o território ocupado pelo Da'ish, seria da ordem de 34.000–40.000 bpd, até outubro/novembro, antes dos bombardeios da Rússia. O preço de venda por barril esteve entre US$ 20 e US$ 45, o que dava aos terroristas um lucro diário de US$ 1,5 milhão.[104]

Em junho de 2014, o advogado Mehmet Ali Ediboğlu, do Partido Popular Republicano, na província de Hatay, já havia denunciado que o Da'ish estava a contrabandear e vender para a Turquia óleo, no valor de US$ 800 milhões, extraído dos campos de Rumeilan, no norte da Síria, e Mossul, no Iraque.[105] Seus dutos estavam também nas regiões fronteiriças de Kilis, Urfa e Gaziantep. A Rand Corporation calculou que os militantes do Da'ish dominavam dezenas de campos, com capacidade de produção de mais de 150.000 bpd, ademais de refinarias móveis.[106] E, de acordo com o Instituto de Energia do Iraque, o óleo explorado nos campos de Deir ez-Zor (Dayr Al-Zawr), na Síria, e de outros, no Iraque, era transportado para Zakhu, perto da fronteira com a Turquia, onde os jihadistas vendiam o barril ao mais baixo preço, faturando cerca de US$ 50 milhões por mês.[107] Os intermediários israelenses e turcos, que transportavam os barris para a cidade turca Silopi, onde os barris eram marcados como originários do Curdistão (Iraque) e vendidos a US$ 15-US$ 18 b/d (WTI e Brent Crude, a US$ 41 e US$ 45 b/d) a um comerciante grego-israelense, conhecido como Dr. Farid, que os exportava através de portos da Turquia para outros países, principalmente Israel.[108] Cerca de 150 caminhões-tanques e pequenos contêineres enfileiravam-se, diariamente, contendo cada o valor de cerca de US$ 10.000 de óleo.[109] *"Quam verum, quod nervi belli sint pecuniae.*"[110] Daí que a Rússia, ao iniciar a campanha na Síria, intensificou massivamente o bombardeio não apenas dos campos de petróleo, mas dos veículos que transportavam o petróleo de Deir ez- -Zor, na Síria, Kirkuk e Mossul, norte do Iraque, para a Turquia.

Os terroristas do Da'ish construíram uma cadeia complexa e tortuosa, de longo alcance, fora do sistema financeiro normal, através da qual recebiam *cash* entre 10% e 25% do pagamento do óleo cru contrabandeado, ou armamentos, munição, medicinas e alimentos. Havia várias formas para que lhes chegasse o pagamento do óleo contrabandeado por meio de uma gangue, que operava na fronteira da Turquia, com ramificações em Raqqa, na Síria, e Mossul, no Iraque. Segundo *The Guardian*, de Londres, a produção e venda de óleo (o Iraque possuía a quinta maior reserva do mundo), no mercado negro, tornou-se rapidamente a principal fonte de financiamento (43%) do Da'ish, tendo os turcos como seus principais clientes.[111] E ainda recebiam grandes doações, dinheiro de extorsão, resgate para liberação de jornalistas ou outros civis sequestrados, receitas do contrabando de antiguidades da Babilônia, bem como de roubos e outros atos criminosos.[112]

"As a result, the oil trade between the jihadis and the Turks was held up as evidence of an aliance between the two", comentou *The Guardian*, informando que tal conluio provocou protestos em Washington e Europa — ambos preocupados com o fato de que a fronteira da Turquia com a Síria, uma extensão de 1.448,41 km (900 milhas), se convertera em porta de entrada de jihadistas oriundos dos mais diversos países.[113] Porém comandos da Delta Force (Combat Applications Group — CAG), na madrugada de 15 para 16 de maio de 2015, fizeram um *raid* em Deir ez-Zor, e mataram Abu Sayyaf (Fathi ben Awn ben Jildi Murad al-Tunisi), de origem tunisina e coordenador e responsável pela administração da receita do Da'ish.[114]

Turquia

A Turquia sempre foi um *key country*, com a maior relevância geopolítica e estratégica, dado controlar a entrada e saída de navios do Mar Negro, através dos estreitos de Bósforo e Dardanelos, ambos em seu território.

A DESORDEM MUNDIAL

Também a confluência das águas da bacia do Tigres-Eufrates, das quais a Síria e o Iraque dependiam, estava sob sua jurisdição, bem como o entroncamento das redes de dutos — Kirkuk-Ceyhan e Baku-Tiblisi-Ceyhan (BTC) — que traziam gás e óleo do Mar Cáspio para exportação pelas companhias estatais BOTAŞ Petroleum Pipeline Corporation e Türkiye Petrolleri Anonim Ortaklığı (TPAO). Ademais, a Turquia, com receio de que a Gazprom lhe cortasse o fornecimento de energia, se empenhava pela construção do gasoduto Qatar-Arábia Saudita-Jordânia-Síria-Turquia contra a opção Irã-Iraque-Síria, e daí a razão de não respeitar a soberania do Iraque e enviar tropas para a região de Mossul.

Todo o contrabando de óleo — cerca de 80.000 bpd — passava, com o auxílio da máfia curda, através de 100 km da fronteira, entre Cobanbey, Jarabulus e Kilis, no leste da Síria, para Zakho, na Turquia — controlados pelos jihadistas do Da'ish. Seus lucros eram estimados em US$ 40 milhões por mês, perfazendo um total de US$ 500 milhões por ano, segundo o serviço de inteligência do Iraque.[115] A mesma via os curdos usavam para vender o óleo extraído de sua região semiautônoma, no Iraque, sem nada pagar a Bagdá. Era a velha rota e as redes subterrâneas de oleodutos que Saddam Hussein utilizava, em 1998, para evadir o embargo imposto pela ONU, segundo Masoud Barzani, então chefe de Inteligência do Governo Regional do Curdistão,[116] e o presidente Bill Clinton não o impediu, ainda que os Estados Unidos, em coalizão com outros países, mantivessem as sanções contra o Iraque.[117]

O jornal *Al-Araby* (O Árabe), editado em Londres, com recursos da Qatari Fadaat Media e sob a direção do acadêmico palestino Azmi Bishara, fundador do Arab Center for Research and Policy Studies, publicou tais informações, obtidas de fontes de inteligência do Iraque, sobre a rota do petróleo contrabandeado pelo Da'ish, vendido com substancial desconto nos preços a intermediários, alguns da Turquia, a ganhar por dia aproximadamente US$ 1 milhão, conforme David S. Cohen, subsecretário para Terrorismo e Inteligência Financeira do Tesouro dos Estados Unidos, já havia declarado à The Carnegie Endowment for International Peace, em outubro de 2014.[118] Dias antes, o próprio vice-presidente Joe Biden dissera, em conferência na Harvard University, que os Estados Unidos tinham problema com aliados — Emirados Árabes Unidos e Turquia — porque "*poured hundreds of millions of dollars and thousands of tons of weapons into anyone who would fight against Assad*", tais "*al-Nusra and al-Qaeda and the extremist elements of jihadis coming from other parts of the world*".[119] Depois Biden pediu desculpas, mas o fato foi que mostrou estar Washington muito bem informado sobre o respaldo do presidente Erdoğan aos terroristas na Síria.

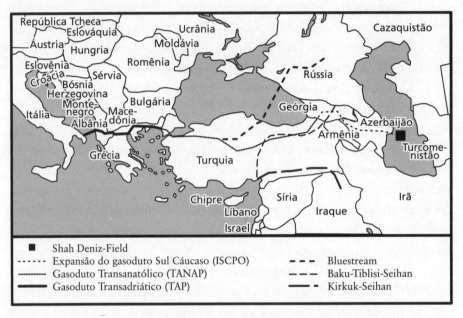

Figura 25.5 — Rotas
Fonte: GeoExPro, Vol. 12, nº 1 — 2015

Philip Giraldi, ex-agente da CIA e especialista em inteligência militar, confirmou, entrevistado pela jornalista Sophie Shevardnadze, no programa de TV *Russia Today* (*RT*), que Washington sempre soube que o Islamic State (ISIS/ISIL ou Da'ish) mantinha relações amistosas com Ankara e que a Turquia era o principal consumidor do óleo ilegal, contrabandeado da Síria e do Iraque, e em cujos negócios o presidente Erdoğan e sua família estavam diretamente comprometidos. E daí por que, *inter alia*, os aviões dos Estados Unidos até então haviam evitado bombardear os comboios de caminhões-tanques e só principiaram efetivamente a fazê-lo depois que o presidente Putin conversou em Antalya com o presidente Obama e a Rússia entrou na guerra.[120]

A DESORDEM MUNDIAL

O envolvimento de Bilal Erdoğan, filho do presidente da Turquia, e de toda a sua família era muito mais profundo. Em 2013, Bilal Erdoğan foi acusado de corrupção e de receber doações ilegais, juntamente com ex-membros do governo e empresários, ao ocupar o Conselho da Türkiye Gençlik ve Eğitime Hizmet Vakfı — TÜRGEV (Fundação de Juventude e Educação da Turquia), e foi intimado pela Procuradoria do Estado a prestar esclarecimento, sob a suspeita de lavar o dinheiro dos subornos que seu pai teria recebido. A suspeita emergiu de um dossiê, com fotos e gravações de conversas telefônicas, com seu pai, então primeiro-ministro, nas quais este advertia o filho para fazer desaparecer todo o dinheiro que guardava em casa.[121] Posteriormente, em princípio de 2014, vazou a gravação de outra conversa sobre o pagamento de US$ 10 milhões, sem nomear diretamente a razão, porém alguns jornais indicaram que se referia a um suborno com respeito à construção de um oleoduto, o que o presidente Erdoğan desmentiu. De qualquer forma, evidências havia, conforme o ministro da Informação da Síria, Omran al-Zoubi, declarou, de que a empresa de transporte de Bilal Erdoğan estava a receptar o óleo extraído das áreas de Deir ez-Zor, na Síria, e de Mossul, no Iraque, conquistadas pelos jihadistas, a fim de exportá-lo para a Ásia, razão pela qual a mídia turca o apodou de "ministro do Petróleo do Da'ish".[122]

Em outubro de 2015, a força aérea da França-Estados Unidos e da Rússia bombardeou pesadamente o campo e as refinarias da província de Deir ez-Zor, onde se situavam as maiores reservas de óleo da Síria, o campo de Omar, cuja exploração rendia entre US$ 1,7 milhão e US$ 5,1 milhões por mês. Essa foi a província conquistada pelo Da'ish, em julho de 2014, mas sua produção, da ordem de 383.000 bpd e 316 milhões de pés cúbicos por dia (Mmcf/d) de gás natural, cessou, virtualmente, com a guerra, embora os jihadistas continuassem a produzir 1.000 bpd, de modo artesanal, e a transportá-lo para a Turquia pelos mais diversos meios, na medida em que os bombardeios da Coalizão, formada pelos Estados Unidos, e da Rússia, passaram a arrasar toda a infraestrutura do contrabando de óleo e eliminar os caminhões-tanques, na rota para a Turquia.

Em setembro de 2015, o BMZ Group, de Bilal Erdoğan, comprou mais dois navios-tanques da Palmali Shipping and Transportation Agency, pelo valor de US$ 36 milhões e registrados pela Oil Transportation &

Shipping Services Co Ltd., em Malta.[123] Porém, logo após, seus negócios começaram a sofrer severos danos, em consequência dos bombardeios da Rússia, que devastavam as caravanas, mais de 500 caminhões-tanques do Da'ish, rasgando o caminho para que as tropas do Exército Árabe-Sírio, juntamente com as forças iranianas e o Hizballah avançassem na direção de Aleppo e Raqqa.

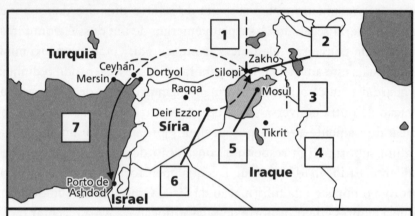

1– Na Turquia, o petróleo é vendido por intermediários *"uncle Farid"*, que põem em contato contrabandistas e empresas de petróleo.
2– Máfia e criminosos locais competem em Zakho para dar o maior lance, pagando até 25% do valor do petróleo em dinheiro vivo como depósito inicial.
3– Petroleiros atravessam a província de Nineveh ao norte em direção a Zakho, cidade curda perto da fronteira da Turquia.
4– O Estado Islâmico apreendeu o equipamento de uma pequena companhia petrolífera asiática. Isso foi o desenvolvimento de um campo perto do Mossul, quando invadiram a cidade iraquiana em junho de 2015.
5– No Iraque, o Estado Islâmico produz petróleo nos campos de al-Najma e al- Qayara, próximos de Mossul.
6– Na Síria, a maioria do petróleo produzido pelo Estado Islâmico está nos campos de Conoco e al-Taim, próximos a Deir Ezzor.
7– De acordo com o FT, Israel compra até 75% do petróleo do Curdistão Iraquiano. Mais de 1/3 destas importações chegam através do porto de Ceyhan, o restante vem inevitavelmente pelo seu território.

Figura 25.6 — Rota do óleo contrabandeado pelo Da'ish
Fonte: *al-Araby*[124]

A destruição dos caminhões-tanques que transportavam óleo para o BMZ Group, de Erdoğan, com o consequente prejuízo financeiro, foi um dos fatores, *inter alia*, pelos quais, provavelmente, o primeiro-ministro Ahmet Davutoğlu, com o conhecimento do presidente turco, autorizou o jato F-16, da força aérea da Turquia, a atacar o Sukhoi Su-24M, da Rússia, próximo à fronteira da Síria, em 24 de novembro de 2015.

Os dois pilotos — o tenente-coronel Oleg Peshkov e o capitão Konstantin Murakhtin, assim como o sistema de armamentos (Weapon Systems Officer — WSO) — foram automaticamente ejetados de paraquedas. Porém, militantes das milícias terroristas sírio-turcomanas, financiadas por Ankara, mataram com um míssil o tenente-coronel Oleg Peshkov, ainda no ar, e depois abateram um helicóptero Typ Mi-8, em missão de salvamento, liquidando o soldado Aleksandr Pozynich, da infantaria naval da Rússia. O capitão Konstantin Murakhtin sobreviveu, ao cair em meio aos soldados do Exército Árabe-Sírio, que o levaram para a base aérea de Hmeymim.

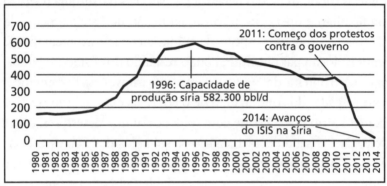

Figura 25.7 — Produção de óleo cru e condensado na Síria (1980–2014)
Milhares de barris por dia
Fonte: U.S. Energy Information Administration

A alegação do presidente Erdoğan foi a de que o Sukhoi Su-24M adentrara o espaço aéreo da Turquia, por 17 segundos. Se de fato tivesse penetrado 17 segundos no espaço aéreo da Turquia, o que não foi certamente verdade, tanto que o Sukhoi Su-24M caiu em território da Síria, não constituía razão para abatê-lo. Não representava ameaça à Turquia. Ao que tudo indica, o Sukhoi Su-24M foi alvo de uma emboscada premeditada, tanto que os Estados Unidos, a pretexto de defender o espaço aéreo da Turquia, haviam enviado, em 6 de novembro de 2015, seis jatos F-15C Eagle para a base aérea de Incirlik.[125] E o presidente Obama, quando disse à imprensa que confiava em Erdoğan e que ele tinha o direito de defender seu território,[126] declarou, como sempre, uma necedade. Similar posição tomou o secretário-geral da OTAN, Jens Stoltenberg, ao afirmar que a Aliança Atlântica era "indivisível e se mantinha em estreita so-lidariedade com a Turquia".

Com toda a razão o general Tom McInerney, ex-vice-chefe do Estado-Maior da Força Aérea dos Estados Unidos, declarou à Fox News que o ata-que da Turquia ao avião russo foi *very bad mistake and showed poor judg-ment*", "*overly aggressive*" e concluiu que o incidente "*had to be preplanned*".[127] Sim, sem dúvida, foi uma provocação preparada, tanto que o presidente Erdoğan, um homem irascível, recusou-se a pedir desculpas. E o primeiro-ministro Ahmet Davutoğlu justificou o ataque, declarando que o Sukhoi Su-24M estava a bombardear as milícias da minoria étnica sírio-turcomana. Essas milícias foram treinadas pelas forças especiais da Turquia (Özel Kuvve-tler Komutanlığı) e operavam na Síria, na região de Latakia, perto da base aérea da Rússia. Eram uma espécie de quinta-coluna, instrumentalizada pelo presidente Erdoğan para instituir, com o respaldo dos Estados Unidos, uma *free zone*, na fronteira da Síria e proteger as caravanas de caminhões-tan-ques, encarregadas do contrabando de óleo. Aí as milícias sírio-turcomanas, o tal Exército Sírio Livre, criado com soldados sunitas desertores, bem como a participação de sauditas mercenários e soldados das Forças Especiais de Segurança da Arábia Saudita, que em 2012 treinaram os recrutas na provín-cia de Idilib.[128] Também os terroristas de Jabhat al-Nusra e outros estavam entre os "moderados".

Os severos bombardeios da Rússia, porém, estavam a frustrar a tentativa da Turquia de implantar *de facto* uma *free zone* no norte da Síria, dado que o presidente Obama, certo de que não conseguiria o apoio do Conselho de Segurança da ONU, não concordara com a *no-fly zone* proposta pelo presi-dente turco. E o fito do presidente Erdoğan não consistia em limpar a fron-teira de terroristas do Da'ish. Ademais de liquidar o regime do presidente Bashar al-Assad, o que ele pretendia era, certamente, envolver a OTAN em defesa da Turquia (Art. 5º do Tratado da Aliança Atlântica),[129] e contrapor-se à ação das Unidades Curdas de Proteção Popular (YPG), das milícias Pesh-merga, na Síria e no Iraque, e destarte pulverizar os curdos e exterminar o Partido dos Trabalhadores do Curdistão (PKK).

Outrossim, desde as conversações do presidente Putin com o presi-dente Obama, e com o presidente François Hollande, à margem da reu-nião do G20, em 15–16 de novembro, a força aérea da Rússia, Estados

Unidos e França eliminou 1.300 veículos de transporte de óleo, a infligir cada vez mais duras perdas aos negócios ilícitos de óleo realizados por Bilal Erdoğan com o Da'ish. Até 23 de novembro, um dia antes da derrubada do Sukhoi Su-24M, a força aérea da Rússia efetuara 141 sortidas e destruíra 471 alvos, campos, refinarias e estoques de petróleo, apossados pelos terroristas, o maior depósito de petróleo, 15 km ao sudoeste de Raqqa, e um comboio com mais de 1.000 caminhões-tanques, no norte e leste da Síria.[130] Ao que tudo indicou, o presidente Erdoğan irritou-se, decerto, e perdeu o controle, com os danos que a Rússia estava a causar aos negócios do filho e aos seus projetos de anexar Aleppo e todo o norte da Síria, assim como fizera com o norte de Chipre.[131]

O tenente-general Sergey Rudskoy, ministro de Defesa da Rússia, revelou, em entrevista à imprensa, as fotos tiradas via aérea das rotas de petróleo contrabandeado pelo Da'ish para a Turquia. O comboio de cerca de 8.000 veículos estendia-se além do horizonte, por 4 a 5 km, desde os campos Deir ez-Zor, na Síria, onde se reabasteciam de óleo e transportavam cerca de 200.000 bpd, para o grande complexo empresarial Tüpraş, que operava quatro refinarias,[132] situadas 100 km distante, província do rio Batman, o maior tributário do Tigres, na Turquia. Lá, provavelmente, era misturado com outros suprimentos procedentes do Mar Cáspio, e exportado a partir dos terminais marítimos de Mersin, Dortyol e Ceyhan,[133] pela empresa de navios BMZ Group Denizcilik, sediada em Malta e da qual Bilal Erdoğan, filho do presidente, era o principal acionista, associado a Mustafa Erdoğan e Ziya İlgen, para o porto de Ashdod, em Israel.[134]

Em face da revelação de tais fatos, o capitão Joseph R. John, do Exército dos Estados Unidos, dirigiu ao Congresso uma carta, datada de 2 de dezembro de 2015, perguntando por que o presidente Obama confiava em Erdoğan, quando havia cinco anos os relatórios da CIA diariamente lhe informavam que:

1 — as forças especiais da Turquia realizam treinamento de terroristas em bases secretas na província de Konya; 2 — Sümeyye Erdoğan, filha do presidente, dirige um hospital secreto, perto da fronteira com a Síria, para o tratamento dos feridos do Da'ish, recuperando-os para que possam prosseguir na campanha de genocídio de sírios e cristãos assírios; 3 — Bilal Erdoğan, o filho, está envolvido no comércio ilegal de bilhões de dólares

do petróleo, saqueado dos campos de Mossul, às *trading companies* turcas, sírias, japonesas e possivelmente libanesas; 4 — o petróleo contrabandeado gera bilhões de dólares para financiar o Da'ish contra os sírios e cristãos assírios, além de, naturalmente, enriquecer Recep Erdoğan e seu filho Bilal Erdoğan; 5 — Bilal Erdoğan fornece aos terroristas armamento e munições, através da sua *trading company*, o BMZ Group.[135]

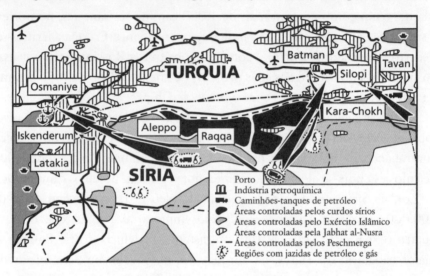

Figura 25.8 — Rotas de transporte de petróleo da Síria e do Iraque para a Turquia
Fonte: Ministério de Defesa da Rússia[136]

O *Great Game*

O *Great Game* (Bolshaya Igra), no qual o Império Britânico disputara com o Império da Rússia (Rossiyskaya Imperiya) o controle da Eurásia, estava a repetir-se com os Estados Unidos, em amplitude ainda maior. E, ao findar 2015, as perspectivas estavam enevoadas, os sinais, contraditórios. O capital financeiro ultrapassara todas as fronteiras terrestres e os Estados Unidos, à frente do cartel ultraimperialista formado com a União Europeia, intentavam consolidar a dominância, em seu espectro global, e assim intentavam suprimir *de juris*, o que *de facto* jamais efetivamente respeitaram, o sistema da soberania nacional, da igualdade dos Estados e não intervenção em seus assuntos internos, instituído em 1648 pelo Tratado de Westphalen. Esse sistema, que Immanuel Kant

(1724–1804) considerou princípio crucial para a paz perpétua (*zum ewigen Frieden*),[137] foi confirmado pela Carta da ONU (U.N. Charter, Article 1.2). Sua violação — escreveu Kant — constituía um *scandalum acceptum*, o mau exemplo dado por uma nação e outras acompanhavam,[138] *e.g.*, intervir em outros Estados, a título de exportar a democracia, proteger a população etc. Era o que os Estados Unidos estavam a fazer, com o respaldo passivo ou ativo da União Europeia. E a consequência, entre muitas, foi que a guerra, o terrorismo islâmico e as sanções impostas à Síria, a bloquear inclusive a entrada de alimentos, compeliu mais de 1 milhão de pessoas, adultos e crianças, não apenas de lá, mas também de outros países, a inundar toda a Europa.

O presidente Obama, que jogava nos termos de *win-win*, com o fito de impor *"benevolent global hegemony"*, a Pax Americana, só obtivera fiascos, como o *putsch* na Ucrânia e as guerras por procuração na Líbia, Síria e alhures. O presidente Putin, entretanto, jogava nos termos de *zero-sum*, multidimensionais, visando a um mundo multipolar, ordenado com a prevalência do princípio da soberania nacional, e estava a vencer todos os lances e ainda não chegara ao *end-game*. E entre as possibilidades que se descortinavam, o certo era que a Rússia jamais cederia outra vez a Crimeia, e ainda que as províncias de Donetsk e Luhansk permanecessem dentro da Ucrânia, transformada em federação, elas conquistariam sua autonomia e direito à autodeterminação. Ou os Acordos de Minsk II se efetivariam ou o conflito prosseguiria. Quanto à Síria, o Conselho de Segurança da ONU adotou a Resolução nº 2254 (2015), estabelecendo o *road map*,[139] com início das negociações por um governo de transição, previstas para janeiro, porém, no curso de 18 meses, a Rússia e a Coalizão, liderada pelo Estados Unidos, teriam de eliminar o Da'ish e demais grupos terroristas.

As negociações de paz, nos primeiros dias de fevereiro, foram, no entanto, suspensas, devido a diversas contradições e outros fatores, entre os quais a recusa da oposição em negociar com o governo do presidente Assad e a pretensão da Arábia Saudita de introduzir nas reuniões, em Genebra, representantes dos grupos terroristas Jaysh al-Islam, Ahrar al-Sham e Frente al-Nusra (*franchise* de al-Qa'ida), o que a Rússia não aceitou. Nem podia aceitar, pois contrariava inclusive a Resolução do

Conselho de Segurança da ONU. Ademais as tropas do Exército Árabe-Sírio e as forças Quds, do Irã, com o apoio dos jatos russos, entre os quais o mais poderoso e mortífero Sukhoi Su-35S, libertaram várias aldeias, no norte, e estavam a avançar sobre Aleppo, a segunda maior cidade da Síria, nas proximidades da fronteira com a Turquia e rota vital de abastecimento dos terroristas do Da'ish e demais grupos terroristas, que lá destruíram muitos patrimônios históricos e diversos outros desde 2011. De 6 para 8 de fevereiro, as tropas de Bashar al-Assad, favorecidas pela aviação russa, ocuparam as colinas de Barlahin, ao leste de Aleppo, após exterminar as forças do Da'ish, lá reunidas.

A culminar sucessivas vitórias táticas, a conquista de Aleppo provavelmente devastaria toda a oposição, fomentada pelo Ocidente, Turquia e Arábia Saudita. Cortaria a rota através da qual recebia suprimentos da Turquia, através das fronteiras em Bab al-Salama, na província de Aleppo, e Bab al-Hawa, na província de Idlib. Assim Bashar al-Assad virtualmente recuperaria todo o território, ocupado pelo Da'ish e pelos demais grupos terroristas da oposição, criando as condições para manter-se no poder, pelo menos, por dois anos, durante um processo de transição. Era o que os Estados Unidos e seus aliados não queriam. E daí os apelos para que a Rússia cessasse os bombardeios. Não obstante, a Rússia não se dispunha a qualquer cessar-fogo, antes de que as tropas do Exército Árabe-Sírio terminassem o cerco de Allepo e fechassem as fronteiras da Síria com a Turquia, em Bab al-Salama. E, em 10 de fevereiro de 2016, estavam muito perto de fazê-lo. Sem militarmente bloquear os suprimentos da Turquia aos terroristas em Aleppo e Raqqa o cessar-fogo tornar-se-ia quase impossível.

Com a perspectiva de vitória na Síria, a robustecer a posição do presidente Assad, a Rússia ganhou decisiva influência no Oriente Médio e vigoroso poder de barganha com os Estados Unidos. Contudo, o cenário na região era muito mais complexo e adverso, em virtude das profundas e irremovíveis disputas ideológicas entre sunitas e xiitas, entrelaçadas por interesses de hegemonia geopolítica, que envolviam Israel, Turquia e Arábia Saudita e que alinhara 36 nações islâmicas, sob o pretexto duvidoso de combater o Da'ish. Juntamente com a Turquia, a Arábia Saudita ameaçava invadir a Síria, na Síria, porém, certamente, com o fito real de contrapor-se ao Irã e Hizballah, do Líbano, que defendiam o regime de Bashar al-Assad. E a guerra escalar-se-ia, se tais países — Turquia e Arábia Saudita — concretizassem o que estavam a prenunciar, desesperados com a iminente conquista de Aleppo e Raqqa pelo Exército Árabe-Sírio e seus aliados.

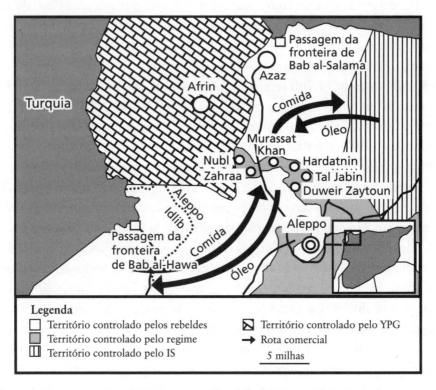

Figura 25.9 — Rota comercial interrompida ao norte de Aleppo
Fonte: Cortesia da *Syria Direct*

Os Estados Unidos, entretanto, pareciam perceber que não tinham meios e condições de exercer a função de *global cop*, como os *neocons* imaginaram. As intervenções dos Estados Unidos/OTAN no Afeganistão e no Iraque demonstraram a capacidade, mas também os limites da força militar. A guerra no Afeganistão, deflagrada em 2001, pelo presidente George W. Bush como ponto de partida da *war on terror*, a qual o presidente Obama mantivera como a *"necessary war"*,[140] estava a sangrar o povo do país e a sugar US$ 4 milhões por hora (US$ 1,7 trilhão desde

2001 até 2015)[141] dos contribuintes americanos, sem perspectiva de sucesso. Segurança em Cabul não havia, nem estabilidade, e os Talibãs não paravam de atacar e atacar. E no Afeganistão já haviam entrado entre 1.000 e 3.000 jihadistas do Da'ish, segundo Ashton Carter, secretário de Defesa dos Estados Unidos.[142]

Desde 2011, mesmo com a *war on terror*, que o presidente Bush deflagrou e o presidente Obama continuou como *Overseas contingency operations*, ataques terroristas ocorreram em todo o mundo.[143] Só em 2014, foram 13.463 ataques terroristas, resultando em mais de 32.700 mortes e deixando mais de 34.700 feridos.[144] O número total de vítimas do terrorismo recresceu assim 81% em relação a 2013.[145] E, em 2015, o Report on Protection of Civilians in Armed Conflict, elaborado pela United Nations Assistance Mission in Afghanistan (UNAMA) e pelo United Human Rights Office (UHRO), documentou no Afeganistão a ocorrência de 11.002 vítimas civis (3.545 mortes de civis e 7.457 feridos), 9% a mais, ao número de 2014.[146] E os ataques terroristas prosseguiram em 2016. Em fevereiro, 28 ataques em Ankara, perpetrados (não se sabia, ao certo) ou pelo proscrito Partido do Trabalhadores Curdos (PKK) ou pelo Da'ish, que até então o presidente Erdoğan e seu filho sustentaram com a compra de petróleo, virtualmente interrompida pelos bombardeios da Rússia. Istambul sofreu igualmente diversos atentados, inclusive em março, quando ocorreram, em duas estações do metrô e aeroporto Zaventem de Bruxelas, poderosas explosões de bomba, assumidas pelo Da'ish, com centenas de vítimas. Bruxelas era um reduto de terroristas, particularmente no distrito de Molenbeek, e lá foram presos alguns dos que desfecharam, simultaneamente, os vários ataques de 13 de novembro de 2015, contra restaurantes e casas de diversão (Bataclan, entre outras), em Paris. Esses atentados, atrozes, não ocorreram no *vacuum*. A população de muçulmanos, em 2016, era, segundo as estimativas do Pew Research Center, de 700.000 pessoas (6,2% do total da população do país) e das quais cerca de 300.000 se concentravam em Bruxelas A maioria vivia em guetos, como no distrito de Molenbeek, onde a pobreza, o desemprego, da ordem de 40%, e a discriminação criavam as condições e o húmus favoráveis à doutrinação salafista e ao recrutamento de jovens para a jihad, revoltados com a intervenção dos Estados Unidos/OTAN nos países árabes.[147]

Democratização do terror

A Criatura — Da'ish — fugira ao controle dos Estados Unidos, que a nutriram, na Síria, com a cumplicidade da Arábia Saudita e da Turquia, com a finalidade de combater o regime de Bashar al-Assad. E assim ocorreu o *blowback* contra alguns países da Europa. Mas o terror não consistia tão somente nas abomináveis explosões de bombas, a matar inocentes civis na França, Bélgica e outros países, como Grã-Bretanha e Espanha, anos antes. Também configuravam cruéis e bestiais atos de terror os bombardeios da coalizão liderada pela Arábia Saudita, com jatos comprados nos Estados Unidos e aval do presidente Obama, no Iêmen, contra os *houthis* (xiitas), as únicas forças que combatiam os jihadistas do Da'ish e de al-Qa'ida. Tais ataques destruíram escolas, hospitais, centenas de alvos não militares, e deixaram, em nove meses de 2015, mais de 7.500 mortes e mais de 14.000 feridos.[148] Mas o número elevou-se a muitos milhares até março de 2016 e o cenário no Iêmen era de uma catástrofe humanitária. E o Ocidente fechava os olhos.

Igualmente a Turquia massacrava a população curda, não só no seu território, mas também bombardeava os curdos que habitavam o norte da Síria e do Iraque. Afigurava então estar em guerra civil, no sudeste, contra militantes do PKK — o Partido dos Trabalhadores Curdos — e comportara-se, estouvadamente, como um *rogue state*, tanto ao derrubar o Su-24M, da Rússia, em 24 de novembro, como ao enviar batalhões armados para Ba'shiqa, perto de Mossul, no Iraque, insistindo em mantê-los na região, não obstante o *ultimatum* do primeiro-ministro Haider al-Abadi para que fossem retirados, e bombardear as posições das Unidades Curdas de Proteção Popular (YPG), no norte da Síria.

O projeto de dois Estados, na Palestina, esfumara-se, em meio ao avanço dos assentamentos judaicos na Cisjordânia. O presidente Obama nada conseguiu com o primeiro-ministro Binyamin Netanyahu, Israel não parou a colonização ilegal de todo o território da Judeia e Samaria e os palestinos, a retaliarem, recrudesceram os atentados terroristas, assassinatos com adagas e/ou outros meios, que somente faziam a repressão de Tel Aviv, enquanto Gaza restava arruinada, sem condições de reconstruir-se. O que se divisava, na Palestina, era condição de uma *"perpetuall war"*, da qual Thomas Hobbes falara.[149]

Outrossim, no Iraque, a perspectiva de paz era remota. Em 1º de maio de 2003, após destruir em poucas semanas o regime de Saddam Hussein, o então presidente George W. Bush, a bordo do porta-aviões USS *Abraham Lincoln,* ufanou-se, à frente dos dizeres *"Mission Accomplished"*, de que as principais operações de combate haviam terminado e que *"in the battle of Iraq, the United States and our allies have prevailed"*.[150] O Iraque estava em escombros, o Estado fora completamente demolido, mas a guerra, na realidade, não terminou e, embora o presidente George W. Bush firmasse com o primeiro-ministro Nuri al-Maliki, em 14 de dezembro de 2008, o Status of Forces Agreement (SOFA), visando a manter bases no país, a resistência à permanente ocupação por forças estrangeiras, sobretudo em Basra e outras cidades, nunca cessou.[151] E o presidente Obama, em 31 de dezembro de 2011, declarou a Operation New Dawn encerrada. Alternativa não tivera senão retirar as tropas do Iraque. O último comboio, com 100 veículos e levando 500 soldados, já havia seguido para o Kuwait, às 2h30 da madrugada de 17 para 18 de dezembro de 2011, a partir da Contingency Operating Base Adder, perto de Nasiriya, cidade ao sul do Iraque. Essa retirada se efetuou, em sigilo e sob a segurança máxima, a fim de que os insurgentes nada soubessem, nem os oficiais de segurança alinhados com as milícias — nem mesmo os intérpretes e autoridades do governo. Uma retirada inglória, melancólica. Havia forte receio de que essas últimas unidades militares fossem atacadas, apesar de que semanas antes houvesse cerimônias de despedida em Bagdá e outras cidades, inclusive com visitas do vice-presidente Joseph R. Biden Jr. e do secretário de Defesa Leon Panetta.[152] A guerra, contudo, não fora vencida. Continuava.

Não obstante a remoção oficial das tropas, ainda permaneceu no Iraque um contingente de 16.000 americanos mercenários (cerca de 200 para a defesa da embaixada) e civis, empregados das grandes corporações contratadas por bilhões de dólares, desde a administração de George W. Bush, com a tarefa, *inter alia*, de reconstruir Bagdá e outras cidades, bem como a infraestrutura do país, devastado por anos de sanções e guerra. Elas receberam, no mínimo, um total US$ 138 bilhões dos contribuintes, das quais apenas dez — Halliburton, Bechtel, DynCorp, Kellogg Brown & Root Services, Inc. e outras — ficaram com 52% dos fundos.[153] E o nível de fraude, corrupção e desperdício fora no mínimo de US$ 31 bilhões e, possivelmente, poderia chegar a mais de US$ 60 bilhões, durante as operações no Afeganistão e no Iraque, conforme a estimativa da Commission on Wartime Contracting in Iraq and Afghanistan, do Congresso dos Estados Unidos.[154]

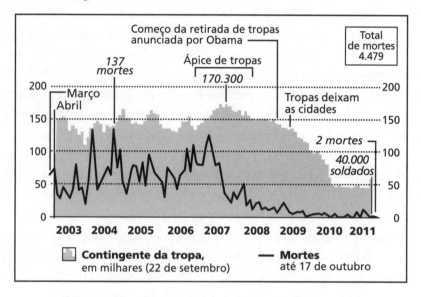

Figura 25.10 — Contingente de tropas *versus* morte por mês
desde que os EUA invadiram o Iraque (2003–2011)
Fonte: Congressional Research Service, U.S. Defense Department, Casualties

Em 2005, o governo dos Estados Unidos constatou o desaparecimento de US$ 9 bilhões, alocados para a reconstrução do Iraque, durante os 14 meses da gestão do diplomata Lewis Paul Bremer III, que governou soberanamente o país, como chefe da Coalition Provisional Authority, após a invasão, em 2003.[155] Não se comprovou a sua responsabilidade pela evasão dos vultosos recursos. Mas o fato foi que ele desestruturou todo o Estado, com a aprovação dos governos dos Estados Unidos e da Grã-Bretanha. Com a Order Nr. 2, de 23 de maio de 2003, a Coalition Provisional Authority dissolveu todas as entidades do Iraque, o Partido Ba'ath, cujos membros foram proibidos de ocupar funções públicas e desbandou as Forças Armadas e toda a estrutura militar e de segurança existente no Iraque. Cometeu assim graves erros estratégicos, desestabilizou o país e fertilizou o campo, onde floresceu a insurgência sunita, possibilitando que o Da'ish robustecesse seus contingentes, quando lá penetrou a partir da Síria, com a adesão dos soldados e oficiais do Exército de Saddam Hussein.

Cerca de quatro anos depois da retirada, os Estados Unidos tiveram, entretanto, de despregar outra vez para o Iraque a 26th Marine Expeditionary Unit (26th MEU), a fim de reforçar um contingente que operava no 2nd Division Combat Operations Center for Nineveh Operations Command,[156] pequena base secreta, em Makhmur, norte do país, perto de Mossul, após a morte de um *marine* decorrente de um ataque do Da'ish. Esse reenvio de tropas pelos Estados Unidos evidenciava que o governo do Iraque ainda não podia controlar toda a situação, não havia retomado Mossul, a segunda maior cidade do país e ocupada pelo Da'ish. Porém a guerra no Iraque contra o Da'ish constituía um desdobramento e a outra face da guerra na Síria, e a Rússia, Estados Unidos e países-chave da Europa alcançaram um acordo, durante a 52nd Munich Security Conference, realizada entre 12 e 14 de fevereiro de 2016, visando a estabelecer um cessar-fogo das forças de Damasco e seus aliados com as Syrian Democratic Forces (SDF), uma coalizão dos grupos da oposição, considerados não terroristas. O objetivo principal da frágil trégua, que não incluía o Da'ish, al-Nusra e outras facções terroristas, consistia no fornecimento de ajuda humanitária às diversas cidades sitiadas pelo Exército Árabe-Sírio. Era uma trégua frágil, mas o regime de Bashar al-Assad, com o apoio da aviação russa, forças do Hizballah e brigadas *al-Quds*, do Irã, havia conseguido restaurar o domínio sobre grande parte do território da Síria, com uma série de ofensivas coordenadas no Noroeste, e avançavam contra Aleppo e Hama, um dos fatores da interrupção das negociações de Genebra. Estava, portanto, em posição de força para negociar com os grupos da oposição política, que o Ocidente continuava a sustentar.

Em 14 de março de 2016, o presidente Putin surpreendeu o Ocidente ao anunciar a retirada de tropas da Síria, sob a alegação de que os objetivos haviam sido alcançados. De fato, a intervenção militar da Rússia havia mudado os rumos do conflito. A Rússia estabilizou e avigorou o regime de Bashar al-Assad, frustrando o desmantelamento do Estado, como o Ocidente fizera no Iraque e na Líbia. Outrossim, eliminou mais de 2.000 combatentes do Da'ish, al-Nusra e, inclusive, das Syrian Demo-

A DESORDEM MUNDIAL

cratic Forces, sustentadas pelos Estados Unidos, e expungiu a maior parte das refinarias de petróleo que o Da'ish conquistara e das rotas através das quais ilegalmente exportava para a Turquia, o que continuou ainda a fazer, após os bombardeios, conforme denunciou o ministro Sergei Lavrov.[157] De qualquer forma, conteve as manobras veladas em favor do Da'ish e as pretensões do presidente Erdoğan e de Ahmet Davutoğlu, *primeiro-ministro* da Turquia. E o presidente Putin, por outro lado, demonstrou a alta relevância política da Rússia, como superpotência internacional, e seu avançado poderio militar, ademais de compelir o Ocidente a considerar, seriamente, e aceitar, ainda que *de mala gratia*, seus interesses geopolíticos não somente na Síria como no Mediterrâneo. E sua intervenção contra os terroristas contou com o apoio da maioria do povo, na Síria, conforme declarou o vigário apostólico da Igreja Católica de Aleppo, Georges Abou Khazen, salientando sua especial importância, dado o fato de que foi acompanhada pelo processo de promoção de paz, ao estimular o diálogo entre vários grupos da oposição,[158] alguns dos quais — Movimento Nur al-Din Zinki, Exército de Mujahidin, Brigadas Al-Fateh, Brigadas Sultan Murad e as Brigadas Furqan — uniram-se na batalha pela reconquista de Aleppo, ocupada pelos terroristas.

A Rússia, entretanto, não podia nem pretendia, sem negociar com os Estados Unidos e seus aliados, concluir a guerra na Síria, que, segundo o informe do Syrian Centre for Policy Research (SCPR), em cinco anos (março de 2011 a fevereiro de 2016), já havia produzido, direta e indiretamente, a morte de cerca de 470.000, quase o dobro do que a ONU contabilizara — 250.000 — até 18 meses passados, deixado 1,9 milhão de feridos, um total equivalente a 11,5% da população, da qual 45% se refugiaram em outros países.[159] A guerra, ao longo de cinco anos, resultou em monumental catástrofe humanitária, obliterou quase toda a infraestrutura do país; da maioria das cidades, só destroços restaram, em meio ao caos e à carnificina, enquanto as relíquias históricas foram dilapidadas pelos terroristas do Da'ish e as perdas econômicas da Síria, de acordo com as estimativas, alcançaram US$ 255 bilhões (£ 175 bilhões) ou mais.

A campanha da Rússia, na Síria, custou US$ 480 milhões, segundo o presidente Putin.[160] A retirada de tropas foi, entretanto, apenas parcial. Os assessores militares e de treinamento não saíram. O coronel-general Alek-

511

sandr Dvôrnikov, que comandou as operações na Síria e recebeu a medalha de Herói da Rússia, não escondeu o fato de que unidades das forças especiais — Spetsnaz — seguiam a operar na Síria.[161] Elas estiveram a cercar a cidade de Aleppo, juntamente com as tropas de Damasco, que usavam os mais modernos tanques russos T-72 e T-90, e tinham a missão de executar tarefas de reconhecimento para os ataques da aviação russa, indicando os alvos, em regiões remotas, ademais de realizar outras missões. A base naval de Tartus continuou a funcionar normalmente. E as sortidas aéreas não cessaram. Da base aérea de Khmeimim, em Latakia, os aviões SU-35 e SU-30 prosseguiram com o bombardeio das posições do Da'ish e da Jabhat al--Nusra; as plataformas para lançamentos de mísseis, a partir do Mar Cáspio ou do Mediterrâneo, permaneceram operacionais, para proteger as forças terrestres de Damasco e de Teerã. E, em Khmeimim, o presidente Putin, desde outubro de 2015, havia instalado poderosa estação de guerra eletrônica — Krasukha-4 —, aparelho móvel eletromagnéticoeletrônico, de banda larga multifuncional, com capacidade de interferir, mesclar e emperrar as comunicações do Da'ish, como igualmente evitar que a OTAN se informasse do que estava para realizar.[162]

Essa estação de guerra eletrônica, montada sobre um chassi de quatro eixos BAZ-6910–022, já usada com muito sucesso na guerra em Donbass, tinha capacidade de imiscuir-se, interromper e embaralhar as comunicações do inimigo, bem como de neutralizar espionagem de satélites de low-Earth orbit (LEO), tais como os da série Lacrosse/Onyx, radares de vigilância aérea e radares guiados de alcance entre 150–300 km. O aparelho — Krasukha-4 — constituiu importante elemento na retomada pelo Exército Árabe-Sírio, juntamente com forças da Guarda Revolucionária e milícia dos Hizballah, da histórica cidade de Palmira, Patrimônio Mundial da Humanidade, segundo a Unesco, que os terroristas do Da'ish trataram de demolir, totalmente, mas não conseguiram fazê-lo, detonando por controle remoto os inúmeros explosivos implantados nas ruínas.

De acordo com o general Sergey Rudskoy, chefe do Estado-Maior Operacional do Exército Russo, de setembro a dezembro de 2015, os aviões russos efetuaram 5.240 sortidas contra os acampamentos e as instalações do Da'ish e outros grupos da oposição.[163] E entre dezembro de

2015 e início de janeiro de 2016 as tropas do Exército Árabe-Sírio, com o apoio das milícias do Hizballah, de milhares de soldados do Iraque e do Afeganistão, reconquistaram mais de 150 cidades e vilas, conquistaram importantes regiões estratégicas na fronteira da Jordânia e com a Turquia, avançando para fechá-la em toda sua dimensão. Entrementes, aviões russos ajudavam as Syrian Democratic Forces, que os Estados Unidos respaldavam, na luta para a retomada de Raqqa.

Com a reconquista de Palmira, o regime de Bashar al-Assad, que ampliou o domínio territorial do país, robusteceu ainda mais sua posição, enquanto Moscou e Washington mantinham os entendimentos sobre o destino da Síria, ao longo do processo de paz de Genebra, com base no princípio de que as instituições do Estado sírio permaneceriam intactas qualquer que fosse o governo de transição. De qualquer forma, a Rússia evitou a mudança de regime, ao modo do que ocorreu na Líbia. Desde a dissolução da União Soviética, todos os presidentes dos Estados Unidos, George H. W. Bush, Bill Clinton, George W. Bush e Barack Obama, promoveram guerras convencionais e não convencionais nos Bálcãs e no Oriente Médio, fomentaram a subversão nos países do Cáucaso, sempre sob o pretexto de tornar o mundo *"safe for democracy"*.[164] Que democracia? Onde quer que os Estados Unidos intervieram, com o *"specific goal of bringing democracy"*, a democracia constituiu-se de bombardeios, destruição, terror, massacres, caos e catástrofes humanitárias. *C'est la réalité des faits*. E o certo é que, na história, como Oswald Spengler salientou, não há ideais, mas somente fatos, nem verdades, mas somente fatos, não há razão nem honestidade, nem equidade etc., mas somente fatos.[165] E os fatos, ao longo da história, sempre mostraram que os Estados Unidos e as grandes potências capitalistas jamais efetivamente entraram em guerra pela democracia e pela liberdade, para proteger civis ou direitos humanos, senão tão somente a fim de defender suas necessidades e interesses econômicos e geopolíticos, seus interesses imperiais. E palavras não mudam a realidade dos fatos.[166]

St. Leon, março de 2016.

NOTAS

1. "Full text of Pope Francis' speech to US Congress, 25 de setembro de 2015". Disponível em: <http://www.aljazeera.com/news/2015/09/full-text-pope-francis-speech--congress-150924152204132.html>.
2. Thomas Paine, 1996, p. 58.
3. Edmund Burke, 1986, pp. 344–345.
4. Jean-Jacques Rousseau, 1992, p. 95.
5. Martin Gilens & Benjamin I. Page, "Testing Theories of American Politics: Elites, Interest Groups, and Average Citizens". American Political Science Association 2014. Disponível em: <http://dx.doi.org/10.1017/S1537592714001595>. *Perspectives on Politics*, setembro de 2014 |Vol. 12/No. 3, pp. 576–777. Veja também em: <https://scholar.princeton.edu/sites/default/files/mgilens/files/gilens_and_page_2014_-testing_theories_of_american_politics.doc.pdf>.
6. *Ibidem.*
7. Ignacio Ramonet, 2006, p. 367.
8. "President Jimmy Carter: The United States is an Oligarchy". *Thom Hartmann Program*, 28 de julho de 2015. Disponível em: <http://www.thomhartmann.com/bigpicture/president-jimmy-carter-united-states-oligarchy>. Acessado em 10 de novembro de 2015; Corey Charlton, "'.S. is no longer a democracy, it's an oligarchy': Jimmy Carter says he would 'absolutely not' be able to be president today because candidates need at least $300m". *DailyMail*, 23 de setembro de 2015. Disponível em: <http://www.dailymail.co.uk/news/article-3245948/Jimmy-Carter-claims-absolutely-not--able-president-today-U-S-politics-oligarchy-requires-300m-backing.html>; Jon Levine, "Jimmy Carter Tells Oprah America Is No Longer a Democracy, Now an Oligarchy". *Like Mic on Facebook*, 24 de setembro de 2015. Disponível em: <http://mic.com/articles/125813/jimmy-carter-tells-oprah-america-is-no-longer-a-democracy-now-an-oligarchy>. Acessado em 10 de novembro de 2015; Gregor Peter Schmitz (Atlanta), "NSA-Affäre: Ex-Präsident Carter verdammt US-Schnüffelei". *Spiegel Online*. Mittwoch, 17 de julho de 2013. Disponível em: <http://www.spiegel.de/politik/ausland/nsa-affaere-jimmy-carter-kritisiert-usa-a-911589.html>; Leonardo Blair (*Christian Post* Reporter), "Former U.S. President Jimmy Carter thinks Edward Snowden's NSA leak was a good thing for America and believes the organization's intelligence gathering methods are undemocratic". *Christian Post*, 19 de julho de 2013. Disponível em: <http://www.christianpost.com/news/america-has-no-functioning-democracy-says-former-pres-jimmy-carter-100503/>.
9. *Ibidem.*
10. *Ibidem.*
11. "Top-Banker ist sich sicher: Russland und China gewinnen gegen die USA". *Deutsche Wirtschafts Nachrichten*, 6 de junho de 2015. Disponível em: <http://deutsche--wirtschafts-nachrichten.de/2015/06/06/top-banker-ist-sich-sicher-russland--und-china-gewinnen-gegen-die-usa/>.
12. Thomas Paine, 1996, p. 58.
13. Ferdinand Lassalle, 1991, pp. 94–95.

A DESORDEM MUNDIAL

14. "Military-Industrial Complex Speech, Dwight D. Eisenhower". *in*: *Public Papers of the Presidents, Dwight D. Eisenhower, 1960–1961*, pp. 1035–1040. Disponível em: <http://quod.lib.umich.edu/p/ppotpus/4728424.1960.001/1087?rgn=full+text; view=image>.

15. James Madison, "Political Observations, Apr. 20, 1795", *in*: *Letters and Other Writings of James Madison*, vol. 4. Filadélfia: J. B. Lippincott & Co., 1865. p. 491.

16. Andrew Gavin Marshall (Occupy.com.), "Meet the Elites Inside the \$4 Trillion Global Powerhouse Bank of JPMorgan Chase. JPMorgan Chase is one of the most powerful banks in the world, embedded within a transnational network of elite institutions and individuals". *Alternet*, 4 de julho de 2013. Disponível em: <http://www.alternet.org/economy/jp-morgan-chase-bank-4-trillion-global-powerhouse--meet-elites-charge>.

17. "U.S. Department of Commerce — Bureau of Economic Analysis. Current-Dollar and 'Real' Gross Domestic Product". Disponível em: <http://www.bea.gov/national/index.htm>. Acessado em 1º de fevereiro de 2016; "Gross domestic product (GDP) of the United States at current prices from 2010 to 2020 (in billion U.S. dollars)". *Statista — Statisc Portal*. Disponível em: <http://www.statista.com/statistics/263591/gross-domestic-product-gdp-of-the-united-states/>. Acessado em: 2 de fevereiro de 2016.

18. Lawrence Mishel & Elise Gould & Josh Bivens, "Raising America's Pay". *An initiative of the Economic Policy Institute*, 6 de janeiro 2015. Disponível em: <http://www.epi.org/publication/charting-wage-stagnation/>.

19. Martin Wolf, "Nativist populists must not win. We know that story: it ends very badly indeed". *Financial Times*, 26 de janeiro de 2016. Disponível em: <http://www.ft.com/cms/s/0/135385ca-c399-11e5-808f-8231cd71622e.html#axzz3yYqNWs9U>. Acessado em 28 de janeiro de 2016; Lawrence Mishel & Elise Gould & Josh Bivens, "Raising America's Pay". *An initiative of the Economic Policy Institute*, 6 de janeiro de 2015. Disponível em: <http://www.epi.org/publication/charting-wage-stagnation/>.

20. Richard Kersley (Head Global Thematic and ESG Research, Credit Suisse Investment Banking) & Markus Stierli (Head of Fundamental Micro Themes Research, Credit Suisse Private Banking & Wealth Management), "Global Wealth in 2015: Underlying Trends Remain Positive". *Credit Suisse Research Institute's Annual Global Wealth Report*, 13 de outubro de 2015. Disponível em: <https://www.credit--suisse.com/de/en/about-us/research/research-institute/news-and-videos/articles/news-and-expertise/2015/10/en/global-wealth-in-2015-underlying-trends-remain--positive.html>; Jill Treanor, "Half of world's wealth now in hands of 1% of population — report. Inequality growing globally and in the UK, which has third most 'ultra-high net worth individuals', household wealth study finds". *The Guardian*, 13 de outubro de 2015. Disponível em: <http://www.theguardian.com/money/2015/oct/13/half-world-wealth-in-hands-population-inequality-report>.

21. António Sousa Lara, 2007, p. 13.

22. "U.S. Department of Commerce — Bureau of Economic Analysis. Current-Dollar and 'Real' Gross Domestic Product". Disponível em: <http://www.bea.gov/national/index.htm>. Acessado em 1º de fevereiro de 2016.

23. Graeme Wearden, "Oxfam: 85 richest people as wealthy as poorest half of the world. As World Economic Forum starts in Davos, development charity claims growing inequality has been driven by 'power grab'". *The Guardian*, 20 de janeiro de 2014. Disponível em: <http://www.theguardian.com/business/2014/jan/20/oxfam-85-richest-people-half-of-the-world>. Acessado em 28 de janeiro de 2016.

24. Jesse Drucker (Bloomberg Businessweek), "US has become world's favorite new tax haven". Disponível em: <http://www.royalgazette.com/article/20160128/BUSINESS/160129700>.

25. Richard Kersley (Head Global Thematic and ESG Research, Credit Suisse Investment Banking) & Markus Stierli (Head of Fundamental Micro Themes Research, Credit Suisse Private Banking & Wealth Management), "Global Wealth in 2015: Underlying Trends Remain Positive". *Credit Suisse Research Institute's Annual Global Wealth Report*, 13 de outubro de 2015. Disponível em: <https://www.credit-suisse.com/de/en/about-us/research/research-institute/news-and-videos/articles/news-and-expertise/2015/10/en/global-wealth-in-2015-underlying-trends-remain-positive.html>; Jill Treanor, "Half of world's wealth now in hands of 1% of population — report. Inequality growing globally and in the UK, which has third most 'ultra-high net worth individuals', household wealth study finds". *The Guardian*, 13 de outubro de 2015, <http://www.theguardian.com/money/2015/oct/13/half-world-wealth-in-hands-population-inequality-report>.

26. António Sousa Lara, 2007, p. 13.

27. Barry M. Goldwater, 1979, pp. 295–296, 308.

28. (Gen.) Smedley Butler, 2012, pp. 18–19.

29. *Ibidem*, p. 9.

30. "Intervista con Vladimir Putin di Paolo Valentino, nostro inviato a Mosca — Putin al *Corriere della Sera*: 'Non sono un aggressore, patto con l'Europa e parità con gli Usa' Il presidente russo: 'Svilupperemo il nostro potenziale offensivo e penseremo a sistemi in grado di superare la difesa antimissilistica degli Usa. L'Italia spinge il dialogo tra Russia e Europa: ciò crea rapporti speciali'". *Corriere della Sera*, 6 de junho de 2015. Disponível em: <http://www.corriere.it/esteri/15_giugno_06/inter-vista-putin-corriere-non-sono-aggressore-patto-europa-ab5eeffe-0c0a-11e5-81da-8596be76a029.shtml>.

31. Jonathan Turley, "Big money behind war: the military-industrial complex. More than 50 years after President Eisenhower's warning, Americans find themselves in perpetual war". *Al Jazeera*, 11 de janeiro de 2014. Disponível em: <http://www.aljazeera.com/indepth/opinion/2014/01/big-money-behind-war-military-industrial-complex-20141473026736533.html>.

32. *Ibidem*.

33. *Ibidem*, "America's Longest War: New Study Examines Demographics of U.S. Casualties in Afghanistan". *Democracy Now*, 10 de outubro de 2011, Disponível em: <http://www.democracynow.org/2011/10/10/americas_longest_war_new_study_examines>.

34. Jonathan Turley, "Big money behind war: the military-industrial complex. More than 50 years after President Eisenhower's warning, Americans find themselves in perpetual war". *Al Jazeera*, 11 de janeiro de 2014. Disponível em: <http://www.aljazeera.com/indepth/opinion/2014/01/big-money-behind-war-military-industrial-

-complex-20141473026736533.html>; Eisenhower Dwight D., "Dwight D. Eisenhower: 1960–61: containing the public messages, speeches, and statements of the president, January 1, 1960, to January 20, 1961". *In*: *Public Papers of the Presidents, Dwight D. Eisenhower, 1960–1961*, pp. 1035- 1040. Disponível em: <http://quod.lib.umich.edu/p/ppotpus/4728424.1960.001/1087?rgn=full+text; view=image>.

35. David Vine, *How U.S. Military Bases Abroad Harm America and the World.* Nova York: Metropolitan Books — Henry Holt and Company, 2015; Chloe Fox, "The 15 Most Amazing Places Uncle Sam Could Send You". *The Huffington Post,* 29 de abril de 2014. Disponível em: <http://www.huffingtonpost.com/2014/04/29/best--military-bases-around-the-world_n_5216682.html>.

36. "David Vine Where in the World Is the U.S. Military?" *Politico Magazine,* julho/agosto 2015. Disponível em: <http://www.politico.com/magazine/story/2015/06/us-military-bases-around-the-world-119321>.

37. Tom Engelhardt, "America's Invisible Empire of Bases". *The Huffington Post,* 14 de maio de 2013. Acessado em 7 de setembro de 2015. <http://www.huffingtonpost.com/tom-engelhardt/americas-invisible-empire_b_3272352.html>.

38. Jonathan Turley, "Big money behind war: the military-industrial complex. More than 50 years after President Eisenhower's warning, Americans find themselves in perpetual war". *Al Jazeera,* 11 de janeiro de 2014. Disponível em: <http://www.aljazeera.com/indepth/opinion/2014/01/big-money-behind-war-military-industrial--complex-20141473026736533.html>.

39. *Ibidem.*

40. "Full text of Pope Francis' speech to US Congress". Disponível em: <http://www.aljazeera.com/news/2015/09/full-text-pope-francis-speech-congress-150924152204132.html>. Acessado em: 25 de setembro de 2015.

41. "16 Mar. 2015: The United States leads upward trend in arms exports, Asian and Gulf states arms imports up, says SIPRI". *Stockholm International Peace Research Institute.* Disponível em: <http://books.sipri.org/files/FS/SIPRIFS1503.pdf>.

42. *Ibidem.*

43. *Ibidem.*

44. *Ibidem.* Também em: <http://www.sipri.org/research/armaments/production/recent-trends-in-arms-industry>.

45. "Sales by largest arms companies fell again in 2012 but Russian firms' sales increased sharply". *Stockholm International Peace Research Institute (SIPRI).* 2014. Munique, 31 de janeiro de 2014. Disponível em: <http://www.sipri.org/media/pressreleases/2014/top100_january2014>.

46. Lt. Gen. William E. Odom, "Strategic Errors of Monumental Proportions. What Can Be Done in Iraq?: Text of testimony before the Senate Foreign Relations Committee, 18 January 2007". *Antiwar.com,* 26 de janeiro de 2007. Disponível em: <http://www.antiwar.com/orig/odom.php?articleid=10396>.

47. *Ibidem.*

48. George Orwell, 1977, pp. 4, 16 e 104.

49. "Address Before a Joint Session of the Congress on the State of the Union". *The American Presidency Project,* 29 de janeiro de 1991. Disponível em: <http://www.presidency.ucsb.edu/ws/?pid=19253>.

50. "Meeting of the Valdai International Discussion Club". *Official site of the* President of Russia, 24 de outubro de 2014. Disponível em: <http://en.kremlin.ru/events/president/news/46860>. Acessado em 12 de outubro de 2015.

51. "Global Conflict Panorama. Highly Violent Conflicts in 2014 Limited Wars (25) Wars (21)". *Conflict Barometer 2014. Heidelberg Institute for International Conflict Research (HIIK), 2015.* Disponível em: <http://www.hiik.de/en/konfliktbarometer/pdf/ConflictBarometer_2014.pdf>.

52. *World at War Global — UNHCR Trends Forced Displacement in 2014. 2014 in Review — Trends at a glance.* Disponível em: <http://www.unhcr.org/556725e69.html>; Teresa Welsh, "UN Report: In New Record, 60 Million Displaced Worldwide, A wealth of global conflicts have contributed to the staggering refugee crisis across the world". *U.S. News,* 18 de junho de 2015. Disponível em: <http://www.usnews.com/news/articles/2015/06/18/un-report-in-new-record-60-million-displaced-worldwide>.

53. "Country Reports on Terrorism 2014". *U.S. Department of State, Bureau of Counterterrorism, June 2015.* Disponível em: <http://www.state.gov/documents/organization/239631.pdf>.

54. "Statistical Information On Terrorism in 2014 — Annex of Statistical Information Country Reports on Terrorism 2014. June 2015". *National Consortium for the Study of Terrorism and Responses to Terrorism. START —* A Department of Homeland Security Science and Technology Center of Excellence. Based at the University of Maryland. Disponível em: <http://www.state.gov/documents/organization/239628.pdf>.

55. *Ibidem.*

56. iCasualties.org — Operation Iraqi Freedom — Operation Enduring Freedom/Afghanistan. Disponível em: <http://icasualties.org>.

57. Scott Wilson & Al Kamen (*Washington Post* Staff Writers), "'Global War On Terror' Is Given New Name". *The Washington Post,* 25 de março de 2009. Disponível em: <http://www.washingtonpost.com/wp-dyn/content/article/2009/03/24/AR2009032402818.html>; "Obama's Speech on Drone Policy". *The New York Times,* 23 de maio de 2013. Disponível em: <http://www.nytimes.com/2013/05/24/us/politics/transcript-of-obamas-speech-on-drone-policy.html?_r=0>.

58. "I Statistical Information On Terrorism in 2014 — Annex of Statistical Information Country Reports on Terrorism 2014. June 2015". *National Consortium for the Study of Terrorism and Responses to Terrorism. START —* A Department of Homeland Security Science and Technology Center of Excellence. Based at the University of Maryland. Disponível em: <http://www.state.gov/documents/organization/239628.pdf>.

59. "Who Has Gained Ground in Syria Since Russia Began Its Airstrikes — The full impact of Russian airstrikes on the Syrian war has yet to be realized, but some shifts have occurred in recent weeks". *The New York Times,* 29 de outubro de 2015. Disponível em: <http://www.nytimes.com/interactive/2015/09/30/world/middleeast/syria-control-map-isis-rebels-airstrikes.html?_r=0>.

60. Seymour Hersh, "Military to Military". Seymour M. Hersh on US intelligence sharing in the Syrian war. *London Review of Books,* Vol. 38 No. 1, 7 de janeiro de 2016, pp. 11–14. Disponível em: <http://www.lrb.co.uk/v38/n01/seymour-m-hersh/military-to-military>.

A DESORDEM MUNDIAL

61. *Ibidem.*
62. *Ibidem.*
63. "US recent statements remind of theatre of the absurd — Russia's Defence Ministry". *TASS,* 5 de dezembro de 2015. Disponível em: <http://tass.ru/en/politics/841839>.
64. Thomas Gibbons-Neff. "Pentagon airdrops ammunition to groups fighting the Islamic State". *The Washington Post,* 12 de outubro de 2015. Disponível em: <https://www.washingtonpost.com/news/checkpoint/wp/2015/10/12/pentagon-airdrops-ammunition-to-groups-fighting-the-islamic-state/>; "With Obama's new plan for Syrian rebels, new worries. *Reuters/Jerusalem Post,* 21 de outubro de 2015. Disponível em: <http://www.jpost.com/Middle-East/With-Obamas-new-plan-for-Syrian-rebels-new--worries-427566>.
65. David E. Sanger (Washington), "Rebel Arms Flow Is Said to Benefit Jihadists in Syria". *The Ney York Times,* 14 de outubro de 2012. Disponível em: <http://www.nytimes.com/2012/10/15/world/middleeast/jihadists-receiving-most-arms-sent-to--syrian-rebels.html>.
66. Missy Ryan & Hassan Morajea, "In Libya, trying to make one government out of two". *The Washington Post,* 18 de setembro de 2015. Disponível em: <https://www.washingtonpost.com/world/national-security/in-libya-trying-to-make-one-government-out-of--two/2015/09/18/4c50627e-5d6b-11e5-9757-e49273f05f65_story.html>.
67. "Deadly violence and abuses continue to grip Libya with civilians bearing the brunt". *UNSMIL — United Nations Support Mission in Libya,* Genebra/Tunis, 16 de novembro de 2015. Disponível em: <http://unsmil.unmissions.org/Default.aspx?tabid=35 61&ctl=Details&mid=8549&ItemID=2099353&language=en-US>; <http://www.ohchr.org/Documents/Countries/LY/UNSMIL_OHCHRJointly_report_Libya_16.11.15.pdf>; "Libya conflict: breaches of international law by all sides, says UN. United Nations reports widespread abductions, torture and killing of civilians by Islamic State and opponents". *The Guardian,* 17 de novembro de 2015.
68. Missy Ryan, "Libya's political dysfunction enters uncharted territory". *The Washington Post,* 20 de outubro de 2015. Disponível em: <https://www.washingtonpost.com/world/national-security/after-key-expiration-libya-has-no-western-recognized--government/2015/10/20/792e1a9c-773e-11e5-b9c1-f03c48c96ac2_story.html>; Jack Moore, "'Libya Needs You Too': ISIS Social Media Drive Encourages Jihadis to Travel to North African Base". *Newsweek,* 28 de setembro de 2015. Disponível em: <http://europe.newsweek.com/libya-needs-you-too-isis-social-media-drive-encourages-jihadis-travel-north-african-base-333740>.
69. Hassan Hassan, "Isis is expanding its international reach. That is hardly a sign of weakness". *The Guardian,* 6 de dezembro de 2015. Disponível em: <http://www.theguardian.com/world/2015/dec/06/isis-expansion-libya-not-sign-of-weakness>.
70. Benoît Vitkine, "Ukraine: une aide du FMI éloigne le risque de défaut". *Le Monde,* 12 de março de 2015. Disponível em: <http://www.lemonde.fr/economie/article/2015/03/12/ukraine-une-aide-du-fmi-eloigne-le-risque-de-defaut_4591777_3234.html>.
71. IMF: Ukraine's public debt to exceed 94% of GDP. *UNIAN.NET,* 7 de outubro de 2015. Disponível em: <http://www.unian.info/economics/1145944-imf-ukraines--public-debt-to-exceed-94-of-gdp.html>.

72. "IMF worsens Ukraine's GDP fall forecast to 11% in 2015". *KyivPost*, 5 de outubro de 2015. Disponível em: <https://www.kyivpost.com/article/content/ukraine-politics/imf-worsens-ukraines-gdp-fall-forecast-to-11-in-2015-399319.html>; "World Bank sharply downgrades Ukraine's GDP forecast". *RT,* 5 de outubro de 2015. Disponível em: <https://www.rt.com/business/317664-ukraine-gdp-world-bank/>. Acessado em 6 de outubro de 2015.

73. Marine Rabreau. "Le FMI modifie ses règles pour aider l'Ukraine, Moscou enrage". *Le Figaro*, 11 de dezembro de 2015 Disponível em: <http://www.lefigaro.fr/conjoncture/2015/12/11/20002-20151211ARTFIG00010-le-fmi-modifie-ses-regles-pour-aider-l-ukraine-moscou-enrage.php>. Benoît Vitkine. "Ukraine: une aide du FMI éloigne le risque de défaut"- *Le Monde*, 12 de março de 2015. Disponível em: <http://www.lemonde.fr/economie/article/2015/03/12/ukraine-une-aide-du-fmi-eloigne-le-risque-de-defaut_4591777_3234.html>.

74. Alec Luhn (Moscou), "Economic minister's resignation plunges Ukraine into new crisis. Aivaras Abromavičius and his entire team quit complaining of ingrained corruption, a major blow to president and government". *The Guardian*, 4 de fevereiro de 2016. Disponível em: <http://www.theguardian.com/world/2016/feb/04/economic-minister-resignation-ukraine-crisis-aivaras-abromavicius>; Lydia Tomkiw, "Ukraine Economic Crisis 2016: As IMF Loan Stalls, Young Politicians Struggle to Push Through Reforms". *International Business Times*, 9 de fevereiro de 2016. Disponível em: <http://www.ibtimes.com/ukraine-economic-crisis-2016-imf-loan-stalls-young-politicians-struggle-push-through-2300131>.

75. Tom Batchelor, "Ukraine civil war claims 9,100 lives as UN warns Russian weapons are inflaming conflict. UKRAINE'S civil war has claimed the lives of more than 9,000 people, a United Nations report has found". *Daily Express*. 9 de dezembro de 2015. Disponível em: <http://www.express.co.uk/news/world/625514/Ukraine-civil-war-deaths-9100-killed-conflict>.

76. Lydia Tomkiw, "New Ukraine Political Crisis? Amid War with Russia, Economic Support Called into Question". *International Business Times*, 2 de abril de 2016. Disponível em: <http://www.ibtimes.com/new-ukraine-political-crisis-amid-war-russia-economic-support-called-question-2293818>.

77. "Bite the bullet. The Minsk peace deal is going nowhere". *The Economist*, 19 de março de 2016. Disponível em: <http://www.economist.com/news/europe/21695060-minsk-peace-deal-going-nowhere-bite-bullet?zid=307&ah=5e80419d1bc9821ebe173f4f0f060a07>.

78. *Ibidem.*

79. "Operation Inherent Resolve — Targeted operations against ISIL terrorists. Cost of Operations".

80. *U.S. Department of Defense.* Disponível em: <http://www.defense.gov/News/Special-Reports/0814_Inherent-Resolve>; "Department of Defense Press Briefing by Col. Warren via DVIDS from Baghdad, Iraq Press Operations: — Operation Inherent Resolve Spokesman Colonel Steve Warren". *Department of Defense*, 18 de novembro de 2015. Disponível em: <http://www.defense.gov/News/News-Transcripts/Transcript-View/Article/630393/department-of-defense-press-briefing-by-col-warren-via-dvids-from-baghdad-iraq>; Tyler Durden, "How Turkey Exports ISIS Oil to The World:

The Scientific Evidence". *Zero Hedge*, 28 de novembro de 2015. Disponível em: <http://www.zerohedge.com/news/2015-11-27/how-turkey-exports-isis-oil-world--scientific-evidence>; "US airstrikes destroy more than 100 ISIS oil trucks in Syria". *RT*, 16 de novembro de 2015. Disponível em: <https://www.rt.com/usa/322330-isis--oil-trucks-destroyed/>; Lucas Tomlinson & Jennifer Griffin, "US military: Air strikes destroy 116 ISIS fuel trucks, sharing target info with France". *FoxNews.com*, 16 de novembro de 2015. Disponível em: <http://www.foxnews.com/politics/2015/11/16/us-military-sharing-intelligence-with-france-on-isis-targets-in-syria.html>.

81. Jim Miklaszewski, "U.S. Destroys 280 ISIS Oil Trucks in Syrian City of Deir al-Zor". *NBC News*, 23 de novembro de 2015, Disponível em: <http://www.nbcnews.com/storyline/isis-terror/u-s-destroys-280-isis-oil-trucks-syrian-city-deir-n468126>. Acessado em 9 de dezembro de 2015.

82. "Putin's offer to shield & develop Israel's gas fields predated Russia's military buildup in Syria"; *DEBKAfile*, 13 de setembro de 2015. Disponível em: <http://www.debka.com/article/24885/Putin%E2%80%99s-offer-to-shield-develop-Israel%E2%80%99s-gas-fields-predated-Russia%E2%80%99s-military-buildup-in--Syria>. Acessado em 13 de setembro de 2015.

83. *Ibidem*.

84. "Vladimir Putin in the plenary meeting of the 70th session of the UN General Assembly in New York. New York", 70th session of the UN General Assembly. September 28, 2015". *Presidential Executive Office* 2015. Disponível em: <http://en.kremlin.ru/events/president/news/50385>.

85. *Ibidem*.

86. *Ibidem*.

87. *Ibidem*.

88. "Putin's UN speech made West reconsider its reaction to developments in Syria — Lavrov. According to the Russian foreign minister, the West has realized there's no point in demanding Syrian President, Bashar al-Assad's stepping down". *TASS*, 19 de novembro de 2015. Disponível em: <http://tass.ru/en/politics/837793>.

89. Farzin Nadimi, "Russia's Cruise Missiles Raise the Stakes in the Caspian". *The Washington Institute*, 8 de outubro de 2015. Disponível em: <http://www.washingtoninstitute.org/policy-analysis/view/russias-cruise-missiles-raise-the-stakes-in-the-caspian>.

90. Michael E. O'Hanlon, "Deconstructing Syria: A new strategy for America's most hopeless war". The Brookings Institution, 30 de junho de 2015. Disponível em: <http://www.brookings.edu/blogs/order-from-chaos/posts/2015/06/30-deconstructing-syria-ohanlon>.

91. Paul Craig Roberts, "Putin Calls Out Washington". *Institute for Political Economy*. Disponível em: <http://www.paulcraigroberts.org/2015/10/02/putin-calls-washington-paul-craig-roberts/>.

92. Ahmed Aboulenein & Lin Noueihed (Cairo), "Islamic State says 'Schweppes bomb' used to bring down Russian plane". *Reuters*, 19 de novembro de 2015. Disponível em: <http://www.reuters.com/article/2015/11/19/us-egypt-crash-islamicstate-photo-idUSKCN0T725Q20151119#GUFrtPZ6HqUzyBMe.97>.

93. Jackie Salo, "Putin Claims ISIS Receives Financing from 40 Countries at G-20 Summit Following Paris Attacks". *International Business Times*, 16 de novembro de 2015. Disponível em: <http://www.ibtimes.com/putin-claims-isis-receives-financing-40-countries-g-20-summit-following-paris-attacks-2187222>.

94. Janine di Giovanni & Leah McGrath Goodman, & Damien Sharkov, "How Does ISIS Fund Its Reign of Terror?". *Newsweek*, 6 de novembro de 2014. Disponível em: <http://www.newsweek.com/2014/11/14/how-does-isis-fund-its-reign-terror-282607.html>.

95. *Ibidem.*

96. "US embassy cables: Hillary Clinton says Saudi Arabia 'a critical source of terrorist funding'". *The Guardian*, 5 de dezembro de 2010. Disponível em: <http://www.guardian.co.uk/world/us-embassy-cables-documents/242073>.

97. Gary K. Busch (Londres), "Turkey's Complicated Relations with its Neighbours and Allies". *Dance with Bears*, 3 de dezembro de 2015. Disponível em: <http://johnhelmer.net/?p=14723&print=1>; Nafeez Ahmed, "NATO is harbouring the Islamic State". *Insurge Intelligence*, 19 de novembro de 2015. Disponível em: <https://medium.com/insurge-intelligence/europe-is-harbouring-the-islamic-state-s-backers-d24db3a24a40#.8qqr59a74>.

98. Guler Vilmaz, "Opposition MP says ISIS is selling oil in Turkey". *Al-Monitor*, 13 de junho de 2014. Disponível em: <http://www.al-monitor.com/pulse/business/2014/06/turkey-syria-isis-selling-smuggled-oil.html>. Acessado em 12 de dezembro de 2015. — "IŞİD, Türkiye'de petrol satıyor". *Taraf*, 13 Haziran 2014 Cuma 06:25.

99. Tom Rayner (Middle East Reporter, Turkey-Syria border), "Foreign IS Recruits Using Fake Syrian Passports. — Smugglers highlight the difficulties faced by Turkey in identifying the true nationality of those entering Syria". *Sky News*, 25 de fevereiro de 2015. Disponível em: <http://news.sky.com/story/1433658/foreign-is-recruits-using-fake-syrian-passports>; Rebecca Perring, "Foreign fighters seeking to join Islamic State are 'using fake passports' to enter Syria". *Daily Express*, 25 de fevereiro de 2015. Acessado em 1º de março de 2015.

100. "ISIL suspect: MİT helped us smuggle arms to radical groups in Syria". *Today's Zaman*. Istambul, 9 de fevereiro de 2015. Disponível em: <http://www.todayszaman.com/anasayfa_isil-suspect-mi-t-helped-us-smuggle-arms-to-radical-groups-in--syria_372141.html>; "Turkish Intel provided weapons to ISIS, terror suspect says". *The Jerusalem Post*, 2 de outubro de 2015. Disponível em: <http://www.jpost.com/Middle-East/Turkish-Intel-provided-weapons-to-ISIS-terror-suspects-says-390571>.

101. *Ibidem.*

102. "Turkey's Main Opposition Party CHP Accuses AKP Government of Crimes Against Humanity: Says 2013 Chemical Attack in Syria Was Carried Out by ISIS With Sarin Gas Supplied By Turkey; Turkish Government Closed Investigation Into This Affair, Released Suspects Into Syria". *Special Dispatch No. 6195. The Middle East Media Research Institute, MEMRI*, 22 de outubro de 2015, Disponível em: <http://www.memri.org/report/en/0/0/0/0/0/0/8812.htm>; Christina Lin, "NATO, Turkey, annexation of north Syria like north Cyprus?". *The Times of Israel*, 24 de novembro de 2015. Disponível em: <http://blogs.timesofisrael.com/nato-turkey--annexation-of-north-syria-like-north-cyprus/>; Peter Lee, "Hersh Vindicated?

Turkish Whistleblowers Corroborate Story on False Flag Sarin Attack in Syria!". *Counterpunch*, 23 de outubro de 2015. Disponível em: <http://www.counterpunch. org/2015/10/23/hersh-vindicated-turkish-whistleblowers-corroborate-story-on-false-flag-sarin-attack-in-syria/>.

103. "The Red Line and the Rat Line: Seymour M. Hersh on Obama, Erdoğan and the Syrian rebels". *London Review of Books*, Vol. 36, N° 8, 17 de abril de 2014, pp. 21–24; "Saudi black op team behind Damascus chem weapons attack — diplomatic sources". *RT*, 4 de outubro de 2013. Disponível em: <https://www.rt.com/news/ syria-sarin-saudi-provocation-736/>. Acessado em 6 de outubro de 2013.

104. Erika Solomon (Beirut) & Guy Chazan & Sam Jones (Londres), "Isis Inc: how oil fuels the jihadi terrorists". *Financial Times*, 14 de outubro de 2015. Disponível em: <http://www.ft.com/intl/cms/s/2/b8234932-719b-11e5-ad6d-f4ed76f0900a. html#axzz3tNdaNsKF>; Markus C. Schulte von Drach & Benedikt Peters & Christoph Meyer, "Terrororganisation IS Der neue Feind der Bundeswehr". *Süddeutsche Zeitung*, Freitag, 4 de dezembro de 2015.

105. Guler Vilmaz, "Opposition MP says ISIS is selling oil in Turkey". *Al-Monitor*, 13 de junho de 2014. Disponível em: <http://www.al-monitor.com/pulse/business/2014/06/ turkey-syria-isis-selling-smuggled-oil.html>. Acessado em 12 de dezembro de 2015. — "IŞİD, Türkiye'de petrol satıyor". *Taraf*, 13 Haziran 2014. Cuma 06:25.

106. "A Dark Pool in the Mideast: The Problem of ISIS Oil Sales". Prepared by Minority Staff for Ranking Member Lisa Kurkowski — U.S. Senate Committee on Energy & Natural Resources, September 24, 2014. Disponível em: <http://www.energy.senate.gov/public/index.cfm/files/serve?File_id=005f682a-cc3f-4bd2-91b6-d68e0527439d>.

107. Zeina Karam & Susannah George (Associated Press), "US, Russian airstrikes target ISIS oil business. But some say bombings may not totally halt trade". *Boston Globe*. Disponível em: <https://www.bostonglobe.com/news/world/2015/11/20/airstrikes--hurt-but-don-halt-isis-oil-smuggling-operations/2AnBYNGM2Z2F143iHjla5K/ story.html>.

108. "Israel buys most oil smuggled from ISIS territory — report". *Globe — Israel's Business Arena*. Disponível em: <http://www.globes.co.il/en/article-israel-buys-most--oil-smuggled-from-isis-territory-report-1001084873>; "Raqqa's Rockefellers: How Islamic State oil flows to Israel". *Al-Araby*, 26 de novembro de 2015. Disponível em: <http://www.alaraby.co.uk/english/features/2015/11/26/raqqas-rockefellers-how islamic-state-oil-flows-to-israel>.

109. Erika Solomon (Beirute) & Guy Chazan & Sam Jones (Londres), "Isis Inc: how oil fuels the jihadi terrorists". *Financial Times*, 14 de outubro de 2015. Disponível em: <http://www.ft.com/intl/cms/s/2/b8234932-719b-11e5-ad6d-f4ed76f0900a. html#axzz3tNdaNsKF>.

110. "A verdade é que o dinheiro é o nervo da guerra", *in: BACON, Francis (1561– 1626). Sermones Fideles Sives Interiora Rerum XXIX* — De Preferendis Finibus Imperii 4. *The works of Francis Bacon, baron of Verulam, viscount St. Albans, and lord high chancellor of England*. Harvard College Library. Londres: Printed by W. Baynes and Sons, Paternoster Row, 1824, vol. 10, p. 80.

111. Martin Chulov, "Turkey sends in jets as Syria's agony spills over every border — Turkish air strikes in Syria last week signaled a new phase in a conflict that has left its bloody mark on every country in the region. But will the Turks now agree to US demands to cease all clandestine dealings with Islamic State?". *The Guardian*, 26 de julho de 2015. Disponível em: <http://www.theguardian.com/world/2015/jul/26/isis-syria-turkey-us>.

112. Janine Di Giovanni & Leah McGrath Goodman & Damien Sharkov, "How Does ISIS Fund Its Reign of Terror?". *Newsweek*, 6 de novembro de 2014. Disponível em: <http://www.newsweek.com/2014/11/14/how-does-isis-fund-its-reign-terror-282607.html>.

113. Martin Chulov, "Turkey sends in jets as Syria's agony spills over every border — Turkish air strikes in Syria last week signaled a new phase in a conflict that has left its bloody mark on every country in the region. But will the Turks now agree to US demands to cease all clandestine dealings with Islamic State?". *The Guardian*, 26 de julho de 2015. Disponível em: <http://www.theguardian.com/world/2015/jul/26/isis-syria-turkey-us>.

114. Lucas Tomlinson & Jennifer Griffin, *The Associated Press*. "Army's elite Delta Force kills top ISIS official, Abu Sayyaf, in daring Syria raid". *FoxNews.com*, 16 de maio de 2015. Disponível em: <http://www.foxnews.com/politics/2015/05/16/us-conducts-raid-on-isis-in-syria-kills-top-official.html>.

115. "Saddam-style: ISIS oil exports worth $500m a year 'conducted through Turkey'". *RT*, 30 de outubro de 2015. Disponível em: <https://www.rt.com/news/320190--isis-oil-saddam-turkey/>.

116. Janine di Giovanni & Leah McGrath Goodman & Damien Sharkov, "How Does ISIS Fund Its Reign of Terror?". *Newsweek*, 6 de novembro de 2014. Disponível em: <http://www.newsweek.com/2014/11/14/how-does-isis-fund-its-reign-terror-282607.html>.

117. James Risen, "Iraq Is Smuggling oil to The Turks under Gaze of U.S." *The New York Times,* 19 de junho de 1998. Disponível em: <http://www.nytimes.com/1998/06/19/world/iraq-is-smuggling-oil-to-the-turks-under-gaze-of-us.html?pagewanted=all&pagewanted=print>.

118. "Remarks of Under Secretary for Terrorism and Financial Intelligence David S. Cohen at The Carnegie Endowment for International Peace, 'Attacking ISIL's Financial Foundation'". *Department of the Treasury — Press Center*, 23 de outubro de 2014. Disponível em: <https://www.treasury.gov/press-center/press-releases/Pages/jl2672.aspx>.

119. "Vice President Biden Delivered Remarks on Foreign Policy". On Thursday, October 2, 2014, the 47th; "Vice President of the United States, Joseph R. Biden Jr., delivered a public address on foreign policy to the JFK Jr. Forum. He spoke of the importance of America's international role, discussing conflicts in the Middle East, Russia and Asia. He also emphasized the need for a stronger American economy and greater trade. The Forum was moderated by David Ellwood, the Scott M. Black", 3 de outubro de 2014; "Professor of Political Economy and the Dean of the Harvard Kennedy School. Institute of Politics — Harvard University". Disponível em: <https://www.youtube.com/watch?v=dcKVCtg5dxM>; "Francesca Chambers for White House

A DESORDEM MUNDIAL

dances around questions about truth behind Biden's claims that Turkey and the UAE inadvertently armed terrorist groups". *MailOnline*, 6 de outubro de 2014. Disponível em: <http://www.dailymail.co.uk/news/article-2782891/White-House-dances-questions-truth-Biden-s-claim-Turkey-UAE-inadvertently-armed-terrorist-groups.html>.

120. "Erdogan wants to turn Turkey into Islamist state, bets on uneducated masses — CIA veteran". *RT*, 14 de dezembro de 2015. Disponível em: <https://www.rt.com/shows/sophieco/325829-syria-isis-us-allies/>. Acessado em 22 de dezembro de 2015. "US 'Aware' Turkey Gets Daesh Oil, Wants to Keep Ties With Erdogan". *Sputnik*, Disponível em: <http://sputniknews.com/middleeast/20151210/1031554896/us-turkey-oil-daesh.html>. Acessado em 22 de dezembro de 2015.

121. Ozan Demircan, "Russland versus Türkei. Ist Erdogans Sohn der Ölminister des IS? Ein Sohn des türkischen Präsidenten soll mit Öl und anderen Gegenständen handeln, die der IS erbeutet. Die Vorwürfe wiegen schwer. Manches wirkt übertrieben — und manches ergibt verdächtig viel Sinn". *Handelsblatt*, 5 de dezembro de 2015. Disponível em: <http://www.handelsblatt.com/politik/international/russland-versus-tuerkei-ist-erdogans-sohn-der-oelminister-des-is/12680606.html>.

122. *Ibidem*.

123. "Bilal Erdoğan's firm purchases two new tankers at cost of $36 million". *Today's Zaman*, Ankara, 15 de setembro de 2015. Disponível em: <http://www.todayszaman.com/anasayfa_bilal-erdogans-firm-purchases-two-new-tankers-at-cost-of-36-million_399209.html>.

124. *Al-Araby al-Jadeed*. Raqqa's Rockefellers: How Islamic State oil flows to Israel. *al-Araby*, 26 de novembro de 2015. Disponível em: <http://www.alaraby.co.uk/english/features/2015/11/26/raqqas-rockefellers-howislamic-state-oil-flows-to-israel>.

125. Terri Moon Cronk, DoD News, Defense Media Activity. "American Fighter Jets Sent to Help Protect Turkish Airspace". *U.S. Department of Defense*. Disponível em: <http://www.defense.gov/News-Article-View/Article/628558/american-fighter-jets-sent-to-help-protect-turkish-airspace>.

126. "NATO meets as Russia confirms one of two pilots dead after jet shot down — as it happened". *The Guardian*, 24 de novembro de 2015. Disponível em: <http://www.theguardian.com/world/live/2015/nov/24/russian-jet-downed-by-turkish-planes-near-syrian-border-live-updates>.

127. "McInerney: Turkey Shooting Down Russian Plane Was a 'Very Bad Mistake'". *Fox News Insider*, 25 de novembro de 2015. Disponível em: <http://insider.foxnews.com/2015/11/24/lt-gen-mcinerney-turkey-shooting-down-russian-plane-was-very-bad-mistake>; Conn Hallina, "Why Did Turkey Shoot Down That Russian Plane?". *Counterpunch*, 11 de dezembro de 2015. Disponível em: <http://www.counterpunch.org/2015/12/11/why-did-turkey-shoot-down-that-russian-plane/>.

128. Ruth Sherlock (Idlib Province, Syria), "Saudi millions and special forces expertise turn Syria's rebels into a fighting force. -Syria's ragtag rebel army is being turned into a disciplined military force, with the help of tens of millions of dollars of funding from the Middle East and under the watchful gaze of foreign former special forces". *The Telegraph*, 21 de setembro de 2012. Disponível em: <http://www.telegraph.co.uk/news/worldnews/middleeast/syria/9559151/Saudi-millions-and-special-forces-expertise-turn-Syrias-rebels-into-a-fighting-force.html>.

129. "Article 5. The Parties agree that an armed attack against one or more of them in Europe or North America shall be considered an attack against them all and consequently they agree that, if such an armed attack occurs, each of them, in exercise of the right of individual or collective self-defense recognized by Article 51 of the Charter of the United Nations, will assist the Party or Parties so attacked by taking forthwith, individually and in concert with the other Parties, such action as it deems necessary, including the use of armed force, to restore and maintain the security of the North Atlantic area." *The North Atlantic Treaty*. Washington D.C. 4 de abril de 1949. Disponível em: <http://www.nato.int/cps/en/natolive/official_texts_17120.htm>.

130. "Russian airstrikes destroy 472 terrorist targets in Syria in 48 hours, 1,000 oil tankers in 5 days". *RT*, 23 de novembro de 2015. Disponível em: <https://www.rt.com/news/323065-syria-airstrikes-terrorists-russia/>.

131. Christina Lin, "NATO, Turkey, annexation of north Syria like north Cyprus?". *The Times of Israel*, 24 de novembro de 2015. Disponível em: <http://blogs.timesofisrael.com/nato-turkey-annexation-of-north-syria-like-north-cyprus/>.

132. O complexo empresarial Tüpraş, antes estatal, foi privatizado com sua venda à corporação multinacional Koç-Shell Joint Venture Group, por US$ 4,14 bilhões, em 2005.

133. Martin Gehlen (Die Presse), "Wie der Erdölhandel des IS funktioniert. Russland wirft der Türkei vor, in den Ölhandel des IS verstrickt zu sein. Ankara weist das erbost zurück. Doch die Türkei ist tatsächlich ein Transitland". Die Presse.com, 1º de dezembro de 2015. Disponível em: <http://diepresse.com/home/politik/aussenpolitik/4878738/Wie-der-Erdolhandel-des-IS-funktioniert?parentid=5786 643&showMask=1>; Martin Gehlen, "Krieg der Worte zwischen Putin und Erdogan Die zwielichtige Rolle Ankaras beim Ölschmuggel des IS. Moskau beschuldigt die Türkei, den illegalen Rohölhandel mit den Terroristen zu schützen. Der IS-Ölschmuggel und wie er funktioniert ist in den Fokus geraten. Erdogan reagierte gereizt auf die Vorwürfe". Kölner Stadt-Anzeiger, 1º de dezembro de 2015. Disponível em: <http://www.ksta.de/politik/krieg-der-worte-zwischen-putin--und-erdogan-die-zwielichtige-rolle-ankaras-beim-oelschmuggel-des-is,1518 7246,32680330.html>.

134. "Turkish President's daughter heads a covert medical corps to help ISIS injured members, reveals a disgruntled nurse". *AWDNews*, 15 de julho de 2015. Disponível em: <http://awdnews.com/top-news/turkish-president%E2%80%99s-daughter-heads-a--covert-medical-corps-to-help-isis-injured-members,-reveals-a-disgruntled-nurse>; "Bilal sessiz sedasız iki yeni gemi aldı. Cumhurbaşkanı Recep Tayyip Erdoğan'ın oğlu Bilal, kardeşi ve eniştesine ait BMZ Group Denizcilik şirketine inşa edilen. YARDIMCI 81 ve TURKTER 82 inşa numaralı nehir tankerleri, dün sesiz sedasız denize indirildi". *Cumhuriyet*, 11 Aralık 2015 Cuma. Disponível em: <http://www.cumhuriyet.com.tr/haber/turkiye/369143/Bilal_sessiz_sedasiz_iki_yeni_gemi_aldi.html>.

135. (Capt.) Joseph R. John, "The Son of Turkey's President is Funding ISIS with Obama's Knowledge". *Combat Veterans For Congress* — PAC, 2 de dezembro de 2015. Disponível em: <http://combatveteransforcongress.org/story/son-turkeys-president- -funding-isis-obamas-knowledge>.

136. "Map, images from Russian military show main routes of ISIS oil smuggling to Turkey". *RT*, 2 de dezembro de 2015, Disponível em: <https://www.rt.com/news/324303-isis-oil-routes-turkey/>. Acessado em 3 de dezembro de 2015.

A DESORDEM MUNDIAL

137. Immanuel Kant, 1947, pp. 8–9.

138. *Ibidem*, p. 8.

139. "Security Council Unanimously Adopts Resolution 2254 (2015), Endorsing Road Map for Peace Process in Syria, Setting Timetable for Talks". *United Nations Security Council*. Disponível em: <http://www.un.org/press/en/2015/sc12171.doc.htm>.

140. "Obama's Address on the War in Afghanistan". *The Washington Post*, 1º de dezembro de 2009. Disponível em: <http://www.nytimes.com/2009/12/02/world/asia/02prexy.text.html?_r=0>.

141. Niall Mccarthy, "The War On Terror Has Cost Taxpayers $1.7 Trillion [Infographic] Feb 3, 2015". *Forbes/Business*, 3 de fevereiro de 2015. Disponível em: <http://www.forbes.com/sites/niallmccarthy/2015/02/03/the-war-on-terror-has--cost-taxpayers-1-7-trillion-infographic/>.

142. Yeganeh Torbati, "U.S. Defense Secretary, in Afghanistan, warns of IS threat". *Reuters*, 18 de dezembro de 2015. Disponível em: <http://news.yahoo.com/defense--secretary-makes-surprise-visit-afghanistan-084956115.html>.

143. *TheReligionofPeace.com*. Disponível em: <http://www.thereligionofpeace.com/>.

144. *U.S. Department of State* — National Consortium for the Study of Terrorism and Responses to Terrorism: Annex of Statistical Information. Bureau of Counterterrorism — Country Reports on Terrorism 2014. Report. Disponível em: <http://www.state.gov/j/ct/rls/crt/2014/239416.htm>.

145. "START — Annex of Statistical Information Country Reports on Terrorism 2014. June 2015. National Consortium for the Study of Terrorism and Responses to Terrorism". *A Department of Homeland Security Science and Technology Center of Excellence Based at the University of Maryland*. Disponível em: <http://www.state.gov/documents/organization/239628.pdf>.

146. David Jolly, "Afghanistan Had Record Civilian Casualties in 2015, U.N. Says". *New York Times*, 14 de fevereiro de 2016. Disponível em: <http://www.nytimes.com/2016/02/15/world/asia/afghanistan-record-civilian-casualties-2015-united-nations.html?_r=0>.

147. Soeren Kern, "Why Belgium is Ground Zero for European Jihadis". *Gatestone Institute — International Policy Council*, 23 de março de 2016. Disponível em: <http://www.gatestoneinstitute.org/7677/belgium-jihadists>.

148. "Slaughterer Saudi forces bombing Yemeni kids: Amnesty International". *Islamic Invitation Turkey*, 11 de dezembro de 2015. Sábado — 8 Rabi al-Awwal. Disponível em: <http://www.islamicinvitationturkey.com/2015/12/11/slaughterer-saudi-forces-bombing--yemeni-kids-amnesty-international/21, 2015>. Acessado em 19 de outubro de 2015.

149. Thomas Hobbes, 2002, p. 149.

150. "Operation Iraqi Freedom — President Bush Announces Major Combat Operations in Iraq Have Ended". Remarks by the President from the USS Abraham Lincoln at Sea Off the Coast of San Diego, California. Office of the Press Secretary — For Immediate Release — 1º de maio de 2003. Disponível em: <http://georgewbushwhitehouse.archives.gov/news/releases/2003/05/20030501-15.html>.

151. James DeFronzo, 2010, pp. 246–249.

152. Tim Arango & Michael S. Schmidt, "Last Convoy of American Troops Leaves Iraq". *International New York Times*, 18 de dezembro de 2011. Disponível em:

<http://www.nytimes.com/2011/12/19/world/middleeast/last-convoy-of-american-
-troops-leaves-iraq.html?_r=01>.

153. Angelo Young, "And The Winner for The Most Iraq War Contracts Is... KBR, With $39.5 Billion in A Decade". *International Business Times*, 19 de março de 2013. Disponível em: <http://www.ibtimes.com/winner-most-iraq-war-contracts-
-kbr-395-billion-decade-1135905>.

154. "Wartime Contracting Commission releases final report to Congress. Pegs waste, fraud in Iraq, Afghanistan at> $30 billion. Sees threat of more waste in unsustainable projects. Faults both government officials and contractors. Offers 15 recommendations for contracting reform — Arlington, VA, 31 2011. *Commission on Wartime Contracting in Iraq and Afghanistan*. Disponível em: <http://cybercemetery.unt.edu/archive/cwc/20110929213900/http://www.wartimecontracting.gov/docs/CWC_nr-49.pdf>; R. Jeffrey Smith, "Waste, fraud and abuse commonplace in Iraq reconstruction effort $60 billion fueled pipe dream of a Western-style economy in the Middle East". *Center for Public Integrity*, 14 de março de 2013. Acessado em 9 de setembro de 2014. Disponível em: <http://www.publicintegrity.org/2013/03/14/12312/waste-fraud-and-abuse-commonplace-iraq-reconstruction-
-effort>.

155. Paul Martin, "Paul Bremer on Iraq, ten years on: 'We made major strategic mistakes. But I still think Iraqis are far better off'. Ten years on, Paul Bremer recalls Iraq's descent into chaos and the fight to restore order". *The Independent*, 18 de março de 2013. Disponível em: <http://www.independent.co.uk/news/world/middle-east/paul-bremer-on-iraq-ten-years-on-we-made-major-strategic-mistakes-
-but-i-still-think-iraqis-are-far-8539767.html>.

156. Malcolm W. Nance, 2014, 2ª edição revisada, p. 307.

157. "Russian FM Lavrov: ISIS Terrorists Continue Smuggling Oil to Turkey". *Alalam-
Al-Alam News Network Thursday*, 24 de março de 2016. Disponível em: <http://en.alalam.ir/news/1801802>; "ISIS, oil & Turkey: What RT found in Syrian town liberated from jihadists by Kurds (EXCLUSIVE)". *RT*, 24 de março de 2016. Disponível em: <https://www.rt.com/news/336967-isis-files-oil-turkey-exclusive/>.

158. Ruth Gledhill (*Christian Today* Contributing Editor), "Russian action in Syria offers hope, claims Catholic bishop". *Christian Today*, 19 de fevereiro de 2016. Disponível em: <http://www.christiantoday.com/article/russian.action.in.syria.offers.hope.claims.catholic.bishop/80213.htm>.

159. Anne Barnard, "Death Toll from War in Syria Now 470,000, Group Finds". *International New York Times*, 11 de fevereiro de 2016. Disponível em: <http://www.nytimes.com/2016/02/12/world/middleeast/death-toll-from-war-in-syria-
-now-470000-group-finds.html?_r=0>; Ian Black (Middle East editor), "Report on Syria conflict finds 11.5% of population killed or injured — Exclusive Syrian Centre for Policy Research says 470,000 deaths is twice UN's figure with 'human development ruined' after 45% of population is displaced". *The Guardian*, 11 de fevereiro de 2016.

160. Sviatoslav Ivanov & Ekaterina Zguirôvskaia, "Identidade de comandante de tropas na Síria é revelada. Anúncio veio à tona dias após fim da operação militar no país. Em cerimônia no Kremlin, coronel-general Aleksandr Dvôrnikov foi condecorado

com medalha de Herói da Rússia". *Gazeta Russa*, 28 de março de 2016. Disponível em: <http://gazetarussa.com.br/defesa/2016/03/28/identidade-de-comandante-de--tropas-na-siria-e-revelada_579685>.

161. *Ibidem*; Tom Batchelor, "Russian 'Spetsnaz' commandos on the ground in Syria to crush ISIS as 70,000 refugees flee. Russian 'Spetsnaz' special forces troops have surrounded the Syrian city of Aleppo amid fierce fighting in the besieged city, according to reports". *Daily Express*, 6 de fevereiro de 2016. Disponível em: <http://www.express.co.uk/news/world/641550/Syria-war-Russian-spetsnaz-Aleppo--ISIS-70000-refugees-flee>.

162. Mary-Ann Russon, "Russia using electronic warfare to cloak its actions in Syria from Isis and NATO". *International Business Times*, 10 de outubro de 2015. Disponível em: <http://www.ibtimes.co.uk/russia-using-electronic-warfare-cloak-its--actions-syria-isis-nato-1523328>.

163. "Russian Aviation in Syria Completed 5,240 Sorties Since Operation Beginning". *Sputnik*, 25 de dezembro de 2015. Disponível em: <http://sputniknews.com/middleeast/20151225/1032286200/russia-syria-operation-targets.html>.

164. John Prados, 2006, p. 641.

165. Oswald Spengler, 1980, p. 1015.

166. Essa lição desde jovem aprendi com meu tio, como um segundo pai para mim, o professor Edmundo Ferrão Moniz de Aragão.

Referências

"10 more questions Russian military pose to Ukraine". U.S. over MH17 crash. *RT*, 21 de julho de 2014. Disponível em: <http://www.rt.com/news/174496-malaysia--crash-russia-questions/>. Acessado em 22 de julho de 2014.

10 "U.S.C. United States Code, 2006 Edition — Title 10 — ARMED FORCES Subtitle A — General Military Law — PART I — Organization and General Military Powers Chapter 15 — Enforcement of the Laws to Restore Public Order from the U.S. Government Printing Office". Disponível em: <http://www.gpo.gov/fdsys/pkg/USCODE-2006-title10/html/USCODE-2006-title10-subtitleA-partI-chap15.htm>.

"15 June 2016: Nuclear force reductions and modernizations continue; peace operations increase". *New Stockholm International Peace Research Institute 2015 (SPRI)*. Yearbook out now. Disponível em: <http://www.sipri.org/media/pressreleases/2015/yb-june-2015>.

"1936 Constitution of the USSR. Adopted December 1936". Disponível em: <http://www.departments.bucknell.edu/russian/const/36cons01.html#article14>.

"2008 Presidential Election. Center por Responsive Politics". *OpenSecrets.org*. Disponível em: <https://www.opensecrets.org/pres08/>.

"2014 UNHCR country operations profile — Afghanistan". *United Nations High Commissioner for Refugees*. Disponível em <http://www.unhcr.org/pages/49e486eb6.html>.

"2016 rapeseed harvest in Ukraine is imperiled". *World News Report — Ukrainian Biofuel Portal* — 21 de setembro de 2015. Disponível em: < http://world.einnews.com/article/287393651/P1Iu7e-i9RjcBYu4>.

"334. Instruction From the Department of State to the Embassy in Syria". *Foreign Relations of the United States*, 1955–195. vol. XIII, Near East: Jordan-Yemen, Document 334. Office of the Historian, Bureau of Public Affairs, United States Department of State. Disponível em: <https://history.state.gov/historicaldocuments/frus1955–57v13/d334>.

"39 people die after radicals set Trade Unions House on fire in Ukraine's Odessa". *RT* , 2 de maio de 2014. Disponível em: <http://www.rt.com/news/156480-odessa--fire-protesters-dead/>. Acessado em 2 de agosto de 2014.

"5 facts you need to know about Ukraine-EU trade deal". *RT,* 27 de junho de 2014. Disponível em: <http://rt.com/business/168856-ukraine-europe-trade/>.

"95.7% of Crimeans in referendum voted to join Russia — preliminary results". *RT* — 17 de março de 2014. Disponível em: <http://www.rt.com/news/crimea-vote-join-russia-210/>.

"A/HRC/31/CRP.3". *Human Rights Council — Thirty-first session*, 23 de fevereiro de 2016.

ABDULLAH II OF JORDAN, King. *Our Last Best Chance: The Pursuit of Peace in Time of Peril*. Nova York: Penguin Group, 2011, pp. 131, 196 e 200.

ABDULLAH, Khaled. "UN 'conservative estimates' show 700 children among 6,000 Yemen fatalities" *RT*, 17 de fevereiro de 2016. Disponível em: <https://www.rt.com/news/332710-yemen-humanitarian-catastrophe-fatalities/>.

ABLAZE, Georgia. *War and Revolution in Caucasus* (Edited by Stephan F. Jones). Londres/Nova York: Routledge, 2010, pp. 63–75.

"About 300 Ukrainian mercenaries from Syria fighting in south-eastern Ukraine — source — Most of the mercenaries are from western regions of Ukraine, a source in the General Staff of the Russian Armed Forces says". *TASS*, 29 de maio de 2014. Disponível em: <http://tass.ru/en/world/733865>.

"Above 6,000 German companies to be hit by sanctions on Russia — export body." *RT*, 21 de março de 2014. Disponível em: <http://rt.com/business/germany-russia-sanctions-businesses-365/>.

"Academics and scientists on preventing war", 15 de maio de 2014. *Scientists as Citizens*. Disponível em: <http://scientistsascitizens.org/tag/public-health/#sthash.urQJHF51.KP101NB6.dpuf>.

ADAMS, John Quincy. *Speech to the U.S. House of Representatives on Foreign Policy (4 de julho de 1821)* — Transcript. Miller Center — University of Virginia. Disponível em: <http://millercenter.org/president/speeches/speech-3484>.

"Administration on December 1, 2013, and on the parliament in the end of January and on February 18, 2014. Shortly after midnight on February 20, Dmytro Yarosh". Disponível em: <https://newcoldwar.org/wp-content/uploads/2015/02/The-%E2%80%9CSnipers%E2%80%99-Massacre%E2%80%9D-on-the-Maidan-in-Ukraine-revised-and-updated-version-Feb-20–2015.pdf>.

"Adrian Croft European Union signs landmark association agreement with Ukraine". *Reuter* — World. Brussels, 21 de março de 2014. Disponível em: <http://www.reuters.com/article/2014/03/21/us-ukraine-crisis-eu-agreement-idUSBRE-A2K0JY20140321>.

"Afghan heroin major factor for destabilization in Russia — official". *ITAR-TASS*, 19 de agosto de 2014. Disponível em: <http://en.itar-tass.com/russia/745640>.

"Agenda items 2 and 10" — *Annual report of the United Nations High Commissioner for Human Rights* and reports of the *Office of the High Commissioner and the Secretary-General Technical* assistance and capacity-building — Investigation by the Office of the United Nations High Commissioner for Human Rights on Libya: detailed findings. Disponível em: <http://www.ohchr.org/en/hrbodies/hrc/pages/hrcindex.aspx>.

AHMED, Nafeez. "How the West Created the Islamic State". Part 1 — Our Terrorists. *Counterpunch. Weekend Edition*, 12–14 de setembro de 2014. Disponível em:

A DESORDEM MUNDIAL

<http://www.counterpunch.org/2014/09/12/how-the-west-created-the-islamic-
-state/print>.

_____. "Syria intervention plan fueled by oil interests, not chemical weapon con-
cern". *The Guardian*, 30 de agosto de 2013. Disponível em: <http://www.the-
guardian.com/environment/earth-insight/2013/aug/30/syria-chemical-attack-
-war-intervention-oil-gas-energy-pipelines>.

"AI — HRW im Solde der Giftgas Terroristen: Barak Obama: UN Bericht, der Gift Gas
Angriff in Syrien, durch die Terroristen". *Geopolitiker's Blog,* 26 de dezembro de
2013. Disponível em: <http://geopolitiker.wordpress.com/?s=chemical+atta-
cks+syria>.

AJAMI, Fouad. *The Syrian Rebellion*. Califórnia: Hoover Institution Press/Stanford
University, 2012, p. 52.

AKKOC, Raziye; WINCH, Jessica; SQUIRES, Nick. "Mediterranean migrant death toll '30
times higher than last year': as it happened. More than 1,750 migrants perished in the
Mediterranean since the start of the year — more than 30 times higher than during the
same period of 2014, says the International Organisation for Migration". *The Telegraph*, 21 de abril de 2015. Disponível em: <http://www.telegraph.co.uk/news/world-
news/europe/italy/11548995/Mediterranean-migrant-crisis-hits-Italy-as-EU-
-ministers-meet-live.html>.

AL-ASSAD, Bashar. "All contracts signed with Russia are implemented". *Izvestia*, 26 августа
2013 (26 de agosto de 2013), |Политика|Izvestia|написать авторам — Читайте
далее: <http://izvestia.ru/news/556048#ixzz3FBxhnBKi>.

AL-KHATTEEB, Luay (Special to CNN). "How Iraq's black market in oil funds ISIS".
CNN, 22 de agosto de 2014. Disponível em: <http://edition.cnn.com/2014/08/18/
business/al-khatteeb-isis-oil-iraq/>. Acessado em 2 de outubro de 2015.

AL-MAGHAFI, Nawal. "Yemen is becoming the new Syria — and Britain is directly to
blame. Our support for the brutal Saudi Arabian intervention is creating a lawless
wasteland where extremist groups like ISIL can thrive". *The Telegraph*, 24 de fevereiro
de 2016. Disponível em: <http://www.telegraph.co.uk/news/worldnews/middlee-
ast/yemen/12171785/Yemen-is-becoming-the-new-Syria-and-Britain-is-directly-to-
-blame.html>.

AL-MASRI, Munib. "United, the Palestinians Have Endorsed 1967 Borders for
Peace. Will Israel? Now Ḥamās has indicated its recognition of the 1967 borders, the main Palestinian players all seek an historic agreement with Israel.
But is Netanyahu's government strong enough to respond?" *Há'aretz*, 7 de
maio de 2014. Disponível em: <http://www.haaretz.com/opinion/1.589343>.

"Al-Qaida als Franchise-System — Lose verbunden, unabhängig finanziert, zu Ad-
-hoc-Kämpfern ausgebildet: Die neue Terroristen-Generation ist nicht kontrollierbar". *Die Welt*, 8 de julho de 2014.

AL-SHISHANI, Murad Batal. "Islamist North Caucasus Rebels Training a New Generation of Fighters in Syria". *Terrorism Monitor,* v. 12, 3 de fevereiro de 2014.
Disponível em: <http://www.jamestown.org/programs/tm/single/?cHash=ae2a2c
d5f15746b0534e5bb000c9ceff&tx_ttnews[tt_news]=41927#.VolBKVJ0f_A-
Guido Steinberg>.

533 ·

ALBEGRIN, Bertil (Uppsala University) *et al. The Viking.* Gotheburg (Suécia): AB Nprdbok, 1975, pp. 132–133.

"Albert Einstein — Interview with Alfred Werner", *Liberal Judaism* (April-May 1949). Disponível em: <http://wist.info/einstein-albert/25402/>.

"Aleppo, la collera del vescovo" *La Stampa*, 3 de fevereiro de 2016. Disponível em: <http://www.lastampa.it/2016/02/03/blogs/san-pietro-e-dintorni/aleppo-la-collera-del-vescovo-kXa49OUOjrxEj6lr2CjsUI/pagina.html?zanpid=2132932023 625905153/>.

"Aleppo, na ira de um Bispo". *Fratres in Unum.Com — Ecce quak bonum et quam incundum habitares fratres in unum.* 11 de fevereiro de 2016. Por Marco Tosatti — *La Stampa* | Tradução: Gercione Lima. Disponível em: <http://fratresinunum.com/>.

ALESSI, Christopher; RAYMUNT, Monica. (Reuters). "Germans wary of Merkel's tough line on Russia". *Chicago Tribune*, 25 de abril de 2014. Disponível em: <http://articles.chicagotribune.com/2014–04-25/news/sns-rt-us-germany-russia-20140424_1_germans-economic-sanctions-gregor-gysi>.

ALOUF, Rushdi Abu (Gaza City). "Ḥamās and Fatah unveil Palestinian reconciliation deal". *BBC News,* 23 de abril de 2014. Disponível em: <http://www.bbc.com/news/world-middle-east-27128902>. Acessado em 29 de outubro de 2015.

"Ambassador to Hungary: Who Is Colleen Bell." *AlllGov.* Monday, 2 de junho de 2014. Disponível em: <http://www.allgov.com/news/appointments-and-resignations/ambassador-to-hungary-who-is-colleen-bell-140602?news=853292>.

AMBROSE "Saudis offer Russia secret oil deal if it drops Syria". *The Telegraph,* 27 2013. "Schmutzige Deals: Worum es im Syrien-Krieg wirklich geht." *Deutsche Wirtschafts Nachrichten* 31 de agosto de 2013. Disponível em: <http://deutsche--wirtschafts-nachrichten.de/2013/08/31/schmutzige-deals-worum-es-im-syrien--krieg-wirklich-geht/>.

AMBROSE, Stephen E. *Rise to Globalism — American Foreign Policy since 1938.* Nova York/Londres: Penguin Books, American 4th Revised Edition, 1985, pp. 63–64.

AMER, Adnan Abu. "Ḥamās denies link to murders of Israeli students". *Al Monitor*, 3 de julho de 2014. Disponível em: <http://www.al-monitor.com/pulse/originals/2014/07/palestine-Ḥamās-links-murder-israeli-teens-unclear.html>.

"An attempted American coup d'État: 1934". *What Really Happened — The History the Government hopes you don't learn.* Disponível em: <http://whatreallyhappened.com/WRHARTICLES/coup.htmlDouglasa>.

AN *Overview of Growing Income Inequalities in OECD Countries: Main Findings — Divided We Stand — Why Inequality Keeps Rising © OECD 2011.* Disponível em: <http://www.oecd.org/els/soc/49499779.pdf>.

"An W. M. Molotow *et al.*", 21 de novembro de 1921 *in*: LENIN, W. I. *Briefe — Band IX* — novembro de 1921 — março de 1923. Institur für Marxismus-Leninismus beim der SED. Berlim: Dietz Verlag, 1974, p. 32.

"Analysis of the causes of the crash of Flight MH17 (Malaysian Boeing 777)". *Informational Briefing from the Russian Union of Engineers — 15/08/2014.* Disponível em:

<http://www.globalresearch.ca/wpcontent/uploads/2014/09/MH17_Report_Russian_Union_of_Engineers140818.pdf>.

"Analysis: Ukraine's and Russia's aerospace industries will be hit hard by deteriorating relations". Londres — *Flightglobal*, 23 de setembro de 2014.

ANDERSON, Jenny. "Goldman to Disclose Profit It Made on Libyan Trades". *The New York Times*, 24 de novembro de 2014. Disponível em: <http://dealbook.nytimes.com/2014/11/24/goldman-to-disclose-profit-it-made-on-libyan-trades/?_r=0>.

ANDERSON, Perry. "American Foreign Policy and its Thinkers". Londres: *New Left Review*, 83 Sept/Oct 2013, p. 152.

ANDREW, Christopher; GORDVIETSKY, Oleg. *KGB — Inside Story*. Nova York: Harper Perennial, 1991, pp. 464–465.

"Angeblicher Bush-Hitler-Vergleich". *Der Spiegel*, 20 de setembro de 2002. Disponível em: <http://www.spiegel.de/politik/deutschland/angeblicher-bush-hitler-vergleich-daeubler-gmelin-fuehlt-sich-voellig-falsch-verstanden-a-215061-druck.html>.

"Angeblicher Hitler-Vergleich Schröder schreibt an Bush / Ministerin spricht von Verleumdung" — *Frankfurter Allgemeine Zeitung*, 20 de setembro de 2002.

"Annual Report. Israel and Occupied Palestinian Territories." *Amnesty International Report 2014/15*. Disponível em: <https://www.amnesty.org/en/countries/middle--east-and-north-africa/israel-and-occupied-palestinian-territories/report-israel--and-occupied-palestinian-territories/>.

"Anti-Russian sanctions hurt Europe harder than expected, threaten 2.5mn jobs — study". *RT*, 19 de junho de 2015. Disponível em: <http://rt.com/news/268336--russian-sanctions-hurt-europe/>.

"Arábia Saudita — Reino da Arábia Saudita — Chefe de Estado e de governo: Rei Abdullah bin Abdul Aziz Al Saud. 62". *O Estado Dos Direitos Humanos no Mundo: Anistia Internacional*. Informe 2014/15, pp. 63–64. Disponível em: <https://anistia.org.br/wp-content/uploads/2015/02/Informe-2014–2015-O-Estado-dos--Direitos-Humanos-no-Mundo.pdf>.

ARBUTHNOT, Felicity. "Ukraine: US Ambassador to Moscow's 2008 Cable — 'Nyet, Means Nyet: Russia's NATO Engagement's Red Line.' *Global Research*, 9 de maio de 2014. Disponível em: <http://www.globalresearch.ca/ukraine-us-ambassador--to-moscows-2008-cable-nyet-means-nyet-russias-nato-engagements-red-line/5381475>.

ARCHER, Jules. *The Plot to Seize the White House: The Shocking True Story of the Conspiracy to Overthrow FDR*. Nova York: Skyhorse Publishing Inc., 2007, pp. 20–34.

ARENDT, Hannah. *On Revolution*. Londres: Penguin Books, 1965, pp. 35–36.

_____. *The Revolution*. Londres: Penguin Books, 1993, p. 104.

"Argentina ambassador pick, and Obama bundler, has never been to Argentina". *FoxNews.com*, 7 de fevereiro de 2014. Disponível em: <http://www.foxnews.com/politics/2014/02/07/nominee-for-argentina-ambassador-and-obama-bundler--has-never-been-to-argentina/>.

ARIS, Ben (Berlim); CAMPBELL, Duncan (Washington). "How Bush's grandfather helped Hitler's rise to power". *The Guardian*, Saturday, 25 de setembro de 2004.

ARMSTRONG, Martin. "The US did not cause the fall of the Soviet Union — that is a False Belief on Both Sides". *Armstrong Economics,* 18 de março de 2014. Disponível em: <http://armstrongeconomics.com/2014/03/18/the-us-did-not-cause--the-fall-of-the-soviet-union-that-is-a-false-belief-on-both-sides/>.

"Arrested Oil Tycoon Passed Shares to Banker Rothschild". *The Washington Times*, 2 de novembro de 2003.

ARSENIY Yatsenyuk Foundation Open Ukraine. Disponível em: <http://openukraine. org/en/about/partners>.

ARSUOCT, Sebnem. "Biden Apologizes to Turkish President". *The New York Times*, 4 de outubro de 2014.

"Article 18. The territory of a Union Republic may not be altered without its consent". *1936 Constitution of the USSR*. Bucknell University, Lewisburg, PA 17837. Disponível em: <http://www.departments.bucknell.edu/russian/const/1936toc. html>.

"Ashbrook Center at Ashland University". Disponível em: <http://teachingamericanhistory.org/library/document/speech-on-independence-day/>.

ASLAN, Reza. *Zelota. A vida e a época de Jesus de Nazaré*. Rio de Janeiro: Jorge Zahar Editor, 2013, pp. 74–76.

ÅSLUND, Anders; MFAUL, Michael (Editors). *Revolution in Orange — The Origins of Ukraine's Democratic Breakthrought*. Washington D.C.: Carnegie Endowment for International Peace, 2006, pp. 184–188.

ÅSLUND, Anders. "How oligarchs are losing out". *KyivPost*, 29 de maio de 2015. Disponível em: <http://www.kyivpost.com/opinion/op-ed/how-oligarchs-are-losing--out-390953.html>. "Associated Press — AP (Artemivsk, Ukraine) "Embattled Debaltseve falls to Ukraine rebels; troops retreat"— *Mail Online*. Disponível em: <http://www.dailymail.co.uk/wires/ap/article-2958163/Ukraine-says-rebels-continue-onslaught-Debaltseve.html>.

ATTIÉ, Caroline. *Struggle in the Levant: Lebanon in the 1950s*. Londres/Nova York: I. Ib. Tauris/Center for Lebanese Studies-Oxford, 1004. pp. 140–144.

AUTORENKOLLECTIV. *Der Zweite Welt Krieg — 1939–1945*. Berlim: Dietz Verlag, 1985.

AVERIN, Sergey. "One Year of Civil War in Ukraine: Timeline and Facts". *Sputnik*, 7 de março de 2015. Disponível em: <http://sputniknews.com/europe/ 20150407/1020582134.html>.

BABAK, Vladimir. "Kazaskstan Around Big Oil", *in*: CROISSANT, Michael P.; ARAS, Bülent (Editores). *Oil and Geopolitics in the Caspian Sea Region*. Westport (Connecticut): Praeger, pp. 182–183.

BACEVICH, Andrew J.: *America's War — For the Greater Middle East: A Military History*. Nova York: Random House, 2016.

"Back in the USSR — How could the Kremlin keep them down, after they'd seen our farms?" *Boston College — Winter Magazine* 2004. Disponível em: <http://bcm. bc.edu/issues/winter_2004/ll_ussr.html>. Acesso em 21 de setembro de 2014.

BACZYNSKA, Gabriela (Moscou). "Missile maker says Russia did not shoot down Malaysian plane over Ukraine". *Reuters*, 2 de junho de 2015. Disponível em: <http://www.reuters.com/article/2015/06/02/us-ukraine-crisis-mh17-russia--idUSKBN0OI1S620150602>. Acessado em 14 de agosto de 2015.

———. (Urzuf, Ucrânia). "Ultra-nationalist Ukrainian battalion gears up for more fighting". *Reuters*, 25 de maio de 2015. Disponível em: <http://www.reuters.com/article/2015/03/25/us-ukraine-crisis-azov-idUSKBN0ML0XJ20150325>.

BADDELEY, John F. *The Russian Conquest of the Caucasus*. Nova York: Russel & Russel, 1969, pp. 42–43.

BAKER, Aryn. "The Failed Saudi-Russian Talks: Desperate Diplomacy as Syria Implodes, Saudi Arabia's intelligence chief reportedly offered Russian President Vladimir Putin a multibillion-dollar arms deal to curb Moscow's support for the Syrian regime". *Time*, 9 de agosto de 2013.

BAKER, Peter. "As World Boils, Fingers Point Obama's Way". *The New York Times*, 15 de agosto de 2014.

———. "Obama Says 'World Set a Red Line' on Chemical Arms. *The New York Times*, 4 de setembro de 2013.

BAKER, Russ; LARSEN, Jonathan Z. "CIA Helped Bush Senior in Oil Venture". *Real News Project*, 8 de janeiro de 2007. Disponível em: <http://www.ctka.net/zapata.html>.

BALDOR, Lolita C. (Associated Press). "ACLU reports 21 homicides in U.S. custody". Uruku.net. Last update 21/11/2014. Disponível em: <http://www.uruknet.info/?p=17119>.

———. (Associated Press). "Russian jet passes near US warship". *Boston Globe*, 14 de abril de 2014. Disponível em: <http://www.bostonglobe.com/news/world/2014/04/14/russian-jet-passes-near-warship/FK75kdLyhVJfOp-C5eWdFRL/story.html>.

BANGKOK Post, 17 de dezembro de 2013. Disponível em <http://www.bangkok-post.com/lite/local/385256/pressure-mounts-on-ukraine-leader-ahead-of-russia--visit>.

BAR-ELI, Avi. "Ya'alon: British Gas natural gas deal in Gaza will finance terror. Former IDF Chief of Staff accuses Gov't of not Ordering Military action in Gaza so as not to Damage BG Deal." *Haaretz.com*, 21 de outubro de 2007. Disponível em: <http://www.haaretz.com/misc/article-print-page/ya-alon-british-gas-natural-gas-deal-in-gaza-will-finance-terror-1.231576?trailingPath=2.169%2C2.216%2C>.

BAR'EL, Zvi; RAVID, Barak. "Gaza Prohibitions Were 'Too Harsh,' Livni Tells TurkelLivni said the Defense Ministry was responsible for banning numerous food products from entering Gaza, such as pasta, coriander, spices and even ketchup". *Há'aretz*, 26 de outubro de 2010. Disponível em: <http://www.haaretz.com/print-edition/news/gaza-prohibitions-were-too-harsh-livni-tells--turkel-1.321157>. Acessado em 3 de novembro de 2015.

BAR'EL, Zvi. "Has ISIS Infiltrated the West Bank? — The pamphlet claiming responsibility for the kidnappings doesn't seem to have come from the Salafi group now terrorizing Iraq and Syria. But maybe a local cell decided to claim affiliation with

ISIS to inspire fear." *Há'aretz*, 14 de junho de 2014. Disponível em: <http://www.haaretz.com/israel-news/.premium-1.598648>. Acessado em 31 de outubro de 2014.

"Barack Obama's Bundlers. Bundlers are people with friends in high places who, after bumping against personal contribution limits, turn to those friends, associates, and, well, anyone who's willing to give, and deliver the checks to the candidate in one big bundle". *OpenSecrets — The Center for Responsive Politics*. Disponível em: <http://www.opensecrets.org/pres12/bundlers.php?id=N00009638>.

BARCHENKO, Anastasia. "The price of divorce for Russian oligarchs". *Russia Beyond the Headlines*, 23 de março de 2014.Disponível em: <http://rbth.com/business/2014/03/23/the_price_of_divorce_for_russian_oligarchs_35297.html>.

BARFI, Barak. "Khalifa Haftar: Rebuilding Libya from the Top Down". *The Washington Institute*, agosto de 2014. Disponível em: <http://www.washingtoninstitute.org/policy-analysis/view/khalifa-haftar-rebuilding-libya-from-the-top-down>.

BARNES, Julian E.; ENTOUS, Adam; LEE, Carol E. "Obama Proposes $500 Million to Aid Syrian Rebels — Program to Train and Equip Moderate Opposition Would Expand U.S. Role in Civil War". *The Wall Street Journal*, 26 de junho de 2014.

BARTLETT, Eva. "Distorting the story of Syria's Heritage destruction". *Crescent International*, fevereiro de 2015. Disponível em: <http://www.crescent-online.net/2015/02/distorting-the-story-of-syrias-heritage-destruction-eva-bartlett-4815--articles.html>.

BASSET, Laura. "Rand Paul: We Created 'Jihadist Wonderland' In Iraq". *Huffpost Politics*, 23 de junho de 2014. Disponível em: <http://www.huffingtonpost.com/2014/06/22/rand-paul-iraq_n_5519287.html>.

BEAUMONT, Peter (Jerusalém); CROWCROFT, Orlando (El Ad). "Bodies of three missing Israeli teenagers found in West Bank — Naftali Frankel, Gilad Shaar and Eyal Yifrach were kidnapped while hitchhiking back from their religious schools". *The Guardian*, 30 de junho de 2014.

BECKER, Jo; SHANE, Scott. "Secret 'Kill List' Proves a Test of Obama's Principles and Will". *The New York Times*, 29 de maio de 2012.

_____. "The Libya Gamble Part 1. Hillary Clinton, 'Smart Power' and a Dictator's Fall". *International New York Times*, 27 de fevereiro de 2016. Disponível em: <http://www.nytimes.com/2016/02/28/us/politics/hillary-clinton-libya.html?mabReward=A 6&action=click&pgtype=Homepage&region=CColumn&module=Recommend ation&src=rechp&WT.nav=RecEngine>.

_____. "The Libya Gamble Part 2. A New Libya, With 'Very Little Time Left'". *International New York Times*, 27 de fevereiro de 2016. Disponível em: <http://www.nytimes.com/2016/02/28/us/politics/libya-isis-hillary-clinton.html?_r=1>.

BECKER, Markus. "Beitrag in US-Zeitung — Merkels Bückling vor Bush — Angela Merkel hat für einen handfesten Eklat gesorgt: In einem Beitrag für die *Washington Post* stimmte die CDU-Chefin in den Kriegsgesang der US-Regierung ein, wetterte gegen die Bundesregierung — und brach damit nach Ansicht der SPD eine Tradition deutscher Politik". *Spiegel Online,* 20 de fevereiro de 2003. Disponível em:

A DESORDEM MUNDIAL

<http://www.spiegel.de/politik/ausland/beitrag-in-us-zeitung-merkels-bueckling--vor-bush-a-237040-druck.html>.

BEDNARZ, Dieter *et al.* (Spiegel Staff). "A Country Implodes: ISIS Pushes Iraq to the Brink". *Spiegel Online*, 17 de junho de 2014. Disponível em: <http://www.spiegel.de/international/world/the-implosion-of-iraq-at-the-hands-of-the-isis-islamists-a-975541.html>.

BEEVOR, Antony. *Stalingrad — Fateful Siege: 1942–1943.* Nova York: 1999, p. 396.

BEN-MEIR, Alon (Senior Fellow, Center for Global Affairs, NYU). "The Fallacy of the Gaza Withdrawal", *in*: *HuffPost News,* 13 de novembro de 2014. Disponível em: <http://www.huffingtonpost.com/alon-benmeir/the-fallacy-of-the--gaza-w_b_6152350.html>. Acessado em 25 de outubro de 2015.

BENNET, James. "Israel Attacks Arafat's Compound in Swift Response After a Bombing Kills 17". *The New York Times*, 6 de junho de 2002. Disponível em: <http://www.nytimes.com/2002/06/06/international/middleeast/06MIDE.html>.

BENSON, Richard. SFGroup. "Oil, the Dollar, and US Prosperity". *Information Clearing House*, 8 de agosto de 2003. Disponível em: <http://www.informationclearinghouse.info/article4404.htm>.

BENZ, Wolfgang. *Handbuch des Antisemitismus — Judenfeindschaft in Geschichte und Gegenwart — Organisationen, Institutionen, Bewegungen.* Band 5, De Gruyter, 2013, pp. 468–471.

BERGEN, Peter. "Drone Wars — The Constitutional and Counterterrorism Implications of Targeted Killing" — Testimony presented before the U.S. Senate Committee on the Judiciary Subcommittee on the Constitution, Civil Rights and Human Rights. *New America Foundation,* 24 de abril de 2013. Disponível em: <http://www.newamerica.net/publications/resources/2013/drone_wars>.

BERGER, Marilyn. "Boris N. Yeltsin, Reformer Who Broke Up the U.S.S.R., Dies at 76". *The New York Times*, 24 de abril de 2007.

BERNHARD, Michael; KUBIK, Jan (Ed.). *Twenty Years After Communism: The Politics of Memory and Commemoration.* Oxford/Nova York: Oxford University Press, 2014, p. 157–158, 166.

BERTSCH, Gary K., POTTER, William C. (Editors). *Dangerous Weapons, Desperate States: Russia, Belarus, Kazakstan and Ukraine.* Nova York: Routledge, 1999, p. 65.

BERTSCH, Gary K.; GRILLOT, Suzette Grillo (Editors). *Arms on the Market — Reducing the Risk of Proliferation in the Former Soviet Union.* Nova York: Routledge, 1998, p. 73.

BEYME, Klaus von. *Die Russland Kontroverse — Eine Analyse des ideologischen Konflikts zwischen Russland-Verstehern und Russland-Kritikern.* Wiesbaden: primavera de 2016.

"Biden blames US allies in Middle East for rise of ISIS". *RT*, 3 de outubro de 2014. Disponível em: <http://rt.com/news/192880-biden-isis-us-allies/>.

BIDLACK, Richard. *Russia and Eurasia 2015–2016.* Lanham (Maryland): Rowman & Littlefield, 2015. 46th Edition, pp. vii-viii.

"Billionaire No More: Ukraine President's Fortune Fades With War". *Bloomberg*. Disponível em: <http://www.bloomberg.com/news/articles/2015–05-08/billionaire-no-more-ukraine-president-s-fortune-fades-with-war>.

BIRNBAUM, Michael *et al*. "Vladimir Putin says Russia will respect result of Ukraine's presidential election". *The Washington Post*, 23 de maio de 2014.

BIRNBAUM, Michael; KUNKLE, Fredrick; HAUSLOHNER, Abigail. "Vladimir Putin says Russia will respect result of Ukraine's presidential election". *The Washington Post*, 23 de maio de 2014.

"Black Sea Fleet Stirs Controversy Between Russia And Ukraine' From: Russia Moscow To: Central Intelligence Agency | Defense Intelligence Agency | National Security Council | Russia Moscow Political Collective | Secretary of Defense | Secretary of State Date: 2008 June 4, 03:47 (Wednesday) Canonical ID: 08MOSCOW1568_a Original Classification: Unclassified, for official use only". Disponível em: <https://wikileaks.org/plusd/cables/08MOSCOW1568_a.html>.

BLACK, Edwin. "How IBM Helped Automate the Nazi Death Machine in Poland" Week of March 27-April 2, 2002 [Postado em 26 de março de 2002]. Disponível em: <http://emperors-clothes.com/analysis/ibm.htm>.

_____. "The Nazi Party: General Motors & the Third Reich". Jewish Virtual Library. American-Israeli Cooperative Enterprise. Disponível em: <http://www.jewishvirtuallibrary.org/jsource/Holocaust/gm.html>.

_____. *IBM and the Holocaust: The Strategic Alliance between Nazi Germany and America's Most Powerful Corporation*. Dialog Press, 2002

BLACK, Ian (Kafr Qassem). "Israel's strategic position 'enhanced by chaos of Arab neighbourhood'. Netanyahu government reaps benefits of Middle Eastern mayhem but is set to maintain the status quo of occupation on the Palestinian front". *The Guardian*, 11 de junho de 2015.

BLACK, Jan K. *Sentinels of Empire — The United States and Latin American*. Nova York: Greenwood Press, 1986, pp. 13–14.

"Blackwater lässt grüßenKämpfen US-Söldner in der Ukraine?, Blackwater lässt grüßen Kämpfen US-Söldner in der Ukraine?" *N — TV*, Sonntag, 11 de maio de 2014. Disponível em: <http://www.n-tv.de/politik/Kaempfen-US-Soeldner-in--der-Ukraine-article12808976.html>.

BLAIR, David (Chief Foreign Correspondent). "Capture of Debaltseve shreds the latest Ukraine ceasefire deal — The pro-Russian rebels must now decide whether to press on with their advance — but Ukraine's president is out of options, writes David Blair". *The Telegraph*, 18 de fevereiro de 2015. Disponível em: <http://www.telegraph.co.uk/news/worldnews/europe/ukraine/11421390/Capture-of-Debaltseve-shreds-the-latest-Ukraine-ceasefire-deal.html>.

BLAKE, Mariah (Correspondent of *The Christian Science Monitor*). "Guantánamo ex--detainee tells Congress of abuse — Murat Kurnaz, who testified in a landmark hearing Tuesday, says he spent days chained to the ceiling of an airplane hangar. He was determined innocent in 2002, but held until 2006." *The Christian Science Monitor*. 22 de maio de 2008. Disponível em: <http://www.csmonitor.com/World/Europe/2008/0522/p01s06-woeu.html>.

BLANCHARD, Christopher M. (Specialist in Middle Eastern Affairs). "Saudi Arabia: Background and U.S. Relations". *Congressional Research Service — Informing legislative debate since 2014. September 8, 2015. 7- 5700 www.crs.gov -RL33533.* Disponível em: < <http://fas.org/sgp/crs/mideast/RL33533.pdf>. Acessado em 8 de janeiro de 2014.

BLANFORD, Nicholas (Beirut). "The Next Big Lebanon-Israel Flare-Up: Gas". *Time,* 6 de abril de 2011. Disponível em <http://content.time.com/time/world/article/0,8599,2061187,00.html>.

BLOG at WordPress.com. The Quintus Theme. Disponível em: <https://pietervanostaeyen.wordpress.com/2015/04/19/libya-situation-map-mid-april-2015>.

BLUM, William. *Killing Hope: US Military and CIA Interventions Since World War II.* Monroe, ME: Common Courage Press, pp. 84–89.

BLUMENTHAL, Max. "Is the US backing neo-Nazis in Ukraine? — John McCain and other State Department members have troubling ties to the ultra-nationalist Svoboda party". (VIDEO) — *Salon,* 25 de fevereiro de 2014. Disponível em: <http://www.salon.com/2014/02/25/is_the_us_backing_neo_nazis_in_ukraine_partner/>.

BOCQUET, Greg. "Who Owns the U.S.?" *Yahoo Finance,* 28 de fevereiro de 2011. Disponível em: <http://finance.yahoo.com/news/pf_article_112189.html>.

BODNER, Matthew e EREMENKO, Alexey. "Russia Starts Building Military Bases in the Arctic". *The Moscow Times,* 8 de setembro de 2014. Disponível em: <http://www.themoscowtimes.com/business/article/russia-starts-building-military-bases--in-the-arctic/506650.html>.

BOECKH, Katrin. *Stalinismus in der Ukraine: die Rekonstruktion des sowjetischen Systems nach dem Zweitem Welt Krieg.* Wiesbaden: Harrassowizt Verlag, pp. 190–191.

BOGA, Sandra. "Ukraine 2015/16 rapeseed exports seen down 18%". *Informa — Public Ledger,* 04 August 2015. https://www.agra-net.net/agra/public-ledger/commodities/oils-oilseeds/rapeseed/ukraine-201516-rapeseed-exports-seen-down-18--1.htm. Acessado em 21 de setembro de 2015.

BOOTH, William. "Israel announces new settlement construction in occupied West Bank, East Jerusalem". *The Washington Post,* 10 de janeiro de 2014. Disponível em: <https://www.washingtonpost.com/world/middle_east/israel-announces-new--settlement-construction-in-occupied-west-bank-east-jerusalem/2014/01/10/166c9db6-7a0b-11e3-a647-a19deaf575b3_story.html>.

BORGER, Julian (Bruxelas); LUHN, Alec (Moscou); NORTON-TAYLOR, Richard. "EU announces further sanctions on Russia after downing of MH17". *The Guardian,* Tuesday 22 July 2014. Disponível em: <http://www.theguardian.com/world/2014/jul/22/eu-plans-further-sanctions-russia-putin-mh1>.

———. (Diplomatic editor). "CIA mock executions alleged in secret report". *The Guardian,* 23 de agosto de 2009.

———. (diplomatic editor). "U.S. and Russia in danger of returning to era of nuclear rivalry — American threats to retaliate for Russian development of new cruise missile take tensions to new level". *The Guardian*, 4 de janeiro de 2015. Disponível em: <http://www.theguardian.com/world/2015/jan/04/us-russia-era-nuclear--rivalry>.

_____. (Washington); WHITE, Michael; MACASKILL, Ewen (Kuwait City); WATT, Nicholas. "Bush vetoes Syria war plan". *The Guardian*, 15 de abril de 2003.

_____. (Washington). "Bush says Arafat must go". *The Guardian*, 25 de junho de 2002. Disponível em: <http://www.theguardian.com/world/2002/jun/25/usa.israel>.

BORKIN, Joseph. *The Crime and Punishment of I.G. Farben*. Nova York: The Free Press (A Division of Macmillan Publishing Co., Inc.), 1978.

BOTA, Alice; KOHLENBERG, Kerstin. "UkraineHaben die Amis den Maidan gekauft? Die USA gaben in der Ukraine über Jahrzehnte Milliarden aus. Wohin floss das Geld?". *Die Zeit*, nº 20/2015, 17 de maio de 2015. Disponível em: <http://www.zeit.de/2015/20/ukraine-usa-maidan-finanzierung/komplettansicht>.

"BOWLER, Tim (Business reporter). 'Falling oil prices: Who are the winners and losers?" *BBC News*, 19 de janeiro de 2015. Disponível em: <http://www.bbc.com/news/business-29643612>.

BRADSHER, Keith. "Some Chinese Leaders Claim U.S. and Britain Are Behind Hong Kong Protests." *The New York Times*, 10 de outubro de 2014.

BRANCH, Taylor. *The Clinton Tapes — Wrestling History with the President*. Nova York: Simon & Schuster, 2009, p. 168. William J. Clinton: "The President's News Conference with President Kučma of Ukraine", 22 de novembro de 1994. Online by Gerhard Peters and John T. Woolley. *The American Presidency Project*. Disponível em: <http://www.presidency.ucsb.edu/ws/?pid=49507>.

BRANDON, Ray; LOWER, Wendy (Editores). *The Shoa in Ukraine — History, Testimony, Memoralization*. Bloomington, Indianapolis: Indiana University Press, 2008.

_____. (Editores). *The Shoa in Ukraine — History, Testimony, Memoralization*. Bloomington, Indianapolis: Indiana University Press, 2008, pp. 55–56. 274–275, 291–310.

BRAUDEL, Fernand. *Écrits sur l'Histoire*. Paris: Flammarion, 1969, pp. 104–105,

BRAUN, Stephen (Associated Press). "Ukrainian energy firm hires Biden's son as lawyer". *The Washington Times*, 7 de junho de 2014. Disponível em: <http://www.washingtontimes.com/news/2014/jun/7/ukrainian-energy-firm-hires-biden-son-as--lawyer/?page=all>.

BRESSER-PEREIRA, Luiz Carlos. "A crise financeira de 2008". *Revista de Economia Política*, vol. 29 nº. 1. São Paulo, janeiro/março de 2009. ISSN 0101–3157. Disponível em: <http://www.scielo.br/scielo.php?pid=S0101–31572009000100008&script=sci_arttext>.

BROAD, William J.; SANGER, David E. "U.S. Ramping Up Major Renewal in Nuclear Arms". *The New York Times*, 21 de setembro de 2014.

BRØNDSTED, Johannes. *The Vikings*. Nova York: Penguin Books, 1986.

BROOK, Kevin Alan. *Jews of Khazaria*. Nova York: Rowman & Littlefield Publishers Inc, 2010.

BROWN, Nathan J. "Five myths about Ḥamās". *The Washington Post*, 18 de julho de 2014.

BRZEZINSKI, Zbigniew. *Game plan*: *how to conduct the US*: *Soviet contest*. Nova York: Atlantic Monthly, 1986, p. 226.

_____. *The Grand Chessboard — America Primacy and its Geostrategic Imperatives*. Nova York: Basic Books, 1997.

BUCHANAN, Pat. "A U.S.-Russia War Over Ukraine?" *Creators.com*. 17 de abril de 2015. Disponívelem: <http://www.creators.com/opinion/pat-buchanan/a-us-russia-war-over--ukraine.html>. Acessado em 2 de setembro de 2015.

BUCHANAN, Patrick J. "Address to the Republican National Convention". Houston, Texas: delivered 17 August 1992. *American Rhetoric. Online Speech Bank*. Disponível em: <http://www.americanrhetoric.com/speeches/patrickbuchanan1992rnc.htm>.

"Budapest Memorandums on Security Assurances, 1994", *in*: *Council of the Foreign Relations,* 5 de dezembro de 1994. Disponível em: <http://www.cfr.org/nonproliferation-arms-control-and-disarmament/budapest-memorandums-security--assurances-1994/p32484>.

BUGRIY, Maksym. "The Cost to Ukraine of Crimea's Annexation". *Eurasia Daily Monitor,* vol. 11, Issue: 70. April 14, 2014. *Jamestown Foundation*. Disponível em: <http://www.jamestown.org/regions/europe/single/?tx_ttnews[tt_news]=42227&tx_ttnews[backPid]=51&cHash=5bd3d36f8fd90bb8c050304f4aff136a#.VS0P0JM-7_A>.

BUNDY, William. *A tangled web*: *the making of foreign policy in the Nixon presidency*. Nova York: Hill and Wang — Farrar, Straus and Giroux, 1998, p. 361.

BURAKOVSKY, Igor *et al.* "Costs and Benefits of FTA between Ukraine and the European Union". *Institute for Economic Research and Policy Consulting* — Kyiv 2010, pp. 32–35. УДК 339.54: 339.56: 339.924 ББК 65,58Б91 — Recommended for publication by the Academic Board's Decision of Diplomatic Academy of Ukraine under the Ministry of foreign affairs of Ukraine (Protocol nº 1 as of October 13, 2010). Disponível em: <http://www.ier.com.ua/files/Books/Ocinka_vytrat/ocinka_vitrat_eng.pdf>.

BURKE, Edmund. *Reflections on the Revolution in France*. Londres: Penguin Books, 1986, pp. 332–333 e 345.

BUSH, George W. *The National Security Strategy of the United States of* America — White House, Washington, 17 de setembro de 2002. Disponível em: <http://www.informationclearinghouse.info/article2320.htm>.

Bushology Interactive: *2000–2004 — The Bush dynasty*. Disponível em: <http://www.moldea.com/bushology3.html>.

BUTLER, General Smedley Darlington. *War Is as Racket*. Dragon Nikolic (Editor), 2012, p. 1.

BYMAN, Daniel L. "Why Drones Work: The Case for Washington's Weapon of Choice". *Brookings*, julho/agosto de 2013. Disponível em: <http://www.brookings.

edu/research/articles/2013/06/17-drones-obama-weapon-choice-us-counter-terrorism-byman>.

BYRON, George Gordon, (Lord). "Mazeppa", *in*: *Poems*, vol. I. Londres: J-M. Dent & Sons Ltd., 1948, pp. 397–457.

BYSHOK, Stanislav; KOCHETKOV, Alexey. *Neonazis & Euromaidan — From democracy to dictatorship*. (North Charleston United States): CreateSpace Independent Publishing Platform (www.kmbook.ru), 2ª edição, 2014.

CAMERON, David R. "Putin's Gas-Fueled Bailout of Ukraine — Europe may have given up too quickly on bailout and potential trade agreement for Ukraine". *Yale-Global Online*, 2 de janeiro de 2014. Disponível em: <http://yaleglobal.yale.edu/content/putin%E2%80%99s-gas-fueled-bailout-ukraine>.

"Campaigners urge States to stop selling billions of dollars in weapons to Saudi Arabia that are killing civilians in Yemen", 26 de fevereiro de 2016. Disponível em: <http://controlarms.org/en/news/campaigners-urge-states-to-stop-selling-billions--of-dollars-in-weapons-to-saudi-arabia-that-are-killing-civilians-in-yemen/>.

CAMPBELL, Duncan (Washington). "How Bush's grandfather helped Hitler's rise to power". *The Guardian*, 25 de setembro de 2004.

"*Capitalist crisis and European defense industry*". Stop Wapenhandel. Disponível em: <http://www.stopwapenhandel.org/node/751>.

"Capture of U.S.-Trained Fighters in Syria Sets Back Fight Against ISIS — Lieutenant Farhan al-Jassem spoke to the Center for Public Integrity before he was taken". *Syrian Observatory for Human Rights*, 3 de agosto de 2015. Disponível em: <http://www.syriahr.com/en/2015/08/capture-of-u-s-trained-fighters-in-syria-sets--back-fight-against-isis/>.

CARLISLE, Tamsin. "Qatar seeks gas pipeline to Turkey". The National — Business. August 26, 2009. Disponível em: <http://www.thenational.ae/business/energy/qatar-seeks-gas-pipeline-to-turkey>.

CARROLL JR. Eugene J. (retired Navy rear admiral, deputy director of the Center for Defense Information). "NATO Expansion Would Be an Epic 'Fateful Error' — Policy: Enlargement could weaken unity within the alliance. Denials of the potential threat to Russia are delusory". *Los Angeles Times*, 7 de julho de 1997. Disponível em: <http://articles.latimes.com/print/1997/jul/07/local/me-10464>.

_____. *Deputy Director Center for Defense Information*. Washington, 1º de maio de 1998, To the Editor.

"Carta de Osvaldo Aranha, embaixador dos Estados Unidos em Washington, ao presidente Getúlio Vargas", Wash., 2–12-1952, pasta de 1952

CARTALUCCI, Anthony. "'IS' supply channels through Turkey". (Video) — *Deutsche Welle (DW)* — 28 de novembro de 2014. Disponível em: <http://www.dw.com/en/is-supply-channels-through-turkey/av-18091048>.

CARTALUCCI, Tony. "US-Turkey "Buffer Zone" to Save ISIS, Not Stop Them". *NEO (New Eastern Outlook)*. Disponível em: <http://journal-neo.org/2015/10/24/us-turkey-buffer-zone-to-save-isis-not-stop-them/>.

"Carter: Zero Chance for Two-state Solution — Netanyahu decided 'early on to adopt a one-state solution, but without giving the Palestinians equal rights', former U.S. president accuses in interview". *Há'aretz*, 13 de agosto de 2015. Disponível em: <http://www.haaretz.com/israel-news/1.671056>.

"Caspian Sea — Overview of oil and natural gas in the Caspian Sea region — *International energy data and analysis*". EIA Beta — *U.S. Department of Energy*, 26 de agosto de 2013. *Disponível em: <http://www.eia.gov/beta/international/regions--topics.cfm?RegionTopicID=CSR>*.

"Cause of Syrian civil war, ISIS & Western propaganda: Assad interview highlights". *RT*, 18 de setembro de 2015. Disponível em: <http://www.rt.com/news/315848--assad-syria-isis-interview/>.

CENCIOTTI, David. "According to an authoritative source, two Su-27 Flankers escorted the Boeing 777 Malaysian minutes before it was hit by one or more missiles". *The Aviationist*, 21 de julho de 2014. Disponível em: <http://theaviationist.com/2014/07/21/su-27s-escorted-mh17/>.

"Center for Advanced Holocaust Studies United States Holocaust Memorial Museum, 2013". Disponível em: <http://www.ushmm.org/m/pdfs/20130500-holocaust-in--ukraine.pdf>.

CHAMBERS, Francesca (White House Correspondent For Dailymail.com) & Reuters "The Cold War is back: Putin's Russia named as number one threat to U.S. by Obama's nominee to lead the Joint Chiefs of Staff." *MailOnline*, 9 de julho de 2015. Acessado em 22 de julho de 2015.

CHAPMAN, John. "The real reasons Bush went to war — WMD was the rationale for invading Iraq. But what was really driving the US were fears over oil and the future of the dollar". *The Guardian*, 28 de julho de 2004. Disponível em: <http://www.theguardian.com/world/2004/jul/28/iraq.usa>.

CHASSANY, Anne-Sylvaine. "Ukraine talks in Paris end on positive note", 2 de outubro de 2015. Disponível em: <http://www.ft.com/intl/cms/s/0/0b24a898–693f-11e5-a57f-21b88f7d973f.html#axzz3ntbj5Ujy>.

CHAULIA, Sreeram. "Democratisation, Colour Revolutions and the Role of the NGOs: Catalysts or Saboteurs?" *Global Research*, 25 de dezembro de 2005. Disponível em: <http://www.globalresearch.ca/democratisation-colour-revolutions--and-the-role-of-the-ngos-catalysts-or-saboteurs/1638>.

CHELLEL, kit. "Libyan Investment Authority Sues Goldman Sachs in London". *Bloomberg News*, 22 de janeiro de 2014. Disponível em: <http://www.bloomberg.com/news/2014–01-22/libyan-investment-authority-sues-goldman-sachs-in-london-court.html>.

CHEN, Michelle; QING, Koh Gui. (Hong Kong/Beijing). "Exclusive: China's international payments system ready, could launch by end-2015 — sources". *Reuters*, 9 de março de 2015. Disponível em: <http://www.reuters.com/article/2015/03/09/us-china-yuan--payments-exclusive-idUSKBN0M50BV20150309>.

————. "China's international payments system ready, could launch by end-2015 — sources". *Reuters*, 9 de março de 2015. Disponível em: <http://www.reuters.com/article/2015/03/09/us-china-yuan-payments-exclusive-idUSKB-N0M50BV20150309>.

CHERNENKO, Elena; GABUEV, Alexander (Kommersant — Russian daily). "Stratfor Chief's "Most Blatant Coup in History". Interview Translated in Full. *Insider Russia*, 20 de janeiro de 2015. Disponível em: <http://russia-insider.com/en/2015/01/20/256>.

CHETERIAN, Vicken. "The August 2008 war in Georgia: from ethnic conflict to border wars", *in*: CHIVERS, C. J.; SCHMITT, Eric. "Arms Airlift to Syria Rebels Expands, With Aid From C.I.A." *The New York Times*, 24 de março de 2013.

"China confirms new generation long range missiles. China's ownership of a new intercontinental ballistic missile said to be capable of carrying multiple nuclear warheads as far as the United States is confirmed by state-run media". *AFP — The Telegraph*, 1ª de agosto de 2014.

China launches RMB int'l interbank payment system". *English.news.cn*, 10 de agosto de 2015. Disponível em: <http://news.xinhuanet.com/english/video/2015–10/08/c_134692342.htm>.

China's mega international payment system is ready will launch this year — report". *RT*, 10 de março de 2015. Disponível em: <https://www.rt.com/business/239189--china-payment-system-ready/>.

"China" — *Nuclear Threat Initiative* (NTI). Disponível em: <http://www.nti.org/country-profiles/china/nuclear/>.

CHOMSKY, Noam; HERMAN, Edward S. *The Washington Connection and Third World Fascism — The Political Economy of the Human Rights*: *vol. I*. Boston: South End Press, 1979, pp. 252–253.

CHORVATH, Karolina (Special to CNBC.com). "Why Ukraine needs Russia — for now, anyway". Wednesday, 4 Jun 2014. *CNBC.com*. Disponível em: <http://www.cnbc.com/id/101727421>.

CHOSSUDOVSKY, Michel. "The U.S. has installed a Neo-Nazi Government in Ukraine". *Global Research*, 26 de fevereiro de 2015. Disponível em: <http://www.globalresearch.ca/the-u-s-has-installed-a-neo-nazi-government-in--kraine/5371554?print=1>.

CHOURSINA, Kateryna; SAZONOV, Alexander. "Russia Seizes Candy Factory Owned by Ukraine Leader Poroshenko". *Bloomberg*, 29 de abril de 2015. Disponível em: <http://www.bloomberg.com/news/articles/2015–04-29/russia-seizes-candy-factory-owed-by-ukraine-president-poroshenko>.

CHOURSINA, Kateryna; VERBYANY, Volodymyr; SAZONO, Alexander. *Billionaire No More*: *Ukraine President's Fortune Fades With War*. Bloomberg, 8 de maio de 2015.

CHRISTEN, Elisabeth; FRITZ, Oliver; STREICHER, Gerhard. "Effects of the EU--Russia Economic Sanctions on Value Added and Employment in the European Union and Switzerland". Reports (*work in progress*), junho de 2015. *Austrian Institute of Economic Research*. Disponível em: <http://www.wifo.ac.at/jart/prj3/wifo/main.jart? rel=en&reserve-mode=active&content-id=1424976969312& publikation_id=58195&detail-view=yes>.

CHURCHILL, Winston S. *Memórias da Segunda Guerra Mundial*. São Paulo: Nova Fronteira, 2ª impressão, 1995, pp. 722–724.

_____. *The Second World War — The Grand Alliance.* Londres: Guild Publishing — Book Club Associates, vol. III.

CIA — *Country Comparison*: *GDP — Per Capita* (PPP). Disponível em: <https://www.usaid.gov/sites/default/files/documents/1863/USAID_Ukraine_CDCS_2012–2016.pdf>.

CIA — *The World Fact Book* — Fact. Disponível em: <https://www.cia.gov/library/publications/the-world-factbook/geos/up.html>.

CIA — *World Fact Book.* Disponível em: <https://www.cia.gov/library/publications/the-world-factbook/geos/us.html>. Acessado em 16 de outubro de 2015.

CICERO, Marcus Tullius. *De re publica — Vom Gemeinwesen* (Lateinisch/Deutsch). Stuttgart: Phillip Reclam, junho de 1979, p. 230.

CIENSKI, Jan (Varsóvia). "Russia's reliance on Ukraine for military hardware raises fears". *The Financial Times*, 20 de abril de 2014. Disponível em: <http://www.ft.com/cms/s/0/9cc89022-c87b-11e3-a7a1–00144feabdc0.html#axzz3QtFrdlkm>.

CLAKSON, Alexander. "The Real Reason Russia is Demonized and Sanctioned: the American Petrodollar". *Global Research*, 18 de setembro de 2014. Disponível em: <http://www.globalresearch.ca/the-real-reason-russia-is-demonized-and-sanctioned-the-american-petrodollar/5402592>.

CLARCK, Wesley K. *L'Irak, le Terrorisme et l'Empire American.* Paris: Editions du Seuil, 2004.

CLARK, William R. *Petrodollar Warfare*: *Oil, Iraq and the Future of the Dollar.* Gabriola Island — British Columbia (Canadá), 2005.

CLEMENT, Scott. "Most in U.S. oppose Syria strike, Post-ABC poll finds". *The Washington Post*, 3 de setembro de 2013.

CLINTON, Bill. *My Life.* Londres: Hutchinson, 2004, p. 570.

Coalland — Faces of Donetsk — Zoï Environment Network and UNEP/GRID-Arendal, ISBN: 978–82-7701–090-8. França: Global Publishing Services, 2011, p. 12.

COALSON, Robert. "Ukraine's Choice: East or West?" *Israel Military.net*, 15 de novembro de 2013. Disponível em: < http://www.rferl.org/content/ukraine.../25169110.html>.

COBB, Kurt. "Russia-China Deal Could Kill U.S. LNG Exports". *OilPrice.com/CNBC*, 18 de novembro de 2014. Disponível em: <http://oilprice.com/Energy/Natural-Gas/Russia-China-Deal-Could-Kill-U.S.-LNG-Exports.html>.

COHEN, Gili. "Two Soldiers Killed by Gaza Militants Who Breached Border — Two more wounded; Palestinian militants launch anti-tank missile at IDF unit". *Há'aretz*, 19 de julho de 2014. Disponível em: <http://www.haaretz.com/israel-news/.premium-1.606012>.

COHEN, Josh (Reuters). "Putin says Ukraine being overrun by fascists — and he may be right — Kiev has now handed the Kremlin 'evidence' for Putin's claim that Russia is facing off against fascists." *The Jerusalem Post,* 16 de maio de 2015. Disponível em: <http://www.jpost.com/International/Putin-says-Ukraine-being-overrun-by-fascists-and-he-may-be-right-4032>.

COHEN, Max. "Angela Merkel schreibt in der *Washington Post*: 'Schroeder Doesn't Speak for All Germans' By Angela Merkel", *The Washington Post*, 20 de fevereiro de 2003, p. A39. Disponível em: <http://www.ariva.de/forum/Angela-Merkel--schreibt-in-der-Washington-Post-153840>.

COHLAND, Tom; KESHIK, Norhan. "West bankrolls Free Syrian Army fightback". *The Times — The Australian,* 8 de fevereiro de 2014. Disponível em: <http://www.theaustralian.com.au/news/world/west-bankrolls-free-syrian-army-fightback/story-fnb64oi6–1226820979028?nk=7f805021fdbcc30f4ca8b9d3cd53 7c47#>.

COHN, Gary; THOMPSON, Ginger; MATTHEWS, Mark. "Torture was taught by CIA; Declassified manual details the methods used in Honduras; Agency denials refuted". *The Baltimore Sun*, 27 de janeiro de 1997, edição final. Disponível em: <http://articles.baltimoresun.com/1997–01-27/news/1997027049_1_training--manual-torture-methods-counterintelligence-interrogation. Cf. também em: <http://www.hartford-hwp.com/archives/40/055.html>.

Collapse of Ukrainian exports to Russia and Europe in first six months of 2015". *Introduction by New Cold War.org — The New Cold War: Ukraine and beyond*, 20 de agosto de 2015. Disponível em: <http://newcoldwar.org/collapse-of--ukrainian-exports-to-russia-and-europe-in-first-six-.months-of-2015/>.

COMERFORD, Vincent (Herausgegeben). *Holodomor and Gorta Mór: Histories, Memories and Representations of Famine*. Londres: Anthen Press, 2012, pp. 40–45.

Concern mounts for refugees and asylum-seekers in Libya". *UNHCR*, Briefing Notes, 5 de agosto de 2014. Disponível em: <http://www.unhcr.org/53e0c0a09.html>.

CONETTA, Carl. "America's New Deal With Europe: NATO Primacy and Double Expansion, Project on Defense Alternatives Commentary". *Cambridge, MA: Commonwealth Institute*, outubro de 1997. Disponível em: <http://www.comw.org/pda/eurcom.htm>.

Conference on Security and Co-operation in Europe Final Act" — Helsinki 1975, p. 4. Disponível em: <https://www.osce.org/mc/39501?download=true>.

COOK, Fred J. *O Estado Militarista*. Rio de Janeiro: Civilização Brasileira, 1964, pp. 84–85, 88–89.

COOK, Steven A.; MATTEI, Eni Enrico (Senior Fellow for Middle East and Africa Studies). How to Get Egypt's Generals Back on Our Side. *ForeignPolicy.com*, 5 de janeiro de 2015. Disponível em: <http://www.cfr.org/egypt/get-egypts-generals-back--our-side/p35922>.

COOLEY, Alexander. *Great Games, Local Rules: The New Great Power Contest in Central Asia*. Oxford-Nova York: Oxford University Press, 2012. p. 168.

COPELAND, Miles. *The Game Player. Confessions of the CIA's original political operative*. Londres: Aurum Press, pp. 92–194.

COPSEY, Nathaniel. "Ukraine", *in*: Ó BEACHÁIN, Donnacha; POLESE, Abel (Editors). *The Colour Revolutions in the Former Soviet Revolutions. Successes and Failures*. Londres/Nova York: Routledge, 2010.

CORN, David. "WATCH: Rand Paul Says Dick Cheney Pushed for the Iraq War So Halliburton Would Profit. As the ex-veep blasts Paul for being an isolationist, old video shows the Kentucky senator charging that Cheney used 9/11 as an excuse to invade Iraq and benefit his former company". *Mother Jones/Foundation for National Progress*, 7 de abril de 2014. Disponível em: <http://www.motherjones.com/politics/2014/04/rand-paul-dick-cheney-exploited-911-iraq-halliburton>.

Corporate Interests behind Ukraine Putsch". *Consortiumnews.com*, 16 de março de 2014. Disponível em: <https://consortiumnews.com/2014/03/16/corporate-interests-behind-ukraine-putsch/>.

Correio Braziliense, 16 de junho de 1991, p. 22.

CORSI, Jerome R. "Generals conclude Obama backed al-Qaida, Probe of military experts finds U.S. 'switched sides' in terror war". *WND*, 19 de janeiro de 2015. Disponível em: <http://www.wnd.com/files/2012/01/Jerome-R.-Corsi_avatar--96x96.jpg>.

Council Fails to Uphold its Responsibility to Protect in Syria". International Coalition for the Responsibility to Protect (ICRtoP) — *The Canadian Centre for the Responsibility to Protect*, 7 de outubro de 2011. Disponível em: <http://icrtopblog.org/2011/10/07/un-security-council-fails-to-uphold-its-responsibility-to-protect--in-syria/>.

Countries outside the United States — June 2013". Executive — Summary, Table 5. *U.S. Energy Information Administration,* 13 de junho de 2013. Disponível em: <http://www.eia.gov/analysis/studies/worldshalegas/pdf/fullreport.pdf?zscb=84859470>.

COYNASH, Halya. "Poroshenko grants Belarusian Neo-Nazi Ukrainian citizenship". *Kyiv Post*, 9 de dezembro de 2014. Disponível em: <http://www.kyivpost.com/opinion/op-ed/halya-coynash-poroshenko-grants-belarusian-neo-nazi-ukrainian--citizenship-374562.html>.

CRAMER, Clayton. "An American Coup d'État?" *History Today*, vol. 45, issue: 11, 1995. Disponível em: <http://www.historytoday.com/clayton-cramer/american--coup-detat>.

CRIDER, Cori. "Guantánamo children". *The Guardian*, 19 de julho de 2008. Disponível em: <http://www.theguardian.com/world/2008/jul/19/humanrights.usa>.

CRIEnglish News, 26 de junho de 2015. Disponível em: <http://english.cri.cn/1239 4/2015/06/26/2982s884702_5.htm>.

CRITCHLOW, Andrew (Commodities editor). "North Sea oil production rises despite price fall The UK offshore region is set for the first increase in total production for 15 years". *The Telegraph*, 3 de agosto de 2015. Disponível em: <http://www.telegraph.co.uk/finance/newsbysector/energy/oilandgas/11780648/North-Sea-oil--production-rises-despite-price-slump.html>.

CROOK, Sabine. "Slow sowing pace raises concern for Ukraine's rapeseed crop — Ongoing dryness during the current sowing window is likely to cut Ukraine's rapeseed harvest to between 1–1.5 million tonnes compared with 1.7 mln for this year's harvest, analyst UkrAgroConsult said today". *Informa — Public Ledger,* 15 de setembro de 2015. Disponível em: <https://www.agra-net.net/agra/public-ledger/commodities/oils-oilseeds/rapeseed/slow-sowing-pace-raises-concern-for-ukraines-rapeseed-crop-1.htm>. Acessado em 21 de setembro de 2015.

CROWLEY, Sean. "(Not) Behind Enemy Lines I: Recruiting for Russia's War in Ukraine". *LEKSIKA*, 25 de junho de 2015. Disponível em: <http://www.leksika. org/tacticalanalysis/2015/6/24/not-behind-enemy-lines-i-recruiting-for-russias- -war-in-ukraine>.

CUNNINGHAM, Finian. "'Deal or War': Is doomed Dollar Really Behind Obama's Iran Warning?" *RT*, 16 de agosto de 2015. Disponível em: <https://www.rt.com/ op-edge/312531-iran-kerry-us-dollar/>.

_____. "Washington's Cloned Female Warmongers", *in*: *Information Clearing House*, 9 de fevereiro de 2014. Disponível em: <http://www.informationclearin- ghouse.info/article37599.htm>.

CUNNINGHAM, Nick. "Russia Eyes Crimea's Oil and Gas Reserves". *Oil Price*, 16 de março de 2014. Disponível em: <http://oilprice.com/Energy/Energy- -General/Russia-Eyes-Crimeas-Oil-and-Gas-Reserves.html>.

D'ANIERI, Paul J. *Economic Interdependence in Ukrainian-Russian Relations*. Nova York: New York University Press, 1999, pp. 17, 20–205.

D'ORNELLAS, Charlotte (Journaliste indépendante). "La sainte colère de l'archevêque d'Aleppo. Les médias européens n'ont cessé d'étouffer le quotidien de ceux qui souffrent en Syrie". *Boulevard Voltaire*, Disponível em: <http://www.bvoltaire.fr/ charlottedornellas/sainte-colere-de-larcheveque-dalep,235328>.

Daily updates from the Special Monitoring Mission to Ukraine". *OSCE Special Monitoring Mission to Ukraine*. Disponível em: <http://www.osce.org/ukraine-smm/daily- -updates>.

Dairy woes to shrink Ukraine cattle herd to 14% of Soviet levels". *Blackseagrain*, 18 de setembro de 2015. Disponível em: <http://www.blackseagrain.net/novosti/ dairy-woes-to-shrink-ukraine-cattle-herd-to-14-of-soviet-levels>. Acessado em 21 de setembro de 2015.

DALBY, Chris. "Who Is Buying The Islamic State's Illegal Oil?" *OilPrice.com*, 30 de setembro de 2014. Disponível em: <http://oilprice.com/Energy/Crude-Oil/Who- -Is-Buying-The-Islamic-States-Illegal-Oil.html>. Acessado em 2 de outubro de 2015.

DALE SCOTT, Peter. *Drugs, Oil, and War: The United States in Afghanistan, Colombia, and Indochina*. Lanham, Maryland: Rowman & Littlefield Publishers, Inc., 2003 p. 35.

DALY, John C. K. "After Ukraine, Russia Beefs Up Military in Armenia and Kyrgyzstan". *Silk Road Reporters*, 24 de outubro de 2014. Disponível em: <http://www. silkroadreporters.com/2014/10/24/ukraine-russia-beefs-military-armenia-kyr- gyzstan/>.

_____. "After Ukraine, Russia Beefs Up Military in Armenia and Kyrgyzstan". *Silk Road Reporters*, 24 de outubro de 2014. Disponível em: <http://www.silkroa- dreporters.com/2014/10/24/ukraine-russia-beefs-military-armenia-kyrgyzstan/>.

DALY, John. "Ukraine's Yulia Timoshenko — Victim or Crook?" *OilPrice.com*, 12 de outubro de 2011. Disponível em: <http://oilprice.com/Energy/Energy-General/ Ukraines-Yulia-Timoshenko-Victim-Or-Crook.html>.

DAN, Uri (Companheiro de luta de Ariel Sharon). "Der Feind: Er ist ein Mörder — Im Todesbett ist Arafat dort, wo er hingehört". Die *Weltwoche*, Ausgabe 46/2004. Disponível em: <http://www.weltwoche.ch/ausgaben/2004–46/artikel-2004–46-er-ist-ein-moerd.html>. Acessado em 23 de outubro de 2015.

DAN, Zhang (Editor) "Failure of Hong Kong version of 'Color Revolution' would be a bliss". *CCTV.com*, 22 de outubro de 2014. Disponível em: <http://english.cntv.cn/2014/10/22/ARTI1413962823597930.shtml>.

DAVENPORT-HINES, Richard (Editor). *Capital Entrepreneurs and Profits*. Londres, 1990, pp. 145–146.

DAVIES, Nick. *Flat Earth News — An Award-winning Reporter Exposes Falsehood, Distortion and Propaganda in the Global Media*. Londres: Chatto & Windus, 2008, pp. 214, 230–231, 241–243.

Davos 2015: Nouriel Roubini says Income Inequality Creates U.S. Plutocracy". *Bloomberg Business*. Disponível em: <https://www.youtube.com/watch?v=t1Vv13XZ5Us>.

DAWISHA, Karen; PARROT, Bruce. *Russia and the New States of Eurasia*: *The Politics of Upheaval*. Cambridge: Press Syndicate of the University of Cambridge, 1995, pp. 210–211.

DEARDEN, Lizzie. "Jabhat al-Nusra seizes control of major Syrian government stronghold with rebel coalition — The city of Jisr al-Shughur lies on a strategic motorway from the capital to coast". *The Independent*, 25 de abril de 2015. Disponível em: <http://www.independent.co.uk/news/world/middle-ast/jabhat--al-nusra-seizes-control-of-major-syrian-government-stronghold-with-jihadist-coalition-10203764.html>.

_____. "MH17 crash: Fragments of Russian missile BUK launcher found at crash site". *The Independent*, 11 de agosto de 2015. Disponível em: <http://www.independent.co.uk/news/world/europe/mh17-crash-investigators-find-parts--of-buk-missile-possibly-used-to-shoot-plane-down-10450053.html>. Acessado em 12 de agosto de 2015.

Declaration of Establishment of State of Israel — 14 May 1948". *Israel Ministry of Foreign Affairs*. Disponível em: <http://www.mfa.gov.il/mfa/foreignpolicy/peace/guide/pages/declaration%20of%20establishment%20of%20state%20of%20israel.aspx>.

DEHGHAN, Saeed Kamali; NORTON-TAYLOR, Richard. "CIA admits role in 1953 Iranian coup — Declassified documents describe in detail how US — with British help — engineered coup against Mohammad Mosaddeq". *The Guardian*, 19 de agosto de 2013.

DELACENSERIE, Katie L.; (professor) OBERLY, James W.; WISCONSIN, Eau Claire. "Wall Street's Search for a Man on a White Horse: The Plot to Overthrow Franklin Delano Roosevelt". For Presentation to History 489. University of Wisconsin — Eau Claire. Spring 2008, p. 29.

DELLA PERGOLA, Sergio. "Jewish Demographic Policy Population Trends and options in Israel and in the diaspora". The Hebrew University of Jerusalem Editors Barry Geltman, rami Tal. *The Jewish People Policy Institute* (ppi) (established by the Jewish agency for Israel, Ltd). Disponível em: <http://jppi.org.il/uploads/Jewish_Demographic_Policies.pdf.

DEMBITSKI, Alexander (CEIC Analyst). "The Economic Implications of Ukraine-Russia Trade Relations". *CEIC Russia Data Talk*, 8 de julho de 2014. Disponível em: <http://www.ceicdata.com/en/blog/economic-implications-ukraine-russia-trade-relations. E também em: http://www.ceicdata.com/en/blog/economic-implications-ukraine-russia-trade-relations#sthash.bdvfLVlj.dpuf>.

Democratic vote, govt. without fascists needed in Ukraine before any talks". *RT*, 25 de março 2014. Disponível em: <http://rt.com/news/ukraine-government-fascists-gysi-997/>.

DEMPSEY, Judy. "Victory for Russia as the EU's Nabucco Gas Project Collapses". — *Carnegie Europe*, Monday, July 1, 2013. Disponível em: <http://carnegieeurope.eu/strategiceurope/?fa=52246>.

DENTON, Sally. *The Plots against the President — FDR, a Nation in Crisis, and the Rise of the American Right*. Nova York: Bloomsbury Press, 2012.

DESILVER, Drew. "5 facts about economic inequality". *Fact Tank — Pew Research Center*, 7 de janeiro de 2014. Disponível em: <http://www.pewresearch.org/fact-tank/2014/01/07/5-facts-about-economic-inequality/>.

_____. "Who's poor in America? 50 years into the 'War on Poverty,' a data portrait". *PewResearch Center*, 13 de janeiro de 2014. Disponível em: <http://www.pewresearch.org/fact-tank/2014/01/13/whos-poor-in-america-50-years-into-the-war-on-poverty-a-data-portrait/>.

DEUTSCHER, Isaac. *O judeu não-judeu e outros ensaios*. Rio de Janeiro: Civilização Brasileira, 1970, p. 30.

DEYOUNG, Karen. "Commander of U.S.-backed rebels captured by al-Qaeda militants in Syria". *The Washington Post*, July 30, 2015. "West suffers new Syria setback as US-trained rebels arrested". *The Times*, 21 de setembro de 2015. Disponível em: <http://www.thetimes.co.uk/tto/news/world/middleeast/article4562713.ec>.

DIAMOND, Jeremy. "Rand Paul skips hearing on State funding, hits Clinton on Benghazi". *CNN*, 22 de abril de 2015. Disponível em: <http://www.nationalreview.com/corner/414500/hillary-clintons-top-aides-knew-first-minutes-benghazi-was-terrorist-attack-e-mails>.

DICKEL, Ralf *et al.* "Reducing European Dependence on Russian Gas: distinguishing natural gas security from geopolitics". *Oxford Institute for Energy Studies*. October 2014 OIES PAPER: NG 92. ISBN 978–78467-014–6. Disponível em: <http://www.oxfordenergy.org/wpcms/wp-content/uploads/2014/10/NG-92.pdf>.

DICKEY, Christopher. "Yulia Tymoshenko: She's No Angel". *The Daily Beast,* 23 de fevereiro de 2014. Disponível em: <http://www.thedailybeast.com/articles/2014/02/23/yulia-tymoshenko-she-s-no-angel.html>.

DIEHL, OLE. *Kiew und Moskau — Die ukrainisch-russischen Beziehung als zentrales Problem deutscher und europäischer Sicheeheit*. Bonn: Forschungsinstitut der Deutschen Gesellschaft für Auswärtige Politik e. V., abril de 1994.

Diplomatische Bewegung in der Ukraine-Krise". *Tagsspiegel*, 20 de fevereiro de 2014. Disponível em: <http://www.tagesspiegel.de/politik/eu-aussenminister-in-kiew--diplomatische-bewegung-in-der-ukraine-krise/9513942.html>.

DOBBS, Michael (*Washington Post*). "In Bid to Support Yeltsin, IMF Lends Russia $10.2 Billion". *The Seattle Times*, 27 de março de 1996. Disponível em: <http://community.seattletimes.nwsource.com/archive/?date=19960327&slug=2321108>.

Document Office of Naval Intelligence Report on Russian Navy: The following is the Office of Naval Intelligence (ONI) report, The Russian Navy: A Historic Transition. U.S. Naval Institute". *USNI News.htm*, 18 de dezembro de 2015. Disponível em <http://news.usni.org/2015/12/18/document-office-of-naval-intelligence-report-on-russian-navy>.

Documents: Bush's Grandfather Directed Bank Tied to Man Who Funded Hitler", 17 de outubro de 2003. Associated Press. Disponível em: <http://www.foxnews.com/story/2003/10/17/documents-bush-grandfather-directed-bank-tied-to-man--who-funded-hitler/>.

Dodd interview: Federated Press, January 7, 1938". *Apud* SELDES, George. *Facts and Fascism*. Nova York: In Fact, Inc., Fifth Edition, 1943, pp. 122–123.

DODD, JR William E.; DODD, Martha (Editors). *Ambassador Dodd's Diary*. Londres: Victor Gollancz Ltd., 1943.

DOLAN, Kerry A.; KROLL, Luisa. "Inside the 2014 Forbes Billionaires List: Facts And Figures". *Forbes*, 3 de março de 2014. Disponível em: <http://www.forbes.com/sites/luisakroll/2014/03/03/inside-the-2014-forbes-billionaires-list-facts--and-figures/>.

DOLGOV, Anna. "Russia's Igor Strelkov: I Am Responsible for War in Eastern Ukraine". *The Moscow Times*, 21 de novembro de 2014. Disponível em: <http://www.themoscowtimes.com/news/article/russias-igor-strelkov-i-am-responsible-for--war-in-eastern-ukraine/511584.html>.

Domestic Operational Law: The Posse Comitatus Act and Homeland Security. COL (Ret) John R. Brinkerhoff. Reprinted with permission from the *Journal of Homeland Security*. Newsletter 10–16 — December 2009. *Center for Army Lessons Learned*. Disponível em: <http://usacac.army.mil/cac2/call/docs/10–16/ch_12.asp>.

DORRIL, Stephen. *MI6 — Insaide the Covert World of Her Majesty's Secret Intelligence Service*. Nova York/Londres: The Free Press, 2000.

DOSTAL, Jörg Michael. "Post-independence Syria and the Great Powers (1946–1958): How Western Power Politics Pushed the Country Toward the Soviet Union". Paper Prepared for the 2014 Annual Meeting of the Academic Council on the United Nations System, June 19–21, 2014, Kadir Has University, Istanbul, Panel 14: Understanding and Responding to Crisis, Resistance and Extremism. Disponível em: <http://acuns.org/wp-content/uploads/2013/01/Syria-Paper-1946–1958-for-ACUNS-Conference-Website-12-June-2014.pdf>.

DREYFUSS, Bob. "The CIA Is Training Syria's Rebels: Uh-Oh, Says a Top Iraqi Leader". *The Nation*. 1° de março de 2013. Disponível em <http://www.thenation.com/blog/173149/cia-training-syrias-rebels-uh-oh-says-top-iraqi-leader#>.

DREZNER, Daniel W. *The Sanctions Paradox*: *Economic Statecraft and International Relations*. Cambridge Studies in International Relations — Economic Statecraft and International Relations. Cambridge University Press, pp. 203–205.

DROBNY, Sheldon. "Bob Novak Thinks Prescott Bush Was A Liberal". *Huffington Post*, 27 de julho de 2007. Disponível em: <http://www.huffingtonpost.com/sheldon-drobny/bob-novak-thinks-prescott_b_58119.html>.

DUJARRIC, Stéphane. "Daily Press Briefing by the Office of the Spokesperson for the Secretary-General", 21 de abril de 2015. Disponível em: <http://www.un.org/press/en/2015/db150421.doc.htm>.

DURHAM, Robert B. *False Flags, Covert Operations & Propaganda*. Raleigh, North Carolina: Lulu.com, 2014, p. 392.

DYER, Emily; KESSLER, Oren; WATERMAN, Kit; ABBOTT, Samuel James. *Terror in the Sinai*. Londres: The Henry Jackson Society, 2014, p. 4. Disponível em: <http://henryjacksonsociety.org/wp-content/uploads/2014/05/HJS-Terror-in--the-Sinai-Report-Colour-Web.pdf>.

DZARASOV, Rusland. "Cómo Rusaia volvió al capitalism". *Nueva Sociedad*, 253, Buenos Aires: Friedrich Ebert Stiftung, Septiembre/Octubre 2014, pp. 120–135.

EAVIS, Peter. "Executive Pay: Invasion of the supersalaries". *The New York Times*, 12 de abril de 2014.

EcoFinanças. Disponível em: <http://www.ecofinancas.com/noticias/moody-s-rebaixa-rating-soberano-ucrania-para-caa2/relacionadas>.

"Editors Christians Massacred by 'Free' Syrian Army Terrorists (Rebels)". *OrtodoxNet.com.Blog*. 24 de agosto de 2013. Disponível em: <http://www.orthodoxytoday.org/blog/2013/08/christians-massacred-by-free-syrian-army-terrorists--rebels/>.

EDWARDS, Maxim. "Symbolism of the Donetsk People's Republic". *OpenDemocracy*, 9 de junho de 2014. Disponível em <https://www.opendemocracy.net/od--russia/maxim-edwards/symbolism-of-donetsk-people%E2%80%99s--republic-flag-novorossiya>.

EIL — Kiew entsendet Blackwater-Söldner zur Unterdrückung der Proteste im Osten der Ukraine". *Sputnik* (RiaNovosti), 7 de abril de 2014. Disponível em: <http://de.sputniknews.com/politik/20140407/268223480.html>.

EINHORN, Catrin; FAIRFIELD, Hannah; WALLACE, Tim. "Russia Rearms for a New Era". *The New York Times*, 24 de dezembro de 2015. Disponível em: <http://www.nytimes.com/interactive/2015/12/24/world/asia/russia

_____. "Russia Rearms for a New Era". *The New York Times*, 24 de dezembro de 2015. Disponível em: <http://www.nytimes.com/interactive/2015/12/24/world/asia/russiaarming.html?hp&action=click&pgtype=Homepage&clickSource=story-heading&module=photo-spot-region&region=top-news&WT.nav=top--news>.

Einsatz gegen Separatisten: Ukrainische Armee bekommt offenbar Unterstützung von US-Söldnern" *Spiegel Online,* 11 de maio de 2014. Disponível em: <http://www.spiegel.de/politik/ausland/ukraine-krise-400-us-soeldner-von-academi-kaempfen-gegen-separatisten-a-968745.html>.

"El PAK-FA tendrá un sistema que dejará indefenso cualquier objetivo". *RT* — 25 de abril de 2014. Disponível em: <http://actualidad.rt.com/actualidad/view/126348--pak-fa-sistema-guerra-radioelectronica-guimalai?print=1>.

El-TABLAWY, Tarek. "Tripoli Clashes Toll Rises by 22 as Libya Crisis Deepens". *Bloomberg News*, 3 de agosto de 2014. Disponível em: <http://www.businessweek.com/news/2014-08-03/tripoli-fighting-death-toll-rises-by-22-as-libya-crisis--deepens>.

ELLIOTT, Larry (economics editor); PILKINGTON (editor). "New Oxfam report says half of global wealth held by the 1%". *The Guardian*, 19 de janeiro de 2015.

EMERSON, Michael *et al. The Prospect of Deep Free Trade between the European Union and Ukraine*. Bruxelas: Centre for European Policy Studies (CEPS), 2006, pp. 150, 154 e 206.

EMMOTT, Robin (Bruxelas). "Q&A-What is Ukraine's association agreement with the EU?" *Reuters*, 26 de junho de 2014. Disponível em: <http://www.reuters.com/article/2014/06/26/eu-ukraine-idUSL6N0P61N720140626>.

_____. *World News Report*. Disponível em: <http://world.einnews.com/article_detail/287643883/3njHxBQ7N2T1sbWX?n=2&code=P21DsWBPJxF7hfqq>.

ENGDAHL, F. William. *A Century of War — Anglo-American Oil Politics and the New World War*. Ebner Ulm (Alemanha): Dr. BöttingerVerlag GmbH, 1993, pp. 133-137.

ENTOUS, Adam; MALAS, Nour; COKER, Margaret. "A Veteran Saudi Power Player Works To Build Support to Topple Assad". *Wall Street Journal — Middle East News*, 25 de agosto de 2013. Disponível em: <http://online.wsj.com/news/articles/SB10001424127887323423804579024452583045962>.

"Entrevista de Eric Hobsbawm a Martin Granovsky". *Página 12*, Buenos Aires, 29 de março de 2009.

EPA/Sergey Dolzhenko. "According to the General Staff, there are also facts of participation of private military companies in the Ukrainian events". *TASS*, 23 de maio de 2014. Disponível em: <http://tass.ru/en/world/732817>.

"Erdogan usa a al-Qaeda para encobrir sua invasão à Síria". *Pravda*, 30 de maio de 2014, (Edição em português). Disponível em: <http://port.pravda.ru/busines/30-03-2014/36510-erdogan-0/>.

ERDOĞDU, Erkan. "Bypassing Russia: Nabucco project and its implications for the European gas security". MPRA Paper from University Library of Munich, Germany. Published in *Renewable and Sustainable Energy Reviews*, 9.14(2010): pp. 2936-2945. Disponível em: <http://econpapers.repec.org/paper/pramprapa/26793.htm>.

ERLANGER, Steven; MYERS, Steven Lee. "NATO Allies Oppose Bush on Georgia and Ukraine". *The New York Times*, 3 de abril de 2008.

"Alt-Kanzler Schröder macht EU für Ukraine-Krise verantwortlich." Welt am Sonntag. Disponível em: <http://deutsche-wirtschafts-nachrichten.de/2014/05/11/alt-kanzler-schroeder-macht-eu-fuer-ukraine-krise-verantwortlich>.

EU-Ukraine Association Agreement — the complete texts. Disponível em: <http://eeas.europa.eu/ukraine/assoagreement/assoagreement-2013_en.htm>.

"Europe's boat people — The EU's policy on maritime refugees has gone disastrously wrong". *The Economist. Europe in Trouble*, 11 de abril de 2015. Disponível em: <http://www.economist.com/news/leaders/21649465-eus-policy-maritime-refugees-has-gone-disastrously-wrong-europes-boat-people>.

European Commission — Monitoring Agri-trade Policy (MAP — 2014) — Agricultural trade in 2013: EU gains in commodity exports. Disponível em: <http://ec.europa.eu/agriculture/trade-analysis/map/2014–1_en.pdf>.

EVANS-PRITCHARD, Ambrose. "Saudis offer Russia secret oil deal if it drops Syria Saudi Arabia has secretly offered Russia a sweeping deal to control the global oil market and safeguard Russia's gas contracts, if the Kremlin backs away from the Assad regime in Syria". *The Telegraph*, 27 de agosto de 2013.

EVANS, Rachel. "Russia Sanctions Accelerate Risk to Dollar Dominance". *Bloomberg*, 6 de agosto de 2014. Disponível em: <http://www.bloomberg.com/news/2014–08-06/russia-sanctions-accelerate-risk-to-dollar-dominance.html>.

Everything you need to know about Crimea. Why is the Crimean peninsula part of Ukraine? Why does Russia have military presence there? Here is a short guide for the perplexed". *Há'aretz*, 11 de março de 2014. Disponível em: <http://www.haaretz.com/world-news/1.577286>.

"Ex-PM da Alemanha. 'Culpa do que se passa na Ucrânia é da EU', diz Schroeder". Diário de Notícias/Globo, 11 de maio de 2014. Disponível em: <http://www.dn.pt/inicio/globo/interior.aspx?content_id=3856448&seccao=Europa&page=-1>.

"Ex-U.S. President Jimmy Carter Says Situation in Gaza Is 'Intolerable'. Speaking at a press conference in Ramallah, Carter lamented that 'not one destroyed house has been rebuilt' in Gaza since the war last summer". *Há'aretz* & *The Associated Press,* 2 de maio de 2015. Disponível em: <http://www.haaretz.com/israel-news/1.654622>.

"Experts clash over Palestinian demographic statistics on eve of 2015, Israel's population hits 8.3 million — Data predicted equal Jewish, Arab population in Israel and territories by 2016". *The Jerusalem Post*, 22 de outubro de 2015 | 9 Heshvan, 5776. Disponível em: <http://www.jpost.com/Middle-East/Experts-clash-over-Palestinian-demographic-statistics-386443>.

"Factbox: Russia's S-400 Air-Defense Missile System". *The Moscow Times*, 26 de novembro de 2014. Disponível em: <http://www.themoscowtimes.com/business/article/factbox-russia-s-s-400-air-defense-missile-system/511884.html>.

"Factsheet: Russia Europe liquid relationship often overlooked". *Clingendael International Energy Programme (CIEP)*. Disponível em: <http://www.clingendaelenergy.com/files.cfm?event=files.download&ui=9C1E06F0–5254-00CF-FD03A39927F34043>.

"Factsheet: The Case against Shell". *Consortiumnews.com*. Disponível em: <https://ccrjustice.org/learn-more/faqs/factsheet%3A-case-against-shell-0>.

A DESORDEM MUNDIAL

FAHIM, Kareem. "Saudis Face Mounting Pressure over Civilian Deaths in Yemen Conflict". *The New York Times,* 29 de setembro de 2015.

FAQs: The Military Commissions Act". *Center for Constitutional Rights.* Disponível em: <http://ccrjustice.org/learn-more/faqs/faqs%3A-military-commisions-act>.

Fareed Zakaria: During the revolutions of 1989, you funded a lot of dissident activities, civil society groups in eastern Europe; Poland, the Czech Republic. Are you doing similar things in Ukraine? Soros: I set up a foundation in Ukraine before Ukraine became independent of Russia. And the foundation has been functioning ever since and played an important part in events now", "Soros on Russian ethnic nationalism". *CNN,* 25 de maio de 2014. Disponível em: <http://cnnpressroom.blogs.cnn.com/2014/05/25/soros-on-russian-ethnic-nationalism/>.

FARIS, Hani A. *The Failure of the Two-State Solution: The Prospects of One State in the Israel-Palestine Conflict.* Nova York: I.B.Tauris & Co Ltd, 201.

FARREL, Nicholas. "Libya's boat people and Italy's tragic folly. The 'mare nostrum' policy has acted as a magnet for boat people; the crisis is only growing". *The Spectator,* 6 de setembro de 2014. Disponível em: <http://www.spectator.co.uk/features/9303722/italys-decriminalising-of-illegal-immigration-has-acted-as-a-green-light-to-boat-people/>.

FARSAKH, Leila (Research fellow at the Trans-Arab Research Institute, Boston). "The Palestinian Economy and the Oslo Peace Process". *Trans-Arab Institute (TARI).* Disponível em: <http://tari.org/index.php?option=com_content&view=article&id=9&Itemid=11>.

Federal Debt Clock. Disponível em: <http://www.usgovernmentdebt.us/>.

FEDERMAN, Josef (Jerusalém). "Netanyahu appointment casts cloud over US visit". *Associated Press — The Washington Post*, 5 de novembro de 2015.

FELGENHAUER, Tyler. "Ukraine, Russia, and the Black Sea Fleet Accords". *WWS Case Study 2/99.* Disponível em: <http://www.dtic.mil/dtic/tr/fulltext/u2/a360381.pdf>.

FERGIANI, Mohammed Bescir. *The Lybian Jamahiriya.* Londres: Darf Publishers Ltd., 1983, pp. 46–70, 102–109.

FERREIRA, Argemiro — "Documentos secretos revelam mais truques sujos planejados nos EUA para derrubar Fidel", *in: Tribuna da Imprensa,* Rio de Janeiro, 5 de janeiro de 1998.

FEST, Joachim C. *Hitler.* Londres: Penguin Books, 1974, p. 653.

FEYGIN, Yakov. "Ukraine is stuck in a post-Soviet condition". *OpenDemocracy,* 12 de março de 2014. Disponível em: <https://www.opendemocracy.net/od-russia/yakov-feygin/ukraine-is-stuck-in-post-soviet-condition-east-vs-west-ukrainian-economy>.

"Final Report of the Task Force on Combating Terrorist and Foreign Fighter Travel". *Homeland Security Committee — U.S. House of Representatives*, 29 de Setembro de 2015. Disponível em: <https://homeland.house.gov/wp-content/uploads/2015/09/TaskForceFinalReport.pdf>, pp. 11–12. Acessado em 28 de setembro de 2015.

"Final Report of the Task Force on Combating Terrorist and Foreign Fighter Travel". *Homeland Security Committee* — U.S. *House of Representatives*, 29 de setembro de 2015. Disponível em: <https://homeland.house.gov/wp-content/uploads/2015/09/TaskForceFinalReport.pdf, pp. 11–12>.

FIORI, Jose Luís. "A Lenda dos Peregrinos". *Valor Econômico*, São Paulo, 13 de setembro de 2006.

FISCHBACH, Michael R. *Records of Dispossession*: *Palestinian Refugee Property and the Arab-Israeli Conflict*. Nova York: Columbia University Press, 2003.

FISHER, Alan W. *The Crimean Tatars*. California: Hoover Institution on Revolution and Peace — Stanford University — Hoover Institution Press, 1978, pp. 37–38.

FISHER, Matthew. "Canadians take part in NATO war games aimed at sending message to Russia over Ukraine aggression". *National Post*, 25 de maio de 2015. Disponível em: <http://news.nationalpost.com/news/world/canadians-take-part-in-nato-war-games-aimed-at-sending-message-to-russia-over-ukraine-aggression>. Acessado em 2 de setembro de 2015.

FISHER, Max. "Ḥamās is not ISIS. Here's why Netanyahu says it is anyway". *Vox — Israel-Palestine Conflict*, 25 de agosto de 2014. Disponível em: <http://www.vox.com/2014/8/25/6064467/no-netanyahu-Ḥamās-is-not-isis-isis-is-not-Ḥamās>.

———. "This one map helps explain Ukraine's protests". *The Washington Post*, 9 de dezembro de 2013. Disponível em: <https://www.washingtonpost.com/blogs/worldviews/wp/2013/12/09/this-one-map-helps-explain-ukraines-protests/>.

FLAMINI, Roland. "Crimea: Putin's War for Oil and Gas?" — *World Affairs — Corridors of Power*, 20 de maio de 2014. Disponível em: <http://www.worldaffairsjournal.org/blog/roland-flamini/crimea-putins-war-oil-and-gas>.

"Flashback 2011: Hillary Clinton Laughs About Killing Moammar Gaddafi: 'We Came, We Saw, He Died!'". *Real Clear Politics* (Video), 19 de junho de 2015. Disponível em: <http://www.realclearpolitics.com/video/2015/06/19/flashback_2011_hillary_clinton_laughs_about_killing_moammar_gaddafi_we_came_we_saw_he_died.html>.

Focus Economics — Economic Forecasts from the World's Leading Economists, 6 de outubro de 2015. Disponível em: <http://www.focus-economics.com/countries/ukrain>.

"Follow the Enron Money". *CBS*, 12 de janeiro de 2002. Disponível em: <http://www.cbsnews.com/news/follow-the-enron-money/>.

FONER, Eric. *The Story of American Freedom*. Nova York/Londres: W. W. Norton & Company, 1998, pp. 327–332.

"Forbes Billionaires 2015: Which Billionaires Lost The Most Money — Rinat Akhmetov on Forbes Lists". Disponível em: <http://www.forbes.com/profile/rinat-akhmetov/>.

"Former Policy-Makers Voice Concern over NATO Expansion". *Open Letter to President Clinton*, 26 de junho de 1997. Disponível em: <http://www.bu.edu/globalbeat/nato/postpone062697>.

FOWLER, Don. *Lucretius on Atomic Motion*: *A Commentary on De Rerum Natura*. Book Two — Lines 1–332. Oxford: Oxford University Press, 2002, p. 10.

FOX, Steve. "Libya burns as politicians and militia groups vie for control". *Middle East Eye*, 24 de agosto de 2014. Acesso em 2 de dezembro de 2014. Disponível em: <http://www.middleeasteye.net/news/politicians-and-militia-groups-vie--control-battle-torn-libya-99372368>.

FRANKS, Sandy; NUNNALLY, Sara. *Barbarians of Oil: How the World's Oil Addiction Threatens Global Prosperity and Four Investments to Protect Your Wealth.* Hoboken-New Jersey: John Wiley & Sons Inc, United States, 2011, pp. 135–138, 150–151.

"Free Syrian Army will not join US-led coalition against IS". *Nairaland*, 14 de setembro de 2014. Disponível em: <http://www.nairaland.com/1902522/free-syrian-army--not-join>.

FREELAND, Chrystia. "Lunch with the FT — Tea with the FT: Yulia Tymoshenko". *The Financial Times*, 16 de agosto de 2008. Disponível em: <http://www.ft.com/cms/s/0/f4b1341a-6a58-11dd-83e8-0000779fd18c.html>.

FRÈRE, Jacques. "Ukraine / Donbass: Debaltsevo est libérée!" *NationsPresse*, 17 de fevereiro de 2015. Disponível em: <www.nationspresse.info/.../ukraine-donbass-debaltsevo>.

"Friedensprozess: Scharon spricht von historischer Wend". *Spiegel Online*, 11 de novembro de 2004. Disponível em: <http://www.spiegel.de/politik/ausland/friedensprozess-scharon-spricht-von-historischer-wende-a-327352.html>.

FRIEDGUT, Theodore H. *Iuzovka and Revolution, vol. I: Life and Work in Russia's Donbass, 1869–1924.* Studies of the Harriman Institute at Columbia — University Princeton / New Jersey: Princeton University Press, 1989.

FRIEDMAN, George. "Kosovar Independence and the Russian Reaction". *Stratfor — Geopolitical Weekly,* 20 de fevereiro de 2008. Disponível em: <http://www.stratfor.com/weekly/kosovar_independence_and_russian_reaction#axzz3DObNowiM>.

_____. "Russia Examines Its Options for Responding to Ukraine". *Stratfor — Geopolitical Weekly*, 18 de março de 2014. Disponível em: <http://www.stratfor.com/weekly/russia-examines-its-options-responding-ukraine#axzz38IEGZtks>.

FRIEDMAN, Thomas L. "Foreign Affairs: Now a Word From X". *The New York Times*, 2 de maio de 1998. Disponível em: < http://www.nytimes.com/1998/05/02/opinion/foreign-affairs-now-a-word-from-x.html>.

_____. "President Obama Talks to Thomas L. Friedman about Iraq, Putin and Israel". *The New York Times*, 8 de agosto de 2014.

"Frigid fighting: Russian Arctic war games top off new base voyage". *RT*, 29 de setembro de 2014. Disponível em: <http://rt.com/news/191536-arctic-mission-drills-missile/>.

FUKUYAMA, Francis. *Political Order and Political Decay — From the Industrial Revolution to the Globalization of Democracy.* Nova York: Farrar, Straus & Giroux, 2014, pp. 461–462, 487.

_____. *The End of History and the Last man.* Londres: Penguin Books, 1992.

"Full Text of 'Netanyahu's Foreign Policy Speech at Bar Ilan'". *Há'aretz*, 14 de junho de 2009. Disponível em: <http://www.haaretz.com/news/full-text-of-netanyahu--s-foreign-policy-speech-at-bar-ilan-1.277922>.

"Full Text of 'U.N. report on the alleged use of chemical weapons in Syria'". United Nations Mission to Investigate Allegations of the Use of Chemical Weapons the Syrian Arab Republic Report on the Alleged Use of Chemical Weapons in the Ghouta Area of Damascus on 21 August 2013. *Internet Archive.* Disponível em: <https://archive.org/stream/787426-u-n-report-on-the-alleged-use-of-chemical/787426-u--n-report-on-the-alleged-use-of-chemical_djvu.txt>.

"Full text of the 'interview of President Assad to Izvestia — President of the Syrian Arab Republic told about threat of US invasion, about his relationship with Putin and about common fate of Russian and Syrian people'". All in exclusive interview in *Izvestia,* 26 de agosto de 2013. *The Saker's 2nd blog. Monthly Archives*: agosto de 2013. Disponível em: <http://thesaker.wordpress.com/2013/08/page/2/>.

FULLER, Graham E. (ex-vice-presidente do National Intelligence Council at the CIA). "Bush Must See Past the Acts of Terror to the Root Causes". *Los Angeles Times,* 29 de janeiro de 2002. Disponível em: <ttp://articles.latimes.com/2002/jan/29/opinion/oe-fuller29>.

GALBERT, Simond de. *A Year of Sanctions against Russia — Now What?: A European Assessment of the Outcome and Future of Russia Sanctions.* Washington: Center for Strategic and International Studies, 2015, pp. 8–9.

GAMIO, Lazaro; JOHNSON, Richard; TAYLOR, Adam. "The crisis in Gaza". *The Washington Post,* 1º de agosto de 2014. Disponível em: <http://www.washingtonpost.com/wp-srv/special/world/the-gaza-crisis/>. Acessado em 3 de novembro de 2012.

GANSER, Daniele. *NATO — Geheimarmeen in Europe. Inszenierter Terror und verdeckte Kriegsführung.* Zürich: Orell Füsli Verlag AG, 2014, pp. 42–55, 96–97, 102–110.

GARAMONE, Jim. "Russian Aircraft Flies Near U.S. Navy Ship in Black Sea". *American Forces Press Service — US Department of Defense,* Washington, 14 de abril de 2014. Disponível em: <http://www.defense.gov/news/newsarticle.aspx?id=122052>.

GARAUDY, Roger. "The Myth of a Land without People for a People without land". *The Holocaust Historiography (Project).* Disponível em: <http://www.historiography-project.com/jhrchives/v18/v18n5p38_Garaudy.html>.

GARB, Paula. "The View from Abkhazia and South Ossetia Ablaze", *in*: ABLAZE, Georgia. *War and Revolution in Caucasus* (Edited by Stephan F. Jones). Londres/Nova York: Routledge, 2010, pp. 140–149.

GATES, Robert. *Duty — Memoirs of a Secretary at War.* Nova York: Alfred A. Knopf, 2014.

GAVLAK, Dale; ABABNEH, Yahya. "Exclusive: Syrians in Ghouta Claim Saudi--Supplied Rebels behind Chemical Attack. Rebels and local residents in Ghouta accuse Saudi Prince Bandar bin Sultan of providing chemical weapons to an al-Qaida linked rebel group". *MintPress News,* 29 de agosto de 2013. Disponível em: <http://www.mintpressnews.com/witnesses-of-gas-attack-say-saudis-supplied-rebels-with-chemical-weapons/168135/>.

A DESORDEM MUNDIAL

"Gaza crisis: Toll of operations in Gaza". *BBC News*, 1º de setembro de 2014. Disponível em: <http://www.bbc.com/news/world-middle-east-28439404>. Acessado em 1º de novembro de 2015.

"Gaza Economy on the Verge of Collapse, Youth Unemployment Highest in the Region at 60 Percent". *World Bank*, 21 de maio de 2015. Disponível em: <http://www.worldbank.org/en/news/press-release/2015/05/21/gaza-economy-on-the-verge-of-collapse>.

"Gazprom and CNPC sign memorandum on gas deliveries from Russia's Far East to China — Russia's gas major Gazprom and the Chinese National Oil and Gas Company have signed a Memorandum of Understanding on natural gas supplies from Russia to China and to build a pipeline to the Far East". *TASS*, 3 de setembro de 2014. Disponível em: <http://tass.ru/en/economy/818493>.

Gazprom Export — Transportation. Disponível em: <http://www.gazpromexport.ru/en/projects/transportation/>.

"Gazprom, BASF, E.ON, ENGIE, OMV and Shell sign Shareholders Agreement on Nord Stream II project". *Gazprom*, 4 de setembro de 2015. Disponível em: <http://www.gazprom.com/press/news/2015/september/article245837/>.

GEARAN, Anne. "In recording of U.S. diplomat, blunt talk on Ukraine". *The Washington Post*, 6 de fevereiro de 2014.

GEBRIAL, Dalia. "Unrecovered and Unremembered: Gaza One Year After Operation Protective Edge". *Egyptian Streets*, 31 de julho de 2015. Disponível em: <http://egyptianstreets.com/2015/07/31/unrecovered-and-unremembered-gaza-one-year-after-operation-protective-edge/.

Gefechte im Osten: 730.000 Ukrainer wandern nach Russland aus. Seit Jahresbeginn sind rund 730.000 Menschen aus der Ukraine nach Russland ausgewandert. Das Uno-Flüchtlingswerk hält die Zahlen aus Moskau für glaubwürdig". *Spiegel Online,* Dienstag, 5 de agosto de 2014. Disponível em: <http://www.spiegel.de/politik/ausland/kaempfe-im-osten-730–000-ukrainer-fliehen-nach-russland-a--984567.html>.

GEHA, Rani. "Russian President, Saudi Spy Chief Discussed Syria, Egypt". *Al-Monitor*, 22 de agosto de 2013. Disponível em: <http://www.al-monitor.com/pulse/politics/2013/08/saudi-russia-putin-bandar-meeting-syria-egypt.html#>.

GEHLEN, Reinhard. *Der Dienst — Erinnerungen (1942–1971)*. Stuttgart: Deutscher Bücherbund, 1971.

GENESIS — Kapitel 15:18–21 — Die Heilige Schrift des Alten und Neuen Testaments. Aschaffenburg: Paul Pattloch Verlag, 17. Auflage, 1965, p. 15.

GEODAKYAN, Artyom. "Lavrov: trends of color revolutions and democracy export can be changed. The Russian foreign minister said the Ukrainian conflict also erupted under outside pressure on Kiev". *ITAR-TASS*, 12 de dezembro de 2014. Disponível em: <http://tass.ru/en/world/766611>.

George Bush, Address Before a Joint Session of Congress (September 11, 1990)". *Miller Center — University of Virginia*. Disponível em: <http://millercenter.org/president/bush/speeches/speech-3425>.

"George Friedman Viewing Russia from the Inside Stratfor — Global Intelligence". *Geopolitical Weekly,* 16 de dezembro de 2014. Disponível em: <https://www.stratfor.com/weekly/viewing-russia-inside#>.

GERLACH, Thomas; SCHMIDT, Gert. *Ukraine: zwischen den Karpaten und dem Schwarzen Meer.* Berlim: Trescher Verlag, pp. 448–449.

German trade group BGA warns sanctions 'life-threatening' to Russia, hurting Germany". *DW (Deutsche Welle),* 12 de março de 2014). Disponível em: <http://www.dw.de/german-trade-group-bga-warns-sanctions-life-threatening-to-russia--hurting-germany/a-17492056>.

German-Foreign-Policy.com. 10 de abril de 2014. Disponível em: <http://www.german-foreign-policy.com/en/fulltext/58837/print>.

"Germany Government Debt to GDP 1995–2015 | Data | Chart | Calendar". *Trading Economics.* Disponível em: <http://www.tradingeconomics.com/germany/government-debt-to-gdp>.

"Germany negotiates air base lease with Uzbekistan". *NEOnline* | TB. Disponível em: <http://neurope.eu/article/germany-negotiates-air-base-lease-uzbekistan/>.

GIACOMO, Carol. "Joe Biden Apologizes for Telling the Truth". *The New York Times — The Opinion Pages,* 6 de outubro de 2014.

GLABERSON, William. "Obama Faces Court Test over Detainee". *The New York Times,* 28 de julho de 2009.

GLEDHILL, Ruth. "Russian action in Syria offers hope, claims Catholic bishop". *Christian Today,* 19 de fevereiro de 2016. Disponível em: <http://www.christiantoday.com/article/russian.action.in.syria.offers.hope.claims.catholic.bishop/80213.htm>.

GOLDBERG, Jeffrey. "How Much Does It Cost to Be Ambassador to Hungary?" *Bloomberg,* Feb 11, 2014. Disponível em: <http://www.bloombergview.com/articles/2014-02-11/how-much-does-it-cost-to-be-ambassador-to-hungary->.

GOLDWATER, Barry M. *With No Apologies — The Outspoken Political Memoirs of America's Conservative Conscience.* Nova York: Berkley Books, 1979.

GONZÁLEZ, Francisco J. Ruiz. "La Arquitectura de Seguridad Europea: Un Sistema Imperfecto e Inacabado" — De la Caída del Muro de Berlín (1989) a la Guerra De Georgia (2008). Tesis Doctoral. Universidad Nacional de Educación a Distancia. Instituto Universitario General Gutiérrez Mellado, 2012 pp. 168–160. Disponível em: <http://e-spacio.uned.es/fez/eserv/tesisuned:IUGM-Fjruiz/Documento.pdf>.

"Gorbachev: Putin saved Russia from disintegration". *RT,* 27 de dezembro de 2014. Disponível em: <http://rt.com/news/217931-gorbachev-putin-saved-russia/>.

GORDON, Michael R. "Anatomy of a Misunderstanding". *The New York,* 25 de maio de 1997.

———. "U.S. Steps Up Aid to Syrian Opposition, Pledging $60 Million". *The New York Times,* 28 de fevereiro de 2013.

GORMAN, Siobhan; ENTOUS, Adam. "CIA Plans Yemen Drone Strikes — Covert Program Would Be a Major Expansion of U.S. Efforts to Kill Members of al Qaeda Branch". *The Wall Street Journal,* 14 de junho de 2011.

A DESORDEM MUNDIAL

GORODETSKY, Gabriel. *Grande Delusion. Stalin and the German Invasion of Russia*. New Haven, Londres: Yale University Press, 1999, pp. 299–300.

Governance — Presidential Approval Ratings — George W. Bush. *Gallup Poll*. Disponível em: <http://www.gallup.com/poll/116500/presidential-approval-ratings-george--bush.aspx>.

GRESSEL, Gustav. "Russia's post-Cold War borders. Russia's Quiet Military Revolution, and What It Means For Europe". *European Council on Foreign Relations (ECFR)*, 143, pp. 1–17. Disponível em: <http://www.ecfr.eu/page/-/Russias_Quiet_Military_Revolution.pdf>.

GRETA LYNN, Uehling. *Beyond Memory*: *The Crimean Tatars' Deportation and Return*. Nova York: Palgrave Macmillan, 2004, pp. 3–4.

"Gross Domestic Product (GDP) in Ukraine — GDP of Ukraine, 1990–2013". *World macroeconomic research*. Disponível em: <http://kushnirs.org/macroeconomics/gdp/gdp_ukraine.html>.

"Gross Domestic Product & Corporate Profits: Second Quarter 2008 (Preliminary)". *US Bureau of Economic Analysis*. Disponível em: <http://bea.gov/newsreleases/national/gdp/2008/gdp208p.htm>.

"Gross Domestic Product: Fourth Quarter 2008 (Final) Corporate Profits: Fourth Quarter 2008 (Final)". *US Bureau of Economic Analysis*. Disponível em: <http://www.bea.gov/newsreleases/national/gdp/2009/pdf/gdp408f.pdf>.

GUIMARÃES, Leonam dos Santos (Diretor de Planejamento, Gestão e Meio Ambiente — Eletrobrás Termonuclear SA — Eletronuclear). "O Retorno de Giges à Caverna Nuclear". *DefesaNet*, 10 de julho de 2015. Disponível em: <http://www.defesanet.com.br/nuclear/noticia/19703/O-Retorno-de-Giges-a-Caverna--Nuclear/>.

GUIMOND, DanleMiel. "UKRAINE — Crimes de guerre de l'OTAN à Debaltsevo? Joe Biden redessine la carte de Lvov à Kahrkiv". ESC_Niouze, 9 de fevereiro de 2015. Disponível em: <https://entretiensentresoi.wordpress.com/2015/02/09/ukraine-que-peut-bien-cacher-lotan-a-debaltsevo/>.

GUNEEV, Sergey. "German Businesses Suffer Losses Due to EU Anti-Russia Sanctions: Official. *Sputnik*, 14 de janeiro de 2015. Disponível em: <http://sputniknews.com/business/20150114/1016894488.html>.

HAINES, John. "Ukraine — Still Here After Autumn?" *The Foreign Policy Research Institute* (FPRI), maio de 2014. Disponível em: <http://www.fpri.org/articles/2014/05/ukraine-still-here-after-autumn>.

HALL, John (for *MailOnline*). "Meet the Peshmerga's International Brigade: From IT workers to ex-soldiers, the men from the West teaming up with Kurdish forces to fight ISIS." *MailOnline*, 21 de abril de 2015. Disponível em: <http://www.dailymail.co.uk/news/article-3049019/Peshmerga-s-foreign-legion-fighting-alongside--defeat-ISIS-workers-ex-soldiers-brave-men-world-teaming-Kurdish-forces.html>.

Hambumburger Abendblatt. Disponível em: <http://www.abendblatt.de/politik/article126202086/Gregor-Gysi-Sanktionen-gegen-Russland-verschaerfen-die-Krise.html>.

HANNA, Jason; REBAZA, Claudia. "MH17 investigators: Possible missile parts found". *CNN*, 11 de agosto de 2015. Disponível em: <http://edition.cnn.com/2015/08/11/europe/mh17-investigation/index.html>. Acessado em 12 de agosto de 2015.

HARDING, Luke (Luhansk). "Ukraine's government has lost control of east, says acting president — Oleksandr Turchynov says security forces are unable to control situation in Donetsk and Luhansk regions". *The Guardian*, 30 de abril de 2014. Disponível em: <http://www.theguardian.com/world/2014/apr/30/ukraine-government-lost-control-east-acting-president — Alec Luhn>.

_____. "Russian aid convoy heads for Ukraine amid doubts over lorries' contents — Kiev says it will turn back shipment which Moscow describes as humanitarian but which west says could be prelude to invasion". *The Guardian*, 12 de agosto de 2014.

_____. "Ukraine extends lease for Russia's Black Sea Fleet. Deal with new President Viktor Yanukovych to cut Russian gas prices sees Ukraine tilt backs towards Moscow". *The Guardian*, 21 de abril de 2010.

HARDISTY, Jean; BERLET, Chip. Exporting Right-Wing Christianity. *Jean Hardisty*. Disponível em: <http://www.jeanhardisty.com/writing/articles-chapters-and-reports/exporting-right-wing-christianity/>.

HARNDEN, Toby (Washington). "Bush sees Arafat as irrelevant". *The Telegraph*, 6 de junho de 2002. Disponível em: <http://www.telegraph.co.uk/news/worldnews/middleeast/israel/1396455/Bush-sees-Arafat-as-irrelevant.html>.

HARRESS, Christopher. "Amid NATO Threats, Russia New Air Bases Could Open Across Eastern Europe And Central Asia". *International Business Times*, 9 de setembro de 2015. Disponível em: <http://www.ibtimes.com/amid-nato-threats-russia-new-air-bases-could-open-across-eastern-europe-central-asia-2088746>.

HARTMANN, Thom. "Reaganomics killed America's middle class. This country's fate was sealed when our government slashed taxes on the rich back in 1980". *Salon*, 19 de abril de 2014. Disponível em: <http://www.salon.com/2014/04/19/reaganomics_killed_americas_middle_class_partner/>.

HASSAN, Amro (Cairo). "Libya's parliament ducks fighting to meet in eastern city of Tobruk". *Los Angeles Times*, 2 de agosto de 2014. Disponível em: <http://www.latimes.com/world/middleeast/la-fg-libya-parliament-tobruk-20140802-story.html>.

HASSEL, Florian (Donezk). "Igor Strelkow, Kommandeur in der Ostukraine Mann hinter der Schreckensherrschaft". *Süddeutsche Zeitung,* 12 de maio de 2014. Disponível em <http://www.sueddeutsche.de/politik/igor-strelkow-kommandeur-in-der-ostukraine-der-mann-hinter-der-schreckensherrschaft-1.1958675>. Acessado em 14 de fevereiro de 2016.

HATCHETT, Ronald. "Yeltsin: Fighting To Stay On Top". *JOC.com,* 18 de agosto de 1992. Disponível em: <http://www.joc.com/yeltsin-fighting-stay-top_19920818.html>.

HAWRYLYSHYN, Bohdan. *Ten years of work on behalf of Ukraine*: *notable highlights*. Part II. A Washington dinner. Disponível em: <http:www.ukrweekly.com/old/archive/1999/099921.shtml>.

HECKER, Siegfried S. "For U.S. and Russia, Isolation Can Lead to Nuclear Catastrophe". *The New York Times*, 18 de novembro de 2014.

HEDGES, Chris. *American Fascists — The Christian Right and the War on America.* Nova York: Free Press, 2006.

HEGEL, George Wilhelm Friedrich. *Wissenschaft der Logik:Die Lehre von Sein (1832).* (Neu herausgegeben von Hans-Jürgen Gawoll). Hamburg: Felix Meiner Verlag, 1990, pp. 198–203, 241–244.

HEILBRUNN, Jacob. "The Interview: Henry Kissinger". *The National Interest*, setembro/outubro de 2015. Disponível em <http://nationalinterest.org/print/feature/the-interview-henry-kissinger-13615>.

HELLER, Aron. "Peres: Netanyahu was never sincere about making peace. Ex-president says PM's overtures have never 'escaped the domain of talking', and warns against his notion of continually 'living by the sword'". *The Times of Israel*, 2 de novembro de 2015. Disponível em: <http://www.timesofisrael.com/peres-netanyahu-was-never-sincere-about-making-peace/?utm_source=dlvr.it&utm_medium=twitter>.

HENDERSON, Andrew. "Russia vs. the petrodollar: the latest reserve currency meltdown". *Nomad Capitalist.* Disponível em: <http://nomadcapitalist.com/2014/08/08/russia-vs-petrodollar-latest-reserve-currency-meltdown/>.

HENDERSON, Dean. *The Federal Reserve Cartel.* Estados Unidos: Jill Henderson, 2010, pp. 28–30.

HENNINGSEN, Patrick. "Saudi Prince Bandar's second attempt at bribing Russia to drop support of Syria". *21st Century Wire*, 27 de agosto de 2013. Disponível em: <http://21stcenturywire.com/2013/08/27/saudi-prince-bandars-second-attempt--at-bribing-russia-to-drop-support-of-syria/>.

HERRIDGE, Catherine; BROWNE, Pamela (Fox Business). "Exclusive: The Arming of Benghazi — The United States supported the secret supply of weapons to Libyan rebels while Hillary Clinton was Secretary of State according to federal court documents obtained by Fox News. In a sworn declaration". *Benghazi Accountability Coalition*, 29 de junho de 2015. Disponível em: <http://benghazi-coalition.org/>.

HERSH, Seymour M. "Annals of National Security — The Redirection. Is the Administration's new policy benefitting our enemies in the war on terrorism?" *The New Yorker*, 5 de março de 2007 Issue. Disponível em: <http://www.newyorker.com/magazine/2007/03/05/the-redirection?currentPage=all>.

————. "The Red Line and the Rat Line". *London Review of Books*, 6 de abril de 2014. Disponível em: <http://www.lrb.co.uk/2014/04/06/seymour-m-hersh/the--red-line-and-the-rat-line>.

————. "Whose sarin?" *London Review of Books*, 19 de dezembro de 2013, Vol. 35, no. 24, pp. 9–12.

HERSZENHORN, David M. "I.M.F. Criticizes Ukraine Plan for Economy". *The New York Times*, 19 de dezembro de 2013.

HIGGINS, Andrew; KRAMERFEB, Andrew E. "Archrival Is Freed as Ukraine Leader Flees". *The New York Times*, 22 de fevereiro de 2014.

"High court judge orders Goldman Sachs to disclose Libya profits — Libyan sovereign wealth fund, which is suing Goldman, estimates the US investment bank made $350m in upfront profit on nine derivatives products". *The Guardian*, 24 de novembro de 2014.

HIGHAM, Charles. *Trading with the Enemy — How the Allied Multinationals supplied Nazi Germany through World War Two — An Expose of the American Money Plot — 1933–1949*. Londres: Robert Hale, 1983.

HILL, Henryk. *Second Polish Republic-The Book. Chapter 20: War crimes and atrocities*. Disponível em: <https://sites.google.com/a/secondpolishrepublic.net.pe/second-polish-republic-the-book/chapter-20 —>.

HILLE, Kathrin (Moscou). "The pursuit of Yukos' wealth". *Financial Times*, 12 de janeiro de 2014. Disponível em: <http://www.ft.com/cms/s/0/d4658d96–-7b7d-11e3–84af-00144feabdc0.html#axzz3EWrKjn6p>.

_____. "Ukrainian port is key to Russia's naval power". *The Financial Times*, 27 de fevereiro de 2014. Disponível em: <http://www.ft.com/cms/s/0/1f749b24–9f8c-11e3-b6c7–00144feab7de.html#axzz3X7DJLGGh>.

HIRSH, Michael; OLIPHANT, James. "Obama Will Never End the War on Terror — The president stands to leave an open-ended conflict to his successor". *National Journal*, 27 de fevereiro de 2014. Disponível em: <http://www.nationaljournal.com/magazine/obama-will-never-end-the-war-on-terror-20140227>.

HODGE, Carl Cavanagh; NOLAN, Cathal J. *US Presidents and Foreign Policy — 1789 to the Present*. Santa Barbara (California): ABC-CLIO, pp. 58- 59.

HOEFLE, John. "LaRouche: Return to FDR's Glass-Steagall Standard Now!" *Executive Intelligence Review*, 16 de outubro de 2009. Disponível em: <http://www.larouchepub.com/other/2009/3640return_glass-steagall.html>.

HOFT, Jim. "More Emails Prove Hillary Clinton & Obama KNEW Benghazi Terror Attack Was Planned by Al-Qaeda Group — *FOX News* confirmed Monday that the US ran guns from Benghazi to Syria before the attack on the US consulate on September 11, 2012". *Gateway Pundit*, 21 de maio de 2015. Disponível em: <http://www.thegatewaypundit.com/2015/05/more-emails-prove-hillary-clinton-obama-knew-benghazi-terror-attack-was-planned-by-al-qaeda--group/#ixzz3fOnqw6Rm>.

HOSENBALL, Mark. "Bush: 'We're At War'. *Newsweek*, 24 de setembro de 2001.

HOSSEINE, Seyyedeh Motahhareh; MOQADDAM, Asghar Shokri. "US Presence in Eurasia and Its Impact on Security and Military Arrangements of This Region". *Geopolitica*, 5 de maio de 2014. Disponível em: <http://www.geopolitica.ru/en/article/us-presence-eurasia-and-its-impact-security-and-military-arrangements-region#.Vex_MJc-7_A>.

HUAN, Major General Yang (ex-comandante-adjunto do Segundo Corpo de Artilharia — Forças de Mísseis Estratégicos). "China's Strategic Nuclear Weapons". *Institute for National Strategic Studies*. Disponível em: <http://fas.org/nuke/guide/china/doctrine/huan.htm.China>; Ver também: <http://www.nti.org/country-profiles/china/nuclear/>.

"Human Rights Council — Twenty Second Session — Agenda items 2 and 7Annual report of the United Nations High Commissioner for Human Rights and reports of the Office of the High Commissioner and the Secretary General Human rights situation in Palestine and other occupied Arab territories — Report of the United Nations High Commissioner for Human Rights on the implementation of Human Rights Council resolutions S 9/1 and S-12/1 — Addendum Concerns related to adherence to international human rights and international humanitarian law in the context of the escalation between the State of Israel, the de facto authorities in Gaza and Palestinian armed groups in Gaza that occurred from 14 to 21 November 2012". Avance version Distr.: General 6 March 2013 — pp. 6–11. Disponível em: <http://www.ohchr.org/Documents/HRBodies/HRCouncil/RegularSession/Session22/A.HRC.22.35.Add.1_AV.pdf>.

HUNTER, Shreen T. *Islam in Russia — The politics of Identity and Security.* Nova York/Londres: M.E. Sharpe — Center for Strategic and International Studies, 2004, p. 9.

HUSSEIN, M.A.; ABRAHAM, R. "ISIS, Not Ḥamās, Claimed Responsibility For Kidnapping Three Israeli Teens". *Counter Current News*, 22 de agosto de 2014. Disponível em: <http://countercurrentnews.com/2014/08/isis-in-the-west-bank-not-Ḥamās-first-claimed-responsibility-for-kidnapping-those-israeli-teens/>. Acessado em 31de outubro de 2014.

HYDE, Lily (Kiev). "Ukraine to rewrite Soviet history with controversial 'decommunisation' laws — President set to sign measures that ban Communist symbols and offer public recognition and payouts for fighters in militias implicated in atrocities". *The Guardian*, 20 de abril de 2015. Disponível em: <http://www.theguardian.com/world/2015/apr/20/ukraine-decommunisation-law-soviet>.

"Ilegal Israeli Settlements". *Council for European Palestinian Relations.* Disponível em: <http://thecepr.org/index.php?option=com_content&view=article&id=115:illegal-israeli-settlements&catid=6:memos&Itemid=34>.

"IMF Board Approves \$15.2 Billion Loan to Ukraine". *Bloomberg News*, 29 de julho de 2010. Disponível em: <http://www.bloomberg.com/news/articles/2010–07-28/imf-approves-15–2-billion-loan-to-ukraine-on-fiscal-adjustment-pledge>.

"Immigration to Israel: Total Immigration, by Year (1948 — Present 2014)". *Jewish Virtual Library*. Disponível em: <https://www.jewishvirtuallibrary.org/jsource/Immigration/Immigration_to_Israel.html>.

"In first, Ḥamās official takes credit for kidnap and murder of Israeli teens". *The Jerusalem Post*, 20 de agosto de 2014. Disponível em: <http://www.jpost.com/Arab-Israeli-Conflict/In-first-Ḥamās-official-takes-credit-for-kidnap-and-murder-of--Israeli-teens-371703>.

"In His Own" — Bill Clinton — Speaking yesterday in Detroit. *The New York Times*, 23 de outubro de 1996. Disponível em: <http://www.nytimes.com/1996/10/23/us/in-his-own-words-939471.html>.

"In Ukraine, U.S interests are incompatible with the interests of the Russian Federation". Stratfor chief George Friedman on the roots of the Ukraine crisis Interview by Elena Chernenko & Alexander Gabuev — *us-russia.org*, 17 de janeiro de 2015. Disponível em: <http://us-russia.org/2902-in-ukraine-us-interests-are--incompatible-with-the-interests-of-the-russian-federation-stratfor-chief-george-friedman-on-the-roots-of-the-ukraine-crisis.html>.

"Influencing the SARG in the end of 2006", 13 de dezembro de 2006. Disponível em: <https:/wikileaks.org/cable/2006/12/06DAMASCUS5399.html>.

"Informational Briefing from the Russian Union of Engineers, 15/08/2014 — Analysis of the causes of the crash of Flight MH17 (Malaysian Boeing 777). Ivan A. Andrievskii, First Vice-President of the All-Russian Public Organization Russian Union of Engineers — Chairman of the Board of Directors of the Engineering Company 2K". *Global Research*. Disponível em: <http://www.globalresearch.ca/wp-content/uploads/2014/09/MH17_Report_Russian_Union_of_Engineers140818.pdf>.

"International Military Review — Syria-Iraq battlespace, Dec. 29, 2015". *International Military Review*, 29 de dezembro de 2015. Disponível em: <http://southfront.org/international-military-review-syria-iraq-battlespace-dec-29–2015/>.

"Internationalisierung des Yuan — China startet internationales Zahlungssystem — Bisher war die Abwicklung grenzüberschreitender Geschäfte in Yuan teuer und langwierig. Das soll nun besser werden und die Internationalisierung der chinesischen Währung vorantreibenn". *Zürcher Kantonalbank*, 9 de outubro de 2015. Disponível em: <http://www.nzz.ch/finanzen/devisen-und-rohstoffe/china-startet-internationales-zahlungssystem-1.18626842>.

"Intervention en Syrie: derniers développements" — *Agora Dialogue*, 1º de setembro de 2013. Disponível em: <http://agora-dialogue.com/intervention-en-syrie-derniers-developpements/>.

"Intervention en Syrie: Hollande sous la pression de l'opposition". *Le Parisien*, 31 de agosto de 2013.

"Interview to German TV channel ARD". Vladivostok, 17 de novembro de 2014. *President of Russia*. Disponível em: <http://eng.kremlin.ru/news/23253>.

"Interview With Reza Moghadam — Ukraine Unveils Reform Program with IMF Support" — *IMF Survey*, 30 de abril de 2014. Disponível em: <http://www.imf.org/external/pubs/ft/survey/so/2014/new043014a.htm>.

"Investigation of un-American propaganda activities in the United States. Hearings before a Special Committee on Un-American Activities, House of Representatives, Seventy-fifth Congress, third session-Seventy-eighth Congress, second session, on H. Res. 282, to investigate (l) the extent, character, and objects of un-American propaganda activities in the United States; (2) the diffusion within the United States of subversive and un-American propaganda that is instigated from foreign countries or of a domestic origin and attacks the principle of the form of government as guaranteed by our Constitution; and (3) all other questions in relation thereto that would aid Congress in any necessary remedial legislation". *United States Congress House. Special Committee on Un-American Activities (1938–1944)*. vol.: Appendix pt.7. Washington, U.S. Govt. Printing Office. National Archive. Disponível em:

<https://archive.org/stream/investigationofu07unit/investigationofu07unit_djvu.txt>.

IOFFE, Julia. "Kiev Chameleon". *New Republic*, 5 de janeiro de 2010. Disponível em: <http://www.newrepublic.com/article/world/kiev-chameleon>.

"Iran accuses Saudis of hitting Yemen embassy". *BBC: Middle East*, 7 de janeiro de 2016. Disponível em: <http://www.bbc.com/news/world-middle-east-35251917>.

"Iran and Russia Making a Deal? Chairman Royce". *Presses State Department for Information*, 3 de junho de 2014. Disponível em: <http://foreignaffairs.house.gov/press-release/iran-and-russia-making-deal-chairman-royce-presses-state-department-information>.

"Iran to double gas production at South Pars largest Phase". *PressTV*, 30 de maio de 2014. Disponível em: <http://www.presstv.ir/detail/2014/05/30/364764/iran-to--boost-south-pars-gas-output/>.

"Iran's South Pars phases to be completed by 2017: Official". *PressTV*, 30 de maio de 2014. Disponível em: <http://www.presstv.ir/detail/2014/05/30/364764/iran-to--boost-south-pars-gas-O output/>.

"Irregular Migrant, Refugee Arrivals in Europe Top One Million in 2015: IOM". *International Organization for Migration*, 22 de dezembro de 2015. Disponível em: <https://www.iom.int/news/irregular-migrant-refugee-arrivals-europe-top-one-million-2015-iom>.

"ISIS told Yazidi sex slaves that rape is part of their twisted corruption of Islam". *Mirror*, 14 de agosto de 2015. Disponível em: <http://www.mirror.co.uk/news/world-news/isis-told-yazidi-sex-slaves-6251415>.

"Israel raids and shuts down Palestinian radio station". *AAAJ and agencies. al-Araby*, 3 de novembro de 2015. Disponível em: <http://www.alaraby.co.uk/english/news/2015/11/3/israel-raids-and-shuts-down-palestinian-radio-station>.

"Israeli jets strike 34 targets in Gaza Strip — Air force hits ⬜amãs, Islamic Jihad structures; 4 reported wounded; 2 rockets explode in Israel causing damage, hours after discovery of kidnapped teens' bodies". *The Times of Israel*, 1º de julho de 2014. Disponível em: <http://www.timesofisrael.com/palestinians-israeli-jets-strike--over-30-targets-in-gaza/>.

"Israeli military closes Palestinian radio station for inciting violence. Israel says it has shut down a Palestinian radio station on charges of incitement. The move comes after Prime Minister Benjamin Netanyahu accused Palestinian leaders of stoking the violence that has plagued the region". *Deutsche Welle — DW*, 3 de novembro de 2015. Disponível em: <http://www.dw.com/en/israeli-military-closes-palestinian-radio-station-for-inciting-violence/a-18822859>. Acessado em 5 de novembro de 2015.

"Israelis Stand to Gain $120 Billion, Palestinians $50 Billion in Two-State Solution Over Next Decade". *Rand Corporation*, 8 de junho de 2015. Disponível em: <http://www.rand.org/news/press/2015/06/08.html>.

"It started in a mood of eerie calm, but then 2008 exploded into a global financial earthquake." *The Guardian — The Observer*, 28 de dezembro de 2008. Disponível em: <http://www.theguardian.com/business/2008/dec/28/markets-credit-crunch-banking-2008>.

"It's a dead end': German FM joins chorus of discontent over Russia sanctions rhetoric". *RT*, 18 de maio de 2014. Disponível em: <http://rt.com/news/159716-germany-sanctions-russia-criticism/>.

ITO, Suzanne. "Despite U.N. Objections, U.S. Continues to Detain Children at Guantánamo". *American Civil Liberties (ACLU)*, 22 de julho de 2008. Disponível em: <https://www.aclu.org/print/blog/human-rights-national-security/despite-un-objections-us-continues-detain-children-guantanamo>.

IVRY, Bob; KEOUN, Bradley; KUNTZ, Phil. "Secret Fed Loans Gave Banks $13 Billion Undisclosed to Congress". *Bloomberg*, 28 de novembro de 2011. Disponível em: <http://www.bloomberg.com/news/2011-11-28/secret-fed-loans-undisclosed-to-congress-gave-banks-13-billion-in-income.html>.

IWAŃSKI, Tadeusz. "The collapse of Ukraine's foreign trade", 18 de março de 2015. Disponível em: <http://www.osw.waw.pl/en/publikacje/analyses/2015–03-18/collapse-ukraines-foreign-trade>.

JAFFE, Greg. "U.S. model for a future war fans tensions with China and inside Pentagon". *The Washington Post,* 1º de agosto de 2012. Disponível em: <http://www.washingtonpost.com/world/national-security/us-model-for-a-future-war-fans-tensions-with-china-and-inside-pentagon/2012/08/01/gJQAC6F8PX_story.html>.

"James S. Brady Press Briefing Room" — *White House President Obama.* Disponível em: <http://www.whitehouse.gov/the-press-office/2012/08/20/remarks-president-white-house-press-corps>.

JAMES, Lawrence. *The Golden Warrior: the life and legend of Lawrence of Arabia.* Londres: Scribner, 1970.

JASPER, William F. "George Soros' Giant Globalist Footprint in Ukraine's Turmoil". *The New American.* Disponível em: <http://www.thenewamerican.com/world-news/europe/item/17843-george-soros-s-giant-globalist-footprint-in-ukraine-s-turmoil>.

Jerusalem's al-Aqsa mosque sees Israeli-Palestinian clashes". *BBC News*, 13 de setembro de 2015. Disponível em: <http://www.bbc.com/news/world-middle-east-34237219>.

"Jim Rogers — Russia / China / Brazil Joining Forces to Avoid U.S. Dollar". *The Daily Coin*, 3 de novembro de 2014. Disponível em: <http://thedailycoin.org/?p=10593>.

JOHANEVICH, Milla. "Serbia: Clinton, billionaire Muja and Soros to get $1 trillion dollars deal in Kosovo". *Digital Journal,* 5 de dezembro de 2011. Disponível em: <http://digitaljournal.com/blog/14219>.

"John McCain tells Ukraine protesters: 'We are here to support your just cause'". *The Guardian*, 15 de dezembro de 2013. Disponível em: <http://www.theguardian.com/world/2013/dec/15/john-mccain-ukraine-protests-support-just-cause>.

JOHN, Josh Dorner; WILLETT, David. "McCain's Million Dollar Big Oil *Quid Pro Quo* Campaign Cash from Big Oil Flows In After Offshore Drilling Flip-Flop".

Sierra Club. Disponível em: <http://action.sierraclub.org/site/MessageViewer;jse ssionid=9C3A870C38955027BEF958DFC1084DC5.app207a?em_ id=65021.0>.

JOHNSON, Ian. *A Mosque in Munich: Nazis, the CIA, and the Rise of the Muslim Brotherhood in West.* Boston/Nova York: Houghton Mufflin Harcourt, 2000. p. 127.

JONES, Seth G. "A Persistent Threat — The Evolution of al Qa'ida and Other Salafi Jihadists (Prepared for the Office of the Secretary of Defense)". *RAND National Research Institute. RAND Corporation*, 2014, p. x. ISBN: 978-0-8330-8572-6. Disponível em: <http://www.rand.org/content/dam/rand/pubs/research_reports/ RR600/RR637/RAND_RR637.pdf>.

"Jordan hosts 900 U.S. troops to shield against Syria". *Daily Star* (Lebanon) — *Associated Press,* 22 de junho de 2013. Disponível em <http://www.dailystar.com.lb/ News/Middle-East/2013/Jun-22/221243-us-military-presence-in-jordan-expan-ds-to-1000-soldiers.ashx#axzz3CMsQVR3F>.

JOSCELYN, Thomas. "Jihadist front established to represent foreign fighters in Syria". *The Long War Journal — Foundation for Defense of Democracies.* Disponível em: <http://www.longwarjournal.org/archives/2015/07/jihadist-front-esta-blished-to-represent-foreign-fighters-in-syria.php>.

JP Sottile for Buzzflash at Truthout. "The Business of America Is Giving Countries Like Ukraine the Business", Wednesday, 12 de março de 2014. Disponível em: <http://www.truth-out.org/buzzflash/commentary/the-business-of-america-is-gi-ving-countries-like-ukraine-the-business>.

JPost.Com Staff. 'Kerry's mental age doesn't exceed that of a 12-year-old', Netanyahu's new media czar wrote Bennett blasts Kerry for linking Israeli-Palestinian conflict to ISIS proliferation". *The Jerusalem Post,* 5 de novembro de 2015. Disponível em: <http://www.jpost.com/Israel-News/Politics-And-Diplomacy/Kerrys-men-tal-age-doesnt-exceed-that-of-a-12-year-old-Netanyahus-new-media-czar-wro-te-432104>.

Judicial Watch — Documents Archive. — pp. 1–3 (2–3) from JW v DOD and State 14–812. Disponível em: <http://www.judicialwatch.org/wp-content/uploads/ 2015/05/pp.-1–3-2–3-from-JW-v-DOD-and-State-14–812-DOD-Release-2015– 04-10-final-version1.pdf>.

"*Judicial Watch*: Defense, State Department Documents Reveal Obama Administration Knew that al Qaeda Terrorists Had Planned Benghazi Attack 10 Days in Advance", 18 de maio de 2015. Disponível em: <http://www.judicialwatch.org/press-room/ press-releases/judicial-watch-defense-state-department-documents-reveal-obama--administration-knew-that-al-qaeda-terrorists-had-planned-benghazi-attack-10--days-in-advance/>.

"Julia Tymoshenko: The iron princess". *The Independent,* 28 de outubro de 2007. Disponível em: <http://www.independent.co.uk/news/people/profiles/julia-ty-moshenko-the-iron-princess-397875.html>.

KALENIUK, Daryna; SENYK, Halyna. "Who will get stolen Lazarenko money?" *Kyiv Post,* 12 de setembro de 2013. Disponível em: <http://www.kyivpost.com/ opinion/op-ed/who-will-get-stolen-lazarenko-money-329296.html>.

KALMAN, Aaron. "Israel used 17 tons of explosives to destroy Syrian reactor in 2007, magazine says, Mossad agents stole key information on Assad's nuclear project from Vienna home of Syrian atomic agency head, New Yorker claims". *The Times of Israel*, 10 de setembro de 2012. Disponível em: <http://www.time-sofisrael.com/israel-uses-17-tons-of-explosives-to-destroy-syrian-reactor/>.

KANAT, Kilic Bugra. *A Tale of Four Augusts*: *Obama's Syria Policy*. Ankara (Turquia): Seta Publications, 2015, pp. 11, 77 e 83–84.

KARON, Tony. "Israel Violence Means Big Trouble for Sharon, Arafat and Bush". *Time*, 6 de agosto de 2001. Disponível em: <http://content.time.com/time/world/article/0,8599,170235,00.html>.

KATCHANOVSKI, Ivan. "The 'Snipers' Massacre" on the Maidan in Ukraine". Disponível em: <http://www.scribd.com/doc/244801508/Snipers-Massacre-on-the--Maidan-in-Ukraine-Paper-libre>.

KATZ, Emily Tess. "Matt Taibbi: America Has A 'Profound Hatred Of The Weak And The Poor'". *HuffPost Live, HuffPost Businnes*, 1º de dezembro de 2014. Disponível em: <http://www.huffingtonpost.com/2014/04/16/matt-taibbi-the--divide_n_5159626.html>.

KECK, Zachary. "Is China Preparing MIRVed Ballistic Missiles?" *The Diplomat*, 8 de agosto de 2014. Disponível em: <http://thediplomat.com/2014/08/is-china-preparing-mirved-ballistic-missiles>.

_____. "The Buzz — Russia's Massive Military Buildup Abroad: Should NATO Worry?" *The National Interest*, 17 de junho de 2015. Disponível em: <http://www.nationalinterest.org/blog/the-buzz/russias-massive-military-buildup-abroad-should-nato-worry-13132 >.

KELLEY, Matt (*Associated Press*) "Bush Administration Spent $65 Million to Help Opposition in Ukraine" — *Associated Press* — *Fox News*, 10 de dezembro de 2004. Disponível em: <http://www.foxnews.com/story/2004/12/10/us-spent-65m-to-aid--ukrainian-groups/>.

KELLEY, Michael B. "Al-Qaeda Jihadists Are The Best Fighters Among The Syria Rebels". *Businness Insider — Military & Defense*, 31 de julho de 2012. Disponível em: <http://www.businessinsider.com/al-qaeda-jihadists-are-among-the-best--fighters-among-the-syria-rebels-2012–7?IR=T>.

KELLEY, Michael B. "There's A Reason Why All of The Reports about Benghazi Are So Confusing". *Businness Insider — Military & Defense*, 3 de novembro de 2012. Disponível em: <http://www.businessinsider.com/benghazi-stevens-cia-attack-libya-2012–11?IR=T>.

KENEZ, Peter. *Civil war in South Russia 1919–1920*: *The defeat of the Whites*. Hoover Institution on War, Revolution, and Peace Berkeley (Califórnia): University of California Press, 1977, pp. 162–163.

KENNAN, George F. "'A Fateful Error.' *The New York Times*, February 5 1997" *in*: *Wargaming italia*. Disponível em: <http://www.netwargamingitalia.net/forum/resources/george-f-kennan-a-fateful-

KENNEDY JR., Robert. "Middle Eastern Wars Have ALWAYS Been About Oil". *WashingtonsBlog*, 26 de fevereiro de 2016. Disponível em: <http://www.washingtonsblog.com/2016/02/middle-eastern-wars-always-oil.html>.

————. "Syria: Another Pipeline War". *EcoWatch*, 25 de fevereiro de 2016. Disponível em: <http://ecowatch.com/2016/02/25/robert-kennedy-jr-syria-pipeline-war/>.

KERSHNERJAN, Isabel. "Netanyahu Says Some Settlements to Stay in Israel". *The New York Times*. 24, 2010. Disponível em: <http://www.nytimes.com/2010/01/25/world/middleeast/25mideast.html?_r=0>.

KESSLER, Glenn. "Netanyahu: 'America is a thing you can move very easily'". *The Washington Post*, 16 de julho de 2010.

————. "President Obama and the 'red line' on Syria's chemical weapon". *The Washington Post*, 6 de setembro de 2013.

KIERKEGAARD, Søren. *Fucht und Zittern*. Munique: Güterloher Verlaghaus, 1993, pp. 58–59, 140–141.

"Kiev and Babi Yar". *Holocaust Encyclopedia*. Disponível em: <http://www.ushmm.org/wlc/en/article.php?ModuleId=10005421>.

"Kiev fights in Ukraine's southeast for shale gas deposits to be controlled by US — PushkovRussia". *Itar-TASS*, 16 de agosto de 2014. Disponível em: <http://tass.ru/en/russia/745305>.

KIM, Lucian. "Debaltseve debacle puts Ukraine's leader in jeopardy. That suits Vladimir Putin just fine". *Reuters*, 19 de fevereiro de 2015. Disponível em: <http://blogs.reuters.com/great-debate/2015/02/19/debaltseve-debacle-put-ukraines-leader-in-jeopardy-and-that-suits-vladimir-putin-just-fine/>. Acessado em 27 fevereiro de 2015.

————. "Debaltseve debacle puts Ukraine's leader in jeopardy. That suits Vladimir Putin just fine". *Reuters*, 19 de fevereiro de 2015. Disponível em: <http://blogs.reuters.com/great-debate/2015/02/19/debaltseve-debacle-put-ukraines-leader-in-jeopardy-and-that-suits-vladimir-putin-just-fine/>. Acessado em 27 de fevereiro de 2015.

KINCAID, Cliff. "Clinton's Kosovo Whopper". *Free Republic*, 28 de setembro de 2006. Disponível em: <http://www.freerepublic.com/focus/f-news/1709979/posts>.

KING, Charles. "The Five-Day War — Managing Moscow after the Georgia Crisis". *Foreign Affairs*, novembro/dezembro de 2008 Issue. Disponível em: <http://www.foreignaffairs.com/articles/64602/charles-king/the-five-day-war>.

KINGSLEY, Patrick (Cairo); STEPHEN, Chris; ROBERTS, Dan (Washington). "UAE and Egypt behind bombing raids against Libyan militias, say US officials". Disponível em: < http://www.theguardian.com/world/2014/aug/26/united-arab-emirates-bombing-raids-libyan-militias>.

KINZER, Stephen. *Overthrow. America's Century of Regime Change from Hawaii to Iraq*. Nova York: Times Books — Henry Hold & Company, 2006, p. 321.

KIRICHUCK, Sergey. "Ukraine: far-right extremists at core of 'democracy' protest — As violent scenes play out on the streets of Kiev, we look at the major role extremist right-wing movements have played in Ukraine's 'pro-democracy' movement". *Channel 4 News (Ukraina)*, 24 de janeiro de 2014. Disponível em: <http://www.channel4.com/news/kiev-svoboda-far-right-protests-right-sector-riot-police>.

KIRTIKAR, Margo. *Once Upon a Time in Baghdad: The Two Golden Decades The 1940s and 1950s.* Crossways, Dartford (U. K.); Xlibris Corporation, 2011, pp. 270–271.

KISSINGER, Henry A. "How the Ukraine crisis ends". *The Washington Post*, 5 de março de 2014.

_____. "Syrian intervention risks upsetting global order", *TheWashington Post*, 2 de junho de 2012.

_____. *Diplomacy.* Nova York: A Touchstone Book — Simon & Schuster, 1995, p. 607.

_____. *World Order.* Nova York: Penguin Press, 2014, p. 336.

"Klitschko erzählt von der Todes-Nacht auf dem Maidan". *Focus Online.* Disponível em: <http://www.focus.de/politik/ausland/news-ticker-zur-eskalation-in-der--ukraine-25-tote-busse-karren-demonstranten-vom-land-nach-kiew_id_3625618.html>.

KLOSTERMAYR, M. "Syria: Mother Agnes on the Chronology of Chemical Attack near Damascus — Mother Agnes speaks about the fabricated videos of the che-mical attack near Syria's capital, Damascus". *SyriaNews*, 26 de setembro de 2013. Disponível em: <http://www.syrianews.cc/syria-mother-agnes-chemical--attack-damascus/>.

KLUßMANN, Uwe; SCHEPP Matthias Schepp; WIEGREFE, Klaus. "NATO's Eas-tward Expansion — Did the West Break Its Promise to Moscow?" *Spiegel Online*, 26 de novembro de 2009. Disponível em: <http://www.spiegel.de/iMargaretan-ternational/world/nato-s-eastward-expansion-did-the-west-break-its-promise-to--moscow-a-663315-2.html>.

KOESTLER, Arthur. *The Thirteenth Tribe.* Nova York: Random House, 1976, pp. 13–19, 154–166. 223–226.

KOZY, John. "Mother Russia". *Nueva Sociedad* — 253, Buenos Aires: Friedrich Ebert Stiftung. Setembro / outubro de 2014, pp. 131–137.

KRAMAR, Oleksandr. "Back on the Ground — Agribusiness becomes the biggest com-ponent of Ukraine's economy. What will it take for the growth to continue?". *Ukrai-nain Week*, 25 de agosto de 2015. Disponível em: <http://ukrainianweek.com/Economics/144123>.

KRAMER, Andrew E.; GORDON, Michael R. "U.S. Faults Russia as Combat Spikes in East Ukraine". *The New York Times*, 13 de fevereiro de 2015.

_____. HERSZENHORN, David M. (Artemivsk, Ukraine). "Retreating Soldiers Bring Echoes of War's Chaos to a Ukrainian Town". *The New York Times*, 19 de fevereiro de 2015. Disponível em: <http://www.nytimes.com/2015/02/20/world/europe/leaders-speak-by-telephone-to-try-to-impose-ukraine-cease-fire.html>.

KRAMER, Mark. "Why Did Russia Give Away Crimea Sixty Years Ago?" *Cold War International History Project.* Disponível em: <http://www.wilsoncenter.org/pu-blication/why-did-russia-give-away-crimea-sixty-years-ago>.

KRAMIM, Mitzpe (West Bank); LUBELL, Maayan. "In Netanyahu's fourth term, what's next for Israeli settlements?" *Reuters*, 6 de abril de 2015. Disponível em:

<http://www.reuters.com/article/2015/04/06/us-israel-palestinians-settlements--insig-idUSKBN0MX0T220150406>. Acessado em 1º de novembro de 2015.

KRANISH, Michael. "Powerful alliance aids 'Bushes' rise". (Part One), *Boston Globe*, 22 de abril de 2001.

_____. "Prescott Bush & Nazis", *Boston Globe*, 4 de julho de 2001. The Mail Archive, Disponível em: <https://www.mail-archive.com/ctrl%40listserv.aol.com/msg71122.htm>.

"Krim-Krise — Altkanzler Schmidt verteidigt Putins Ukraine-Kurs". *Spiegl Online*, 26 de março de 2014. Disponível em: <http://www.spiegel.de/politik/ausland/helmut-schmidt-verteidigt-in-krim-krise-putins-ukraine-kurs-a-960834-druck.html>.

KRUSHCHEV, Nikita. *Memoirs of Nikita Khruschev*, vol. I Comissar (1918–1945), edited by Sergey Khruschev. Pennsylvania: Pennsylvania State University Press, 2004.

KUBICEK, Paul. *The History of Ukraine*. Londres: Greenwoods Press, 2008.

KUDELIA, Sergiy. "Ukraine's 2014 presidential election result is unlikely to be repeated". *The Washington Post*, 2 de junho de 2014.

KULS, Norbert; KNOP, Carsten. "Goldman-Sachs-Chef Blankfein: Ich bin ein Banker, der Gottes Werk verrichtet". *Frankfurter Allgemeine Zeitung*, 9 de novembro de 2009.

KURNAZ, Murat. *Five Years of my Life — An Innocent Man in Guantanamo*. Nova York: Palgrave Macmillan, 2009, p. 224.

KUROMIYA, Hiroaki. *Freedom and Terror in the Donbas: A Ukrainian- Russian Borderland, 1870s-1990s*. Nova York/Cambridge: Cambridge University Press, 1998.

KUZIO, Taras. "Comments on Black Sea Fleet talks". *The Ukrainian Weekly*, 19 de fevereiro de 2006, p. 8. Disponível em: <http://ukrweekly.com/archive/pdf3/2006/The_Ukrainian_Weekly_2006–08. pdf>.

_____. "The Crimea: Europe's Next Flashpoint? — November 2010". Washington, *The Jamestown Foundation*, p. 4. Disponível em: <http://www.peacepalacelibrary.nl/ebooks/files/372451918.pdf>.

"L'Armée syrienne accusée d'avoir utilisé du gaz toxique, l'ONU sommée de réagir". *Le Figaro*, 21 de agosto de 2013.

"L'Évolution des inégalités de revenus dans les pays riches". *Inequality Watch*, 6 de fevereiro de 2012. Disponível em: <http://inequalitywatch.eu/spip.php?article58&lang=fr>.

LACHOWSKI, Zdzislaw. "Foreign Military Bases in Eurasia". *SIPRI Policy Paper No. 18. SIPRI, Stockholm International Peace Research Institute*. Estocolmo: CM Gruppen, Bromma, junho de 2007. Disponível em: <http://books.sipri.org/files/PP/SIPRI-PP18.pdf>.

LAFRANIERE, Sharon. "Stepashin Confirmed as Russian Premier". *Washington Post — Foreign Service*, 20 de maio de 1999, p. A19. Disponível em: <http://www.washingtonpost.com/wp-srv/inatl/longterm/russiagov/stories/stepashin052099.html>.

LAMONICA, Barbara. "The Attempted Coup against FDR". *Probe*. March-April 1999 issue (vol. 6, n°. 3). Disponível em: <http://www.ctka.net/pr399-fdr.html>.

LAMOTHE, Dan. "How U.S. weapons will play a huge role in Saudi Arabia's war in Yemen". *The Washington Post*, 26 de março de 2015. Disponível em: <https://www.washingtonpost.com/news/checkpoint/wp/2015/03/26/how-u-s-weapons--will-play-a-large-role-in-saudi-arabias-war-in-yemen/>.

LANGER, Gary. "Six in 10 Oppose U.S.-Only Strike on Syria; A Closer Division if Allies are Involved". *ABC News*, 3 de setembro de 2013. Disponível em <http://abcnews.go.com/blogs/politics/2013/09/six-in-10-oppose-u-s-only-strike-on--syria-a-closer-division-if-allies-are-involved/>.

LARSON, Leslie. "Senate sneers as soap opera exec is confirmed Ambassador to Hungary". *Daily News*, Nova York, 3 de dezembro de 2014. Disponível em: <http://www.nydailynews.com/news/politics/soap-opera-producer-confirmed--ambassador-hungary-article-1.2031496>.

LASSALLE, Ferdinand. *Ausgewählte Reden und Schriften — 1849–1864*. Berlim: Dietz Verlag, 1991, pp. 94–97.

LATSCH, Gunther. "Die dunkle Seite des Westens". *Der Spiegel*, 11 de abril de 2005.

LAUB, Karin. "Libya: Estimated 30,000 Died in War; 4,000 Still Missing". *Huffpost World Post — The Huffington Post*, 8 de setembro de 2011. Disponível em: <http://www.huffingtonpost.com/2011/09/08/libya-war-died_n_953456.html>.

"Laut Zeitungsbericht Amerikanische Söldner sollen in Ostukraine kämpfen" *Frankfurter Allgemeine Zeitung*, 11 de maio de 2014. Disponível em: <http://www.faz.net/aktuell/politik/ausland/laut-zeitungsbericht-amerikanische-soeldner-sollen--in-ostukraine-kaempfen-12933968.html>.

LAYMAN, Geoffrey C.; HUSSEY, Laura S. "George W. Bush and the Evangelicals: Religious Commitment and Partisan Change among Evangelical Protestants, 1960–2004". *University of Maryland*. This paper originally was prepared for presentation at the University of Notre Dame conference on "A Matter of Faith? Religion in the 2004 Election," Notre Dame, In, December 2–3, 2005. — Department of Government and Politics, 3140 Tydings Hall, College Park, MD 20742.

LAZAR, Alex. "Oslo Mayor Unhappy With Obama's Norway Ambassador Nominee". *The Huffington Post*. Disponível em: <http://www.huffingtonpost.com/2014/07/08/george-tsunis-norway_n_5567351.html>.

LAZARE, Daniel. "Climbing into Bed with Al-Qaeda". *Information Clearing House*, 2 de maio de 2015. Disponível em: <http://www.informationclearinghouse.info/article41742.htm>.

LAZAROFF, Tovah. "Has Netanyahu been boom or bust for Israel's West Bank settlement enterprise?" *The Jerusalem Post*, 17 de março de 2015. Disponível em: <http://www.jpost.com/Israel-Elections/Has-Netanyahu-been-boom-or-bust-for--Israels-West-Bank-settlement-enterprise-394135>.

LE TELLIER, Alexandra. "After MH17, questions of trust from Ron Paul and others". *Los Angeles Times*, 21 de julho de 2014. Disponível em: <http://www.latimes.

com/opinion/opinion-la/la-ol-malaysia-airlines-flight-17-mh17-ron-paul-mainstream-media-20140721-story.html>. Acessado em 11 de agosto de 2015.

LENIN, W. I. "The Ukraine", *in*: Collected Works. Londres: Lawrence & Wishart, 1964, vol. 25 (junho — setembro de 1917).

_____. "Rede bei der Öffenung des Parteitags 27 März 1922", *in*: LENIN, W. I. *Werke*. Agosto de 1921 — março de 1923. Berlim: Dietz Verlag, 1962, Band 33, pp. 285–287.

_____. "VII Moskauer Gouvernerment-Parteikonferenz", outubro de 1921, pp. 29–31, *in*: LENIN, W. I. *Werke*. Agosto de 1921 — março de 1923. Berlim: Dietz Verlag, 1962, Band 33, pp. 75–76.

LEPETYUK, Vadym. "Hyperinflation in Ukraine" — Econ1102 — Guest Lecture — *University of Minnesota*. Disponível em: <http://www.econ.umn.edu/~dmiller/GLhyperinflation>.

Letters of Henry Adams (1892–1918) — Edited by Worthington Chauncey Ford — Boston/Nova York: Houghton Mifflin Company, 1938, vol. II, p. 99. Disponível em: <http://archive.org/stream/lettersofhenryad008807mbp/lettersofhenryad008807mbp_djvu.txt>.

LEVY, Adrian; SCOTT-CLARK, Cathy. "'He won, Russia lost' — Roman Abramovich, Britain's richest man, has lavished millions and millions upon Chelsea Football Club". *The Guardian*, 8 de maio de 2004.

LEVY, Clifford J. Levy. "'Hero of Ukraine' Prize to Wartime Partisan Leader Is Revoked". *The New York Times*, 12 de janeiro de 2011.

LEVY, Gideon. "Tricky Bibi — Israel has had many rightist leaders since Menachem Begin promised 'many Elon Morehs', but there has never been one like Netanyahu, who wants to do it by deceit". *Há'aretz*, 15 de julho de 2010. Disponível em: <http://www.haaretz.com/misc/article-print-page/tricky-bibi-1.302053?trailingPath=2.169%2C2.225%2C2.227%2C>.

"Libya — Overview — Libya is a member of the Organization of the Petroleum Exporting Countries, the holder of Africa's largest proved crude oil reserves, and an important contributor to the global supply of light, sweet crude oil". *Energy Information Administration (EIA)*, 25 de novembro de 2014. Disponível em: <http://www.eia.gov/countries/cab.cfm?fips=LY>.

"Libya death toll rises as clashes in Benghazi continue". *Al Arabya*, 2 de outubro de 2014. Disponível em: <http://english.alarabiya.net/en/News/africa/2014/10/02/Seven-Libyan-soldiers-killed-in-Benghazi-bombs-and-clashes-army-official-says.html2014>. Acesso em 3 de dezembro de 2014.

"Libya: US and EU say Muammar Gaddafi must go". *BBC* — Seccion Africa, 11 de março de 2011. Disponível em: <http://www.bbc.com/news/world-europe-12711162>.

"Libyan Army General Khalifa Haftar a CIA operative: Analyst". *Press TV*, 6 de setembro de 2014. Disponível em: <http://www.presstv.ir/detail/2014/06/09/366288/gen-khalifa-haftar-cia-man-in-libya/>.

"Libyan rebels 'receive foreign training'. Rebel source tells Al Jazeera about training offered by US and Egyptian special forces in eastern Libya". *Al Jazeera*, 3 de abril de

2011. Disponível em: <http://www.aljazeera.com/news/africa/2011/04/201142172443133798.html>.

"L'est, les Nazis de hier sont réhabilités. En Ukraine et ailleurs dans líex-URSS: honneur aux anciens SS". Disponível em: <http://www.resistances.be/ukraine.html>.

"Life in the Gaza Strip". *BBC News*, 14 de julho de 2014. Disponível em: <http://www.bbc.com/news/world-middle-east-20415675?print=true>.

LIND, Michael. *The American Way of Strategy — U.S. Foreign Policy and the American Way of Life*. Oxford: Oxford-Nova York: University Press, 2006, p. 134.

LIPKA, Michael. "The continuing decline of Europe's Jewish population". *Pew Research Center*. Disponível em: <http://www.pewresearch.org/fact-tank/2015/02/09/europes-jewish-population/>.

LISTER, Charles R. *The Islamic State — A Brief Introduction*. Washington, D.C., Brooking Institution Press, 2015, p. 5.

LITTLE, Alan. "Business; Economy — Parliament calls on Yeltsin to resign". *BBC News*, 21 de agosto de 1998. Disponível em: <http://news.bbc.co.uk/2/hi/business/155494.stm>.

LLOYD, Henry Demarest. *Wealth against Commonwealth*. Englewood Cliffs (New Jersey): Prentice Hall, Inc., 1965, pp, 5, 10 e 163.

LOBE, Jim. "CEOs at Big U.S. Companies Paid 331 Times Average Worker". *Inter Press Service (IPS)*, Apr 16, 2014. Disponível em: <http://www.ipsnews.net/2014/04/ceos-big-u-s-companies-paid-331-times-average-worker/>.

"Looking behind the Bushes — Great moments in a great American family". *The Progressive Review. An Online Journal of Alternative News & Information*. Disponível em: <http://prorev.com/bush2.htm>.

LOSSAN, Alexej (RBTH). "Russland stellt Alternative zu Visa und MasterCard vor — Die russische Regierung hat in Moskau den Prototypen einer nationalen Kreditkarte vorgestellt. Allerdings wird noch einige Zeit vergehen, bis das neue Zahlungssystem flächendeckend eingeführt wird". *Russia Beyond and the Headlines*, 4 de junho de 2015. Disponível em: <http://de.rbth.com/wirtschaft/2015/06/04/russland_stellt_alternative_zu_visa_und_mastercard_vor_33869>.

LÜDERS, Alexander. "Polnische Spezialisten". *Focus*, Samstag 13 de setembro de 2014. Disponível em: <http://www.focus.de/politik/ausland/polnische-spezialisten-ukraine-krise-kommentar_id_5967578.html>.

LUHN, Alec (Artemivsk); GRYTSENKO, Oksana (Luhansk). "Ukrainian soldiers share horrors of Debaltseve battle after stinging defeat — Thousands of Ukrainian soldiers retreat from strategic town taken by pro-Russia separatists, leaving their dead and wounded comrades behind." *The Guardian*, 18 de fevereiro de 2015. Disponível em: <http://www.theguardian.com/world/2015/feb/18/ukrainian-soldiers-share-horrors-of-debaltseve-battle-after-stinging-defeat>.

———. (Moscou); HARDING, Luke. "Russian aid convoy heads for Ukraine amid doubts over lorries' contents — Kiev says it will turn back shipment which Moscow describes as humanitarian but which west says could be prelude to invasion". *The Guardian*, 12 de agosto de 2014.

LUSTICK, Ian S. "Israel's Migration Balance — Demography, Politics, and Ideology", pp. 33–34. *Israel Studies Review*, Vol. 26, Issue 1, Summer 2011: 33—65 © Association for Israel Studies doi: 10.3167/isr.2011.260108. Disponível em: <https://www.sas.upenn.edu/polisci/sites/www.sas.upenn.edu.polisci/files/Lustick_Emigration_ISR_11.pdf>.

LUTSEVYCH, Orysia. "How to Finish a Revolution: Civil Society and Democracy in Georgia, Moldova and Ukraine", pp. 4–7. Briefing paper Russia and Eurasia | January 2013 | REP BP 2013/01. *Chatham House*. Disponível em: <http://www.chathamhouse.org/sites/files/chathamhouse/public/Research/Russia%20and%20Eurasia/0113bp_lutsevych.pdf>.

LUXEMBURG, Rosa. "Fragment über Krieg, nationale Frage um Revolution", *Ibidem*, p. 369.

_____. "Zur russischen Revolution", *in*: LUXEMBURG, Rosa. *Gesammelte Werke*. Berlim: Dietz Verlage, 1990, Band 4, p. 355.

LYNCH, Dennis. "Russian Next-Gen 100-Ton Nuclear Missile Could Be Test-Fired By 2017, Says Russian News Wire". *International Business Times*, 29 de janeiro de 2015. Disponível em: <http://www.ibtimes.com/russian-next-gen-100-ton-nuclear-missile-could-be-test-fired-2017-says-russian-news-1799970>.

LYNGAR, Edwin. "Christian right's rage problem: How white fundamentalists are roiling America. Far-right Christians like Todd Starnes think their nation's in danger. You won't believe what they want to do next". *Salon*, 1º de dezembro de 2014. Disponível em: <http://www.salon.com/2014/12/01/far_right_christian_haters_rage_and_cruelty_from_white_fundamentalist_america/?source=newsletter>.

LYSENKO, Andriy. "Ukrainian Armed Forces de-mine Kominternove". *Ukraine Crisis Media Center*. Kyiv, 16 de março de 2015. Disponível em: <http://uacrisis.org/20074-andrijj-lisenko-59>.

MACASKILL, Ewen. "Bush: 'God told me to end the tyranny in Iraq' — President told Palestinians God also talked to him about Middle East peace". *The Guardian*, 7 de outubro de 2005. Disponível em: <http://www.theguardian.com/world/2005/oct/07/iraq.usa>.

MACFARQUHAR, Neil. "A Russian Convoy Carrying Aid to Ukraine Is Dogged by Suspicion". *The New York Times*, 12 de agosto de 2014. "Ukraine officially recognizes Russian aid convoy as humanitarian". *RT*, 16 de agosto de 2014. Disponível em: <http://www.rt.com/news/180844-ukraine-recognizes-russia-humanitarian-aid/>. Acessado em 17 de agosto de 2014.

MACHIAVELLI, Niccoló. *Discorso sopra la prima deca di Tito Livio*. Milão: Rizzoli Editore — BUR Classici, 9ª edição, 2013, pp. 491–492.

MADDOX, Bronwen. "Jimmy Carter: there is zero chance for the two-state solution. The US has withdrawn from tackling the Middle East's most intractable problem, says the former President". *Prospect*, 13 de agosto de 2015. Disponível em: <http://www.prospectmagazine.co.uk/world/jimmy-carter-there-is-zero-chance-for-the-two-state-solution>.

MADHANI, Aamer. "White House — Obama Says Libya's Qaddafi Must Go". *National Journal,* 3 de março de 2011. Disponível em: <http://www.nationaljournal.com/obama-says-libya-s-qaddafi-must-go-20110303>.

MADI, Mohamed. "Profile: Libyan ex-General Khalifa Haftar". *BBC News,* 16 de outubro de 2014. Disponível em: <http://www.bbc.com/news/world-africa-27492354>.

MADISON, James. "Political Observations", 20, 1795. *In: Letters and Other Writings of James Madison,* vol. 4, 1865, p. 491.

MADSEN, Wayne. "Nuland attempts Kiev Version 2.0 in Skopje". *Strategic Culture Foundation,* 16 de fevereiro de 2015. Disponível em: <http://m.strategic-culture.org/news/2015/02/16/nuland-attempts-kiev-version-2-skopje.html>.

MAGOCSI, Paulo R. *A History of Ukraine — The Land and its People.* Toronto: University of Toronto Press, 2ª ed., 2010, pp. 64–67.

MAINWARING, Jon. "Caspian Conference: Azeri Oil, Gas Production Target Raised for 2015". *Rigzone,* 4 de junho de 2015. Disponível em: <http://www.rigzone.com/news/oil_gas/a/138946/Caspian_Conference_Azeri_Oil_Gas_Production_Target_Raised_for_2015>.

MAKHNO, Nestor. *A "revolução" contra a revolução.* São Paulo: Cortez Editora, 1988, pp. 70–71 e 261–262.

MALGAVKO, Alexei. "Lawrow: Eine Million Flüchtlinge aus Ukraine 2014 in Russland eingetroffen". *Sputnik,* 1º de junho de 2014. Disponível em: <http://de.sputniknews.com/panorama/20150601/302576655.html>. Acessado em 7 de junho de 2014.

MALIK, Shiv; MCCARTHY, Tom. "Syria: US sees 'no avenue forward' to 'meaningful action' by UN — as it happened". *The Guardian,* 28 de agosto de 2013.

MALISHEVSK, Nikolai. "Polish Death Squads Fighting in Ukraine. CIA Covert Operation?" *Global Research,* 28 de maio de 2014. Strategic Culture Foundation. Disponível em: <http://www.globalresearch.ca/polish-death-squads-fighting-in-ukraine-cia-covert-operation/5384210>.

MALLOF, F. Michael. "Saudis Pressure Russians to Drop Syria — Effort coordinated with U.S., Europe". *WND,* 26 de agosto de 2013. Disponível em: <http://www.wnd.com/2013/08/saudis-pressure-russians-to-drop-syria/>.

MANGASARIAN, Leon. "Ukraine Crisis Echoes 1914, German Ex-Leader Schmidt Says". *Bloomberg,* 16 de maio de 2014. Disponível em: <http://www.bloomberg.com/news/articles/2014–05-16/ukraine-crisis-resembles-europe-1914-says-helmut-schmidt>.

"Many Ukraine soldiers cross into Russia amid shelling". *BBC Europe,* 4 de agosto de 2014. Disponível em: <http://www.bbc.com/news/world-europe-28637569>. Acessado em 6 de agosto de 2014.

MARANTO, Robert; LANSFORD, Tom; JOHNSON Jeremy (Editores). *Judging Bush (Studies in the Modern Presidency).* California: Stanford University Press, 2009, p. 233.

MARCHAK, Darina; GORCHINSKAYA, Katya. "Russia gives Ukraine cheap gas, $15 billion in loans". Gazprom will cut the price that Ukraine must pay for Russian gas deliveries to $268 per 1,000 cubic metres from the current level of about $400 per 1,000 cubic metres. *KyivPost*, 17 de dezembro de 2013. Disponível em: <http://www.kyivpost.com/content/ukraine/russia-gives-ukraine-cheap-gas-15--billion-in-loans-333852.html>.

MARPLES, David R. "The Ethnic Issues in the Famine of 1932–1933", *in*: NOACK Christian; JANSSEN, Lindsay; COMERFORD, Vincent (Herausgegeben). *Holodomor and Gorta Mór: Histories, Memories and Representations of Famine*. Londres: Anthen Press, 2012, pp. 40–45.

MARX, Karl; ENGELS, Friedrich. *Die deutsche Ideologie, in*: MARX, Karl; ENGELS, Friedrich. *Werke*, Band 3. Berlim: Dietz Verlag, 1981, pp. 26–27 e 40.

MASTERS, Jonathan (Deputy Editor). "Targeted Killings". *Council of Foreign Relations*, 23 de maio de 2013. Disponível em: <http://www.cfr.org/counterterrorism/targeted-killings/p9627>.

MATHIASON, Nick; STEWART, Heather. "Three weeks that changed the world". *The Guardian*. Disponível em: <http://www.theguardian.com/business/2008/dec/28/markets-credit-crunch-banking-2008>.

MATISHAK, Martin. "$42 Million for 54 Recruits: U.S. Program to Train Syrian Rebels Is a Disaster". *The Fiscal Times*, 10 de setembro de 2015. Disponível em: <http://www.thefiscaltimes.com/2015/09/10/42-Million-54-Recruits-US-Program-Train-Syrian-Rebels-Dud>.

MATLACK, Carol. "Losing Crimea Could Sink Ukraine's Offshore Oil and Gas Hopes". *Bloomberg*, 11 de março de 2014. Disponível em: <http://www.bloomberg.com/bw/articles/2014-03-11/losing-crimea-could-sink-ukraines-offshore-oil-and-gas-hopesatlack>.

———. "Ukraine Cuts a Deal It Could Soon Regret". *Bloomberg*. Disponível em: <http://www.bloomberg.com/news/articles/2013-12-17/yanukovych-and-putin--russia-will-invest-15-billion-in-ukraine>.

MATTHEWS, Alan. "Russian food sanctions against the EU". *CAP Reform.EU*, 15 de agosto de 2014. Disponível em: <http://capreform.eu/russian-food-sanctions--against-the-eu/>.

MAULDIN, William. "Europeans Face Export Losses as Sanctions Bite Russian Ruble". *The Wall Street Journal*, 19 de dezembro de 2014. Disponível em: <http://blogs.wsj.com/economics/2014/12/19/europeans-face-export-losses-as-sanctions-bite-russian-ruble/>.

MAUPIN, Caleb. "Nazis to Enforce Neoliberalism: 'Operation Jade Helm' and the Ukrainian National Guard". *Neo Eastern Outlook (NEO)*, 20 de julho de 2015. Disponível em: <http://journal-neo.org/2015/07/20/nazis-to-enforce-neoliberalism-operation-jade-helm-and-the-ukrainian-national-guard/>.

MAZNEVA, Elena; KHRENNIKOVA, Dina. "Putin Bets on Germany as Gas Ties with Turkey Sour on Syria". *Bloomberg*, 13 de outubro de 2015. Disponível em: <http://www.bloomberg.com/news/articles/2015-10-12/putin-bets-on-germany--as-gas-ties-with-turkey-go-sour-over-syria>.

MAZZETTI, Mark. "Panel Faults C.I.A. Over Brutality and Deceit in Interrogations". *The New York Times*, 10 de dezembro de 2014.

MCALLISTER, Ian; WHITHE, Stephen. 'Rethinking the Orange Revolution', *in*: LANE David; WHITE, Stephen (Editors). *Rethinking the 'orange Revolution'*. Londres/Nova York: Routledge, 2010, pp. 138–139.

"McCormack-Dickstein Committee". U.S. House of Representatives, Special Committee on Un-American Activities, Investigation of Nazi Propaganda Activities and Investigation of Certain Other Propaganda Activities United States Congress. Disponível em: <http://www.archives.gov/legislative/guide/house/chapter-22-select-propaganda.html>.

MCKILLOP, Andrew. "Did Natural Gas Debt Trigger the Ukraine Crisis? The Market Oracle". *Politics / Eastern Europe,* 28 de fevereiro de 2014. Disponível em <http://www.marketoracle.co.uk/Article44628.html>.

MCLEES, Alexandra; RUMER, Eugene. "Saving Ukraine's Defense Industry", 30 de julho de 2014. *Carnegie Endowment for International Peace.* Disponível em: <http://carnegieendowment.org/2014/07/30/saving-ukraine-s-defense-industry>.

"Media Blacks Out Pentagon Report Exposing U.S. Role In ISIS Creation". *MintPress.* Disponível em: <http://www.mintpressnews.com/media-blacks-out-pentagon-report-exposing-u-s-role-in-isis-creation/206187>.

MEEK, James. "The millionaire revolutionary". *The Guardian,* 26 de novembro de 2004. Disponível em: <http://www.theguardian.com/world/2004/nov/26/ukraine.gender>.

"Mehr Unabhängigkeit: BRICS-Staaten vs. Wall Street und City of London". *Pravda TV,* 14 de outubro de 2015. Disponível em: <http://www.pravda-tv.com/2015/10/mehr-unabhaengigkeit-brics-staaten-vs-wall-street-und-city-of-london>.

MELLOY, John (Investing Editor of *CNBC*.com). "Goldman, Morgan Stanley May Shed 'Bank' Status: Analyst". *CNBC,* 12 de outubro de 2011. Disponível em: <http://www.cnbc.com/id/44875711>.

MELNIKOV, Valeriy; RIA Novosti. "Kiev official: Military op death toll is 478 civilians, outnumbers army losses". *RT,* 10 de julho de 2014. Disponível em: <http://www.rt.com/news/171808-eastern-ukraine-civilians-killed/s>.

MEMOLI, Michael A.; MASCARO, Lisa (Washington). "Obama donor George Tsunis ends his nomination as Norway ambassador". *Los Angeles Times,* 13 de dezembro de 2014. Disponível em: <http://www.latimes.com/world/europe/la-fg-norway-ambassador-nominee-withdraws-20141213-story.html>.

"Merkel und der Irak-Krieg — Ein Golfkriegssyndrom ganz eigener Art". *Süddeutsche Zeitung,* 17 de maio de 2010. Disponível em: <http://www.sueddeutsche.de/politik/merkel--und-der-irak-krieg-ein-golfkriegssyndrom-ganz-eigener-art-1.747506>.

METZEL, Mikhail (TASS). "West's support for state coup in Ukraine prime cause of crisis in Ukraine — Putin". *TASS,* 19 de junho de 2015. Disponível em: <http://tass.ru/en/world/802418>.

MEYSSAN, Thierry. "Ukraine: Poland trained putchists two months in advance". *Voltaire Network* | Damascus (Syria) | 19 de abril de 2014. Disponível em: <http://www.voltairenet.org/article183373.html>. Acessado em 25 de agosto de 2015.

"MH17 investigators to RT: No proof east Ukraine fragments from 'Russian' Buk missile". *RT,* 11 de agosto de 2015. Disponível em: <http://www.rt.com/news/>.

"Middle East: Palestinian refugee numbers/whereabouts". *IRIN — Humanitarian news and analysis.* Disponível em: <http://www.irinnews.org/report/89571/middle-east-palestinian-refugee-numbers-whereabouts>.

"Milieudefensie / FoE Netherlands: Harmful shale gas deal between Shell and Yanukovych must be halted". *Friends of the Earth International.* Disponível em: <http://www.foei.org/news/milieudefensie-foe-netherlands-harmful-shale-gas-deal-between-shell-and-yanukovych-must-be-halted-2/>.

"Military Balance 2014", *The International Institute for Strategic Studies (IISS).* Disponível em: <https://www.iiss.org/en/publications/military%20balance/issues/the-military-balance-2014-7e2c>.

"Military cooperation with Russia important for Belarusian security — defense minister". *TASS,* 17 de junho de 2015. Disponível em: <http://tass.ru/en/world/801299>.

"Military-Industrial Complex Speech", Dwight D. Eisenhower, 1961. *Public Papers of the Presidents, Dwight D. Eisenhower, 1960*, pp. 1035–1040.

MILLEGAN, Kris, *Prescott Union Banking Corporation and the Story.* Disponível em: <http://www.fleshingoutskullandbones.com/P.Bush-Union_Banking/NYTH.html#>.

_____. "Triumph, troubles shape generations". (Part Two), *Boston Globe*, 23 de abril de 2001.

MILLER, Jake. "Kerry: 'Definitive' U.N. report confirms Assad behind chemical attack". *CBS News*, 19 de setembro de 2013. Disponível em: <http://www.cbsnews.com/news/kerry-definitive-un-report-confirms-assad-behind-chemical-attack/>.

MILNE, Seumas. "If the Libyan war was about saving lives, it was a catastrophic failure NATO claimed it would protect civilians in Libya, but delivered far more killing. It's a warning to the Arab world and Africa". *The Guardian*, 26 de outubro de 2011

Ministry of Defence of Ukraine. Disponível em: <https://en.wikipedia.org/wiki/Battle_of_Debaltseve>.

Minnəhar miṣrayim 'aḏ-hannāhār haggāḏōl nəhar-pərāṯ" (rio: Nāhār). Genesis (Bərēšīṯ), 15:18. Biblia Hebraica Stuttgartensia, editio quinta emendata, Stuttgart: Deutsche Bibelgesellschaft, 1997, p. 21.

"Minsk agreement on Ukraine crisis: text in full". *The Telegraph*, 12 de fevereiro de 2015. Disponível em: <http://www.telegraph.co.uk/news/worldnews/europe/ukraine/11408266/Minsk-agreement-on-Ukraine-crisis-text-in-full.html>.

MITCHELL, Jon. "Libya — War in Libya and Its Futures — Tribal Dynamics and Civil War (1)" *The Red (Team) Analysis Society*, 13 de abril de 2015. Disponível em: <http://www.google.de/imgres?imgurl=https%3A%2F%2Fwww.redanalysis.org%2Fwp-content%2Fuploads%2F2015%2F04%2FTribes--Map.jpg&imgrefurl=https%3A%2F%2Fwww.redanalysis.org%2F2015%2F04%2F13%2Fwar-libya-futures-tribal-dynamics-civil-war%2F&h=477&w=550&tbnid=LZASOPFCv39wlM%3A&zoom=1&do-

cid=MzM39PpnHvjhWM&ei=xqyjVeKhFarNygOGhIXoCQ&tbm=isch&i
act =rc&uact=3&dur=1719&page=1&start=0&ndsp=42&ved=0CDAQ
rQMwBQ>.

MITCHELL, Lincoln A. *The Color Revolutions*. Philadelphia: Pennsylvania Press, 2012.

MITCHELL, Thomas G. *Likud Leaders: The Lives and Careers of Menachem Begin, Yitzhak Shamir, Benjamin Netanyahu and Ariel Sharon*. Jefferson-North Carolina: McFarland & Company Inc. Publishers, 2015, p. 179.

Modern Jewish History: Pogroms. Jewish Virtual Library. 2ª ed., pp. 71–73. Disponível em <http://www.jewishvirtuallibrary.org/jsource/History/pogroms.html>.

"Mohammed Jawad —Habeas Corpus". *American Civil Liberties (ACLU)*, 24 de agosto de 2009. Disponível em: <https://www.aclu.org/national-security/mohammed-jawad-habeas-corpus>.

MOMMSEN, Margareta. *Wer herrscht in Rußland? Der Kreml und di Schatten der Macht*. Munique: Verlag C. H. Beck, 2003, pp. 56–57, 63–70 *passim*; WEST, Darrel M. *Billionaires — Reflections on the Upper Crust*. Washington, D.C: Brookings Institution Press, 2014, p. 7, 103–104.

MONAGHAN, Angela. "Ukraine bailout of $17bn approved by IMF who warns reforms are at risk. Kiev agrees to a sweeping economic programme but may need to extend bailout if the unrest in east of country escalates". *The Guardian*, 1º de maio de 2014.

MONIZ BANDEIRA, Luiz Alberto. "Um mestre do direito e da vida", prefácio ao ensaio do professor Alberto da Rocha Barros, *Que é o fascismo?* Rio de Janeiro--Guanabara, Editora Laemmert, 1969, pp. 7.

_____. *A reunificação da Alemanha — Do ideal socialista ao socialismo real*. São Paulo: editora UNESP, 3ª. Edição revista e aumentada, 2009.

_____. *A segunda guerra fria — geopolítica e dimensão estratégica dos Estados Unidos — Das rebeliões na Eurásia à África do Norte e ao Oriente Médio*. Civilização Brasileira, 2ª. ed., 2014.

_____. *De Martí a Fidel — A Revolução Cubana e a América Latina*. Rio de Janeiro: Civilização Brasileira, 2ª edição revista e ampliada, 2009, pp. 769–784.

_____. *Formação do império americano — Da guerra contra a Espanha à guerra no Iraque*. Rio de Janeiro: Civilização Brasileira, 4ª ed. revista e atualizada, 2014.

MONIZ DE ARAGÃO, Antônio Ferrão. *Classificação methódica e enciclopédica dos conhecimentos humanos — Introdução Geral —* 1ª parte. Salvador: Typ. Constitucional, 1871, p. 378 *passim*.

MORELL, Michael; HARLOW Bill. *The Great War of our Times — The CIA fight against Terrorism and Al Qa'ida*. Nova York/Boston: Twelve, 2015.

MORRIS, Benny. "For the record". *The Guardian*, 14 de janeiro de 2004. Disponível em: <http://www.theguardian.com/world/2004/jan/14/israel/print>.

_____. "Palestinian Identity: The Construction of Modern National Consciousness (review)". *Israel Studies —* vol. 3, Number 1, Spring 1998, pp. 266–272. Disponível em: <https://muse.jhu.edu/login?auth=0&type=summary&url=/journals/israel_studies/v003/3.1morris.html>.

_____. *The Birth of the Palestine refugee problem, 1947–1949*. Cambridge: Cambridge University Press, 1987, pp. 89–96, 101–111.

"Moscow rejects Saudi offer to drop Assad for arms deal". *Agence France-Presse — Global Post* 8 de agosto de 2013. Disponível em: <http://www.globalpost.com/dispatch/news/afp/130808/moscow-rejects-saudi-offer-drop-assad-arms-deal.

"Moscow will respond to NATO approaching Russian borders 'accordingly' — Putin". *RT*, 16 de junho de 2015. Disponível em: <http://rt.com/news/267661--russia-nato-border-weapons/>.

MOSK, Matthew (Washington Post Staff Writer). "Industry Gushed Money after Reversal on Drillin". *The Washington Post*, 27 de julho de 2008. Disponível em: <http://www.washingtonpost.com/wp-dyn/content/article/2008/07/26/AR2008072601891.html>.

"Mother Superior presents a 50 pages report to the Human Rights Commision regarding the gas attacks". Disponível em: <http://www.abovetopsecret.com/forum/thread972253/pg1>.

MOYER, Elizabeth. "Washington's $5 Trillion Tab". *Forbes,* 12 de novembro de 2008. Disponível em: <http://www.forbes.com/2008/11/12/paulson-bernanke--fed-biz-wall-cx_lm_1112bailout.html>.

MOZGOVAYA, Natasha. "U.S. Finalizes $30 Billion Weapons Deal With Saudi Arabia: White House says agreement — under which 84 F-15 fighter jets will be sold to the kingdom, will help U.S. economy and strengthen regional security". *Há'aretz*, 29 de dezembro de 2011. Disponível em: <http://www.haaretz.com/middle-east-news/u-s-finalizes-30-billion-weapons-deal-with-saudi-arabia-1.404461>.

MUFSON, Steven. "Obama administration concedes that Mideast peace is beyond reach on his watch". *The Washington Post*, 5 de novembro de 2015. "Obama rules out Israeli-Palestinian peace deal before leaving office — US officials say president has made 'realistic assessment'; will discuss steps to prevent further violence with Netanyahu on Monday". *Times of Israel*, 6 de novembro de 2015, Disponível em: <http://www.timesofisrael.com/obama-rules-out-israeli-palestinian-peace-deal-before-leaving office/?utm_source=The+Times+of+Israel+Daily+Edition&utm_campaign=ecd33f82de-2015_11_06&utm_medium=email&utm_term=0_adb46cec92-ecd33f82de-55318305>.

MUGHRABI, Magda "Five years ago, an initially peaceful uprising in Libya quickly developed into armed conflict involving Western military intervention and eventually ended when Colonel Mu'ammar al-Gaddafi was killed in October 2011. Successive governments then failed to prevent newly-formed militias of anti al--Gaddafi fighters from committing serious crimes for which they never faced justice. The country remains deeply divided and since May 2014 has been engulfed in renewed armed conflict". *Amnesty International*, Londres, 16 de fevereiro de 2016. Disponível em: <https://www.amnesty.org/en/latest/campaigns/2016/02/libya-arab-spring-7-ways-human-rights-are-under-attack/>.

_____. "Libya since the 'Arab Spring': 7 ways human rights are under attack". *Amnesty International* — LibyaArmed Conflict, Londres, 16 de fevereiro de 2016. Disponível em: <https://www.amnesty.org/en/latest/campaigns/2016/02/libya--arab-spring-7-ways-human-rights-are-under-attack/>.

MULLINS, Eustace. *The Secrets of Federal Reserve*. s/ed. Print on Demand, 2010, pp. 21–26.

MUNOZ, Megan. "For Members Only: The Consequences of the Caspian Summit's Foreign Military Ban". *Modern Diplomacy*, 30 de julho de 2015. Disponível em: < http://moderndiplomacy.eu/index.php?option=com_ k2&view=item&id=890:for-members-only-the-consequences-of-the-caspian--summit-s-foreign-military-ban&Itemid=771 >.

MURAVCHIK, Joshua. *Exporting Democracy: Fulfilling America's Destiny — Fulfilling the American Destiny*. Washington: Aei Press, 1991, p. 81–83.

"Must Watch: 20.11.2013!! (pre-Maidan!): Ukraine Deputy has proof of USA staging civil war in Ukraine". Transcript — *Investment Watch*. 27 de janeiro de 2015. Disponível em: <http://investmentwatchblog.com/proof-of-us-sponsored-coup--in-ukraine-ukrainian-politician-before-the-violent-demonstrations-on-maidan--us-embassy-in-kiev-ran-a-project-called-techcamp-to-train-activists-in-organizing-protests/>.

"Must watch: Ukrainian Deputy: US to stage a civil war in Ukraine! This was 20.11.2013!! Before Maidan". *The Vineyard of the Saker*, 28 de janeiro de 2015. Disponível em: <http://vineyardsaker.blogspot.de/2015/01/must-watch-ukrainian-deputy-us-to-stage.html>.

MYERS, Steven Lee; SCHMITT, Eric. "Russian Military Uses Syria as Proving Ground, and West Takes Notice". *The New York Times*, 14 de outubro de 2015. Disponível em <http://www.nytimes.com/2015/10/15/world/middleeast/russian-military-uses-syria-as-proving-ground-and-west-takes-notice.html?_r=0>.

"Nach dem Bush-Hitler-Vergleich — Ministerin Däubler-Gmelin tritt ab". *Der Spiegel*, 23 de setembro de 2002. Disponível em: <http://www.spiegel.de/politik/deutschland/nach-dem-bush-hitler-vergleich-ministerin-daeubler-gmelin-tritt--ab-a-215291-druck.htm>.

NAGLE, Chad. "Ukraine's pro-Russian separatists claim Bolshevik legacy". *The New Hetmanate*, 7 de fevereiro de 2015. Disponível em <http://newhetmanate.net/2015/02/07/ukraines-pro-russian-separatists-claim-bolshevik-legacy/>.

NAGOURNEY, Adam. "'Cultural War' of 1992 Moves In From the Fringe". *The New York Times*, 29 de agosto de 2012.

NANAY, Julia. "Russia's role in the energy Eurasian market", *in*: PEROVIC, Jeronim; ORTTUNG, Robert W.; WENGER, Andreas (Editores). *Russian energy power and foreign relations: Implications for conflit and cooperation*. Abingdon, Oxford: Taylor Francis Ltda., 2010, pp. 109–115.

NARVSELIUS, Eleonor. *Ukrainian Intelligentsia in Post-Soviet L'viv: Narratives, Identity, and Power*. Lanham/Maryland: Lexington Books-Rowman & Littlefield, s./d. pp. 343–344.

National Bank of Ukraine. Balance of Payments and External Debt of Ukraine in the First Quarter of 2014. Disponível em: <http://www.bank.gov.ua/doccatalog/document;jsessionid=D3E06465B2108ABB86DD04A0A4677539?id=10132249>.

"NATO countries are trying to take away 15% of the Serbian territory. Why?!". *Live Leak*. Disponível em: <http://www.liveleak.com/view?i=861_1365352907>.

"NATO countries have begun arms deliveries to Ukraine: defense minister". *Reuters*, 14 de setembro de 2014. Disponível em: <http://www.reuters.com/article/2014/09/14/us-ukraine-crisis-heletey-idUSKBN0H90PP20140914>. Acessado em 30 de agosto de 2015.

"NATO countries have begun delivering weapons to Ukraine to help fight pro-Russian separatists, the country's defence minister claimed last night". *The Times*, 15 de setembro de 2014. Disponível em: <http://www.thetimes.co.uk/tto/news/world/europe/article4206727.ece>.

"NATO leaders pledge support to Ukraine at Wales Summit". *NATO/OTAN — North Atlantic Treaty Organization*, 4 de setembro de 2014. Disponível em: <http://www.nato.int/cps/de/natohq/news_112459.htm>.

"NATO to give Ukraine 15mn euros, lethal and non-lethal military supplies from members". *RT*, 4 de setembro de 2014. Disponível em: <http://www.rt.com/news/185132-nato-ukraine-aid-support/>. Acessado em 5 de julho de 2014.

NAYAK, Satyendra. *The Global Financial Crisis: Genesis, Policy Response and Road Ahead*. Nova Délhi, 2013, pp. 105–108.

NEEF, Christian (Kiev). "Yanukovych's Fall: The Power of Ukraine's Billionaires". *Spiegel Online International*, 25 de fevereiro de 2014. Disponível em: <http://www.spiegel.de/international/europe/how-oligarchs-in-ukraine-prepared-for--the-fall-of-yanukovych-a-955328.html>.

NERUDA, Pablo. "Nuevo canto de amor a Stalingrado", *in*: *Tercera Residencia*. Buenos Aires: Editorial Losada, 1951, pp. 83–87.

NESBIT, Jeff: Poison Tea — How Big Oil and Big Tobacco Invented the Tea Party and Captured the GOP. Nova York: Thomas Dunne Books — S. Martins's Press, 2016.

"Netanyahu's new media czar called Obama 'anti-Semitic' — Ran Baratz also in hot water for comments disparaging Rivlin, John Kerry; two Likud ministers oppose his appointment". *The Times of Israel*, 5 de novembro de 2015. Disponível em: <http://www.timesofisrael.com/netanyahus-new-media-czar-called-obama-anti--semitic   /?utm_source=The+Times+of+Israel+Daily+Edition&utm_campaign=55b79272ba-2015_11_05&utm_medium=email&utm_term=0_adb46cec92-55b79272ba-55318305>.

NEVINS, Sean. "2011 NATO Destruction of Libya Has Increased Terrorism Across Region". "From Libya to Mali, Nigeria and Somalia, NATO's 2011 intervention against Moammar Gadhafi has had an undeniable domino effect — but when do the dominoes stop falling?" *MintPress News*, 20 de maio de 2015. Disponível em: <http://www.mintpressnews.com/2011-nato-destruction-of-libya-has-increased-terrorism-across-region/205801/>.

"New York FED stores third od gold. 80 countries keeps 13 billion in vault". *Chicago Tribune*, 23 de setembro de 1969. Disponível em: <http://archives.chicagotribune.com/1969/09/23/page/53/article/new-york-fed-bank-stores-third-of-gold>.

NEWMAN, Alex. "What is the Obama-backed Free Syrian Army?" *New American,* 17 de setembro de 2013. Disponível em: <http://www.thenewamerican.com/ world-news/asia/item/16550-what-is-the-obama-backed-free-syrian-army>.

NIMMO, Kurt. "Russia Says U.S. Mercenaries in Eastern Ukraine — Coup government in Kyiv moves to quell separatism as civil war brews". *Infowars.com,* 10 de março de 2014. Disponível em: <http://www.infowars.com/russia-claims-greystone-mercenaries-team-up-with-right-sector-in-eastern-ukraine/>.

————. "Sen. Feinstein: 'There Will Be Plots to Kill Americans'". Infowars.com On June 23, 2014. *In: Featured Stories, Infowars Exclusives, Tile.* Disponível em: <http://www.infowars.com/sen-feinstein-there-will-be-plots-to-kill-americans/ print/>.

No war plans for Syria: U.S." *CNN,* 16 de abril de 2003. Disponível em: <http:// edition.cnn.com/2003/WORLD/meast/04/15/sprj.irq.int.war.main/index.html>.

Nº 1014-3 — On Amendments to Certain Laws of Ukraine Concerning Ukraine's Abolishment of the Policy of Neutrality. Verkhovna Rada abolished Ukraine's neutral status Denys Kolesnyk". *Info-News,* 23 de dezembro de 2014. Disponível em: <http://info-news.eu/verkhovna-rada-abolished-ukraines-neutral--status/#sthash.O9KFKoxv.i4tIzVYC.dpuf>.

NOLAN, Cathal J. (Editor). *Notable U.S. Ambassadors since 1775: A Biographical. Dictionary.* Westport, Connecticut: Greenwood Press, 1997, p. 90. Tamara Keith. "When Big Money Leads To Diplomatic Posts". *NPR,* 3 de dezembro de 2014. Disponível em: <http://www.npr.org/2014/12/03/368143632/obama-appoints--too-many-big-donors-to-ambassadorships-critics-say>.

"Norte-Sur. Un programa para la supervivencia. Informe de la Comisión Independiente sobre Problemas Internacionales del Desarrollo presidida por Willy Brandt". *The Independente Comisión on International Development Sigues.* Bogotá: Editorial Pluma, 1980, p. 305.

"Northwestern Mutual Voice Team, Northwestern Mutual. Who Wins And Who Loses As Oil Prices Fall?" *Forbes — Investing,* 16 de dezembro de 2014. Disponível em: <http://www.forbes.com/sites/northwesternmutual/2014/12/16/who-wins--and-who-loses-as-oil-prices-fall/>.

NORTON-TAYLOR, Richard. "US weapons to Ukraine 'would be matched by Russian arms to rebels' — International Institute for Strategic Studies warns that Moscow could arm separatists more quickly than US could reinforce Ukraine's forces". *The Guardian,* 11 de fevereiro de 2015.

NOVICHKOV, Nikolai (Moscow). "Country Risk — MH17 'shot down by Ukrainian SAM', claims Almaz-Antey". *IHS Jane's Defence Weekly,* 4 de junho de 2015. Disponível em: <http://www.janes.com/article/52019/mh17-shot-down--by-ukrainian-sam-claims-almaz-antey>. Acessado em 14 de agosto de 2014.

"Nuclear War's Impact on Global Climate". Disponível em: <http://www.aasc.ucla. edu/cab/200706140013.html>.

"Number of foreign fighters in Syria has doubled in past year — report". *RT,* 27 de setembro de 2015. Disponível em: <https://www.rt.com/news/316644-jihadists--flow-double-syria/>. Acessado em 28 de setembro de 2015.

A DESORDEM MUNDIAL

Nyet Means Nyet: *Russia's NATO Enlargement*. Cable 08MOSCOW265 Reference ID — 2008–02-01- Confidential — Moscow 000265 — FM Amembassy Moscow — Ref: A. Moscow 147 ¶B. Moscow 182 — Classified By: Ambassador William J. Burns. Reasons 1.4 (b) and (d). Disponível em: <http://wikileaks.org/cable/2008/02/08MOSCOW265.html>.

"Obama Pledges to Push Trans-Pacific Partnership In State Of The Union The Roundup for January 21st, 2015.", "Taken For Granted At Davos That US Government Run On 'Legalized Corruption'". *DSWright*, 21 de janeiro de 2015. Disponível em: <http://news.firedoglake.com/2015/01/21/taken-for-granted-at--davos-that-us-government-run-on-legalized-corruption/>.

"Obama's pick for Joint Chiefs sides with Romney on Russia". *New York Post*, 9 de julho de 2015. Disponível em: <http://nypost.com/2015/07/09/russia-is-greatest-threat-to-america-joint-chiefs-nominee/>.

"Obama's Top Fund-Raisers". *The New York Times,* 13 de setembro de 2012. Disponível em: <http://www.nytimes.com/interactive/2012/09/13/us/politics/obamas--top-fund-raisers.html?_r=0. Acesso em 18 de abril de 2014.

Observatory of Economic Complexity. Disponível em: <http://atlas.media.mit.edu/profile/country/ukr/. Ver também: http://atlas.media.mit.edu/profile/country/ukr/>.

ODOM, Lt. Gen. William E. "Strategic Errors of Monumental Proportions. What Can Be Done in Iraq? Text of testimony before the Senate Foreign Relations Committee, 18 January 2007". *AntiWar.com*, 26 de janeiro de 2007. Disponível em: <http://www.antiwar.com/orig/odom.php?articleid=10396>.

"OECD Income Distribution Database: Gini, poverty, income, Methods and Concepts. Social policies and data". Disponível em: <http://www.oecd.org/els/soc/income-distribution-database.htm>.

Of Russian origin: *Cossacks — Russiapedia*. Disponível em <http://russiapedia.rt.com/of-russian-origin/cossacks/>.

"Office of the United Nations High Commissioner for Human Rights Report on the human rights situation in Ukraine". 15 de julho de 2014. Disponível em: <http://www.ohchr.org/Documents/Countries/UA/Ukraine_Report_15July2014.pdf>. Acessado em 8 de agosto de 2014.

"Oil and natural gas production is growing in Caspian Sea region". *Today in Energy*, 11 de setembro de 2013. *U.S. Energy Information Administration*. Disponível em: <http://www.eia.gov/todayinenergy/detail.cfm?id=12911>.

OLEARCHYK, Roman (Kiev); MEYER, Gregory (Nova York). "Cargill acquires stake in Ukraine agribusiness". *Information Clearing House*, 13 de março de 2014. Disponível em: <http://www.informationclearinghouse.info/article37931.htm>.

_____. (Kiev). "Ukraine offers to guarantee Naftogaz debt". *Financial Times,* 21 de setembro de 2009. Disponível em: <http://www.ft.com/intl/cms/s/0/f04c0740--a6b8–11de-bd14–00144feabdc0.html#axzz37w0928mV>.

_____. "Ukraine's Naftogaz battles to avert default". *Financial Times*, 30 de setembro de 2009. Disponível em: <http://www.ft.com/intl/cms/s/0/6efad0e2-add7–11de-87e7–00144feab dc0.html#axzz37w0928mV>.

OLIPHANT, Roland (Odessa). "Ukraine crisis: death by fire in Odessa as country suffers bloodiest day since the revolution". *The Telegraph,* 3 de maio de 2014. Disponível em: <http://www.telegraph.co.uk/news/worldnews/europe/ukraine/10806656/Ukraine-crisis-death-by-fire-in-Odessa-as-country-suffers-bloodiest-day-since-the-revolution.html>.

"On NATO, How Will Russia React? Kennan's Warning". *The New York Times*, 4 de maio de 1998.

"One Hundred Ninth Congress of the United States of America at the Second Session Begun and held at the City of Washington on Tuesday, the third day of January, two thousand and six H. R. 5122". Disponível em: <https://www.govtrack.us/congress/bills/109/hr5122/text>.

"Operation Mongoose Priority Operations Schedule — 21 May — 30 June 1962, Washington, May 17, 1962". *Foreign Relations of the United States* (FRUS), vol. X, 1961–1962, Cuba, pp. 810- 820.

OPPEL JR, Richard A.; NATTA JR, Don Van. "Enron's Collapse: The Relationship; Bush and Democrats Disputing Ties to Enron". *The New York Times*, 12 de janeiro de 2002.

OR KASHTI. "Israeli University Lecturer Says Denied Promotion for Being 'Too Leftist' — Bar Ilan's promotions committee also ruled against elevating Dr. Menachem Klein to the rank of professor five years ago". *Há'aretz*, 10 de fevereiro de 2011. Disponível em: <http://www.haaretz.com/israel-news/israeli-university--lecturer-says-denied-promotion-for-being-too-leftist-1.342355>.

ORCUTT, Mike (Technology Review). "Shale gas has become the geopolitical energy that can change ruling power globally. Kiev fights in Ukraine's southeast for shale gas deposits to be controlled by US". *Gunnars tankar och funderingar.* Disponível em: <http://gunnarlittmarck.blogspot.de/2014/08/shale-gas-has-become-geopolitical.html>.

ORENSTEIN, Mitchell A.; ROMER. "George Putin's Gas Attack — Is Russia Just in Syria for the Pipelines?" *Foreign Affairs*, 14 de outubro de 2015. Disponível em: <https://www.foreignaffairs.com/articles/syria/2015-10-14/putins-gas-attack>.

"Orthodox public concerned for threat of neo-nazism in Ukraine". *Interfax*, 27 de outubro de 2006. Disponível em: <http://www.interfax-religion.com/?act=news&div=2192>.

OSIPIAN, Ararat L. *The Impact of Human Capital on Economic Growth*: A Case Study in Post-Soviet Ukraine — 1989–2009. Londres: Palgrave Macmillan, 2009, pp. 123–124.

OSWALD, Vivian. *Com vistas para o Kremlin — A vida na Rússia pós-soviética*. São Paulo: Editora Globo, 2011, p. 75.

"Overview: Bush and Public Opinion. Reviewing the Bush Years and the Public's Final Verdict". *Pew Research Center,* 18 de dezembro de 2008. Disponível em: <http://www.people-press.org/2008/12/18/bush-and-public-opinion/#.

OZHIGANOV, Edward. "The Crimean Republic: rivalries concepts". *In*: ARBATOV, Alekseï; CHAYES, Abram; CHAYES, Antônio Handler (Editors). *Managing Conflict in the Former Soviet Union*: *Russian and American Perspectives*. Center for

Science and International Affair — John Kennedy School of Government, Harvard University, 1997, p. 123.

PA, Tatyana Zenkovich. "Poroshenko's fortune estimated at $750 million — Forbes-Ukraine — Ukrainian president ranks eighth in the ranking, which is topped by Rinat Akhmetov ($6.9 billion), Viktor Pinchuk ($1.5 billion) and ex-Dnipropetrovsk region governor Igor Kolomoysky ($1.4 billion)". *TASS*, 27 de março de 2015. Disponível em: <http://tass.ru/en/world/785423>.

"Package of Measures for the Implementation of the Minsk Agreements". *Présidence de la République française* — Élysée.fr. Disponível em: <http://www.elysee.fr/declarations/article/package-of-measures-for-the-implementation-of-the-minsk-agreements/>.

PAGE, Jeremy (Kabul). "Mohammed Jawad: 'I was 12 when I was arrested and sent to Guantanamo'." *The Times*, 27 de agosto de 2009. Disponível em: <http://www.thetimes.co.uk/tto/news/world/asia/afghanistan/article1843471.ece>.

Palestinians at the End of 2015", *Palestinian Central Bureau of Statistics (PCBS)*, 30 de dezembro de 2015. Disponível em: <http://www.pcbs.gov.ps/site/512/default.aspx?tabID=512&lang=en&ItemID=1566&mid=3171&wversion=Staging>.

PANETTA, Leon. NEWTON, Jim. *Worthy Fights*. Nova York: Penguin Press, 2014, p. 396.

_____. *Worthy Fights*. Nova York: Penguin Press, 2014.

PARFITT, Tom (Urzuf, Ucrânia). "Ukraine crisis: the neo-Nazi brigade fighting pro-Russian separatists — Kiev throws paramilitaries — some openly neo-Nazi — into the front of the battle with rebels". *The Telegraph*, 11 de agosto de 2014. Disponível em: <http://www.telegraph.co.uk/news/worldnews/europe/ukraine/11025137/Ukraine-crisis-the-neo-Nazi-brigade-fighting-pro-Russian-separatists.html>.

PARRY, Hannah (*Dailymail.com*). "Yazidi sex slave claims she was raped by 'white American ISIS jihadi' in Syria". *Daily Mail*, 24 de setembro de 2015. Disponível em: <http://www.dailymail.co.uk/news/article-3248173/Yazidi-sex-slave-claims-raped-American-teacher-turned-ISIS-jihadi-testify-Congress.html>. Acessado em 29 de setembro de 2015.

PARRY, Nat. "Beneath the Ukraine Crisis: Shale Gas". *Consortiumnet.com*, 24 de abril de 2014. Disponível em: <https://consortiumnews.com/2014/04/24/beneath-the-ukraine-crisis-shale-gas/>.

PARRY, Robert. "UN Investigator Undercuts New York Times on Syria. Assad Government not Responsible for August 21 Chemical Attack". *Global Research*>.

"Party of Regions MP Tsariov accuses US Embassy in Ukraine of training revolutionaries for street protests". *KyivPost,* 20 de novembro de 2013. | Politics–*Interfax-Ukraine* Disponível em: <http://www.kyivpost.com/content/politics/party-of-regions-mp-tsariov-accuses-us-embassy-in-ukraine-of-training-revolutionaries-for-street-protests-332162.html>.

"Paul Craig Roberts: 'Bringing Democracy' Has Become Washington's Cover For Resurrecting a Nazi State". *Silver Doctors*, 6 de maio de 2015. Disponível em:

<http://www.silverdoctors.com/paul-craig-roberts-bringing-democracy-has-become-washingtons-cover-for-resurrecting-a-nazi-state>.

PAUL, Ron. "After a Twelve Year Mistake in Iraq, We Must Just March Home". *The Ron Paul Institute for Peace & Prosperity*, 22 de março de 2015. Disponível em: <http://www.ronpaulinstitute.org/archives/featured-articles/2015/march/22/after-a-twelve-year-mistake-in-iraq-we-must-just-march-home/>.

"Paulo Craig Roberts Interviewed by the *Voice of Russia*", 27 de junho de 2014 US war against Russia is already underway. *PaulCraigRoberts.org*. Disponível em: <http://www.paulcraigroberts.org/2014/07/01/us-war-russia-already-underway--pcr-interviewed-voice-russia/>.

PAUWELS, Jacques R. "Profits über Alles! American Corporations and Hitler". *Global Research*, 15 de maio de 2014 — *Global Research*, 8 de junho de 2004. *Centre for Research on Globalization*. Disponível em: <http://www.globalresearch.ca/profits-ber-alles-american-corporations-and-hitler/4607>.

"Payment, clearing and settlement systems in China". Disponível em: <https://www.bis.org/cpmi/publ/d105_cn.pdf>.

PELLERIN, Cheryl. DoD News, Defense Media Activity. "DoD Moves Forward on Ukraine National Guard Training". *U.S. Department of Defence. Washington*, 20 de março de 2015. Disponível em: <http://www.defense.gov/News-Article-View/Article/604322>.

PERLEZ, Jane. "Expanding Alliance: THE OVERVIEW; Poland, Hungary and the Czechs Join NATO". *The New York Times,* 13 de março de 1999.

PERRY, Dan; FEDERMAN, Josef. "Netanyahu years continue surge in settlement". *Associated Press*, 15 de dezembro de 2014. Disponível em: <http://news.yahoo.com/netanyahu-years-see-surge-west-bank-settlements-075922371.html>.

PESSOA, Fernando. *Sobre Portugal — Introdução ao Problema Nacional.* (Recolha de textos de Maria Isabel Rocheta e Maria Paula Morão. Introdução organizada por Joel Serrão.). Lisboa: Ática, 1979, p. 19. Disponível em: <http://multipessoa.net/labirinto/portugal/12>.

PETRAS, James. "The Kiev Putsch", *in*: LENDMAN, Stephen (Ed.). *Flashpoint in Ukraine — How US drive for Hegemony Risks World War III*. Atlanta, GA: Clarity Press, Inc., 2014, pp. 228–229.

PIFER, Steven. "The Trilateral Process: The United States, Ukraine, Russia and Nuclear Weapons". Paper | May 2011. *Brooking*. Disponível em: <http://www.brookings.edu/research/papers/2011/05/trilateral-process-pifer>.

PIKETTY, Thomas. *L'Économie des inegalités*. Paris: La Découverte. Septième édition, 2015.

_____. *Le Capital aux XXIᵉ*. Paris: Seuil, 2013.

PINCHUK, Denis; ASTAKHOVA, Olesya; VULKMANOVIC, Oleg. "Gazprom to offer more gas at spot prices via Nord Stream II". *Reuters*, 13 de outubro de 2015. Disponível em: <http://www.reuters.com/article/2015/10/13/us-russia--gazprom-spot-idUSKCN0S71XS20151013>.

PIPES, Daniel. "Imperial Israel: The Nile-to-Euphrates Calumny". *Middle East Quarterly,* março de 1994. Disponível em: <http://www.danielpipes.org/247/imperial-israel-the-nile-to-euphrates-calumny>.

PITALEV, Ilya. "Serious meetings needed to settle situation around Ukraine — Gorbachev". *Itar—Tass*, Moscou, 26 de dezembro de 2014. Disponível em: <http://itar-tass.com/en/russia/769544>.

PIVEN, Ben; WILLERS, Ben. "Infographic: Ukraine's 2014 presidential election". *Al Jazeera*, 23 de maio de 2014. Disponível em: <http://america.aljazeera.com/multimedia/2014/5/ukraine-presidentialelectioninfographic.html>. Acessado em 5 de agosto de 2015.

PIZZI, Michael. "Libya's rogue general, an ex-CIA asset, vaunts his anti-extremism services. Khalifa Haftar wants to rid Libya of the Muslim Brotherhood — something many regional powers may rally behind". *Al Jazeera*, 24 de julho de 2014.

"Plünderung der Welt — Ukraine: US-Investment-Bankerin ist neue Finanzministerin". *Deutsche Wirtschafts Nachrichten*, 2 de dezembro de 2014. Disponível em: <http://deutsche-wirtschafts-nachrichten.de/2014/12/02/ukraine-us-investment--bankerin-ist-neue-finanzministerin/>.

PODOLS, Anatoly. "Collaboration in Ukraine during the Holocaust: Aspects of Historiography and Research". *The Holocaust in Ukraine — New Sources and Perspectives — Conference Presentations*, pp. 187–195.

POHL, J. Otto. "The Deportation and Fate of the Crimean Tatars". International Committee for Crimea. Washington, DC, 2003. Esse paper foi apresentado na 5th Annual World Convention of the Association for the Study of Nationalities: "Identity and the State: Nationalism and Sovereignty in a Changing World". Nova York: Columbia University, 13–15 de abril de 2000. Foi parte do painel "A Nation Exiled: The Crimean Tatars in the Russian Empire, Central Asia, and Turkey." Disponível em <http://www.iccrimea.org/scholarly/jopohl.html>.

"Política Externa Norte-americana — Análise de Alguns Aspectos", Anexo 1 e único ao Ofício nº 516/900.1 (22), secreto, embaixada em Washington ao Ministério das Relações Exteriores, Washington, 13.06.1963, Arquivo do Ministério das Relações Exteriores-Brasília, 900.1 (00), Política Internacional, de (10) a (98), 1951/66.

POLLACK, Norman. "Obama's Foreign Policy — Militarization of Globalism". *Counterpunch*, 18 de agosto de 2014. Disponível em <http://www.counterpunch.org/2014/08/18/militarization-of-globalism/print>.

PONS, Silvio. *The Global Revolution*. Oxford: Oxford University Press, 2014, pp. 318–320.

POORT, David; SILVERSTEIN, Ken. "Swiss study: Polonium found in Arafat's bones — Scientists find at least 18 times the normal levels of radioactive element in late Palestinian leader". *Al Jazeera*, 7 de novembro de 2013. Disponível em: <http://www.aljazeera.com/investigations/killing-arafat/swiss-study-polonium--found-arafats-bones-2013115225788035 12.html>.

POP, Valentina. "Multi-billion losses expected from Russia sanctions". *EuObserver*, Brussels, 28 de julho de 2014. Disponível em: <https://euobserver.com/economic/125118>.

"Poroshenko sold ROSHEN to Yanukovych — via the Rothschilds". *Seemorerocks*, 2 de setembro de 2014. Disponível em: <http://robinwestenra.blogspot.de/2014/09/poroshenkos-chocolate-empire.html>.

PORTER, Gareth. *Manufactured Crisis — Untold Story of the Nuclear Scare*. Charlotteville, Virginia: Just World Books, 2015.

PORTER, Tom. "Mikhail Gorbachev claims Vladimir Putin 'saved' Russia from falling apart". *International Business Times*, 27 de dezembro de 2014. Disponível em: <http://www.ibtimes.co.uk/mikhail-gorbachev-claims-vladimir-putin-saved--russia-falling-apart-1481065>.

POWELL, Colin L. *The Military Strategy of the United States — 1991–1992*. Washington: US Government, Printing Office, ISBN 0–16-036125–7, 1992, p 7. Draft Resolution — 12 Cooperation for Security in the Hemisphere, Regional Contribution to Global Security — The General Assembly, recalling: Resolutions AG/RES. 1121 (XXX- 091 and AG/RES. 1123 (XXI-091) for strengthening of peace and security in the hemisphere, and AG/RES. 1062 (XX090) against clandestine arms traffic.

PRADOS, John. *Safe for Democracy: The Secret Wars of the CIA*. Chicago, Ivan R. Dee, 2006, 163–164

Pravda.ru, 23 de agosto de 2015. Disponível em: <http://port.pravda.ru/mundo/23–08-2015/39316-maidan_donbass-0/#sthash.l0BIcUeA.dpuf>.

"Premier Stalin to Prime Minister — 4 Sept. 41" *in*: CHURCHILL, Winston. *The Second World War — The Grand Alliance*. Londres: Guild Publishing — Book Club Associates, vol. III, pp. 405–406.

"Presentation of foreign ambassador's letters of credence: Vladimir Putin received letters of credence from 15 foreign ambassadors. By tradition, the ceremony marking the official start of the ambassador's mission in the Russian Federation, took place in the Grand Kremlin Palace's Alexander Hall". *President of Russia. The Kremlin, Moscow*. 26 de novembro de 2015. Disponível em <http://en.kremlin.ru/events/president/news/50786>.

"President Bush Addresses the Nation: Following is the full text of President Bush's address to a joint session of Congress and the nation", 20 de setembro de 2001. *eMediaMillWorks — The Washington Post*. Disponível em: <http://www.washingtonpost.com/wp-srv/nation/specials/attacked/transcripts/bushaddress_092001.html>.

"President Bush Calls for New Palestinian Leadership" — The Rose Garden — Office of the Press Secretary for Immediate Release — June 24, 2002. *White House — Presidente George W. Bush*. Disponível em: <http://georgewbush-whitehouse.archives.gov/news/releases/2002/06/20020624–3.html>.

"President confers posthumous title Hero of Ukraine to Stepan Bandera — President Victor Yushchenko awarded Ukrainian politician and one of the leaders of Ukrainian national movement Stepan Bandera a posthumous title Hero of Ukraine and the Order of the State". *Official Website of President of Ukraine — Press office of President Victor Yushchenko*, 22 de janeiro de 2010. Disponível em: <http://www.president.gov.ua/en/news/16473.html>.

"President Obama's Second-Term Ambassadorial Nominations. Updated April 17, 2015". *American Foreign Service Association*. Disponível em: <http://www.afsa.org/secondterm.aspx>.

"President Signs Authorization for Use of Military Force bill. Resolution 23, Statement by the President. 'Today I am signing Senate Joint the 'Authorization for Use of Military Force'". *George W. Bush — The White House*, 18 de setembro de 2001. Disponível em: <http://georgewbush-whitehouse.archives.gov/news/releases/2001/09/20010918–10.html>.

"President Welcomes Palestinian President Abbas to the White House". The Rose Garden. *The White House — President George W. Bush*. Office of the Press Secretary, 26 de maio de 2005. Disponível em: <http://georgewbush-whitehouse.archives.gov/news/releases/2005/05/print/text/20050526.html>.

"President's New Conference with President Leonid Kravchuck of Kiev, January 12, 1994", *in:* CLINTON, William J. *Public Papers of the Presidents of the United States: William J. Clinton, 1994*, pp. 43–46. Disponível em: <https://books.google.de/books?id=NCThAwAAQBAJ&pg=PA46&lpg=PA46&dq=Clinton+Partnership+For+peace+Ukraine&source=bl&ots=xAVnTwVIs-&sig=rnoNdxUxlugp_6qfOJFYzP0D97Q&hl=de&sa=X&ei=gd_pVLiHOsb9UOGRgtAN&ved=0CFMQ6AEwBQ#v=onepage&q=Clinton%20Partnership%20For%20peace%20Ukraine&f=false>.

PRIEST, Dana (*Washington Post* Staff Writer). "CIA Holds Terror Suspects in Secret Prisons — Debate Is Growing Within Agency about Legality and Morality of Overseas System Set Up After 9/11". *The Washington Post,* 2 de novembro de 2005.

PRINS, Nomi. *All the Presidents — Bankers*. The Hidden Alliances that Drive American Power. Nova York: Nation Books, 2014.

"Profile: Ukraine's ultra-nationalist Right Sector". *BBC Europe*, 28 de abril de 2014. Disponível em: <http://www.bbc.com/news/world-europe-27173857>.

"Prominent Russians: Nestor Makhno (October 26, 1888 — July 6, 1934)". *Russiapedia*. Disponível em: <http://russiapedia.rt.com/prominent-russians/history--and-mythology/nestor-makhno/>.

"Protesters Declare Independent People's Republic in Ukraine's Luhansk", *Sputnik* (RIA Novosti), 28 de abril de 2014. Disponível em: <http://sputniknews.com/world/201 40428/189420422.html#ixzz3h677L7fE>.

"PROTOCOL on the results of consultations of the Trilateral Contact Group (Minsk, 05/09/2014". Disponível em: <http://mfa.gov.ua/en/news-feeds/foreign-offices--news/27596-protocolon-the-results-of-consultations-of-the-trilateral-contact--group-minsk-05092014>.

"Public Attitudes toward the War in Iraq: 2003–2008". *Pew Research Center*, 19 de março de 2008. Disponível em: <http://www.pewresearch.org/2008/03/19/public-attitudes-toward-the-war-in-iraq-20032008/>.

Public Papers of the Presidents of the United States. George W. Bush (In Two Books) Book I: January 1 to June 30, 2005. Washington: US Government Printing Office, p. 880. Disponível em: <https://books.google.de/books?id=5VVC1YI72DoC&pg=PA880& lpg=PA880&dq=George+W.+Bush+%E2%80%9Cmust+remove+unauthorized+outposts+and+stop+settlement+expansion.#v=onepage&q=George%20W.%20Bush%20%E2%80%9Cmust%20remove%20

unauthorized%20outposts%20and%20stop%20settlement%20 expansion.&f=false>.

PUSHKOVA, Darya (RT correspondent). "Prominent Russians: Vladimir Potanin". *RT*, 1º de fevereiro de 2010. Disponível em: <http://russiapedia.rt.com/prominent-russians/business/vladimir-potanin/>.

"Putin explained why he decided to return Crimea to Russia". *Itar-TASS*. Disponível em: <http://tass.ru/en/russia/781790>.

"Putin orders talks on Russian military base in Belarus". *RT*, 19 de setembro de 2015. Disponível em: <https://www.rt.com/news/315964-putin-military-base-belarus/>. Acessado em 19 de setembro de 2015.

"Putin reveals secrets of Russia's Crimea takeover plot". *BBC News — Europe*, 9 de março de 2015. Disponível em: <http://www.bbc.com/news/world-europe-31796226?print=true>.

"Putin says dump the dollar". *RT*, 1º de setembro de 2015. Disponível em: <https://www.rt.com/business/313967-putin-says-dump-dollar/>. Acessado em 3 de setembro de 2015. Também em: <https://www.rt.com/business/313967-putin-says--dump-dollar/>.

PUTIN, Vladimir. "The World Order: New Rules or a Game without Rules". Meeting of the Valdai International Discussion Club. 24 October 2014, 19:00, Sochi. *Official site of the President of Russia*. Disponível em: <http://en.kremlin.ru/events/president/news/46860>. Acessado em 12 de outubro de 2015.

"Putin: 40+ ICBMs targeted for 2015 nuclear force boost". *RT*, 16 de junho de 2015. Disponível em: <http://rt.com/news/267514-putin-ballistic-missiles-army/>.

"Putin's Gambit: How the EU Lost Ukraine". *Der Spiegel*, 25 de novembro de 2013. Disponível em: <http://www.spiegel.de/international/europe/how-the-eu-lost--to-russia-in-negotiations-over-ukraine-trade-deal-a-935476.html>.

"Q&A: Mikhail Khodorkovsky and Russia". *BBC News — Europe*, 22 de dezembro de 2013. **Disponível em:** <http://www.bbc.com/news/world-europe-25467275>.

"R-36 (SS-18 Satan) — Intercontinental ballistic missile Military-Today". *Military Today.com*. Disponível em: <http://www.military-today.com/missiles/ss18_satan.htm>.

RABINOVICH, Itamar. "The Devil We Knew". *The New York Times*, 18 de novembro de 2011.

RACHKEVYCH, Mark. "50 Richest Ukrainians". *Kyiv Post*, 11 de junho de 2009. Disponível em: <http://www.kyivpost.com/content/ukraine/50-richest-ukrainians-43241.html>.

RADIA, Kirit *et al.* "US Contractor Greystone Denies Its 'Mercenaries' in Ukraine". *ABC News*, 8 de abril de 2014. Disponível em: <http://abcnews.go.com/Blotter/greystone-firm-accused-disguising-mercenaries-ukrainians/story?id=23243761>.

RADIA, Kirit; MEEK, James Gordon; FERRAN, Lee; WEINBERG, Ali. "US Contractor Greystone Denies Its 'Mercenaries' in Ukraine". *ABC News*, 8 de abril de

2014. Disponível em: <http://abcnews.go.com/Blotter/greystone-firm-accused--disguising-mercenaries-ukrainians/story?id=23243761>.

"Radicals stage disorder at May Odessa massacre trial in southern Ukraine". *TASS*, 22 de janeiro de 2015. Disponível em: <http://tass.ru/en/world/772769>. Acessado em 2 de agosto de 2015.

"Radio West Bank Radio Destroyed." *Deep Dish Waves of Change*, 3 de novembro de 2015. Disponível em: <http://deepdishwavesofchange.org/blog/2015/11/west--bank-radio-destroyed>. Acessado em 3 de novembro de 2015.

RADWAN, Tarek. "Top News: Syrian Antiquities and the ISIS Billion-Dollar Economy". *Atlantic Council*, 26 de agosto de 2015. Disponível em: <http://www.atlanticcouncil.org/en/blogs/menasource/top-news-syrian-antiquities-and-the--isis-s-billion-dollar-economy>.

RAINSFORD, Sarah (Artemivsk, Ukraine). "Ukraine civilians stranded as shells pound Debaltseve". *BBC News*, 30 de janeiro de 2015. Disponível em: <http://www.bbc.com/news/world-europe-31055060>. Acessado em 27 de agosto de 2015.

RANKING, Jennifer & agencies. "Russia responds to sanctions by banning western food imports". *The Guardian*, 7 de agosto de 2014.

RAO, Sujata. "Big debts and dwindling cash — Ukraine tests creditors' nerves". *Reuters*, 17 de outubro de 2013 — Disponível em: <http://uk.reuters.com/article/2013/10/17/uk-emerging-ukraine-debt-idUKBRE99G06P20131017>. *Trading Economics*. Disponível em: <http://www.tradingeconomics.com/ukraine/external-debt>.

RAPOPORT, Louis. *Shake Heaven & Earth*: *Peter Bergson and the Struggle to Rescue the Jews of Europe*. Jerusalem: Gefen Publishing House, 1999.

RAPOZA, Kenneth. "Russian Government Ratifies Huge China Gas Pipeline Deal". *Forbes*, 3 de maio de 2015. Disponível em: <http://www.forbes.com/sites/kenrapoza/2015/05/03/russian-government-ratifies-huge-china-gas-pipeline-deal/5>.

RASMUS, Jack. "Who Benefits From Ukraine Economic Crisis", *in*: LENDMAN, Stephen (Edit.) — *Flashpoint in Ukraine. How the US Drive for Hegemony Risks World War III*. Atlanta: Clarity Press, 2014, pp. 120–121.

RAVID, Barak. "IDF Intelligence Chief: Palestinian Despair, Frustration Are among Reasons for Terror Wave. Major General Herzi Halevi's assessment contradicts Prime Minister Benjamin Netanyahu's message which blames the attacks on incitement and ingrained hatred". *Há'aretz*, 3 de novembro de 2015. Disponível em: <http://www.haaretz.com/israel-news/.premium-1.683860>.

RAY, Lada. "7 Million People, 30% of GDP Say Goodbye to Ukraine: Donetsk and Lugansk Vote to Secede", 11 de maio de 2014. *Futurist TrendCast*. Disponível em: <https://futuristtrendcast.wordpress.com/2014/05/11/live-voting-now-donetsk-peoples-republic-independence-referendum/>. Acessado em 1º de agosto de 2015.

RAYMAN, Noah. "Leaked Audio Depicts U.S. Diplomat Cursing E.U. Diplomacy. Americans pointed the finger at Russia for the leak". *Time*, 6 de fevereiro de 2014. Disponível em: <http://world.time.com/2014/02/06/victoria-nuland-leaked-audio-european-union/>.

REAGAN, Ronald. *An American Life*. Londres: Arrow Books, 1991, p. 550.

REED, Stanley; KRAMER, Andrew E. "Chevron and Ukraine Set Shale Gas Deal". *The New York Times*, 5 de novembro de 2013.

"Regime Change in Kiev — Victoria Nuland Admits: US Has Invested $5 Billion In The Development of Ukrainian, 'Democratic Institutions'" Video — International Business Conference at Ukraine in Washington — National Press Club — December 13, 2013 — Victoria Nuland — Assistant Secretary of State for Europe and Eurasian Affairs. Postado em 9 de fevereiro de 2014.

"Regional Nuclear War Could Devastate Global Climate". Rutgers, the State University of New Jersey. *ScienceDaily*, 11 de dezembro de 2006. Disponível em: <http://www.sciencedaily.com/releases/2006/12/061211090729.htm>.

"Remarks — Victoria Nuland, Assistant Secretary, Bureau of European and Eurasian Affairs. Washington, DC, December 13, 2013". *U.S. Department of State*. Disponível em: <http://www.state.gov/p/eur/rls/rm/2013/dec/218804.htm>.

"Remarks by the President at the United States Military Academy Commencement Ceremony". U.S. Military Academy-West Point, Nova York. *The White House — Office of the Press Secretary*, 28 de maio de 2014. Disponível em: <http://www.whitehouse.gov/the-press-office/2014/05/28/remarks-president-west--point-academy-commencement-ceremony>.

"Remarks by the President in Address to the Nation on Syria East Room". *The White House Office of the Press Secretary For Immediate Release*, 10 de setembro de 2013. Disponível em: <http://www.whitehouse.gov/the-press-office/2013/09/10/remarks-president-address-nation-syria>.

"Remarks by the President to the White House Press Corps". *The White House — Office of the Press Secretary*, 20 de agosto de 2012.

"Remarks Following Discussions with Prime Minister Ariel Sharon — February 7", *Public Papers of the Presidents of the United States — George W. Bush — Book I — January 1 to June 30 2002*. Washington: United States Printing Office, 2004, pp. 190–192. Disponível em: <https://books.google.de/books?id=f_vhrnvPUqwC&pg=PA191&lpg=PA191&dq=George+W.+Bush+on+Arafat&source=bl&ots=-dNb0FG8py&sig=VZFu2d1XF-CaQvIUoxjR-4zesV0&hl=de&sa=X&ved=0CEoQ6AEwCWoVChMI6N_VyZzWyAIVxdssCh2G8A54#v=onepage&q=Jordan&f=false>.

"Remarks Prior Discussions with King Abdullah II of Jordan and an Exchange with Reporters — February 1 2002". *Public Papers of the Presidents of the United States — George W. Bush — Book I — January 1 to June 30 2002*. Washington: United States Printing Office, 2004, pp. 160–162. Disponível em: <https://books.google.de/books?id=f_vhrnvPUqwC&pg=PA191&lpg=PA191&dq=George+W.+Bush+on+Arafat&source=bl&ots=-dNb0FG8py&sig=VZFu2d1XF-CaQvIUoxjR-4zesV0&hl=de&sa=X&ved=0CEoQ6AEwCWoVChMI6N_VyZzWyAIVxdssCh2G8A54#v=onepage&q=Jordan&f=false>.

Report of the Senate Select Committee on Intelligence — Committee Study of the Central Intelligence Agency's Detention and Interrogation Program together with Foreword by Chairman Feinstein and Additional and Minority Views. December 9,

2014 — Ordered do be printed. Approved December 13, 2012 — Updated for Release April 3, 2014, Desclassification Revisions December 3, 2014. United States Senate, 113th 2nd Session, S. Report 113–288, pp. 96, 105–107, 429 *passim. Justice Campaign*. Disponível em: <http://thejusticecampaign.org/?page_id=273>. Acesso em 17 de novembro de 2014.

"Report: U.S. officials say Israel would need at least 100". *Ha'aretz,* Israel, 20 de fevereiro de 2012. Disponível em: <http://www.haaretz.com/news/diplomacy--defense/report-u-s-officials-say-israel-would-need-at-least-100-planes-to-strike-iran-1.413741>.

REUTER, Lise (Staff Writer). "NNSA completes move to new $687M manufacturing plant". *Kansas City Business Journal*, 8 de julho de 2014. Disponível em: <http://www.bizjournals.com/kansascity/news/2014/07/08/national-nuclear-security-administration.html?page=all>.

RINGHAUSEN, Jeffrey. "Refuting the Media: Punishment and the 2005–06 Gas Dispute", pp. 3–33. University of North Carolina at Chapel Hill — Department of Slavic, Eurasian, and East European Studies. 2007- UMI Number: 1445454. Disponível em: <http://media.proquest.com/media/pq/classic/doc/1372035111/fmt/ai/rep/NPDF?_s=E21sZ9Yq1ee87kdZ1Xdh24phC7U%3D>.

RISEN, James. *State of War. The Secret History of the CIA and the Bush Administration*. Nova York: Free Press, 2006, pp. 157–159.

ROBERTS, Paul Craig. "Washington Orchestrated Protests Are Destabilizing Ukraine". February 12, 2014. Institute for Political Economy. Disponível em: <http://www.paulcraigroberts.org/2014/02/12/washington-orchestrated-protests-destabilizing-ukraine/>.

———. "The Next Presidential Election Will Move the World Closer to War". 16 de novembro de 2014. *Institute for Political Economy.* Disponível em: <http://www.paulcraigroberts.org/2014/11/16/next-presidential-election-will-move--world-closer-war-paul-craig-roberts/>.

———. "Truth Has Been Murdered". *Institute for Political Economy*, 28 de abril de 2015. Disponível em: <http://www.paulcraigroberts.org/2015/04/28/truth-murdered-paul-craig-roberts/print/>.

ROCHA BARROS, Alberto da. *Que é o Fascismo?* Rio de Janeiro-Guanabara: Editora Laemmert, 1969.

RODRÍGUEZ, Ariel Noyola. "Russia Precipitates the Abandonment of the SWIFT International Payments System among BRICS Countries". *Global Research*, 6 de outubro de 2015.

Roland Dumas: deux ans avant le début de la guerre, l'Angleterre préparait l'invasion des rebelles en Syrie". *Wikileaks Actu Francophone*. Disponível em: <https://wikileaksactu.wordpress.com/category/syrie/>.

Romanian President Traian Basescu (R) speaks with Cmdr. Scott Jones (L) and Cmdr. Charles Hampton during his visit to the ship on April 14 in Constanta, Romania. Stratfor", *Global Intelligence*, 8 de maio de 2014. Disponível em: <http://www.stratfor.com/image/romanian-president-traian-basescu-r-speaks-cmdr-scott-jones-l-and-cmdr-charles-hampton-during>.

Ron Paul CG #23 Opening the Secret 9/11 Records". Interview — Money and Markets: Podca. Disponível em: <http://www.moneyandmarkets.com/podcasts/ron-paul-cg-23-opening-the-secret-911-records>.

"Ron Paul: Government Had Foreknowledge of 9/11 Terror Attacks. Paul argues U.S. gov't more destructive than Osama Bin Laden". *Washington Free Beacon*, 30 de agosto de 2014 — *ICH — Information Clearing House*. Disponível em: <http://www.informationclearinghouse.info/article39542.htm.docx>.

ROSS, Anthony, C. *et al*. "The Costs of the Israeli-Palestinian Conflict: Executive Summary". *Rand Corporation*, 18 de junho de 2015. Disponível em: <http://www.rand.org/pubs/research_reports/RR740–1.html>.

ROSS, Andreas (Nova York). "Kampf gegen IS — Amerikas nächster Kriegspräsident". *Frankfurter Allgemeine Zeitung*, 24 de setembro de 2014.

ROSS, Brian (*ABC News* Chief Investigative Correspondent); ESPOSITO, Richard. "CIA's Harsh Interrogation Techniques Described". *ABC News*. 18 de novembro de 2005. Disponível em: <http://abcnews.go.com/Blotter/Investigation/story?id=1322866>.

ROSS, Sonya; AGIESTA, Jennifer. "AP poll: Majority harbor prejudice against blacks". *AP Big Story*, 27 de outubro de 2012. Disponível em: <http://bigstory.ap.org/article/ap-poll-majority-harbor-prejudice-against-blacks>.

ROSSOLIŃSKI-LIEBE, Grzegorz. *Stepan Bandera — The Life and Afterlife of a Ukranian Nationalist — Fascism, Genocide, and Cult*. Stuttgart: Ibidem-Verlag, 2014.

ROSTIZKE, Harry. *CIA's Secret Operations — Espionage, Counterespionage and Covert Actions*. Nova York: Reader's Digest Press, 1977.

"Rota: de Maidan até a guerra no Donbass". [22/8/2015, Alexey Zotyev / (ru. Cassad. net; esp. em slavyangrad), traduzido]. *Vila Vudu — Samstag*, 22. August 2015. Original russo: Закон об особом порядке местного самоуправления в отдельных районах Донецкой и Луганской областей (Закон об особом статусе Донбасса), текст проекта №5081 от 16.09.2014. Закон и Бизнес. Disponível em: <http://zib.com.ua/ru/print/100900-zakon_ob_osobom_poryadke_mestnogo_samoupravleniya_v_otdelnih.html>.

ROUSSEAU, Jean-Jacques. *Du Contrat Social*. Paris: GF Flammarion, 1992, p. 95.

ROZOFF, Rick. "Kazakhstan: U.S., NATO Seek Military Outpost between Russia and China", *Global Research*, 15 de abril de 2010. Disponível em: <http://www.globalresearch.ca/kazakhstan-u-s-nato-seek-military-outpost-between-russia-and-china/18680>.

RT — Donetsk activists proclaim region's independence from Ukraine". *RT*, 7 de abril de 2014. Disponível em: <http://www.rt.com/news/donetsk-republic-protestukraine-841/>.

RUDOREN, Jodi; ASHKENAS, Jeremy. "Netanyahu and the Settlements — Israeli Prime Minister Benjamin Netanyahu's settlement policy resembles his predecessors' in many ways, but it is a march toward permanence in a time when prospects for peace are few." *International New York Times*, 12 de março de 2015. Disponível em: <http://www.nytimes.com/interactive/2015/03/12/world/middleeast/netanyahu-west-bank-settlements-israel-election.html?_r=0>.

"Russia — an economy on the brink". *BBC News*, 24 de agosto de 1998. Disponível em: <http://news.bbc.co.uk/2/hi/business/150383.stm>.

"Russia — Overview, November 26, 2013 (Notes)". *U.S. Energy Information Administration.* Disponível em: <http://www.eia.gov/countries/country-data.cfm?fips=up>.

"Russia — Politics Putin prepares bitter and hysterical missile surprise to 'American partners'". *Pravda*, 16 de janeiro de 2015. Disponível em: <http://english.pravda.ru/russia/politics/16–01-2015/129540-putin_missile_surprise-0/>.

"Russia and China veto UN resolution against Syrian regime". *Associated Press/The Guardian*, 5 de outubro de 2011.

"Russia crisis will cost EU up to 100 billion in value — Press". *Start your bag,* 19 de junho de 2015. Disponível em: <http://startyourbag.com/germany/russia-crisis--will-cost-eu-up-to-100-billion-in-value-press/>.

"Russia is ready to establish airbases in neighboring countries — Russian PM". *RT*, 9 de setembro de 2015. Disponível em: <http://www.rt.com/news/314787-russia--air-bases-csto/06>. Acessado em 10 de setembro de 2015.

"Russia losing $140 billion from sanctions and low oil prices." *CNN Money.* Disponível em: <http://money.cnn.com/2014/11/24/news/economy/russia-losing-140-billion-oil-sanctions/>.

"Russia rebuffs Saudi offer to drop Syria support for arms deal: Report". *PressTV,* 8 de agosto de 2013. Disponível em: <http://www.presstv.ir/detail/2013/08/08/317827/russia-snubs-saudi-bid-for-shift-on-syria/>.

"Russia says US rudely interfered, The US leadership ignored Moscow's repeated warning that shattering the fragile inter-political balance in Ukraine would result in the emergence of a serious hotbed of instability in Europe in Ukraine's affairs by backing coup". TASS-World, 7 de maio de 2015. Disponível em: <http://tass.ru/en/world/793425>.

"Russia to carry out 10 test launches of Angara heavy carrier rocket by 2020". *TASS*, 28 de julho de 2015. Disponível em: <http://tass.ru/en/non-political/811139>.

"Russia to create Angara rocket launch pad". *Business Standard*. Moscou, 28 de julho de 2015. Disponível em: <http://www.business-standard.com/article/news-ians/russia-to-create-angara-rocket-launch-pad-115072801010_1.html>.

"Russia to launch alternative to SWIFT bank transaction system in spring 2015". *RT*, 11 de novembro de 2014. Disponível em: <https://www.rt.com/business/204459--russia-swift-payment-alternative/>.

"Russia to Open Military Base in Belarus". *The Moscow Times*, 26 de junho de 2013. Disponível em: <http://www.themoscowtimes.com/news/article/russia-to-open--military-base-in-belarus/482355.html>.

"Russia won't quit nuclear forces treaty unless it faces 'serious threat' — Kremlin". *RT*, 23 de setembro de 2014. Disponível em: <http://rt.com/politics/189904--russia-inf-treaty-ivanov/>.

"Russia, China should jointly counter color revolutions — Russian Defense Ministry. The Russian and Chinese defense ministers focused on the recent Hong Kong protests and acknowledged that no country is immune from 'color revolutions'".

ITAR-TASS, Beijing, 18 de novembro de 2014. Disponível em: <http://tass.ru/en/russia/760349>.

"Russia: Death of a Policeman". *Times*, 4 de janeiro de 1954. Disponível em <http://content.time.com/time/magazine/article/0,9171,860194,00.html>.

"Russia's Black Sea port of Novorossiysk to house subs carrying long-range cruise missiles". *Itar-TASS-* Russia — 23 de setembro de 2014. Disponível em: <http://tass.ru/en/russia/750841>.

"Russia's economy under Vladimir Putin: achievements and failures". Analysis & Opinion — *RIA Novosti*, 3 de janeiro de 2008. Disponível em: <http://en.ria.ru/analysis/20080301/100381963.html>.

"Russia's new military doctrine lists NATO, US as major foreign threats". *RT*, 26 de dezembro de 2014. Disponível em: <http://rt.com/news/217823-putin-russian--military-doctrine/>.

"Russia's President Vladimir Putin has described the collapse of the Soviet Union as 'the greatest geopolitical catastrophe' of the 20th century". *BBC News*, 25 de abril de 2005.

Russia's Road to Corruption — How the Clinton Administration Exported Government Instead of Free Enterprise and Failed the Russian People. "Chapter 8 — 1998: Years of Bad Advice Culminate in Russia's Total Economic Collapse". U.S. House of Representatives, Washington, D.C. Report Date: Setembro de 2000. Disponível em: <http://fas.org/news/russia/2000/russia/part08.htm>.

"Russian fighter jet ignored warnings and 'provocatively' passed U.S. Navy destroyer in Black Sea for 90 minutes, getting as close as 1,000 yards". *Daily Mail Online*, 15 de abril de 2014. Disponível em: <http://www.dailymail.co.uk/news/article-2604590/Russian-fighter-jet-ignored-warnings-provocatively-passed-U-S--Navy-destroyer-Black-Sea-90-minutes-getting-close-1–000-yards.html>.

"Russian Foreign Minister calls Free Syrian Army 'phantom' group' — October 05". Disponível em: <http://tass.ru/en/politics/826244>. Acessado em 5 de outubro de 2015.

"Russian Military Forum — Russian Armed Forces-Russian Air Force". Disponível em: <http://www.russiadefence.net/t2803p615-pak-fa-t-50-news>.

"Russian military plane shot down Ukrainian Su-25 aircraft in Ukraine". *KyivPost — Interfax-Ukraine*, 17 de julho de 2014. Disponível em: <http://www.kyivpost.com/content/ukraine/russian-military-plane-shot-down-ukrainian-su-25-aircraft-in--ukraine-356422.html>.

"Russian operation in Syria is our salvation' — top Syrian Catholic bishop to RT". *RT*, 18 de fevereiro de 2016. Disponível em: <https://www.rt.com/news/332922--aleppo-bishop-russia-support/>.

"Russian State takes bigger part in the economy, despite trumpeted privatization plans". *RT*, 6 de novembro de 2012. Disponível em: <http://rt.com/business/russia-state-economy-privatization-043/>.

"Russian Su-27 Airbase to Be Set Up in Belarus in 2016: Air Force Chief". *Sputnik*, 15 de outubro de 2014 Disponível em: <http://sputniknews.com/military/20141015/194098896.html>.

"Russian Unified Air Defense for CIS Collective Security". *Russian Peacekeper*, 9 de setembro de 2015. Disponível em: <http://www.peacekeeper.ru/en/?module=news&action=view&id=27398>.

"Russland-Sanktionen rächen sich: 500.000 deutsche Jobs in Gefahr". Disponível em: <http://www.t-online.de/wirtschaft/id_74428354/russland-sanktionen-raechen-sich-500-000-deutsche-jobs-in-gefahr.html>.

RYAN, Yasmine. "Russia's oligarchs guard political might — Under Putin, a new middle class has emerged, but socio-economic changes haven't yet translated into political clout". *Al Jazeera*, 4 de março de 2012. Disponível em: <http://www.aljazeera.com/indepth/features/2012/02/2012225212624758833.html>.

SAAR, Erik; NOVAK, Viveca. *Inside the Wire. A Military Intelligence Soldier's Eywitness Account of Life at Guantánamo*. Nova York: Penguin Press, 2005, p.114.

"Sabra and Shatila massacre: General info." *The WikiLeaks Supporters Forum*, 14 de janeiro de 2014. Disponível em: <http://www.wikileaks-forum.com/sabra-and-shatila-massacre/613/sabra-and-shatila-massacre-general-info/26766/>.

SAGER, Gesche. "Henry Ford und die Nazis — Der Diktator von Detroit". *Spiegel Online*, 29 de julho de 2008. Disponível em: < http://www.spiegel.de/einestages/henry-ford-und-die-nazis-a-947358.html>.

SAKWA, Richard. *Frontline Ukraine — Crisis in the Borderlands*. Londres: I.B. Tauris, 2015.

"Sales by largest arms companies fell again in 2012 but Russian firms' sales increased sharply". *Stockholm International Peace Research Institute (SIPRI). 2014*. Munique, 31 de janeiro de 2014. Disponível em: < http://www.sipri.org/media/press-releases/2014/top100_january2014>.

SALHANI, Claude. "Islamic State's Ultimate Goal: Saudi Arabia's Oil Wells". *OilPrice.com*, 9 de setembro de 2014. Disponível em: <http://oilprice.com/Geopolitics/Middle-East/Islamic-States-Ultimate-Goal-Saudi-Arabias-Oil-Wells.html>.

SALMONI, Barak A.; LOIDOLT, Bryce; WELLS, Madeleine. "Regime and Periphery in Northern Yemen — The Huthi Phenomenon". *National Defense Research Institute — RAND*, 2010. pp. 264–265. Prepared for the Defense Intelligence Agency. Disponível em: <http://www.rand.org/content/dam/rand/pubs/monographs/2010/RAND_MG962.pdf>.

"Sandwiches Are Symbol of Sympathy to Ukrainians at Maidan: Nuland"- *Sputnik News — International*, 18 de dezembro de 2014. Disponível em: <http://sputniknews.com/politics>.

SANGER, David E. "Rebel Arms Flow Is Said to Benefit Jihadists in Syria". *The New York Times*, 14 de outubro de 2012.

"Sanktionen dummes Zeug Schmidt verteidigt Putins Krim-Politik". *Frankfurter Allgemeine Zeitung*, 26 de março de 2014. Disponível em: <http://www.faz.net/aktuell/politik/inland/schmidt-verteidigt-putins-krim-politik-12864852.html>.

SARNA, Arkadiusz. "The transformation of agriculture in Ukraine: from collective farms to agroholdings". *OSW Commentary — Centre for Eastern Studies*. Number 127, 2 de junho de 2014. Disponível em: <www.osw.waw.pl. Também em: http://aei.pitt.edu/57943/1/commentary_127.pdf>.

"Saudi Arabia has secretly offered Russia a sweeping deal to control the global oil market and safeguard Russia's gas contracts, if the Kremlin backs away from the Assad regime in Syria". *The Telegraph*, 27 de agosto de 2013.

"Saudi Arabia Sent Death Row Inmates to Fight in Syria in Lieu of Execution", *Assyrian International News Agency — AINA News*, 20 de janeiro de 2013. Disponível em: <http://www.aina.org/news/20130120160624.htm>.

"Saudi Arabia tries to tempt Russia over Syria". *Al-Alam News Network*, 7 de agosto de 2013. Disponível em: <http://en.alalam.ir/print/1502972>.

SAUL, Jonathan (Londres). "Russia steps up military lifeline to Syria's Assad — sources". *Reuters*, Fri Jan 17, 2014. Syrian energy deal puts Russia in gas-rich Med". *UPI* —Beirut, Lebanon. Business News / Energy Resources, 16 de janeiro de 2014.

SAUNDERS, Bonnie F. *The United States and Arab Nationalism The Syrian Case 1953–1960*. Praeger, 1996, pp. 48–50, 62, 70.

SAVKOVIĆ, Marko (Belgrade Centre for Security Policy (BCSP). "Europe's Defence in Times of Austerity: Spending Cuts as a One-Way Street?" *International Relations and Security Network (ISN)* ETH Zurich, 9 de outubro de 2012. Disponível em: <http://www.isn.ethz.ch/Digital-Library/Articles/Detail/?id=154133>.

SCAHILL, Jeremy. "The CIA's Secret Sites in Somalia Renditions, an underground prison and a new CIA base are elements of an intensifying US war, according to a Nation investigation in Mogadishu". *The Nation*, 10 de dezembro de 2014. Disponível em: <http://www.thenation.com/article/cias-secret-sites-somalia/>.

SCHECK, Werner. *Geschichte Russlands — Von de Frühgeschichte bis zur Sowjetunion*. Munique: Wilhelm Heyne Verlag, 2. Aulage, 1980.

SCHIRRA, Bruno. *ISIS — Der globale Dschihad*, Berlim: Econ Verlag, 2015, pp. 174–180.

SCHLESINGER, Jr., Arthur M. *The Age of Roosevelt — The Politics of Upheaval*. Boston: Houghton Mifflin Company — The Riverside Press Cambridge, 1960.

SCHMEMANN, Serge. "Assassination in Israel: The Overview — Assassination in Israel: The Overview; Rabin Slain After Peace Rally in Tel Aviv; Israeli Gunman Held; Says He Acted Alone". *The New York Times*, 5 de novembro de 1995. Disponível em: <http://www.nytimes.com/1995/11/05/world/assassination-israel-overview-rabin-slain-after-peace-rally-tel-aviv-israeli.html?pagewanted=all>.

———. "Netanyahu, Scorning Critics, Visits West Bank Settlement". *The New York Times*, 27 de novembro de 1996. Disponível em: <http://www.nytimes.com/1996/11/27/world/netanyahu-scorning-critics-visits-west-bank-settlement.html>.

SCHMID, Beat. "Obama, der Kriegspräsident". *Schweiz am Sonntag*, Samstag, 27 de setembro de 2014. Disponível em: <http://www.schweizamsonntag.ch/ressort/meinung/obama_der_kriegspraesident/>.

SCHMITT, Eric; HUBBARD, Ben. "U.S. Revamping Rebel Force Fighting ISIS in Syria". *The New York Times*, 6 de setembro de 2015. Disponível em: <http://www.nytimes.com/2015/09/07/world/middleeast/us-to-revamp-training-program-to-fight-isis.html>. Acessado em 7 de setembro de 2015.

A DESORDEM MUNDIAL

"Schmutzige Deals: Worum es im Syrien-Krieg wirklich geht". *Deutsche Wirtschafts Nachrichten,* 31 de agosto de 2013. Disponível em: <http://deutsche-wirtschafts- -nachrichten.de/2013/08/31/schmutzige-deals-worum-es-im-syrien-krieg-wirkli- ch-geht/>.

"Schmutzige Deals: Worum es im Syrien-Krieg wirklich geht". *Deutsche Wirtschafts Nachrichten* | Veröffentlicht: 31 de agosto de 2013. Disponível em: <http://deutsche- -wirtschafts-nachrichten.de/2013/08/31/schmutzige-deals-worum-es-im- syrien-krieg-wirklich-geht/>.

SCHOFIELD, Matthew (McClatchy Foreign Staff). "Rumors of American mercena- ries in Ukraine spread to Germany — NATO flexes muscles as Combined Resol- ve II unfolds in Hohenfels". *Stars and Stripes,* 12 de maio de 2014. Disponível em: <http://www.stripes.com/news/europe/nato-flexes-muscles-as-combined-re- solve-ii-unfolds-in-hohenfels-1.282650>.

SCHOLL-LATOUR, Peter. *Der Flucht der bösen Tat. Das Scheitern des Westens im Orient.* Berlim: Propyläen, 2014.

SCHRAEDER, Peter J. *Exporting Democracy: Rhetoric Vs. Reality.* Colorado: Lynne Rienner Publishers, 2002, pp. 131, 217–220.

SCHUCHTER, Arnold. *Regime Change: National Security in the Age of Terrorism.* Bloomington, Indiana: iUniverse, 2004, p. 118.

SCHULBERG, Jessica (Foreign Affairs Reporter, *The Huffington Post*). "Benjamin Netanyahu's Latest Rejection of a Palestinian State. 'You think there is a magic wand here, but I disagree,' he told his political opponents, who have been pushing for peace talks." *TheWorldPost — The Huffington Post,* 27 de outubro de 2015. Disponível em: <http://www.huffingtonpost.com/entry/israel-benjamin-ne- tanyahu-reject-palestinian-state_562e5f1be4b0c66bae58b878>.

SCHULLER, Konrad (Warschau). "Ukraine Der gestürzte Oligarch und der Rechte Sektor". *Franfurter Allgemeine Zeitung,* 26 de março de 2015. Disponível em: <http://www.faz.net/aktuell/politik/ausland/europa/ihor-kolomojskijs-entma- chtung-inszenierte-abschiedszeremonie-13505871.html>.

SCHULTEN, Ralf. "Experte warnt vor Folgen einer Aufrüstung der UA"! *Focus Onli- ne,* 6 de abril de 2015. Disponível em: <http://www.focus.de/politik/ausland/ ukraine-krise/experte-warnt-vor-folgen-einer-aufruestung-der-ua-ukraine-krise- -kommentar_id_6343836.html>.

SCOTT, Franklin D. *Sweden — The Nation's History.* Chicago — Illinois: University Minnesota Press/American Scandinavian Foundation. Distributed by Swedish American Historical Society, 4th Printing, 1983.

"Secretary of Defense Testimony — Statement on Syria before the Senate Armed Ser- vices Committee as Delivered by Secretary of Defense Chuck Hagel, Washington, D.C., 17 de abril de 2013". *U.S. Department of Defense.* Disponível em <http:// www.defense.gov/Speeches/Speech.aspx?SpeechID=1771>.

"Section 2. Limits Of The Territorial Sea Article 4 — Outer limit of the territorial sea — The outer limit of the territorial sea is the line every point of which is at a distance from the nearest point of the baseline equal to the breadth of the terri- torial sea". United Nations Convention on the Law of the Sea". Disponível em:

<http://www.un.org/depts/los/convention_agreements/texts/unclos/unclos_e. pdf>.

"Security Council Approves 'No-Fly Zone' over Libya, Authorizing 'All Necessary Measures' to Protect Civilians, by Vote of 10 in Favour with 5 Abstentions 17 March 2011 Security Council. 6498th Meeting (Night)". Disponível em: <http://www.un.org/press/en/2011/sc10200.doc.htm>.

"Security Council Fails to Adopt Text Demanding That Israel Halt Settlement Activity as Permanent Member Casts Negative Vote". *United Nations — Security Council.* 6484th Meeting (PM) 18 de fevereiro de 2011. Disponível em: <http://www.un.org/press/en/2011/sc10178.doc.htm>.

SEELYE, Katharine Q. "A Nation Challenged: The Prisoners; First 'Unlawful Combatants' Seized In Afghanistan Arrive At U.S. Base In Cuba". *The New York Times,* 12 de janeiro de 2002. Disponível em: <http://www.nytimes.com/2002/01/12/world/nation-challenged-prisoners-first-unlawful-combatants-seized-afghanistan-arrive.html?pagewanted=print>.

SEIFFERT, Jeanette. "The significance of the Donbas. The Donbas is Ukraine's industrial heartland. But its coal-based economy is a heavily-subsidized millstone for Ukraine, not a powerhouse, no matter how important its arms exports might be to the Russian military". *Deutsche Welle (DW),* 15 de abril de 2014. Disponível em: <http://www.dw.com/en/the-significance-of-the-donbas/a-17567049>. Acessado em 1º de agosto de 2014.

SELDES, George. *Facts and Fascism.* Nova York: In Fact, Inc., Fifth Edition, 1943.

SÉNÈQUE (SENECAE, L. Annaei). *Phaedra.* Presses Universitaires de France, 1965, versos 165–170 e 906, pp. 51 e 132.

SENNOTT, Charles M. *The Body and the Blood: The Middle East's Vanishing Christians and the Possibility for Peace.* Nova York: Public Affairs — Perseus — Book Group, 2002, pp. 66–67.

SERLE, Jack; ROSS, Alice K. "Monthly Updates on the Covert War — July 2014 Update: US covert actions in Pakistan, Yemen and Somalia". All Stories, Covert Drone War, Monthly Updates on the Covert War. *The Bureau of Investigative Journalism,* 1º de agosto de 2014. Disponível em: <http://www.thebureauinvestigates.com/2014/08/01/july-2014-update-us-covert-actions-in-pakistan-yemen-and-somalia/>.

SERLE, Jack. "Drone strikes in Yemen — Analysis: What next for Yemen as death toll from confirmed US drone strikes hits 424, including 8 children". *The Bureau of Investigative Journalism,* 30 de janeiro de 2015. Disponível em: <https://www.thebureauinvestigates.com/2015/01/30/analysis-death-toll-drone-strikes-yemen--crisis-what-next/>.

"Several big Russian banks already use SWIFT equivalent — banking official. It was reported earlier that Russia's SWIFT equivalent would be launched in fall 2015". *TASS — Russia & India Reports,* 18 de setembro de 2015. Disponível em: <http://in.rbth.com/news/2015/09/18/several-big-rusian-banks-already-use--swift-equivalent-banking-official_425941>.

SHABAD, Rebecca. "US-backed Rebels and Islamic State sign Ceasefire/Non-aggression Pact — ISIS, Syrian rebels reach ceasefire". *Information Clearing House,* 13 de setembro de 2014. Disponível em: <http://www.informationclearinghouse. info/article39665.htm. MEE staff>.

SHACKLE, Samira. "UAE-Egypt attack on Libya aimed at Islamists". *Memo — Middle East Monitor*, 27 de agosto de 2014. Disponível em: <https://www.middleeast-monitor.com/blogs/politics/13771-uae-egypt-attack-on-libya-aimed-at-islamists>.

"Shadow banking system a growing risk to financial stability — IMF Fund report says tightening of bank regulations may be driving shift to lending by hedge funds and private equity". *The Guardian*, 1º de outubro de 2014.

SHAH, Anup. "US Military Commissions Act 2006 — Unchecked Powers?" *Global Issues*, 30 de setembro de 2006. Disponível em: <http://www.globalissues.org/article/684/us-military-commissions-act-2006-unchecked-powers>.

SHAKDAM, Catherine. "Genesis: The real story behind the rise of ISIS", *RT*, 25 de julho de 2015. Disponível em: <http://www.rt.com/op-edge/310731-isis-rise-support-terror/>.

SHAKESPEARE, William. "Timon of Athens", Act IV, Scene III, *in*: SHAKESPEARE, William. *Complete Works*. Nova York: Gramercy Books, 1975, p. 761.

SHALAIM, Avi. "It's now clear: the Oslo peace accords were wrecked by Netanyahu's bad faith — I thought the peace accords 20 years ago could work, but Israel used them as cover for its colonial project in Palestine". *The Guardian*, 12 de setembro de 2013.

"Shale gas reserves and major fields of Ukraine" — Projects in Ukraine — 14.06.2013 — *Unconventional Gas in Ukraine*. Disponível em: <http://shalegas.in.ua/en/shale-gas-resources-in-ukraine/>.

SHAMIR, Shlomo. "The UN Is Ripe for Advancing the Palestinian Agenda — The settlements have been defined as the number-one problem impeding peace, and no Israeli attempt to blame the stalemate on the Palestinians will be accepted at the UN". *Há'aretz*, 22 de fevereiro de 2011. Disponível em: <http://www.haaretz.com/print-edition/opinion/the-un-is-ripe-for-advancing-the-palestinian--agenda-1.344905>.

SHANE, Scott; LIPTAK, Adam. "Detainee Bill Shifts Power to President". *The New York Times*, 30 de setembro de 2006.

SHANKER, Thom; CHIVERS, C. J.; GORDON, Michael R. "Obama Weighs 'Limited' Strikes against Syrian Forces". *The New York Times*, 27 de agosto de 2013.

SHARIFULIN, Valery. "Russia's new military doctrine says use of protest moods typical for conflicts nowadays. The doctrine also stresses amassed combat employment of high-precision weaponry, drones and robots". *ITAR-TASS*, 26 de dezembro de 2014. Disponível em: <http://tass.ru/en/russia/769513>.

SHARKOV, Damien. "Ukrainian Nationalist Volunteers Committing 'ISIS-Style' War Crimes". *Newsweek*, 9 de outubro de 2014. Disponível em: <http://europe.newsweek.com/evidence-war-crimes-committed-ukrainian-nationalist-volunteers-grows-269604>.

"Sharon Urges 'Elimination' of Arafat, Terrorist Leaders". *Deseret News*, 17 de julho de 1989. Disponível em: <http://www.deseretnews.com/article/55557/SHA-

RON-URGES-ELIMINATION-OF-ARAFAT-TERRORIST-LEADERS. html?pg=all>. Acessado em 23 de outubro de 2015.

SHARP, Jeremy M. (Specialist in Middle Eastern Affairs). "U.S. Foreign Aid to Israel June 10, 2015". *Congressional Research Service 7–5700 www.crs.gov RL33222*. Disponível em: <https://www.fas.org/sgp/crs/mideast/RL33222.pdf>.

SHELLEY, Mary. *Frankenstein*. Nova York: 1818 Edition 2015, pp. 106–107.

SHERIDAN, Kerry (*Agence France Press*). Iraq Death Toll Reaches 500,000 Since Start Of U.S. Led Invasion, New Study Says. *TheHuffingtonPost.com*, 15 de outubro de 2013. Disponível em: <http://www.huffingtonpost.com/2013/10/15/iraq-death-toll_n_4102855.html>.

SHERLOCK, Ruth. "Syria rebel quits after battlefield defeat — Syria rebel commander lashes out at his western patrons as he quits in protest at losses to regime". *The Telegraph*, 4 de novembro de 2013. Disponível em: <http://www.telegraph.co.uk/news/worldnews/middleeast/syria/10425001/Syria-rebel-quits-after-battlefield-defeat.html>.

SHERMER, Michael. "Does deterrence prohibit the total abolishment of nuclear weapons?" *Scientific American,* Vol. 310, Issue 6. 1º de junho de 2014. Disponível em: <http://www.scientificamerican.com/article/will-mutual-assured-destruction-continue-to-deter-nuclear-war/?print=true>.

SHERWOOD, Harriet; SMITH, Helena (Athens); DAVIES, Lizzy (Rome); GRANT, Harriet. "Europe faces 'colossal humanitarian catastrophe' of refugees dying at sea. UN considers Africa holding centres as 'boat season' is expected to bring sharp increase in migrants making treacherous crossing", *The Guardian*, 2 de junho de 2014.

SHINKMAN, Paul D. "U.S., John Kerry Disgusted With Ukrainian Response to Protests. Response to protests not acceptable for democracy, Secretary of State John Kerry says". *U.S. News*, 11 de dezembro de 2013. Disponível em: <http://www.usnews.com/news/articles/2013/12/11/us-john-kerry-disgusted-with-ukrainian--response-to-protests>.

SHIRER, William L. *The Rise and Fall of the Third Reich. A History of a Nazi German*. Nova York: Fawcett Crest, 1960, Book Five — Beginning of the End.

SHUTTLEWORTH, Kate (Jerusalém). "Ultraorthodox Jews at the Damascus gate in Jerusalem after a Palestinian man was shot dead by police after allegedly stabbing and injuring a 15-year-old Jewish youth". *The Guardian*, 4 de outubro de 2015. Disponível em: <http://www.theguardian.com/world/2015/oct/04/israel-second--stabbing-just-hours-after-two-jewish-men-fatally-stabbed>.

SIDDIQUE, Haroon; MCCARTHY, Tom. "Syria crisis: US isolated as British MPs vote against air strikes — as it happened. Trouble for White House after UK parliamentary revolt. Doubts circulate about case tying Assad to chemical weapons". *The Guardian*, 30 de agosto de 2013.

SINGER, David; GROSSMAN, Lawrence. *American Jewish Year Book 2003*, Vol. 103. Nova York: America Jews Committee, pp. 210–211.

SINGER, Filip. "Ukraine's PM blames EU for lack of partnership over support of Nord Stream-2 project". *TASS*, 18 de setembro de 2015. Disponível em: <http://tass.ru/en/world/822175>.

SIPRI Yearbook 2015 (Oxford: Oxford University Press, 2015). Disponível em: < http://www.sipri.org/research/armaments/nuclear-forces>.

SISK, Richard. "Syrian Rebel Training Program Costs Millions and Counting". *DoD--Buzz — Military.com Network*, 9 de setembro de 2015. Disponível em: <http://www.dodbuzz.com/2015/09/09/syrian-rebel-training-program-costs-millions--and-counting/>.

SIVAN, Emmanuel. *Radical Islam: Medieval Theology and Modern Politics.* Nova York: Yale University Press, 1985, pp. 117–18.

SMITH, Truman. *Berlin Alert — The Memoirs and Report of Truman Smith.* Robert Hessen (Editor). Stanford — California: Hoover Institution/Stanford University, 1984, pp. 117, 143.

SNELBECKER, David. "The Political Economy of Privatization in Ukraine". *Center for Social & Economic Research: CASE Research Foundation*, Warsaw 1995: Paper was prepared for the project: "Economic Reforms in the former USSR". Reformy gospodarcze na terenie dawnego ZSRR, financed by the Comittee of Scientific Research (Komitet Badań — Naukowych).

SNYDER, Timothy. "A Fascist Hero in Democratic Kiev". *The New York Review of Books*, 24 de fevereiro de 2010. Disponível em: <http://www.nybooks.com/blogs/nyrblog/2010/feb/24/a-fascist-hero-in-democratic-kiev/>.

_____. "Who's Afraid of Ukrainian History?" *The New York Review of Books*, 21 de setembro de 2010. Disponível em: <http://www.nybooks.com/blogs/nyrblog/2010/sep/21/whos-afraid-ukrainian-history/?printpage=true>.

SOFFER, Ari. "Ḥamās Leader Objects: Don't compare us to ISIS. Khaled Meshaal objects to Netanyahu's comparison between Ḥamās and Islamic State, says Ḥamās 'isn't a violent religious group.'" *Arutz Sheva 7 — Israelnationalnews.com*, 23 de agosto de 2014. Disponível em: <http://www.israelnationalnews.com/News/News.aspx/184333#.VjoltCt0f_B>.

SOKOL, Sam. "Diaspora. Election results buoy Ukrainian Jews". *Jerusalem Post*, 27 de outubro de 2014. Disponível em: <http://www.jpost.com/Diaspora/Election--results-buoy-Ukrainian-Jews-379969>.

SOLOMON, Ariel Ben. "On eve of 2015, Israel's population hits 8.3 million. Experts clash over Palestinian demographic statistics. Data predicted equal Jewish, Arab population in Israel and territories by 2016". *The Jerusalem Post*, 1º de janeiro de 2015. Disponível em: <http://www.jpost.com/Middle-East/Experts-clash-over--Palestinian-demographic-statistics-386443>.

"Some 400 killed over last 6 weeks in Libya clashes". *Press TV Wednesday*, 3 de dezembro de 2014. Disponível em: <http://www.presstv.ir/detail/2014/11/30/388096/libyas-6-week-death-toll-reaches-400/>.

SORENSEN, Theodore C. "The star spangled shrug". *The Washington Post*, 2 de julho de 1995.

SORKIN, Andrew Ross; BAJAJ, Vikas. "Shift for Goldman and Morgan Marks the End of an Era". *The New York Times*, 21 de setembro de 2008. Disponível em: <http://www.nytimes.com/2008/09/22/business/22bank.html?_r=0>.

SOURANI, Raji. "History is repeated as the international community turns its back on Gaza — As was the case in Operation Cast Lead, the international community is once again turning its back on Gaza." *Al Jazeera*, 17 de novembro de 2012. Disponível em: <http://www.aljazeera.com/indepth/opinion/2012/11/2012111 7115136211403.html>.

SOUSA LARA, António. "Crise, Geopolítica e Prospectiva", *in*: SOUSA LARA, António (Coord.). *Crise, Estado e Segurança*. Lisboa: Edições MGI, 2014, pp. 18 e 25.

_____. *Subversão e Guerra Fria*. Lisboa: Instituto Superior de Ciências Sociais e Políticas, 2011, p. 134.

SOUZA, Lucio Vinhas; LOMBARDE, Phillippe. *The Periphery of the Euro: Monetary and Exchange Rate Policy in CIS Countries*. Hants-Burlington: Ashgate, 2006, pp. 276–278.

"Soziales aus Rußland", *in*: MARX K.; ENGELS, F. *Werke*. Band 18, Berlin: Dietz Verlag, 1976, pp. 556–559.

Soziales aus Rußland", *in*: MARX, K.; ENGELS, F. *Ausgewählte Schriften*, Band II, Berlin: Dietz Verlag, 1976, p. 39.

SPARROW, Andrew. "MPs vote down military intervention in Syria: Politics live blog • Government intelligence on Syria • Government legal advice on attacking Syria • MPs vote down plan for military intervention in Syria. Government defeat — What it means". *The Guardian*, 30 de agosto de 2013.

"Speech on Independence Day — John Quincy Adams — United States House of Representatives", 4 de julho de 1821. Disponível em: <http://teachingamericanhistory.org/>.

SPENCER, Robert. "U.S. training Free Syrian Army in Jordan — a group that violently targets Christians". *Jihad Watch*, 7 de fevereiro de 2014. Disponível em: <http://www.jihadwatch.org/2014/02/u-s-training-free-syrian-army-in-jordan-a-group-that-violently-targets-christians>.

SPRENG, Norman M. *Putin-Versteher: Warum immer mehr Deutsche Verständnis für Russland haben*. Essen: BrainBookMedia, 2015, pp. 285–286.

STAFF, Spiegel. "Summit of Failure — How the EU Lost Russia over Ukraine". *Spiegel Online*, 24 de novembro de 2014. Disponível em: <http://www.spiegel.de/international/europe/war-in-ukraine-a-result-of-misunderstandings-between-europe-and-russia-a-1004706-druck.html>.

STAHEL, Albert A. "Regime-change — fortwährende Fehlschläge der USA". *Strategische Studien*, 17 de janeiro de 2015. Disponível em: <http://strategische-studien.com/2015/01/17/regime-change-fortwaehrende-fehlschlaege-der-usa-2/>.

STANLEY, Tim. "Obama has killed thousands with drones, so can the Nobel committee have their Peace Prize back?" *The Telegraph*, 10 de outubro de 2013.

STARR, Steven. "Senator Corker's Path to Nuclear War", 23 de agosto de 2014. Disponível em: <http://www.paulcraigroberts.org/2014/08/23/guest-article-steven-starr-senator-corkers-path-nuclear-war/print/>.

_____. "The Lethality of Nuclear Weapons: Nuclear War has No Winner". *Global Research — Centre for Research on Globalization*, 5 de junho de 2014. Disponível em: <http://www.globalresearch.ca/the-lethality-of-nuclear-weapons-nuclear--war-has-no-winner/5385611>.

_____. "The Lethality of Nuclear Weapons: Nuclear War has No Winner". *Global Research — Centre for Research on Globalization*, 5 de junho de 2014. Disponível em: <http://www.globalresearch.ca/the-lethality-of-nuclear-weapons-nuclear--war-has-no-winner/5385611>.

Starvation as warfare: Pro-Kiev forces 'block food, medicine, aid from reaching east" *RT*, 24 de dezembro de 2014. Disponível em: <http://www.rt.com/news/217279--ukraine-aid-battalions-blockade/>.

Status of World Nuclear Forces 2014 — Federation of American Scientists. Disponível em: <http://fas.org/issues/nuclear-weapons/status-world-nuclear-forces/>.

STEA, Carla. "Manipulation of the UN Security Council in support of the US-NATO Military Agenda — Coercion, Intimidation & Bribery used to Extort Approval from Reluctant Members". *Global Research — Global Research Center on Globalization*, 10 de janeiro de 2012. Disponível em: <http://www.globalresearch. ca/manipulation-of-the-un-security-council-in-support-of-the-us-nato-military--agenda/28586>.

STEINBERG, Guido. "A Chechen al-Qaeda? Caucasian Groups Further Internationalise the Syrian Struggle". *Stiftung Wissenschaft und Politik: German Institute for International and Security Affairs (SWP). SWP Comments*, 31 de junho de 2014, pp.1–7. Disponível em: <https://www.swp-berlin.org/fileadmin/contents/products/comments/2014C31_sbg.pdf>.

STEINHAUSER, Paul (CNN Deputy Political Director). "Poll: More disapprove of Bush than any other president". *CNN Politics.com*, 1º de maio de 2008. Disponível em: <http://edition.cnn.com/2008/POLITICS/05/01/bush.poll/Updated 0117 GMT (0917 HKT)>.

STEINHAUSER, Paul; HELTON, John. "CNN poll: Public against Syria strike resolution" *CNN*, 9 de setembro de 2013. Updated 1649 GMT (0049 HKT). Disponível em <http://edition.cnn.com/2013/09/09/politics/syria-poll-main/>.

STEPHEN, Chris. "War in Libya — the Guardian briefing — In the three years since Muammar Gaddafi was toppled by Libyan rebels and NATO airstrikes, fighting between militia has plunged the country into civil war and seen Tripoli fall to Islamists. The involvement of Qatar, Egypt and the UAE risks a wider regional war". *The Guardian*, 29 de agosto de 2014. Disponível em: <http://www.theguardian.com/world/2014/aug/29/-sp-briefing-war-in-libya>.

STERN, David. "Russia offers Ukraine major economic assistance". *BBC Europe*, 17 de dezembro de 2013. Disponível em: <http://www.bbc.com/news/world-europe-25411118>.

_____. "Ukraine's revolution and the far right". *BBC News Europe*, 7 de março de 2014. Disponível em: <http://www.bbc.com/news/world-europe-26468720?print=true>.

STEWART, Dale B. "The Russian-Ukrainian Friendship Treaty and the Search for Regional Stability in Eastern Europe". Dezembro de 1997. Thesis S714366. N PS Archive 1997, 12. Naval Postgraduate School — Monterey, California. Disponível em: <https://archive.org/stream/russianukrainian00stew/russianukrainian00stew_djvu.txt>.

_____. "The Russian-Ukrainian Friendship Treaty and the Search for Regional Stability in Eastern Europe". December 1997. Thesis S714366. N PS Archive 1997, 12. *Naval Postgraduate School* — Monterey, California. Disponível em: <https://archive.org/stream/russianukrainian00stew/russianukrainian00stew_djvu.txt>.

"Strategic Missile Forces" — *Ministry of Defence of the Russian Federation — Strategic Missile Forces*. Disponível em: <http://eng.mil.ru/en/structure/forces/strategic_rocket.htm>.

"Strikes said to be from planes flying out of Egyptian airbases signal step towards direct action in conflict by other Arab states". *The Guardian*, 26 de agosto de 2014.

SUBTELNY, Orest. *Ukraine — A History*. Toronto: Toronto University Press, 3ª ed., 2000, pp. 468–471.

SUDOPLATOV, Pavel; SUDOPLATOV, Anatoli; SCHECTER, Jerrol L.; SCHECTER, Leona P. *Special Tasks*. Boston: Little, Brown & Company, 1995.

"Sugonyako: Since 2005, we have accumulated the external debt from $14 to $74 billion. Our economy is unprofitable, and our government is inefficient". *Gordon.com*, 12 de janeiro de 2015. Disponível em: <http://english.gordonua.com/news/exclusiveenglish/Sugonyako--60898.html>.

"Sumary 2010/2 — 22 July 2010 — Accordance with international law of the unilateral declaration of independence in respect of Kosovo. Summary of the Advisory Opinion, On 22 July 2010, The International Court of Justice gave its Advisory Opinion on the question of the Accordance with international law of the unilateral declaration of independence in respect of Kosovo". Disponível em: <http://www.icj-cij.org/docket/files/141/16010.pdf>.

SUN TZU; SUN PIN. *El Arte de la Guerra* (Completo). Buenos Aires: Editorial Distal, 1996, pp. 39 e 70.

"Support Security Assistance for Israel". *American Israel Public Affairs Committee — AIPAC*. Disponível em: <http://www.aipac.org/learn/legislative-agenda/agenda-display?agendaid=%7B407715AF-6DB4–4268-B6F8–-36D3C6F241AA%7D>.

SURDEM, Tyler. "American — 'War, Or Peace?'" Disponível em: <http://www.zerohedge.com/news/2013-03-15/which-more-american-war-or-peace>.

SUSKIND, Ron. "Faith, Certainty and the Presidency of George W. Bush". *The New Yor Times — Magazine*, 17 de outubro de 2004. Disponível em: <http://www.nytimes.com/2004/10/17/magazine/17BUSH.html?_r=0>.

SUSSMAN, Gerald. *Branding Democracy: U.S. Regime Change in Post-Soviet Eastern Europe*. Nova York: Peter Lang Publishing, 2010, pp. 108–109.

SUTELA, Pekka. "The Underachiever — Ukraine's Economy Since 1991". Ukraine March 2012. *Carnegie Papers. Carnegie Endowment for International Peace*. Disponível em: <http://carnegieendowment.org/files/ukraine_economy.pdf>.

SUTELA, Pekka. "Ukraine after Independence — The Underachiever — Ukraine's economy Since 1991". Paper — 9 de março de 2012. *Carnegie Endowment for*

International Peace. Disponível em: <http://carnegieendowment.org/files/ukraine_economy.pdf>.

SUTTON, Antony C. *Wall Street and de the Rise of Hitler*. United Kingdom: Clairview Books, 2011.

SUTYAGIN, Igor. "Russian Forces in Ukraine". *Briefing Paper — Royal United Services Institute for Defence and Security Studies*. Março de 2015. Disponível em: <https://www.rusi.org/downloads/assets/201503_BP_Russian_Forces_in_Ukraine_FINAL.pdf>. Acessado em 12 de agosto de 2014.

"Syria conflict: 75 US-trained rebels crossed into Syria from Turkey, monitoring group says", *ABC News*. Disponível em: <http://www.abc.net.au/news/2015-09--20/75-us-trained-rebels-enter-syria-monitoring-group-says/6790300>.

"Syria crisis: David Cameron makes case for military action". *BBC News UK Politics*, 29 de agosto de 2013. Disponível em <http://www.bbc.com/news/uk-politics-23883427>.

"Syria crisis: Foreign minister denies chemical attacks". *BBC News Middle East,* 27 de agosto de 2013. Disponível em: <http://www.bbc.com/news/world-middle--east-23850274>.

"Syria profile". BBC News — Middle East, 19 de março de 2014. Disponível em: <http://www.bbc.com/news/world-middle-east-14703995>.

"Syria: Destruction and Murder Funded by Foreign Forces: Mother Agnes Mariam Challenges the UNHRC — Address by Mother Agnes Mariam of the Mussalaha Initiative given at the UNHCR in Geneva by Mother Agnes Mariam". *Global Research*, 16 de março de 2014. Disponível em: <http://www.globalresearch.ca/syria-destruction-and -murder-funded-by-foreign-forces-mother-agnes-mariam/5 373684>.

"Syria: Political Conditions and Relations with the United States After the Iraq War. Alfred B. Prados and Jeremy M. Sharp, Foreign Affairs, Defense, and Trade Division. Congressional Research Service Report RL32727 — February 28, 2005". *WikiLeaks Document Release*, 2 de fevereiro de 2009. Disponível em: <http://wikileaks.org/wiki/CRS-RL32727>.

"Syria: reported chemical weapons use — Joint Intelligence Committee letter. From: Cabinet Office — History: Published 29 August 2013. Part of: Working for peace and long-term stability in the Middle East and North Africa and Syria. Letter from Jon Day, the Chairman of the Joint Intelligence Committee (JIC), about reported chemical weapons use in Syria". *Gov. UK*. Disponível em <https://www.gov.uk/government/publications/syria-reported-chemical-weapons-use-joint-intelligence--committee-letter>.

"Syria's rebel fighters recruited to fight Isis, but captured and beaten by Jabhat al--Nusra for 'collaborating with crusaders'". *The Independent*, 28 de setembro de 2015. Disponível em: <http://www.independent.co.uk/news/world/middle-east/syrias-rebel-fighters-recruited-to-fight-isis-but-captured-and-beaten-by-jabhat-al-nusra-for-collaborating-with-crusaders-10432686 html>.

"Syrian soldiers are fighting for their lives as well as their country". Robert Fisk, Middle East correspondent for the Independent discusses the current situation in

Syria. Transcript. Reporter: Emma Alberici. *Lateline,* Broadcast: 10 de novembro de 2014. Disponível em: <http://www.abc.net.au/lateline/content/2014/s4125 600.htm>.

"Syrie: David Cameron contraint par l'opposition d'attendre le rapport des inspecteurs de l'ONU". *Slate Afrique,* 30 de agosto de 2013. Disponível em <http://www.slateafrique.com/367024/syrie-david-cameron-contraint-par-l%E2%80%99opposition-d%E2%80%99attendre-le-rapport-des-inspecteurs-de-l%E2%80%99onu>.

"Syrie: Destruction et assassinats financés par des puissances étrangères. Discours de Mère Agnès pour "l' Initiative Moussalaha" [Réconciliation] en réponse aux déclarations du Haut commissariat aux réfugiés [UNHCR]". *Mondialisation.ca., Centre de Recherche sür la Mondialisation,* 24 de março de 2014. Disponível em: <http://www.mondialisation.ca/syrie-destruction-et-assassinats-finances-par-des-puissances-etrangeres/5375060>.

"Syrie: l'intervention militaire pourrait débuter le 4 septembre". *La Voix de la Russie,* 30 de outubro de 2013. Disponível em: <http://french.ruvr.ru/news/2013_08_30/Syrie-lintervention-militaire-pourrait-debuter-le-4-septembre-7767/>.

"Syrie: Obama veut un vote du Congrès, Hollande sous pression". *Le Parisien,* 1º de setembro de 2013. Disponível em: <http://www.leparisien.fr/recherche/recherche.php?q=sur+trois+%2864+%25%29+sont+oppos%C3%A9s+%C3%A0+une+intervention+militaire+en+Syrie+&ok=ok>.

"Syrie/attaque chimique: 'pas 100% de certitude' (Cameron) — Dossier: Situation politique en Syrie". *RIA Novosti,* 29 de agosto de 2015. Disponível em <http://fr.ria.ru/world/20130829/199146661.html>.

TANQUINTIC-MISA, Esther. "2/3 of Global Military Conflicts Instigated By U.S. — Russian Minister; Willing To Share with Asian Countries Army Modernization Experience". *International Business Times,* 28 de novembro de 2014. Disponível em: <http://au.ibtimes.com/articles/574282/20141128/military-conflicts-u-s-russia-asia-army.htm#.VHiV8LR3ucw>.

TARPLEY, Webster Griffin; CHAITKIN, Anton. *George Bush — The Unauthorized Biography.* Washington, D.C., 1982, pp. 28–34; ARIS, Ben (Berlim).

TARPLEY, Webster Griffin Tarpley: Obama — the Postmodern Coup — Making of a Manchurian Candidate. Joshua Tree (California): Progressive Press, 2008.

TAUBMAN, William. *Khrushchev: The Man and His Era.* Nova York, W. W. Norton & Company, 2003, p. 73.

TAYLOR, Guy. "Obama lied about Syrian chemical attack, 'cherry-picked' intelligence: report". *The Washington Times,* 9 de dezembro de 2013. Disponível em: <http://www.washingtontimes.com/news/2013/dec/9/obama-lied-about-syrian-chemical-attack-cherry-pic/>.

"TechCamp Kyiv 2012". *Embassy of the United States — Kiyv — Ukraine.* Disponível em: <http://ukraine.usembassy.gov/events/tech-camp.html>.

TELLER, Hanoch. *A Midrash and Masseh.* Jerusalém: Marsi Tabak, 1990, p. 314.

"Text of newly approved Russian military doctrine. Text of report by Russian presidential website on 5 February" ("The Military Doctrine of the Russian Federa-

A DESORDEM MUNDIAL

tion" approved by Russian Federation presidential edict on 5 February 2010). Disponível em: <http://carnegieendowment.org/files/2010russia_military_doctrine.pdf>.

"Text of the John Warner National Defense Authorization Act for Fiscal Year 2007. The John Warner National Defense Authorization Act for Fiscal Year 2007. This bill was enacted after being signed by the President on October 17, 2006. The text of the bill below is as of *Sep 30, 2006* (Passed Congress/Enrolled Bill). H.R. 5122 (enr) — An Act To authorize appropriations for fiscal year 2007 for military activities of the Department of Defense, for military construction, and for defense activities of the Department of Energy, to prescribe military personnel strengths for such fiscal year, and for other purposes". *U.S. Government Printing Office (GPO)*. Disponível em: <http://www.gpo.gov/fdsys/search/pagedetails. action?packageId=BILLS-109hr5122enr>.

"The Administration's Fiscal Year 2015 Overseas Contingency Operations (OCO) Request. The White House — President Barack Obama". *Office of the Press Secretary*, 26 de junho de 2014. Disponível em: <http://www.whitehouse.gov/the--press-office/2014/06/26/fact-sheet-administration-s-fiscal-year-2015-overseas-contingency-operat>.

"The Associated Press. "Guantánamo Detainee Released". *The New York Times*, 24 de agosto de 2009. Disponível em: <http://www.nytimes.com/2009/08/25/world/asia/25gitmo.html>.

"The Business Plot (Takeover of the White House) 1933". 10 de janeiro de 2009. Disponível em: <http://www.abovetopsecret.com/forum/thread426623/pg1>.

"The Elusive 'Bruce-Lovett Report'". *Cryptome — Center for the Study of Intelligence Newsletter*. Spring 1995 Issue nº 3. 3 de agosto de 2009. Disponível em: <https://cryptome.org/0001/bruce-lovett.htm>.

"The End of an Era: 376th Air Expeditionary Wing inactivation ceremony", 4 de junho de 2014. *U.S. Air Force*. Disponível em: <http://www.af.mil/News/ArticleDisplay/tabid/223/Article/485254/the-end-of-an-era-376th-air-expeditionary-wing-inactivation-ceremony.aspx>.

The Fundamental Flaws of the Clinton Administration's Russia Policy. Russia's Road to Corruption — How the Clinton Administration Exported Government Instead of Free Enterprise and Failed the Russian People — Chapter 4. Speaker's Advisory Group on Russia. United States House of Representatives 106th Congress. U.S. House of Representatives, Washington, D.C. Report Date: September 2000". Disponível em: <http://fas.org/news/russia/2000/russia/part04.htm>.

The Huffington Post, 7 de agosto de 2014. Disponível em: <http://www.huffingtonpost.com/2014/07/08/george-tsunis-norway_n_5567351.html>.

"The Interview: Henry Kissinger" *The National Interest*'s. *National Interest*, setembro/outubro de 2015. Disponível em: <http://nationalinterest.org/print/feature/the-interview-henry-kissinger-13615?page=3>.

"The Israeli Information Center for Human Rights in the Occupied Territories". *B'Tselem*, 11 de maio de 2015. Disponível em: <http://www.btselem.org/settlements/statistics>.

615

The Military Writings of Leon Trotsky. How the Revolution Armed, Vol. 2, 1919. The Southern Front III. *The Red Army's Second Offensive in the Ukraine. (August-December 1919)*. Disponível em <https://www.marxists.org/archive/trotsky/1919/military/ch108.htm>. Também em: <https://www.marxists.org/archive/trotsky/index.htm>.

The Myths of the 20th Century. *4* — The myth of a "land without a people for a people without a land". *Le Monde*, 15 October 1971. Source: Mrs. Golda Meir. Statement to *The Sunday Times,* 15 de junho de 1969. Disponível em: <http://www.biblebelievers.org.au/zionmyth6.htm>.

The National Military Strategy of the United States of America 2015 (2015 NMS). Disponível em: <http://www.jcs.mil/Portals/36/Documents/Publications/National_Military_Strategy_2015.pdf>.

The National Security Strategy. White House, setembro de 2002. Disponível em: <http://www.state.gov/documents/organization/63562.pdf>.

"The new Crimean war: how Ukraine squared up to Moscow". *The Independent,* 9 de janeiro de 2006. Disponível em: <http://www.independent.co.uk/news/world/europe/the-new-crimean-war-how-ukraine-squared-up-to-moscow-522213.html>.

"The Outstanding Public Debt as of 28 Oct 2014 at 04:14:26 PM GMT". *In: U.S. National Debt Clock.* Disponível em: <http://www.brillig.com/debt_clock/>.

"The PAK-FA will have a system that will leave any target helpless. Why so much importance is given to this event?" *Royal Moroccan Armed Forces*: *Armement et matériel militaire,* 14 de março de 2014. Disponível em: <http://far-maroc.forumpro.fr/t1685p345-pak-fa>.

"The politics of Enron. Four committees in search of a scandal. As Congress cranks into action, there's not much sign of the dirt from Enron reaching the president". *The Economist,* 17 de janeiro de 2002. Disponível em: <http://www.economist.com/node/940913>.

"The politics of Enron. Four committees in search of a scandal. As Congress cranks into action, there's not much sign of the dirt from Enron reaching the president". *The Economist,* 17 de janeiro de 2002. Disponível em: <http://www.economist.com/node/940913. CBSNews.com staff>.

The real SyrianFreePress Network War Press Info, 13 de agosto de 2013. Disponível em: <https://syrianfreepress.wordpress.com/2013/08/09/russia-rebuffs-saudi--offer-to-drop-syria-support-for-arms-deal-report/>.

"The Rise of the Sun Belt (p. 197)". *Access to Social Studies.* Disponível em: <http://access-socialstudies.cappelendamm.no/c316289/artikkel/vis.html?tid=357420>.

"The transformation of agriculture in Ukraine: From collective farms to agroholdings". *OSW — Ośrodek waschodnich, in Marka Kapia,* 2 de julho de 2014. Disponível em: <http://www.osw.waw.pl/en/publikacje/osw-commentary/2014–02-07/transformation-agriculture-ukraine-collective-farms-to>.

"The truth about Russia's new military doctrine". *RT Op-Edge,* 27 de fevereiro de 2015. Disponível em: <http://rt.com/op-edge/236175-president-putin-military--doctrine-document/>.

A DESORDEM MUNDIAL

"The Ukrainian soldiers taking refuge in Russia". *BBC News*, 5 de agosto de 2014. Disponível em: <http://www.bbc.com/news/world-europe-28652096>. Acessado em 6 de agosto de 2014.

"The United Nations — Human Rights Council holds interactive dialogue with Fact--finding Mission on Israeli Settlements Human Rights Council", 18 de março de 2013. Disponível em: <http://www.ohchr.org/EN/NewsEvents/Pages/Display-News.aspx?NewsID=13156&LangID=E>.

The Wikileak Files — The World According to U.S. Empire — With an Introduction by Julian Assange. Londres/Nova York.

"Thread: 'The Eight Families' — Why should everyone else except them be communists? The Federal Reserve Cartel: The Eight Families. So who then are the stockholders in these money center banks?" *Mail Online*, 6 de setembro de 2011. Disponível em: <http://boards.dailymail.co.uk/news-board-moderated/102333 73.htm>.

"Timeline of U.S. Federal Debt since Independence Day 1776". *Debt.org*. Disponível em: <http://www.debt.org/blog/united-states-federal-debt-timeline/>. Disponível também em: <http://www.usgovernmentdebt.us/>.

"Times of Israel staff & AFP Carter says Ḥamās leader committed to peace, Netanyahu not". *The Times of Israel*, 2 de maio de 2015. Disponível em: <http://www.timesofisrael.com/carter-says-Ḥamās-leader-committed-to-peace-netanyahu-not/>.

"Times of Israel staff text of UNHRC resolution on Gaza war probe — Motion passed on Friday by UN Human Rights Council welcomes findings of McGowan Davis commission". *The Times of Israel*, 3 de julho de 2015. Disponível em: <http://www.timesofisrael.com/full-text-of-unhrc-resolution/>.

TOCQUEVILLE, Alexis. *De la Démocratie en Amérique*. Paris: Gallimard, 1968.

"Top Ten Questions on NATO". *Sheet released by the NATO Enlargement Ratification Office — U.S. Department of State — Archive*, 19 de fevereiro de 1998. Disponível em: <http://1997–2001.state.gov/www/regions/eur/fs_980219_natoqanda.html>.

"Top U.S. official visits protesters in Kiev as Obama admin. ups pressure on Ukraine president Yanukovych". *CBS/Wire Services*, 11 de dezembro de 2013. Disponível em: <http://www.cbsnews.com/news/us-victoria-nuland-wades-into-ukraine--turmoil-over-yanukovich/>.

"Top-Banker ist sich sicher: Russland und China gewinnen gegen die USA". *Deutsche Wirtschafts Nachrichten*, 6 de junho de 2010. Disponível em: <http://deutsche--wirtschafts-nachrichten.de/2015/06/06/top-banker-ist-sich-sicher-russland-und--china-gewinnen-gegen-die-usa/>.

TOPF, Andrew. "Did the Saudis and the US Collude in Dropping Oil Prices?" *OilPrice.com*, 23 de dezembro de 2014. Disponível em: <http://oilprice.com/Energy/Oil-Prices/Did-The-Saudis-And-The-US-Collude-In-Dropping-Oil-Prices.html>.

Toujours plus d'inégalité: pourquoi les écarts de revenus se creusent. OECD. Disponível em: <http://www.oecd.org/fr/els/soc/49205213.pdf >. Acesso em 24 de maio de 2015.

TOYNBEE, Arnold J. *A Study of History*. Abridgement of vols. I-VI. Londres/Nova York/Toronto: Geoffrey Cumberlege/Oxford University Press, 1951, p. 364.

TRAYNOR, Ian (Europe editor); WALKER, Shaun (Donetsk); SALEM, Harriet (Slavyansk); LEWIS, Paul (Washington). "Russian president also calls for halt to Ukrainian military operations against pro-Russia activists in eastern towns". *The Guardian*, 8 de maio de 2014. Disponível em: <http://www.theguardian.com/world/2014/may/07/ukraine-crisis-putin-referendum-autonomy-postponed>.

TREMBLAY, Rodrigue. "Bill Clinton's 'Neocon-inspired Decisions' Triggered Three Major Crises in our Times". *Global Research*, 13 de agosto de 2014. Disponível em: <http://www.globalresearch.ca/bill-clintons-neocon-inspired-decisions-triggered-three-major-crises-in-our-times/5395715?print=1>.

TROTSKY, Leon. "Problem of the Ukraine" (April 1939)". *Written*: 2 de abril de 1939. *Originally published*: Socialist Appeal, 9 de maio de 1939.*Source*: Arsenal of Marxism, Fourth International, Vol. 10, n° 10, Novembro de 1949, pp. 317–319. *Transcription/HTML Markup*: Einde O'Callaghan for the *Trotsky Internet Archive*. Disponível em <http://www.marxists.org/archive/trotsky/1939/04/ukraine.html>.

_____. *História da Revolução Russa*. Rio de Janeiro: Editora Paz e Terra, 1977, 3° vol., 1977, pp. 736–737.

_____. *La Revolución de 1905*. Barcelona: Editorial Planeta, 1975, p. 30.

_____. *La Révolution trahie*. Paris: B. Grasset, 1936.

TRUMAN, Harry. *Memoirs by Harry Truman — Years of Trial and Hope*. Vol. 2. Nova York: Doubleday y Company, 1956.

TSETSURA, Katerina; GRYNKO, Anastasia; KLYUEVA, Anna. "The Media Map Project — Ukraine — Case Study on Donor Support to Independent Media, 1990–2010", p. 14. Disponível em: <http://www.academia.edu/3295647/Media_Map_Project._Ukraine_Case_study_on_donor_support_to_independent_media_1990–2010>.

TUCÍDIDES. *Historia de la Guerra de Peloponeso*. Madri: Casa Editorial Hernando S.S., Tomo Primeiro, Libros I e II, 1952, pp. 104–195.

TYLER, Patrick E. (Special to *The New York Times*). "U.S. Strategy Plan Calls for Insuring No Rivals Develop A One-Superpower World — Pentagon's Document Outlines Ways to Thwart Challenges to Primacy of America", *The New York Times*, 8 de março de 1992. Disponível em: <http://work.colum.edu/~amiller/wolfowitz1992.htm>.

U.N. Security Council Report. Monthly Forecast, março de 2014. Disponível em: <http://www.securitycouncilreport.org/monthly-forecast/2014–03/libya_8.php>.

"U.S. Embassy Hosted TechCamp Kyiv 2.0 to Build Technological Capacity of Civil Society". *Embassy of the United States — Kyiv-Ukraine*. Disponível em: <http://ukraine.usembassy.gov/events/techcamp-2013-kyiv.html>.

"U.S. Operatives Killed Detainees during Interrogations in Afghanistan and Iraq". *American Civil Liberties Union*, 24 de outubro de 2005. Disponível em: <https://www.aclu.org/news/us-operatives-killed-detainees-during-interrogations-afgha-

A DESORDEM MUNDIAL

nistan-and-iraq>. Os documentos estão disponíveis em: <http://action.aclu.org/torturefoia/released/102405/3164.pdf>.

"U.S. secretly backed Syrian opposition groups, WikiLeaks reveals — $6 million for Syrian exiles to help", *Daily Mail*, 18 de abril de 2011.

"U.S. Spent $65M to Aid Ukrainian Groups". *Associated Press — Fox News.com*, 10 de fevereiro de 2004. Disponível em: <http://www.foxnews.com/story/2004/12/10/us-spent-65m-to-aid-ukrainian-groups/print>.

"UAE 'behind air strikes in Libya'. Two US officials say United Arab Emirates carried out air raids against militias using bases in Egypt". *Al Jazeera*, 26 de agosto de 2014. Disponível em: <http://www.aljazeera.com/news/middleeast/2014/08/uae-behind-air-strikes-libya-201482523130569467.html>.

UEHLING, Greta Lynn. *Beyond Memory — The Crimean Tatars' Deportation and Return*. Nova York: Pallgrave MacMillan, 2004, pp. 30–34.

"UK planned war on Syria before unrest began: French ex-foreign minister". *Press TV*, 16 de junho de 2013. Disponível em: <http://www.presstv.ir/detail/2013/06/16/309276/uk-planned-war-on-syria-before-unrest/>.

"Ukraine — Country Analysis Note" — *U.S. Energy Information Administration*. Disponível em: < https://www.eia.gov/beta/international/analysis.cfm?iso=UKR>

"Ukraine — manifestation monstre des pro-européens à Kiev". *Le Monde*.fr avec AFP, 15 de dezembro de 2013. Disponível em: <http://www.lemonde.fr/europe/article/2013/12/15/ukraine-200–000-pro-europeens-rassembles-a--kiev_4334662_3214.html>:

"Ukraine and Russia. Why is Ukraine's economy in such a mess?" *The Economist*, 5 de março de 2014. Disponível em: <http://www.economist.com/blogs/freeexchange/2014/03/ukraine-and-russia>.

"Ukraine bans Communism & Nazism, celebrates UPA nationalists as 'freedom fighters'." *RT*, 9 de abril de 2015. Disponível em: <http://www.rt.com/news/248365--ukraine-bans-communism-nazism/>. Acessado em 11 de abril de 2015.

"Ukraine clashes: dozens dead after Odessa building fire — Trade union building set alight after day of street battles in Black Sea resort city". *The Guardian*, 2 de maio de 2014. Disponível em: <http://www.theguardian.com/world/2014/may/02/ukraine-dead-odessa-building-fire>.

"Ukraine Crisis Endangers Exxon's Black Sea Gas Drilling: Energy". *Bloomberg*, 11 de março de 2014. Disponível em: <http://www.bloomberg.com/news/articles/2014–03-10/ukraine-crisis-endangers-exxon-s-black-sea-gas-drilling-energy>.

"Ukraine crisis sharpens focus on European shale gas". *Reuters*, Londres, 4 de março de 2014. Disponível em: <http://www.reuters.com/article/2014/03/14/europe--shale-ukraine-idUSL6N0MB1WI20140314>.

"Ukraine crisis: 'Don't arm Kiev' Russia warns US". *CNN News*, 10 de fevereiro de 2015. Disponível em: <http://www.bbc.com/news/world-europe-31356372>.

"Ukraine crisis: Transcript of leaked Nuland-Pyatt call". *BBC News* (From the section Europe) — A transcript, with analysis by *BBC* diplomatic correspondent Jonathan Marcus) — 7 de fevereiro de 2014. Disponível em: <http://www.bbc.com/news/world-europe-26079957>.

"Ukraine crisis: Viktor Yanukovych leaves Kiev for support base. US warns deal remains 'very, very fragile; as president visits eastern stronghold of Kharkiv". *The Telegraph.* Londres, 22 de fevereiro de 2014.

"Ukraine Cuts a Deal It Could Soon Regret". *Bloomberg,* 17 de dezembro de 2013. Disponível em: <http://www.bloomberg.com/bw/articles/2013–12-17/ukraine-cuts-a-deal-it-could-soon-regret>.

"Ukraine External Debt 2003–2015" — *Trading Economics.* Disponível em: <http://www.tradingeconomics.com/ukraine/external-debt>.

"Ukraine External Debt 2003–2015". *Trading Economics.* Disponível em: <http://www.tradingeconomics.com/ukraine/external-debt>.

"Ukraine misses Gazprom's deadline to pay gas debt". *BBC News,* 8 de abril de 2014. Disponível em: <http://www.bbc.com/news/business-26930998>.

"Ukraine must stop ongoing abuses and war crimes by pro-Ukrainian volunteer forces". *Amnesty International,* 8 de setembro de 2014. Disponível em: <https://www.amnesty.ie/news/ukraine-must-stop-ongoing-abuses-and-war-crimes-pro-ukrainian-volunteer-forces>.

"Ukraine president Viktor Yanukovych denounces 'coup d'État' after protesters take control in Kiev". *ABC News.* Disponível em: <http://www.abc.net.au/news/2014–02-22/ukraine-president-viktor-yanukovych-leaves-kiev-reports/5277588>.

"Ukraine pushes to 'ban communism' by 70th anniversary of victory over Nazism". *RT,* 6 de abril de 2015. Disponível em: <http://www.rt.com/news/247009-ukraine-communism-ban-nazism/>. Acessado em 6 de abril de 2015.

"Ukraine Receives First Batch of US Humvees". *Agence France-Presse,* 25 de março de 2015. "Defense News". Disponível em: <http://www.defensenews.com/story/defense/international/europe/2015/03/25/ukraine-receives-first-batch-us-humvees/70445154/>. Acessado em 26 de março de 2015.

"Ukraine Shale Gas: Shell Moves Forward While Chevron Stalled". *Natural Gas — Europe,* 20 de janeiro de 2013. Disponível em: <http://www.naturalgaseurope.com/regional-ukraine-governments-approve-shell-shale-gas-production-sharing-agreement>.

"Ukraine wants help to build nuclear defence shield". *Ukraine Today Weekly Digest,* 22 de setembro de 2015. Disponível em: <http://uatoday.tv/politics/ukraine-wants-help-to-build-nuclear-defence-shield-arseniy-yatsenyuk-498674.html>.

"Ukraine world's 4th largest arms exporter in 2012, according to SIPRI". *Interfax-Ukraine Kiev Post,* 18 de março de 2013. Disponível em: <http://www.kyivpost.com/content/ukraine/ukraine-worlds-4th-largest-arms-exporter-in-2012-according-to-sipri- 321878.html?flavour=full>.

"Ukraine-Konflikt — Schröder macht EU für Krim-Krise mitverantwortlich". *Spiegel Online,* 9 de março de 2014. Disponível em: <http://www.spiegel.de/politik/deutschland/krim-krise-ex-kanzler-gerhard-schroeder-kritisiert-eu-a-957728.html>.

"Ukraine-Krise Nato sichert Ukraine Hilfe gegen Russland zu — Das westliche Militärbündnis will die Regierung in Kiew im Konflikt mit Russland unterstützen.

Nato-Generalsekretär Rasmussen hat Berater und andere Mittel zugesichert". *Die Zeit Online* (Ausland), 7 de agosto de 2014.

"Ukraine: Abuses and war crimes by the Aidar Volunteer Battalion in the north Luhansk region". *Amnesty International*, 8 de setembro de 2014, Index number: EUR 50/040/2014. Disponível em: <http://www.amnesty.org/en/documents/EUR50/040/2014/en/>.

Ukraine: Economy- Infoplease.com. Disponível em: <http://www.infoplease.com/encyclopedia/world/ukraine-economy.html#ixzz387gacUF3>.

"Ukraine: Nuland feeds hungry Maidan protesters and police." Video Id: 20131211-054. Disponível em: <https://ruptly.tv/vod/20131211-054 >.

"Ukraine: Nuland feeds hungry Maidan protesters and police". *RT — Ruptly*, 11 de dezembro de 2013. Disponível em: <http://ruptly.tv/site/vod/view/6876/ukraine-nuland-feeds-hungry-maidan-protesters-and-police>.

"Ukraine: Space Deal With Brazil Uncertain. Public Library of U.S. Diplomacy | Secretary of State". Disponível em: <https://wikileaks.org/plusd/cables/09KYIV2182_a.html>.

"Ukraine's 'Romantic' Nazi Storm Troopers". *Consortiumnews.com*, 15 de setembro de 2014. Disponível em: <https://consortiumnews.com/2014/09/15/ukraines--romantic-nazi-storm-troopers/>.

"Ukraine's Biggest Trading Partners: Countries". *Bloomberg Visual Data*. Disponível em: <http://www.bloomberg.com/visual-data/best-and-worst/ukraines-biggest--trading-partners-countries>. *Ukraine: Economy — Infoplease.com*. Disponível em: <http://www.infoplease.com/encyclopedia/world/ukraine-economy.html#ixzz387gacUF3>.

"Ukraine's government and Shell sign operation agreement to develop shale deposit". Projects in Ukraine. *Unconventional Gas in Ukraine*, 12 de setembro de 2013. Disponível em: <http://shalegas.in.ua/en/uryad-ukrajiny-i-shell-pidpysaly-uhodu-pro-operatsijnu-diyalnist-z-vydobutku-vuhlevodniv/>.

"Ukraine's Nadra Yuzivska and Shell Entered into Shale Gas Production PSA" — *Oil Market Magazine*, 24 de janeiro de 2013. Disponível em: <http://oilmarket-magazine.com/eng/shownews.phtml?id=221>.

"Ukraine's neo-Nazi leader becomes top military adviser, legalizes fighters". *RT*, 6 de abril de 2015. Disponível em: <http://www.rt.com/news/247001-ukraine-army--adviser-yarosh/>. Acessado em 6 de abril de 2015.

"Ukraine's Oil and Natural Gas Reserves — A Pawn in Geopolitical Chess Game?" *Viable Opposition* — Sunday, March 16, 2014. Disponível em: <http://viableopposition.blogspot.fr/2014/03/ukraines-oil-and-natural-gas-reserves.html>.

"Ukraine's Orange Revolution Well and Truly Over". *Kiev Ukraine News Blog*, 30 de abril de 2010.

"Ukraine's Poroshenko Says War Costing $8 Million Per Day". *The Moscow Times*, 5 de fevereiro de 2015. Disponível em: <http://www.themoscowtimes.com/business/article/ukraine-s-poroshenko-says-war-costing-8-million-per-day/515488.html>.

"Ukraine's war-torn east home to third of country's GDP — minister". *TASS*, 31 de março de 2015. Disponível em: <http://www.rt.com/business/245597-ukraine--donbass-third-of-gdp/>.

"Ukrainian Oligarchs and the — "Family", a New Generation of Czars — or Hope for the Middle Class?" *International Research and Exchange Board* (IREX) — Department of State — August 2013. Disponível em: <https://www.irex.org/sites/default/files/Holoyda%20EPS%20Research%20Brief.pdf>.

"Ukrainian Su-25 fighter detected in close approach to MH17 before crash — Moscow". *RT*, 21 de julho de 2014. Disponível em: <http://www.rt.com/news/174412--malaysia-plane-russia-ukraine/>. Acessado em 22 de julho de 2014.

"Ukrainian troops 'demoralised' as civilians face down anti-terror drive. General Vasily Krutov says main force is security service with army as back-up, but analysts criticise lack of plan from Kiev". *The Guardian*, 16 de abril de 2014. Disponível em: <http://www.theguardian.com/world/2014/apr/16/ukrainian-troops-civilians-kiev-anti-terrorist-krutov>.

ULFKOTTE, Udo. *Gekaufte Journalisten — Wie Politiker, Geheimdienste und Hochfinanz Deutschlands Masssenmedien Lenken*. Rottemburg: Kopp Verlag, 2014, pp. 43–46, 146–146.

ULRICH, Bernd. "Die Deutschen und Russland: Wie Putin spaltet Die Deutschen und Russland Wie Putin spaltet". *Die Zeit*, N° 16/2014, 10 de abril de 2014. Disponível em: <http://www.zeit.de/politik/ausland/2014–04/germans-russia--media-putin/komplettansicht>.

UMBACH, Frank (Associate Director at the European Centre for Energy and Resource Security (EUCERS). "Russian-Ukrainian-EU gas conflict: who stands to lose most?" *NATO/OTAN*. Disponível em: <http://www.nato.int/docu/review/2014/NATO-Energy-security-running-on-empty/Ukrainian-conflict-Russia-annexation-of-Crimea/EN/index.htm>.

"UN Commission of Inquiry on Syria 'is acting to incite further Massacres'— Hands Off Syria — Australia, Press Release". *Global Research News*, 15 de setembro de 2013. Disponível em: <http://www.globalresearch.ca/hands-off-syria-un-commission-of-inquiry-on-syria-is-acting-to-incite-further-massacres/5349937>.

"UN General Assembly — Resolution 181 (Partition Plan), November 29, 1947." *Israel Ministry of Foreign Affairs*. Disponível em: <http://www.mfa.gov.il/mfa/foreignpolicy/peace/guide/pages/un%20general%20assembly%20resolution%20181.aspx>.

"Un navire de débarquement de la marine américaine est arrivé en Méditerranée". *Le Voix de Russe*. Disponível em: <http://french.ruvr.ru/news/2013_08_31/Un-navire-de-debarquement-de-la-marine-americaine-est-arrive-en-Mediterranee-2627/>.

"UN refugee agency warns of 'sharp rise' in people fleeing eastern Ukraine". United Nation High Commissioner for Refugees (UNHCR). *UN Centre*, 27 de junho de 2014. Disponível em: <http://www.un.org/apps/news/story.asp?NewsID=48159#.VcYWd_k-7_A>.

"UN Report on Chemical Weapons Use in Syria". *Council on Foreign Relations*, 12 de dezembro de 2013. Disponível em: <http://www.cfr.org/syria/un-report-chemical-weapons-use-syria/p31404>.

"UN: Gaza Could Become 'Uninhabitable' By 2020 — Israeli military action and economic blockade have rendered the coastal strip unfit for civilian life, report says." *MiniPress News*, 2 de setembro de 2015. Disponível em: <http://www.mintpressnews.com/un-gaza-could-become-uninhabitable-by-2020/209180/>.

"Unfassbare Unglücke290 Menschen sterben beim Abschuss eines iranischen Jet". *Focus*, Freitag, 18 de julho de 2014. Disponível em: <http://www.focus.de/politik/ausland/flugzeugabschuesse-der-historie-nach-mh17-diese-fluege-wurden--ziele-von-flugzeugabschuessen_id_4001088.html>.

UNGER, Christian. "Krim-Krise Gregor Gysi: "Sanktionen gegen Russland verschärfen die Krise", 26 de março de 2014.

UNISA (University of South Africa) — Institute for Global Dialogue. Disponível em: <http://www.igd.org.za/index.php/research/foreign-policy-analysis/south-south--cooperation/11465-russia-precipitates-the-abandonment-of-the-swift-international-payments-system-among-brics-countries>.

"United States Government Debt to GDP 1940–2015 | Data | Chart | Calendar". *Trading Economics*. Disponível em: <http://www.tradingeconomics.com/united--states/government-debt-to-gdp>.

UNRWA — United Nations Relief and Works Agency for Palestine Refugees in the Near East. *Gaza Emergency*, 15 de outubro de 2015. Disponível em: <http://www.unrwa.org/gaza-emergency>.

"US blames Russia for rebel ceasefire violations in Ukraine — Joe Biden warns Moscow it will face 'costs' if Russian forces and separatists fail to respect the Minsk agreement and continue to attack Debaltseve". *The Telegraph*, 18 de fevereiro de 2015. Disponível em: <http://www.telegraph.co.uk/news/worldnews/europe/ukraine/11419309/US-condemns-rebel-ceasefire-violations-in--Ukraine.html>.

"US House urges Obama to send arms to Ukraine". *RT*, 24 de março de 2015. Disponível em: <http://www.rt.com/news/243417-us-house-weapons-ukraine/ — Acessado em 24 de março de 2015.

"US responsible for two-thirds of all military conflicts — Russia's top brass". *RT*, 28 de novembro de 2014. Disponível em: <http://rt.com/news/209379-us-military--conflicts-antonov/>.

"US sends 300 troops to Ukraine to train forces fighting pro-Russian rebels — Russia criticized the arrival of US military personnel, saying the move could further destabilize Ukraine". *Al Jazeera*, 17 de abril de 2015. Disponível em: <http://america.aljazeera.com/articles/2015/4/17/us-sends-300-troops-to-ukraine.html.

"USA finanzieren offenbar syrische Opposition", *Focus Nachrichten*, 18 de abril de 2011.

USAID — Ukraine Country Development Cooperation Strategy 2012–2016, p. 8. Disponível em: <https://www.usaid.gov/sites/default/files/documents/1863/USAID_Ukraine_CDCS_2012-2016.pdf>.

"USS Donald Cook Leaves Black Sea". *Naval Today*, 25 de abril de 2014. Disponível em: <http://navaltoday.com/2014/04/25/uss-donald-cook-leaves-black-sea/>.

"USSR's Nikita Khrushchev gave Russia's Crimea away to Ukraine in only 15 minutes". *Pravda*, 19 de fevereiro de 2009. Disponível em: <http://english.pravda.ru/history/19–02-2009/107129-ussr_crimea_ukraine-0/>.

VALLONE, Giuliana. "Economia global projeta cenário decepcionante, diz Nobel de Economia". *Folha de S.Paulo*, 19 de outubro de 2015. Disponível em: <http://www1.folha.uol.com.br/mercado/2015/10/1695575-economia-global-projeta-cenario-decepcionante-diz-nobel-de-economia.shtm>.

VELLACOTT, Chris; KELLY, Lidia. "Russia can run on empty for a year if sanctions block new bonds". *Reuters*, 2 de setembro de 2014. Disponível em: <http://www.reuters.com/article/2014/09/02/ukraine-crisis-russia-bonds-idUS-LN0R330720140902>.

"Vice President Joe Biden's son joins Ukraine gas company". BBC News, 14 de maio de 2014. Disponível em: <http://www.bbc.com/news/blogs-echochambers-2740 3003>.

VIDAL, Dominique. "Ten years of research into the 1947–49 — WAR The expulsion of the Palestinians re-examined." *Le Monde diplomatique* (English Edition). Dezembro de 1997. Disponível em: <http://mondediplo.com/1997/12/palestine>.

"Vietnam and Eurasian Economic Union free trade zone deal in 'home straight' — Russian PM". *RT*, 6 de abril de 2015. Disponível em: <http://www.rt.com/business/247033-russia-vietnam-trade-cooperation/>. Acessado em 6 de Abril de 2015.

VILMAZ, Guler. "Opposition MP says ISIS is selling oil in Turkey" — "The Islamic State of Iraq and al-Sham (ISIS) has been selling smuggled Syrian oil in Turkey worth $800 million, according to Ali Ediboglu, a lawmaker for the border province of Hatay from the main opposition Republican People's Party (CHP)". *Al-Monitor*, 13 de junho de 2014. Disponível em: <http://www.al-monitor.com/pulse/business/2014/06/turkey-syria-isis-selling-smuggled-oil>.

"Vital Statistics: Latest Population Statistics for Israel — (Updated September 2015)". *Jewish Virtual Library*. Disponível em: <http://www.jewishvirtuallibrary.org/jsource/Society_&_Culture/newpop.html>.

"Vladimir Putin in the plenary meeting of the 70th session of the UN General Assembly in New York". *New York, Presidential Executive Office 2015*. Disponível em: <http://en.kremlin.ru/events/president/news/50385>.

VLASOVA, Anastasia (*Kyiv Post*); GRYTSENKO, Oksana. "Thousands of Ukrainian soldiers trapped as Debaltseve pocket closes". *Kyiv Post*, 18 de fevereiro de 2015. Disponível em: <http://www.kyivpost.com/content/kyiv-post-plus/thousands-of-soldiers-endangered-in-debaltseve-pocket-380978.html>.

VOLKOGONOV, Dmitri. *The Rise and Fall of Soviet Empire. Political Leaders from Lenin to Gorbachev*. Londres: HarperCollins/Publishers, 1999.

VOLTAIRE (François Marie Arouet). *Dictionaire Philosophique*. Paris: Garnier-Flammarion, 1964, p. 248.

"Völuspá. "Der Seherin Gesicht". *Die Edda — Götterdichtung Spruchweisheit Heldensängen der Germanen.* Munique: Dietrich Gelbe Reihe, 2004, p. 35. "Valans Spådom". *Eddan — De Nordiska Guda — Och Hjältesångerna.* Estocolmo: Norstedrs Förlag, 1998, p. 8.

WALKER, Shaun (Donetsk); LUHN, Alec (Kiev). "Petro Poroshenko wins Ukraine presidency, according to exit polls — 'Chocolate king' expected to secure 56% of vote and vows to restore peace following election billed as most important since independence". *The Guardian,* 25 de maio de 2014.

———. (Donetsk). "Russia will recognise outcome of Ukraine poll, says Vladimir Putin — Putin says Russia will 'respect the choice of Ukrainian people', but separatist authorities vow to disrupt weekend's presidential election". *The Guardian,* 23 de maio de 2014.

———. (Luhansk). "Despair in Luhansk as residents count the dead — The worst-hit city in eastern Ukraine is struggling with the aftermath of violence as a semblance of normality return". *The Guardian,* 11 de setembro de 2014. Disponível em: <http://www.theguardian.com/world/2014/sep/11/despair-luhansk-residents--count-dead>.

———. (Mariupol). "Azov fighters are Ukraine's greatest weapon and may be its greatest threat — The battalion's far-right volunteers' desire to 'bring the fight to Kiev' is a danger to post-conflict stability". *The Guardian,* 10 de setembro de 2014. Disponível em: <http://www.theguardian.com/world/2014/sep/10/azov--far-right-fighters-ukraine-neo-nazis>.

———. (Moscow) & agencies. "Vladimir Putin offers Ukraine financial incentives to stick with Russia — Moscow to buy $15bn of Ukrainian government bonds and cut gas price after Kiev resists signing EU deal amid mass protests". *The Guardian,* 18 de dezembro de 2013.

———. (Yalta). "Ukraine's EU trade deal will be catastrophic, says Russia — Kremlin claims neighbouring state faces financial ruin and possible collapse if integration agreement goes ahead". *The Guardian,* 22 de setembro de 2013.

WALLS, Seth Colter. "New Questions over McCain Campaign Chief's Ties to Ukraine". *The Huffington Post,* 06/27/2008. Disponível em: <http://www.huffingtonpost.com/2008/06/20/new-questions-over-mccain_n_108204.html>. Acesso em 1º de junho de 2015.

WALSH, Nick Paton; CAPELOUTO, Susanna. "Ukrainian protesters get visit from Sen. John McCain — McCain: America stands with Ukrainians". *CNN,* 15 de dezembro de 2013. Disponível em: <http://edition.cnn.com/2013/12/14/world/europe/ukraine-protests/> (Acesso em 10 de março de 2015).

———. "Opposition source: Syrian rebels get U.S.-organized training in Jordan". *CNN,* 15 de março de 2013. Disponível em: <http://edition.cnn.com/2013/03/15/world/meast/syria-civil-war/index.html?hpt=hp_bn2>.

WARBURG, Sidney. *The Financial Sources of National Socialism: Hitler's Secret Backers.* Palmdale (CA): Omni Publications, 1995, pp. 14–16 e 44–47.

WATSON, Paul Joseph. "Former Nazi Bank to Rule the Global Economy". *Prison Planet.com,* 30 de abril de 2010 / In Featured Stories, Old Infowars Posts Style.

Disponível em: <http://www.infowars.com/former-nazi-bank-to-rule-the-global-economy/>.

WATSON, Steve. "Total Bailout Cost Heads Towards $5 TRILLION. Numbers becoming meaningless as Paulson defends government intervention". *Infowars.net*, 15 de outubro de 2008. Disponível em: <http://infowars.net/articles/october 2008/151008Bailout_figures.htm>.

"Wealth: Having it all and wanting more". *Oxfam Issue Briefing January 2015* — WWW.Oxfam.Org. Disponível em: <http://policy-practice.oxfam.org. uk/publications/wealth-having-it-all-and-wanting-more-338125>.

WEAVER, Courtney (Artemivsk); OLEARCHYK, Roman (Kiev). "City of Debaltseve emerges as a tipping point in Ukraine's war". *Financial Times*, 9 de fevereiro de 2015. Disponível em: <http://www.ft.com/intl/cms/s/0/7fe1d32e-b047–11e4 –92b6–00144feab7de.html#axzz3jwzpgTib>.

WEINER, Tim. *Legacy of Ashes — The History of the CIA*. Nova York/Toronto: Doubleday, 2007, pp. 138–14.

WEINSTEIN, Adam. "A Privately Owned Nuclear Weapons Plant in...Kansas City? In a last-ditch court hearing, activists seek to block a new Honeywell project", Mother Jones, 29 de agosto de 2011. Disponível em: <http://www.motherjones. com/politics /2011/08/nuclear-weapons-plant-kansas-city>.

WEISS, Michael; HASSAN, Hassan. *ISIS — Inside the Army of Terror*. Nova York. Regan Arts, 2015, pp. 166–167.

WERNER, Alfred (1911–1979). *Albert Einstein Archives* 30–1104. The Hebrew University of Jerusalem, Israel. Disponível em: <http://alberteinstein.info/vufind1/ Search/Results?lookfor=%22Albert+Einstein+Archives%2C+The+Hebrew+ University+of+Jerusalem%2C+Israel%22&type=Series&filter[]=enddate% 3A%221949–03-31%22&sort=enddate+asc>.

WERTH, Nicolas. "Crimes and Mass Violence of the Russian Civil Wars (1918–1921)". *Online Encyclopedia of Mass Violence®* — ISSN 1961–9898. 3 de abril de 2008. Disponível em <http://www.massviolence.org/crimes-and-mass-violence-of-the-russian-civil-wars-1918?artpage=3>.

WEST, Darrel M. *Billionaires: Reflexions on the Upper Crust*. Washington, D.C.: Brookings Institution Press, 2014, p. 4.

WEZEMAN, Pieter D.; WEZEMAN, Siemon T. "Trends in International Arms Transfers, 2014". *SIPRI Fact Sheet*, 25 de março. Stockhol International Peace Research Institute (SIPRI).Disponível em: <http://books.sipri.org/files/FS/SIPRIFS1503.pdf>.

WHITE, Stephen *et al. Developments in Soviet Politics*. Londres: MacMillan, 1990.

WHITE, Stephen; McALLISTER, Ian. "Rethinking the 'Orange Revolution'" *in*: LANE, David; WHITE, Stephen. *Rethinking the 'Orange Revolution'*. Londres/ Nova York: Routledge, 2010.

WHITLOCK, Craig "U.S. secretly backed Syrian opposition groups, cables released by WikiLeaks show". *The Washington Post*, 17 de abril de 2011. Disponível em: <https://www.washingtonpost.com/world/us-secretly-backed-syrian-opposition-groups-cables-released-by-wikileaks-show/2011/04/14/AF1p9hwD_story. html>.

A DESORDEM MUNDIAL

WHITLOCK, Monica (BBC correspondent in Kabul). "Legal limbo of Guantanamo's prisoners". *BBC News*, 16 de maio de 2003. Disponível em: <http://news.bbc.co.uk/2/hi/americas/3034697.stm>.

_____. "Legal limbo of Guantanamo's prisoners". *BBC News*, 16 de maio de 2003. Disponível em: <http://news.bbc.co.uk/2/hi/americas/3034697.stm>.

WHITMORE, Brian. "Russia: The End of Loans-For-Shares — Nearly a decade ago in a move that reshaped Russia's political landscape, the ailing and embattled Kremlin leader Boris Yeltsin sold off the crown jewels of the country's economy to a select group of oligarchs. Russian President Vladimir Putin is now ready to buy them back". *Radio Free Europe/Radio Liberty*, 29 de setembro de 2005. Disponível em: <http://www.rferl.org/articleprintview/1061761.html>.

WHITNEY, Mike. "The University of Al-Qaeda? America's — 'Terrorist Academy' in Iraq Produced ISIS Leaders". *Counterpunch*, 6 de outubro de 2014. Disponível em <http://www.counterpunch.org/2014/10/06/americas-terrorist-academy-in--iraq-produced-isis-leaders/print>.

WIDMER, Fred. Forum: Politik Kämpfe in der Ostukraine: "Praktisch jedes Haus zerstört — Mär vom faschistischen Putsch". *Spiegel Online*, 30 de agosto de 2014. Disponível em: <http://www.spiegel.de/forum/politik/kaempfe-der-ostukraine-praktisch-jedes-haus-zerstoert-thread-141429–11.html>.

WIEGREFE, Klaus. "Germany's Unlikely Diplomatic TriumphAn Inside Look at the Reunification Negotiations". *Spiegel Online*, 29 de setembro de 2010. Disponível em: <http://ml.spiegel.de/article.do?id=719848&p=6>.

_____. "Germany's Unlikely Diplomatic Triumph an Inside Look at the Reunification Negotiations". *Spiegel Online*, 29 de setembro de 2010. Disponível em: <http://ml.spiegel.de/article.do?id=719848&p=6>.

WIEL Iris van de. "The Russian Crisis 1998". *Economic Report — Rabobank — Economic Research Department*. Disponível em: <https://economics.rabobank.com/publications/2013/september/the-russian-crisis-1998/>.

WILDAU, Gabriel (Shanghai). "New Brics bank in Shanghai to challenge major institutions". *The Financial Times*, 21 de julho de 2015. Disponível em: <http://www.ft.com/intl/cms/s/0/d8e26216–2f8d-11e5–8873-775ba7c2ea3d.html#axzz3lo 8DME81>.

WILKINSON, Richard; PICKETT, Kate. "Margaret Thatcher made Britain a less, not more, desirable place to do business". *The Guardian*, 10 de abril de 2013. Disponível em: <http://www.theguardian.com/commentisfree/2013/apr/10/inequality--margaret-thatcher-britain-desirable-business>.

"William E. Dodd to Franklin D. Roosevelt". Franklin D. Roosevelt Presidential Library and Museum — Great Britain/German Diplomatic Files — Box 32 — Folder Titles List Dodd-->FDR 10/19/36. Germany: William E. Dodd: 1936–38 (i300) Index. Disponível em: <http://docs.fdrlibrary.marist.edu/psf/box32/a300l02.html>.

WILLIAM, Brian G. *The Crimean Tatars — The Diaspora Experience and the Forging of a Nation*. Leiden-Boston-Köln: Brill, 2001, pp. 10–13.

WILSON, Scott; WARRICK, Joby. "Assad must go, Obama says". *The Washington Post*, 18 de agosto de 2011. Disponível em: <http://www.washingtonpost.com/politics/assad-must-go-obama-says/2011/08/18/gIQAelheOJ_story.html>.

WINFIELD, Nicole (Associated Press). "Italy recovers more bodies of would-be refugees from Libya. Migrants fleeing in boats from unrest in Libya face deadliest few days, as more than 300 have drowned since Friday". *The star.com World*, 26 de agosto de 2014. Disponível em: <http://www.thestar.com/news/world/2014/08/26/italy_recovers_more_bodies_of_wouldbe_refugees_from_libya.html>.

"Winston Churchill's *Iron Curtain Speech* — Winston Churchill presented his *Sinews of Peace* (the *Iron Curtain Speech*), at Westminster College in Fulton, Missouri on March 5, 1946". *History Guide*. Disponível em: <http://www.historyguide.org/europe/churchill.html>.

WINTER, Michael. "Report: Saudis sent death-row inmates to fight Syria. Secret memo says more than 1,200 prisoners fought Assad regime to avoid beheading". *USA TODAY*, 21 de janeiro de 2013. Disponível em: <http://www.usatoday.com/story/news/world/2013/01/21/saudi-inmates-fight-syria-commute-death-sentenc es/1852629/?siteID=je6NUbpObpQ-LvY5MH6LGuR644xcPiwBWQ>.

WITT, Howard (Washington Bureau). "Arafat's power to stop terror attacks debated". *Chicago Tribune*, 4 de dezembro de 2001. Disponível em: <http://www.chicagotribune.com/chi-0112040122dec04-story.html>.

WITTNER, Lawrence S. "Despite protests Kansas City gets a new nuclear power plant". *LA Progressive — Alex Jones' Infowars,* 6 de setembro de 2011. Disponível em: <http://www.infowars.com/despite-protests-kansas-city-gets-a-new-nuclear-power-plant/>.

WOLCZUK, Kataryna; WOLCZUK, Roman. "What you need to know about the causes of the Ukrainian protests". *The Washington Post*, 9 de dezembro de 2013.

WOLF, Naomi. "Fascist America, in 10 easy steps". *The Guardian*, 24 de abril de 2007.

"World must help pull Libya out of human rights chaos five years since uprising that ousted al-Gaddafi". *Amnesty International* — Libya Armed Conflict, 16 de fevereiro de 2016. Disponível em: <https://www.amnesty.org/en/latest/news/2016/02/world-must-help-pull-libya-out-of-human-rights-chaos-five-years-since-uprising--that-ousted-al-gaddafi/>.

"Worldwide displacement hits all-time high as war and persecution increase". UNHCR — Geneva. *Annual Global Trends Report*, 18 de junho de 2015. Disponível em: <http://www.unhcr.org/print/558193896.html>.

WURSTER, Linda. "Das Bataillon Asow — Schmutziger Kampf in der Ukraine: Neonazis im Dienst der Regierung". *FOCUS-Online,* Aktualisiert am Donnerstag, 14 de agosto de 2014. Disponível em: <http://www.focus.de/politik/ausland/das--bataillon-asow-schmutziger-kampf-in-der-ukraine-neonazis-im-dienst-der-regierung_id_4058717.html>.

Xinhua, 26 de junho de 2015. Disponível em: <China.org.cn. http://www.china.org.cn/china/Off_the_Wire/2015–06/26/content_35915205.htm>.

YAAKOV, Yifa; NEWMAN, Marissa. "Israel's three murdered teens buried side-by-side amid national outpouring of grief. PM says Israel will expand action against Ḥamās if need be; missiles hit Eshkol region; tens of thousands mourn teens at joint burial service, separate funerals; Israel vows to apprehend killers 'dead or alive'; US warns Israel against 'heavy-handed' response". *The Times of Israel*, 1º de julho de 2014. Disponível em: <http://www.timesofisrael.com/idf-hunts-for-two-suspects-in-teens-murder/>.

YAKOVENKO, Iryna; POLOSKOVA, Oleksandra; SOLONINA, Yevhen; SINDELAR, Daisy. "A Sticky Situation for Poroshenko As Russians Seize Candy Assets". *Radio Free Europe — Radio Liberty*, 29 de abril de 2015. Disponível em: <http://www.rferl.org/content/ukraine-poroshenko-roshen-russia-seizes-candy-lipetsk/26985196.html>.

YAQUB, Salim. *Containing Arab Nationalism: The Eisenhower Doctrine and the Middle East*. Chapel Hill & Londres: University of North Carolina Press, 2004, pp. 48–52, 149.

YATSENYUK, Arseniy. Disponível em: <http://openukraine.org/en/about/partners>.

YAVLINSKY, Grigory. "Russia's Phony Capitalism". *Foreign Affairs — Council of Foreign Relations*, maio/junho de 1998. Disponível em: <http://www.foreignaffairs.com/articles/54018/grigory-yavlinsky/russias-phony-capitalism>.

"Yazidi Slave Reveals: American Jihadi is 'Top ISIS Commander'". *AlulBayt News Agency (BNA)*, 29 de setembro de 2015. Disponível em: <http://en.abna24.com/service/middle-east-west-asia/archive/2015/09/29/712912/story.html>.

YBARRA, Maggie. "Russian fighter jet buzzes U.S. Navy destroyer in Black Sea amid Ukraine crisis". *The Washington Times*, 14 de abril de 2014. Disponível em: <http://www.washingtontimes.com/news/2014/apr/14/russian-fighter-jet-buzzes-us-navy-destroyer-black/>.

Yearbook of the United Nations 2001. Vol. 55. Department of Public Information. United Nations, Nova York, 2003, pp. 408 e 648. Disponível em: <https://books.google.de/books?id=Yt3o624miKQC&pg=PA407&lpg=PA407&dq=Palestine+more+than+14+months 222+Israelis+killed+compared+to+742+Palestinians&source=bl&ots=9vhs9RceFM&sig=KRN8BCZqK8FH6iwLi2cKyMsJHeE&hl=de&sa=X&ved=0CD8Q6AEwBWoVChMI1deIvdPYyAIVitYsCh1azAMq#v=onepage&q=Arafat&f=false>.

"Yemen needs peace, not more bombs February 29, 2016". Disponível em: <http://controlarms.org/en/>.

"Yemen: Yemen — Conflict (ECHO, UN, EP, Media) (ECHO Daily Flash of 29 February 2016) 29 de fevereiro de 2016. *UN Office for the Coordination of Humanitarian Affairs* Country: Iraq, Jordan, Nepal, Nigeria, Ukraine, World, Yemen — European Commission Humanitarian Aid Office Country: Saudi Arabia, United Arab Emirates, Yemen". Disponível em: <http://www.unocha.org/aggregator/sources/80>.

YERGIN, Daniel. *O Petróleo*. São Paulo: Scritta Editorial, 1990, pp. 335–337.

YOUNG, Angelo. "And The Winner For The Most Iraq War Contracts Is... KBR, With $39.5 Billion In A Decade". *International Business Times*, 19 de março de 2013.

Disponível em: <http://www.ibtimes.com/winner-most-iraq-war-contracts-kbr-395-billion-decade-1135905>.

_____. "Cheney's Halliburton Made $39.5 Billion on Iraq War". *RSN*. Disponível em: <http://readersupportednews.org/news-section2/308–12/16561-focus-cheneys-halliburton-made-395-billion-on-iraq-war>.

"Yushchenko said he wants clarity on gas sector". *The Ukrainian Weekly*, 19 de fevereiro de 2006, p. 8. Disponível em: <http://ukrweekly.com/archive/pdf3/2006/The_Ukrainian_Weekly_2006–08.pdf>.

ZACEC, Jane Shapiro; KIM I. Ilpyong (Editors). *The Legacy of the Soviet Bloc*. Gainesville: Florida University Press, 1997, pp. 110–112.

"Zeid deplores mass execution of 47 people in Saudi Arabia". *United Nations of the Human Rights- Office of the High Commissioner for Human Rights*. Genebra, 3 de janeiro de 2016. Disponível em: <http://www.ohchr.org/EN/NewsEvents/Pages/Media.aspx?IsMediaPage=true&LangID=E>.

ZHARKESHO, Yernar (Director of Research Institute). "Comparative analysis of trends and challenges to maintain adequate institutional and human resource capacities of public administrations in post-Soviet countries". Background discussion paper. *Academy of public Administration under the President of Kazakhstan*. Disponível em: <http://workspace.unpan.org/sites/Internet/Documents/UNPAN93486.pdf>.

ZHILIN *et al. La Gran Guerra Patria de la Unión Soviética — 1941–1945*. Moscou, 1985.

ZHUKOV, Yuri M. "Rust Belt Rising.The Economics behind Eastern Ukraine's Upheaval". *Foreign Affairs* — Council of Foreign Relations, 11 de junho de 2014. Disponível em: <http://www.foreignaffairs.com/articles/141561/yuri-m-zhukov/rust-belt-rising>.

ZINETS, Natalia; PIPER, Elizabeth (Kiev). "Crimea cost Ukraine over $10 billion in lost natural resources". *Reuters*, Mon Apr 7, 2014.

ZONSZEIN, Mairav (Tel Aviv). "Jewish migration to Israel up 40% this year so far — Ukrainians and Russians account for surge as numbers leaving Western Europe in first three months remains steady despite Paris attacks in January, report shows". *The Guardian*, 3 de maio de 2015.

ZUESSE, Eric. "MH-17 'Investigation': Secret August 8th Agreement Seeps Out — Perpetrator of the downing in Ukraine, of the Malaysian airliner, will stay hidden". *Infowars. Com*, 25 de agosto de 2014. Disponível em: <http://www.infowars.com/mh-17-investigation-secret-august-8th-agreement-seeps-out/>.

Интересы РФ и США в отношении Украины несовместимы друг с другом". Глава Stratfor Джордж Фридман о первопричинах украинского кризиса- Коммерсантъ от 19 de dezembro de 2014. Disponível em: <http://www.kommersant.ru/doc/2636177>.

Кајгана — Пресвртница за Украина. Disponível em: <http://forum.kajgana.com/threads/%D0%9F%D1%80%D0%B5%D1%81%D0%B2%D1%80%D1%82%D0%BD%D0%B8%D1%86%D0%B0-%D0%B7%D0%B0-%D0%A3%D0%BA%D1%80%D0%B0%D0%B8%D0%BD%D0%B0.71107/page-204>.

Марионетки Майдан. www.youtube.com/watch?v=MSxaa-67yGM04.02.2014. Hochgeladen von Re Post. "Victoria Nuland gaffe: Angela Merkel condemns EU insult". *BBC Europe*, 7 de fevereiro de 2014. Disponível em: <http://www.bbc.com/news/world-europe-26080715>.

"О временном порядке местного самоуправления в отдельных районах Донецкой и Луганской областей" (Закон об особом статусе). Закон об особом порядке местного самоуправления в отдельных районах Донецкой и Луганской областей (Закон об особом статусе Донбасса), текст проекта №5081 от 16.09.2014. Закон и Бизнес". Disponível em: <http://zib.com.ua/ru/print/100900-zakon_ob_osobom_poryadke_mestnogo_samoupravleniya_v_otdelnih.html>.

"Росія захопила в Криму майна на 127 мільярдів — Мохник". Українська правда, Понеділок, 07 квітня 2014. Disponível em: <http://www.pravda.com.ua/news/2014/04/7/7021631/view_print/>.

"Ситуационный а нализ гибели рейса МН17 (малайзийского Boeing 777), сделанный наосновеинженерно — техническогоанализаот15.08.2014 — Информационное сообщение от Российского союза инженеров", 13 de novembro de 2014. Disponível em: <http://www.российский-союз-инженеров.рф/RSI_Boeing777_13.11.2014.pdf>.

Índice remissivo

A

Abbas, Mahmoud, 14, 398, 415, 416, 423, 424, 428, 430
Abramovich, Roman, 127, 129, 134, 135, 136, 573
Abromavičius, Aivaras, 483, 520
Abusahmain, Nouri, 154
Adams, Henry B., 40
Adams, John Quincy, 374, 443, 461, 604
Ahmed, Nafeez, 185, 190, 198, 298, 522
Akhmetov, Rihat, 327, 330, 334, 335, 556, 585
al-Abadi, Haider, 507
al-Aqsa, Jund, 386
al-Arouriri, Salah, 425
al-Asaad, Riad, 386
al-Assad, Bashar, 14, 25, 26, 30, 145, 146, 159, 160, 174, 175, 178, 179, 181, 182, 186, 189, 191, 192, 194, 195, 196, 287, 291, 313, 322, 327, 373, 374, 375, 376, 382, 383, 384, 385, 386, 481, 485, 487, 488, 489, 490, 492, 500, 504, 505, 507, 510, 513, 521
al-Assad, Hafez, 174
Al-Baghdadi, Abu Bakr, 376, 385
Aldrich, Winthrop, 42
Alckscy I, 211
Alexander I, 112, 207
Alexander II, 216

al-Haqq, Liwa, 386
al-Houthi, Hussein Badreddin, 380
al-Islam, Ansar, 160
Ali, Zine al-Abidine Ben, 322
al-Jubeir, Adel, 194
al-Maghafi, Nawal, 381, 391
al-Maliki, Nuri, 508
al-Maqd, Ansar Bayt, 163
al-Nimr, Nimr, 29, 30, 31
al-Nusra, Jabhat, 159, 160, 179, 322, 376, 383, 384, 386, 388, 394, 395, 490, 500, 512, 549, 607
al-Okaidi, Abd al-Jabbar, 386
Al-Saud, bin Abdulaziz, 181
al-Sham, Ajnad, 386
al-Sham, Faylaq, 386
al-Shams, Ahrar, 179, 386, 487, 490, 503
al-Shariah, Ansar, 154, 155, 159, 160, 378
Al-Shishakli, Adib Bin Hassan, 171
al-Shishani, Omar, 27
al-Shishani, Saifullah, 27
al-Sisi, Abdul Fattah, 14, 154, 160, 322, 373, 378
al-Sunna, Jaysh, 386
al-Za'im, Husni, 171
Amar, Tarik Cyril, 296
Ami, Yigal, 407
Anderson, Perry, 113, 123
Andropov, Yuri, 130

Annan, Kofi, 177
Antonov, Anatoly, 92, 277
Antonovy, Dmytro, 212
Arafat, Yassir, 14, 397, 401, 402, 403, 404, 406, 407, 410, 411, 415, 416, 417, 423, 538, 541, 549, 561, 568, 588, 592, 593, 601, 620, 621
Aragão, Antônio Ferrão Moniz de, 24, 33
Arbenz, Jacobo, 174
Arendt, Hannah, 46, 116, 123
Arikan, Mehmet, 492
Ashton, Catherine, 293, 400
Aşkar, Mehmet, 492
Azarov, Mykola, 274
Aziz, Abdullah bin Abdul, 35, 181, 192, 193, 374, 385, 388, 391, 401, 409, 411, 535, 592
Aziz, Tariq, 377

B

Badī, Muḥammad, 378
Baker, James A., 118
Balfour, James A., 399
Baltin, Eduard, 259
Bandeira, Luiz Alberto Moniz, 3, 4, 17, 19, 20, 21, 33, 34, 46, 85, 137, 167, 184, 232, 252, 279, 304, 350, 389, 390, 409
Bandera, Stepan Andriyovych, 12, 13, 221, 225, 226, 228, 229, 230, 231, 234, 297, 327, 355, 363, 370, 589, 594
Baratz, Ran, 432, 440, 582
Barros, Alberto da Rocha, 76, 82, 579
Basescu, Traian, 112, 122, 594
Becker, Jo, 100, 163, 169
Begin, Menachem, 405, 406, 413, 573, 579
Bell, Colleen Bradley, 311
Bendukidze, Kakha, 128
Bennettt, Jack F., 458

Benson, Richard, 459, 466
Berezovsky, Boris, 127, 129, 135
Biden, Hunter, 361
Biden, Joe, 11, 171, 179, 180, 185, 333, 361, 369, 377, 420, 421, 495, 559, 560, 616
Biira, Abu Bakr, 155
Bishara, Azmi, 495
Bivens, Josh, 472, 515
Bodenheimer, Isidore, 404
Boerner, Anton, 315
Bolotova, Valery, 325
Bonaparte, Napoleão, 112
Borissowitsch, Anatoli, 127
Boychenko, Yuri, 345
Bozdag, Bekir, 492
Breedlove, Phillip, 307
Brejnev, Leonid, 130
Bruce, David K. E., 173
Brzezinski, Zbigniew, 12, 27, 34, 97, 102, 141, 253, 255, 256, 262, 289, 300, 375
Buchanan, Patrick J., 88, 98
Burke, Edmund, 55, 66, 469, 514
Burns, William J., 142, 148, 583
Bush, George H. W., 10, 14, 41, 88, 98, 103, 113, 118, 125, 126, 144, 478, 513
Bush, George W., 10, 40, 41, 62, 64, 72, 74, 75, 76, 77, 79, 81, 82, 87, 88, 89, 90, 93, 94, 99, 107, 142, 143, 144, 146, 147, 151, 152, 176, 177, 178, 190, 266, 276, 287, 307, 316, 373, 377, 382, 383, 385, 397, 401, 402, 403, 404, 409, 410, 411, 415, 416, 433, 444, 450, 474, 477, 478, 479, 505, 508, 513, 560, 572, 589, 590, 592, 606
Bush, Prescott, 9, 37, 38, 40, 41, 48, 49, 552, 571
Butler, Smedley Darlington, 7, 9, 37, 38, 39, 474, 516
Buturlin, Vasiliy, 207
Byanyima, Winnie, 56
Byron, Lord, 206

C

Cameron, David, 145, 178, 195, 200, 486, 606, 607
Campos, Roberto, 52
Canaris, Wilhelm F., 226
Carl XII, 206, 207
Cartalucci, Anthony, 384, 393
Carter, Jimmy, 14, 27, 255, 375, 401, 406, 415, 428, 432, 438, 439, 471, 506, 514, 543, 554, 575, 610
Carus, Titus Lucretius, 24
Castro, Fidel, 119, 139, 343, 471
Catarina II, 208, 209, 237, 308
Chaitkin, Anton, 41, 48
Chapman, John, 459, 467
Cheney, Dick, 72, 98, 126, 177, 184, 276, 402, 547
Chernenko, Konstantin, 130
Chernomyrdin, Viktor S., 128, 260
Christine Lagarde, 328
Christopher, Warren, 113, 256
Churchill, Winston, 51, 65, 226, 240, 248, 249, 620
Churkin, Vitaly, 178
Clark, Wesley K., 177, 184, 190, 366
Clark, Robert Sterling, 38
Clayton, Gilbert, 399
Clinton, Bill, 10, 61, 62, 91, 99, 103, 113, 114, 115, 123, 124, 125, 126, 127, 136, 137, 142, 145, 146, 147, 152, 158, 159, 163, 167, 169, 256, 257, 259, 262, 263, 282, 312, 374, 383, 389, 407, 408, 417, 450, 491, 495, 513, 522, 538, 541, 550, 556, 562, 563, 564, 567, 569, 589, 596, 608, 611
Clinton, Hillary, 91, 145, 152, 158, 159, 163, 167, 169, 282, 374, 383, 389, 522, 538, 556, 562, 563
Cohen, David S., 495, 524
Collyer, Rosemary Mayers, 40
Comte, Auguste, 24

Cook, James, 108
Cook, Peter, 386
Copeland, Miles, 171, 183
Crimeia, khanato da, 209
Croix, Agnès-Mariam de la, 11, 191

D

Dagan, Meir, 398
Dauber-Gmelin, Herta, 75
Davutoğlu, Ahmet, 181, 376, 498, 500, 511
DellaPergola, Sergio, 420
Demchenko, Nikolai N., 226
Dempsey, Martin, 481
Denikin, Anton I., 215, 223
Denisov, Sviatoslav V., 213
Deripaska, Oleg, 127
Devine, Thomas J., 41
Dickstein, Samuel, 38
Dodd, William E., 42, 43, 44, 49, 620
Doherty, Glen, 158
Doroshenko, Dmytro, 212
Doyle, William, 38
Drozdov, Viktor, 230
Drucker, Jesse, 473, 516
Dulles, Allen, 172, 174, 230
Dulles, John Foster, 172
Dumas, Roland, 178, 190, 198, 593
Dung, Nguyen Tan, 452
Dvôrnikov, Aleksandr, 511, 528

E

Ediboğlu, Mehmet Ali, 387, 493
Einstein, Albert, 106, 120, 304, 533, 618
Eisenhower, Dwight, 9, 51, 52, 53, 54, 66, 114, 119, 172, 173, 174, 471, 475, 515, 516, 517, 578, 621
Engel, Eliot, 116

Erdem, Eren, 492
Erdoğan, Recep Tayyip, 14, 180, 181, 373, 376, 397, 453, 486, 487, 489, 491, 492, 496, 497, 498, 499, 500, 501, 502, 506, 511, 523, 525, 526

F

Fabius, Laurent, 190, 295
Fateh, Jaysh al, 386
Fisk, Robert, 384, 393, 607
Fleischer, Ari, 403
Flynn, Michael, 481
Francisco, papa, 32, 469, 476
Franco, Francisco, 45, 363
Frankel, Naftali, 424, 436, 537
Frank Wisner, 116, 172
French, Paul, 38
Friedman, George, 92, 100, 118, 124, 265, 279, 297, 303, 304, 559, 564
Frunze, Mikhail V., 215
Fukuyama, Francis, 71, 72, 81
Fuller, Graham E., 401, 402, 410
Funk, Walter, 46

G

Gabriel, Sigmar, 316
Gaddafi, Muammar, 11, 25, 30, 151, 152, 153, 154, 156, 157, 158, 160, 161, 162, 163, 164, 166, 167, 169, 178, 192, 323, 374, 382, 383, 389, 448, 482, 487, 556, 573, 580, 605, 620
Gaidar, Yegor, 127
Gates, Robert, 118, 124, 126, 151, 164, 176, 177, 184
Gaulle, Charles de, 458
Gehlen, Reinhard, 230, 234, 248
Genscher, Hans-Dietrich, 118, 119
Gerasimov, Valery, 356

Gershman, Carl, 297
Gilens, Martin, 470, 514
Gingold, Peter, 40
Girkin, Igor Vsevolodovich, 339, 348
Glazier, Samuel, 39
Glenn, John, 343
Goldberg, Jeffrey, 301, 312, 318
Goldstein, Kurt Julius, 40
Goldwater, Barry, 140, 141, 148, 473, 516
Goodpaster, Andrew J., 172
Gorbachiov, Mikhail S., 10, 103, 113, 118, 119, 126, 130, 135, 451
Gore, Al, 127
Gould, Elise, 472, 515
Graham, Lindsey, 94
Greenspan, Alan, 61
Gressel, Gustav, 29, 34
Grün, David, 404, 411
Gurion, David ben, 404, 405, 411
Gysi, Gregor, 321, 330, 615

H

Hadi, Abdrabbuh Mansour, 379, 380
Haftar, Khalifa, 154, 165, 537, 573, 575, 587
Hagel, Chuck, 193, 194, 199, 599
Halevi, Herzl, 430
Hambro, Jocelyn, 458
Hamilton, Lee H., 147
Haniyya, Isma'il, 423
Hart, Arthur, 114
Hart, Gary, 114
Hartman, Arthur, 114
Hatfield, Mark, 114
Hay, Jonathan, 127
Hearst, William Randolph, 42, 49
Hecker, Siegfried S., 95, 101
Heilbrunn, Jacob, 26, 27, 28, 33, 34
Heletey, Valery, 358
Hellmeyer, Folker, 454, 460, 461, 471
Henderson, Dean, 140, 147, 148

Herodes, Idumean, 429
Herre, Heinz-Danko, 363
Hersh, Seymour, 191, 481, 518
Hersh, Seymour M., 191, 198, 199, 518, 523
Herszenhorn, David M., 359, 368
Herzl, Theodor, 404
Heydrich, Reinhard, 73
Himmler, Heinrich, 73, 233
Hitler, Adolf, 9, 10, 26, 37, 38, 40, 41, 42, 43, 44, 45, 46, 48, 49, 50, 71, 73, 75, 82, 228, 239, 240, 297, 357, 534, 535, 543, 551, 555, 581, 586, 606, 618
Hobbes, Thomas, 507, 527
Hobsbawm, Eric, 59, 67, 553
Hollande, François, 178, 194, 195, 361, 485, 486, 500
Holland, Keating, 90
Hrushevsky, Mykhailo S., 212
Hughes, John James, 216, 237
Humphrey, Gordon, 114
Hussein, Saddam, 71, 75, 90, 144, 176, 316, 377, 382, 383, 388, 459, 495, 508, 510

I

Iaropolk, 203
Ilyukhin, Viktor, 132
Ismay, Hastings Lionel, 53, 125
Ivan IV, 11, 203, 205
Ivanov, Sergey, 110

J

Ja'abari, Ahmad El, 398
Jan II, 206
Jaresko, Natalie, 484
Jaresko, Natalie Ann, 362
Jeanbart, Jean-Clément, 32

Jelle, Jari, 470
Jibril, Mahmoud, 155
Jinping, Xi, 452
John, Joseph R., 501, 526
Johnson, Hugh S., 39
Johnson, Lyndon, 88, 456
Johnston, Bennett, 114
Jones, Matthew, 172
Jr., Arthur M. Schlesinger, 42, 47, 49, 183
Jr., Eugene J. Carroll, 123, 450, 463
Jr., Joseph Dunford, 450
Jr., Joseph R. Biden, 508, 524
Jr., Robert F. Kennedy, 171, 183
Jr., Robert Kennedy, 172, 183
Juncker, Jean-Claude, 484

K

Kagan, Robert D., 276
Kaledin, Alexei M., 223
Kamensky, Mikhail, 208
Kartopolov, Andrey, 344
Katchanovski, Ivan, 295, 296, 303
Kennan, George F., 10, 103, 113, 114, 115, 123, 450, 463
Kennedy, John F., 42, 47, 54, 113, 114, 119, 171, 173, 343
Kennedy, Joseph P., 173
Kennedy, Robert F., 171, 173, 183
Kerensky, Alexander F., 212
Kerry, John, 182, 189, 190, 196, 293, 302, 323, 432, 440, 456, 582, 602
Khatteeb, Luay Al, 387
Khazen, Georges Abou, 32, 511
Khdeir, Mohammed Abu, 425, 436
Khmelnytsky, Bohdan, 207, 211
Khodorkovsky, Mikhail, 128, 129, 135, 136, 591
Khramov, Denis, 310
Kierkegaard, Søren, 382, 392
Kirichenko, Aleksei I., 229

Kissinger, Henry, 12, 14, 26, 27, 28, 33, 34, 97, 102, 113, 119, 123, 265, 267, 279, 373, 375, 389, 443, 458, 461, 562, 609
Klein, Menachem, 432, 440, 585
Klitschko, Vitali V., 292, 295
Kolomojski, Ihor, 327, 338, 340
Konashenkov, Igor, 481
Korotkykh, Sergei, 357
Kostelnik, Gabriel, 229
Kramer, Andrew E., 300, 359, 367, 368
Kravchuk, Leonid, 246, 256, 259
Krjutschkow, Wladimir, 227
Krugman, Paul, 459
Kruschiov, Nikita, 12, 226, 229, 230, 232, 237, 239, 241, 242, 243, 258, 308
Kuchma, Leonid D., 346
Kučma, Leonid, 246, 247, 259, 260, 261, 265, 278
Kurachenko, Pavel, 449
Kurchatov, Igor V., 106
Kutuzov, Mikhail, 112

L

Ladin, Usamah bin, 80, 375, 479
Lagarde, Christine, 328
Lake, Anthony, 113
Lara, António C. A. de Sousa, 9, 19, 125
Lassalle, Ferdinand, 81, 471, 514
Lavrov, Sergei, 142, 143, 196, 278, 305, 322, 325, 341, 384, 489, 511
Lawrence, Thomas E., 399
Lay, Kenneth L., 62
Lazarenko, Pavlo, 247, 251, 260
Lebedev, Platon, 129
Lebed, Mykola, 229
Leene, Tom, 57
Lemnitzer, Lyman L., 343
Lenin, Vladimir Ilitch, 11, 129, 137, 210, 212, 213, 219, 221, 222, 224, 237, 238, 248, 321, 617

León, Bernardino, 161
Levy, Gideon, 408, 413
Levy, J., 231, 235, 573
Lewis Paul Bremer III, 509
Lindberg, Charles A., 140
Lloyd, Henry Demarest, 60, 68
Lovett, Robert, 173
Lubbe, Marinus van der, 73
Lukashenko, Alexander, 109
Lutsenko, Yuri, 253
Lutsevych, Orysia, 277, 284
Luxemburg, Rosa, 11, 221, 222, 223, 231, 232
Luzhkov, Yuri, 258
Lvov, Georgy Y., 212
Lynch, Merrill, 63, 64, 91

M

MacArthur, Douglas, 39, 104
MacGuire, Gerard C., 38, 39
Machiavelli, Niccolò, 37
Macmillan, Harold, 172
Madison, James, 7, 74, 81, 471, 515, 575
Makhno, Nestor, 214, 215, 220, 590
Mamet, Noah Bryson, 311
Mamut, Alexander, 127
Mann, Henry, 42
Manstein, Erich von, 225, 240
Martindell, Jackson, 39
Mash'al, Khālid, 424, 425, 426, 428
Matlock, Jack, 119
Matlock jr, Jack F., 114
Mazeppa, Ivan S., 206, 207
McCain, John, 12, 28, 91, 276, 287, 291, 292, 297, 300, 301, 349, 385, 540, 567, 618
McCarthy, Joseph, 54
McCormack, John W., 38
McInerney, Tom, 500
McKittrick, Thomas H., 46
McNamara, Robert, 113

Meadde, Stephan, 171

Medvedev, Dmitri A., 96, 227, 268, 269, 451

Meir, Golda, 405, 406, 412, 609

Melnyk, Andrij, 226

Merkel, Angela, 273, 292, 301, 316, 320, 361, 538, 546, 622

Meshik, Pavel Y., 225, 232

Mikhail I, 206

Mikoyan, Anastas I., 226

Milne, Seumas, 160, 168

Milošević, Slobodan, 116

Mishel, Lawrence, 472, 515

Mitri, Tarek, 154

Mitterrand, François, 178

Molloy, Robert W., 173

Molotov, Wjatscheslaw V., 238

Moos, James S., 172, 174

Morell, Michael, 377, 389, 390

Morgan, J. P., 39, 115, 141, 472

Morrel, Michael, 374

Morris, Benny, 405, 409, 412, 579

Morsi, Muhamad, 154, 160

Mosaddeq, Mohammad, 66, 174, 549

Muallem, Walid, 182

Mubarak, Hosni, 322

Muja, Sahit, 116

Murakhtin, Konstantin, 499

Murphy, Christopher, 12, 287, 291, 292

Murphy, Grayson, 39

Mursi, Mohammed, 322, 378

Muslim, Amir, 27

Muzhenko, Viktor, 338

N

Narvselius, Eleonor, 231, 235

Naryshkin, Albert, 343

Nasser, Gamal Abdel, 173, 382

Naumenko, Volodymyr, 212

Nemtsov, Boris, 128

Neruda, Pablo, 241, 249

Netanyahu, Binyamin, 14, 397, 399, 400, 404, 408, 412, 413, 415, 417, 418, 419, 420, 421, 422, 423, 424, 425, 426, 428, 429, 430, 432, 433, 434, 435, 436, 438, 439, 440, 486, 507, 533, 539, 543, 555, 557, 562, 566, 567, 569, 570, 572, 573, 579, 580, 582, 587, 591, 594, 598, 599, 601, 603, 610

Netanyahu, Yonatan, 417

Nicholas II, 211

Nixon, Richard, 374, 456

Nuland, Victoria, 276, 283, 292, 293, 297, 298, 301, 309, 323, 329, 331, 361, 482, 484, 592, 622

Nunn, Sam, 114

O

Obama, Barack, 10, 11, 14, 25, 27, 28, 30, 61, 65, 67, 83, 87, 88, 91, 92, 93, 94, 95, 96, 97, 100, 101, 103, 104, 144, 145, 147, 149, 151, 152, 158, 160, 161, 163, 167, 168, 176, 178, 180, 181, 182, 187, 189, 190, 191, 192, 193, 194, 195, 196, 197, 198, 199, 200, 291, 298, 301, 311, 312, 314, 317, 318, 345, 359, 363, 370, 373, 374, 380, 382, 383, 384, 385, 386, 389, 392, 393, 415, 421, 432, 440, 443, 444, 445, 447, 450, 460, 463, 467, 474, 476, 477, 478, 479, 480, 481, 482, 485, 486, 487, 491, 492, 496, 499, 500, 501, 503, 505, 506, 507, 508, 513, 518, 519, 523, 526, 527, 533, 535, 536, 537, 538, 544, 547, 548, 557, 559, 563, 566, 568, 569, 572, 575, 578, 580, 582, 584, 588, 589, 598, 601, 604, 607, 608, 610, 616, 620

Odom, William E., 377, 390, 478, 517

Oleg, 127, 203, 234, 275, 302, 465, 499, 534, 587

Olmert, Ehud, 398, 416, 421
O'Neill, Jim, 455
Ostrovsky, Alexey, 143

P

Page, Benjamin I., 470, 514
Paine, Thomas, 469, 471, 514
Panetta, Leon, 149, 152, 164, 196, 200, 383, 508
Pankiv, Vasily, 229, 230
Parubiy, Andriy, 340
Paul, Rand, 14, 167, 184, 373, 375, 389, 390, 537, 547, 550
Paul, Ron, 147, 149, 343, 351, 382, 383, 392, 572, 586, 594
Paulson, Henry, 64
Paulus, Friedrich, 240, 241
Pedro I, 207, 208
Peres, Shimon, 402, 432
Petlyura, Symon, 213, 215, 223
Pew, J. Howard, 38
Pew, Joseph Newton, 38
Pfetsch, Frank R., 479
Philip, Joseph, 42
Piketty, Thomas, 57, 66, 67
Pilsudisky, Józef, 223
Pinheiro, Paulo Sérgio, 191
Piskorski, Mateusz, 358
Plotnitsky, Igor, 355
Pollack, Norman, 145, 149
Polyakov, Samuel, 216
Pont, Irénée du, 39
Pont, Lammot du, 39
Poroshenko, Petro, 13, 273, 329, 334, 335, 337, 338, 340, 347, 355, 357, 358, 359, 361, 362, 363, 364, 365, 366, 372, 483, 484, 545, 547, 585, 588, 614, 617, 621
Potanin, Vladimir, 128, 135, 136, 590
Potionkim, Grigory Aleksandrovich, 209
Powell, Colin, 98, 144, 177, 190, 383

Pozynich, Aleksandr, 499
Primakov, Vitaly M., 215, 220
Primakov, Yevgeny, 132, 133
Psaki, Jen, 292
Puhl, Emil Johann Rudolf, 46
Putin, Vladimir, 10, 11, 13, 14, 27, 28, 29, 34, 95, 96, 106, 107, 108, 109, 110, 111, 121, 125, 127, 133, 134, 135, 136, 137, 138, 139, 144, 147, 149, 171, 181, 184, 186, 189, 196, 197, 201, 220, 266, 269, 273, 274, 278, 280, 281, 282, 289, 290, 305, 306, 307, 308, 310, 311, 313, 314, 316, 317, 321, 322, 326, 328, 329, 330, 331, 337, 338, 343, 345, 347, 355, 357, 361, 365, 366, 367, 368, 370, 378, 385, 390, 393, 443, 444, 449, 450, 451, 452, 463, 464, 465, 479, 482, 486, 487, 488, 491, 493, 496, 500, 503, 510, 511, 512, 516, 521, 522, 526, 536, 539, 543, 544, 546, 556, 557, 559, 569, 577, 578, 580, 585, 588, 589, 590, 595, 596, 597, 604, 615, 617, 619
Pyatt, Geoffrey R., 275, 292, 293, 323, 329, 482
Pyotr I, 206

R

Rabin, Yitzhak, 14, 397, 400, 402, 406, 407
Rasmussen, Anders Fogh, 307, 327, 347, 357
Reagan, Ronald, 48, 57, 77, 97, 102, 106, 275, 283, 406, 445
Rebet, Lev, 231
Rehnskiöld, Carl Gustaf, 206
Rhodes, Benjamin, 432
Rice, Condolezza, 383
Rice, Susan, 160
Roberts, Paul Craig, 56, 67, 81, 275, 283, 445, 462, 488, 521, 586

A DESORDEM MUNDIAL

Rockefeller, Nelson, 38, 43, 52, 61, 140, 141
Rohani, Hassan, 196
Romanov, Mikhail Fedorovich, 206
Roosevelt, Franklin D., 9, 37, 38, 39, 42, 44, 45, 47, 49, 174, 249, 474, 550, 598, 620
Roosevelt, Kermit "Kim", 173
Rothschild, Edmond, 458
Rothschild, Jacob, 129
Rothschild, Lionel W., 399
Roubini, Nouriel, 57, 67, 549
Rousseau, Jean-Jacques, 81, 469, 514
Rousseff, Dilma, 346
Rousseu, Jean-Jacques, 73
Rove, Karl, 62, 89
Royce, Edward, 456
Rudskoy, Sergey, 501, 512
Rumsfeld, Donald, 62, 78, 176, 383
Rurik, 203, 205
Russell, Daniel, 143
Rutskoy, Alexander, 131

S

Saakashvili, Mikhail, 143
Sachs, Goldman, 60, 63, 64, 65, 91, 140, 156, 166, 455, 544, 562
Sachs, Jeffrey, 127
Sadeh, Yitzhak, 405
Ṣāliḥ, Alī 'Abdullāh, 379
Salvermini, Gaetano, 42
Sarra, Abd al Hamid al, 174
Sarraj, Abd al Hamid al, 173
Sa'ūd, ibn 'Abd al-'Azīz Āl, 31
Sayyaf, Abu, 494, 524
Schleite, Andrei, 127
Schlesinger, Arthur M., 42, 47, 49, 173, 183
Schmidt, Helmut, 314, 315
Schröder, Gerhard, 314, 321
Schröder, Gerhardt, 316
Scowcroft, Brent, 94

Şekerda, Ali, 492
Seldes, George, 39, 47, 48, 49
Semyenchenko, Semyon, 358
Sergon, Igor, 181
Shaar, Gilad, 424, 436, 537
Shaath, Nabil Ali Muhammad, 89
Shaath, Nabil Ali Muhammad (Abu Rashid), 89
Shaghin-Ghirei, 209
Shamir, Yitzhak, 405, 579
Shane, Scott, 83, 100, 163, 169
Shapiro, Jeremy, 147
Sharon, Ariel, 14, 137, 374, 397, 401, 402, 403, 404, 406, 410, 415, 416, 422, 423, 549, 568, 571, 579, 592, 601
Shelepin, Alexander, 230
Shelley, Mary, 375, 390
Shevardnadze, Eduard, 119
Shevtsova, Lilia, 126
Shoukry, Sameh, 426
Shukhevych, Roman, 230
Shukri-al-Quwatli, 171, 172, 173
Shuss, Fyodor, 215
Sich, Zaporozhian, 207, 211
Sikorski, Radoslaw, 295, 358
Sinclair, Hugh, 226
Sirhan, Sirhan, 171
Skoropads'kyi, Pavel Petrovyč, 213
Skoropadsky, Ivan, 207
Smith, Alfred E., 39
Smith, Sean, 158
Snowden, Edward, 197, 514
Snowden, Walter, 173
Sorensen, Theodore C., 113, 123
Soros, George, 12, 116, 128, 247, 265, 275, 276, 277, 284, 567
Spinoza, Baruch, 470
Stahel, Albert Alexander, 322, 323
Stakhiv, Volodymyr, 228
Stalin, Joseph, 106, 129, 137, 220, 224, 225, 226, 227, 229, 233, 238, 239, 240, 241, 243, 249, 357, 560, 588
Stanley, Morgan, 65, 69, 91, 115, 577
Stashinsky, Bohgdan, 231
Steinmeier, Frank-Walter, 295, 316

Stepashin, Sergei, 132
Stétsko, Yaroslav, 231
Stevens, J. Christopher, 11, 151, 158, 159
Stoltenberg, Jens, 364, 371, 499
Stone, Howard "Rocky", 173, 174
Strelkov, Igor, 339, 348, 358, 551, 561
Sultan, Bandar bin, 181, 190, 191, 198, 558
Sutton, Antony C., 40, 48, 49
Su'ūd, Fayṣal ibn 'Abd al-'Azīz Āl, 458
Suvorov, Alexander, 208

T

Taibbi, Matt, 89, 99, 568
Tarpley, Webster Griffin, 41, 48, 607
Tenyukh, Ihor Yosypovych, 298
Thatcher, Margaret, 57, 67, 619
Thyssen-Bornemisza, Heinrich, 41
Thyssen, Fritz, 40, 41
Tocqueville, Alexis, 55, 66
Topalca, Keysem, 492
Toubalijeh, Haisam, 492
Toynbee, Arnold J., 7
Trotsky, Leon, 129, 137, 206, 210, 218, 219, 233, 609
Truman, Harry, 104, 112, 119, 122, 194, 611
Tschubais, Anatoly, 127
Tsunis, George, 311, 318, 578
Tukhachevsky, Mikhail N., 223
Turchynov, Olexander, 298, 327, 331
Turley, Jonathan, 474, 476, 516, 517
Tyahnybok, Oleh, 292, 293, 298
Tymoshenko, Yulia, 12, 237, 247, 251, 253, 268, 297, 298, 329, 331, 549, 550, 556

U

Usmanov, Alisher, 129

V

Valdamarr, 203
Vargas, Getúlio, 53, 66, 249, 543
Viotti, Maria Luiza, 421
Vitko, Aleksandr, 306
Vladimir I, 204
Volkov, Aleksandr, 132
Volkov, Mykola, 339
Voroshilov, Kliment Y., 243

W

Warburg, Sidney, 40, 48
Warburg, Sigmundo, 458
Warner, John, 77, 82, 608
Warren, Steve, 111, 112, 520
Watson, Thomas J., 43
Waza, Kazimierz, 206
Weinstein, Mickey, 87
Westerwelle, Guido, 195
Wilhelm II, 221
Wilson, Woodrow, 473, 474
Wisner, Frank, 116
Wolf, Martin, 472, 515
Wolf, Naomi, 73, 81
Wolfowitz, Paul D., 97, 126, 144
Woods, Ty, 158
Wrangel, Pyotr N., 215

X

Xulong, Chen, 278

Y

Ya'alon, Moshe, 398

A DESORDEM MUNDIAL

Yanukovych, Viktor, 12, 25, 26, 197, 231, 253, 254, 266, 268, 269, 272, 274, 275, 277, 278, 279, 280, 287, 288, 289, 292, 293, 295, 296, 299, 301, 303, 305, 308, 309, 312, 322, 323, 327, 328, 334, 343, 361, 445, 450, 451, 561, 578, 582, 588, 610, 612, 613

Yarosh, Dmytro, 294, 295, 296, 298, 302, 338, 532

Yatsenyuk, Arseniy, 12, 287, 292, 293, 295, 298, 304, 323, 324, 327, 329, 361, 362, 364, 369, 454, 483, 484, 535

Yatsenyuk, Arsenly, 293

Yelena Glinskaya, 205

Yeltsin, Boris, 10, 106, 118, 125, 126, 127, 128, 131, 132, 133, 134, 135, 136, 137, 451, 538, 551, 561, 574, 619

Yifrach, Eyal, 424, 436, 537

Yuhanna, Mikhail, 377

Yushchenko, Viktor, 144, 231, 248, 253, 266, 268, 276, 283

Yuzivska, Nadra, 288, 300, 614

Z

Zakaria, Fareed, 277, 284, 554

Zakharchenko, Alexander, 355, 358, 359

Zandt, James E. Van, 38

Zaporozhian, 207

Zeidan, Ali, 153

Zhirinovsky, Vladimir, 127

Zhukov, Georgy, 240

Zlochevskyi, Nikolai, 361

Zoellick, Robert, 62

Zywietz, Tassilo, 315

O texto deste livro foi composto em Sabon,
desenho tipográfico de Jan Tschichold de 1964,
baseado nos estudos de Claude Garamond e
Jacques Sabon no século XVI, em corpo 10/13.5.
Para títulos e destaques, foi utilizada a tipografia Frutiger,
desenhada por Adrian Frutiger em 1975.

A impressão se deu sobre papel off-white
pela Gráfica Cruzado.